Entscheidungen

des

Reichsgerichts.

Herausgegeben

von

den Mitgliedern des Gerichtshofes und
der Reichsanwaltschaft.

Entscheidungen in Civilsachen.

Vierundzwanzigster Band.

Leipzig,
Verlag von Veit & Comp.
1890.

Entscheidungen

des

Reichsgerichts

in

Civilsachen.

Vierundzwanzigster Band.

Leipzig,
Verlag von Veit & Comp.
1890.

Druck von Metzger & Wittig in Leipzig.

Inhalt.

I. Reichsrecht.

II. Gemeines Recht.

III. Preußisches Recht.

IV. Rheinisches Recht.

V. Prozeßrecht.

I. Reichsrecht.

1. 1. Verfassungsmäßigkeit der Bundespräsidialverordnung vom 22. Dezember 1868, betreffend die Einführung der in Preußen geltenden Vorschriften über die Heranziehung der Militärpersonen zu Kommunalauflagen im ganzen Bundesgebiete (B.G.Bl. 1868 S. 571).

2. Umfang des den Militärspeiseanstalten gemäß §. 11 Abs. 2 der Verordnung vom 23. September 1867 zustehenden Rechtes auf Befreiung von kommunalen Verbrauchssteuern.

IV. Civilsenat. Urt. v. 28. März 1889 i. S. des Reichs-Militärfiskus (Bekl.) w. die Stadtgemeinde Gotha (Kl.). Rep. IV. 4/89.

I. Landgericht I Berlin.
II. Kammergericht daselbst.

Die Klägerin erhebt auf Grund eines von der Herzogl. Staatsregierung genehmigten Ortsstatutes vom 1./6. Oktober 1879 eine Verbrauchsabgabe teils von dem in ihrem Bezirke zum Schlachten gelangenden Viehe, teils von dem von auswärts in diesen Bezirk eingebrachten Fleische. Die Mannschaftenmenage und das Lazarett des zu Gotha garnisonierenden 1. Bataillons des 6. thüringischen Infanterieregiments Nr. 95 beziehen Fleisch sowohl aus Gotha selbst als von außerhalb. Für diesen Fleischbezug nimmt die Militärverwaltung auf Grund der Bundespräsidialverordnung vom 22. Dezember 1868 und der preußischen Kabinetsorder vom 12. August 1824 die Befreiung der Militärspeiseanstalten von der städtischen Verbrauchsabgabe in Anspruch, dergestalt, daß sie nicht nur die Entrichtung der Steuer für das von auswärts angeschaffte Fleisch verweigert, sondern auch die Rückvergütung derjenigen Beträge verlangt, welche die Militärspeiseanstalten beim Bezuge einzelner Fleischquantitäten von Gothaer Fleischern diesen auf die für geschlachtetes Vieh entrichtete Steuer vergüten müssen.

Klägerin will diesen, von der Herzogl. Staatsregierung gebilligten Anspruch nicht anerkennen und hat deshalb Klage erhoben auf Feststellung,

daß sie dem Beklagten gegenüber zur Rückerstattung städtischer Verbrauchsabgaben auf das in den Militärspeiseanstalten zu Gotha zur Verwendung kommende Fleisch nicht verpflichtet sei.

Der Klage liegt die Auffassung zu Grunde, daß die Bundespräsidialverordnung vom 22. Dezember 1868 verfassungswidrig, auch die preußische Kabinetsorder vom 12. August 1824 auf die hier in Frage stehende Gemeindesteuer nicht anwendbar sei.

Das Landgericht hat die Klage abgewiesen, indem es annimmt, daß durch die rechtsgültige Bundespräsidialverordnung vom 22. Dezember 1868 die in Preußen über die Heranziehung der Militärspeiseanstalten zu den Kommunalauflagen geltenden Vorschriften, wie solche in §. 11 der preußischen Verordnung vom 23. Dezember 1867 in Bezug genommen, im Norddeutschen Bunde eingeführt, danach aber die Militärspeiseanstalten von der hier fraglichen Gemeindeabgabe befreit seien.

Seitens der Klägerin ist Berufung eingelegt, in erster Linie der Klagantrag aufrechterhalten, eventuell aber beantragt, festzustellen,

daß Klägerin dem Beklagten gegenüber in bezug auf solche Fleischstücke und Fleischfabrikate, welche in den militärischen Speiseanstalten zu Gotha zur Verwendung gelangten und von Schlachttieren herrührten, die für Rechnung von Privaten versteuert und geschlachtet seien, zur Rückerstattung der Verbrauchsabgabe nicht verpflichtet sei.

Das Berufungsgericht hat entsprechend dem prinzipalen Klagantrage erkannt,

daß Klägerin dem Beklagten gegenüber zur Rückerstattung städtischer Verbrauchsabgaben auf das in den unter Militärverwaltung stehenden Speiseanstalten in Gotha zur Verwendung kommende Fleisch nicht verpflichtet sei.

Diese Entscheidung beruht auf der Annahme, daß die Bundespräsidialverordnung vom 22. Dezember 1868, mindestens soweit solche auf Grundlage des §. 11 der darin angezogenen preußischen Verordnung vom 23. September 1867 die Befreiung der Militärspeiseanstalten von kommunalen Verbrauchssteuern ausspreche, verfassungswidrig und rechtsunverbindlich sei.

Der Beklagte hat Revision eingelegt mit dem Antrage, die Berufung der Klägerin gegen das landgerichtliche Urteil zurückzuweisen.

Diesem Antrage hat das Reichsgericht entsprochen aus folgenden

Gründen:

„1. Das Berufungsgericht geht davon aus, daß dem Richter die Prüfung der Verfassungsmäßigkeit der Bundespräsidialverordnung vom 22. Dezember 1868 mangels entgegenstehender Bestimmungen der Norddeutschen bezw. der Reichsverfassung zustehe. Dieser Ausgangspunkt kann, entgegen der Revision, nicht für unrichtig erachtet werden. Allerdings ist die Frage, ob ein richterliches Prüfungsrecht in Ansehung der Verfassungsmäßigkeit von Bundes- bezw. Reichsgesetzen besteht, bis heute noch streitig, wennschon solche überwiegend bejaht wird.

Vgl. die Litteratur bei G. Meyer, Deutsches Staatsrecht (2. Aufl.) S. 507; Gegner hauptsächlich Laband, Deutsches Staatsrecht Bd. 1 (2. Aufl.) S. 531.

Dagegen wird in bezug auf Rechtsverordnungen des Bundes bezw. Reiches eine derartige Prüfungsbefugnis nahezu einstimmig anerkannt (auch von Laband, a. a. O. Bd. 1 S. 609). Naturgemäß ist dabei allemal Voraussetzung, daß die in Frage kommenden Reichsgesetze bezw. Reichsverordnungen in Gemäßheit des Art. 17 der Reichs-(Bundes-) Verfassung vom Kaiser (Bundespräsidium) ausgefertigt und verkündet sind. Zu prüfen bleibt dann bei Reichsverordnungen die materielle Grundlage derselben, nämlich die gesetzliche Ermächtigung, auf Grund deren die Verordnung erlassen ist, auf die Frage hin, ob die Verordnung sich innerhalb der von dem delegierenden Gesetze gezogenen Grenze hält.

Vgl. Laband, a. a. O. Bd. 1 S. 611; G. Meyer, a. a. O. S. 509.

Was nun die vorliegend zur Beurteilung stehende Bundespräsidialverordnung vom 22. Dezember 1868 betrifft, so besteht zunächst hinsichts ihrer formalen Gültigkeit kein Bedenken, da sie vom Bundespräsidium ausgefertigt und im Bundesgesetzblatte (S. 571) verkündet ist. Wohl aber sind Zweifel über ihre materielle Rechtswirksamkeit hervorgetreten. Ihre Grundlage bildet nämlich der Art. 61 der Norddeutschen Bundesverfassung vom 25. Juni 1867, welcher im wesentlichen bestimmt, daß nach Publikation der Verfassung im ganzen Bundesgebiete die gesamte preußische Militärgesetzgebung ungesäumt einzuführen, sowohl die Gesetze selbst als die zu deren Ausführung, Erläuterung oder Ergänzung erlassenen Reglements, Instruktionen und Reskripte, wobei eine Reihe von Materien namentlich bezeichnet ist, darunter auch die Bestimmungen über Servis- und Verpflegungswesen. Auf Grund dieses Verfassungsartikels hat das Bundespräsidium die Verordnung vom 22. Dezember 1868 erlassen, deren Inhalt dahin geht, daß die in Preußen über die Heranziehung der Militärpersonen und ihrer Hinterbliebenen, sowie der Militärspeiseanstalten zu den Kommunalauflagen geltenden Vorschriften, wie solche in der beigefügten Verordnung, betreffend die Heranziehung der Staatsdiener zu den Kommunalauflagen in den neuerworbenen Landesteilen, vom 23. September 1867 enthalten sind, im ganzen Bundesgebiete, soweit sie darin noch nicht Geltung haben, eingeführt werden. In der beigefügten preußischen Verordnung vom 23. September 1867 §. 11 Abs. 2 ist bestimmt, daß die Militärspeiseanstalten von Verbrauchssteuern in dem in den altpreußischen Landesteilen bestehenden Umfange befreit bleiben sollen. Die gegen die Verfassungsmäßigkeit der Bundespräsidialverordnung vom 22. Dezember 1868 erhobenen Bedenken haben sich nun wesentlich darauf gerichtet, daß die Ausführung des Art. 61 der Bundesverfassung von seiten des Bundespräsidiums statt von seiten der einzelnen Bundesstaaten bewirkt, erst nach etwa $1^1/_2$ Jahren statt ungesäumt erfolgt, auf die nicht zur Militär-, sondern zur Kommunalgesetzgebung gehörende Frage der Heranziehung der Militärpersonen zu den Gemeindeabgaben erstreckt sei, sowie darauf, daß die über die Materie geltenden Vorschriften nur ganz allgemein bezw. unter Hinweis auf die erst nach Emanation der Bundesverfassung und nur für einzelne Teile des preußischen Staates erlassene Verordnung vom 23. September 1867 zur Einführung gebracht seien, statt daß die zur Zeit des Inkrafttretens der Bundesverfassung in Gesamtpreußen gültig gewesenen Gesetze und Verordnungen 2c einzeln und namentlich hätten eingeführt werden sollen. Diesen Bedenken ist Ausdruck verliehen insbesondere auch im Schoße des Norddeutschen Reichstages. Es wurde in der Session von 1868/69 vom Abgeordneten Hagen der Antrag gestellt (Druckſ. Nr. 47), der Reichstag wolle die Bundespräsidialverordnung vom 22. Dezember 1868 als durch Art. 61 der Bundesverfassung nicht gerechtfertigt und, insofern sie der verfassungsmäßigen Zustimmung des

Bundesrates und des Reichstages entbehre, als rechtsverbindliche Norm für die einzelnen Bundesstaaten nicht erachten.

Vgl. Reichstagsverhandlungen von 1869 Bd. 3 S. 173.

Die zur Vorberatung dieses Antrages eingesetzte Kommission nahm zwar an, daß das Bundespräsidium bona fide verfahren sei, beantragte aber doch, der Reichstag möge erklären, daß, abgesehen von anderen beachtlichen Bedenken, der Art. 61 der Bundesverfassung sich nur auf die bei Publikation der letzteren bereits bestandene preußische Militärgesetzgebung, nicht auf spätere Gesetze und Verordnungen beziehe, auch das Verhältnis des Militärs zu den Kommunalsteuern einer gesetzlichen Regelung im Sinne der Einheit des Bundesheeres bedürfe. Gleichzeitig wurde von der Kommission ein Gesetzentwurf vorgeschlagen, welcher die Bundespräsidialverordnung vom 22. Dezember 1868 aufheben und die in den einzelnen Staaten bis zu der letzteren Verordnung geltend gewesenen Gesetze rc hinsichts der Heranziehung der Militärpersonen zu den Kommunalabgaben bis zu anderweiter gesetzlicher Regelung wieder in Kraft setzen wollte.

Vgl. Drucks. Nr. 167, Verhandl. des Reichstages Bd. 3 S. 534. 542.

Der Reichstag nahm in der Sitzung vom 28. Mai 1869 die beantragte Resolution an, während er den Antrag Hagen sowie den vorgeschlagenen Gesetzentwurf (nebst Amendements) ablehnte.

Vgl. Stenogr. Verhandl. Bd. 2 S. 1138—1140.

Im jetzigen Rechtsstreite nun hat Klägerin die obenerwähnten Bedenken gegen die Verfassungsmäßigkeit der Verordnung vom 22. Dezember 1868 wesentlich zu den ihrigen gemacht. Seitens des Berufungsgerichtes ist der letzte dieser Umstände für ausschlaggebend erachtet, indem dasselbe annimmt, daß gemäß Art. 61 der Bundesverfassung allein die zur Zeit des Inkrafttretens der Bundesverfassung geltend gewesene preußische Militärgesetzgebung Gegenstand der Einführung hätte sein dürfen, auch diese Einführung nur durch Namhaftmachung der einzelnen Gesetze und Verordnungen hätte wirksam geschehen können.

Es kann nun dahingestellt bleiben, ob die gegen die Verfassungsmäßigkeit der Bundespräsidialverordnung vom 22. Dezember 1868 erhobenen Bedenken an sich durchgreifend gewesen sein möchten.

Vgl. Laband, a. a. O. Bd. 2 S. 266.

Inzwischen nämlich, und zwar unterm 28. März 1886, ist ein Reichsgesetz erlassen, betreffend die Heranziehung von Militärpersonen zu den Gemeindeabgaben (R.G.Bl. S. 65). Dasselbe bestimmt:

§. 1. Die Verordnung vom 22. Dezember 1868 tritt insoweit außer Kraft, als dieselbe der Heranziehung des außerordentlichen Einkommens der in Offizierrang stehenden Militärpersonen, sowie der Pension der zur Disposition gestellten Offiziere zu den Gemeindeabgaben entgegensteht.

§. 2. Über die Heranziehung des außerdienstlichen Einkommens der in Offizierrang stehenden Militärpersonen und der Pension der zur Disposition gestellten Offiziere zu den Gemeindeabgaben Bestimmung zu treffen, wird der Landesgesetzgebung überlassen.

In der Begründung des mit dem jetzigen Gesetze übereinstimmenden Gesetzentwurfes heißt es:

vgl. Drucks. Nr. 192 in Bd. 3 der Verhandl. des Reichstages von 1868:

Durch Präsidialverordnung vom 22. Dezember 1868 seien die in Preußen über die Heranziehung der Militärpersonen, ihrer Hinterbliebenen und der militärischen Speiseanstalten zu den Kommunalauflagen geltenden Vorschriften, wie solche in der Verordnung vom 23. September 1867 enthalten, auf Grund des Art. 61 der Bundesverfassung im Bundesgebiete eingeführt.

Obgleich damals nicht verkannt worden, daß diese Vorschriften nicht einen ausschließlich militärischen Charakter trügen, sei doch mit Rücksicht darauf, daß es damals vor allem darauf angekommen, die neue Einheitlichkeit des Heerwesens durch jedes zulässige Mittel zu fördern, kein Anstand genommen, bundesrechtliche Bestimmungen auf ein Gebiet auszudehnen, dem außer der militärischen auch eine kommunale, also der Landesgesetzgebung vorbehaltene Bedeutung zukomme. Um letzterer insoweit Geltung zu verschaffen, als es die militärischen Reichsinteressen gestatteten, werde jetzt beabsichtigt, die reichsgesetzliche Bestimmung insoweit außer Kraft zu setzen, als es erforderlich sei, um den einzelnen Bundesstaaten die Möglichkeit zu gewähren, landesgesetzlich die Heranziehung des außerdienstlichen Einkommens der in Offizierrang stehenden Militärpersonen und der Pensionen der zur Disposition gestellten Offiziere zu den Gemeindeabgaben neu zu regeln.

Zu diesem Zwecke müsse zunächst die Verordnung vom 22. Dezember 1868 insoweit außer Kraft gesetzt werden, als dieselbe die zur Durchführung der beabsichtigten Reform erforderliche Zuständigkeit der beteiligten Bundesstaaten beschränke.

Da die Verordnung auf Grund des Art. 61 der Bundesverfassung ergangen und die Einführung von Gesetzen zum Gegenstande habe, so könne die Abänderung derselben nur reichsgesetzlich erfolgen.

Der Bericht der zur Vorberatung dieses Gesetzentwurfes niedergesetzten Kommission hat dessen Annahme beantragt, ohne auf eine Bemängelung der Verfassungsmäßigkeit der Verordnung vom 22. Dezember 1868 zurückzukommen (vgl. Drucks. Nr. 210). Bei der dreimaligen Lesung im Reichstage haben nur einzelne Abgeordnete jene Verfassungsbedenken erneuert; im übrigen ist der Gesetzentwurf ohne Widerspruch angenommen.

Vgl. Stenogr. Berichte Bd. 3 S. 1449. 1593. 1601.

Zieht man nun den Inhalt und die Entstehungsgeschichte dieses Reichsgesetzes vom 28. März 1886 in Betracht und erwägt daneben, daß die Bundespräsidialverordnung vom 22. Dezember 1868, nachdem im Jahre 1869 der Antrag Hagen, dieselbe für nicht verfassungsgemäß und nicht rechtsverbindlich zu erklären, abgelehnt worden, inzwischen in thatsächlicher Geltung gewesen ist, so erscheint die Annahme gerechtfertigt, daß die gesetzgeberischen Faktoren des Reiches bei Erlaß des Gesetzes vom 28. März 1886 von der Rechtsgültigkeit der Verordnung vom 22. Dezember 1868 ausgegangen sind und die letztere, soweit solche nicht im Gesetze ausdrücklich außer Kraft gesetzt ist, haben aufrechterhalten wollen, daß dies auch in dem Reichsgesetze vom 28. März 1886 genügend zum Ausdrucke gebracht ist, und daß somit die von Hause aus gegen die Verfassungsmäßigkeit der Bundespräsidialverordnung etwa bestandenen Bedenken vermöge eines späteren Aktes der Reichsgesetzgebung selbst behoben sind.

Demzufolge ist der Grund, auf welchem das Berufungsurteil beruht, unzutreffend, und das letztere unterliegt der Aufhebung.

2. In der Sache selbst ist mit dem Landgerichte davon auszugehen, daß kraft der Bundespräsidialverordnung vom 22. Dezember 1868 das zur Zeit des Inkrafttretens der Norddeutschen Bundesverfassung (am 1. Juli 1867) in Geltung gewesene altpreußische Recht

bezüglich der Befreiung der Militärspeiseanstalten von kommunalen Verbrauchssteuern im ganzen Bundesgebiete, und somit auch im Herzogtume Gotha, zur Einführung gelangt ist.

Was den Inhalt dieser Steuerfreiheit der Militärspeiseanstalten anlangt, so bestimmt die in der Bundespräsidialverordnung vom 22. Dezember 1868 angezogene, für die neuerworbenen Landesteile erlassene preußische Verordnung vom 23. September 1867 §. 11 Abs. 2 übereinstimmend mit den altpreußischen Städteordnungen vom 30. Mai 1853 §. 4 Abs. 4 und vom 19. März 1856 §. 4 Abs. 6, daß die Befreiung in dem bisherigen Umfange bestehen bleiben soll. Zur Ermittelung dieses Umfanges ist zurückzugehen auf die revidierte Städteordnung vom 17. März 1831, deren §. 38 vorschreibt, daß die servisberechtigten aktiven Militärpersonen von allen Beiträgen zu persönlichen Gemeindelasten und Gemeindediensten befreit sein sollen, außer von Zuschlägen zu indirekten Verbrauchssteuern, soweit nicht durch landesherrliche Verfügung besondere Ausnahmen festgesetzt worden. Dieser Vorschrift ist durch die Kabinetsorder vom 29. Mai 1834 auch für die unter der Städteordnung vom 19. November 1808 stehenden Städte Anwendung verliehen. Nun ist die zu den indirekten Verbrauchssteuern gehörende Schlachtsteuer, um welche es sich bei dem vorliegenden Rechtsstreite handelt, als Gemeindesteuer allerdings in Preußen auf Grund des Gesetzes vom 30. Mai 1820, betreffend die Einrichtung des Abgabenwesens, bis zum Erlasse des Gesetzes vom 25. Mai 1873, betreffend die Aufhebung der Mahl- und Schlachtsteuer, nur im Wege der Erhöhung oder eines Zuschlages zur staatlichen Schlachtsteuer erhoben. Denn das Gesetz vom 30. Mai 1820 bestimmte in §. 13, daß die Gemeinden ihren Ausgabenbedarf besonders aufzubringen hätten, was im Wege der Erhöhung der nach §. 1 neu geregelten staatlichen Klassen- bezw. Mahl- und Schlachtsteuer, durch andere Auflagen aber nur da, wo solche schon beständen und weiter erforderlich seien, geschehen könne. Vermöge des Gesetzes vom 25. Mai 1873 wurde in allen schlacht- und mahlsteuerpflichtigen Städten die Schlacht- und Mahlsteuer aufgehoben und die Klassensteuer eingeführt, jedoch vorbehaltlich der Befugnis der Gemeinden, die Schlachtsteuer, sofern die Lage des städtischen Haushaltes es erfordere und die örtlichen Verhältnisse geeignet seien, fortzuerheben (§§. 1. 2). Unter der Herrschaft des Gesetzes vom 30. Mai 1820 würden daher die Militärpersonen gemäß der Regel des §. 38 der revidierten Städteordnung vom 17. März 1831 einer Befreiung von der Gemeindeschlachtsteuer nicht teilhaftig gewesen sein. Allein zu Gunsten der Militärspeiseanstalten ist eine besondere Ausnahme kraft landesherrlicher Verfügung, wie solche in dem §. 38 a. a. O. zugelassen worden, durch die Kabinetsorder vom 12. August 1824 in Verbindung mit den Ministerialreskripten vom 28. Oktober 1824 und 7. Februar 1825 wie mit der Kabinetsorder vom 13. Februar 1836 getroffen. Es bestimmt nämlich die Kabinetsorder vom 12. August 1824, betreffend die Befreiung der Militärspeiseanstalten von der Kommunalschlachtsteuer (vgl. v. Kamptz, Annalen für 1824 S. 1200), folgendes:

„Auf den Bericht, den das Staatsministerium über die Befreiung des Militärs von dem Kommunalzuschlag auf die Schlachtsteuer an mich erstattet hat, setze ich fest, daß in allen Garnisonen, wo eigene Speiseanstalten für das Militär bestehen, die Kommunalsteuer für das darin konsumierte Fleisch, welches ganz genau nachgewiesen und kontrolliert werden kann, dem Militär zurückvergütet werden soll, es mag von ihnen selbst geschlachtet werden oder nicht. Ich trage den betreffenden Ministerien auf, diesem gemäß das weitere zu verfügen."

Infolge dieses Auftrages erließ der Minister des Inneren am 28. Oktober 1824 ein Cirkularreskript an die Regierungen (v. Kamptz, a. a. O. S. 1201), in welchem es heißt:

... „An der bewilligten Vergünstigung haben teilzunehmen:

„1. die in den Kasernen befindlichen Speiseeinrichtungen ...,

2. die in den nicht mit Kasernen versehenen Garnisonen unter Aufsicht und Kontrolle der Militärvorgesetzten ... errichteten Speisevereine, welche ebenfalls als eigene Speiseanstalten des Militärs anzusehen sind,

3. die in den Lazaretten vorhandenen Speiseeinrichtungen.

Was das Liquidationsverfahren wegen des dem Militär aus den Kämmereikassen zurückzuzahlenden Kommunalsteueraufschlages betrifft, so ist es dem Zwecke am entsprechendsten, wenn Auszüge aus den Rechnungen der Speiseanstalten gefertigt, solche von der Kommission, der die Verwaltung der betreffenden Speiseanstalt übertragen ist, hinsichts der Richtigkeit attestiert und den Magistraten unmittelbar monatlich übergeben werden. Die letzteren haben die zu erstattenden

Beträge alsdann ohne Dazwischenkunft der Steuerbehörde auf die Kämmereikassen, in welche der unverkürzte Kommunalaufschlag aus der Steuerkasse übergezahlt wird, anzuweisen."

Demnächst ist die Kabinetsorder vom 12. August 1824 durch das Ministerialreskript vom 7. Februar 1825 (vgl. v. Kamptz, Annalen für 1825 S. 268) auf die Speiseanstalten der Soldaten (im Gegensatze zu den Offizieren) eingeschränkt, andererseits durch die Kabinetsorder vom 13. Februar 1836 (vgl. v. Kamptz, Annalen für 1836 S. 151) auf das von Truppen unter anderen, als Garnisonverhältnissen (z. B. im Lager, Kantonnement), konsumierte Fleisch ausgedehnt.

Von dem sonach festgestellten Rechtszustande aus beurteilt, findet nun aber der von dem Beklagten verfochtene Anspruch der Gothaer Militärspeiseanstalten auf Befreiung von der klägerischen Verbrauchsabgabe seine volle Begründung. Denn aus der zu Gunsten der Militärspeiseanstalten durch die Kabinetsorder vom 12. Augnst 1824 nebst Ministerialreskripten vom 28. Oktober 1824 und 7. Februar 1825 getroffenen Ausnahmebestimmungen ergiebt sich, daß die zu Gotha bestehenden Anstalten dieser Art (Mannschaftenmenage und im Lazarett) ein Recht nicht bloß darauf haben, daß sie von Entrichtung der städtischen Verbrauchsabgabe auf das ihrerseits von außerhalb bezogene Fleisch befreit sind, sondern auch, worauf es den Klaganträgen gegenüber wesentlich ankommt, darauf, daß ihnen die Verbrauchsabgabe für alles von ihnen konsumierte Fleisch, gleichviel ob sie die Abgabe direkt an Klägerin entrichten oder indirekt durch Vergütung der von ihren Gothaer Fleischlieferanten entrichteten Abgabe zahlen müssen, von seiten der Klägerin zurückvergütet wird.

Die von der Klägerin hiergegen erhobenen Einwendungen erscheinen nicht erheblich. Zunächst meint Klägerin, es bestehe ein wesentlicher Unterschied zwischen der Gothaer und der früheren preußischen Gemeindeschlachtsteuer insofern, als erstere eine selbständige, letztere nur ein Zuschlag zur staatlichen Schlachtsteuer gewesen sei. Dem ist jedoch nicht beizutreten. Allerdings hat die preußische Kommunalschlachtsteuer betreffs der Art ihrer Erhebung in Verbindung mit der staatlichen Schlachtsteuer gestanden; abgesehen hiervon ist sie aber ebenfalls eine selbständige, auf dem Besteuerungsrechte der Gemeinde beruhende Steuer gewesen. Es spricht denn auch die Kabinetsorder vom 12. August 1824 geradezu von der Kommunalschlachtsteuer, und das Gesetz vom 25. Mai 1873 hat die Schlachtsteuer, welche es als Staatssteuer beseitigte, als Gemeindesteuer auch noch fernerhin zugelassen. Eventuell macht Klägerin geltend, der Anspruch der Militärspeiseanstalten auf Steuerfreiheit könne sich mindestens nicht auf dasjenige Fleisch erstrecken, welches die Anstalten von Gothaer Fleischern geliefert erhielten, für welches also die Verbrauchsabgabe von seiten der Lieferanten entrichtet sei. Einer derartigen Einschränkung stehen indes Wortlaut und Sinn der Kabinetsorder vom 12. August 1824 und des Ministerialreskriptes vom 28. Oktober 1824 entgegen. Denn wenn diese Kabinetsorder es in Ansehung des Steuererstattungsanspruches der Militärspeiseanstalten für belanglos erklärt, ob dieselben das in ihnen konsumierte Fleisch selbst geschlachtet oder nicht, so ist letztere Alternative auch auf den hier streitigen Bezugsfall auszudehnen. Zwar beruft Klägerin sich noch darauf, daß in einem solchen Falle sich nicht feststellen lasse, ob und wieviel Steuer die Militärverwaltung ihren Lieferanten als Zuschlag zum reinen Kaufpreise zahle, und daß die Stadt daher möglicherweise mehr Steuer, als sie empfangen, zu vergüten habe. Allein in der Kabinetsorder vom 12. August 1824 ist ausdrücklich vorgesehen, daß die Steuervergütung nur für dasjenige Fleisch zu erfolgen hat, welches genau nachgewiesen und kontrolliert werden kann; und in dem dazu ergangenen Ministerialreskripte vom 28. Oktober 1824 (wie in dem späteren Reskripte vom 11. März 1836 (vgl. v. Kamptz, Annalen S. 150, zur Ausführung der Kabinetsorder vom 13. Februar 1836) ist das Liquidationsverfahren wegen des dem Militär aus den Kämmereikassen zurückzuzahlenden Kommunalsteueraufschlages geregelt. Danach ist Klägerin nicht befugt, wie sie es gegenwärtig versucht, grundsätzlich überhaupt ihre Verpflichtung zur Steuererstattung hinsichts desjenigen Fleisches, welches die Gothaer Militärspeiseanstalten von dortigen Fleischern kaufen, von sich abzulehnen; sie kann vielmehr nur späterhin, sobald es sich um Ausführung der Steuerzurückvergütung handelt, in jedem einzelnen Falle verlangen, daß ihr in der ministeriell vorgeschriebenen Weise der genaue Nachweis dafür geliefert werde, daß, soweit die zur Erstattung gestellte Verbrauchssteuer sich auf Fleisch bezieht, welches die Militärspeiseanstalten von Gothaer Fleischern gekauft, an diese auch wirklich eine Vergütung der zuvor an Klägerin entrichteten Abgabe erfolgt sei.

Sonach erweist die Klage sich als ungerechtfertigt, und daraus folgt die Zurückweisung der klägerischen Berufung gegen die landgerichtliche Entscheidung."

---

2. Ist die am 6. Januar 1854 zwischen Sachsen und Österreich abgeschlossene Übereinkunft wegen der gegenseitigen Behandlung von Konkursfällen durch §. 207 der Reichskonkursordnung und §. 4 des Einführungsgesetzes zur Konkursordnung außer Kraft gesetzt?

VI. Civilsenat. Urt. v. 1. Juli 1889 i. S. H. u. Th. u. Gen. (Bekl.) w. E. (Kl.) Rep. VI. 107/89.

I. Landgericht Leipzig.
II. Oberlandesgericht Dresden.

Über das Vermögen der Firma W. & Sohn in Wien war am 9. Mai 1888 in Wien das Konkursverfahren eröffnet worden. Später hatten Gläubiger der Firma bewegliches Vermögen derselben, welches sich in Leipzig befand, auf Grund vollstreckbarer Urteile pfänden lassen. Der ausländische Konkursverwalter focht die Pfändung als prozessual mangelhaft, sowie mit Bezug auf die am 6. Januar 1854 zwischen Sachsen und Österreich abgeschlossene Übereinkunft wegen der gegenseitigen Behandlung von Konkursfällen[1] an. Die erste und zweite

[1] Der Art. 2 der Übereinkunft bestimmt:
„Der — in dem einen Staate eröffnete Konkursprozeß erstreckt sich auch auf das in dem anderen Staate befindliche, bewegliche Vermögen des Gemeinschuldners, dasselbe muß daher auf Verlangen des Konkursgerichtes von demjenigen Gerichte, wo das Vermögen sich befindet, sichergestellt, inventiert und entweder in Natur oder nach vorgängiger Verwertung zur Konkursmasse ausgeantwortet werden. Hierbei finden jedoch folgende Einschränkungen statt: 1.—2. Ebenso können vor der Ausantwortung des Vermögens an das allgemeine Konkursgericht alle nach den Gesetzen desjenigen Staates, in welchem das auszuantwortende bewegliche Vermögen sich befindet, zulässigen und vor Ausbruch des Konkurses erworbenen Eigentums-, Pfand- und Retentionsrechte an den zu diesem Vermögen gehörigen und in dem betreffenden Staate befindlichen Gegenständen vor dessen Gerichten geltend gemacht werden, und ist sodann aus deren Erlös die Befriedigung dieser Gläubiger zu bewirken und nur der Überrest an die Konkursmasse abzuliefern."
D. E.

Instanz erkannten in Gemäßheit der Klagebitte. Die Revision der Beklagten wurde zurückgewiesen.

Aus den Gründen:

„Die Frage, ob die Bestellung der angefochtenen Pfandrechte den Vorschriften der Civilprozeßordnung entspricht, braucht nicht entschieden zu werden. Denn der Erwerb der Pfandrechte würde erst in die Zeit nach Ausbruch des gegen die Firma W. und Sohn in Wien eröffneten Konkurses fallen, und nunmehr wäre die Zwangsvollstreckung in das inländische Vermögen der Gemeinschuldner nach Art. 2 der zwischen Sachsen und Österreich im Jahre 1854 geschlossenen Übereinkunft unstatthaft gewesen. Somit ist der Klagantrag schon dann begründet, wenn diese Übereinkunft noch jetzt Geltung hat. Auch das Reichsgericht erachtet dieselbe für fortdauernd gültig.

An sich zwar stand es den Beklagten frei, aus dem inländischen Vermögen ihrer ausländischen Schuldner sich zu befriedigen, da Ausnahmen von der Bestimmung des §. 207 Abs. 1 K.O. durch den Reichskanzler zur Zeit noch nicht angeordnet worden sind. Daraus folgt indessen nicht, daß dergleichen Ausnahmen nicht in einzelnen Ländern des Deutschen Reiches auf Grund früherer Staatsverträge zuzulassen wären. Der §. 4 des Gesetzes, betreffend die Einführung der Konkursordnung, hebt lediglich die Vorschriften der „Landesgesetze" über das Konkursverfahren und das Konkursrecht auf. Staatsverträge werden dabei nicht erwähnt, lassen sich auch unter dem Ausdrucke „Landesgesetze" nicht begreifen. Rechtsnormen, welche in Staatsverträgen enthalten sind, beruhen nicht, wie Landesgesetze, auf einer Verfügung der gesetzgebenden Gewalten, sondern auf der Willenseinigung der vertragschließenden Staaten und können deshalb in der Regel bloß mit Zustimmung beider Vertragschließenden außer Geltung gesetzt werden. Das einseitige Abgehen von dem geschlossenen Vertrage würde wohlerworbene Rechte des anderen Teiles verletzen. Darum ist die Absicht der Vertragsaufhebung dem Gesetze nicht zu unterstellen, falls dazu nicht zwingende Gründe vorliegen. Die Betrachtung allein, daß, wenn die älteren Verträge einzelner Bundesstaaten noch für wirksam gehalten werden, dann die Beziehungen zu dem Auslande in konkursrechtlicher Hinsicht für das ganze Reichsgebiet einheitlich nicht geregelt sind, liefert keinen zwingenden Grund. Jedenfalls ist eine unzweideutige reichsgesetzliche Bestimmung dahin, daß Ausnahmen von dem in §. 207 Abs. 1 K.O. aufgestellten Satze nur auf dem im zweiten Absatze vorgezeichneten Wege getroffen werden können, nicht erlassen und in §. 207 K.O. nicht zu finden.

Überdem bemerken die Motive zu §. 4 K.O. S. 32 und zu §§. 3—7 des Einführungsgesetzes S. 463 ausdrücklich, daß der Gesetzentwurf in die bestehenden Verträge mit außerdeutschen Staaten nicht eingreifen wolle und dies nur deshalb nicht zum Ausdrucke gebracht habe, weil es sich von selbst verstehe, daß „Verträge durch die Gesetzgebung des einen kontrahierenden Teiles einseitige Änderung nicht erleiden können". Gegen die Ansicht der Motive sind bei der Beratung des Gesetzes im Reichstage Bedenken nicht geäußert worden. Um so gewisser darf das Einverständnis aller zur Reichsgesetzgebung Berufenen über die Fortgeltung der abgeschlossenen Staatsverträge, mithin darüber vorausgesetzt werden, daß die in §. 4 des Einführungsgesetzes angeordnete Außerkraftsetzung konkursrechtlicher Bestimmungen der Landesgesetze sich nicht mit auf Staatsverträge beziehen solle."

---

3. 1. Kann eine Aktiengesellschaft wegen frauduloser Einbringung von Vermögensgegenständen im Gesellschaftsvertrage durch die Gläubiger der Einbringenden (Gründer) mit der Anfechtungsklage belangt werden?

2. Liegt bei der Anfechtungsklage die Absicht des Schuldners, seine Gläubiger zu benachteiligen, auch dann vor, wenn die Schädigung für einen nur eventuell eintretenden bestimmten Fall gewollt ist?

V. Civilsenat. Urt. v. 6. Juli 1889 i. S. Straßenbahn-Aktiengesellsch. zu Wiesbaden (Kl. u. Widerbekl.) w. S. (Bekl. u. Widerkl.) Rep. V. 79/89.

I. Landgericht I Berlin.
II. Kammergericht daselbst.

Aus den Gründen:

„Die Revision der Klägerin ist zwar dem Gegenstande nach zulässig, jedoch nicht begründet.

Es liegt folgender Sachverhalt vor.

Der Beklagte S. hat am 25. Juli 1881 mit der Stadt Wiesbaden einen Konzessionsvertrag behufs Erbauung einer Straßenbahn von

Wiesbaden nach Biebrich abgeschlossen und in Erfüllung desselben am 11. November 1881 der Stadt Wiesbaden eine Kaution von 6000 ℳ, bestehend in drei Stück vierprozentiger preußischer Staatsanleihe, bestellt. Am 17. November 1883 hat er sodann seine Rechte aus dem Vertrage mit der Stadt Wiesbaden, insbesondere auch diejenigen auf die Rückzahlung der Kaution, der offenen Handelsgesellschaft Wiesbadener Pferdeeisenbahn H. und L. zu vollem Eigentume cediert und sich wegen der Cessionsvaluta befriedigt erklärt. Der Stadt Wiesbaden ist von der Cession Kenntnis gegeben. Am 27. November 1883 hat die Wiesbadener Pferdeeisenbahn H. und L. die ihr von dem Beklagten am 17. November 1883 übertragenen Rechte an die neubegründete Aktiengesellschaft in Firma Straßenbahn-Aktiengesellschaft in Wiesbaden, die jetzige Klägerin, cediert und über den Empfang der Valuta quittiert. Auch von dieser Cession ist der Stadt Wiesbaden Mitteilung gemacht. Demnächst hat der Beklagte auf Grund eines vollstreckbaren Zahlungsbefehles vom 20. September 1884 gegen die Kaufleute H. und L. wegen einer Forderung von 10 000 ℳ nebst Zinsen und Kosten den angeblich seinen gedachten Schuldnern zustehenden Anspruch gegen die Stadt Wiesbaden auf Herausgabe der Kaution pfänden und sich zur Einziehung überweisen lassen. Der Pfändungs- und Überweisungsbeschluß ist vom Amtsgerichte I zu Berlin am 12. November 1884 erlassen und der Stadt Wiesbaden am 12. Januar 1885 zugestellt. Letztere hat die Wertpapiere an den Gerichtsvollzieher Sch. mit der Erklärung herausgegeben, daß sie keinerlei Ansprüche auf die Kaution erhebe. Sie sind jetzt bei der Regierungshauptkasse zu Wiesbaden hinterlegt. Da der Beklagte in die Herausgabe der Wertpapiere nicht willigt, so hat Klägerin Klage erhoben mit dem Antrage

1. den Pfändungsbeschluß vom 12. November 1884 ihr gegenüber für unwirksam zu erklären und
2. den Beklagten zur Einwilligung in die Aushändigung der Papiere an sie zu verurteilen.

Die Einreden des Beklagten und die Widerklage sind dahin begründet, daß die Cession vom 27. November 1883 fraudulos und nach dem Reichsgesetze vom 21. Juli 1879 anfechtbar sei.

Wie der Berufungsrichter als unstreitig feststellt, ist dem Beklagten als Valuta für die Cession vom 17. November 1883 von der Wiesbadener Pferdeeisenbahn-Gesellschaft H. und L. der Betrag von

30 000 ℳ versprochen, nach der Feststellung des ersten Richters durch Vertrag vom 9. Juni 1883. Der Beklagte hat zur Deckung dieser Schuld eine Anzahl von Wechseln, gezogen auf H. und L., darunter auch denjenigen über 10 000 ℳ, erhalten, auf welchen sich der Zahlungsbefehl vom 20. September 1884 und der Pfändungsbeschluß vom 12. November 1884 beziehen. Bei Übersendung der Wechsel hatte die Handlung H. und S. sich in einem Schreiben vom 17. November 1883 verpflichtet, dem Beklagten zu seiner Sicherung bis zum 15. Dezember 1883 30 000 ℳ Aktien der zu begründenden Wiesbaden-Biebricher Lokal- und Straßenbahn zu übergeben, falls der Frankfurter Bankverein die ihm eingeräumte Option (zu 80 Prozent) nicht ausüben würde, anderenfalls statt der Aktien bares Geld gegen Auslieferung der Accepte zu zahlen, oder dem Beklagten ein ihm genügendes Depot zu übergeben.

Am 27. November 1883 erfolgte die Gründung der Straßenbahn-Aktiengesellschaft für Wiesbaden (Kl.) in der Weise, daß das Grundkapital auf 250 000 ℳ, eingeteilt in 500 Aktien à 500 ℳ, festgesetzt wurde. Die Gründer waren H., L., R. und F. Der §. 4 des Gesellschaftsvertrages bezeugte, daß die Aktien voll eingezahlt seien, und zwar 2000 ℳ (durch R. und F.) bar, 248 000 ℳ nach §. 5 von der offenen Handelsgesellschaft Wiesbadener Pferdeeisenbahn H. und L. durch Illation von

a) dem ihr gehörigen Inventar, Mobilien und Immobilien, Geleiseanlagen und 16 Pferden,

b) der bei der Stadt Wiesbaden deponierten Kaution von 9000 ℳ,

c) der von dem Beklagten erworbenen Baukonzession nebst den zur Sicherheit von ihm bestellten Kautionen im Gesamtbetrage von 20 000 ℳ in preußischen Konsols (darunter die jetzt streitigen 6000 ℳ),

d) einem Wechsel über 8000 ℳ.

Der Wert dieser Einlagen wurde auf 248 000 ℳ bestimmt. Die Aktiengesellschaft gewährte der Pferdeeisenbahngesellschaft H. und L. 496 Aktien à 500 ℳ. Der Betrieb der Pferdeeisenbahn sollte zum 1. Dezember 1883 auf die Klägerin übergehen. Die Schulden der ersteren übernahm die Klägerin nicht, sondern es blieben dieselben zu Lasten von H. und L. Die Eintragung der Klägerin in das Handelsregister hat im Dezember 1883 stattgefunden. Bald hierauf verpfändeten H. und L. dem Frankfurter Bankverein für zwei von demselben erhaltene Darlehen zu je 12 000 ℳ 494 Stück Aktien. Dieselben sind zum Nominalwerte von 230 000 ℳ für etwas mehr als 24 000 ℳ demnächst versteigert. Am 21. März 1884 ist im Firmenregister des Amtsgerichtes I zu Berlin die dort bestehende offene Handelsgesellschaft H. und L. gelöscht, und am 17. April 1884 im Firmenregister des Amtsgerichtes zu Wiesbaden der Übergang der Aktien der Pferdeeisenbahngesellschaft H. und L. auf die Klägerin und deren Erlöschen eingetragen.

Der Beklagte behauptet nun, daß die Einwerfung der gesamten Aktiva der Pferdeeisenbahngesellschaft H. und L., insbesondere auch des hier fraglichen Anspruches auf Rückzahlung der Kaution von 6000 ℳ, in der allen Kontrahenten des Gesellschaftsvertrages vom 27. November 1883 bekannten Absicht, ihn als Gläubiger zu benachteiligen, erfolgt sei. Die zwei Gründer R. und F., frühere Bedienstete von H. und L., hätten nur als Strohmänner figuriert und die Absicht der beiden Inferenten gekannt. Auch der damalige Direktor der Pferdeeisenbahngesellschaft B. habe doloserweise bei Abschluß des Vertrages mitgewirkt. Da die Aktiengesellschaft bei ihrer Eintragung aus denselben Personen, welche den Gesellschaftsvertrag geschlossen hatten, bestand und B. ihr Direktor wurde, so lasse sich deren Kenntnis von der Fraudulosität nicht bezweifeln.

Beklagter führt weiter aus, daß auch die übrigen Voraussetzungen zur Anwendung des Anfechtungsgesetzes vorliegen. Als Benachteiligung sei schon die Umwandlung des Vermögens der Pferdeeisenbahngesellschaft in Aktien anzusehen, da durch diesen Akt die Beiseiteschaffung der Aktien wesentlich erleichtert werde. Beklagter macht nähere Angaben über die Zahlungsunfähigkeit der früheren Inhaber der gedachten offenen Handelsgesellschaft und ist der Ansicht, daß der von ihm gegen H. und L. erworbene vollstreckbare Schuldtitel der Vorschrift des §. 2 des Anfechtungsgesetzes entspricht, da er nach Löschung der offenen Handelsgesellschaften in Berlin und Wiesbaden seine Rechte gegen diese nur gegen H. und L. verfolgen konnte. Er beantragt, die Klägerin zu verurteilen, daß sie in seine Befriedigung aus den hinterlegten Wertpapieren und deren Aushändigung an ihn zu diesem Zwecke willige.

Die Klägerin erwidert, daß eine Aktiengesellschaft, deren Aktien sich bereits in den Händen gutgläubiger Dritter befänden, wegen Vorgängen bei der Gründung überhaupt nicht in Anspruch genommen werden könne. Ferner bestreitet sie die arglistige Absicht der Pferdeeisenbahngesellschaft bezw. des H. und L. und hebt namentlich hervor, daß der Beklagte die beabsichtigte Einwerfung der Kaution bei der Cession vom 17. November 1883 gekannt und gebilligt habe. Von einer conscientia fraudis könne bei ihr aber keine Rede sein, weil sie am 27. November 1883 rechtlich noch nicht bestand, sondern erst durch die Eintragung vom Dezember 1883 ins Leben gerufen wurde. Die dolose Handlung habe erst mit der Verpfändung der 494 Aktien an den Frankfurter Bankverein durch H. und L. begonnen. Klägerin bestreitet ferner, daß der Beklagte einen vollstreckbaren Titel gegen die Pferdeeisenbahngesellschaft H. und L. erworben habe, und daß diese beiden Schuldner des Beklagten zahlungsunfähig seien. In zweiter Instanz hat die Klägerin endlich das Recht beansprucht, mit einem ihr von einem anderen Gläubiger der Pferdeeisenbahngesellschaft (B.) cedierten angeblichen Anspruche von 1600 ℳ nebst Zinsen und Kosten aufzurechnen. Dem ist vom Beklagten aus prozessualen und materiellen Gründen widersprochen.

Der erste Richter hat die Klage abgewiesen und die Klägerin dem Antrage in der Widerklage gemäß verurteilt, der zweite Richter die Berufung der Klägerin zurückgewiesen. In den Entscheidungsgründen des zweiten Urteiles wird ausgeführt, die Zulässigkeit der gegen die klagende Aktiengesellschaft gerichteten Anfechtung des ihre Grundlage bildenden Gesellschaftsvertrages vom 27. November 1883 sei unbedenklich, weil der Verein der Gründer mit der durch die Registrierung entstandenen Aktiengesellschaft identisch erachtet werden müsse; letztere sei wie in die Rechte, so in die Pflichten des Gründervereines succediert, sie könne nicht durch dolus der Gründer mit einem ihr fraudulos zugewendeten Vermögen entstehen. Der Berufungsrichter nimmt weiter an, daß alle Bedingungen der Anfechtungsklage vorliegen. Dies gelte

1. von dem vollstreckbaren Schuldtitel. Wenn auch ursprünglich die Handelsgesellschaft Wiesbadener Pferdeeisenbahn H. und L. Schuldnerin des Beklagten gewesen sei, so habe dieser nach ihrer Löschung nur gegen die persönlich haftenden Inhaber H. und L. klagen können. Der Zahlungsbefehl sei rechtskräftig und die Forderung fällig.

2. Aus einer Reihe von Thatsachen — Ableistung des Offenbarungseides durch H., frühere fruchtlose Zwangsvollstreckung bei H.

und L., Zugeständnis der Klägerin in dem von B. gegen sie geführten Prozesse — müsse die Überzeugung gewonnen werden, daß eine Zwangsvollstreckung gegen beide Schuldner wegen der Forderung des Beklagten zu dessen vollständiger Befriedigung nicht geführt habe und nicht führen würde. Durch Auskunft der Ältesten der Kaufmannschaft zu Berlin, also durch ein Gutachten, könne der Beweis der Zahlungsfähigkeit des L. nicht geführt werden.

3. Die Benachteiligung des Beklagten durch die Cession vom 27. November 1883 und die Absicht der Benachteiligung seitens der Pferdebahngesellschaft bezüglich ihrer Inhaber H. und L. ergeben sich daraus, daß zur Zeit der Gründung die Forderung des Beklagten von 10 000 ℳ bereits bestand, und daß die Gesellschaft ihr Aktivvermögen durch Einbringung desselben dem Zugriffe des Beklagten entzog; schon die Umwandlung des Vermögens in Aktien enthalte eine Benachteiligung des Beklagten; durch die Verpfändung und den Verkauf der Aktien hätten dann H. und L. dem Beklagten die Mittel zu seiner Befriedigung entzogen. Es müsse angenommen werden, daß dieser Erfolg von ihnen vorausgesehen und beabsichtigt sei. Anlangend den Einwand der Klägerin, daß der Beklagte sich mit der Einbringung des Vermögens der Pferdebahngesellschaft in die Aktiengesellschaft einverstanden erklärt habe, stellt der Berufungsrichter auf Grund von Zeugenaussagen aus dem Prozesse des B. gegen die Klägerin fest, es sei schon vor Abschluß des Gründungsvertrages von H. und L. bei ihren Verhandlungen mit dem Frankfurter Bankverein ausbedungen, daß letzterer bei Nichtausübung des ihm gewährten Optionsrechtes ihnen Vorschüsse auf die zu verpfändenden Aktien geben solle, und daß es sich für H. und L. schon damals in erster Linie darum handelte, ihr Vermögen zu einem Gegenstande zu machen, der als Sicherheit für einen Vorschuß dienen konnte. Der Berufungsricher hat dadurch die Überzeugung gewonnen, daß H. und L. schon bei der Gründung der Aktiengesellschaft wenigstens eventuell, das heißt für den Fall, daß der Bankverein die Aktien nicht zum Kurse von 80 Prozent übernehmen würde, die Absicht gehabt haben, dieselben ohne Zustimmung des Beklagten und unter Nichtberücksichtigung ihrer diesem gegenüber eingegangenen Verpflichtungen zur Aushändigung von 30 000 ℳ Aktien an den Bankverein für den ihnen zu leistenden Vorschuß zu verpfänden. Da hiernach die Benachteiligung des Beklagten schon

durch die Umwandlung des Vermögens seiner Schuldner in Aktien, und nicht erst durch die spätere Verpfändung der Aktien eingetreten sei, so nimmt der Berufungsrichter an, daß es auf eine Feststellung des Einverständnisses des Beklagten mit dem Gründungsvertrage nicht ankomme, zumal die Zustimmung nur unter der unerfüllt gebliebenen Voraussetzung seiner Befriedigung durch Übertragung der Aktien abgegeben sein könne. Die Kenntnis der Mitgründer R. und F. von der Absicht des H. und L., den Beklagten eventuell zu schädigen, folgert der Berufungsrichter aus ihren geschäftlichen Beziehungen zu H. und L. und sagt, daß sie überhaupt nur als Strohmänner zugezogen seien. Da hiernach alle Personen, welche den Gesellschaftsvertrag vom 27. November 1883 abgeschlossen haben, die fraudulose Absicht des H. und L. kannten, da ferner dieselben Personen die Inhaber des gesamten Aktienkapitales waren und in der behufs Konstituierung der Aktiengesellschaft abgehaltenen Generalversammlung einstimmig das Statut angenommen und die Vermögensübertragung der Pferdeeisenbahngesellschaft H. und L. gekannt haben, so nimmt der Berufungsrichter an, daß die Klägerin bei der Übertragung der fraglichen Vermögensobjekte die fraudulose Absicht der Pferdeeisenbahngesellschaft gekannt habe, ohne daß es darauf ankomme, ob der Direktor der Aktiengesellschaft B. (zur Zeit ihrer Entstehung) Kenntnis von dieser Absicht besaß. Danach erscheine sowohl die Einrede als die Widerklage begründet.

Anlangend die Kompensationseinrede gegen die Widerklage, so stützt Klägerin ihr Recht auf folgenden Thatbestand. Der Kaufmann B. hat gegen die Pferdeeisenbahngesellschaft H. und L. ein rechtskräftges Urteil vom 28. Februar 1884 auf Zahlung von 2400 ℳ nebst Zinsen und Kosten erstritten und wegen der ihm zustehenden Forderung am 3./7. Mai 1884 den Anspruch der Pferdeeisenbahngesellschaft gegen die Stadt Wiesbaden auf Rückgabe der hier fraglichen 6000 ℳ preußische Konsols pfänden und sich dieselben am 11. Dezember 1885 zur Einziehung überweisen lassen. Am 16. April 1886 hat B. auf seine Forderung 800 ℳ gezahlt erhalten und nunmehr seine Restforderung von 1600 ℳ nebst Zinsen und Kosten sowie den ihm aus den Pfändungs- und Überweisungsbeschlüssen zustehenden Rechten am 15. September 1886 der Klägerin abgetreten. Da der Pfändungsbeschluß, auf welchen Beklagter sein Recht gründet, erst am 12. November 1884 erlassen ist, so glaubt Klägerin, daß derselbe ihr gegenüber auf Höhe von 1600 ℳ nebst Zinsen und Kosten für unwirksam erklärt werden und Beklagter in die Auszahlung dieses Betrages an sie bei der Versilberung der deponierten Papiere willigen müsse.

Der Beklagte widerspricht der Zulassung der Einrede auf Grund des §. 491 C.P.O. und macht weiter geltend, B. sei wegen seiner ganzen Forderung noch vor der Cession vom 15. September 1886 von der Klägerin befriedigt worden; er habe also der Klägerin keine Rechte mehr abtreten können. Der Berufungsrichter hat auf Grund dieser nicht bestrittenen Angabe die Einrede verworfen, ohne zu erörtern, ob §. 491 a. a. O. Anwendung finde.

Die Beschwerden der Klägerin richten sich

1. gegen die Entscheidung des Berufungsrichters, wonach Forderungen aus fraudulosen Rechtshandlungen der Gründer bei Abschluß des Gesellschaftsvertrages gegen die Aktiengesellschaft verfolgt werden können. Es wird ausgeführt, daß die jetzt klagende Straßenbahnaktiengesellschaft bei Abschluß des Gesellschaftsvertrages am 27. November 1883 noch nicht existierte, vielmehr erst gemäß Art. 211 H.G.B. durch die Eintragung in das Handelsregister am 4. Dezember 1883 ins Leben gerufen wurde, und daraus gefolgert, daß sie für Rechtsgeschäfte, welche vor ihrer Entstehung abgeschlossen sind, nicht zu haften brauche. Klägerin ist der Ansicht, daß die jetzigen Aktionäre beim Erwerbe der Aktien erwarten durften, daß den Vorschriften der Artt. 210. 210a H.G.B. (nach der Fassung der Novelle vom 11. Juni 1870) über die Sicherung der vermögensrechtlichen Grundlage der Aktiengesellschaft genügt sei, und daß ihr die Mittel, mit welchen sie in dem Gesellschaftsvertrage ausgestattet wurde, von Gläubigern der Gesellschafter (Gründer) nicht nachträglich entzogen werden könnten.

Dieser Ansicht läßt sich jedoch nicht beistimmen. Wenn mehrere Personen behufs Errichtung einer Aktiengesellschaft zusammentreten und den Gesellschaftsvertrag (Art. 209 H.G.B.) abschließen, so wollen sie damit nicht für sich, sei es als Einzelne oder als Sozietät, Rechte begründen oder erwerben, sondern sie handeln für die projektierte Aktiengesellschaft. Sie treffen Bestimmungen über deren Namen und Zweck, über die Höhe des Grundkapitales und die Aufbringung desselben, über Bestellung eines Aufsichtsrates und Vorstandes ꝛc. Alle diese Rechtshandlungen beabsichtigen, das Inslebentreten der Aktiengesellschaft vorzubereiten und sie mit den zur Erfüllung ihrer Aufgabe erforderlichen ökonomischen Mitteln auszustatten. Dabei macht es begrifflich keinen Unterschied, ob der Fall der Simultan- oder der Successivgründung vorliegt, und ob die Mittel in barem Gelde bestehen oder durch das Einbringen von Sachen beschafft werden. Sowohl in der Litteratur als in der Rechtsprechung ist vorherrschend die Ansicht vertreten, daß es einer Übertragung der im Gesellschaftsvertrage für die Aktiengesellschaft bestimmten Rechte auf letztere durch besonderen Rechtsakt nicht bedarf, daß vielmehr die Aktiengesellschaft mit ihrer Entstehung in die ihr von den Gründern ausgemachten Rechte eintritt. Zutreffend sagt Wiener (Goldschmidt, Zeitschrift für das Handelsrecht Bd. 24 S. 31):

„Geht der Wille der sich Verbindenden dahin, in ihrer Gesamtheit in bezug auf das zusammengebrachte Vermögen ein vollständig selbständiges Rechtssubjekt darstellen zu wollen, welches durch besondere Organe handelt und als solches seine Rechte und Verbindlichkeiten hat — und vom Standpunkte der Vertragstheorie muß man dem Willen diese Kraft beimessen und ihn als vorhanden annehmen —, so fallen die Rechte aus den Einlageverpflichtungen in das Herrschaftsgebiet dieses Rechtssubjektes."

Vgl. auch v. Hahn, Kommentar zum Handelsgesetzbuche Art. 208 §. 15; Gierke, Genossenschaftstheorie S. 124; Ring, Aktienrecht S. 399 Nr. 4 ꝛc.

In demselben Sinne entscheidet das Plenarurteil des Reichsgerichtes vom 8. Juli 1880,

vgl. Entsch. des R.G.'s in Civils. Bd. 2 S. 303,

daß ein Rechtsgeschäft, vermöge dessen ein Aktionär Einlagen auf das Grundkapital nicht in barem Gelde, sondern in Sachen gegen Anrechnung ihres Wertes und Befriedigung durch Aktien macht, nicht als ein von dem Gesellschaftsvertrage verschiedenes Rechtsgeschäft anzusehen ist. Die Begründung des Urteiles führt unter Hinweis auf Art. 209b H.G.B. aus, daß die Billigung des unter der gesetzlichen Bedingung der Genehmigung abgeschlossenen Gesellschaftsvertrages in der Generalversammlung der Aktionäre nicht die Abschließung eines neuen gesonderten Vertrages der Aktiengesellschaft mit dem Aktionär, welcher die nicht in barem Gelde bestehende Einlage geleistet hat, darstelle. — Auch in dem Urteile des I. Civilsenates des Reichsgerichtes vom 30. März 1881,

vgl. Entsch. des R.G.'s in Civils. Bd. 5 S. 21,

wird ausgeführt, der vom Gesetze geordnete und von der Behörde zu kontrollierende Entstehungshergang der Aktiengesellschaft, welcher mit der Eintragung seinen Abschluß findet, gelte als ein einheitlicher. — Inwiefern das Urteil des IV. Civilsenates vom 7. Mai 1888,

vgl. Entsch. des R.G.'s in Civils. Bd. 21 S. 244,

für dieselbe Ansicht zu verwerten sei, kann unerörtert bleiben, da es über das durch die Novelle vom 18. Juli 1884 geschaffene, hier nicht anwendbare Recht befindet.

Wie dieser direkte Erwerb des im Gesellschaftsvertrage für die Aktiengesellschaft bestimmten Vermögens seitens der letzteren rechtlich aufzufassen sei, darüber herrscht Streit. Von einer Seite wird angenommen, daß die Gründer im Gesellschaftsvertrage zu Gunsten eines Dritten, der Aktiengesellschaft, kontrahieren, und daß diese nach den heutigen Grundsätzen über Verträge zu Gunsten Dritter unmittelbar mit ihrer Entstehung die ihr ausbedungenen Rechte erwirbt.

Vgl. Gierke, Genossenschaftstheorie S. 124.

Das frühere preußische Obertribunal hat in mehreren Urteilen ausgeführt, daß der Übergang des Vermögens von der Gründergemeinschaft auf die Aktiengesellschaft durch eine im modernen Rechte ausgebildete, der Begründung der Gütergemeinschaft analoge Universalsuccession vermittelt wird.

Vgl. Striethorst, Archiv Bd. 76 S. 138, Bd. 80 S. 57.

Es bedarf hier keiner Erörterung, ob einer von diesen, oder noch anderweiten Rechtskonstruktionen,

vgl. Löwenfeld, Das Recht der Aktiengesellschaften S. 82 flg.,

beizustimmen sei, denn für die zu treffende Entscheidung genügt der vom Reichsgerichte als richtig anerkannte Rechtsgrundsatz, daß es für die Klägerin zum Erwerbe der ihr im Gesellschaftsvertrage vom 27. November 1883 von den vier Gründern bestimmten Vermögensrechte keines weiteren Übertragungsaktes bedurfte. Bildet der Gesellschaftsvertrag aber die Grundlage für den Rechtserwerb einer Aktiengesellschaft, so läßt sich die Konsequenz nicht abweisen, daß die Aktiengesellschaft die ihr durch jenen Vertrag zugewendeten Vermögensstücke belastet mit denjenigen Verpflichtungen erhält, welche darauf beim Abschlusse des Vertrages hafteten. Die Eintragung der Aktiengesellschaft in das Handelsregister hat nicht die Rechtswirkung, derartige Verpflichtungen aufzuheben und dem neu entstandenen Rechtssubjekte von jeder Belastung befreite Vermögensstücke zuzuführen. Gehörten z. B. einzelne inferierte Sachen nicht den einbringenden Gründern, oder ruhten auf ihnen dingliche Rechte, so ist der Eigentümer bezw. der dinglich Berechtigte unbehindert, seine Ansprüche gegen die Aktiengesellschaft zu verfolgen. Dasselbe muß auch von dem Anfechtungsanspruche gelten, wecher nach §. 7 des Reichsgesetzes vom 21. Juli 1879 den Gläubiger ermächtigt, dasjenige, was durch eine anfechtbare Handlung aus dem Vermögen seines Schuldners veräußert oder weggegeben ist, als zu demselben gehörig von dem Empfänger zurückzufordern.

Das Reichsgericht hat deshalb angenommen, daß der Anspruch des Beklagten, die von H. und L. fraudulos inferierten Sachen zu seiner Befriedigung herauszugeben, an sich gegen die Klägerin verfolgt werden könne.

2. Die Klägerin macht weiter geltend, die Anfechtung dürfe nur in der Weise erfolgen, daß der ganze Gesellschaftsvertrag als nicht rechtsbeständig angegriffen und deshalb die Auflösung der Aktiengesellschaft in den durch Art. 242 H.G.B. zwingend vorgeschriebenen Formen ausgesprochen werde. — Auch dieser Angriff ist jedoch verfehlt. Der Anfechtungsberechtigte braucht in seinen Anträgen nicht weiter zu gehen, als sein Interesse erheischt. Dies geschieht dadurch, daß er von dem Anfechtungsbeklagten verlangt, ihm den Zugriff auf die von dem Schuldner fraudulos weggegebenen Sachen so zu gestatten, als wenn sie noch zum Vermögen desselben gehörten. In dieser Weise hat hier der Beklagte sein Recht ausgeübt. Sind die Aktionäre oder der Vorstand oder andere Gläubiger der Aktiengesellschaft der Ansicht, der weitere Bestand derselben sei in ihrem Interesse nicht haltbar, so bleibt ihnen überlassen, deren Auflösung dem Gesetze gemäß herbeizuführen und in dem dann eintretenden Verfahren ihre vermeintlichen Rechte geltend zu machen.

3. Anlangend die Frage, ob die Bedingungen der Anfechtungsklage hier dargethan sind, so hat der Berufungsrichter seine bejahende Entscheidung im wesentlichen auf dieselben Gründe gestützt, welche von dem III. Civilsenate des Reichsgerichtes in seinem Urteile vom

10. Juli 1885, durch welches die Revision der Klägerin in ihrem Rechtsstreite mit B. zurückgewiesen wurde, näher ausgeführt sind. Soweit der jetzige Prozeß mit dem früheren übereinstimmt, bieten die Ausführungen der Klägerin keinen Anlaß, von den seitens des III. Civilsenates ausgesprochenen Rechtsansichten abzuweichen. Die Klägerin hat speziell die Entscheidung des Berufungsrichters, wonach ihre conscientia fraudis dargethan erachtet ist, angegriffen. Geht man davon aus, daß der Erwerb der inferierten Sachen seitens der Aktiengesellschaft sich auf Grund eines Vertrages zu Gunsten von Dritten oder einer Universalsuccession vollzieht, so kommt es auf die Kenntnis der Aktiengesellschaft von der Absicht des H. und L., ihre Gläubiger zu benachteiligen, überhaupt nicht an. Denn der §. 11 des Anfechtungsgesetzes stellt das Erfordernis der conscientia fraudis nur für die Klage gegen den Singularsuccessor auf, und ein solcher ist die Aktiengesellschaft nicht. Nimmt man aber auch mit dem Berufungsrichter an, daß die Kenntnis der Klägerin bewiesen werden müsse, so läßt sich die getroffene Entscheidung, daß die Kenntnis der vier Gründer genüge, im vorliegenden Falle, wo dieselben vier Personen, welche den Gesellschaftsvertrag geschlossen haben, zur Zeit der Entstehung der Aktiengesellschaft die einzigen Aktionäre waren, in Übereinstimmung mit dem gedachten Urteile des III. Civilsenates nicht für rechtsirrtümlich erachten. Zu einer weiteren Erörterung der Frage, ob die Aktiengesellschaft in ihrem Wissen und Willen nur von dem Vorstande vertreten werden kann, bietet die vorliegende Streitsache keinen Anlaß.

4. Ein Unterschied zwischen dem jetzigen Prozesse und dem von der Klägerin gegen B. geführten liegt allerdings insofern vor, als die Klägerin behauptet, der Beklagte habe gewußt, daß die Pferdeeisenbahngesellschaft H. und L. alle ihr in der Cession vom 17. November 1883 vom Beklagten übertragenen Rechte in die neu zu gründende Aktiengesellschaft einwerfen und die dafür empfangenen Aktien durch den Frankfurter Bankverein habe vertreiben lassen wollen. Die Verwerfung dieses Einwandes und die Ablehnung des dafür von der Klägerin angebotenen Beweises müssen jedoch ebenfalls für begründet erachtet werden.

Wenn man auch annimmt, daß eine fraudulose Absicht des H. und L. ausgeschlossen wäre, sofern sie den Einbringungsakt nur zu dem Zwecke vorgenommen hätten, der behaupteten Abrede mit dem Beklagten zu entsprechen und die Mittel zu dessen Befriedigung zu beschaffen, so liegt hier doch die Sache wesentlich anders. Denn der Berufungsrichter stellt, und zwar ohne den von der Klägerin behaupteten Verstoß gegen Prozeßvorschriften, fest, daß beide Inferenten für den Fall der Ablehnung der Option seitens des Bankvereines beabsichtigt haben, die ihnen für die eingebrachten Vermögensrechte zu gewährenden Aktien zuwider der Verpflichtung, welche sie gegen den Beklagten übernommen hatten, als Mittel behufs Erlangung von Vorschüssen zu verwenden. Bei dieser Sachlage beschwert sich die Klägerin mit Unrecht darüber, daß der Berufungsrichter unberücksichtigt gelassen habe, es sei der Illation von dem Beklagten zugestimmt, und es müsse der Grundsatz: volenti non fit injuria Anwendung finden. Denn für die in Wirklichkeit erfolgte Lombardierung der Aktien fehlt es an einer Zustimmung des Beklagten. Haben aber H. und L., die Schuldner des Beklagten, bei Vornahme der angefochtenen Rechtshandlung die für einen bestimmten Fall eintretende, den Beklagten schädigende Wirkung derselben sich zum Bewußtsein gebracht, und sie, wenn auch nur eventuell in ihren Willen aufgenommen, so müssen sie diesen ihren ganzen Willen vertreten und können nicht, wenn das auch nur eventuell Gewollte eintritt, die Verantwortlichkeit hierfür ablehnen. — Denselben Rechtsgrundsatz, wonach es nicht darauf ankommt, daß der Schuldner beabsichtigte, seine Gläubiger unter allen Umständen zu schädigen, sondern daß es genügt, wenn die Schädigung nur für einen bestimmten, ebenfalls gewollten Fall eintreten sollte, hat das Reichsgericht bereits früher in Sachen St. w. L. (Rep. V. 246/88, Urteil vom 22. Dezember 1888) ausgesprochen. In ähnlichem Sinne ist auch das Urteil des I. Civilsenates des Reichsgerichtes vom 20. Juni 1883,

vgl. Entsch. des R.G.'s in Civils. Bd. 10 S. 10,

erlassen. Der Berufungsrichter hat deshalb ohne Rechtsirrtum angenommen, daß H. und L. bei der Einbringung ihres Aktivvermögens, auch wenn die Behauptungen der Klägerin wahr sein sollten, doch mit der Absicht, ihre Gläubiger zu benachteiligen, gehandelt haben."

4. 1. Schließt die in einem Gesellschaftsvertrage getroffene Anordnung, daß die Gesellschafter die Firma kollektiv zu zeichnen haben, die Anordnung einer Kollektivvertretung in sich?

2. Ist es zulässig, in einem Gesellschaftsvertrage, in welchem im allgemeinen eine Kollektivvertretung festgesetzt ist, anzuordnen, daß bestimmte Rechtsgeschäfte mit bestimmten Personen auch von den einzelnen Gesellschaftern allein vorgenommen werden können?

III. Civilsenat. Urt. v. 1. Februar 1889 i. S. S. (Kl.) w. die Kommanditgesellschaft Elzener Zuckerfabrik F. & Co. (Bekl.) Rep. III. 271/88.

I. Landgericht Hildesheim.
II. Oberlandesgericht Celle.

Aus den Gründen:

„Geklagt ist auf Erfüllung eines Kaufvertrages, welchen der Kläger angeblich mit L. F., einem der damaligen persönlich haftenden Gesellschafter der beklagten Kommanditgesellschaft, abgeschlossen hat. Die Klage ist in den Vorinstanzen abgewiesen, weil nach Ausweis des Handelsregisters L. F. allein zur Vertretung der Gesellschaft nicht befugt gewesen sei. Über die Rechtsverhältnisse der Gesellschaft findet sich im Handelsregister folgender Eintrag:

„Die Gesellschaft ist eine Kommanditgesellschaft. Persönlich haftende Gesellschafter sind Kaufmann L. F. zu Elze, Kaufmann F. I. zu Elze, welche, abgesehen von Quittungen über Post- und Telegraphensendungen der Postanstalt gegenüber, die Firma kollektiv zu zeichnen haben."

Das Berufungsgericht nimmt an, daß hiermit eine Kollektivvertretung der beiden persönlich haftenden Gesellschafter angeordnet und damit der einzelne persönlich haftende Gesellschafter von der ihm an sich nach Art. 114 H.G.B. zustehenden Befugnis, die Gesellschaft zu vertreten, ausgeschlossen sei.

Dieser Auffassung war beizutreten.

Wenn hiergegen von der Revision geltend gemacht wird, daß in der Anordnung einer kollektiven Zeichnung der Firma noch nicht eine Anordnung der kollektiven Vertretung liege, weil die Firmenzeichnung keineswegs alle Geschäfte umfasse, die bei der Gesellschaft vorkommen können, so kann dieses Bedenken für begründet nicht erachtet werden. Gleichgültig ist zwar, welche Bedeutung die anmeldenden Gesellschafter dieser Anordnung beigelegt haben; es kann vielmehr nur darauf ankommen, ob in der Anordnung einer kollektiven Zeichnung der Firma eine für Dritte erkennbare Anordnung der Kollektivvertretung zu finden ist. Letzteres muß aber angenommen werden, da bei der Bedeutung, welche der Firma und dem Gebrauche derselben nach den Anschauungen des Handelsverkehres und nach den Bestimmungen des Handelsgesetzbuches (vgl. namentlich Artt. 15. 41. 229) beigelegt ist, niemand darüber in Zweifel sein kann, daß die Anordnung einer Kollektivzeichnung zugleich die Anordnung einer Kollektivvertretung in sich schließt und mit dieser identisch ist.

Von der Revision wird weiter geltend gemacht, daß, da die Kollektivvertretung für Post- und Telegraphenquittungen nach dem Eintrage in das Handelsregister nicht gelten solle, teils Kollektivvertretung, teils Einzelvertretung eingeführt sei; dies sei nach Artt. 115. 116 H.G.B. unzulässig und habe die Folge, daß es bei der Regel des Art. 114 verbleibe. Auch dieser Angriff konnte einen Erfolg nicht haben. Zuzugeben ist zwar, daß das Handelsgesetzbuch grundsätzlich nur entweder die volle Vertretungsbefugnis oder den vollständigen Ausschluß eines Gesellschafters von der Vertretungsbefugnis kennt. Sowenig aber dieser im Interesse der Sicherheit des Verkehres aufgestellte Grundsatz es hindert, daß einem einzelnen, zur Vertretung nicht befugten Gesellschafter eine Vollmacht seitens der mit der Vertretung betrauten Gesellschafter zum Abschlusse einzelner Rechtsgeschäfte erteilt wird, ebensowenig kann es für unzulässig erachtet werden, wenn, wie im vorliegenden Falle, dem an sich nur in Gemeinschaft mit einem anderen Gesellschafter zur Vertretung der Gesellschaft befugten Gesellschafter durch den Gesellschaftsvertrag die Ermächtigung erteilt wird, bestimmte Rechtsgeschäfte mit einer einzelnen bestimmten Person abzuschließen. Für diesen Fall trifft weder der gesetzgeberische Grund zu, welcher zur Aufstellung des oben erwähnten Grundsatzes im Handelsgesetzbuche geführt hat, noch auch steht der Art. 116 H.G.B. der Zulassung einer solchen Einzelvertretung entgegen, da derselbe nur die Beschränkung der Vertretungsbefugnis Dritten gegenüber, nicht aber eine Beschränkung der Ausschließung von der Vertretungsbefugnis, welche nur einer einzelnen Person gegenüber wirksam wird, als unzulässig bezeichnet."

5. Hat die Bestimmung in §. 35 Abs. 2 des Reichsgesetzes vom 21. Dezember 1871, betreffend die Beschränkungen des Grundeigentumes in der Umgebung von Festungen, die Bedeutung, daß auch alle nach der Bekanntmachung des Reichskanzlers, daß eine Erweiterung der Festung in Aussicht genommen sei, auf einem den Rayonbeschränkungen unterliegenden Grundstücke errichteten Anlagen und Gebäude bei der Feststellung dessen bisherigen Wertes nicht berücksichtigt werden dürfen?

II. Civilsenat. Urt. v. 2. Juli 1889 i. S. G. u. L. (Kl.) w. den Fiskus des Deutschen Reiches (Bekl.). Rep. II. 115/89.

I. Landgericht Köln.
II. Oberlandesgericht daselbst.

Nachdem der Erlaß des Reichskanzlers, daß die Erweiterung der Festungswerke von Köln in Aussicht genommen sei, in der am 3. Februar 1873 ausgegebenen Nummer des Reichsgesetzblattes öffentlich bekannt gemacht worden war, sind im Sinne des §. 8 des Reichsgesetzes vom 21. Dezember 1871, betreffend die Beschränkungen des Grundeigentumes in der Umgebung von Festungen, die Rayonlinien der neuen Werke am 21. August 1875 abgesteckt worden.

Nicht lange vorher, nämlich im Juni 1875, hatte der Kläger G. von dem Mitkläger L. eine in der Nähe der Marienburg belegene Grundfläche mit der Verpflichtung käuflich übernommen, auf dem Grundstücke ein herrschaftliches Wohnhaus zu errichten und mit dem Bau binnen acht Tagen zu beginnen. Der Bau war auch nach Erwirkung der Bauerlaubnis bei der Ortsbehörde in Angriff genommen worden und soll nach der Behauptung der Klage am 21. August 1875 etwa bis zur Hälfte des Erdgeschosses ausgeführt gewesen sein. Das Grundstück fiel in den ersten Rayon des in der Nähe der Marienburg erbauten Zwischenwerkes Nr. I, in welchem Rayon nach §. 17 A. 2 des Gesetzes vom 21. Dezember 1871 Wohngebäude jeder Art unzulässig sind. Für die Verminderung des Wertes des Grundstückes ohne Gebäude erhielt L. Entschädigung zugesprochen. Die weitere Klage auf Entschädigungsleistung wegen des Gebäudes, welches entfernt werden mußte, wurde abgewiesen und die hiergegen eingelegte Berufung vom Oberlandesgerichte verworfen. Letzteres Urteil hat das Reichsgericht auf die Revision der Kläger aufgehoben.

Aus den Gründen:

„Das Urteil konnte, insofern es den erhobenen Entschädigungsanspruch wegen der gesetzlichen Beschränkungen des Grundeigentumes der Kläger nach §. 35 des Gesetzes vom 21. Dezember 1871 für unbegründet erklärt, nicht aufrechterhalten werden.

Es handelt sich hier um die Frage, ob der zur Zeit der Absteckung der Rayonlinien, also am 21. August 1875, auf dem Grundeigentume der Kläger vorhandene angefangene Bau, welcher nach der Bekanntmachung des Reichskanzlers vom 1. Februar 1873, daß die Erweiterung der Festungswerke von Köln in Aussicht genommen sei, hergestellt worden war, bei der Festsetzung der Entschädigung berücksichtigt werden dürfe oder nicht. Im ersteren Falle wäre ein Anspruch auf Entschädigung nicht ausgeschlossen, da der Bau nicht fortgesetzt werden durfte, also fruchtlos errichtet war; im letzteren Falle wäre ein Entschädigungsanspruch unbegründet, da es sich im vorliegenden Rechtsstreite nicht mehr um die Entschädigung wegen der gesetzlichen Beschränkungen der Grundfläche als Baustelle handelt, hierüber vielmehr in einem besonderen Rechtsstreite Entscheidung ergangen ist.

Nachdem das Gesetz vom 21. Dezember 1871 ausgesprochen hat, daß für die infolge dieses Gesetzes eintretenden Beschränkungen in der Benutzung des innerhalb der Rayons belegenen Grundeigentumes das Reich Entschädigung leiste, giebt es in §. 35 Vorschrift darüber, worin die Entschädigung bestehen soll. Sie besteht nach Abs. 1 des §. 35 im Ersatze derjenigen Verminderung des Wertes des Grundstückes, welche für den Besitzer dadurch entsteht, daß das Grundstück fortan Beschränkungen in der Benutzung unterliegt, denen es bisher nicht unterworfen war.

Bei der Feststellung des bisherigen Wertes darf, besagt sodann Abs. 2, die Zeit nach der im Reichsgesetzblatte erfolgten Bekanntmachung des Reichskanzlers, daß die Neubefestigung des Platzes oder die Erweiterung der schon bestehenden Festungsanlage oder deren Rayons in Aussicht genommen ist, nicht berücksichtigt werden. Diese Gesetzesvorschrift ist einer verschiedenen Auslegung fähig.

Wenn bei der Feststellung des bisherigen Wertes die Zeit nach der Bekanntmachung des Reichskanzlers nicht berücksichtigt werden darf, so kann damit auch die Berücksichtigung der den Wert erhöhenden Zustandsveränderungen, als Anlagen und Bauwerke, ausgeschlossen erscheinen, und wenn diese bei der Bestimmung des bisherigen Wertes außer acht zu lassen sind, so wäre zu folgern, daß sie auch bei der Bestimmung des Minderwertes infolge der gesetzlichen Beschränkungen nicht zu berücksichtigen seien, daß folglich nur die Beschränkungen, welche das Grundeigentum nach seiner Beschaffenheit zur Zeit der Bekanntmachung des Reichskanzlers durch seine Einbeziehung in einen Festungsrayon erleidet, die Grundlage für die Entschädigung bilden sollen. Wenn daher eine Baustelle in der Zeit zwischen der gedachten amtlichen Bekanntmachung und der Absteckung der Rayonlinien mit einem Wohnhause überbaut worden ist, so wäre ein Entschädigungsanspruch nur anzuerkennen, sofern die überbaute Grundfläche als solche noch Beschränkungen ausgesetzt wird, während die Beschränkungen in der Benutzung des Hausgrundstückes nicht in Betracht kämen. Der Besitzer würde daher für die Beschränkungen, welchen sein Grundstück fortan wirklich unterliegt und denen es bisher, nämlich bis zur Absteckung der Rayonlinien, nicht unterworfen war, und für den dadurch entstandenen Minderwert dieses Grundstückes in manchen Fällen keine oder doch nur teilweise Entschädigung erhalten. Gerade für diesen Minderwert ist dem Besitzer aber nach dem Wortlaute des Abs. 1 des §. 35 Entschädigung zugebilligt. Das hier gedachte Grundstück, welches fortan Beschränkungen unterliegt, denen es bisher nicht unterworfen war, ist das Grundstück in der Beschaffenheit, welche es zur Zeit der Absteckung der Rayonlinien hat. Um den Minderwert, welchen dieses Grundstück nunmehr durch die Beschränkungen in der Benutzung erleidet, bestimmen zu können, bedarf es der Erhebung des bisherigen Wertes, von dessen Feststellung Abs. 2 handelt. Daraus ergiebt sich die andere Auslegung, daß auch in Abs. 2 das Grundstück in seiner zur Zeit der Absteckung des Rayons vorhandenen Beschaffenheit ins Auge gefaßt sei, mithin hier nur vorgeschrieben werde, daß der bisherige Wert dieses Grundstückes nach den Preisen festzustellen sei, welche für so beschaffene Grundstücke bis zur Bekanntmachung der beabsichtigten Festungserweiterung bestanden, daß aber nach Abs. 1 die Entschädigung nach der Verminderung des auf diese Weise gefundenen Wertes zu bestimmen sei, welche für den Besitzer dadurch entsteht, daß das Grundstück in dem Zustande zur Zeit der Markierung der Rayons fortan Beschränkungen in der Benutzung unterliegt. Diese letztere Auslegung verdient vor der ersteren, vom Oberlandesgerichte gebilligten den Vorzug.

Die in §. 35 des Gesetzes erwähnte Bekanntmachung des Reichskanzlers, daß die Erweiterung einer bestehenden Festung in Aussicht genommen sei, hat, wie sie die Zeit der Ausführung und den Umfang der Erweiterung völlig unbestimmt läßt, für die Benutzung des Grundeigentumes im Umkreise der Festung keinerlei beschränkende Wirkung. Sie enthält auch nicht die Androhung, daß von nun an etwaige Änderungen des Zustandes von Grundstücken bei der Festsetzung der Entschädigung wegen Rayonbeschränkung nicht in Rechnung kommen würden, hat aber auch ohne diese Bedeutung einen guten Sinn, indem sie diejenigen, welche sich nicht innerhalb der Rayonlinien einer Festung anzukaufen wünschen oder ihren dortigen Besitz aufzugeben vorziehen würden, beizeiten auf die bevorstehende Erweiterung der Festung aufmerksam macht. Erst mit dem Zeitpunkte der Absteckung der Rayonlinien treten gemäß §. 8 a. a. O. die gesetzlichen Beschränkungen in der Benutzung des Grundeigentumes in Wirksamkeit. Auch die Bauthätigkeit wird durch die Bekanntmachung des Reichskanzlers in keiner Weise beschränkt, vielmehr erst mit der Absteckung der Rayonlinien. Gegen die Absicht des Gesetzes, die Bauthätigkeit wenigstens indirekt zu beschränken, sprechen auch andere Vorschriften des Gesetzes. Die bei Absteckung des Rayons einmal vorhandenen Baulichkeiten und Anlagen sollen nach §. 22 erhalten bleiben, auch wenn sie den Vorschriften des Gesetzes nicht entsprechen, sie dürfen sogar, wenn sie ganz oder teilweise zerstört oder baufällig geworden sind, in den alten Abmessungen und der bisherigen Bauart wiederhergestellt werden. Wird die Armierung der Festung angeordnet, so trifft die Verpflichtung zur Niederlegung von baulichen und sonstigen Anlagen die Besitzer von solchen, welche schon vor der Bekanntmachung des Reichskanzlers bestanden, in gleicher Weise wie die von nachher errichteten, und alle haben nach §. 44 a. a. O. Entschädigung anzusprechen, sofern die Anlagen nur nicht erst nach erfolgter Absteckung der Rayonlinien errichtet worden sind.

Erwägt man nun, daß die Zeit zwischen der Bekanntmachung der bevorstehenden Erweiterung und der endlichen Markierung der Rayons eine recht lange sein kann, daß die Besitzer namentlich im ersten Teile dieses Zeitraumes vielfach völlig im ungewissen darüber sein werden, ob und namentlich in welchen Rayon ihr Grundeigentum fallen werde, daß Einzelne auch schon vor der erwähnten Bekanntmachung vorbereitende Maßregeln zur Herstellung von Gebäuden oder sonstigen Anlagen ergriffen haben mögen, so scheint es mit dem übrigen Inhalte des Gesetzes mehr im Einklange zu stehen, wenn man davon ausgeht, dieses habe die Zustandsänderungen an dem Grundeigentume auch dadurch nicht indirekt beschränken wollen, daß es deren Berücksichtigung bei der Entschädigung untersagte.

Nach der Fassung, in welcher der §. 35 des Gesetzes in dem dem Reichstage vorgelegten Entwurfe (§. 16) enthalten war, ist die Ausdehnung der Entschädigung auf die nach der amtlichen Bekanntmachung entstandenen Anlagen nicht zu bezweifeln. Nachdem in §. 16 Abs. 1 gesagt ist: „Behufs Feststellung der Entschädigungsrente wird der gemeine Kaufwert des Grundstückes, sowie derjenige Kaufwert ermittelt, welchen dasselbe nach Auferlegung der Rayonbeschränkungen voraussichtlich behalten wird", bestimmt Abs. 2: „Der gemeine Kaufwert wird nach den Preisen bestimmt, welche Grundstücke in ähnlicher Lage und Beschaffenheit ortsüblich allgemein an dem Tage hatten, an welchem von dem Reichskanzler im Reichsgesetzblatte bekannt gemacht ist, daß die Neubefestigung des Platzes oder die Erweiterung der schon bestehenden Festungsanlage oder deren Rayons in Aussicht genommen ist." Hierzu bemerken die Motive: „Die Bestimmung des gemeinen Kaufwertes wird sich nach den für Grundstücke in ähnlicher Lage und Beschaffenheit ortsüblich allgemein gezahlten Preisen zu richten haben, wobei natürlich die durch die Spekulation auf die Anlage oder Erweiterung der Festung hervorgerufenen Preise, also diejenigen Preise nicht in Betracht gezogen werden dürfen, welche gezahlt worden sind, nachdem in amtlicher Form von Reichs wegen bekannt gemacht ist, daß die Neubefestigung eines Platzes oder die Erweiterung einer schon bestehenden Festungsanlage oder deren Rayons in Aussicht genommen sei." Die jetzige Fassung des §. 35 des Gesetzes beruht auf den Vorschlägen der Reichstagskommission, welche die Absicht der Gewährung einer vollständigeren Entschädigung erkennen lassen, wie denn auch im Gegensatze zum Entwurfe nicht lediglich eine Entschädigung in Rente, sondern bei einem gewissen Maße der Wertsverminderung nach Wahl des Besitzers auch in Kapital gegeben werden soll.

Der Kommissionsbericht bezeichnet die vorgeschlagene Änderung des §. 16 des Entwurfes als eine durchgreifende und prinzipielle, worauf er sich über deren Gegenstand und Gründe verbreitet. Die Änderung des ersten Absatzes beruht darauf, daß der Begriff des gemeinen Kaufwertes, welchen die Regierungsvorlage als Basis nimmt, verlassen und der Wert für den Beschädigten, dessen konkrete Verhältnisse zu berücksichtigen seien, dafür eingestellt wurde. Hierdurch ist die Entschädigung nicht unwesentlich erhöht worden, was sich gerade in Fällen, wie der vorliegende zeigt, da ein angefangener Bau für den Besitzer den Wert der darauf verwendeten Summen hat, während er für beliebige Dritte nur den Wert des Abbruchmateriales haben kann. Was den zweiten Absatz betrifft, so beruht er, wie der Kommissionsbericht anführt, auf folgender Erwägung: „Die Kommission wollte übereinstimmend mit der Regierungsvorlage, daß die Spekulation, welche sich etwa nach der amtlichen Bekanntmachung, daß die Neubefestigung eintreten solle, geltend mache, außer Berücksichtigung bleiben sollte; sie war aber zweifelhaft, ob, wenn der Tag dieser Bekanntmachung ohne weiteres zum Grunde gelegt würde, damit nicht eine unbegründete Benachteiligung der Interessenten verbunden sein könne. Sie erwog, daß, wenn bei einem herannahenden Kriege, das heißt zu einer Zeit, zu welcher der Wert der Grundstücke schon erheblich gesunken sein kann, die Bekanntmachung des Reichskanzlers erfolge, der infolge dieser ungünstigen Verhältnisse gesunkene Wert zum Grunde gelegt werden, und daß der Beschädigte eine unbillig geringe Entschädigung alsdann erhalten würde."

Die Kommission beabsichtigte daher keine weitere Änderung des Absatzes 2, als durch die Änderung des Absatzes 1 und durch die weitere Rücksicht geboten war, daß nicht gerade die Preise am Tage der amtlichen Bekanntmachung zu Grunde gelegt werden sollten, sondern geeigneten Falles auch die vorher bestandenen Preise. In den hierauf gefolgten Verhandlungen des Reichstages findet das Angeführte nur seine Bestätigung, ohne daß darin irgend eine Andeutung für eine weitergehende Absicht bei der gedachten Änderung des Entwurfes zu erkennen wäre. Es ist daher zu unterstellen, daß bei der Annahme des Gesetzes hinsichtlich der Beschränkung der Wirkung der Spekulation mit dem Kommissionsberichte nichts weiter, als was die Regierungsvorlage enthielt, in das Gesetz aufgenommen werden sollte, und steht die gewählte Fassung hiermit im Einklange. Nicht der einzelne Besitzer von Grundeigentum sollte, wenn er dieses in der ihm zustehenden Weise vielleicht ohne Rücksicht auf Entschädigung durch Errichtung neuer Anlagen veränderte und im Werte erhöhte, als Spekulant jedes Entschädigungsanspruches wegen der jene neuen Anlagen treffenden gesetzlichen Beschränkungen verlustig erklärt werden, vielmehr sollte nur die durch die Spekulation Dritter auf die neue Festungsanlage und auf die in Aussicht stehende Entschädigung hervorgerufene, oft künstliche Steigerung der Preise für das Maß der zu gewährenden Entschädigung unschädlich gemacht werden. Der Entschädigung fordernde Besitzer sollte nicht in die Notwendigkeit versetzt werden, zur Begründung seines Anspruches die Beschaffenheit seines Grundstückes zur Zeit der Bekanntmachung des Reichskanzlers darzulegen und zu beweisen, sondern die Entschädigung soll lediglich nach den das Grundstück, wie es in dem in §. 8 des Gesetzes gedachten Zeitpunkte beschaffen und im Rayonkataster zu beschreiben ist, treffenden Beschränkungen, aber nach den bis zur gedachten Bekanntmachung bestandenen Preisen durch Abschätzung gefunden werden.

Hiernach ist der Sinn des §. 35 unter Abss. 1. 2 des Gesetzes dahin festzustellen, daß die Grundlage für die zu gewährende Entschädigung die gesetzlichen Beschränkungen bilden sollen, welchen das Grundstück in seiner Beschaffenheit zur Zeit der Absteckung der Rayonlinien von da an unterworfen ist, und daß behufs Bestimmung des hierdurch verursachten Minderwertes, welchem die Entschädigung entsprechen soll, der bisherige Wert des Grundstückes in der gleichen Beschaffenheit ohne Berücksichtigung der Preisverhältnisse, welche nach der Bekanntmachung des Reichskanzlers sich gebildet haben, festzusetzen ist.

Vgl. Urteil des obersten Landesgerichtes für Bayern vom 15. Dezember 1881 in der Samml. von Entscheidungen dieses Gerichtes Jahrg. 1883 Bd. 9 S. 427 flg. und Regelsberger's Abhandlung in Hirth's Annalen Jahrg. 1880 S. 241—254.

Nach dieser Auslegung ist der mit der Klage verfolgte Entschädigungsanspruch, soweit er sich auf die am 21. August 1875 bereits vorhandenen Gebäudeteile bezieht, an sich begründet. Diesem Anspruche ist aber nicht nur die durch obige Auslegung des Gesetzes nicht ausgeschlossene Einrede der Arglist (Art. 1382 des bürgerlichen

Gesetzbuches) entgegengehalten, welche das Berufungsgericht noch in thatsächlicher und rechtlicher Beziehung zu prüfen hat, sondern es fehlt auch bis jetzt an einer ziffermäßigen Scheidung der allein durch das Rayongesetz zu begründenden Entschädigungsforderung wegen der am 21. August 1875 vorhandenen Baulichkeiten von der weiteren Entschädigungsforderung, welche die später hergestellten Gebäudeteile zur Grundlage nimmt, sodaß die Aufhebung des ganzen angefochtenen Urteiles unter Zurückverweisung der Sache zur anderweiten Verhandlung und Entscheidung an das Berufungsgericht geboten war." . . .

---

6. 1. Vertretung des Reichsmilitärfiskus durch die Korpsintendantur.
2. Ist eine Klage auf Unterlassung einer Eigentumsstörung zulässig, wenn die Störung durch Handlungen des Truppenkommandos erfolgt ist, welche zum Zwecke der militärischen Ausbildung der Truppen angeordnet worden sind?

III. Civilsenat. Urt. v. 24. September 1889 i. S. C. (Kl.) w. den Reichsmilitärfiskus, vertr. durch die Königl. Intendantur des X. Armeekorps (Bekl.). Rep. III. 225/89.

I. Landgericht Aurich.
II. Oberlandesgericht Celle.

Die aus Haus und Garten bestehende Besitzung des Klägers stößt unmittelbar an die dem Beklagten gehörende Kaserne I in Aurich. Auf dem Hofraume der letzteren sind militärischerseits zwei Schießstände für Schießen mit Zielmunition errichtet, welche nur etwa 50 Schritte vom Wohnhause des Klägers entfernt und unmittelbar neben dem Garten desselben liegen. Der Kläger fühlt sich durch das viele Schießen belästigt und hat negatorisch geklagt mit dem Antrage, den Beklagten zu verurteilen:

die Freiheit des klägerischen Eigentumes anzuerkennen und dafür zu sorgen, daß das Schießen auf dem Hofe der Kaserne I in Aurich unterbleibe, event. aber solche Vorrichtungen getroffen werden, welche den mit dem Schießen verbundenen Lärm vom klägerischen Grundstücke fernhalten.

Verklagt ist der Reichsmilitärfiskus, vertreten durch die Königliche Intendantur des X. Armeekorps.

Die Klage ist in den Vorinstanzen abgewiesen, weil die Intendantur, welcher nur die Ökonomieverwaltung des Heeres zustehe, welche aber keine Einwirkung auf die Ausbildung der Truppen im Schießen habe, zur Vertretung des Reichsmilitärfiskus im vorliegenden Prozesse nicht befugt sei.

Hiergegen hat der Kläger die Revision erhoben. Dieselbe ist zurückgewiesen.

Aus den Gründen:

„Nach den im Urteile des Reichsgerichtes vom 9. März 1888,

vgl. Entsch. des R.G.'s in Civils. Bd. 20 S. 148,

ausgesprochenen Grundsätzen ist davon auszugehen, daß der Reichsmilitärfiskus in Prozessen durch die Landeskontingentsverwaltung vertreten wird. Welche Behörde innerhalb der Landeskontingentsverwaltung für diese den Prozeß zu führen hat, richtet sich nach der betreffenden Landesgesetzgebung, sofern nicht in der Reichsgesetzgebung dieserhalb spezielle Anordnungen getroffen sind. Nach dem in Preußen geltenden Rechte sind dies die Intendanturen. Allerdings besteht hierfür keine Norm des geschriebenen Rechtes. Von jeher sind aber die im §. 13 Abs. 1 und §. 14 der Geschäftsinstruktion für die Regierungen vom 23. Oktober 1817 ausgesprochenen Grundsätze analog auch auf die Korpsintendanturen, als die dem Kriegsministerium unmittelbar untergeordneten Provinzialbehörden, welche die alleinige Zwischeninstanz zwischen dem Kriegsministerium und den unteren Militärbehörden bilden,

vgl. Publikandum des Kriegsministeriums vom 10. Februar 1828 in v. Kamptz' Annalen Bd. 12 S. 204,

zur Anwendung gebracht.

Vgl. Verfügung des Kriegsministers vom 6. August 1828 bei v. Helldorf, Dienstvorschriften der Königl. preußischen Armee Bd. 2 Abt. 4 S. 446 und Cirkularreskript des Justizministeriums vom 4. Juli 1828 in v. Kamptz' Annalen a. a. O. S. 789.

Insofern daher der Reichsmilitärfiskus der richtige Beklagte ist und für den angeblichen unberechtigten Eingriff in die Privatrechte des Klägers verantwortlich gemacht werden könnte, muß auch die Intendantur als die gesetzliche Vertreterin der Landeskontingentsverwaltung aufgefaßt werden. Wenn die Vorinstanz anscheinend annimmt, daß im vorliegenden Falle das Kriegsministerium zur Vertretung des Reichsmilitärfiskus deshalb befugt und verpflichtet sei, weil dieses nach §. 3 der Anleitung vom 7. Dezember 1888 die für den Bau von Schießständen erforderliche allgemeine Genehmigung zur Anlage dieser Schießstände erteilt habe, so ist dem nicht beizutreten, da die Verwaltung der Kasernen und Kasernenhöfe den Intendanturen unterliegt und der Reichsmilitärfiskus vom Kläger — ob mit Recht? kann unerörtert bleiben — in seiner Eigenschaft als Eigentümer der der Verwaltung der Intendantur unterstellten Kasernen in Anspruch genommen wird. Hiernach ist es rechtsirrtümlich, wenn in den Vorinstanzen die Klage wegen der mangelnden Befugnis der Intendantur zur Vertretung des Reichsmilitärfiskus abgewiesen ist.

Die Abweisung der Klage erscheint aber gleichwohl gerechtfertigt, weil der Rechtsweg in dieser Sache für unzulässig zu erachten ist. Dahingestellt bleiben kann hier, ob die Zulässigkeit des Rechtsweges anzunehmen sein würde, wenn auf Entschädigung geklagt wäre. Eine solche Klage ist nicht erhoben. Geklagt ist vielmehr auf Unterlassung einer vermeintlich die Rechte des Klägers beeinträchtigenden Handlung des Truppenkommandos, welche seitens des letzteren zum Zwecke der militärischen Ausbildung der Truppen angeordnet ist. Die Ausbildung der Truppen geschieht aber auf Grund des Militärhoheitsrechtes, und wenn in Ausübung dieses Rechtes Verletzungen des Privateigentumes vorkommen, so mag, was hier nicht zu entscheiden, unter Umständen eine Entschädigungsklage zulässig sein, eine Klage auf Unterlassung dieser Handlung ist aber nach §. 36 der Verordnung vom 26. Dezember 1808 ausgeschlossen."

---

7. Sind die im ehelichen Güterrechte wurzelnden Beschränkungen der Handlungsfähigkeit eines Ehemannes, welcher Kaufmann ist, in bezug auf dessen Handelsgewerbe durch das Handelsgesetzbuch aufgehoben?

VI. Civilsenat. Urt. v. 3. Oktober 1889 i. S. G. (Bekl.) w. S. (Kl.) Rep. VI. 141/89.

I. Landgericht Bamberg.
II. Oberlandesgericht daselbst.

Das Bamberger Landrecht, Tl. I Kap. II Tit. 7, verordnet in §. XII, daß der, mit seiner Ehefrau in allgemeiner Gütergemeinschaft lebende Ehemann, abgesehen von den in §. XI aufgeführten Fällen, nicht befugt sein solle, für jemand, wer der auch sei, ohne ausdrückliche Bewilligung des Weibes sich für einen Bürgen herzustellen, obschon ihm von dem Hauptschuldner eine Rückbürgschaft gestellt werden wollte. In vorliegender Streitsache kam in Frage, ob Kläger, ein Floßhändler, welcher mit seiner Ehefrau in Bamberger Gütergemeinschaft lebt, gültig für seine Tochter dem Beklagten gegenüber sich verbürgt, bezw. deren Schuld übernommen habe. Beide Instanzgerichte nahmen an, daß nach obiger Gesetzesvorschrift die ohne des Eheweibes Genehmigung erfolgte Interzession mit unheilbarer Nichtigkeit behaftet sein würde, und legten dem Kläger den Eid auf, daß seine Ehefrau ihre Genehmigung zu jener Schuldübernahme nicht erteilt habe. In der Revisionsinstanz wurde vom Beklagten geltend gemacht, daß mit Einführung des Handelsgesetzbuches jene partikulare Rechtsnorm in bezug auf Kaufleute in Wegfall gekommen sei. Diesfalls ist in dem, die Revision des Beklagten zurückweisenden Urteile des Gerichtshofes folgendes ausgeführt in den

Gründen:

... „Bei Prüfung der angeregten Rechtsfrage ergiebt sich, daß zunächst das Handelsgesetzbuch eine Bestimmung des vom Revisionskläger behaupteten Inhaltes nicht enthält. Insbesondere kann aus Art. 276 das. eine Folgerung von der Tragweite, welche Revisionskläger ihr beilegt, nicht gezogen werden. Das Amt oder der Stand einer Person haben mit den aus dem ehelichen Güterrechte entspringenden Rechtsverhältnissen und Beschränkungen der Handlungsfähigkeit nichts gemein; dasselbe ist der Fall mit den weiter in Art. 276 aufgeführten gewerbepolizeilichen Rücksichten. Unter den im Artikel hieran gereihten „ähnlichen Gründen“ können daher die Beschränkungen der Handlungsfähigkeit eines Ehemannes, welche in den landesrechtlichen Gütersystemen ihre Quelle haben, nicht verstanden sein. Es leuchtet sofort ein, daß der Artikel ganz anders gefaßt sein müßte, wenn er die Bedeutung sollte beanspruchen können, welche ihm Revisionskläger beilegt. Der Umstand, daß nach Art. 8 H.G.B. eine Ehefrau, welche Handelsfrau ist, sich durch Handelsgeschäfte gültig verpflichten kann, ohne daß es zu den einzelnen Geschäften einer besonderen Einwilligung ihres Ehemannes bedarf, und daß für ihre Handelsschulden auch, soweit Gütergemeinschaft besteht, das gemeinschaftliche Vermögen haftet, kann allerdings die Folgerung rechtfertigen, daß die von einer Handelsfrau im Betriebe ihres Handelsgeschäftes eingegangene Bürgschaft ohne Rücksicht auf das eheliche Güterrecht Rechtsbestand hat; und es mag auf den ersten Blick etwas Auffälliges haben, daß dem entgegen die von einem Ehemanne, der Kaufmann ist, im Betriebe des Handelsgewerbes vorgenommenen Interzessionen, wenn ohne Zustimmung der Ehefrau erfolgt, sollten ungültig sein können. Allein wenn diese Folgerung durch das Handelsgesetzbuch nicht ausgeschlossen ist, so wird sie durch das Auffällige, welches darin gefunden werden will, nicht beseitigt; und zudem wird jenem Einwande die Spitze abgebrochen dadurch, daß eine Ehefrau ohne Einwilligung des Ehemannes nicht Handelsfrau sein kann (vgl. Art. 7 H.G.B.), und daß der Ehemann, welcher solche Einwilligung erteilt, hierdurch die nach dem Gesetze hiermit verknüpften Folgen sowohl seiner Ehefrau, als dem Publikum gegenüber auf sich nimmt; während andererseits der Ehemann, welcher gewerbsmäßig Handelsgeschäfte betreibt, hierzu im allgemeinen der Einwilligung der Ehefrau nicht bedarf. Bei dieser Sach- und Rechtslage kann eine Anomalie darin nicht gefunden werden, daß der Gesetzgeber, welcher ja in Art. 1 H.G.B. die subsidiäre Anwendung des allgemeinen bürgerlichen Rechtes in Handelssachen ausdrücklich vorbehalten, keine Veranlassung gefunden hat, den Ehefrauen den ihnen durch Landesgesetze oder Statuten gegen einzelne Rechtsgeschäfte der Ehemänner gewährten Schutz dann zu entziehen, wenn solche Geschäfte vom Manne in seinem Handelsgeschäfte vorgenommen sind. Daß aber dies sogar der bewußte Standpunkt des Gesetzgebers war, und daß er einerseits die nach dem ehelichen Güterrechte den Ehefrauen von Kaufleuten jeweils zukommenden Rechte nicht antasten, andererseits Bestimmungen über die rechtliche Bedeutung des ehelichen Güterrechtsverhältnisses eines Kaufmannes dessen Gläubigern gegenüber nicht treffen wollte, ergeben die Motive zu Tit. III Buch I des preußischen Entwurfes eines Handelsgesetzbuches (Motive S. 11), welcher die Veröffentlichung der ehelichen

Güterrechte begutachtete, zu dem Zwecke, damit jedem, welcher sich mit einem verheirateten Kaufmann einlasse, die Möglichkeit gegeben sei, zu beurteilen, inwiefern ihm die Rechte des Ehegatten desselben nachteilig werden können, und die Verhandlungen der Konferenz zu diesem Vorschlage, in deren Verlaufe die Streichung jenes Titels beschlossen wurde, da die berührte Frage nicht dem Handelsrechte angehöre, es auch bedenklich erscheine, in partikularrechtliche Gütersysteme, welche so innig mit dem ganzen Volksleben verwachsen seien, ohne dringende Not einzugreifen.

Vgl. v. Hahn, Kommentar, Bemerkungen, Zusätze 1. 2 zu Art. 11 H.G.B., dann §. 2 zu Art. 276.

Demgegenüber können die vom Revisionskläger aufgestellten allgemeinen Erwägungen nicht in die Wagschale fallen.

Vgl. hierzu auch Entsch. des R.O.H.G.'s Bd. 14 S. 63, Bd. 5 S. 369.

Die Ausführung des Berufungsurteiles aber, nach welcher im Hinblick auf die oben angeführten §§. XI. XII. des Bamberger Landrechtes, Tl. I Kap. II Tit. 7, die Übernahme der St.'schen Schuld seitens des Klägers ohne Einwilligung der Ehefrau des letzteren absolut nichtig sein würde, beruht auf Anwendung irrevisibelen Partikularrechtes. Zu einer Untersuchung darüber, ob nicht die Ausnahmsbestimmung des §. XI a. a. O. auf vorliegenden Fall Anwendung finde,

vgl. Urteil des Reichsgerichtes vom 12. März 1880 (II. Civilsenat) Rep. 206/79, teilweise abgedruckt in Blätter für Rechtsanwendung Bd. 3 S. 73. 74,

war der zweite Richter nicht veranlaßt, da nicht behauptet und auch sonst aus den Verhandlungen nicht ersichtlich war, daß der Kläger mit seiner Tochter, deren Schuld er übernommen haben soll, „in ordentlicher Handelsgesellschaft oder sonst in öffentlichem Verkehr“ gestanden.“

---

8. Bedeutung der Worte „bei dem Betriebe“ in §. 1 des Unfallversicherungsgesetzes vom 6. Juli 1884.

II. Civilsenat. Urt. v. 11. Oktober 1889 i. S. Deutsche Kontinental-Gasgesellschaft in D. (Bekl.) w. C. (Kl.) Rep. II. 173/89.

I. Landgericht Düsseldorf.
II. Oberlandesgericht Köln.

Die Entscheidung ist unten unter „Rheinisches Recht" abgedruckt.

---

9. Bewirkt im Geltungsgebiete des Allgem. Landrechtes der Ehemann dadurch eine Rückgewähr des gesetzlich in seine Verwaltung gekommenen Vermögens seiner Ehefrau im Sinne des §. 3 Nr. 4 des Anfechtungsgesetzes vom 21. Juli 1879, daß er der Frau das von ihr eingebrachte bare Geld zum Zwecke des Ankaufes eines Grundstückes auf ihren Namen zurückgiebt?

VI. Civilsenat. Urt. v. 14. Oktober 1889 i. S. Ehefrau L. (Bekl.) w. H. u. Gen. (Kl.) Rep. VI. 154/89.

I. Landgericht Halberstadt.
II. Oberlandesgericht Naumburg.

Die Beklagte hat mit Genehmigung ihres Ehemannes von den M.'schen Erben ein Haus durch Vertrag vom 22. Juli 1885 für 11 400 ℳ gekauft, dasselbe am 5. August 1885 aufgelassen erhalten und auf den Kaufpreis nach einer schon am 15. Juni 1885 gemachten Anzahlung von 300 ℳ bei der Auflassung noch weitere 4200 ℳ an die Verkäufer gezahlt.

Im gegenwärtigen Prozesse fechten die Kläger wegen einer ihnen gegen den Ehemann der Beklagten rechtskräftig zustehenden Restforderung von 7348,91 ℳ nebst Zinsen sowohl das gedachte Kaufgeschäft, wie die geleisteten Zahlungen als ihnen gegenüber unwirksam an. Sie stützen die Anfechtung unter anderem auf die Nr. 4 §. 3 des Anfechtungsgesetzes vom 21. Juli 1879 und beantragen, die Beklagte zu verurteilen, sich in Höhe von 4500 ℳ nebst Zinsen die Zwangsvollstreckung in das erkaufte Haus gefallen zu lassen, eventuell die 4500 ℳ nebst Zinsen an sie zu zahlen.

Diesem eventuellen Antrage entsprechend ist die Beklagte in den Vorinstanzen verurteilt und die von ihr eingelegte Revision zurückgewiesen.

Aus den Gründen:

„In den Gründen des Berufungsurteiles wird ausgeführt: als erwiesen müsse gelten, daß die Beklagte 5100 ℳ vor ihrer Verheiratung besessen und ihrem Ehemanne in die Ehe gebracht habe; nicht widerlegt sei jedoch die gesetzliche Vermutung, daß der Ehemann das eingebrachte bare Geld seiner Ehefrau in seine Verwaltung und sonach in sein Eigentum übernommen habe, da aus den Anführungen der Beklagten keineswegs folge, daß sie während der Ehe im fortgesetzten ausschließlichen Besitze ihres eingebrachten Geldes geblieben sei; habe also die Beklagte am 15. Juni und 5. August 1885 den Verkäufern 4500 ℳ gezahlt, so habe sie das Geld immerhin von ihrem Ehemann erhalten; darin aber liege eine nach §. 3 Nr. 4 des Anfechtungsgesetzes anfechtbare Rückgewähr des Eingebrachten, durch welche die Gläubiger des Ehemannes insofern benachteiligt seien, als sie sich früher an das eingebrachte Geld unmittelbar und im vollen Umfange hätten halten können, während ihnen jetzt, nachdem L. auch dem Nießbrauche entsagt, an das auf den Namen der Beklagten gekaufte Grundstück auch nicht einmal ein mittelbarer Anspruch zustehe. . . .

Wenn nun von der Revision dem Vorderrichter ein Verkennen des gesetzlichen Begriffes der Rückgewähr im Sinne des §. 3 Nr. 4 des Anfechtungsgesetzes vorgeworfen wird, so kann dieser Angriff für zutreffend nicht erachtet werden.

Weder in dem Grunde, noch in dem Wortlaute des Gesetzes findet die Behauptung eine Stütze, daß der Begriff der Rückgewähr die Beendigung des maritalischen Verwaltungs- und Nutzungsrechtes voraussetze und mit einer Fortdauer dieses Rechtes bei allseitig genehmigter Veränderung seines Gegenstandes unverträglich sei. Offensichtlich will die Nr. 4 §. 3 des Gesetzes vom 21. Juli 1879, in wesentlicher Übereinstimmung mit der Nr. 2 §. 25 K.O. (vgl. die Motive dazu S. 137), in ihrem zweiten, mit „sowie" beginnenden Teile die Gläubiger gegen eine Entziehung von Befriedigungsobjekten schützen, welche von dem Schuldner dadurch herbeigeführt wird, daß er, ohne dazu verpflichtet zu sein, Rechte, die ihm an dem Heiratsgute oder dem gesetzlich in seine Verwaltung gekommenen Vermögen seiner Ehefrau zustanden, zu Gunsten der letzteren aufgiebt. Diese Absicht des Gesetzes hat in dem Gebrauche der umfassenden Worte „Sicherstellung und Rückgewähr" zur Bezeichnung der hiernach anfechtbaren Rechtshandlungen einen deutlichen Ausdruck erhalten. Wo dem Ehemanne an dem gesetzlich in seine Verwaltung gekommenen Vermögen der Frau nicht mehr als ein Verwaltungs- und Nießbrauchsrecht zustand, wird allerdings die Rückgewähr sich durch Aufgeben des ehemännlichen Verwaltungs- und Nießbrauchsrechtes zu Gunsten der Frau vollziehen und ein Aufhören dieses Rechtes zur Folge haben. Wo es sich aber um Vermögen handelt, an welchem nach den maßgebenden Ehegesetzen der Ehemann nicht bloß Verwaltungs- und Nutzungsrechte, sondern volles Eigentum erworben hatte, da kann, dem gewöhnlichen Sprachgebrauche, sowie dem Sinne des §. 3 Nr. 4 a. a. O. entsprechend, eine Rückgewähr auch in der Weise stattfinden, daß der Ehemann das kraft Gesetzes auf ihn übergegangene Eigentum der Ehefrau zurücküberträgt und nur ein Verwaltungsrecht behält. Eine solche Zurückübertragung würde im vorliegenden Falle erfolgt sein, wenn der Ehemann L. aus seinem Eigentume 4500 ℳ der Beklagten als deren Eingebrachtes zurückgegeben und demnächst darin gewilligt hätte, daß die zurückgegebene Summe zum Ankaufe eines Hauses auf den Namen der Beklagten verwendet wurde. Standen ihm auch, solange er nicht darauf verzichtet hatte, Nießbrauch und Verwaltung an dem erworbenen Hause zu, so war doch sein Eigentumsrecht an dem fortgegebenen Gelde erloschen und damit durch seine Rechtshandlung seinen Gläubigern ein Befriedigungsobjekt zu Gunsten seiner Ehefrau entzogen worden.

Für die entgegenstehende Ansicht beruft sich die Revisionsklägerin mit Unrecht auf den §. 240 A.L.R. II. 1. Nach dieser Gesetzesvorschrift würde dann keine Rückgewähr, sondern nur ein Wechsel in dem Gegenstande des ehemännlichen Verwaltungsrechtes anzunehmen sein, wenn das aus dem Eingebrachten der Beklagten angeschaffte Grundstück auf den Namen des Ehemannes L. geschrieben worden wäre. Aber gerade der Umstand, daß das der Beklagten zurückgegebene Geld zum Erwerbe eines Grundstückes auf den Namen der Beklagten verwendet worden ist, führte in den vermögensrechtlichen Verhältnissen der Ehegatten zum Nachteile der Gläubiger des Ehemannes eine Veränderung herbei, welche sich nach dem oben Gesagten als Rückgewähr des Eingebrachten an die Beklagte darstellt.

Vgl. Cosack, Anfechtungsrecht S. 156; Petersen und Kleinfeller, Konkursordnung S. 140; Otto, Anfechtung S. 136." ...

10. Über die Rechte desjenigen Gläubigers, welchem zur Sicherstellung seiner Forderung Vermögensstücke des Schuldners von letzterem übereignet worden sind, in dem darauf über das Vermögen des Schuldners eröffneten Konkurse.

I. Civilsenat. Urt. v. 2. Februar 1889 i. S. S. (Kl.) w. B., als Konkursverwalter im Konkurse des V. (Bekl.) Rep. I. 332/88.

I. Landgericht Hamburg.
II. Oberlandesgericht daselbst.

S. und V. hatten ihren Wohnsitz in Hamburg. V. cedierte zu seinem Vermögen gehörige Forderungen im Jahre 1883 an S. zu dessen Sicherstellung für seine Forderung an V. Im Jahre 1884 wurde über das Vermögen des V. der Konkurs eröffnet. Der Konkursverwalter B. bestritt die Befugnis des S., für jene ganze, durch die cessio in securitatem gesicherte Forderung aus der Konkursmasse Dividende zu erhalten und sich dann wegen des dadurch nicht bezahlten Betrages seiner Forderung durch Beitreibung oder sonstige Verwertung der ihm in securitatem übereigneten Forderung zu befriedigen.

S. verfolgte das beanspruchte Recht durch Feststellungsklage gegen B. als Konkursverwalter. Das Prozeßgericht erster Instanz schloß sich der Auffassung des S. an. Das Berufungsgericht erachtete diese Auffassung für unbegründet.

Die gegen das Berufungsurteil eingelegte Revision des S. ist darauf gegründet, daß das angegriffene Urteil auf Verletzung eines dahin gefaßten Rechtsgrundsatzes beruhe:

„Sind dem Gläubiger seitens des Schuldners (zum Vermögen des letzteren bis dahin gehörige) Sachen oder Rechte nicht verpfändet, vielmehr zur Sicherstellung übereignet, mit der (dem Gläubiger eingeräumten) Befugnis, die übereigneten Vermögensstücke zu versilbern und den Erlös in Höhe seiner Forderung zur Bezahlung derselben zu verwenden, bei für ihn bestehender Verpflichtung, den etwaigen Mehrerlös dem Schuldner auszuhändigen, sowie (im Falle der Schuldner die Forderung vor einer solchen Versilberung anderweitig bezahlen sollte), demselben die übereigneten Vermögensstücke zurückzuübereignen, und wird demnächst (während die sichergestellte Forderung noch unberichtigt ist und der Gläubiger sich im Besitze der ihm zur Sicherstellung übereigneten Vermögensstücke befindet) das Konkursverfahren über das Vermögen des Schuldners eröffnet; so steht dem Gläubiger das Recht zu, die sichergestellte Forderung zu ihrem vollen Betrage (und nicht etwa nur in Höhe des nach Verwertung der zur Sicherstellung ihm übereigneten Vermögensstücke sich herausstellenden Ausfalles) als Konkursgläubiger zur Feststellung als unbedingte Konkursforderung anzumelden, und bei Verteilung der Konkursmasse die volle (nach dem Prinzipe verhältnismäßig gleicher Befriedigung der Konkursgläubiger auf diese ganze Forderung entfallende) Dividende zu erheben; während dem Gläubiger gleichzeitig freisteht, sich wegen seiner Forderung durch Verwertung der ihm zur Sicherstellung aus dem Vermögen des Schuldners übereigneten Sachen oder Rechte Befriedigung zu verschaffen, wobei der Gläubiger nur der Beschränkung unterworfen ist, daß er von dem auf beiden Wegen der Verfolgung Beigetriebenen nicht mehr behalten darf, als zur Berichtigung des vollen Betrages seiner Forderung erforderlich ist, er vielmehr obligatorisch verpflichtet ist, einen etwaigen Überschuß zur Konkursmasse zurückzugewähren, oder (falls nach seiner vollständigen Befriedigung sich noch ihm zur Sicherstellung übereignete Vermögensstücke unversilbert in seiner Hand befinden) dieselben zur Konkursmasse (bezw. im Falle der Aufhebung des Konkurses an den Schuldner) zurückzuübereignen."

Das Revisionsurteil hat diesen Revisionsgrund für nicht zutreffend erklärt und zur Widerlegung desselben folgendes ausgeführt in den

Gründen:

„In dem Gebiete der Konkursordnung vom 10. Februar 1877 gilt (nach dem ersichtlichen Willen dieses Reichsgesetzes) nicht ein Grundsatz des im Namen des Revisionsklägers als geltend behaupteten Inhalts, sondern folgende konkursrechtliche Norm:

Falls dem Gläubiger seitens des Schuldners zum Vermögen des letzteren gehörige Sachen oder Rechte zur Sicherstellung übereignet worden sind (also in denjenigen Teilen des Deutschen Reiches, in welchen das gemeine Recht als bürgerliches Landesrecht besteht, namentlich in den Fällen einer traditio oder cessio in securitatem mit ernstlich kundgegebenem Übereignungswillen), ist der sichergestellte Gläubiger (bei demnächst erfolgender Eröffnung des Konkursverfahrens über das Vermögen des Schuldners) nicht befugt, die ganze sichergestellte Forderung behufs tributarischer Befriedigung derselben aus der Konkursmasse geltend zu machen, sondern es sind die Bestimmungen der §§. 57. 141. 143. 144. 155 Nr. 3 156 K.O. in derartigen Fällen entsprechend anzuwenden. Diese Anwendung wird auch dadurch nicht ausgeschlossen, daß

a) zwischen dem Gläubiger und dem Schuldner abgemacht worden ist, sei es, ersterer solle von der Befugnis, sich durch Verwertung der ihm zur Sicherstellung übereigneten Vermögensstücke Befriedigung wegen der sichergestellten Forderung zu verschaffen, nicht früher Gebrauch machen dürfen, bis er vergeblich versucht habe, anderweitig Befriedigung von dem Schuldner zu erlangen, sei es, daß es dem Gläubiger zustehen solle, in beliebiger Folge oder gleichzeitig seine Befriedigung aus jenen ihm übereigneten Vermögensstücken oder auf anderem Wege von dem Schuldner zu erwirken;

b) in den Fällen der Sicherstellung durch Übereignung einer Forderung die Fälligkeit der letzteren in einem späteren Zeitpunkte eintritt, als die Fälligkeit der sichergestellten Forderung."

Das Reichsoberhandelsgericht hat bereits (in dem in Bd. 22 Nr. 60 seiner Entscheidungen abgedruckten Erkenntnisse vom 1. Mai 1877, dessen Ausführungen zu verknüpfen sind mit den Gründen des in Bd. 9 jener Entscheidungen unter Nr. 29 veröffentlichen Erkenntnisses vom 25. Februar 1873) für das Gebiet der damals gesetzeskräftigen preußischen Konkursordnung vom 8. Mai 1855 mit Recht geltend gemacht, daß die konkursrechtlichen Normen über die Schranken des Rechtes der durch Pfand sichergestellten persönlichen Gläubiger des Gemeinschuldners, Dividendenzahlung aus der zu tributarischer Befriedigung der Konkursgläubiger bestimmten Konkursmasse zu erhalten, (insonderheit die Bestimmungen des §. 248 jener K.O.) auf dem Grundgedanken des Gesetzes beruhten, daß diese Schranken auch im öffentlichen Interesse angezeigt seien und ebendeshalb nicht durch Abmachungen des demnächstigen Gemeinschuldners mit einzelnen sichergestellten Gläubigern verrückt werden dürfen.

Derselbe Gesichtspunkt greift durch bezüglich der Normen der als Reichsgesetz geltenden Konkursordnung vom 10. Februar 1877 über diejenigen Beschränkungen, welchen absonderungsberechtigte Gläubiger bei der Geltendmachung ihrer Forderungen behufs tributarischer Befriedigung aus der Konkursmasse unterliegen.

Diese Auffassung der betreffenden Bestimmungen der Reichskonkursordnung ist bereits in mehrfachen Urteilen des Reichsgerichtes ersichtlich zur Geltung gebracht, z. B. in den Urteilen vom 25. Oktober 1881 (Entsch. d. R.G.'s in Civils. Bd. 5 Nr. 112), vom 21. Januar 1882 (a. a. O. Bd. 6 Nr. 17) und vom 18. September 1886 Rep. V. 225/86. Eine gesunde, mit den Anforderungen des natürlichen Rechtsgefühles in Einklang stehende Regelung der Kreditverhältnisse ist für das gemeine Wohl von eminenter Wichtigkeit. Auf eine solche Gestaltung hinzuwirken, ist der Gesetzeszweck der gekennzeichneten Gesetzesnormen. Eine solche Gestaltung würde entschieden beeinträchtigt werden, wenn diejenigen Gläubiger, denen eine besondere Sicherheit durch Konstituierung einer (eventuell die Verwertungsbefugniß zum Zwecke der Befriedigung ihrer Forderungen in sich schließenden) Verfügungsgewalt über derzeitige Stücke des schuldnerischen Vermögens bestellt worden ist, bei demnächstigem Verfall des Schuldners in Konkurs sich, in Konkurrenz mit den nicht derartig gesicherten Gläubigern, ebenso wie letztere hinsichts der Befriedigung aus der Konkursmasse sollten verhalten dürfen.

Der gekennzeichnete, wesentlich im öffentlichen Interesse wurzelnde Gesetzesgrund (welcher ebendeswegen durch vor dem Konkurse getroffene Vereinbarungen des Gläubigers und Schuldners, auch wenn diese Abmachungen weder simuliert sein, noch zur Kategorie der nach dem Konkursrechte anfechtbaren gehören mögen, der Sache nach nicht vereitelt werden darf), trifft ganz mit demselben Gewichte, als in den in der Reichskonkursordnung speziell hervorgehobenen Fällen der Existenz einer Absonderungsberechtigung des Gläubigers, zu in den nicht ausdrücklich hervorgehobenen Fällen der zur Sicherstellung einer Forderung des Gläubigers realisierten Übereignung einer zur Zeit des betreffenden Aktes zum Vermögen des Schuldners gehörigen Sache oder eines in jenem Zeitpunkte zu demselben Vermögen gehörigen Rechtes. Ein Vermögensstück, welches nach Übertragung aus dem Vermögen des Schuldners in das Vermögen des Gläubigers bestimmt ist, ein anderes Stück letzteren Vermögens (die bestehen gebliebene Forderung des Gläubigers an den Schuldner) sicherzustellen, und diese Forderung eventuell durch Realisierung seines Wertes zu befriedigen, also (trotz seiner Zugehörigkeit zu dem Vermögen des Gläubigers) als Mittel zur Erfüllung der schuldnerischen Verbindlichkeit gegenüber dem

Gläubiger zu dienen, verhält sich materiell in seiner Bedeutung für das Verhältnis des dadurch sichergestellten Gläubigers in dessen Konkurrenz mit nicht sichergestellten Gläubigern in dem Konkurse des Schuldners nicht im geringsten anders als ein dem Gläubiger verpfändetes Vermögensstück des Schuldners.

Die Annahme, daß der Gesetzgeber nur bei der einen von den beiden (das öffentliche Interesse in der lebendigen Praxis wirklich in völlig gleicher Weise affizierenden, dem Gläubiger und Schuldner zur Verfügung stehenden) Formen der besonderen Sicherstellung einzelner Gläubiger die im öffentlichen Interesse gebotenen Schranken des Zugriffes derselben an die (zur gemeinschaftlichen Befriedigung aller nicht besonders sichergestellter Gläubiger nach Verhältnis des Betrages ihrer Konkursforderungen bestimmte) Konkursmasse habe setzen wollen, würde den (nur im Falle absoluter Unabweisbarkeit statthaften) schweren Vorwurf gegen den Gesetzgeber in sich schließen, daß derselbe (in kurzsichtiger Weise) den Keim zur Vereitelung des von ihm im Gesetze gewollten praktischen Einflusses auf die Lebensverhältnisse selbst gepflanzt, das öffentliche Interesse, welches er gegen die für dasselbe nachteiligen Folgen einer zu weit greifenden Geltendmachung eines privaten Interesse schützen wollte, in Wirklichkeit (jeder überlegt angebahnten derartigen Geltendmachung gegenüber) wehrlos gelassen habe.

Der Schluß daraus, daß in der Konkursordnung bei Regelung des Zugriffes sichergestellter Gläubiger an die Konkursmasse des Falles einer Sicherstellung durch Übereignungen der oben gekennzeichneten Art nicht ausdrücklich gedacht ist, darauf, daß jenes Zugriffsrecht in letzterem Falle im Sinne des Gesetzes nicht nach demselben Grundprinzip zu normieren sei, welches in dem (besonders hervorgehobenen) Falle der Sicherstellung eines Faustpfandes mit Vermögensstücken des demnächstigen Gemeinschuldners zur Geltung gebracht ist, entbehrt der Stringenz.

Es ist eine für den Gesetzgeber nicht erfüllbare Aufgabe, jedes allgemeine Gesetzesprinzip mit solcher Klarheit in einem Satze auszusprechen, daß sich aus diesem Satze durch einfache Schlußfolgerung die Konsequenzen für alle besonders gearteten, von dem betreffenden Prinzipe beherrschten Fälle entwickeln lassen. Es ist ferner nicht die Aufgabe des Gesetzgebers, für jedes sich gestaltende Lebensverhältnis eine besondere Norm zu setzen. Es ist schließlich nicht des Gesetzgebers Sache, an alle juristisch-technisch möglichen Formen zu denken, vermöge welcher (einer Rechtsprechung, welche an dem Buchstaben des Gesetzes haftet, gegenüber) die Ziele des Gesetzes vereitelt werden könnten.

Es ist vielmehr Sache der Jurisprudenz und vor allem Pflicht der (die Jurisprudenz mit unmittelbar in die Lebensverhältnisse eingreifender Kraft bethätigenden) Judikatur die (nicht in einer allgemeinen Norm konzentriert in dem Gesetze ausgesprochenen) Grundprinzipien des Gesetzes zu Tage zu fördern und auf die im Leben hervortretenden, im Gesetze nicht besonders hervorgehobenen, unter das betreffende Prinzip fallenden Fälle anzuwenden, namentlich aber nicht zu dulden, daß im öffentlichen Interesse wurzelnde Rechtsprinzipien in ihrer lebendigen Wirkung, sei es absichtlich vereitelt, sei es auch nur objektiv gelähmt werden durch Rechtsakte, welche (trotz Verschiedenheit in der juristisch-technischen Form) im wesentlichen dasselbe *sachliche* Resultat (in bezug auf die bestimmten für die Erreichung der Ziele des Gesetzes relevanten Beziehungen) für das praktische Leben erzeugen, wie diejenigen Rechtsakte, gegen welche (gerade wegen des betreffenden, dem öffentlichen Interesse zuwiderlaufenden Effektes) das Gesetz Verbote gerichtet hat, oder an welche aus demselben Grunde von dem Gesetze gewisse (ihre sonst schädliche Wirkung aufhebende bezw. abschwächende) Konsequenzen geknüpft worden sind.

Den vorstehenden (aus dem Gesetze selbst und der Eigenart der Lebensverhältnisse, auf welche dasselbe nach bestimmten Zielen zu wirken bestimmt ist, sowie aus der sachlichen Bedeutung der [in Betracht kommenden] Weisen der Sicherstellung hergeleiteten, für die Geltung des im Anfange der gegenwärtigen Entscheidungsgründe formulierten Normen des deutschen Konkursrechtes durchschlagenden) Gründen gegenüber würden abweichende Auffassungen der bei Abfassung des Entwurfes der Konkursordnung, sowie der Begründung dieses Entwurfes und bei der Berathung in der Kommission des Reichstages und im Reichstage selbst mitwirkenden Personen nicht von entscheidendem Gegengewichte sein. Dafür, daß solche abweichenden Auffassungen möglicherweise bestanden haben, läßt sich folgender, durch das Protokoll vom 21. November 1875 über die sechste Sitzung der VIII. Kommission des Reichstages konstatierte Vorgang heranziehen. Vor Eintritt in die Beratung des mit der Überschrift „Absonderung" versehenen Titels 5 im Buche I. des Entwurfes der „Konkursordnung" stellte der Abgeordnete Hullmann die Frage:

„Warum die Gläubiger nicht gegen solche Veräußerungen von Mobilien geschützt worden seien, die ohne Besitzübertragung und lediglich zu dem Zwecke stattfänden, um einem Gläubiger Sicherheit wegen Bezahlung seiner Forderung zu gewähren?"

An diese Frage knüpfte derselbe Abgeordnete die Bemerkung:

„Er glaube, daß die Vorschriften im Einführungsgesetze wegen des Faustpfandes dadurch umgangen werden könnten, daß der Gemeinschuldner die Verpfändung in die Form eines Verkaufes mit dem Vorbehalte des Rückkaufes einkleide."

Der Kommissar des Bundesrates entgegnete:

„Soweit es sich um ein verdecktes Geschäft (Versatz unter Form eines Verkaufes) handle, würde der Verwalter dem angeblichen Käufer gegenüber dieselben Rechte geltend machen können, wie der Gemeinschuldner. Im übrigen ließen die meisten Landesgesetzgebungen ein constitutum possessorium oder pactum reservati dominii bei Mobilien nur mit beschränkter Wirksamkeit zu, zudem seien Fälle der bezeichneten Art immer eine Seltenheit und beträfen nur einzelne Sachen, sodaß für den Entwurf, um derartige Geschäfte auszuschließen, der Anlaß nicht dringend genug gewesen sei, um in das Civilrecht einzugreifen."

Auch der Vorsitzende der Kommission erklärte sich aus dem zuletzt angeführten Grunde gegen die Aufnahme hier einschlagender Bestimmungen.

In bezug auf diese Erklärungen ist zunächst hervorzuheben, daß dieselben keineswegs mit Notwendigkeit zu der Folgerung führen, daß ihrem Inhalte seitens der Erklärenden die Tragweite beigemessen sei, in die Regelung der Frage einzugreifen, ob (sowie unter welchen Maßgaben) dem durch Übereignung von Vermögensstücken des Schuldners wegen Befriedigung einer Forderung sichergestellten Gläubiger die Befugnis zustehe, wegen der sichergestellten Forderung Befriedigung als Konkursgläubiger aus der Konkursmasse zu beanspruchen. Der Tit. 5 im ersten Buche des Entwurfes der Konkursordnung, vor dessen Beratung jene Erklärungen abgegeben worden sind, beschäftigt sich ebensowenig, wie der entsprechende Titel der Konkursordnung selbst mit der letzterwähnten Regelung, sondern nur mit der Bestimmung des Kreises der absonderungsberechtigten Personen und dem Befriedigungsrechte derselben aus den zu ihrer besonderen Befriedigung bestimmten Objekten. Die Frage, ob solche Geschäfte, wie die in der Erklärung des Kommissars des Bundesrates als „derartige" bezeichneten, auszuschließen seien, deckt sich nicht mit der Frage, welche Konsequenzen im Falle der Gültigkeit solcher Geschäfte für das Recht des durch dieselben sichergestellten Gläubigers in bezug auf die Befriedigung der sichergestellten Forderung aus der Konkursmasse entstehen. Die Feststellung der Unzulässigkeit jener Geschäfte könnte als ein Eingreifen in das Landescivilrecht bezeichnet werden. Ein gleiches könnte der Fall sein, wenn bestimmt würde, durch Übereignungen von Vermögensstücken des Schuldners zur Sicherstellung einer Forderung des Gläubigers werde, im Falle demnächstigen Konkurses, a) gar kein Recht des Gläubigers zur Verfügung über das Objekt, mit welchem die Sicherheit bestellt sei, erzeugt, falls nicht die Weise der Übereignung den (in der Konkursordnung und in dem Einführungsgesetze zu derselben) zur (gegenüber den Konkursgläubigern wirksamen) Bestellung eines Faustpfandes normierten Formerfordernissen genügt sei, oder doch jedenfalls b) das Verfügungsrecht des Eigentumserwerbers zur Sicherheit entsprechend der Norm des §. 117 K.O. beschränkt. Dagegen wäre es unzutreffend bei Normen, welche lediglich das Zugriffsrecht des durch Übereignung eines schuldnerischen Vermögensstückes wegen Befriedigung einer Forderung an den Schuldner an die (zur gemeinschaftlichen Befriedigung der nicht sichergestellten Gläubiger nach Verhältnis ihrer Forderungen bestimmte) Konkursmasse (zu welcher die betreffenden Objekte der Sicherstellung nicht gezogen werden) zwecks Befriedigung der sichergestellten Forderung regeln, von einem Eingriffe in das Landescivilrecht zu sprechen, da eine solche Regelung durch Einführung des Reichskonkursrechtes selbstverständlich der Herrschaft des bürgerlichen Landesrechtes enthoben ist und ein Gebiet betrifft, welches lediglich von Grundprinzipien des Konkursrechtes beherrscht sein kann. Der oben gekennzeichnete Eingriff in das Verfügungsrecht des Eigentümers ist aber keineswegs ein notwendiges Korrelat des klargelegten, im Eingange der gegenwärtigen Entscheidungsgründe formulierten Grundsatzes. Ein solcher Eingriff ist demgemäß auch durch das Revisionsurteil vom 23. Februar 1887 in dem Vorprozesse der Parteien umgekehrten Rubrums für nicht gerechtfertigt erachtet worden. Dadurch wird natürlich die Pflicht des Richters nicht berührt, in jedem seiner Beurteilung unterbreiteten Falle (unter Berücksichtigung aller konkreten Umstände) auf das sorgfältigste zu prüfen, ob der betreffende angebliche Übereignungsakt auch wirklich als Eigentumsübertragungsakt gewollt sei, was (auch ganz abgesehen von der Inscenierung eines Scheingeschäftes) aus der bloßen Realisierung einer Tradition oder Abgabe einer Cessionserklärung noch keineswegs mit Notwendigkeit folgt. Die Bemerkungen des Kommissars des Bundesrates über die angebliche Seltenheit (und verhältnismäßig geringe Relevanz für das Leben) der Übereignungen zur Sicherstellung von Forderungen dürften sich dadurch motivieren, daß die dafür grundlegenden Beobachtungen vorzugsweise in den Gebieten des preußischen Rechtes vermittelt sein mögen, in welchen die Gerichte stets geneigt gewesen sind, in derartigen Akten verdeckte Geschäfte zu erblicken, bezw. an den Beweis des Erwerbungsaktes einen besonders strengen Maßstab zu legen, sodaß die Existenz von ernstlich gewollt realisierten Übereignungen zum Zwecke der Sicherstellung dort nur selten angenommen ist. Für die Gebiete des gemeinen Rechtes, namentlich für die Gebiete der freien Hansestädte und der Großherzogtümer Mecklenburg, entspricht der Inhalt jener Bemerkung nicht der Praxis des wirklichen Lebens.

Sollten den oben mitgeteilten, in dem erwähnten Protokolle vom 21. November 1875 konstatierten Erklärungen seitens der Erklärenden die oben, als nicht notwendig aus den Erklärungen folgend, bezeichnete Tragweite beigemessen sein, so wäre denselben insoweit nicht beizupflichten; vielmehr würde alsdann sich die Sache so gestalten, wie in dem von den vereinigten Civilsenaten des Reichsgerichtes durch Urteil vom 15. Februar 1886 Rep. II. 183/85 entschiedenen Falle, in welchem es sich um die Lösung der Frage handelte, ob neben dem Gläubiger, welcher Konkursdividende für seine volle Forderung empfängt, auch der Mitverpflichtete, welcher einen selbständigen Regreßanspruch geltend macht, Konkursdividende beanspruchen könne, und diese Frage von dem Reichsgerichte durch Schlußfolgerungen aus den Grundprinzipien des Konkursgesetzes verneint worden ist, während dieselbe in der Begründung zum §. 60 des Entwurfes der Konkursordnung, welchem der §. 61 K.O. entspricht (ohne daß in den legislativen Beratungen gegen die betreffende Ausführung Bedenken geltend gemacht worden sind) bejaht wird.

Vgl. Entsch. des R.G.'s in Civils. Bd. 14 Nr. 39 und die Begründung des Entwurfes der Konkursordnung S. 282—285, in der Ausgabe der Materialien zur Konkursordnung von C. Hahn, S. 262—264." . . .

---

11. Steht der Art. 191 Abs. 2 H.G.B. (Reichsgesetz vom 18. Juli 1884, betreffend die Kommanditgesellschaften auf Aktien und die Aktiengesellschaften) der Zulässigkeit von Zuwahlen neuer Mitglieder in den ersten Aufsichtsrat auf Grund einer Erhöhung der Mitgliederzahl durch Statutenänderung entgegen? Kann das zugewählte Aufsichtsratsmitglied schon vor der Eintragung der Erhöhung der Mitgliederzahl in das Handelsregister in Funktion treten?

I. Civilsenat. Urt. v. 17. April 1889 i. S. Dr. Schweninger's Sanatorium Schloß Heidelberg (Kl.) w. K. (Bekl.) Rep. I. 70/89.

I. Landgericht Frankfurt a./M.
II. Oberlandesgericht daselbst.

Nach dem Statute der im Laufe des Jahres 1886 errichteten klagenden Aktiengesellschaft lief das Geschäftsjahr vom 1. Januar bis 31. Dezember. Die Wahl des ersten Aufsichtsrates galt daher gemäß Artt. 191 Abs. 2. 224 H.G.B., in der Fassung des Reichsgesetzes vom 18. Juli 1884, für die Zeit bis zum 31. Dezember 1887. Der §. 15 des Statutes bestimmte, ohne die Zahl der Mitglieder des Aufsichtsrates anzugeben, sodaß der Aufsichtsrath gemäß Art. 191 Abs. 1 aus drei Mitgliedern zu bestehen hatte: „Die Mitglieder des ersten Aufsichtsrates werden bei der Konstituierung der Gesellschaft von den Gründern gewählt." In der That wurden auch von den Gründern drei Personen zu Mitgliedern des Aufsichtsrates gewählt und fungierten als Aufsichtsrat. Durch Bekanntmachung vom September 1887 wurden die Aktionäre für den 15. Oktober 1887 zu einer Generalversammlung einberufen, für welche als Gegenstand der Tagesordnung die Revision und eventuelle Veränderung aller Paragraphen des Statutes und ferner die Wahl eines vierten Mitgliedes des Aufsichtsrates angekündigt wurde. In betreff des Aufsichtsrates war eine Veränderung der ursprünglichen Statutbestimmung dahin beabsichtigt: „Der erste Aufsichtsrat der Gesellschaft besteht aus drei Mitgliedern und wird von den Gründern gewählt. Die Zahl der Mitglieder des ersten, durch die Gründer gewählten Aufsichtsrates, kann jederzeit durch die Generalversammlung von drei auf vier und nötigenfalls auf fünf Mitglieder erhöht werden." Noch vor Abhaltung dieser Generalversammlung, aber nach dem Zeitpunkte ihrer Einberufung, erklärte das eine der bisherigen Mitglieder des Aufsichtsrates schriftlich sein Ausscheiden aus dem Aufsichtsrate. In der Generalversammlung wurde hiervon keine Mitteilung gemacht. Dieselbe beschloß die Abänderung des Statutes entsprechend den gemachten Vorlagen, insbesondere auch bezüglich der Zusammensetzung des ersten Aufsichtsrates, und es wurde sodann die Wahl eines vierten Aufsichtsratsmitgliedes beschlossen, welche auf den Dr. T. fiel. Noch an demselben Tage und ohne daß zuvor die Statutenänderungsbeschlüsse zur Eintragung in das Handelsregister angemeldet worden waren, traten die beiden verbliebenen Mitglieder des Aufsichtsrates und Dr. T. als neugewähltes Mitglied zu einer Aufsichtsratssitzung zusammen und beschlossen die Einrufung der restierenden letzten 40 Prozent Einzahlungen auf die Aktien zu bestimmten Terminen. Es erfolgte sodann die entsprechende Aufforderung zur Einzahlung in den Gesellschaftsblättern. Nach dem Statute bestimmt über die Einforderungen der Einzahlungen der Aufsichtsrat. Der Beklagte, welcher Aktionär der Gesellschaft ist, leistete die Einzahlungen nicht, und er hat der Klage der Gesellschaft auf dieselben entgegengesetzt, daß der Einrufungsbeschluß unwirksam sei, weil die darin in Betracht kommenden Personen zur Zeit der Beschlußfassung einen gesetz- und statutengemäßen Aufsichtsrat nicht gebildet hätten. Das Berufungsgericht trat dieser Auffassung bei und wies die Klage der Gesellschaft ab. Es nahm an, daß eine Veränderung des ersten nur mit drei Mitgliederstellen geschaffenen Aufsichtsrates durch Vermehrung der Mitgliederstellen der zwingenden Vorschrift des Art. 191 Abs. 2 a. a. O. zuwiderlaufe und deshalb überhaupt nicht habe stattfinden können, und erörterte, daß die Wahl eines vierten Aufsichtsratsmitgliedes wirksam erst nach der Eintragung der Organisationsveränderung in das Handelsregister habe erfolgen können. Das Reichsgericht verwarf die Revision der Klägerin.

Aus den Gründen:

... „Es konnte der Grund der Abweisung der Klage nicht für zutreffend erachtet werden, welchen das Berufungsgericht darin findet, daß die Erweiterung der ursprünglichen Mitgliederzahl des Aufsichtsrates durch Abänderung des Gesellschaftsvertrages für den ersten Aufsichtsrat der zwingenden Vorschrift des Art. 191 Abs. 2 bezw. Art. 224 H.G.B., in der Fassung des Gesetzes vom 18. Juli 1884, widersprochen habe und daher unzulässig gewesen sei. Für diese Auffassung des Art. 191 Abs. 2 bietet der Wortlaut keinen irgendwie zwingenden Anhalt, und fehlt es an einem inneren Grunde. An sich ist der Gesellschaftsvertrag gemäß den Vorschriften der Art. 180g und Art. 215 H.G.B., und zwar bei der Aktiengesellschaft schon auf einen Beschluß der Generalversammlung der Aktionäre hin, abänderlich. Wenn es daher im Art. 191 Abs. 1 heißt: „Der Aufsichtsrat besteht, sofern nicht der Gesellschaftsvertrag eine höhere Zahl festsetzt, aus drei von der Generalversammlung ꝛc zu wählenden Mitgliedern", so ist unter dem Gesellschaftsvertrage sowohl der urspüngliche, wie der rechtswirksam abgeänderte zu verstehen. Der Abs. 2 bestimmt aber nur über die Zeitdauer, für welche die Wahl des ersten Aufsichtsrates, gleichviel aus wieviel Mitgliedern er besteht und rechtsgültig bestehen darf, unabänderlich gilt. Er bestimmt nicht, daß für diese Zeitdauer der Aufsichtsrat nur in derjenigen Anzahl der Mitgliederstellen bestehen dürfe, welche der ursprüngliche Gesellschaftsvertrag oder in Ermangelung einer Bestimmung durch denselben das Gesetz vorgesehen hat. Dagegen läßt sich nicht geltend machen, daß, wenn erst später auf Grund einer Änderung des Gesellschaftsvertrages eine Zuwahl von Aufsichtsratsmitgliedern erfolgt, man nicht mehr von einem aus der ersten Wahlhandlung hervorgegangenen Aufsichtsrate sprechen könne. Da das Gesetz weder verhindern kann, daß aus der ersten Wahlhandlung hervorgegangene Aufsichtsratsmitglieder während der dem Aufsichtsrate zugemessenen Funktionsdauer ausscheiden, noch verhindern will, daß ihre Bestellung während dieses Zeitraumes durch die Generalversammlung widerrufen werden kann — denn der Art. 191 Abs. 4 gilt ohne Einschränkung, also auch für den ersten Aufsichtsrat —, so kann die Notwendigkeit eines Ersatzes sämtlicher bisheriger Aufsichtsratsmitglieder durch neue Wahlhandlungen eintreten. Gleichwohl bleibt der aus lediglich durch neue Wahlhandlungen hervorgerufenen Mitgliedern bestehende Aufrichtsrat der erste Aufsichtsrat im Sinne des Art. 191 Abs. 2, weil für alle Mitglieder dieselbe Zeitdauer ihrer Wirksamkeit bestehen bleibt, welche das Gesetz dem durch die erste Wahlhandlung hervorgerufenen Aufsichtsrate vorschreibt. Das gleiche gilt auch für diejenigen hinzugewählten Mitglieder, um welche sich der erste Aufsichtsrat durch Erweiterung seiner Mitgliederzahl im Wege der Abänderung des Gesellschaftsvertrages vergrößert hat. Damit ist dem Zwecke des Gesetzes in jeder Hinsicht genügt. Für die weitergehende Auslegung des Art. 191 Abs. 2 in dem vom Berufungsgerichte vertretenen Sinne ist kein innerer Grund ersichtlich. Der Art 191 Abs. 2 bezweckt nach seiner Entstehungsgeschichte (vgl. den Art. 191 Abs. 1 in der Fassung der Novelle vom 11. Juni 1870 und die Fassung in dem dem Bundesrate vorgelegten Entwurfe des Gesetzes vom 18. Juli 1884, sowie die Motive hierzu S. 216 der Heymann'schen Ausgabe und Ring in Busch, Archiv Bd. 45 S. 122) zu verhüten, daß die Herrschaft des ersten, wie anzunehmen, unter dem Einflusse der Gründer gewählten Aufsichtsrates der Gesellschaft für einen zu langen Zeitraum auferlegt wird. Deshalb soll dieser Aufsichtsrat einem durch Neuwahl hervorzurufenden nach einem kürzeren Zeitraume Platz machen, als solcher Zeitraum sonst im Interesse der Stabilität der Organe für die Funktion eines Aufsichtsrates üblich sein und bestimmt werden möchte. Andererseits soll auch dieser Zeitraum nicht so kurz bemessen werden dürfen, daß diese Bemessung gerade das bewirken könnte, was verhindert werden soll, nämlich daß auch der zweite, für den längeren Zeitraum zur Wirksamkeit berufene Aufsichtsrat noch unter dem Einflusse der Gründer gewählt wird. Überall handelt es sich hierbei nur um die Zeitdauer. Daran, daß zu den bei der ersten Wahlhandlung gewählten Mitgliedern des Aufsichtsrates für die Funktionsdauer des letzteren nicht durch Zuwahl noch andere hinzutreten, kann nach dieser Tendenz des Gesetzes kein Interesse bestehen. Erfolgt diese Zuwahl noch unter dem Einflusse der Gründer, so geschieht damit nichts anderes, als was für diesen ersten Aufsichtsrat nach der Natur der Verhältnisse überhaupt hingenommen werden muß und nur in seiner Wirkung durch Fixierung des Zeitraumes für die Funktionsdauer dieses Aufsichtsrates eingeschränkt werden soll. Erfolgt aber die Zuwahl, nachdem die Gesellschaft sich bereits dem Einflusse der Gründer entzogen, so liegt gewiß kein Grund vor, solche Zuführung unbefangener Elemente zu dem ersten Aufsichtsrate als dem Gesetzeswillen zuwider zu erachten.

Das Berufungsurteil stellt sich aber, ohne daß es einer Prüfung seines eventuellen Entscheidungsgrundes bedurfte, wonach die Wahl des Dr. T. zum vierten Aufsichtsratsmitgliede nicht habe stattfinden dürfen, bevor die Änderung des Gesellschaftsvertrages, welche in der Hinzufügung einer eventuellen vierten Mitgliedsstelle im Aufsichtsrate bestand, im Handelsregister eingetragen war, deshalb als richtig dar, weil jedenfalls, bevor solche Eintragung erfolgt war, die eventuell in jene Stelle gewählte Person nicht als Aufsichtsratsmitglied in Funktion treten konnte und deshalb der am 15. Oktober 1887 gefaßte Beschluß der Einforderung der Restzahlungen kein rechtswirksamer Aufsichtsratsbeschluß war. Die Revisionsbegründung erachtet solche Beschlußfassung unter antizipierter Mitwirkung des in Voraussetzung der Eintragung der beschlossenen Änderung des Gesellschaftsvertrages in die neugeschaffene Stelle gewählten Aufsichtsratsmitgliedes für rechtswirksam, sofern nur die seine Grundlage bildende beschlossene Änderung des Gesellschaftsvertrages nachträglich zur Eintragung gelangt. Ein solches Ergebnis, welches die Revisionsbegründung dahin formuliert, es würden die inzwischen vorgenommenen Rechtshandlungen durch die erfolgende Eintragung aufrechterhalten, ist zu verwerfen. Dasselbe würde den Rechtszustand innerhalb der Gesellschaft in einer unzulässigen, den größten Verwirrungen Raum gebenden Weise ungewiß machen. Die Aktiengesellschaft kann nicht nach einer bloß bedingt gültigen, noch pendenten Regel leben, noch kann sie für irgend einen Zeitraum die Wahl zwischen der bisherigen und einer davon abweichenden Lebensregel haben. Wenn es im Art. 214 Abs. 2 H.G.B. heißt: „Der Beschluß hat keine rechtliche Wirkung, bevor derselbe ꝛc in das Handesregister eingetragen ist," so ist damit etwas durchaus anderes gesagt, als daß der Beschluß schon ohne weiteres wirksam werde, sofern er nur zur Eintragung in das Handelsregister — irgend einmal oder doch bis zu einer Bethätigung entsprechend dem Beschlusse, wie man hinzusetzen muß und darf — gelangt. Es ist vielmehr hierdurch das der Natur der Sache allein Entsprechende, wenn überhaupt die Eintragung in das Handelsregister ein für die Gültigkeit wesentliches Erfordernis bilden soll, zum Ausdrucke gebracht, daß der Beschluß der Generalversammlung, den Gesellschaftsvertrag zu ändern, diese Änderung noch nicht bewirkt, vielmehr nur die Willensäußerung, daß solche Änderung bewirkt werden soll, und das Gebot an die zuständigen Gesellschaftsorgane, durch entsprechende Anmeldung des Beschlusses das für solche Änderung Erforderliche vorzunehmen, enthält. Bis die Eintragung erfolgt, muß die Gesellschaft nach der bisherigen Gesellschaftsregel, von dem Augenblicke der Eintragung ab nach der geänderten leben. Klägerin hatte also bis zu einer erfolgten Eintragung der Veränderung der Organisation ihres bisher nur auf drei Mitgliederstellen bemessenen Aufsichtsrates nur ihren bisherigen, im Falle des geschehenen Ausscheidens des Rechtsanwaltes F. beschlußunfähig gewordenen Aufsichtsrat. Eine Antizipation des Funktionsantrittes des Dr. T. als Aufsichtsratsmitgliedes, bevor die Mitgliedsstelle, für welche er gewählt worden, rechtswirksam bestand, war nicht möglich. Dr. T. hätte für ein solches antizipiertes Handeln auf Grund einer Stellung, die er noch nicht antreten konnte, weil sie eben noch nicht bestand, auch die an diese Stellung geknüpfte Verantwortlichkeit nicht tragen können.

In Übereinstimmung mit dem Berufungsgerichte konnte aber die Wahl des Dr. T. auch nicht eventuell als eine Ersatzwahl für das ausgeschiedene Aufsichtsratsmitglied angesehen werden." . . .

(Es wird dies näher aus den Hergängen begründet.)

„Daß etwa nach geschehener Eintragung der Generalversammlungsbeschlüsse eine Bestätigung jenes Einrufungsbeschlusses seitens des nunmehrigen Aufsichtsrates noch vor der Veröffentlichung der Aufforderung, die Resteinzahlungen zu leisten, stattgefunden hätte, dafür fehlt es an jeder Andeutung. Der bloße spätere Nichtwiderspruch nunmehr zum Fungieren befugter Aufsichtsratsmitglieder gegen jene Aufforderung und gegen die Empfangnahme der Gelder seitens des Vorstandes vermöchte den fehlenden Aufsichtsratsbeschluß als die für die Bethätigung des Organes allein maßgebende Willensäußerung nicht zu ersetzen.

Die Bezugnahme der Revisionsklägerin auf Art. 231 H.G.B. paßt nicht, weil die Aktionäre vom Standpunkte des Erfordernisses, daß die Einforderung der Resteinzahlungen den statutarischen Bestimmungen entspreche, keine Dritten sind. Nach der Bestimmung im Statute: „Über die Einforderung der weiteren Einzahlungen bestimmt der Aufsichtsrat", beruhte eine Sicherheit der Aktionäre in betreff der Wahl des geeigneten Zeitpunktes für die Einforderung darin, daß sie des Beschlusses des Aufsichtsrates bedurfte. Der Aktionär muß also geltend machen dürfen, daß eine rechtswirksame Beschlußfassung des Aufsichtsrates nicht erfolgt ist."

---

12. Geltendmachung einer Forderung an den Erblasser im Konkurse über den Nachlaß des Benefizialerben. Feststellung mit Vorbehalt?

I. Civilsenat. Urt. v. 15. Juni 1889 i. S. Konkursmasse des Nachlasses der Witwe N. (Bekl.) w. F. (Kl.) Rep. I. 123/89.

I. Landgericht I Berlin.
II. Kammergericht daselbst.

Der Partikulier N. ist am 8. Mai 1886 verstorben mit Hinterlassung eines im Jahre 1849 errichteten wechselseitigen Testamentes, in welchem er seine Ehefrau und seinen Vater zu Erben eingesetzt hatte; die verwitwete N. ist im Juli 1886 verstorben. Für den Nachlaß des N. wie für den seiner Witwe wurden Pflegschaften eingeleitet und zum Pfleger des ersteren der Justizrat L., des letzteren der Rechtsanwalt S. bestellt. Auf Antrag des Rechtsanwaltes S. wurde im November 1886 über den Nachlaß der Witwe N. Konkurs eröffnet. Zu demselben wurde vom Kläger eine Forderung aus einer Schuld des Ehemannes angemeldet, die vom Konkursverwalter bestritten worden ist. Kläger hat hierauf im Wege des Prozesses beantragt, den Konkursverwalter zu verurteilen, anzuerkennen, daß sein Widerspruch gegen die angemeldete Forderung ungerechtfertigt sei, und demgemäß diese Forderung für festgestellt zu erklären. In erster Instanz ist die Klage abgewiesen, weil nicht erhelle, daß die Witwe N. Alleinerbin ihres Ehemannes geworden sei, in der Richtung aber, daß aus dem Nachlasse des N. Vermögenswerte in Höhe der angemeldeten Forderung zur Konkursmasse gelangt seien, Kläger seinen Anspruch nicht substanziiert habe. In der Berufungsinstanz ist der Nachweis erbracht worden, daß der Vater des N. lange vor letzterem verstorben ist, die Witwe mithin ihren Ehemann allein beerbt hat. Das Berufungsgericht hat demnächst in betreff einer von der Beklagten behaupteten Tilgung der angemeldeten Forderung dem Kläger einen Eid auferlegt und im Falle der Ableistung desselben die Konkursmasse des Nachlasses der Witwe N. verurteilt, anzuerkennen, daß der Widerspruch gegen die Feststellung der vom Kläger angemeldeten Forderung insoweit ungerechtfertigt ist, als die Zahlung dieser Forderung nach Kräften des Nachlasses des Ehemannes N., jedoch unter Vorbehalt der Rechtswohlthat des Inventars zu erfolgen hat, und mit diesem Vorbehalte gedachte Forderung festgestellt. Auf die Revision der Beklagten ist das Berufungsurteil aufgehoben und die Sache zur anderweiten Verhandlung und Entscheidung an das Berufungsgericht zurückverwiesen worden.

Aus den Gründen:

... „Die Beschwerde der Beklagten ist insoweit gerechtfertigt, als sie sich gegen die Zulässigkeit der Feststellung richtet, die im Berufungsurteile für den Fall der Eidesleistung ausgesprochen ist. Die dieser Feststellung beigefügte Einschränkung, daß die Zahlung nur nach Kräften des Nachlasses, jedoch unter Vorbehalt der Rechtswohlthat des Inventars zu erfolgen habe, ist im Berufungsurteile nicht erläutert, scheint aber in dem Sinne gemeint zu sein, daß, sofern der Konkursverwalter von der Befugnis, den Nachlaß des Ehemannes abzusondern, keinen Gebrauch macht, die Konkursmasse dem Kläger für die auf seine Forderung fallende Konkursdividende nach Kräften des Nachlasses des N. Befriedigung zu gewähren habe. Es kann indes dahingestellt bleiben, ob diese Deutung mit der Intention des Berufungsrichters vollständig übereinstimmt, da das angefochtene Urteil der Aufgabe des erkennenden Richters bei Feststellung einer Konkursforderung keinesfalls entspricht. Die Feststellung einer streitigen Forderung im Konkurse durch das erkennende Gericht gemäß §. 134 K.O. ist nicht ein bloßer Ausspruch über das Bestehen oder Nichtbestehen eines Forderungsrechtes, wie die auf Grund des §. 231 C.P.O. erfolgende Feststellung, sondern sie soll Bestimmung darüber treffen, ob und in welchem Umfange die bestrittene Forderung an der Konkursdividende teilzunehmen hat. Der Streit hierüber muß durch das über die Feststellung ergehende Urteil endgültig zum Austrage gebracht werden. Die Konkursordnung läßt zwar auch bedingte Forderungen, sowie Forderungen, deren Geldbetrag unbestimmt oder ungewiß ist, als Konkursforderungen zu (§§. 59. 60. 62 K.O.). Gerade in diesen Fällen aber kommt deutlich zum Ausdrucke, daß es keine Feststellung von Forderungen bloß dem Prinzipe nach unter Verdeckung oder Vertagung eines eventuellen Streites über den Geldbetrag geben soll. Bedingte Forderungen werden im Falle einer aufschiebenden Bedingung als Ansprüche auf Sicherheitsleistung, im Falle einer auflösenden Bedingung wie unbedingte Forderungen behandelt; Forderungen, deren Geldbetrag unbestimmt oder ungewiß ist, werden zu einem Schätzungswerte angesetzt. In allen diesen Fällen ist, wenn der Geldbetrag der angemeldeten Forderung bestritten ist, derselbe durch das Feststellungsurteil zu normieren. Die im Berufungsurteile getroffene Feststellung enthält aber eine solche Normierung nicht, verweist vielmehr die Entscheidung der Frage, ob die Klageforderung überhaupt als Konkursforderung in Betracht kommt, sowie, wenn dies der Fall, zu welchem Betrage sie zu berücksichtigen ist, in das Verteilungsverfahren, welches für die Erledigung dieses Streitpunktes keinen Raum hat. Bezüglich desjenigen, was aus dem Nachlasse des Ehemannes in den der Ehefrau bezw. in die Konkursmasse geflossen ist, gehen die Behauptungen der Parteien möglichst weit auseinander. Nach der Behauptung des Klägers rührt die ganze Konkursmasse aus dem Nachlasse des Ehemannes her, während Beklagte behauptet, es sei alles Vermögen der Ehefrau, und der Ehemann habe nichts hinterlassen. Bei diesem Stande der Parteibehauptungen ist es offensichtlich, daß das Berufungsurteil lediglich die Bedeutung einer Entscheidung über das Bestehen des klägerischen Forderungsrechtes und über die Zuständigkeit der Rechtswohlthat des Inventars hat, nicht aber als Feststellung im Sinne der Konkursordnung gelten kann. Ob der im Berufungsurteile offen gelassene Streitpunkt sich bei der Verteilung leicht erledigen würde (wie der Berufungsrichter meint), ist zur Zeit nicht zu übersehen, aber auch für die Beurteilung nicht ausschlaggebend. Das Illusorische der vorliegenden Feststellung ergiebt sich daraus, daß der Konkursverwalter, um sich nicht verantwortlich zu machen, die Ausschüttung der Masse bis zur Bereinigung des Vorbehaltes, gleichviel, ob dieselbe mit größeren oder geringeren Schwierigkeiten verknüpft ist, aufschieben muß.

Kann hiernach das Berufungsurteil nicht aufrechterhalten werden, so ist dem Antrage der Revision auf Abweisung der Klage nicht stattzugeben.

Kläger war an sich befugt, seine gegen den Erblasser der Witwe N. begründete Forderung zu dem über den Nachlaß der letzteren eröffneten Konkurse als Konkursforderung anzumelden. Der Umstand, daß die Witwe N. Benefizialerbin ihres Ehemannes geworden, steht dieser Befungnis nicht entgegen. Der Nachlaßgläubiger hat zufolge §. 43 K.O. zwar das Recht auf abgesonderte Befriedigung aus dem Nachlasse gemäß §§. 500 flg. A.L.R. I. 16, ist aber nicht verpflichtet, die Absonderung zu fordern. Wie außerhalb des Konkurses der Gläubiger des Erblassers den Erben auf Zahlung in Anspruch nehmen kann, und wie in diesem Falle, wenn der Erbe die Rechtswohlthat des Inventars geltend macht, nicht die Abweisung der Klage erfolgt (§. 695 C.P.O.), so kann auch die Geltendmachung der Rechtswohlthat seitens des Konkursverwalters nicht dazu führen, daß die Klage auf Feststellung der zum Konkurse des Erben angemeldeten Forderung abgewiesen wird. Außerhalb des Konkurses ist in solchen Fällen dem Erben die Rechtswohlthat im Urteile vorzubehalten und von ihm als Einwand gegen die Zwangsvollstreckung geltend zu machen (§§. 696. 686 C.P.O.). Die analoge Anwendung dieser Bestimmungen auf das im Konkurse ergehende Feststellungsurteil ist, abgesehen von den bereits entwickelten Gründen auch deswegen unzulässig, weil hier ein besonderes Vollstreckungsverfahren überhaupt nicht stattfindet. Die Verteilung der Masse kann nicht als ein Analogon der Zwangsvollstreckung betrachtet werden, namentlich bietet dieselbe für eine entsprechende Anwendung des §. 686 C.P.O. keine Grundlage dar. Im früheren preußischen Rechte enthielt §. 285 b A.G.O. I. 50 und später §. 37 Nr. 2 der preußischen Konkursordnung vom 8. Mai 1855 eine auf den vorliegenden Fall bezügliche Vorschrift. Nach letzterer mußte die Absonderung der Erbschaft von dem eigentümlichen Vermögen des Gemeinschuldners erfolgen, sobald die Gläubiger des Gemeinschuldners von der Rechtswohlthat des Inventares Gebrauch machen. Diese Bestimmung ist nicht in das heutige Recht übergegangen. Die Folge hiervon ist, daß der Konkursverwalter, auch ohne die Absonderung der Erbschaft von dem eigentümlichen Vermögen der Erben (hier dem Nachlasse der Witwe N.) zu bewirken, sich auf die Rechtswohlthat des Inventares berufen kann. Es liegt ihm aber in diesem Falle ob, den Betrag nachzuweisen, auf welchen die Haftung der Konkursmasse zu beschränken ist. Besteht hierüber ein Streit unter den Parteien, so muß derselbe, ebenso wie der Streit über die Forderung selbst, durch das nach Maßgabe des §. 134 K.O. herbeizuführende Urteil entschieden werden."

---

13. Schlußbrief des Verkäufers an den Makler: „Verkaufte Ihnen für (Aufgabe vorbehalten)". Kann der vom Makler aufgegebene Käufer gegen den Verkäufer auf Vertragserfüllung klagen?

I. Civilsenat. Urt. v. 28. September 1889 i. S. J. (Kl.) w. B. (Bekl.) Rep. I. 173/89.

I. Landgericht Hamburg.
II. Oberlandesgericht daselbst.

Am 2. August 1888 richtete Beklagter an den Makler F. zu Hamburg ein Schreiben, beginnend mit den Worten:

„Ich verkaufte Ihnen für (Aufgabe vorbehalten) 250 Doppelwaggons Krupp'scher oder Stadt Essener Gaskoke in meiner Wahl zur Lieferung von Oktober a. c. bis September k. J. ɔc" (folgen Verkaufsbedingungen).

Der Makler F. stellte hierauf, ebenfalls am 2. August 1888, dem Kläger eine Schlußnote aus, deren Eingang folgenden Wortlaut hat:

„Kaufte von Herrn Bl. (Bekl.) für Herrn J. (Kl.) 250 Doppelwaggons Gascinder ɔc" (folgen Verkaufsbedingungen übereinstimmend mit dem Briefe des Beklagten).

Am 4. August übersandte F. eine entsprechende Schlußnote dem Beklagten. Letzterer, der bereits am 3. August dem Makler erklärt hatte, daß er den Kläger nicht als Käufer annehme, sandte die ihm übermittelte Schlußnote an F. zurück und ist auch dem Kläger gegenüber bei seiner Weigerung geblieben. Im gegenwärtigen Prozesse begehrt Kläger Vertragserfüllung vom Beklagten. Letzterer hat geltend gemacht, daß er nicht der richtige Beklagte sei, da nicht er, sondern F. an Kläger verkauft habe. Er hat außerdem Einwendungen erhoben, die darauf hinauslaufen, daß vor Abfassung des Briefes vom 2. August zwischen ihm und dem Makler F. über den Eintritt einer bestimmten anderen Firma Abrede getroffen worden sei, und daß sowohl dem Makler, wie dem Kläger, der Agent einer Konkurrenzfirma des Beklagten sei, bekannt gewesen sei, daß Beklagter ihn als Käufer nicht acceptieren würde. In der Berufungsinstanz ist auch die Solvenz des Klägers beanstandet worden. Kläger hat die gegnerischen Behauptungen bestritten und sich bereit erklärt, den gesamten Betrag des Kaufpreises zu hinterlegen. Die Klage ist in den Vorinstanzen abgewiesen, vom Berufungsgerichte, nachdem dasselbe über die Bedeutung, welche dem Vermerke „Aufgabe des Käufers vorbehalten" in den Mäklerschlußnoten bezw. in den Schlußbriefen der Verkäufer nach Auffassung und Übung der Hamburger Börse zukomme, Beweis erhoben hatte.

In den Gründen wird ausgeführt: Die Auslegung der Eingangsworte in dem Schreiben des Beklagten vom 2. August 1888 sei nicht durch eine bestimmte Auffassung der Hamburger Börse gebunden, denn die Beweisaufnahme habe ergeben, daß die Ansichten der Börse über die Bedeutung des Vermerkes: „Aufgabe des Käufers vorbehalten" auseinander gehen; in betreff der vorliegend speziell in Betracht kommenden Frage, ob dem als Käufer benannten Dritten direkte Rechte gegen den Verkäufer zustehen würden, habe der Sachverständige R. erklärt, daß wegen solcher Frage die Börse sich an die Gerichte wenden würde. Die richterliche Entscheidung aber habe davon auszugehen, daß, wenn es zu Beginn des obigen Schreibens heiße: „Ich verkaufe Ihnen" unzweifelhaft zunächst der Adressat, d. h. der Makler F., und nur dieser als Käufer zu betrachten sei. In den folgenden Worten „für (Aufgabe vorbehalten)" könne zweierlei gefunden werden: entweder der Vorbehalt, daß dem Käufer gewordenen Makler gestattet sein solle, einen Anderen an seiner Statt als Käufer aufzugeben, oder die Erklärung des Verkäufers, daß der Makler aus der von ihm eingegangenen Verbindlichkeit entlassen werden solle, wenn derselbe dem Verkäufer einen Käufer aufgeben werde, den letzterer acceptieren werde. Der Berufungsrichter erachtet die zweite Auffassung für zutreffend. In den betreffenden Worten sei von einem dem Makler erteilten Auftrage, die Ware für den Verkäufer bindend weiter zu verkaufen, wie ihn das Oberappellationsgericht zu Lübeck,

vgl. Kierulff, Bd. 3 S. 745,

in der entsprechenden Schlußnotenklausel gefunden habe, nichts enthalten. Der Vorbehalt der Aufgabe des Käufers komme schon in der hamburgischen Maklerordnung von 1824 §. 10 vor, und es würde ein bedenklicher Sprung sein, den Makler zum Mandatar zu machen. Auch das Reichsoberhandelsgericht,

vgl. Entsch. des R.O.H.G.'s Bd. 7 S. 107,

habe sich dagegen ausgesprochen, den Makler als Vollmachtträger aufzufassen. Ferner wickele sich nur auf Grund der zweiten Auffassung die Sache praktisch ab. Wolle man den Makler als einen mit dem Verkaufe der Ware beauftragten Mandatar des Verkäufers betrachten, so würde doch jedenfalls nur ein beschränktes Mandat vorliegen, da sämtliche Sachverständige darüber einverstanden seien, daß kein begründetes Bedenken in bezug auf die Solvenz des dritten Käufers vorhanden sein dürfe, einige auch hinzugefügt hätten, derselbe dürfe auch keine notorisch anrüchige Person, kein notorischer Chikaneur sein. Selbst abgesehen von diesen letzteren Einschränkungen führe schon die Beschränkung auf den Abschluß mit einem solventen Manne zu Konsequenzen, welche die Annahme eines Mandatsverhältnisses unmöglich erscheinen lassen. Denn von dieser Annahme aus gelange man dahin, daß der Käufer eventuell über seine Solvenz prozessieren müsse, was dem kaufmännischen Verfahren durchaus widerstreite. Es würde sich dabei nicht um bestimmte Kennzeichen handeln, sondern möglicherweise um die schwierigsten Fragen, die in bezug auf die Kreditwürdigkeit eines Kaufmannes in Betracht zu ziehen seien. Eine desfallsige gerichtliche Erörterung würde unter Umständen den ganzen Kredit des Kaufmannes erschüttern können. Bei der vom Berufungsgerichte gebilligten Auffassung dagegen trete ein vollkommen befriedigender Zustand ein. Wenn der Verkäufer den ihn vom Makler aufgegebenen Dritten nicht als seinen Käufer anerkennen wolle, so werde der Makler den Verkäufer auffordern, an den Dritten zu liefern, und die Sache werde glatt verlaufen. Auf die Revision des Klägers ist das Berufungsurteil aufgehoben und die Sache an das Berufungsgericht zurückverwiesen worden aus folgenden

Gründen:

„Die Klausel „Aufgabe des Käufers vorbehalten" oder ähnliche Vermerke sind in den Schlußnoten der Hamburger Makler seit langer Zeit gebräuchlich.[1] Gleichwohl besteht, wie die vom

[1] Der Vermerk ist offenbar weit älter als die Maklerordnung von 1824. Seine Spuren lassen sich bereits in den früheren Hamburger Maklerordnungen nachweisen. D. E.

Berufungsrichter zutreffend gewürdigte Beweisaufnahme ergiebt, an der Hamburger Börse, bezw. in den Kreisen der Beteiligten kein bestimmtes Verständnis über die Bedeutung derselben. Mit Recht nimmt daher der Berufungsrichter an, daß in dieser Hinsicht auf die allgemeinen Grundsätze über Auslegung von Willenserklärungen zurückzugehen, und daß im Zweifel diejenige Auslegung vorzuziehen ist, die am besten mit den Worten übereinstimmt und zur besten praktischen Erledigung führt. Es ist aber nicht anzuerkennen, daß dies für die von ihm gebilligte Auffassung zutrifft.

Nach derselben geht der Makler das Geschäft nicht nur als Selbstkontrahent ein, sondern bleibt auch, da es vom Belieben des Verkäufers abhängt, ob er den ihm vom Makler aufgegebenen Käufer genehmigen will oder nicht, im Engagement, solange es dem Verkäufer gefällt. Will der Verkäufer den ihm präsentierten Käufer nicht annehmen, so kann der Makler den Verkäufer zwar anweisen, an den Dritten zu liefern, und der Verkäufer muß dieser Anweisung nachkommen, sofern seine Verpflichtung hierdurch nicht erschwert wird. Allein wenn der Berufungsrichter hierin die glatteste Lösung etwaiger Schwierigkeiten erblickt, so ist nicht erwogen, daß diese Anweisung keine Befreiung des Maklers herbeiführt. Der Makler würde mithin immer noch als Kontrahent vom Verkäufer festgehalten werden können, und bei einem Geschäfte mit langen Lieferungs- und Abnahmefristen, wie das vorliegende, für die ganze Dauer desselben als Käufer einstehen müssen. Daß eine derartige Haftung an sich nicht in der Stellung eines Vermittlers liegt, bedarf keiner Ausführung. In Ermangelung eines Handelsgebrauches würde dieselbe daher nur dann anzunehmen sein, wenn ein hierauf gerichteter Wille ersichtlich wäre. Dies ist nicht der Fall. In dem in Rede stehenden Vermerke ist der Ausdruck eines solchen Willens nicht zu finden; im Gegenteil würden, wenn man der Deutung des Berufungsrichters folgt, die Worte „für (Aufgabe vorbehalten)" völlig überflüssig sein.

Die vom Berufungsrichter angezogene, im Gebiete des preußischen Rechtes ergangene, auf einen beeidigten Handelsmakler bezügliche Entscheidung des Reichsoberhandelsgerichtes läßt sich im Sinne der vorstehenden Auslegung schon deswegen nicht verwerten, weil es sich bei derselben um einen ganz anderen Thatbestand handelte, als gegenwärtig. Es war damals nicht, wie im vorliegenden Falle, zwischen

Makler und Verkäufer unter Vorbehalt der Aufgabe des Käufers ein Kauf geschlossen worden, sondern die Verkäuferin hatte dem Makler die Ware bis zu einem bestimmten Termine an die Hand gegeben, und letzterer hatte erst später erklärt, daß er definitiv verkauft habe und sich vorbehalte, nach Empfang des vom Käufer vollzogenen Schlußscheines denselben der Verkäuferin einzusenden und ihr den Käufer aufzugeben. Überdies war in jenem Falle als unter den Parteien unstreitig und feststehend erachtet worden, „daß Verkäuferin den Makler nicht bevollmächtigt hatte, für sie einen Verkauf abzuschließen, daß sie sich vielmehr an ihn nur als vereideten Makler gewandt hatte, damit er in dieser Eigenschaft und nach den für die Maklervermittelung handelsrechtlich geltenden Regeln und Vorschriften den Geschäftsabschluß mit einem noch nicht bekannten Dritten vermittele".

Gerade in dieser Richtung aber besteht gegenwärtig Streit unter den Parteien. Das Reichsoberhandelsgericht selbst hat den von ihm aufgestellten Grundsatz, „daß der Vertrag erst dann perfekt wird, wenn der Auftraggeber sein Einverständnis mit dem ihm vom Makler bezeichneten Käufer erklärt hat," auch ausdrücklich auf „Fälle der vorliegenden Art" beschränkt.

Das Oberappellationsgericht zu Lübeck hat in dem vom Berufungsrichter ebenfalls angeführten Erkenntnisse die Frage, ob durch die Aufgabe des dritten Käufers ein Kaufvertrag zwischen diesem und dem Verkäufer zustande kommt, offen gelassen, dagegen ausgesprochen, daß in der Annahme von Schlußnoten mit Vorbehalt der Aufgabe des Käufers ein Auftrag des Verkäufers an den Käufer enthalten sei, unter den ausgedrückten Bedingungen die Ware zu verkaufen mit dem stillschweigend erklärten Willen, daß das Geschäft mit dem zu nennenden Käufer, wenn nicht begründete Bedenken entgegenstehen, werde abgeschlossen werden, sodaß der Makler seinerseits berechtigt sei, mit dem aufgefundenen Käufer bindend abzuschließen, also auch demselben die Zusicherung zu erteilen, daß er als Käufer werde angenommen werden. Weise der Verkäufer den Käufer ohne Grund zurück, so könne er vom Makler mit der actio mandati auf Schadloshaltung in Anspruch genommen werden.

Diesen Ausführungen ist insoweit zuzustimmen, als durch dieselben die Befugnis des Verkäufers zu willkürlicher Ablehnung des vom Makler aufgegebenen Käufers verneint wird. Ist aber davon auszugehen, daß der Verkäufer sich dem Makler gegenüber nicht weigern kann, eine einwandsfreie Persönlichkeit als Käufer anzunehmen, so muß auch die vom Oberappellationsgerichte nicht entschiedene Frage, ob dem Käufer ein unmittelbarer Anspruch gegen den Verkäufer zusteht, regelmäßig bejaht werden. Denn es muß, sofern die konkrete Sachlage keine andere Auffassung begründet, angenommen werden, daß die in der Entgegennahme der Schlußnote enthaltene Willenserklärung des Verkäufers nicht bloß für den Makler, sondern auch für den dritten Käufer bestimmt ist.

Für die juristische Konstruktion einer unmittelbaren Berechtigung des Käufers ergeben sich verschiedene Möglichkeiten.

Am nächsten liegt es, den Makler zugleich als Bevollmächtigten des Verkäufers zum Vertragsschlusse anzusehen. Das hiergegen vom Berufungsrichter geltend gemachte Argument, daß diese Annahme sich in bedenklicher Weise über die Vermittlerrolle des Maklers hinwegsetze, kann schon deswegen nicht für durchgreifend erachtet werden, weil seine eigene Auslegung, die den Makler zum Hauptkontrahenten macht, von diesem Bedenken in viel höherem Maße getroffen wird, als die vorstehende Auffassung. Übrigens ist in dem diesseitigen Urteile vom 5. November 1887,

vgl. Entsch. des R.G.'s in Civils. Bd. 20 S. 37,

auf andere Auffassungen hingewiesen, bei denen auch dieses Bedenken wegfällt. Es ist daselbst insbesondere hervorgehoben, daß es möglich ist, die Willenserklärung des Verkäufers als eine direkt an die Person des Käufers gerichtete Erklärung eines perfekten Vertragswillens zu betrachten. Der Makler würde hiernach nicht Bevollmächtigter des Verkäufers zum Vertragsschlusse, sondern lediglich der Überbringer der Konsenserklärung des Verkäufers an den Käufer sein, bezw. dieselbe namens des unbenamten Käufers entgegennehmen.

Es bedarf indes keines näheren Eingehens auf die verschiedenen, an sich möglichen Konstruktionen, da es für den gegenwärtig zu entscheidenden Rechtsstreit allein darauf ankommt, daß ein unmittelbarer Anspruch des dritten Käufers gegen den Verkäufer auf Vertragserfüllung statthaft ist.

Als stillschweigend ausbedungen seitens des Verkäufers ist anzunehmen, daß der vom Makler aufzugebende Käufer eine Persönlichkeit sein muß, gegen die sich weder hinsichtlich ihrer Solvenz, noch sonstige Einwendungen erheben lassen, die unter den Gesichtspunkt einer exceptio doli in weiterem Sinne fallen. Solche Einwendungen muß auch der Käufer gegen sich gelten lassen.

Daß, wie im Berufungsurteile hervorgehoben wird, die Prüfung dieser Einwendungen zur Erörterung schwieriger, den Kredit des Käufers betreffender Fragen führen kann, ist richtig, aber kein Grund, wenn es die Interessenten zu solchen Erörterungen kommen lassen, dieselben dem richterlichen Gehör zu entziehen.

Was vorstehend für die Fälle ausgeführt worden ist, in denen der Verkäufer vom Makler eine Schlußnote mit Vorbehalt der Aufgabe des Käufers entgegengenommen hat, muß umsomehr gelten, wenn, wie hier der Fall, der Verkäufer dem Makler einen Schlußbrief mit obiger Klausel zugestellt hat.

Das Berufungsurteil mußte hiernach aufgehoben werden, weil dasselbe bei Auslegung der Klausel „für (Aufgabe vorbehalten)" von unrichtigen Grundsätzen ausgegangen ist. Zur Endentscheidung ist die Sache noch nicht reif, da die Einwendungen des Beklagten gegen die Person des Klägers bisher nicht erörtert sind, insbesondere nicht geprüft ist, ob die Behauptung des Beklagten, daß dem Briefe vom 2. August 1888 Abmachungen über die Person des Käufers voraufgegangen sind, richtig ist, bezw. ob diese Abmachungen dem Kläger entgegengesetzt werden können."

---

14. Wird dadurch, daß bei Auflösung der Aktiengesellschaft das bisherige Vorstandsmitglied die durch die Generalversammlung erfolgende Bestellung zum Mitliquidator annimmt, das der Bestellung zum Vorstande zu Grunde liegende Dienstvertragsverhältnis hinfällig?

I. Civilsenat. Urt. v. 9. Oktober 1889 i. S. P. (Kl.) w. Aktiengesellschaft Internationaler Vacuum-Eismaschinenverein in Liq. (Bekl.) Rep. I. 182/89.

I. Landgericht I Berlin.
II. Kammergericht daselbst.

Kläger war von der beklagten Aktiengesellschaft als Ingenieur unter Übernahme der Funktion als Vorstandsmitglied engagiert worden und sollte sich die zunächst bis zum 1. Januar 1887 festgesetzte Vertragsdauer mangels Aufkündigung innerhalb des ersten Halbjahres immer auf ein Jahr verlängern. Im November 1886 erfolgte die Auflösung der Aktiengesellschaft, und die Generalversammlung bestellte den Kläger sowie das andere Vorstandsmitglied zu Liquidatoren. Das vertragsmäßige Gehalt für 1887 hat Kläger erhalten. Er ist aber der Meinung, daß ihm auch noch das Gehalt für das Jahr 1888 gebühre, weil ihm das Vertragsverhältnis auch bis zum 1. Juli 1887 nicht gekündigt sei, und hat den Gehaltbetrag für die ersten vier Monate 1888, während welcher Zeit er noch als Liquidator eingetragen war und als solcher noch Dienste geleistet haben will, eingeklagt. Mit dieser Klage ist er abgewiesen worden.

Aus den Gründen:

„Allerdings konnte der Begründung, mit welcher das Berufungsgericht es rechtfertigen zu können glaubt, daß schon mit der Auflösung der beklagten Gesellschaft der bestandene Dienstvertrag, wenn auch unter Aufrechthaltung der Vergütungsansprüche seitens des Bediensteten für die noch ausstehende Zeitdauer des Vertrages, aufgehoben worden, nicht beigetreten werden.

Es ist bereits wiederholt ausgesprochen worden, daß, da die Aktiengesellschaft mit ihrer Auflösung nicht zu existieren aufhört, sondern für den Zweck ihrer Liquidation fortbesteht, die Thatsache der Auflösung schlechthin noch nicht die von der Aktiengesellschaft geschlossenen Verträge, die auf Dauer bestimmte Leistungen zum Gegenstande haben, zur Auflösung bringt.

Vgl. Entsch. des R.G.'s in Civils. Bd. 5 S. 7 flg., Bd. 9 S. 14. 15.

Es ist vielmehr nach Maßgabe des Inhaltes des in Betracht kommenden Vertrages in bezug auf die Art der darin festgesetzten Leistungen und ihre wirtschaftliche Bedeutung für die Beteiligten zu prüfen, ob die Leistungen oder ihre Annahme wegen der in den Verhältnissen der Aktiengesellschaft durch den Eintritt in den Liquidationszustand eintretenden Veränderung entweder überhaupt oder doch in der durch den Vertrag ihnen zugewiesenen Bedeutung und Zweckbestimmung unmöglich werden. Danach läßt sich aber durchaus nicht mit dem Berufungsgerichte allgemein annehmen, daß mit der Auflösung der Aktiengesellschaft alle von derselben mit ihren Bediensteten geschlossenen

Dienstverträge von selbst aufgelöst würden. Ebenso erscheint die speziell auf den vorliegenden Dienstvertrag angewendete Ausführung, daß, wenn die dienstlich übernommene Stellung die des Vorstandes der Aktiengesellschaft war, und der Bedienstete bei Auflösung der Gesellschaft sich zum Liquidator bestellen ließ, die Auflösung des bestandenen Dienstverhältnisses infolge der Auflösung der Aktiengesellschaft keinem Bedenken unterliegen könne, da mit Eintritt der Liquidation der Bedienstete seinen Wirkungskreis als Vorstand verloren habe und nur noch als Liquidator thätig sein könne, in dieser Allgemeinheit nicht zutreffend. Der Wirkungskreis des Vorstandes einer ihr Unternehmen uneingeschränkt betreibenden Aktiengesellschaft und der des Liquidators einer in Liquidation getretenen sind, vom Dienstvertrage aus betrachtet, nicht derartig gegensätzlich, daß nicht die Übernahme der Dienste als Liquidator lediglich die im Rahmen des die Anstellung als Vorstand betreffenden Vertrages geschehene und im Sinne desselben gebotene Anpassung der Art der Dienstleistungen entsprechend der Veränderung der Lage der Gesellschaft sein könnte. Hierfür spricht schon der Art. 244 Abs. 1 H.G.B.: „Die Liquidation geschieht durch den Vorstand, wenn nicht dieselbe durch den Gesellschaftsvertrag oder einen Beschluß der Aktionäre an andere Personen übertragen wird." Die Übertragung der Vorstandsstellung wird in der Regel nicht lediglich im Sinne einer bloßen Vollmacht zur Vornahme erforderlicher Rechtsakte namens der Gesellschaft, sondern, wenn sie unter Abschluß eines Dienstvertrages erfolgt, unter Übertragung der Geschäftsführung geschehen. Erfolgt dieselbe bei einem industriellen Unternehmen an eine mit den entsprechenden technischen Kenntnissen ausgerüstete Person, sodaß ein sogenannter technischer Direktor bestellt wird, so liegt das Interesse der Gesellschaft daran nahe, sich dieser Kraft auch für die Liquidation, bei welcher die Abwickelung der Geschäfte und die vorteilhafte Realisierung der Maschinen und Utensilien ebenfalls technische Kenntnisse erfordern und welche Jahre in Anspruch nehmen kann, auch für einen Geschäftsbetrieb zum Zwecke der Ausführung bereits vor der Auflösung empfangener Aufträge, wie zur Aufarbeitung vorhandenen Materiales noch Raum läßt, noch zu bedienen und der betreffenden Person die Vertretungsfunktion, nunmehr natürlich innerhalb der Grenzen, welche die Einschränkung des Zweckes mit sich bringt, zu belassen.

Außer acht darf nicht gelassen werden, daß es sich für den vorliegenden Fall nicht darum handelt, ob das Vorstandsmitglied wegen der Auflösung der Gesellschaft Auflösung des Vertrages fordern konnte. Kläger hat solches Verlangen nicht erhoben. Er steht auf dem Standpunkte, daß das Vertragsverhältnis, ungeachtet der Auflösung, fortgesetzt wurde. Das Berufungsgericht aber will das Recht der Beklagten, den Vertrag als aufgelöst zu betrachten, daraus folgern, daß der Vertrag infolge der Auflösung ohne weiteres hinfällig werde und aus ihm nur ein Entschädigungsanspruch des Vorstandsmitgliedes für den Zeitraum, welchen der Vertrag noch zu dauern gehabt hätte, übrig bleibe. Allerdings möchte man, wenn die Übernahme der Liquidation seitens des bisherigen Vorstandes nicht ohne weiteres erfolgt, vielmehr die Personen, welche bisher den Vorstand bildeten, durch die Generalversammlung zu Liquidatoren bestellt werden und diese Bestellung annehmen, hieraus folgern wollen, daß hiermit ein neues, selbständiges Verhältnis begründet wird, sodaß gerade deshalb das bisherige als aufgelöst erscheinen müßte. Allein auch dies läßt sich nicht allgemein ohne Würdigung der konkreten Umstände des Einzelfalles behaupten, da jene Bestellung und Annahme derselben sehr wohl lediglich die Bedeutung eines ausdrücklichen Einverständnisses darüber, daß der bisherige Vorstand seine Dienste nunmehr entsprechend dem nunmehrigen Liquidationszwecke und mit einer diesem entsprechenden Vertretungsmacht fortsetzen soll, haben kann, insbesondere wenn dabei ein neuer Dienstvertrag nicht abgeschlossen und eine besondere Vergütung nicht festgesetzt wird, der bisherige Dienstvertrag aber wegen seiner sich noch erstreckenden Zeitdauer die Gesellschaft zu weiteren Gehaltszahlungen auch bei Nichtannahme weiterer Dienste verbinden würde." ...

(Es wird alsdann der fernere Entscheidungsgrund des Berufungsgerichtes gebilligt, daß durch bestimmte Verhandlungen des Klägers als Liquidator mit dem Unternehmer des ganzen Geschäftes Kläger in die Auflösung des Vertragsverhältnisses gegen Empfang des Gehaltes für das Jahr 1887 gewilligt habe und für seine Thätigkeit als Liquidator entweder hierdurch abgefunden sei oder nur angemessene Vergütung zu fordern habe.)

15. Zur Begriffsbestimmung des Freizeichens. Bildung von Freizeichen aus Individualmarken. Beurteilung der dabei in Betracht kommenden Umstände.

Gesetz über den Markenschutz vom 30. November 1874 §§. 1. 3. 9. 10.

I. Civilsenat. Urt. v. 19. Oktober 1889 i. S. L. (Bekl.) w. Z. u. Gen. (Kl.) Rep. I. 195/89.

I. Landgericht Hagen.
II. Oberlandesgericht Hamm.

Für die fünf Kläger, welche sämtlich in Österreich domizilieren, sind auf Anmeldungen vom September 1875 für die von ihnen fabrizierten Sensen eine Reihe von Warenzeichen im Zeichenregister des damaligen Handelsgerichtes, jetzt Amtsgerichtes zu Leipzig eingetragen und stehen daselbst noch jetzt eingetragen.

Die Zeichen sind in gleicher Weise für die Kläger auf Grund des österreichischen Gesetzes vom 7. Dezember 1858 seit 1859 im Markenregister der Handels- und Gewerbekammer zu Linz eingetragen.

Der Beklagte verwendet alle diese Zeichen seit längerer Zeit auf den von ihm fabrizierten Sensen und bringt die so bezeichneten Sensen in den Verkehr. Der deshalb auf Grund des §. 13 des Markenschutzgesetzes erhobenen Klage hat er unter Berufung auf eine im Jahre 1874 von den interessierten deutschen Fabrikanten aufgestellte Tabelle von 93 Freizeichen entgegengesetzt, daß sämtliche Zeichen schon vor dem 1. Oktober 1874 im allgemeinen freien Gebrauche der deutschen Fabrikanten stählerner, sog. blauer, Sensen gewesen und deshalb als Freizeichen im Sinne des §. 10 Abs. 2 des Gesetzes vom 30. November 1874 zu beurteilen seien.

In erster Instanz sind die Kläger abgewiesen, auf ihre Berufung ist aber nach dem Klagantrage erkannt. Die Revision des Beklagten ist zurückgewiesen aus folgenden

Gründen:

... „Es kommt lediglich darauf an, ob die streitigen Marken mit dem ersten Richter als Freizeichen anzusehen sind, oder ob ihnen diese Eigenschaft mit dem Berufungsurteile zu versagen ist.

Die Frage ist eine Rechtsfrage, soweit der Rechtsbegriff des Freizeichens im Sinne des §. 10 Abs. 2 des Gesetzes vom 30. November 1874 in Betracht kommt, thatsächlicher Natur, insoweit die Elemente dieses Rechtsbegriffes auf thatsächlichen Umständen und Verhältnissen beruhen, mit solchen zusammenhängen. Auszugehen ist davon, daß die Kläger für ihre Marken durch deren Anmeldung bei dem Handelsgerichte zu Leipzig und ihre Eintragung in das Zeichenregister desselben den Schutz des Gesetzes nicht erlangt haben, wenn die Marken damals im Inlande die Eigenschaft der Freizeichen hatten (§. 10 Abs. 2), daß aber auch nach dieser Anmeldung und Eintragung das für die Kläger dadurch wie für Inländer begründete ausschließliche Recht durch keinerlei Gebrauch ihrer Marken beeinträchtigt werden konnte, d. h. daß durch einen Gebrauch der Marken im Inlande seitens anderer Personen als der Kläger nach der Anmeldung und Eintragung die Marken die Eigenschaft eines Freizeichens nicht erlangen konnten. Denn ein Gebrauch zu dieser Zeit würde der widerrechtliche Gebrauch eines fremden geschützten Zeichens sein und deshalb nie als ein freier Gebrauch im Sinne des §. 10 Abs. 2 erscheinen. Auch darüber kann kein Zweifel aufkommen, daß dem durch die Anmeldung und Eintragung der Marken prima facie begründeten Rechte der Kläger gegenüber der Beklagte den Beweis der Eigenschaft der Marken als Freizeichen zur Zeit der Anmeldung und Eintragung zu führen hat.

Bei Prüfung dieser Beweisfrage gehen beide Vorderrichter von der thatsächlichen Feststellung aus, daß die streitigen Zeichen, ebenso wie sämtliche in der von dem Beklagten vorgelegten Freizeichentabelle enthaltenen Zeichen, steirischen Ursprunges sind, daß die deutschen Sensenfabrikanten nach Einführung der Fabrikation stählerner (sog. blauer) Sensen, wie sie zuerst nur in Steiermark betrieben wurde, in Deutschland sich nach und nach dieser Zeichen für stählerne Sensen bemächtigt haben, um ihren Fabrikaten den täuschenden Schein des bei den Konsumenten eines besonders guten Ruf genießenden steirischen Fabrikates zu geben, und so aus diesen Zeichen Vorteil zu ziehen, daß die Verwendung der Zeichen durch die deutschen Fabrikanten ursprünglich kein gutgläubiger, sondern illoyal und ein Mißbrauch gewesen ist.

Diese Feststellung ist nicht angegriffen.

Beide Vorderrichter gehen ferner in Übereinstimmung mit dem, was vom Reichsgerichte wiederholt ausgesprochen ist,

vgl. Entsch. des R.G.'s in Civils. Bd. 3 S. 74. 77 flg.; Entsch.

des R.G.'s in Straff. Bd. 1 S. 218; Rechtspr. des R.G.'s Bd. 1 S. 373. 701,

davon aus, daß solche mißbräuchliche Verwendung fremder Marken allein dem deutschen Fabrikanten den österreichischen Berechtigten gegenüber kein Recht, den Marken nicht die Qualität als Freizeichen im Sinne des §. 10 Abs. 2 des Gesetzes vom 30. November 1874 verschaffte, wenngleich der Mißbrauch vor dem Gesetze vom 30. November 1874 im Inlande nicht strafrechtlich verboten und den Berechtigten ein Mittel zum Einschreiten im Inlande nicht gegeben war. Die Revision greift auch dies nicht an, sondern erkennt an, daß für die Auslegung des §. 10 Abs. 2 des Gesetzes die Betrachtung, ob der Nachahmer oder Nachmacher der Marke ein strafbares Unrecht beging, ohne Bedeutung ist....

Der erste Richter gelangt aber auf Grund der Aussagen der Zeugen und Gutachter zu der Feststellung:

daß durch die ungestörte Ingebrauchnahme der Zeichen durch länger als ein Menschenalter sich schließlich ein faktischer Zustand gebildet habe, welcher die rechtliche Seite der Frage völlig verkehrt und den Zeichen ihre ursprüngliche Bedeutung genommen habe, sodaß sie mit Vorwissen aller Interessenten nicht mehr Zeichen der Waren eines bestimmten Gewerbetreibenden, sondern ohne weiteren Zweck nur noch gebraucht werden, weil das Publikum sich daran gewöhnt habe, die Zeichen auf der Ware zu sehen.

Der erste Richter erachtet die Zeichen deshalb für Freizeichen und sieht es für rechtlich unerheblich an:

ob in Österreich die Zeichen noch als Zeichen eines einzelnen Gewerbetreibenden respektiert werden und nicht im allgemeinen Gebrauche sind, da sie daneben für Deutschland die Bedeutung der Einzelmarken verloren haben und zu Freizeichen geworden seien.

Der Berufungsrichter sieht dagegen nicht für erwiesen an, daß die streitigen Zeichen dauernd und stetig derart im freien Gebrauche der hier in Betracht kommenden Klasse von Gewerbetreibenden gewesen, daß sie die Eigenschaft von Freizeichen erlangt haben und der ursprüngliche Mißbrauch zu einem berechtigten Gebrauche geworden sei....

Seine Erwägungen sind in der Hauptsache thatsächlicher Natur. Daß der Berufungsrichter über den Begriff des Freizeichens oder sonst rechtlich geirrt habe, ist nicht zu erkennen. Was die Revision in bezug auf diese Erwägungen rügt, kann als begründet nicht anerkannt werden....

Die Revision rügt, daß der Berufungsrichter das Beweismaterial nicht nach der Richtung hin geprüft habe:

> ob das Bewußtsein davon verloren gegangen sei, daß es sich um die Marke eines Einzelnen handle, ob dies Bewußtsein nicht durch den Glauben ersetzt worden sei, alle Sensenfabrikanten bedienten sich unterschiedslos der fraglichen Marken, und ob die gewohnheitsmäßige Nachahmung (Nachmachung) der ausländischen Zeichen nicht soweit gegangen sei, daß dieselben als im freien Gebrauche aller oder gewisser Klassen von Gewerbetreibenden befindlich anzusehen seien. Darauf, daß die Zeichen ursprünglich aus Österreich stammen, komme es nicht an, das gebe dem Österreicher nicht mehr Anspruch auf Eintragung, als dem Inländer, es sei auch nicht ausschlaggebend, ob das kaufende Publikum die Vorstellung nicht verloren, daß es sich um eine Fabrikmarke (Individualmarke) handle, sondern ein Zeichen, das unterschiedslos von allen Händlern mit Sensen benutzt sei, habe den Charakter des Freizeichens nur dann nicht, wenn das Bewußtsein (bei diesen Händlern) damit verbunden sei, man bediene sich des Warenzeichens eines bestimmten Fabrikanten.

Die Rüge ist unbegründet; sie beruht wesentlich auf einer irrigen Auffassung des Rechtsbegriffes des Freizeichens und auf Verkennung der bei Prüfung der thatsächlichen Verhältnisse, die dafür in Betracht kommen, festzuhaltenden Gesichtspunkte.

Der §. 10 Abs. 2 des Gesetzes vom 30. November 1874 versagt den Erwerb des ausschließlichen Rechtes durch Anmeldung auf solche Warenzeichen,

> welche bisher im freien Gebrauche aller oder gewisser Klassen von Gewerbetreibenden sich befunden haben.

Gedacht ist dabei nach den Motiven zum §. 10 des Gesetzentwurfes (Reichstagsverhandlungen 1874/75 Nr. 20) an Zeichen, welche anders als die Warenzeichen des §. 1 des Gesetzes nicht den Zweck haben, die Ware eines bestimmten Gewerbetreibenden von der eines anderen bestimmten Gewerbetreibenden zu unterscheiden, sondern entweder gar keinen bestimmten Zweck oder nur die Bestimmung haben, eine ganze Warengattung, Qualität, Größenverhältnisse, Herkunftsort für alle Hersteller der Ware und deren Abnehmer zu bezeichnen. Solche Zeichen sind erfahrungsmäßig in der Regel von alters hergebracht. Dem einzelnen Gewerbetreibenden ist der ausschließliche Gebrauch solcher Zeichen versagt, weil sie im Verkehre nicht als Marke eines einzelnen Gewerbetreibenden gelten und der Schutz des Publikums gegen Täuschung, den das Gesetz für Marken im Sinne des §. 1 des Gesetzes vom 30. November 1874 intendiert, nicht erforderlich ist.

Solche Freizeichen können sich im Laufe der Zeit aus Zeichen herausbilden, welche urspünglich die Eigenschaft der Einzelmarke gehabt haben, aber diese Eigenschaft durch ihren allgemeinen Gebrauch nach der Anschauung des Verkehres verloren haben, indem dieser sie nicht mehr als Einzelmarke ansieht, in ihnen nicht mehr das Unterscheidungsmerkmal eines einzelnen bestimmten Gewerbetreibenden, sondern ein Gattungs- oder Qualitätszeichen sieht. Daß zur Bildung eines Freizeichens die Thatsache allein nicht genügt, daß Mehrere oder Viele die Marke eines Anderen ohne Recht, wenn auch ungestraft, für ihre Ware benutzt haben, hat das Reichsgericht bereits in seinem Urteile vom 11. Januar 1881,

vgl. Entsch. des R.G.'s in Civils. Bd. 3 S. 78. 81,

ausgesprochen.

Die für die Prüfung, ob aus einer Individualmarke ein Freizeichen geworden, sich hieraus ergebenden Gesichtspunkte sind vom ersten Richter nicht genügend beachtet.

Die Revision hat darin recht, daß die Kläger daraus allein, daß die von ihnen beanspruchten Zeichen ursprünglich aus Österreich stammen, einen Anspruch auf Eintragung der Zeichen für sich und Schutz der erlangten Eintragung nicht herleiten können. Aber solange ein Zeichen als Individualmarke auch nur im Auslande zu Recht besteht, auch nur im Auslande gesetzlichen Schutz hat, ist regelmäßig davon auszugehen, daß die Nachahmung (Nachmachung) einer solchen im Auslande berechtigten Marke, auch wenn sie im Inlande erfolgt, kein Recht giebt, sondern ein Mißbrauch ist, der auch im Inlande keinen Schutz verlangen kann und verdient, wenn er auf Täuschung des Publikums berechnet und geeignet ist, das inländische Publikum, welches durch die nachgeahmte oder nachgemachte

Marke über den Verfertiger getäuscht werden soll, ebenso zu schädigen, wie das ausländische.

In solchem Falle ist die Frage, ob neben dem bestehenden Rechte auf die Marke sich ein freier, d. h. berechtigter, allgemeiner Gebrauch derselben Marke als Freizeichen hat bilden können, mit besonderer Vorsicht zu prüfen und der strikte Beweis zu fordern, daß im Verkehre die äußerlich zu Recht bestehende Individualmarke nicht mehr als solche gilt, sondern in Wahrheit erloschen ist. Im vorliegenden Falle kommt dabei ganz besonders in Betracht, daß es sich um eine Ware handelt, welche nicht nur für das Inland angefertigt, sondern, wie die sämtlichen Aussagen ergeben, gerade mit den streitigen Zeichen hauptsächlich in das Ausland, namentlich nach Rußland, exportiert wird.

Nun stehen hier Zeichen in Frage, welche nicht nur ursprünglich aus Österreich (Steiermark) stammen, sondern, wie festgestellt, dort auf Grund des österreichischen Gesetzes vom 7. Dezember 1858 seit 1859 in dem Markenregister eingetragen und gesetzlich geschützt, auch schon mehr als ein Jahrhundert vorher in das von den Klägern beigebrachte beglaubigte Zeichenbuch von 1738 und 1745 eingetragen sind. Zu verweisen ist in dieser Beziehung darauf, daß in Österreich schon vor dem Gesetze vom 7. Dezember 1858 für die Sensenschmiede nach den Patenten vom 5. Dezember 1748, 9. September 1785, 17. März 1802, 14. Juni 1808,

vgl. Kohler, Markenschutz S. 61; v. Stubenrauch, Das österreichische Marken- und Musterschutzgesetz S. 1. 2,

das Recht und die Pflicht bestand, ihre aus dem sogenannten Meisterzeichen, dem figürlichen Zeichen des einzelnen Meisters und den sogenannten Beischlägen, dem die Innung, welcher der einzelne Meister angehörte, bezeichnenden Innungsbeischlag, bei den vorliegenden Zeichen K. M. (Kirchdorf-Micheldorf), und dem den Sensenschmieden ausdrücklich gestatteten österreichischen Erblandswappen, zusammengesetzten Marken ebenso wie den Übergang der Marken von einem Meister auf den anderen zur Anmeldung und Eintragung zu bringen, und daß für diese Marken schon seit 1748 ein gesetzlicher Schutz bestand.

Bei Berücksichtigung dieser Bestimmungen und der von den Klägern beigebrachten, vom Beklagten nicht in Zweifel gezogenen Auszüge aus den Zeichenbüchern ist anzunehmen, daß die streitigen

Zeichen in Österreich nicht nur seit 1859 den gesetzlichen Schutz der Individualmarke in den Händen der Kläger genießen, sondern auch vorher dauernd und ununterbrochen seit mehr als einem Jahrhundert in den Händen der früheren Inhaber der Fabrikationsstätten genossen haben.

Festgestellt und unstreitig ist, daß diese Zeichen in Deutschland nachgemacht sind. Der Gebrauch der Zeichen in Deutschland für deutsche Sensen, auch wenn er ein allgemeiner, stetiger und dauernder geworden, würde als Nachahmung und Mißbrauch nur dann nicht mehr zu beurteilen sein, wenn nicht nur der Verfertiger der damit bezeichneten Ware gutgläubig die Zeichen ohne das Bewußtsein der Nachahmung einer Individualmarke verwendete, sondern auch in dem maßgebenden inländischen und ausländischen Verkehre, d. h. bei dem Vertriebe der Ware an das konsumierende Publikum, das Bewußsein von der Eigenschaft der Zeichen als Individualmarken verloren gegangen wäre.

Der Berufungsrichter verneint nach dem Zusammenhange seiner Entscheidungsgründe ersichtlich beides.

Er stellt fest, daß die streitigen Zeichen noch jetzt auf die deutschen Sensen geschlagen werden, weil die Abnehmer in einzelnen Absatzgebieten die Sensen gerade nur mit diesen Zeichen verlangen, oder weil die Kommissionäre und Händler Sensen mit solchen bestimmten Zeichen bestellen. Er entnimmt daraus, daß bei diesen Abnehmern und Bestellern die Zeichen noch jetzt die Bedeutung der Fabrikmarke, d. h. der Individualmarke haben.

Die Revision greift diese rein thatsächliche Feststellung nur deshalb an, weil der Berufungsrichter darauf Gewicht legt, daß das kaufende Publikum das Bewußtsein davon, es handle sich bei den Zeichen um eine Individualmarke, sei es eines bestimmten Gewerbetreibenden, sei es der mehreren Gewerbetreibenden aus einem bestimmten Bezirke,

vgl. Entsch. des R.G.'s in Civils. Bd. 3 S. 77,

nicht verloren habe.

Diese Rüge ist aber ohne Grund erhoben. Denn der Zweck, die Bestimmung des Warenzeichens, ist nicht auf den Verfertiger an erster Stelle, sondern auf das kaufende Publikum berechnet. Das Warenzeichen vertritt für das kaufende Publikum den Namen des Verfertigers der Ware; das Zeichen erspart ihm die Prüfung der Ware, solange es ein wahres Zeichen ist. Der gesetzliche Schutz des Warenzeichens bezweckt den Schutz des Publikums gegen Täuschung durch Ware, welche mit dem Zeichen eines nicht wahren Verfertigers versehen ist, nicht nur den Schutz des wahren Verfertigers gegen illoyale Konkurrenz. Bei Ware, wie die in Rede stehende, kommt in Betracht, daß der Verfertiger, namentlich wenn er auch für den Export arbeitet, niemals direkt an den Konsumenten verkauft, sondern an den Zwischenhändler, dieser an den Detaillisten, dieser erst an den Konsumenten. Der Zwischenhändler, der vom Verfertiger kauft, kann durch die falsche Marke überhaupt nicht getäuscht werden, da er weiß, von wem er kauft, eher der Detaillist, namentlich aber das Publikum. Die Anschauung des Verkehres, auf welche es für die Prüfung der Frage ankommt, ob die Individualmarke die Eigenschaft einer solchen verloren hat und Freizeichen geworden ist, muß hiernach vor allem die Anschauung des Konsumenten, nicht des Händlers sein. . . .

Es verstößt nicht gegen das Gesetz, sondern entspricht der Sachlage, wenn der Berufungsrichter die Zeugen und Gutachter, auf welche der erste Richter seine Feststellung gründet, als nicht unbefangen ansieht, da sie die streitigen Zeichen ganz oder teilweise selbst geschlagen und bei der Aufstellung der sog. Freizeichentabelle mitgewirkt haben.

Der Berufungsrichter geht nach seinen Entscheidungsgründen außerdem aber auch von der thatsächlichen Annahme aus, daß noch zur Zeit des Inkrafttretens des Gesetzes vom 30. November 1874 und zu der Zeit, wo die deutschen Sensenfabrikanten die vom Beklagten vorgelegte Tabelle der angeblichen Freizeichen aufgestellt haben, in ihren Kreisen das Bewußtsein von dem bis dahin beobachteten illoyalen Verfahren vorhanden war. . . .

Auf dieser Grundlage ist das Berufungsurteil dem Rechtsbegriffe des Freizeichens entsprechend mit vollem Rechte zur Verneinung der Freizeichenqualität der streitigen Zeichen gelangt. Ob der von dem Berufungsrichter aufgestellte Satz:

Die Umwandlung einer Individualmarke in eine Freimarke könne nur angenommen werden, wenn die ausdrückliche oder stillschweigende Zustimmung des Berechtigten anzunehmen oder zu fingieren sei,

richtig ist, kann dahingestellt bleiben."

---

16. Ist der dem Bevollmächtigten einer Aktiengesellschaft für Behinderungsfälle bestellte und öffentlich kundgegebene Stellvertreter Dritten gegenüber ohne Rücksicht auf das Vorliegen eines Behinderungsfalles zur Vertretung der Aktiengesellschaft legitimiert? Genügt zur Wirksamkeit des gegen eine Aktiengesellschaft erhobenen Wechselprotestes bei angeordneter Kollektivvertretung durch mehrere Vorstandsmitglieder die Vorlegung lediglich an eine als Kassierer und Vorstandsmitglied bezeichnete Person?

W.O. Art. 88 Nr. 2. 3.

I. Civilsenat. Urt. v. 19. Oktober 1889 i. S. F. (Kl.) w. H. (Bekl.) Rep. I. 198/89.

I. Landgericht Danzig.
II. Oberlandesgericht Marienwerder.

Es handelt sich um die Gültigkeit eines Wechselprotestes, welcher, gegen die Danziger Privat-Aktienbank als Domiziliatin erhoben, besagte, daß der Notar in dem Geschäftslokale der Bank den Kassierer und zweites stellvertretendes Vorstandsmitglied Herrn J. angetroffen habe, welcher auf Vorlegung des Wechsels und gestelltes Zahlungsbegehren erklärte: „Deckung ist für den Wechsel nicht eingegangen", ohne zugleich zu beurkunden, daß der Vorstand der Bank — nach dem Statute war ein kollektives Auftreten zweier Mitglieder zur Vertretung erforderlich — nicht anzutreffen gewesen sei. Das Reichsgericht erachtete den Protest entgegen der Ansicht der Vorinstanzen für gültig aus folgenden

Gründen:

„Das Berufungsgericht geht davon aus, daß die Vorlegung des Wechsels zur Zahlung an die als Domiziliatin bezeichnete Aktiengesellschaft an diejenigen Personen erfolgen mußte, welche entweder allgemein zu deren Vertretung wirksam berufen oder von ihr speziell zur Abgabe von Erklärungen über die Zahlung des vorgelegten Wechsels bevollmächtigt waren. Es läßt sodann ungeprüft, ob diesen Erfordernissen entsprochen gewesen wäre, wenn der Kassierer J., welchem der Wechsel von dem protestierenden Notar vorgelegt worden, der zunächst bestellte Rendant oder ein zunächst bestelltes Vorstandsmitglied gewesen wäre. Es legt vielmehr alles Gewicht darauf, daß J., wie er in der Protesturkunde auch nur als zweites stellvertretendes Vorstandsmitglied bezeichnet wurde, in Wirklichkeit auch nur Stellvertreter des Rendanten war, und führt aus, daß, da der Ersatzmann nur im Falle der Behinderung desjenigen, den er ersetzen solle, wirksam auftreten könne, es an der Feststellung im Proteste, daß ein solcher Fall der Behinderung vorlag, fehle und daher der Notar nicht von der Pflicht entbunden gewesen sei, nach der Person des zunächst bestellten Vertreters oder Bevollmächtigten zu fragen und eventuell deren Abwesenheit im Proteste zu beurkunden.

Diese Ausführung beruht auf einer unrichtigen Auffassung in betreff des Umfanges der bei Bestellung und Kundgebung eines Ersatzvertreters oder Ersatzbevollmächtigten in einem Handelsgewerbe dem Dritten im Falle des Auftretens dieses Ersatzmannes obliegenden Erkundigungspflicht.

Nach den entsprechenden Bestimmungen des Statutes der Danziger Privat-Aktienbank ist der Rendant zum mindesten ein zur Vertretung der Bank in bezug auf einen bestimmten Geschäftskreis, wenn auch nur kollektiv mit anderen, — was später in seiner Bedeutung für den vorliegenden Fall noch erörtert werden wird, — bestellter Bevollmächtigter (vgl. Art. 234 H.G.B. in der früheren Fassung, jetzt Art. 235). Der Stellvertreter des Rendanten ist aber auch bereits im Statute der Bank ebenfalls unter dem Titel „Von der Direktion" als ein für eintretende Behinderungen des Rendanten im voraus zu bestellender und im voraus in den Gesellschaftsblättern, sowie an der Börse kundzugebender Bevollmächtigter vorgesehen, wie denn auch sogar seine Bestellung stets, insbesondere auch die des J., zum Eintrage in das Handelsregister gelangt ist. Im Falle einer Bestellung von Stellvertretern für den Vorstand einer Aktiengesellschaft oder für Mitglieder des Vorstandes herrscht, soweit ersichtlich, allgemeines Einverständnis darüber, daß Dritten gegenüber die Vertretungsbefugnis der auftretenden Stellvertreter nicht davon abhängig ist, daß der Vertretungsfall auch wirklich vorhanden war.

Vgl. Renaud, Recht der Aktiengesellschaften S. 585; Keyßner, Kommentar zum Handelsgesetzbuche S. 221 Note 1; Ring, Das Reichsgesetz, betr. die Aktien-Kommanditgesellschaften und Aktiengesellschaften, vom 18. Juli 1884 zu Art. 232a S. 522; v. Völderndorff, Das Reichsgesetz ɩc S. 640 Note 6.

Wird auch hierbei zur Rechtfertigung der Ansicht Art. 231 H.G.B. herangezogen, so ist doch die Voraussetzung der Anwendung dieser Gesetzesstelle immer die, daß die im voraus für Behinderungsfälle des zunächst zur Wirksamkeit bestimmten Vorstandes bestellten, also zur Kundgebung nach außen bestimmten Stellvertreter auch bestellte Vorstandsmitglieder sind und es für den Dritten keine Unterscheidung zwischen einem prinzipalen und einem eventuellen Vorstande geben kann.

Der gleiche Grundsatz mußte aber auch für eine in gleicher Weise erfolgte Berufung von zur Vertretung in bezug auf den Betrieb von Geschäften bestimmten sonstigen Bevollmächtigten oder Beamten einer Aktiengesellschaft gelten. Es ist Sache der Gesellschaft, nur solche Personen zu berufen, denen sie das Vertrauen eines richtigen Gebrauches der verliehenen Ermächtigung schenken darf, und Vorkehrungen gegen einen Mißbrauch zu treffen. Dagegen kann es nicht Sache des Dritten, dem von der geschehenen Ersatzermächtigung Kunde gegeben worden ist, sein, bei einem Auftreten des Ersatzvertreters, mangels irgend eines Anhaltes für einen hierin liegenden Mißbrauch der erteilten Ermächtigung, selbst noch zu ermitteln, ob auch der Fall einer Verhinderung des zunächst bestellten Vertreters wirklich vorliegt. Der Dritte würde hierzu der Regel nach auch gar nicht in der Lage sein, und solche Ermittelungspflicht würde gerade den Zweck des Anordners solcher Ersatzbestelluug vereiteln, der darin beruht, dem Geschäftsbetriebe eine von Störungen durch dauernde oder auch nur zeitweise Hindernisse in den Personen der prinzipalen Vertreter freie Kontinuität zu sichern.

... Daß dem J. die Stellung als zweites stellvertretendes Vorstandsmitglied, mag man darunter bloß die Bestellung zum Vertreter des Rendanten wegen der diesem nach §. 37 des Statutes verliehenen und als stellvertretende oder zweite Vorstandsmitgliedschaft anzusprechenden Befugnisse oder eine etwa außerdem geschehene besondere Bestellung zum Stellvertreter eines Vorstandsmitgliedes verstehen, an sich noch keine Vertretung der Bank, vermöge deren er für diese das Präsentationsbegehren zu beantworten legitimiert war, verlieh, kann nun freilich keinem Zweifel unterliegen. Denn sowohl einem einzelnen Vorstandsmitgliede, wie dem Rendanten war nur eine Kollektivvertretung mit anderen Vorstandsmitgliedern eingeräumt. Gleichwohl wäre es ungerechtfertigt, den Protest wegen des Mangels der Bezeichnung eines den J. zur Abgabe einer Erklärung auf das Zahlungsbegehren legitimierenden Vollmachtsverhältnisses im Proteste, da die Bezeichnung als Kassierer ein solches nach Entsch. des R.G.'s in Civils. Bd. 3 S. 90 nicht zum Ausdrucke bringe und ebensowenig die Bezeichnung als Vorstandsmitglied wegen der bloß zugelassenen kollektiven Vertretung zweier Vorstandsmitglieder, für unwirksam zu erachten. . . .

Es muß vielmehr genügen, wenn sich nur aus dem Proteste Thatsachen ergeben, welche bei Unterstellung eines ordnungsmäßigen Geschäftsganges des Protestaten für einen sorgfältig handelnden Präsentanten die Annahme rechtfertigen durften, daß die Person, mit welcher er verhandelte, zur Abgabe der von ihm gegebenen Erklärung bevollmächtigt war. Dabei kommt es nicht lediglich auf die ausdrücklich normierten Vertretungen, sondern auch auf die thatsächlichen Geschäftseinrichtungen und die aus ihnen zu ziehenden Folgerungen, ja auch schon auf durch die Natur der Verhältnisse begründete Voraussetzungen des Vorhandenseins bestimmter Geschäftseinrichtungen an. Denn es ist hier nicht der gleiche Maßstab wie an das Vorhandensein einer Vollmacht zur Eingehung von Rechtsgeschäften und an die Prüfung dieser Vollmacht seitens des Gegenkontrahenten anzulegen. Der Protestat, er mag sich auf das Zahlungsbegehren zur Zahlung anschicken oder die Zahlung weigern oder selbst mündlich eine Interventionsbereitschaft erklären, begründet damit keine Verbindlichkeit, und der Protest ist nicht dazu bestimmt, neue Verbindlichkeiten zu begründen, sondern soll nur zum Beweise einer zur Erhaltung des Wechselrechtes vorgenommenen Handlung dienen. Ein Zahlungsbegehren soll gestellt und die „Antwort" darauf (vgl. Art. 88 Ziff. 3 W.O.) entgegengenommen und beides beurkundet werden. Solche Antwort kann, wie jedes Thun, für bestimmte andere Handlungen kausal werden und deshalb rechtserheblich sein. Aber sie ist keine rechtsgeschäftliche Willenserklärung. Für die Vertretung eines Geschäftsinhabers in der Beantwortung solcher Zahlungsbegehren, wie sie bei einer Bank zum laufenden Tagesverkehr gehören, kann aber die Vollmacht in Einrichtungen und Vorkehrungen enthalten sein, welche für Begründung einer Vollmacht zu Rechtsgeschäften unzureichend sein können. Und es erscheint auch nicht erforderlich, daß für die Person, gegen welche sich der Vorzeiger des Wechsels des Zahlungsbegehrens entledigt, die Vollmacht zur Erklärung, wenn auch nur in allgemeinen Geschäftseinrichtungen enthalten, wirklich besteht, wenn nur der Anschein des Bestehens einer solchen, sei es auch nur durch Unterlassungen geeigneter Gegenvorkehrungen oder durch Unregelmäßigkeiten, die sich im inneren Geschäftsbetriebe ereignen, erregt wird. Denn die Diligenz des Wechselpräsentanten und ebenso des protestierenden Beamten läßt sich in der Regel nicht bis zu einer Identitäts- und Legitimationsprüfung, wie bei der Vornahme oder Aufnahme von Rechtsgeschäften mit dem Geschäftsinhaber oder einem Bevollmächtigten desselben, steigern, da zu einer solchen die absolut zuverlässigen Mittel fehlen würden.

Ist die Person, gegen welche protestiert werden soll, eine Bankgeschäfte betreibende Aktiengesellschaft mit einem nur zu kollektiver Vertretung durch mehrere Mitglieder berufenen Vorstande, so wird man das Treffen von Vorkehrungen gewärtigen dürfen, vermöge deren es für die im laufenden Tagesverkehr erforderlichen Erklärungen auf Wechselpräsentationen nicht dieses umständlichen, immer ein gleichzeitiges Auftreten mehrerer erfordernden Apparates bedarf. Ermittelt der mit der Protestaufnahme beauftragte Beamte innerhalb der Geschäftslokalitäten diejenige Stelle, welche dazu bestimmt ist, daß an ihr die Zahlungsbegehren auf Wechsel entgegengenommen werden, und nimmt hier eine Person, die sowohl der Kassierer der Bank ist, wie auch dem Vorstande derselben angehört, sodaß sie präsumtiv an der Geschäftsleitung der Bank teilnimmt, das Zahlungsbegehren entgegen und erteilt eine Antwort, die sich als auf Kenntnis der Sachlage und auf einer Befugnis zur Erklärung beruhend darstellt, so darf der Beamte annehmen, daß diese Person zur Entgegennahme und Beantwortung des Begehrens ermächtigt ist. Ein solcher Hergang ist aber im vorliegenden Proteste wiedergegeben, indem insbesondere auch aus dem beurkundeten Antreffen des Kassierers zu entnehmen ist, daß sich der Notar zur Erledigung des Auftrages an die Kasse begeben hatte.

Wenn seitens des Reichsgerichtes Protesturkunden, in welchen die Personen, mit denen verhandelt worden, ohne daß der Nichtanwesenheit der Prinzipale Erwähnung geschehen, lediglich als „Geschäftsgehilfen" bezeichnet werden, als unwirksam erachtet worden sind,

vgl. die in Zeitschr. für Handelsrecht Bd. 31 S. 455 und in Fenner und Mecke, Archiv Bd. 3 S. 190 abgedruckte Entscheidung des III. Civilsenates vom 20. Januar 1882,

so steht dies mit der vorliegenden Auffassung nicht im Widerspruche. Denn aus der bloßen Eigenschaft eines Geschäftsgehilfen, auch wenn dieser das Zahlungsbegehren entgegennimmt, läßt sich nicht mit hinreichendem Grunde auf eine Ermächtigung zur Erklärung auf die Wechselpräsentation schließen. Ob diesseits dem in Entsch. des R.G.'s in Civils. Bd. 3 S. 90 abgedruckten Urteile des III. Civilsenates, welches auch das Verhandeln mit der als „Kassierer" des Bankhauses, welchem der Wechsel zu präsentieren war, bezeichneten Person für nicht geeignet erachtet, die Konstatierung der vergeblichen Nachfrage nach dem Prinzipale entbehrlich zu machen, beizustimmen gewesen wäre, namentlich für Fälle, in welchen der Präsentat eine als Einheit organisierte Personenverbindung ist, kann dahingestellt bleiben. Der vorliegende Fall liegt deshalb anders, weil hier durch die Bezeichnung des J. sowohl als Kassierer, wie als Vorstandsmitglied eine Beteiligung an der Leitung des laufenden Geschäftsverkehres, eine Zugehörigkeit zu dem leitenden Organe der Gesellschaft zum Ausdrucke gebracht ist."...

---

17. Juristischer Charakter des Wechselzuges und rechtliche Natur der Accepterklärung. Ist das in Vollmacht des Bezogenen erklärte Accept ungültig, wenn der Bevollmächtigte zugleich Aussteller des Wechsels ist?

W.O. Artt. 4. 6. 21. 23.

A.L.R. I. 13 §. 21.

I. Civilsenat. Urt. v. 6. November 1889 i. S. M. (Kl.) w. v. Z. (Bekl.) Rep. I. 222/89.

I. Landgericht I Berlin.
II. Kammergericht daselbst.

Aus zwei vom Aussteller an eigene Order auf seine Ehefrau gezogenen, in Generalvollmacht derselben acceptierten, begebenen, bei Verfall nicht eingelösten und protestierten Wechseln wurde von dem letzten Wechselinhaber gegen die Acceptantin auf Zahlung geklagt.

Der Berufungsrichter wies die Klage ab. Auf die Revision des Klägers ist das Urteil aufgehoben aus folgenden

Gründen:

„Der Berufungsrichter prüft und entscheidet die zwischen den Parteien streitige Frage, ob der Ehemann der Beklagten zur Zeit der Acceptierung der fraglichen Wechsel Vollmacht zum Accept gehabt hat, nicht. Für die Entscheidung in dieser Instanz ist dies deshalb zu unterstellen. Er gelangt zur Abweisung der Klage lediglich deshalb:

weil der Ehemann der Beklagten nach §. 21 A.L.R. I. 13 und bei der rechtlichen Unzulässigkeit des Abschlusses eines Vertrages durch den Vertreter namens des Vertretenen mit sich selbst nicht ermächtigt gewesen sei, die von ihm selbst auf seine Ehefrau gezogenen Wechsel zugleich als ihr Generalbevollmächtigter in ihrem Namen zu acceptieren und sie sich so zu einer vertragsmäßigen Leistung an ihn selbst verbindlich zu machen, eine rechtlich wirksame Wechselverbindlichkeit deshalb, und zwar auch jedem Dritten erkennbar, nicht entstanden sei.

Die eventuelle Behauptung des Klägers, daß die Beklagte ihren Ehemann auch noch besonders ermächtigt habe, gerade die streitigen Wechselaccepte zu schreiben, hält der Berufungsrichter für unerheblich, weil der Kläger nicht behauptet habe, daß diese Ermächtigung schriftlich erteilt sei.

Die Bedenken, welche die Revision gegen diesen eventuellen Entscheidungsgrund geltend macht, können auf sich beruhen bleiben. Wenn es richtig ist, daß die Rechtslogik, wie der Berufungsrichter an erster Stelle annimmt, die Entstehung einer Acceptverbindlichkeit für den Vertretenen aus einem durch seinen Bevollmächtigten in seinem Namen erklärten Accepte dann hindert, wenn der Bevollmächtigte zugleich Aussteller des Wechsels ist, kann dies auch dadurch nicht beseitigt werden, daß der Vertretene seine Genehmigung dazu erteilt.

Den Ausführungen des Berufungsrichters kann aber nicht beigetreten werden. Sie laufen darauf hinaus, daß das Accept des Bevollmächtigten namens des Machtgebers auf einem vom Bevollmächtigten auf den Machtgeber selbst gezogenen Wechsel für den Machtgeber nicht nur im Verhältnisse zwischen Machtgeber und Bevollmächtigten, sondern jedem dritten Wechselinhaber gegenüber, also absolut rechtsunverbindlich ist, weil

1. der Vertreter durch seine eigene Willenserklärung namens des Machtgebers sich seinen Machtgeber nicht verbindlich machen könne, und

2. das kollidierende Interesse bei solchem Wechselzuge und solchem Accepte abstrakt mit solcher Notwendigkeit gegeben und jedem Dritten erkennbar sei, daß auch der Dritte aus solchem Accepte Rechte nicht herleiten könne.

Eine Berechtigung haben beide Gründe nur, wenn die Rechtswirkung des Acceptes auch dem dritten Wechselinhaber gegenüber auf einem Vertragsverhältnisse zwischen dem Aussteller und dem Bezogenen beruht, und wenn das durch das Accept in solchem Falle zwischen dem Aussteller, dem dritten Wechselinhaber und dem Acceptanten begründete Rechtsverhältnis notwendig derart ist, daß es ohne Schädigung der Interessen des Bezogenen (Acceptanten) nicht entstehen und bestehen kann.

Ist ersteres zu verneinen, so kommt es auf die vom Berufungsrichter des weiteren erörterte Frage, ob jemand mit sich selbst als Vertreter eines Anderen einen Vertrag schließen kann, und auf die Polemik des Berufungsrichters gegen die diese Frage grundsätzlich bejahenden Entscheidungen des Reichsgerichtes,

vgl. Entsch. des R.G.'s in Civils. Bd. 6 S. 11, Bd. 7 S. 119,

nicht an.

Die erste Frage ist aber zu verneinen. Hinzuweisen ist von vornherein darauf, daß der Art. 6 Abs. 2 W.O. den trassiert-eigenen Wechsel zuläßt, bei welchem Aussteller und Bezogener dieselbe Person ist, und bei welchem deshalb die Wirkung des Acceptes aus einem Vertrage jedenfalls nicht hergeleitet werden kann. Unzweifelhaft ist ferner nach Artt. 4. 6 W.O., daß ein gezogener Wechsel auch außerhalb des Falles des Art. 6 Abs. 2 W.O. gültig, sein Accept rechtswirksam ist, auch wenn Aussteller und Bezogener thatsächlich dieselbe Person, dies aber aus dem Wechsel nicht erkennbar ist.

Vgl. Entsch. des O.H.G.'s Bd. 18 S. 140.

Auch in diesen Fällen ist klar, daß die Acceptverbindlichkeit in einem Vertrage ihren Grund nicht haben kann.

In Wirklichkeit ist aber auch der in der üblichen, von der Wechselordnung vorausgesetzten Form des gezogenen Wechsels äußerlich erscheinende Zahlungsauftrag im Sinne der Wechselordnung nicht notwendig wirkliches Mandat des Ausstellers an den Bezogenen, sondern der Träger der allerverschiedensten Rechtsverhältnisse. Es ist möglich und oft zutreffend, daß Accept und Zahlung auf einem wirklichen Mandate des Ausstellers beruhen, aber ebenso möglich und oft der Fall, daß die Ausstellung des Wechsels auf einem Mandate des Bezogenen beruht. Der Bezogene kann Gläubiger oder Schuldner des Ausstellers sein, Deckung zu empfangen oder zu geben haben. Der Wechselzug kann zur Begründung und Lösung von Verbindlichkeiten dienen. Das Mandat im Wechselzuge ist nur die Form, unter der sich die verschiedensten Rechtsverhältnisse bewegen. Das Mandat als solches tritt ganz zurück; der juristische Charakter des Wechselzuges kann aus ihm nicht entnommen werden, auch wenn man nicht mit dem in Entsch. des R.O.H.G.'s Bd. 7 S. 351 abgedruckten Urteile annimmt, daß die hergebrachte Form des Auftrages des juristischen Charakters überhaupt entbehrt.

Nach Art. 21 Abs. 4 W.O. beruht denn auch die verpflichtende Kraft des Acceptes nicht auf dem Vertragsverhältnisse zwischen dem Aussteller und dem Bezogenen, sondern ausschließlich auf der Niederschrift des Acceptes und der darin enthaltenen einseitigen Willenserklärung des Bezogenen, die nicht dem Aussteller allein, sondern sämtlichen Wechselinhabern gegenüber abgegeben wird, und in ihrer Rechtswirkung mindestens dem dritten Wechselinhaber gegenüber völlig unabhängig ist von dem Rechtsverhältnisse zwischen Aussteller und Bezogenen, auf einen Vertragsakt deshalb nicht zurückgeführt werden kann.

Vgl. Lehmann, Lehrbuch des Deutschen Wechselrechtes §. 63; Dernburg, Preußisches Privatrecht Bd. 2 §. 266.

Dem steht der Art. 23 W.O., nach welchem auch der Aussteller Wechselrecht gegen den Acceptanten hat, nicht entgegen; trotz des Art. 23

kann aus dem Rechtsverhältnisse zwischen Aussteller und Acceptanten, welches hinter der Form des Mandates liegt, der Wechselanspruch ausgeschlossen sein.

Daraus folgt, daß der Satz des Bernfungsrichters, aus dem Accepte des Ausstellers namens des Bezogenen und in dessen Vollmacht könne rechtsgrundsätzlich eine Acceptverbindlichkeit des Bezogenen überhaupt nicht entstehen, unbegründet ist. In seiner Konsequenz würde dieser Satz dahin führen, daß ein solcher Wechsel überhaupt ungültig, daß er selbst dann ungültig wäre, wenn die Vollmacht zum Accepte erteilt wurde, nachdem der Wechselzug erfolgt und der Wechsel in dritte Hand gelangt war. Dafür fehlt es an jedem Anhalte in der Wechselordnung und in allgemeinen Rechtsgrundsätzen.

Aus alledem ergiebt sich zugleich, daß die Ausführungen des Berufungsrichters über die notwendige Interessenkollision bei solchem Accepte unhaltbar sind. Sie verletzen auch die §§. 21. 27 A.L.R. I. 13.

Ist es thatsächlich und rechtlich möglich, daß das Accept des Bevollmächtigten, der zugleich Aussteller, erst nach dem Wechselzuge dem dritten Wechselinhaber gegenüber auf Grund erst dann erteilter Vollmacht gegeben wird, daß die Ausstellung des Wechsels im Interesse des Bezogenen geschieht, daß der Aussteller dem Bezogenen damit Kredit verschaffen, die Begebung des Wechsels ermöglichen oder erleichtern will, daß in Wahrheit nach dem dem Wechselzuge zum Grunde liegenden Rechtsverhältnisse ein Recht aus dem Wechselzuge für den Aussteller nicht entstehen soll und kann, z. B. weil der Aussteller als Bevollmächtigter des Bezogenen die Deckung erhalten hat und den Wechsel beim Rückgange einlösen muß, so fällt die Interessenkollision fort. Ganz unbegründet und gegen den §. 21 A.L.R. I. 13 verstoßend ist die Ausführung des Berufungsrichters, daß die Frage der Interessenkollision stets abstrakt zu beurteilen sei. Die Frage ist im Gegenteile konkrete Thatfrage.

Vgl. Striethorst, Archiv Bd. 43 S. 94, Bd. 54 S. 333; Entsch. des R.O.H.G.'s Bd. 9 S. 238, Bd. 7 S. 90.

Konkrete Thatfrage ist namentlich auch, ob die Interessenkollision dem Dritten erkennbar war. Nur bei Kollusion des Dritten mit dem ungetreuen Bevollmächtigten würde nach §. 27 A.L.R. I. 13 der Bestand des Geschäftes selbst durch die existierende Interessenkollision berührt werden. Vgl. Entsch. des R.O.H.G.'s Bd. 9 S. 239.

Dies führt zur Aufhebung des Urteiles. In der Sache selbst konnte nicht erkannt werden, weil vom Berufungsrichter nicht festgestellt ist, ob die Generalvollmacht nur, wie die Beklagte behauptet, für die Cession an B. oder allgemein zur Eingehung von Wechselverbindlichkeiten erteilt ist, ob sie zur Zeit der Acceptierung der Wechsel noch bestand oder nicht, und ob, wie die Beklagte andeutet, ihr Ehemann die Vollmacht unter Kollusion mit dem Kläger und dessen Vormanne lediglich gemißbraucht hat." . . .

---

18. 1. Kann im Geltungsbereiche der preußischen Grundbuchordnung dem persönlichen Gläubiger, welcher auf Grund des Reichsgesetzes vom 21. Juli 1879 eine vom Schuldner bestellte, bei der Zwangsversteigerung des Pfandgrundstückes zur Hebung gelangte Hypothek gegen den Hypothekengläubiger anficht, der Einwand entgegengesetzt werden, daß im Zwangsversteigerungsverfahren nachstehende Hypotheken ausgefallen seien?

2. Inwieweit steht dem Anfechtungsbeklagten der Einwand zu, daß er die Verpflichtung zur Rückgewähr der anfechtbaren Leistung bereits einem anderen Gläubiger gegenüber erfüllt habe?

3. Worauf geht gemäß §§. 31. 34. 119 des Zwangsvollstreckungsgesetzes vom 13. Juli 1883 der Rückgewähranspruch, wenn die Einräumung des Zinsrechtes für eine unverzinslich eingetragene Forderung, deren Fälligkeitszeit ungewiß war, angefochten wird?

4. Welche Bedeutung hat der §. 841 A.L.R. I. 11?

VI. Civilsenat. Urt. v. 7. Oktober 1889 i. S. A. L. & Co. (Kl.) w. v. T. u. Gen. (Bekl.) Rep. VI. 147/89.

I. Landgericht Bromberg.
II. Oberlandesgericht Posen.

Für die Beklagten stand auf zwei der Frau v. S. gehörigen Grundstücken eine bei dem Tode der genannten Eigentümerin zahlbare

Erbteilsforderung von 126 000 ℳ unverzinslich eingetragen. Mittels Abkommens vom 12./14. Oktober 1886 bewilligte Frau v. S., deren Grundstücke damals zur Zwangsversteigerung gestellt waren, den Beklagten für die Forderung der 126 000 ℳ vom 1. Juli 1886 ab einen Zinssatz von 5 Prozent, welcher demnächst auch ihrem Antrage gemäß in das Grundbuch eingetragen worden ist. Die Klägerin ficht nun wegen einer von ihr gegen Frau v. S. erstrittenen persönlichen Forderung von 16 492 ℳ nebst Zinsen das gedachte Abkommen als ihr gegenüber unwirksam an, nachdem auf Grund desselben bei der Verteilung der Kaufgelder in der S.'schen Subhastation der Betrag von 126 455 ℳ von den Beklagten liquidiert worden und zur Hebung gekommen ist.

Das Landgericht Bromberg erkannte auf Abweisung der Klage.

In der Berufungsinstanz richtete Klägerin, da festgestellt wurde, daß die Beklagten aus den Kaufgeldern infolge des von nachstehenden Hypothekengläubigern erhobenen Widerspruches und der darauf erfolgten Einigung nicht den vollen Betrag ihres Liquidates, sondern nur 116 999,29 ℳ erhalten haben, ihren Antrag dahin, die Beklagten zur Hinterlegung von 116 999,29 ℳ mit der Bestimmung zu verurteilen, daß das Kapital bis zur Befriedigung der Klägerin wegen ihrer Forderung von 16 492 ℳ nebst Zinsen, jedoch nicht länger als bis zum Todestage der Frau v. S., hinterlegt bleibe und die bis dahin auflaufenden Zinsen an die Klägerin gezahlt werden.

Das Berufungsgericht hat das erste Urteil abgeändert. Es erklärt zunächst I. 1 das Abkommen vom 12./14. Oktober 1886 der Klägerin gegenüber für unwirksam und verurteilt sodann die Beklagten:

I. 2 zu dulden, daß Klägerin wegen ihrer Forderung aus den bis zum Todestage der Frau v. S. auflaufenden, mit 5 Prozent zu berechnenden Zinsen des den Beklagten ausgezahlten Kapitales von 116 999,29 ℳ ihre Befriedigung suche, „nachdem vorher aus diesen Zinsen ...

a) die den Beklagten cedierten, bei der Zwangsversteigerung ausgefallenen Grundschulden des A. L. zum Gesamtbetrage von 42 340,35 ℳ nebst 6 Prozent Zinsen seit 1. Januar 1886 berichtigt, und

b) der Betrag von 9000,71 ℳ aufgelaufen und von den Beklagten zurückbehalten ist, um zur Ergänzung des Kapitales zu dienen, welches ihnen beim Todestage der Frau v. S. mit 126 000 ℳ zusteht und ihnen bereits mit 116 999,29 ℳ ausbezahlt ist",

I. 3 den Betrag von 40 000 ℳ bar oder in Deposital- und pupillarisch sicheren Wertpapieren bei der Regierungshauptkasse Bromberg mit der Bestimmung zu hinterlegen, daß dieses Kapital — jedoch ohne Zinsen, welche den Beklagten so lange vorbehalten werden, bis Klägerin nachweist, daß die Ansprüche der Beklagten zu 2a und b gedeckt sind — bis zur Befriedigung der Klägerin wegen ihrer Forderung, jedoch nicht länger als bis zum Todestage der Frau v. S. hinterlegt bleibe,

I. 4 zu dulden, daß die Klägerin wegen ihres zu 2 gedachten, nach Deckung der Ansprüche der Beklagten zu 2a und b fällig werdenden Anspruches ihre Befriedigung aus den hinterlegten 40 000 ℳ suche.

Mit ihren weitergehenden Ansprüchen ist Klägerin abgewiesen.

Gegen dieses Urteil haben beide Parteien die Revision eingelegt.

Aus den Gründen:

„Das Berufungsgericht stellt zunächst in unangefochtener und rechtlich unbedenklicher Weise fest, daß das Abkommen vom 12./14. Oktober 1886 von Frau v. S. in der den Beklagten bekannten Absicht, ihre Gläubiger zu benachteiligen, geschlossen ist, und daß die in §. 2 des Anfechtungsgesetzes bezeichneten Voraussetzungen der Anfechtung vorliegen.

Es führt sodann aus, daß ohne jenes Abkommen der Zinsgenuß des Kapitales von 126 000 ℳ bis zum Tode der Frau v. S. den nacheingetragenen Gläubigern und eventuell der Frau v. S. selbst zugestanden haben würde, und daß in Ermangelung einer anderweiten Einigung die Hinterlegung des Kapitales hätte erfolgen müssen; der Antrag der Klägerin gehe aber zu weit, denn dieselbe könne sich wegen ihrer Forderung an die Zinsen der den Beklagten ausgezahlten 116 999,29 ℳ erst dann halten, wenn die nacheingetragenen Gläubiger, soweit solche im Kaufgelderverteilungsverfahren der Auszahlung des Kapitales an die Beklagten widersprochen und demnächst einen Anfechtungsanspruch erhoben haben, befriedigt seien; nicht zu berücksichtigen sei hiernach wegen Nichterhebung eines Anfechtungsanspruches die Z.'er Volksbank; dagegen seien aus den auflaufenden Zinsen, bevor Klägerin etwas erhalten könne, zu berichtigen:

a) 9000,71 *M*, welche mit Einwilligung der Beklagten aus den Kaufgeldern zur Befriedigung der Forderungen des Kaufmannes W. und des Steuerfiskus entnommen seien, nachdem diese nacheingetragenen Gläubiger den Vertrag vom 12./14. Oktober 1886 mit Erfolg angefochten hatten, sodaß für die Beklagten statt der ihnen beim Tode der Frau v. S. zukommenden 126000 *M* nur 116 999,29 *M* verblieben seien,

b) die ausgefallene Forderung des Kaufmannes A. L. von 42 430,35 *M* nebst Zinsen, welche jetzt den Beklagten zustehe, da ihnen L. nach Erhebung der Anfechtungsklage im Wege des Vergleiches gegen eine Vergütung von 20 000 *M* seine Rechte und damit auch den Anspruch an die Zinsen der 116 999,29 *M* abgetreten habe,

die Möglichkeit, daß die bis zum Todestage der Frau v. S. auflaufenden Zinsen zur Berichtigung der vorbezeichneten Forderungen und der klägerischen Forderung selbst ausreichen, sei nicht ausgeschlossen; zur Sicherung der Klägerin wegen ihres Anspruches genüge die Hinterlegung eines Betrages von 40 000 *M*, aus welchem die Klägerin ihre Befriedigung suchen könne, nachdem die vorgehenden Ansprüche durch Verrechnung von landesüblichen, d. h. 5 Prozent Zinsen von 116 999,29 *M* gedeckt seien.

Gegenüber dieser Urteilsbegründung wird

1. von der Revision der Beklagten in erster Reihe geltend gemacht, daß die Klägerin nur Anspruch auf das habe, was sie nach Befriedigung aller Hypothekengläubiger, ohne Rücksicht darauf, ob von denselben ein Anfechtungsanspruch erhoben war oder nicht, erhalten haben würde, da sie durch die Anfechtung keine weitergehenden Rechte auf Befriedigung aus dem Steigerlöse erlangen könne, als sie ohne den angefochtenen Vertrag und die darauf gegründete Eintragung der Verzinslichkeit gehabt hätte. Dieser Angriff ist indessen unzutreffend.

Nach den §§. 1. 7 des Anfechtungsgesetzes vom 21. Juli 1879 erfolgt die Anfechtung von Rechtshandlungen eines Schuldners außerhalb des Konkursverfahrens nur zum Zwecke der Befriedigung des anfechtenden Gläubigers und nur mit der Wirkung, daß die angefochtene Rechtshandlung dem Anfechtenden gegenüber als unwirksam angesehen wird, und daß dieser, soweit es zu seiner Befriedigung erforderlich ist, die Rückgewähr des aus dem Vermögen des Schuldners Weggegebenen verlangen kann. Die Rückgewähr aber erfolgt nicht etwa zum Vermögen des Schuldners, sondern nur in der Weise, daß der Anfechtende aus dem Weggegebenen so, als ob dasselbe noch zum Vermögen des Schuldners gehörte, seine Befriedigung suchen darf. Aus diesen Gesetzesvorschriften folgt mit Notwendigkeit, wie auch in der Begründung zum Entwurfe des Gesetzes (vgl. S. 12. 21) noch besonders hervorgehoben wird, daß der Erfolg der Anfechtung in dem Befriedigungsanspruche des anfechtenden Gläubigers seine Schranke findet, daß also die Anfechtung nur dem Anfechtenden selbst zu statten kommen, dagegen in den Beziehungen des Schuldners zu seinem Gegenkontrahenten und zu seinen sonstigen Gläubigern nichts ändern kann. Letzteren gegenüber bleibt die angefochtene Rechtshandlung in voller Wirksamkeit bestehen, und zwar auch dann, wenn sie ohne das Dazwischentreten dieser Rechtshandlung vorzugsweise oder abgesonderte Befriedigung aus den dem Vermögen des Schuldners entzogenen Gegenständen hätten beanspruchen dürfen. Wollen sie einen Anspruch an das Weggegebene wieder erlangen, so müssen sie ihrerseits den Weg der Anfechtung beschreiten und damit herbeiführen, daß die Rechtshandlung des Schuldners auch ihnen gegenüber für unwirksam erklärt wird.

Wie nach mehrfachen Entscheidungen des Reichsgerichtes,

vgl. Entsch. des R.G.'s in Civils. Bd. 20 S. 29 und Urteil vom 23. Januar 1889 i. S. Fritze (Konkurs) w. Bethke Rep. V. 273/88 in der Juristischen Wochenschrift 1889 S. 109,

die Anfechtung einer Hypothekenforderung durch den Konkursverwalter nur den Konkursgläubigern, nicht aber den nachstehenden Hypothekengläubigern Rechte verschafft, so können hiernach auch außerhalb des Konkursverfahrens die hinter der angefochtenen Hypothek eingetragenen Gläubiger aus der Anfechtungsklage eines persönlichen Gläubigers für sich keinen Vorteil ziehen, und am allerwenigsten ist der Anfechtungsbeklagte zu dem Einwande berechtigt, daß ohne die Vornahme der Rechtshandlung die nachstehenden Gläubiger aus dem Weggegebenen vor dem Anfechtenden befriedigt worden wären. Ein solcher Einwand würde im vorliegenden Falle nur dann zulässig erscheinen können, wenn aus der preußischen Landesgesetzgebung der Satz zu entnehmen wäre, daß „im Falle der begründeten Anfechtung einer Hypothek die gleich- und nacheingetragenen Gläubiger einrücken und nur der etwaige Überschuß zur Befriedigung der nicht eingetragenen

Gläubiger verwendet" werden müsse (vgl. Motive zum Anfechtungsgesetze S. 16). Für einen derartigen Satz gewährt aber weder das Eigentumserwerbsgesetz vom 5. Mai 1872 (vgl. §§. 17. 34), noch das Zwangsvollstreckungsgesetz vom 13. Juli 1883 (vgl. §§. 29. 104—113) irgend welchen Anhalt. Vielmehr kann nach diesen Gesetzen der Hypothekengläubiger aus den Kaufgeldern des subhastierten Grundstückes eine Befriedigung erst dann verlangen, wenn die ihm vorgehenden Hypotheken befriedigt oder von ihm selbst mit Erfolg angefochten worden sind.

Vgl. Eccius, Preuß. Privatrecht Bd. 1 S. 783. 784; v. Wilmowski, Konkursordnung S. 513. 514.

Für die entgegengesetzte Ansicht berufen sich die Revisionskläger ohne Grund auf das in den Entsch. des R.G.'s in Civilf. Bd. 20 S. 157 abgedruckte Urteil. Denn dieses Urteil trifft über das Verhältnis des Anfechtungsklägers zu anderen Gläubigern des Schuldners keinerlei Entscheidung, sondern beschäftigt sich nur mit der Frage, inwiefern der Anfechtungsbeklagte ein dingliches Recht, welches ihm an den zurückzugewährenden Sachen vor der angefochtenen Rechtshandlung zustand, gegenüber dem Anfechtungskläger geltend machen kann.

Mit Recht hat hiernach die Vorinstanz angenommen, daß bei der Feststellung des Anspruches der Klägerin diejenigen Hypothekengläubiger, welche eine Anfechtungsklage gegenüber dem Abkommen vom 12./14. Oktober 1886 nicht erhoben haben, namentlich also auch die Z.'er Volksbank, außer Betracht bleiben müssen.

2. Auf dem entgegengesetzten Standpunkte steht die Revision der Klägerin, indem sie auszuführen sucht, daß auch die Forderungen des A. L., des W. und des Steuerfiskus nicht hätten berücksichtigt werden dürfen, weil von diesen Gläubigern Anfechtungsansprüche zwar erhoben, aber nicht mit Erfolg durchgeführt seien, und weil andererseits die von seiten der Gläubiger erfolgte Abtretung ihrer Ansprüche jeder rechtlichen Bedeutung ermangele.[1]

Richtig ist an dieser Ausführung, daß der von der Klägerin in Gemäßheit des §. 7 des Anfechtungsgesetzes erhobene Rückgewähranspruch

[1] Vgl. hierzu: Motive zum Anfechtungsgesetze S. 22; Eccius, Preuß. Privatrecht Bd. 1 S. 353 Anm. 7. 785. 786; v. Wilmowski, Konkursordnung S. 510. 523; Cosack; Anfechtungsrecht S. 228 flg.; Otto, Anfechtung S. 240 flg.; v. Völderndorff, Konkursordnung S. 177. D. E.

dadurch allein weder ausgeschlossen noch beschränkt wird, daß auch andere Gläubiger der Frau v. S. die Wirksamkeit des Abkommens vom 12./14. Oktober 1886 im Prozeßwege angefochten haben. Denn die Anfechtung steht jedem Gläubiger kraft eigenen Rechtes zu, und ein Vorzugsrecht des Einzelnen wird weder durch die Klagerhebung noch auch durch die Verurteilung des Empfängers begründet. Dagegen wird von der Klägerin nicht beachtet, daß die Rückgewährpflicht für den Empfänger der anfechtbaren Leistung gegenüber sämtlichen Gläubigern nur einmal besteht, da der Inhalt des Anfechtungsrechtes für alle derselbe ist. Soweit hiernach der Empfänger seine Rückgewährpflicht einem Gläubiger gegenüber erfüllt hat, tritt seine Befreiung auch im Verhältnisse zu den übrigen Gläubigern ein. Dazu ist es nicht erforderlich, daß die Erfüllung der Rückgewährpflicht im Wege der Zwangsvollstreckung von dem zuerst andringenden Gläubiger erzwungen, oder daß wenigstens dessen Anfechtungsanspruch rechtskräftig festgestellt war. Vielmehr muß nach den Grundsätzen des Anfechtungsgesetzes der Schuldner, falls er nachweisen kann, daß er auf das Verlangen eines zur Anfechtung berechtigten Gläubigers die anfechtbare Leistung ganz oder teilweise zurückgewährt hat, allen anfechtungsberechtigten Gläubigern gegenüber insoweit befreit erscheinen, als die Rückgewähr erfolgt ist.

Über die Art der Rückgewähr enthält das Anfechtungsgesetz spezielle Vorschriften nicht. Nach §. 7 kann die Rückgewähr nur soweit beansprucht werden, als es zur Befriedigung des Anfechtenden erforderlich ist, nach §. 9 hat der Klagantrag bestimmt zu bezeichnen, in welchem Umfange und in welcher Weise die Rückgewähr bewirkt werden soll, und der §. 13 Abs. 3 endlich spricht von einer Sicherung oder Befriedigung, welche der Gläubiger aus dem Zurückzugewährenden erlangt hatte. Diese Bestimmungen ergeben, daß für jeden einzelnen Anfechtungsfall nach dem Inhalte der angefochtenen Rechtshandlung und nach dem Umfange der Forderung des Anfechtenden zu entscheiden ist, in welcher Art die Rückgewähr zu erfolgen hat. In gleicher Weise aber muß bei dem Erfüllungseinwande des Empfängers geprüft werden, ob und inwieweit das, was der Empfänger einem anderen Anfechtungsberechtigten gegenüber, sei es im Zwangsvollstreckungsverfahren oder auf Grund besonderer Vereinbarung, herausgegeben oder geleistet hat, als eine Erfüllung der Rückgewährpflicht aus §. 7 des Anfechtungsgesetzes anzusehen ist. Hat der Empfänger, ohne dazu verurteilt zu sein, einer Person, welcher ein Anfechtungsrecht überhaupt nicht zustand, das Empfangene herausgegeben, so wird er durch solche Herausgabe von seiner Rückgewährpflicht gegenüber dem wirklich Anfechtungsberechtigten nicht befreit, vielmehr so behandelt, als wenn er sich freiwillig des Besitzes des Erworbenen entäußert hätte.

Bei Anwendung dieser Grundsätze ergiebt sich für die vorliegende Entscheidung folgendes. Durch das anfechtbare Abkommen vom 12./14. Oktober 1886 hatte Frau v. S. den ihr auf ihre Lebenszeit zustehenden Zinsgenuß von den für die Beklagten eingetragenen 126 000 ℳ aus ihrem Vermögen weggegeben. Die Rückgewähr dieses Zinsgenusses konnte jeder anfechtungsberechtigte Gläubiger nach Maßgabe des §. 7 des Anfechtungsgesetzes beanspruchen, und zwar mit Rücksicht auf die Ergebnisse der stattgehabten Zwangsversteigerung und die Vorschriften der §§. 31. 34. 119 des preußischen Gesetzes vom 13. Juli 1883 (G.S. S. 131) in der Weise, daß die 126 000 ℳ hinterlegt und die davon bis zum Tode der Frau v. S. auflaufenden Zinsen zur Befriedigung des Anfechtenden verwendet würden. Wurde die Rückgewährpflicht in dieser — oder zufolge besonderer Vereinbarung in einer anderen gleichwertigen — Art von den Beklagten gegenüber einem Anfechtungsberechtigten erfüllt, so stand solche Erfüllung allen übrigen Anfechtungsberechtigten entgegen, sodaß sich deren Anfechtungsansprüche nur noch auf denjenigen Teil des Zinsgenusses erstrecken konnten, welcher den Beklagten verbleiben würde, wenn vorher die Forderungen der bereits befriedigten Anfechtungsberechtigten zum vollen Betrage aus den Zinsen berichtigt werden müßten.

Zu weit geht danach die Klägerin mit dem Verlangen, daß die früher erhobenen Anfechtungsansprüche ganz unberücksichtigt bleiben. Ihre Beschwerde erweist sich aber, soweit es sich zunächst um die früher L.'schen 42 430,35 ℳ handelt, als gerechtfertigt. Stände fest, daß L. wegen einer ihm gegen Frau v. S. zustehenden Forderung zum gedachten Betrage einen Anfechtungsanspruch gehabt hat, und daß dieser Anspruch von den Beklagten erfüllt worden ist, so würde die Klägerin nach dem vorher Gesagten daraus keinen Vorteil ziehen können, daß die Beklagten es nicht erst zur Zwangsvollstreckung oder auch nur zu ihrer Verurteilung haben kommen lassen. Allein aus dem angefochtenen Urteile ist nicht zu ersehen, ob dem L. ein gesetzliches Anfechtungsrecht zugestanden hat. Ein solches Recht konnte nicht ohne weiteres auf den bei der Zwangsversteigerung erlittenen Ausfall gestützt, vielmehr mit Erfolg nur dann geltend gemacht werden, wenn die in §. 2 des Anfechtungsgesetzes bezeichneten Voraussetzungen vorlagen, wenn also namentlich L. einen vollstreckbaren Schuldtitel entweder für das durch die Grundschuld begründete dingliche Recht oder für eine etwa daneben in gleicher Höhe bestehende persönliche Forderung an Frau v. S. erlangt hatte.

Vgl. Entsch. des R.G.'s in Civils. Bd. 17 S. 167.

Das Vorhandensein eines derartigen Schuldtitels ist von dem Berufungsgerichte nicht festgestellt, und ebensowenig ist die Frage erörtert, inwiefern, falls ein Anfechtungsanspruch des L. bestand, derselbe als erfüllt anzusehen wäre. Ergiebt auch der Thatbestand der Vorentscheidung, daß die Beklagten sich zur Zahlung von 20 000 *M* an L. verpflichtet haben, so läßt doch das Urteil darüber im unklaren, ob die Zahlung wirklich erfolgt ist, und ob in derselben eine Erfüllung des Rückgewähranspruches des L. zu finden wäre. Das Oberlandesgericht erachtet nun freilich die Prüfung dieser Fragen für entbehrlich und die vorzugsweise Berichtigung der ausgefallenen Forderungen des L. schon deshalb für geboten, weil letzterer nach Anstellung des Anfechtungsprozesses seine Rechte den Beklagten abgetreten hatte; allein dabei übersieht es, daß eine Abtretung der vorher im Grundbuche gelöschten Grundschulden rechtlich unmöglich war (vgl. §. 57 des Eigentumserwerbsgesetzes vom 5. Mai 1872), und daß andererseits, falls ein Anfechtungsanspruch des L., seine Existenz vorausgesetzt, als Gegenstand der Abtretung zu gelten hätte, letztere doch wirkungslos bleiben mußte, weil die Beklagten ein auf §. 3 Nr. 1 des Gesetzes vom 21. Juli 1879 gestütztes Anfechtungsrecht nicht gegen sich selbst geltend machen konnten.

Anders liegt die Sache bezüglich des W. und des Steuerfiskus. Denn diese Gläubiger haben, wie festgestellt ist, den Anfechtungsprozeß mit Erfolg durchgeführt, und es ist bei der demnächst — gemäß §. 113 des Gesetzes vom 13. Juli 1883 und §. 766 C.P.O. — stattgehabten Nachtragsverteilung eine Einigung dahin erzielt worden, daß ihnen ihre Liquidate (dem Steuerfiskus nach Abzug der Zwischenzinsen) gezahlt wurden und die Beklagten nur den danach verbliebenen Rest mit 116 999,29 *M* erhielten. Mit dieser Einigung ist der Anfechtungsanspruch der beiden Gläubiger nicht, wie die Revision der Klägerin es darzustellen sucht, abgewendet, sondern befriedigt, und zwar in einer Weise befriedigt worden, welche den Gläubigern offensichtlich mehr gewährte, als dieselben nach §. 7 des Anfechtungsgesetzes und den Vorschriften des preußischen Gesetzes vom 13. Juli 1883 zu fordern hatten, indem sie ohne Rücksicht auf den ungewissen Zeitpunkt des Todes der Frau v. S. den Betrag ihrer Forderungen gezahlt erhielten. Durch diese freiwillig erfolgte Mehrleistung von seiten der Beklagten kann die Klägerin in der Geltendmachung ihres Anfechtungsrechtes nicht beschränkt werden, und es beruht deshalb auf einer unrichtigen Auffassung der Rechtslage, wenn zu I. 2b der Vorentscheidung die Beklagten für befugt erklärt werden, den an W. und den Steuerfiskus gezahlten Betrag von 9000,71 *M* zurückzubehalten, um zur Ergänzung des Kapitales zu dienen, und wenn dennoch die auflaufenden Zinsen bis zum Todestage der Frau v. S. nur nach einem Kapitale von 116 999,29 *M* berechnet werden sollen. Dagegen steht allerdings der Klägerin die erfolgte Rückgewähr insoweit entgegen, als die beiden Gläubiger solche auf Grund der erfolgreichen Anfechtung des Zinsabkommens beanspruchen konnten, und daraus folgt, daß die Klägerin eine Befriedigung aus den auflaufenden Zinsen erst dann finden kann, wenn vorher mit diesen Zinsen, und zwar von dem vollen Kapitale der 126 000 *M* berechnet, die Forderungen, welche dem W. und dem Steuerfiskus mit zusammen 9000,71 *M* zustanden, nebst etwaigen Zinsen davon gedeckt sind.

3. War insoweit der Revision der Klägerin stattzugeben, so muß doch auch die Revision der Beklagten in einer Beziehung für begründet erachtet werden. Bei der Feststellung des Anspruches der Klägerin hat sich nämlich das Berufungsgericht zu Ungunsten der Beklagten einer Gesetzesverletzung dadurch schuldig gemacht, daß es für die Berechnung der bis zum Tode der Frau v. S. auflaufenden Zinsen einen Zinssatz von fünf Prozent zum Ansatz bringt. Wieviel an Zinsen die Beklagten von den ihnen ausgezahlten 116 999,29 *M* bisher bezogen haben, ist von keiner der Parteien angegeben, und an jedem Anhalte fehlt es für die Beantwortung der Frage, welchen Zinssatz die Beklagten künftig voraussichtlich beziehen werden. Wenn der Vorderrichter glaubt, die Zugrundelegung eines Zinsfußes von 5 Prozent für die Vergangenheit und für die Zukunft mit der Berufung

auf den §. 841 A.L.R. I. 11 rechtfertigen zu können, so verkennt er die Bedeutung dieser Gesetzesvorschrift. Dieselbe stellt, wie das Reichsgericht bereits früher ausgesprochen hat, keineswegs eine Rechtsvermutung dafür auf, daß jedes Kapital einen Zinsgenuß von 5 Prozent gewähre, oder daß dieser Zinssatz stets und überall der gebräuchliche sei, sie enthält vielmehr nur die Bestimmung, daß für Geldschulden in Ermangelung einer Vereinbarung 5 Prozent an Zinsen zu gewähren sind.

Vgl. Urt. des Reichsgerichtes vom 20. Juni 1889 Rep. IV. 80/89 in der Juristischen Wochenschrift 1889 S. 314.

Da nun eine Geldschuld bezüglich der ausgezahlten 116 999,29 ℳ für die Beklagten nicht besteht, letztere vielmehr nur die davon auflaufenden Zinsen zur Befriedigung der Anfechtungsansprüche herauszugeben haben, so ist die Anwendung des §. 841 hier ausgeschlossen.

Mehr aber konnten die Anfechtungsberechtigten nicht verlangen, als daß das Kapital von 126 000 ℳ hinterlegt und daß die infolge der Hinterlegung aufkommenden Zinsen zu ihrer Befriedigung verwendet werden, wie denn auch die Klägerin von vornherein ihren Anspruch hierauf beschränkt und nicht einmal behauptet hat, daß die Beklagten von den ihnen ausgezahlten 116 999,29 ℳ mehr als die im Falle der Hinterlegung erwachsenden $2^1/_2$ Prozent Zinsen (vgl. Hinterlegungsordnung vom 14. März 1879 §. 9; Verordnung vom 21. Mai 1879 [preuß. G.S. S. 249. 383]) bisher bezogen haben. In ungerechtfertigter Weise beschwert sind danach die Beklagten durch die Berechnung von 5 Prozent Zinsen für die der Forderung der Klägerin vorgehenden Ansprüche und für die Forderung der Klägerin selbst. Denn der Anfechtungsanspruch der letzteren muß als erfüllt gelten, wenn der Zustand hergestellt wird, welcher eingetreten sein würde, falls das hinterlegte Kapital von 126 000 ℳ in der Hinterlegung verblieben wäre. Da die Klägerin auf eine anderweite Einigung der Beteiligten, wie solche in §. 119 des Gesetzes vom 13. Juli 1883 vorgesehen ist, kein Recht hat, so geht ihr Anspruch nur dahin, daß an sie die bis zum Tode der Frau v. S. nach dem Hinterlegungssatze auflaufenden Zinsen von 126 000 ℳ bis zur Tilgung ihrer Forderung von 16 492 ℳ nebst Zinsen gezahlt werden, nachdem aus diesen Zinsen einerseits der Betrag von 9000,71 ℳ nebst noch zu berechnenden Zinsen und andererseits, unter der vom Berufungsgerichte zunächst festzustellenden Voraussetzung eines für L. erwachsenen und von den Beklagten erfüllten Anfechtungsrechtes, der Betrag von 42 430,35 ℳ nebst Zinsen gedeckt ist.

Allerdings erstreckt sich der von der Klägerin in der Berufungsschlußverhandlung gestellte Antrag nur auf die Zinsen von den ausgezahlten 116 999,29 ℳ, allein sie beansprucht diese Zinsen ohne jeden Abzug. Wird ihr jetzt ein Anspruch auf die Zinsen erst für den Fall zuerkannt, daß vorher 9000,71 ℳ und möglicherweise noch weitere 42 430,35 ℳ gedeckt sind, so läßt sich in der Zubilligung des Rechtes auf demnächstige Befriedigung aus den Zinsen eines Kapitales von 126 000 ℳ eine Überschreitung des gestellten Antrages nicht finden.

4. Während das Landgericht der Klägerin jedes rechtliche Interesse an der Durchführung des Anfechtungsanspruches wegen der Unmöglichkeit ihrer auch nur teilweisen Befriedigung abgesprochen hatte, nimmt die Vorinstanz an, daß die Berichtigung der klägerischen Forderung nach den vorliegenden Umständen keineswegs unmöglich oder aussichtslos sei. Bei dieser Annahme geht aber der Vorderrichter von der Ansicht aus, daß sowohl für die der Klageforderung vorgehenden Ansprüche wie für die Klageforderung selbst landesübliche, also fünfprozentige Zinsen zum Ansatz zu bringen seien. Da diese Ansicht sich, wie zu 3. dargelegt ist, als rechtsirrtümlich erweist, so wird von dem Berufungsgerichte zu prüfen sein, ob für die Klägerin ein rechtliches Interesse an der Anfechtung auch dann noch vorliegt, wenn zur Deckung der anfechtungsberechtigten Gläubiger nur der Hinterlegungszinssatz, welcher freilich in Zukunft sowohl erhöht wie herabgesetzt werden kann, von einem Kapitale von 126 000 ℳ zur Berechnung gestellt wird.

5. Endlich würde für den Fall einer Verurteilung der Beklagten der von denselben zur Deckung der Klägerin zu hinterlegende Geldbetrag nach dem sonstigen Inhalte der künftigen Entscheidung anderweit festzusetzen sein.

Demgemäß erscheinen die beiderseitigen Revisionen teilweise begründet, und war deshalb unter Aufhebung der Vorentscheidung die Sache zur anderweiten Verhandlung und Entscheidung in die Instanz zurückzuverweisen."

19. Rechtliche Natur der Beschlagnahme und der Liquidation des Vermögens eines auf Grund der §§. 5. 7 des Gesetzes gegen die gemeingefährlichen Bestrebungen der Sozialdemokratie vom 21. Oktober 1878 (R.G.Bl. S. 351) verbotenen Vereines.

I. Civilsenat. Urt. v. 12. Oktober/9. November 1889 i. S. Z. u. St. (Kl.) w. die Liquidatoren des Buchdruckerei- u. Verlagsgeschäftes W. K. & Co. (Bekl.) Rep. I. 187/89.

I. Landgericht Breslau.
II. Oberlandesgericht daselbst.

Die eingetragene Handelsgesellschaft Z. & St. hatte 1884 ihre Buchdruckerei mit Aktiven und Passiven an Kr. verkauft und Kr. als Teil des Kaufpreises 7000 ℳ zu zahlen, welche bei seinem Tode, spätestens aber am 1. Januar 1890 fällig sein sollten. Kr. wurde als Inhaber des Buchdruckerei- und Verlagsgeschäftes eingetragen, das er zuerst allein, nach dem Eintritte des Kaufmannes W. K. unter der Firma Silesia, W. K. & Co. mit diesem, nach dessen Austritte aber unter derselben Firma als deren alleiniger eingetragener Inhaber betrieb. Im Jahre 1885 wurde das Geschäft von der Landespolizeibehörde auf Grund der §§. 5—7 des Sozialistengesetzes als Eigentum eines geheimen sozialdemokratischen Vereines in Beschlag genommen, die Liquidation angeordnet und die Beklagten zu Liquidatoren bestellt. Gegen diese klagte die Handelsgesellschaft Z. & St. auf Zahlung der Kaufgeldschuld aus dem liquidierten Vermögen. Der Berufungsrichter wies die Klage unter anderem wegen mangelnder Passivlegitimation der Liquidatoren ab.

Auf die Revision der Klägerin ist das Urteil aufgehoben aus nachfolgenden

Gründen:

... „Die Entscheidung hängt in erster Linie von der Prüfung der Passivlegitimation der Beklagten ab. Ist diese zu verneinen, so fällt die Klage von selbst, ohne daß es auf die Angriffe gegen die thatsächlichen Feststellungen des Berufungsurteiles ankommt. Zu unterstellen ist dabei, daß der Kaufvertrag ein ernstlicher gewesen, durch den ein Vermögensobjekt der Klägerin dem Kr. zum Eigentume übertragen worden ist.

Die Rechtsauffassung des Berufungsrichters beruht, wie seine Bezugnahme auf die §§. 123. 125. 126. A.L.R. I. 2 und auf die Ausführungen der Beklagten genügend erkennen läßt, auf folgendem Gedankengange:

Aus dem Kaufvertrage und dem Reverse hat die Klägerin einen obligatorischen Anspruch auf Zahlung des Kaufpreises nur gegen ihren Käufer Kr. Hat Kr. das ihm verkaufte Objekt dem aufgelösten Vereine übertragen oder von Anfang an für denselben in dessen Auftrage gekauft, so haften doch der Verein und die Beklagten als die Liquidatoren seines Vermögens nicht deshalb mit dem verkauften Objekte aus dem Kaufvertrage und dem Reverse, sondern es ist ein Thatbestand darzulegen, aus dem folgt, daß der Verein der Klägerin obligatorisch verpflichtet ist. Sind dagegen die von den Liquidatoren versilberten Geschäftsgegenstände Eigentum des Kr., nicht des aufgelösten Vereines, und ohne Grund als Vermögen des Vereines liquidiert, so folgt auch daraus nicht die Haftung des Vereines für den Kaufpreis aus dem Kaufgeschäfte, sondern nur ein Anspruch des Kr. aus dem Eingriffe in sein Vermögen, den die Klägerin nicht aus dem Grunde selbständig geltend machen kann, daß sie Gläubigerin des Kr. ist, sondern nur als Cessionarin oder Assignatarin des Kr.

Diese Ausführungen haben indessen nur den Schein der Berechtigung für sich und werden der wahren Sachlage nicht gerecht.

Schuldner der Klägerin aus dem Kaufvertrage und aus dem Reverse ist die Firma Buchdruckerei- und Verlagsgeschäft Silesia, W. K. & Co. bezw. Kr. als der eingetragene Inhaber dieser Firma. Denn Kr. hat als Begründer des Geschäftes unter der ursprünglichen, demnächst geänderten Firma die Schuld kontrahiert, nach dem Eintritte des K. in das Geschäft hat die Gesellschaft die Schuld dem Gläubiger gegenüber übernommen und Kr. endlich nach dem Austritte des K. unstreitig die Schuld von neuem dem Gläubiger gegenüber als Schuld der Firma, als deren alleiniger Inhaber er nunmehr eingetragen ist, anerkannt.

Unstreitig ist, daß die durch den §. 6 des Reichsgesetzes gegen die gemeingefährlichen Bestrebungen der Sozialdemokratie vom 21. Oktober 1878 berufene Landespolizeibehörde angenommen hat, dies Buchdruckerei- und Verlagsgeschäft Silesia, W. K. & Co. sei nicht Eigentum des Kr., sondern eines sozialdemokratischen Vereines und werde in Wahrheit nicht von Kr., sondern von jenem Vereine betrieben. Auf Grund dieser Auffassung und der §§. 6. 7 a. a. O. ist jener Verein verboten, das Geschäft als Eigentum des Vereines und als für seine Zwecke bestimmt in Beschlag genommen, die Liquidation angeordnet und den Beklagten übertragen.

Es kann kein Zweifel darüber sein, daß, als das Buchdruckerei- und Verlagsgeschäft, welches so Gegenstand der Beschlagnahme und der Liquidation geworden, nicht etwa nur eine Anzahl von Vorräten, Werkzeugen und Inventarienstücken, mit denen das Geschäft betrieben, sondern das auf den Namen des Kr. betriebene Handelsgeschäft, also der Inbegriff aller Rechtsverhältnisse aufzufassen ist, welche mit dem Betriebe des Buchdruckerei- und Verlagsgeschäftes auf diesen Namen in Beziehung stehen. Das Gesetz ordnet nicht die Konfiskation des Vereinsvermögens an, sondern die Liquidation desselben, und hält in §. 7 Abs. 4 die Rechtsansprüche Dritter ausdrücklich aufrecht. Zu diesen Rechtsansprüchen gehören auch die Ansprüche der Gläubiger des Geschäftes. Der Konfiskation des Vereinsvermögens würde es gleichkommen, wenn die Bestände des Geschäftes versilbert und der Erlös ohne Berücksichtigung der Ansprüche der Gläubiger verwendet, die Gläubiger auf ihren persönlichen Anspruch an Kr. verwiesen würden. Aufgabe jeder Liquidation ist nicht nur, das zu liquidierende Vermögen zu versilbern, sondern auch die Verpflichtungen zu erfüllen, deren Befriedigung aus diesem Vermögen rechtlich verlangt werden kann. Der §. 7 Abs. 2 a. a. O. bezeichnet als Aufgabe der Liquidation die Abwickelung der Geschäfte des Vereines, und entscheidend für den Gegenstand und den Inhalt dieser Geschäftsabwickelung ist die Auffassung der Landespolizeibehörde, daß das Buchdruckerei- und Verlagsgeschäft nicht dem Kr., sondern dem an das Licht gezogenen Vereine gehört und nur auf den Namen des Kr. als der vorgeschobenen Person betrieben worden ist. Zu den Geschäften, welche die Liquidatoren abzuwickeln haben, gehören hiernach recht eigentlich die Geschäfte, welche der Verein unter dem Namen des Kr. als des vorgeschobenen Inhabers des Handelsgeschäftes und bezw. Kr. als der vorgeschobene Inhaber des Handelsgeschäftes in bezug auf den Betrieb desselben abgeschlossen hat. Es ist nicht ersichtlich, welche anderen Geschäfte bei einem geheim gebliebenen Vereine, der rechtsgeschäftlich eben nur durch eine vorgeschobene Person handeln konnte, für eine Abwickelung vorhanden sein sollten. Im Rechtsverkehre galt Kr. bis zur Schließung des Geschäftes durch das Verbot und die Beschlagnahme als Inhaber des Geschäftes und der Firma. Die Gläubiger der Firma waren befugt, das Geschäft zu ihrer Befriedigung in Anspruch zu nehmen. Weder der Verein noch dessen einzelne Mitglieder hätten im Rechtswege geltend machen können, daß das von ihnen dem Geschäftsbetriebe durch den vorgeschobenen Firmeninhaber Kr. gewidmete Vermögen nicht Eigentum des Kr., und daß sie mit demselben aus den Geschäften der Firma nicht verhaftet seien.

Vgl. Art. 25 Abs. 2 H.G.B.; Entsch. des R.O.H.G.'s Bd. 22 S. 306, Bd. 23 S. 227; Entsch. des R.G.'s in Civils. Bd. 12 S. 12.

Darin ist durch die Beschlagnahme des Geschäftes nichts geändert. Findet das Gesetz in dem privatrechtlichen Satze, daß durch den Geschäftsbetrieb Rechte und Pflichten Dritten gegenüber nur für und gegen denjenigen begründet werden, in dessen Namen das Geschäft betrieben wird, kein Bedenken, bei dem Verbote eines Vereines auch die Beschlagnahme eines auf den Namen eines Anderen betriebenen Geschäftes, weil es in Wahrheit dem Vereine gehöre, zuzulassen, so kann dieser privatrechtliche Satz auch nicht angewendet werden, wenn es gilt, die Konsequenzen solcher Beschlagnahme zu ziehen.

Konsequenz der Beschlagnahme und der Liquidation des Geschäftes als Vereinsvermögen, welche bestehen bleibt, solange sie nicht gemäß §. 7 Abs. 6 des Gesetzes durch die Aufsichtsbehörde aufgehoben wird, ist aber, daß die Liquidatoren, ebenso wie sie die Aktiven des Geschäftes einziehen dürfen, ohne daß die Schuldner des Geschäftes einwenden können, daß nicht der Verein, sondern Kr. mit ihnen kontrahiert habe, aus dem Geschäftsvermögen auch die von Kr. in bezug auf das Geschäft eingegangenen Schulden bezahlen müssen. Die Liquidatoren können den Gläubigern des Geschäftes gegenüber ihre Passivlegitimation nicht bestreiten, ohne in unzulässiger Weise die Grundlagen und die Zweckbestimmung ihrer Bestellung zu leugnen.

Den Gläubigern gegenüber ist es auch unerheblich, ob das liquidierte Vermögen Eigentum des Kr. oder des Vereines ist. Als Vermögen des Kr. haftet es ihnen, weil sie Gläubiger der Firma bezw.

ihres eingetragenen Inhabers Kr. sind, als Vermögen des Vereines, weil der Verein als derjenige, welcher der wahre Inhaber der Firma ist und das Vermögen zum Betriebe des Geschäftes unter der Firma gewidmet hat, sein Eigentum den Gläubigern gegenüber nicht geltend machen kann. Deshalb kommt auch darauf nichts an, daß nach dem Gesetze dem Kr. bezw. seinen Erben der Rechtsanspruch auf Herausgabe des Geschäftes, als in Wahrheit ihm gehörig, vorbehalten bleibt. Die Sache steht nicht anders, als wenn bei einer gewöhnlichen Liquidation eines Geschäftsvermögens ein Dritter mit Ansprüchen auf Herausgabe des Geschäftes als sein Eigentum in Frage käme. Die in solchem Falle von den Liquidatoren gegenüber den Ansprüchen von Geschäftsgläubigern zu thuenden Schritte können hier außer Betracht bleiben, weil ein solcher Anspruch seitens der Kr.'schen Erben nicht erhoben ist.

Die Bezugnahme des Berufungsrichters auf die §§. 123. 125 — richtig §. 126 — A.L.R. I. 2 ist hiernach verfehlt. Die Klägerin macht als Gläubigerin der Firma W. K. & Co. lediglich einen persönlichen Anspruch geltend, der mit Recht gegen die Liquidatoren gerichtet ist, weil sie bei der Liquidation des Geschäftes sowohl den Verein als den von der Landespolizeibehörde angenommenen wahren Inhaber des Geschäftes, wie den Kr. als den von dem Vereine vorgeschobenen Inhaber und Führer des Geschäftes vertreten."

---

20. Sind Geschäfte, vermöge deren die schlesische Landschaft einem dem landschaftlichen Verbande angehörigen Gutsbesitzer für ein auf dessen Gut neu eingetragenes Darlehn Pfandbriefe, oder auf Grundlage einer alten, zum Zwecke der Konversion zurückgezahlten, aber stehen gebliebenen Darlehnshypothek neue Pfandbriefe gewährt, als Anschaffungsgeschäfte im Sinne der Nr. II 4 A 2 des Tarifes zum Reichsstempelgesetze vom 29. Mai 1885 anzusehen?

IV. Civilsenat. Urt. v. 14. Oktober 1889 i. S. der Schlesischen Landschaft (Kl.) w. den preuß. Fiskus (Bekl.). Rep. IV. 172/89.

I. Landgericht Breslau.
II. Oberlandesgericht daselbst.

Die obige Frage ist vom Reichsgerichte, in Übereinstimmung mit dem Landgerichte, aber im Gegensatze zum Oberlandesgerichte, bejaht aus folgenden

Gründen:

... „Der Berufungsrichter erkennt an, daß die schlesischen Pfandbriefe Schuldverschreibungen im Sinne der Nr. I, 3 des Tarifes zum Reichsstempelgesetze vom 29. Mai 1885 seien. Er begreift in Übereinstimmung mit der Rechtsprechung des Reichsgerichtes,

vgl. Entsch. des R.G.'s in Civils. Bd. 20 S. 10, Bd. 21 S. 32. 35. 65,

unter Anschaffungsgeschäften alle auf den entgeltlichen Erwerb von Eigentum an beweglichen Sachen gerichteten Geschäfte. Er nimmt auch an, daß in Ansehung aller hier in Frage stehenden Geschäfte Pfandbriefe gegen Entgelt von der Klägerin veräußert und von den beteiligten Gutsbesitzern erworben seien, welche Rechtsgeschäfte dadurch, daß Klägerin nur die Interessen der inkorporierten Gutsbesitzer wahrnehme, keineswegs ausgeschlossen würden. Andererseits erwägt das Oberlandesgericht aber, daß die Pfandbriefe, solange solche in der Hand des kreditnehmenden Gutsbesitzers bleiben, lediglich Urkunden über dessen Beteiligung an der Gesellschaft bilden und erst mit weiterer Ausgabe seinerseits zu Schuldverschreibungen werden, sowie daß die erste Ausgabe der Pfandbriefe an den Gutsbesitzer nicht sowohl auf Verschaffung und Erwerb des Eigentumes der Pfandbriefe, sondern nur auf eine bequemere Form, Gläubiger für die im voraus bestellte Hypothek zu finden, abziele. Auf Grund dieser Erwägungen gelangt der Richter zu dem Schlusse, daß die von seiten der Klägerin erfolgende Hingabe von Darlehen in Pfandbriefen an Gutsbesitzer, welche Mitglieder des landschaftlichen Verbandes seien oder würden, der Reichsstempelabgabe nicht unterworfen sei.

Mit der Annahme, daß in betreff aller vorliegend zur Beurteilung stehenden Geschäfte Pfandbriefe, welche Schuldverschreibungen im Sinne der Nr. I, 3 des Tarifes zum Reichsstempelgesetze vom 29. Mai 1885 bilden, gegen Entgelt von der Klägerin veräußert und von den beteiligten Gutsbesitzern erworben seien, stellt das Berufungsgericht den von der Nr. II 4 A 2 des gleichen Tarifes erforderten Thatbestand im vollen Umfange fest. Die Erwägungen, welche der Richter weiterhin folgen läßt, und auf welche er sein Schlußergebnis gründet, setzen sich mit dieser Feststellung in Widerspruch und können für zutreffend nicht erachtet werden. Dieselben begegnen sich augenscheinlich mit der laut des landgerichtlichen Thatbestandes der Klage zu Grunde liegenden Rechtsausführung. Darin ist behauptet, daß die Ausfertigung und Ausreichung der Pfandbriefe an die kreditnehmenden Gutsbesitzer von seiten der Landschaft sich als ein amtlicher Akt einer nicht im eigenen Interesse handelnden, sondern vom Staate zur Kreditvermittelung für die inkorporierten Gutsbesitzer bestellten Behörde darstelle. Nun kann zwar zugegeben werden, daß die wirtschaftliche Funktion der Landschaft in der unter gewissen staatlich genehmigten Normen sich vollziehenden Kreditvermittelung für die kreditsuchenden, dem landschaftlichen Verbande angehörigen Gutsbesitzer besteht. Allein daraus folgt noch nichts für die rechtliche Natur derjenigen Geschäfte, durch welche diese Kreditvermittelung ins Werk gesetzt wird. Im vorliegenden Rechtsstreite handelt es sich um zwei Arten solcher Geschäfte. Bei dem Geschäfte zu 5 des landgerichtlichen Thatbestandes sind dem Gutsbesitzer für ein auf dessen Gut neu eingetragenes Darlehn Pfandbriefe gewährt, bei den Geschäften zu 1—4 ist jedesmal ein auf einem inkorporierten Gute eingetragenes Pfandbriefdarlehn zum Zwecke der Konversion zurückgezahlt, und dem Gutsbesitzer sind dann auf die bestehende Hypothek neue Pfandbriefe gewährt. Das erstere Geschäft vollzieht sich nach den Bestimmungen der Regulative vom 22. November 1858 und 22. Januar 1872 (G.S. 1858 S. 583, 1872 S. 98), dergestalt, daß der kreditsuchende Gutsbesitzer das von der Landschaft bewilligte Darlehn als solches zu verbriefen, auf sein Gut hypothekarisch eintragen zu lassen, zu verzinsen und bar oder unter Umständen auch in Pfandbriefen zurückzuzahlen hat, wogegen ihm von der Landschaft als Valuta die über den Darlehnsbetrag von derselben ausgefertigten Pfandbriefe unter Anrechnung zum Nennwerte gegeben werden (vgl. Regulativ von 1858 §§. 5—8; Regulativ von 1872 Ziff. 1—4), und wobei die aus den Pfandbriefen entspringende Verbindlichkeit von der Landschaft übernommen wird, während zwischen den Pfandbriefsinhabern und dem Kreditnehmer ein Rechtsverhältnis nicht entsteht (vgl. Regulativ von 1858 §. 20; Regulativ von 1872 Ziff. 7). Der rechtliche Charakter des zwischen der Landschaft und dem Gutsbesitzer geschlossenen Darlehnsvertrages erfährt keine Änderung dadurch, daß nach gewissen Vorschriften der Regulative (vgl. Regulative von 1858 §§. 17. 18 und von

1872 Ziff. 5) die Landschaft nicht ein besonderes Interesse der Korporation, sondern die gemeinsamen Interessen der inkorporierten Gutsbesitzer wahrzunehmen hat und über die für sie verbrieften und sichergestellten Darlehnsforderungen nicht frei verfügen kann. Die Revision hat sich zu Gunsten der klägerischen Rechtsauffassung auf die bei Gruchot (Bd. 28 S. 48. 318. 481) veröffentlichte Abhandlung von Brünneck (Beiträge zur Geschichte und Dogmatik der Pfandbriefsysteme nach preußischem Rechte) berufen. Aber diese Arbeit ist für den vorliegenden Fall nicht maßgebend, da sie sich wesentlich nur auf die Pfandbriefe des älteren Systems bezieht (vgl. S. 48. 49), wobei übrigens zu bemerken ist, daß auch sie nach letzterem Systeme ein, wenngleich mit Mandat auf Kreditverschaffung vermischtes Darlehnsgeschäft zwischen Landschaft und Gutsbesitzer konstruiert. Erfolgt sonach das Kreditgeschäft zwischen diesen Beteiligten in Form eines Darlehns, so liegt ein privatrechtliches Geschäft vor. Daran ändert es nichts, daß, wie zugegeben werden kann, der Akt der Ausfertigung der landschaftlichen Pfandbriefe sich unter öffentlicher Autorität und Kontrolle vollzieht. Nicht auf diesen Akt, sondern auf denjenigen der Ausgabe der ausgefertigten Pfandbriefe an den kreditnehmenden Gutsbesitzer kommt es an. Diese Ausgabe geschieht regulativgemäß nicht, um dem Gutsbesitzer zunächst nur eine Urkunde über seine Beteiligung an der Korporation zu erteilen, sondern, um ihm damit die Darlehnsvaluta zu gewähren, also in Erfüllung des Darlehnsvertrages. Zweck und Erfolg dieses Geschäftes ist, daß der kreditnehmende Gutsbesitzer die ausgegebenen Pfandbriefe zu Eigentum empfängt gegen Übernahme einer Geldschuld an die Landschaft. Nicht wesentlich anders verhält es sich bei den Konversionsgeschäften zu 1—4 des erstrichterlichen Thatbestandes. Geht auch der Zweck dieser Operationen auf Herabsetzung des Zinsfußes, so vollziehen sich dieselben doch in der Art, daß der beliehene Gutsbesitzer gegen Rückgewähr der alten Pfandbriefe und gegen Fortbestand seiner hypothekarischen Schuldverpflichtung neue Pfandbriefe zu Eigentum von der Landschaft erhält. In beiden Arten von Geschäften sind aber alle Merkmale von Anschaffungsgeschäften im Sinne des Reichsstempelgesetzes vom 29. Mai 1885 zu finden."

21. Sind die Voraussetzungen des Regresses gegen den Trassanten, welcher im Auslande einen Wechsel auf das Inland gezogen hat, nach ausländischem oder nach deutschem Rechte zu beurteilen?

III. Civilsenat. Urt. v. 5. November 1889 i. S. Schr. & Co. (Kl.) w. D. (Bekl.) Rep. III. 242/89.

I. Landgericht Rostock.
II. Oberlandesgericht daselbst.

Der beklagte Kapitän D. hatte zur Deckung von Auslagen für das von ihm geführte Schiff in St. Thomas einen Wechsel auf den Korrespondentrheder B. in Rostock gezogen, welcher durch Indossament auf die jetzt klagende Firma übergegangen ist. Letztere hat nach erhobenem Proteste mangels Annahme und Zahlung gegen den Beklagten als Aussteller wechselmäßigen Regreß genommen. Der Beklagte schützte gegen die Regreßklage unter anderen Einwendungen die Einrede vor, daß die Klägerin ihren Regreßanspruch nach dem maßgebenden dänischen Gesetze verloren habe, da ihm streitlos der erhobene Protest nicht notifiziert sei. Das Oberlandesgericht hat aus thatsächlichen Gründen festgestellt, die Absicht des Ausstellers wie des Wechselnehmers sei dahin gegangen, die Regreßpflicht des ersteren dem deutschen Rechte zu unterstellen, und ist bei Anwendung dieses Rechtes die Einrede des Beklagten zurückgewiesen. Derselbe hat in der Revisionsinstanz ausgeführt, der Aussteller eines gezogenen Wechsels hafte unbedingt nach dem Rechte des Ausstellungsortes, und stehe die besondere Natur des Wechselversprechens der Berücksichtigung eines anderweiten, nicht im Wechsel selbst zum Ausdrucke gebrachten Willens der Kontrahenten entgegen. Der Revisionsangriff ist zurückgewiesen aus folgenden

Gründen:

... „Die Entscheidung über die Revision und den Klaganspruch hängt hiernach nur noch von der Frage ab, ob für den materiellen Inhalt der wechselmäßigen Regreßpflicht des Beklagten das dänische Recht maßgebend ist, oder ohne Rechtsirrtum insoweit vom Oberlandesgerichte das deutsche Wechselrecht zur Anwendung gebracht ist. Trifft das dem strengen Notifikationssysteme folgende dänische Wechselgesetz vom 18. Mai 1825 zu, so hat die Klägerin infolge der streitlos unterbliebenen Notifikation des Wechselprotestes an den Beklagten nach den §§. 34. 35 jenes Gesetzes ihren wechselmäßigen Regreßanspruch verloren; entscheidet das deutsche Recht, so ist dieser Anspruch im erhobenen Umfange nach Art. 45 W.O. mit Recht für begründet erkannt.

Das Oberlandesgericht gründet die Anwendung des deutschen Wechselrechtes auf die rechtliche Erwägung, daß für die Regreßverbindlichkeit des Trassanten, welcher im Auslande einen Wechsel ausgestellt hat, in materieller Beziehung zunächst dasjenige Recht entscheide, welchem sich die Kontrahenten nach ihrem zu ermittelnden Willen haben unterwerfen wollen, und weiter auf die thatsächliche Feststellung, daß hier Wechselgeber und Wechselnehmer sich dem deutschen Rechte unterstellen wollten. Gegen den ersten Satz dieser Begründung richtet sich die Revision.

Daß der rechtliche Standpunkt, von welchem die Berufungsentscheidung ausgeht, nach allgemeinen Rechtsgrundsätzen zutreffend ist, unterliegt keinem Bedenken. Die Frage, nach welchem örtlichen Rechte Kontraktsverhältnisse zu beurteilen sind, ist in erster Linie danach zu beantworten, welchem Rechte die Kontrahenten die Rechtswirkungen des Vertrages unterstellen wollten, wie das Reichsgericht in wiederholten Entscheidungen anerkannt hat,

vgl. Entsch. des R.G.'s in Civils. Bd. 4 S. 246, Bd. 9 S. 225 flg., Bd. 20 S. 333 flg., Urt. des I. Civilsenates i. S. D. w. S. Rep. I. 331/88.[1]

Auch bedarf es in dieser Richtung keiner ausdrücklichen Erklärung, sondern es genügt, daß der Wille der Parteien dem erkennenden Richter aus schlüssigen Umständen ersichtlich ist. Der Revision würde daher nur dann Folge gegeben werden können, wenn aus den Bestimmungen der deutschen Wechselordnung oder aus der besonderen Beschaffenheit des Wechselversprechens abzuleiten wäre, daß für die Verpflichtung des Trassanten unbedingt das Recht des im Wechsel benannten Ausstellungsortes derart normierte, daß diesem zwingenden Rechte gegenüber der erkennbare gegenteilige Wille der Kontrahenten keine Berücksichtigung finden dürfte. Zur Prüfung der Frage, ob diese Annahme gerechtfertigt ist, mag vorweg bemerkt werden, daß den thatsächlichen Konsequenzen, welche der Rechtsauffassung des Ober-

---

[1] Vgl. Entsch. des R.G.'s in Civils. Bd. 23 Nr. 6 S. 31. D. R.

landesgerichtes oder der entgegengesetzten Annahme der Revision zu entnehmen sein würden, ein beachtliches Gewicht nicht beizumessen ist. Bei absoluter Anwendung des Rechtes des Ausstellungsortes auf die Regreßpflicht des Trassanten würde sich freilich ein aus dem Wechsel erkennbarer sicherer Maßstab seiner Haftung ergeben, während anderenfalls Zweifel über den Umfang seiner Verpflichtung, wie über diejenigen Schritte, deren es im Einzelfalle zur Wahrung der Regreßrechte bedarf, nicht ausgeschlossen sind. Indessen derartige Erwägungen weisen nur auf das bereits von der Leipziger Wechselkonferenz anerkannte praktische Bedürfnis einer gleichmäßigen Regelung der Regreßbedingungen hin; zur Auslegung des geltenden Rechtes dienen sie nicht. Weiter kann auch die Mehrzahl der zahlreich vorliegenden Präjudizien in betreff des auf die Haftung des Trassanten anzuwendenden Rechtes hier nicht unmittelbar verwertet werden, weil dieselben nach ihren thatsächlichen Unterlagen Rechtsfälle betreffen, in denen der Ausstellungsort des Wechsels mit dem Orte der Handelsniederlassung bezw. mit dem Wohnorte des Ausstellers zusammenfiel, also Ausstellungsort und Erfüllungsort sich deckten, wie z. B. in Entsch. des R.O.H.G.'s Bd. 19 S. 203, des R.G.'s Bd. 2 S. 13. 14 und i. S. Rep. II. 302/88.[1] Von gleichen thatsächlichen Voraussetzungen mögen auch einzelne Kommentatoren des Wechselrechtes ausgegangen sein, welche ohne genauere Begründung annehmen, daß die Verpflichtung des Trassanten sich nach dem Rechte des Ortes richte, wo der Wechsel ausgestellt sei.

Die vom Revisionskläger aufgestellte Rechtsansicht hat u. a. vertreten Hartmann, Das deutsche Wechselrecht S. 64. 65. Derselbe führt aus, im Wechselrechte könne nicht, wie bei der civilrechtlichen Obligation, auf den von den Kontrahenten beabsichtigten Erfüllungsort gesehen werden, da der Wechsel in seiner Eigenschaft als abstraktes Wertpapier an keinen bestimmten Erfüllungsort gewiesen sei. Demgemäß will Hartmann die Haftung des Trassanten nach den Gesetzen des Ortes beurteilt sehen, wo die Wechselpflicht entstanden ist, und zwar in betreff der Höhe und des Umfanges der Regreßpflicht, des Rückwechsels, des Protestes, der Notifikation und der Verjährung.

---

[1] Vgl. Entsch. des R.G.'s in Civils. Bd. 23 Nr. 10 S. 49. D. R.

Dagegen wollen Wächter, Das Wechselrecht des Deutschen Reiches S. 21—23, und andere dort Note 21 angezogene Rechtslehrer in Fällen, wo der Ausstellungsort nicht mit dem Erfüllungsorte zusammenfällt, wie im vorliegenden Falle, das Recht des Erfüllungsortes entscheiden lassen, und bemerkt Wächter, daß bei einer von einem Inländer im Auslande nur zufällig, etwa auf einer Reise, ausgestellten Wechselerklärung nicht anzunehmen sei, daß er den Sitz der Obligation ins Ausland habe verlegen wollen.

Die letztere Ansicht, welche für die Haftung des Trassanten das Recht des Erfüllungsortes für maßgebend hält und dem Willen der Kontrahenten Rechnung trägt, und mit welcher auch das Urteil in Entsch. des R.O.H.G.'s Bd. 23 S. 5—7 in Einklang steht, verdient den Vorzug.

Die Artt. 85. 86 W.O. regeln die Bedingungen der Formgültigkeit des Wechsels. Welches Recht in materieller Beziehung zu entscheiden habe, ist allgemein nicht festgesetzt. Die Artt. 4 Nr. 8. 97 bestimmen, daß der bei dem Namen des Bezogenen angegebene Ort bezw. der Ausstellungsort für den eigenen Wechsel als Zahlungsort und Wohnort des Bezogenen bezw. des Ausstellers zu gelten habe, wenn nicht ein besonderer Zahlungsort im Wechsel angegeben ist. Für die Wechselerklärung des Ausstellers eines gezogenen Wechsels besteht eine gleiche Vorschrift nicht, dieselbe bedarf nur der Angabe des Ortes und Datums der Ausstellung. Für das ohne Datierung gültige Indossament sind keine bezüglichen Vorschriften gegeben.

Schon aus diesem Inhalte des Wechselgesetzes ergiebt sich, daß die Annahme, es müsse aus dem Wechsel selbst dasjenige Recht erkenntlich sein, welches die einzelne Wechselverpflichtung beherrsche, und dürfe der Wille der Parteien, soweit er nicht aus der Wechselurkunde erhelle, nicht berücksichtigt werden, unhaltbar ist. Es genügt in dieser Richtung der Hinweis auf die Haftung des Indossanten, welcher in blanco girierte, in welchem Falle nicht das Recht des Ausstellungsortes des girierten Wechsels maßgebend, sondern im Zweifel anzunehmen ist, daß das Indossament am Orte der Handelsniederlassung bezw. des Wohnsitzes des Indossanten erteilt sei und dem dort geltenden Rechte unterliege.

Vgl. Entsch. des R.G.'s in Civils. Bd. 9 S. 438.

Die gedachten Gesetzesbestimmungen begründen aber auch nicht die Annahme, daß die als Essentiale des gezogenen Wechsels vorgeschriebene

Angabe des Ortes der Wechselausstellung in gleichem Sinne wie nach Art. 97 für den eigenen Wechsel zur Bestimmung des Erfüllungsortes der Regreßpflicht des Trassanten dienen solle und damit bezweckt habe, zugleich das auf die Regreßverbindlichkeit anzuwendende örtliche Recht durch den Inhalt des Wechsels selbst festzustellen. Wäre dies die Absicht des Gesetzes gewesen, so ist nicht ersichtlich, weshalb ein bestimmter Ausdruck derselben wie im Art. 97 a. a. O. unterblieben ist. Überdies bedarf es dieser Annahme nicht, um zu erklären, weshalb die Angabe des Ausstellungsortes als wesentliches Erfordernis der Gültigkeit des gezogenen Wechsels gesetzlich aufgestellt ist. Die Vorschrift des Art. 4 Nr. 6 W.O. erklärt sich schon aus den Artt. 85. 86 W.O. in betreff des Erfordernisses der Angabe des Ortes der Ausstellung, denn wenn auch eine etwa thatsächlich unrichtige Datierung des Wechsels dessen rechtlicher Gültigkeit keinen Eintrag thun würde, so bietet doch die Ortsangabe den nächstliegenden und regelmäßig auch zutreffenden Anhaltspunkt für die Beurteilung der Formgültigkeit der im Auslande ausgestellten Wechsel.

Endlich ergiebt sich ein gewichtiges Argument gegen die Annahme der Haftung des Trassanten nach dem Rechte des Ortes der Wechselausstellung aus den Artt. 50. 51 W.O. Die Regreßsumme soll nach dem Kurse eines auf den Wohnort des Regreßpflichtigen gezogenen Sichtwechsels berechnet werden. Wäre die Wechselordnung von der Annahme ausgegangen, daß der Ausstellungsort unbedingt und unter allen Umständen in Ermangelung einer anderweitigen Bestimmung im Wechsel als Sitz der Obligation des Trassanten anzusehen sei, so hätte es nahe gelegen, für den Regreß gegen ihn die Berechnung der Regreßsumme nach dem Kurse eines Sichtwechses auf den Ausstellungsort vorzuschreiben. Der Umstand, daß der Trassant in diesem Punkte den übrigen regreßpflichtigen Personen gleichgestellt ist, läßt darauf schließen, daß der Gesetzgeber seine Haftung in gleichem Sinne beurteilt hat, wie die der anderen Wechselverpflichteten, gegen welche der Regreßanspruch erhoben werden kann."

22. 1. Findet §. 95 des Unfallversicherungsgesetzes vom 6. Juli 1884 auch in solchen Fällen Anwendung, auf welche sich die in §. 1 dieses Gesetzes vorgesehene Versicherung gar nicht erstreckt, in welchen insbesondere ein Betriebsunfall nicht vorliegt?

2. Unter welchen Voraussetzungen ist anzunehmen, daß sich ein Unfall „bei dem Betriebe" einer Fabrik ereignet hat?

Ist dies insbesondere dann der Fall, wenn ein Arbeiter einem anderen im Fabriklokale infolge einer Streitigkeit eine Körperverletzung zugefügt hat?

3. Unter welchen Umständen ist anzunehmen, daß eine Beschädigung im Sinne des Art. 1384 des bürgerl. Gesetzbuches in Ausführung einer Dienstverrichtung („dans les fonctions") vorgenommen wurde?

II. Civilsenat. Urt. v. 29. Oktober 1889 i. S. H. (Kl.) w. Gebr. S. (Bekl.) Rep. II. 275/89.

I. Landgericht Zweibrücken.
II. Oberlandesgericht daselbst.

Der minderjährige Sohn des Klägers H. war in der Schuhfabrik der Beklagten als Arbeiter verwendet und als solcher nach Maßgabe des Unfallversicherungsgesetzes vom 6. Juli 1884 versichert. Am 10. November 1887 geriet dieser Sohn in einem Raume der erwähnten Fabrik, in welchem er nebst anderen Arbeitern beschäftigt war, mit einem Mitarbeiter in Streit und erhielt von dem letzteren mittels einer „Schusterkneipe", einem zur Arbeit in der Fabrik dienenden Werkzeuge, einen Stich in den Unterleib, infolge dessen er wenige Tage darauf starb. Der Kläger wandte sich zunächst mit dem Antrage auf Entschädigung an die Berufsgenossenschaft der Bekleidungsindustrie. Nachdem diese seinen Antrag zurückgewiesen hatte, weil ein ursachlicher Zusammenhang des Unfalles mit dem Betriebe der Fabrik nicht vorliege, erhob er Klage gegen die Fabrikunternehmer, indem er, gestützt auf Art. 1384 des bürgerl. Gesetzbuches, eine Entschädigung von 2000 ℳ verlangte. Das Landgericht wies die Klage ab, weil ein „Betriebsunfall" im Sinne des §. 1 des Unfallversicherungsgesetzes vorliege, deshalb lediglich auf Grund dieses Gesetzes, nicht gemäß Art. 1384 des bürgerl. Gesetzbuches, Entschädigung verlangt werden könne. Das Oberlandesgericht wies die Berufung zurück, weil die Anwendung des Art. 1384 des bürgerl. Gesetzbuches nach §. 95 des Unfallversicherungsgesetzes auch dann ausgeschlossen sei, wenn ein Betriebsunfall nicht vorliege. Das Reichsgericht billigte zwar die Auffassung des Oberlandesgerichtes wie diejenige des ersten Richters nicht, wies aber die Revision des Klägers auf Grund des §. 526 C.P.O. zurück aus folgeuden

Gründen:

„Den Anträgen des Revisionsklägers konnte keine Folge gegeben werden, weil die Entscheidungsgründe des angefochtenen Urteiles zwar eine Gesetzesverletzung ergeben, die Entscheidung selbst sich aber aus anderen Gründen als richtig darstellt, sonach §. 526 C.P.O. Anwendung zu finden hatte.

1. Das Berufungsgericht ist von der Auffassung ausgegangen, nach §. 95 des Unfallversicherungsgesetzes vom 6. Juli 1884 sei jede aus Art. 1384 des bürgerl. Gesetzbuches abzuleitende Haftung der Unternehmer gegenüber den versicherungspflichtigen Arbeitern und deren Hinterbliebenen insoweit beseitigt worden, als nicht die in diesem Paragraphen enthaltene Ausnahmevorschrift zutreffe, und hat ausgeführt, es komme in dieser Beziehung nicht darauf an, ob es sich um einen „Betriebsunfall" im Sinne des §. 1 dieses Gesetzes oder um einen anderen „Unfall" handle, in Ansehung dessen die Vorschriften des Unfallversicherungsgesetzes Anwendung überhaupt nicht finden könnten. In Fällen der letzteren Art soll hiernach dem verletzten Arbeiter bezw. den Hinterbliebenen desselben ein Entschädigungsanspruch weder gegen die Berufsgenossenschaft noch dem Unternehmer gegenüber zustehen.

Diese Auffassung ist rechtsirrtümlich. Es kann keinem Zweifel unterliegen, daß der von dem Berufungsgerichte angerufene §. 95 des Unfallversicherungsgesetzes sich nur auf solche „Unfälle" bezieht, welche sich bei dem Betriebe der in §. 1 des Gesetzes aufgezählten gewerblichen Unternehmungen ereignen, und auf welche sich die hier vorgeschriebene Versicherung bezieht, daß dagegen in denjenigen Fällen, auf welche sich die Vorschriften des Unfallversicherungsgesetzes überhaupt nicht erstrecken, die Entschädigungsansprüche, welche auf andere gesetzliche Vorschriften gestützt werden, lediglich nach dieser zu beurteilen sind und durch §. 95 des Unfallversicherungsgesetzes nicht berührt werden.

Dies ergiebt sich zunächst aus Abs. 2 des erwähnten Paragraphen, nach welchem der Anspruch, den die versicherten Personen und deren Hinterbliebene auf Grund des Abs. 1 gegen Betriebsunternehmer ꝛc erheben können, welche den „Unfall“ vorsätzlich herbeigeführt haben, sich auf den Betrag beschränkt, um welchen die dem Berechtigten nach den bestehenden gesetzlichen Vorschriften gebührende Entschädigung diejenige übersteigt, auf welche sie nach dem Unfallversicherungsgesetze Anspruch haben. Schon daraus erhellt, daß durch §. 95 den Verletzten bezw. deren Hinterbliebenen lediglich die Befugnis entzogen werden soll, regelmäßig neben derjenigen Entschädigung, welche ihnen auf Grund dieses Gesetzes gebührt, auf Grund anderweitiger Bestimmungen noch vom Unternehmer vollen Ersatz des Schadens bezw. eine Ergänzung der von der Berufsgenossenschaft zu bezahlenden Entschädigung zu verlangen. Das Recht, diese Ergänzung zu fordern, wird im §. 95 an besondere Voraussetzungen geknüpft und darf „nur“ geltend gemacht werden, soweit diese vorliegen. Soweit ein Anspruch auf Entschädigung auf Grund des Unfallversicherungsgesetzes überhaupt nicht besteht, trifft aber §. 95 nicht zu. In diesen Fällen kann nicht davon die Rede sein, daß Abs. 2 zur Anwendung kommen soll, der ausdrücklich voraussetzt, daß ein Entschädigungsanspruch auf Grund des Unfallversicherungsgesetzes besteht. Die Auffassung, daß §. 95 Abs. 1 sich auch noch auf andere als die unter Abs. 2 gehörige Fälle erstrecke, wird aber dadurch ausgeschlossen, daß der letztere Absatz nach den Eingangsworten („In diesem Falle“) stets dann Anwendung finden soll, wenn der „Unfall“ von einem Unternehmer ꝛc vorsätzlich herbeigeführt worden ist. Bezieht sich die positive Vorschrift, daß die Unternehmer unter bestimmten Voraussetzungen den versicherten Personen und deren Hinterbliebenen gegenüber zum Ersatze des Schadens bezw. zur Ergänzung der Entschädigungssumme verpflichtet seien, nur auf diejenigen Fälle, in welchen die Voraussetzungen der Unfallversicherung vorliegen und ein Anspruch gegenüber der Berufsgenossenschaft besteht, so darf aber auch die aus dem Worte „nur“ sich ergebende Ausschließung der erwähnten Ergänzungsansprüche nicht auf solche Fälle ausgedehnt werden, in welchen ein Anspruch aus dem Unfallversicherungsanspruche überhaupt nicht erhoben werden kann. Auch bei solchen Unfällen, welche sich nicht „bei dem Betriebe“ ereignen, müßte nach der Auffassung des Berufungsgerichtes dem Verletzten bezw. dessen Hinterbliebenen ein Entschädigungsanspruch gegen den Unternehmer zustehen, wenn dieser den Unfall vorsätzlich herbeigeführt hat. In solchen Fällen würde aber die in §. 95 Abs. 2 des Unfallversicherungsgesetzes enthaltene Vorschrift in keiner Weise zutreffen. Zu einer ausdehnenden Auslegung des §. 95 fehlt jede Berechtigung. Wenn das Berufungsgericht Gewicht darauf legt, daß diese Vorschrift nicht von Betriebsunfällen, sondern in ganz allgemeiner Weise von „Unfällen“ spreche, so ist demgegenüber zu bemerken, daß, wo das Unfallversicherungsgesetz diesen Ausdruck gebraucht, derselbe regelmäßig nichts Anderes bezeichnet als die sogenannten Betriebsunfälle, das heißt diejenigen Unfälle, gegen welche die Arbeiter zu versichern sind, und mit denen sich das Gesetz überhaupt nur beschäftigt. Auch in den §§. 96. 98 wurde nur der Ausdruck „Unfall“ gebraucht, obgleich auch diese Vorschriften sich unzweifelhaft nur auf die sog. Betriebsunfälle beziehen, insbesondere in §. 96, welcher lediglich das Rückgriffsrecht der Berufsgenossenschaft regelt, nur solche Unfälle in Frage stehen können, welche sich „bei dem Betriebe“ einer der in §. 1 aufgezählten Unternehmungen ereignet haben. Aber auch die weiteren Ausführungen in den Gründen des angefochtenen Urteiles, nach welchen eine Beschränkung der in §. 95 enthaltenen Vorschriften dem Zwecke und Geiste des Gesetzes widerstreiten soll, welches die aus den zahlreichen Haftpflichtprozessen sich ergebenden Unzuträglichkeiten habe beseitigen wollen, können nicht als zutreffend angesehen werden. Daß die Verletzten bezw. deren Hinterbliebenen nicht regelmäßig neben der auf Grund des Unfallversicherungsgesetzes bewilligten Entschädigung noch Schadensersatz vom Unternehmer verlangen können, der nach den §§. 71 flg. die Prämie allein tragen muß, hat seinen guten Grund, der in den Motiven zu §. 95 (S. 81 flg.) ausführlich dargelegt worden ist. Den Streitigkeiten zwischen den Arbeitern und Arbeitgebern soll, soweit es sich um das von dem Unfallversicherungsgesetze beherrschte Gebiet handelt, soweit thunlich ein Ende gemacht werden. Dadurch wird den Arbeitgebern für die ihnen auferlegten Lasten eine gewisse Ausgleichung gewährt, während die Arbeiter, denen ein Anspruch auf vollen Schadensersatz hiernach in der Regel nicht zusteht, dafür dadurch Ersatz erhalten, daß ihnen durch das Unfallversicherungsgesetz eine vollkommen sichere Entschädigung gewährt wird. Nur wenn „der Unfall“ von dem Betriebsunternehmer vorsätzlich herbeigeführt wurde, soll dem Verletzten und den Hinterbliebenen eines solchen das Recht zustehen, neben dem Anspruche gegen die Berufsgenossenschaft auch noch vom Unternehmer in der im §. 95 Abs. 2 vorgesehenen Weise Schadensersatz zu fordern.

Dagegen hätte sich eine Vorschrift schwer rechtfertigen lassen, durch welche mit Rücksicht auf die durch das Unfallversicherungsgesetz den Arbeitern gewährten Wohlthaten die Schadensersatzansprüche gegen die Unternehmer, welche auf Grund des bürgerlichen Rechtes begründet sind, auch in Ansehung solcher Unfälle beseitigt worden wären, welche sich nicht bei dem Betriebe ereignet haben. Daß auch für solche Fälle den Vorschriften der Landesgesetze, abgesehen von dem in §. 95 des Unfallversicherungsgesetzes vorgesehenen besonderen Falle, die Wirksamkeit entzogen werden soll, hätte jedenfalls im Gesetze ausdrücklich gesagt werden müssen, was, wie oben dargelegt wurde, nicht geschehen ist. Eine solche Annahme würde, auch wenn der Wortlaut des Gesetzes zu Zweifeln Veranlassung gäbe, nicht ohne weiteres, sondern nur dann gerechtfertigt sein, wenn bestimmte Anhaltspunkte dafür vorlägen, daß eine so weitgehende Maßregel beabsichtigt gewesen sei. Das ist aber keineswegs der Fall. Insbesondere sprechen die von dem Berufungsgerichte in Bezug genommenen Motive zu den §§. 95—98 des Unfallversicherungsgesetzes (§§. 92—95 des Entwurfes) nicht für, sondern gegen dessen Auffassung. Nach diesen Motiven soll allerdings durch das Unfallversicherungsgesetz den Streitigkeiten, welche bisher nach dem gemeinen Rechte, dem Haftpflichtgesetze ꝛc bezüglich der aus Unfällen erwachsenden Ansprüche hätten erhoben werden können, der Regel nach ein Ende gemacht und sollen die auf Grund solcher Unfälle nach bisherigem Rechte bestehenden Ansprüche — abgesehen von einigen besonderen Ausnahmefällen — aufgehoben werden. Aber aus dem Zusammenhange der dort gemachten Ausführungen ist zu entnehmen, daß unter „Unfällen“ auch hier nur die „Betriebsunfälle“ verstanden werden und die Motive gleichfalls nur diejenigen Fälle im Auge haben, in welchen ein Anspruch gegenüber der Berufsgenossenschaft besteht und neben demselben ein — auf Ergänzung der Entschädigung gerichteter — Anspruch gegen den Unternehmer erhoben werden soll. Dies ergiebt sich insbesondere aus der Äußerung (S. 81 a. E. und S. 82), welche sich auf den in §. 95 geregelten Ausnahmefall bezieht und folgenden Inhalt hat: „In diesem Falle sollen die Entschädigungsberechtigten in ihren Ansprüchen nicht beschränkt sein. Sie erhalten zwar auch dann die nach den §§. 5. 6 bemessene Entschädigung; sie sollen aber außerdem die Differenz zwischen der letzteren und der nach den bestehenden gesetzlichen Vorschriften zu leistenden Entschädigung vom Betriebsunternehmer zu fordern berechtigt sein." Daraus ist mit Bestimmtheit zu entnehmen, daß §. 95 sich nur auf solche Fälle bezieht, in welchen ein Anspruch gegen die Berufsgenossenschaft besteht, daneben aber auch nach dem bürgerlichen Rechte eine Schadensersatzpflicht des Unternehmers begründet ist. In Übereinstimmung damit steht eine Bemerkung im Berichte der Reichstagskommission, in welchem zu §. 92 des Entwurfes (S. 57) gesagt worden ist, regierungsseitig sei ausgeführt worden: „Bei vorsätzlicher Beschädigung bleibe das geltende Recht in Kraft. Die Rente erhalte der Beschädigte von der Genossenschaft, das darüber Hinausgehende von dem vorsätzlich schuldigen Unternehmer." Könnte hiernach noch ein Zweifel darüber bestehen, daß sich §. 95 nur auf solche Fälle beziehen soll, in welchen es sich um einen Betriebsunfall im Sinne des §. 1 des Unfallversicherungsgesetzes handelt, so müßte derselbe aber jedenfalls durch die Verhandlungen beseitigt werden, welche im Reichstage selbst in Ansehung des §. 95 stattgefunden haben. Von den Abgeordneten Barth und Genossen war hierzu der Antrag gestellt worden, nach den Worten „deren Hinterbliebenen" den Satz einzuschalten: „falls diese nach Maßgabe dieses Gesetzes zu entschädigen sind". Bezüglich dieses Antrages bemerkte der Berichterstatter, derselbe sei wesentlich redaktioneller Art und solle lediglich eine logische Konsequenz der früheren Beschlüsse ziehen. In ähnlicher Weise äußerte sich der Antragsteller Eysoldt. Derselbe bemerkte zunächst, der Antrag sei durch einen darüber entstandenen Zweifel veranlaßt worden, „ob und inwieweit auch Personen, die durch die Wohlthaten des Gesetzes nicht betroffen würden, von Entschädigungsansprüchen ausgeschlossen seien, die aus anderen Gesetzen resultierten." Sodann fährt er fort: „Nun geht nach den Erklärungen der Kommission die Absicht der Vorlage dahin, denjenigen Personen, welche die Wohlthaten dieses Gesetzes genießen, für diese Wohlthaten weitergehende civilrechtliche Ansprüche, welche aus anderen Gesetzen resultieren, abzuschneiden. Dagegen würde es mit der Tendenz des Gesetzes nach allen Erklärungen in Widerspruch stehen, wenn man Personen, welche nicht von den Wohlthaten des Gesetzes berührt werden, und welche aus anderen gesetzlichen Bestimmungen, z. B. aus dem Code civil, dem Haftpflichtgesetze rc. Ansprüche auf Entschädigung gegen den Betriebsunternehner haben, diese abschneiden wollte. Es ist dies nicht Absicht der Vorlage und der Kommission gewesen, und wir haben deshalb den Antrag lediglich um deswillen gestellt, um diese Anschauung hiermit etwas klarer festzustellen."

Vgl. Stenogr. Berichte zur 138. Reichstagssitzung vom 21. Juni 1884 S. 946—948, besonders S. 947.

Aus dieser Darlegung, gegen welche von keiner Seite Widerspruch erhoben worden ist, und welche auch dadurch ihre Bedeutung nicht verloren hat, daß der allseitig als „redaktionell" bezeichnete Antrag abgelehnt worden ist, muß zunächst gefolgert werden, daß solche Personen, welche nicht zu den entschädigungsberechtigten „Hinterbliebenen" im Sinne des Unfallversicherungsgesetzes (§. 6 Ziff. 2b) gehören, selbst wenn ein Betriebsunfall in Frage steht, nach wie vor die ihnen nach dem bürgerlichen Rechte zustehenden Ansprüche geltend machen können.

Vgl. auch Landmann, Unfallversicherungsgesetz S. 243; Eger, Haftpflichtgesetz, Einl. S. VII. VIII.

Deshalb hätte das Berufungsgericht unter allen Umständen prüfen müssen, ob der Getötete der einzige Ernährer des Klägers war. Der bezüglich dieser Frage durchschlagende Gesichtspunkt führt aber auch mit logischer Notwendigkeit zu der Annahme, daß §. 95 des Unfallversicherungsgesetzes in denjenigen Fällen keine Anwendung finden dürfe, in welchen ein Betriebsunfall gar nicht in Frage steht, sonach das Unfallversicherungsgesetz überhaupt nicht zur Anwendung kommen kann. Die Auffassung, zu welcher das Berufungsgericht bei Auslegung des §. 95 dieses Gesetzes gelangt ist, hat denn auch in der Litteratur bisher nirgends Vertretung gefunden.

Vgl. insbes. Woedtke, Unfallversicherungsgesetz S. 320. 321; Eger, a. a. O. und Engelmann, Unfallversicherungsgesetz S. 112.

2. Wenn es sich im vorliegenden Falle, wie der erste Richter angenommen hat, um einen Unfall handeln würde, der sich „bei dem

Betriebe" der Fabrik des Beklagten ereignet hat, so würde sich mit Rücksicht darauf die Zurückweisung der Revision auf Grund des §. 526 C.P.O. rechtfertigen. Die Auffassung des Landgerichtes kann aber gleichfalls nicht für zutreffend erachtet werden. Wie das Reichsgericht bereits in einem Urteile vom 11. Oktober d. Js. i. S. Deutsche Kontinental-Gasgesellschaft w. C. Rep. II. 173/89[1] ausgeführt hat, genügt ein bloß zeitliches oder örtliches Zusammentreffen eines bestimmten Unfalles mit dem Betriebe einer der in §. 1 des Unfallversicherungsgesetzes aufgezählten Unternehmungen nicht, um die Annahme zu rechtfertigen, daß der Unfall sich „bei dem Betriebe" ereignet habe. Vielmehr wird in dieser Beziehung ein — wenn auch nur mittelbarer — ursachlicher Zusammenhang zwischen der eingetretenen Verletzung und den Gefahren, welche der Betrieb mit sich führt, vorausgesetzt. Mit Rücksicht darauf ist, wie das Reichsversicherungsamt schon wiederholt ausgesprochen hat und auch in der Rechtslehre anerkannt wird, eine Körperverletzung, welche ein Arbeiter einem Anderen bei einer Rauferei zufügte, in der Regel selbst dann nicht als Betriebsunfall anzusehen, wenn die Rauferei während des Aufenthaltes in der Betriebsstätte erfolgte und der Thäter sich bei der Mißhandlung eines zum Betriebe erforderlichen Werkzeuges bediente.

Vgl. Amtliche Nachrichten des Reichsversicherungsamtes Jahrg. IV. Nr. 455. 490; Freund, Rekursentscheidungen des Reichsversicherungsamtes S. 31 flg., besonders Nr. 25. 26; Woedtke, Unfallversicherung S. 81.

Im vorliegenden Falle lassen die thatsächlichen Feststellungen des Berufungsgerichtes, durch welche der in Frage stehende Vorgang vollständig klargestellt ist, deutlich erkennen, daß zwischen der dem Sohne des Klägers zugefügten Körperverletzung und den mit dem Fabrikbetriebe verbundenen Gefahren ein ursachlicher Zusammenhang nicht besteht und die Berufsgenossenschaft deshalb berechtigt war, die von ihr geforderte Entschädigung abzulehnen. Die auf Art. 1384 des bürgerl. Gesetzbuches gestützte Klage konnte deshalb durch Berufung auf §. 95 des Unfallversicherungsgesetzes nicht mit Erfolg bekämpft werden.

3. Da nach §. 528 C.P.O. das Revisionsgericht, wenn die vorliegende Gesetzesverletzung bei Anwendung des Gesetzes auf das fest-

[1] Abgedruckt unter „Rheinisches Recht"; vgl. oben Nr. 8 S. 41. D. R.

gestellte Sachverhältnis erfolgt und nach letzterem die Sache zur Endentscheidung reif ist, von der Zurückverweisung an das Berufungsgericht abzusehen und in der Sache selbst zu entscheiden hat, war zu prüfen, ob diese Voraussetzungen vorliegen. Dies mußte bejaht werden, da das Sachverhältnis in den Vorinstanzen nach allen Richtungen in erschöpfender Weise festgestellt worden ist und es sich nur noch darum handelt, ob dasselbe die Anwendung des Art. 1384 des bürgerl. Gesetzbuches rechtfertigt. Diese Frage war aber zu verneinen. Wie das Reichsgericht bereits in dem oben angeführten Urteile vom 11. Oktober d. Js. ausgeführt, genügt es, damit angenommen werden kann, ein Beauftragter habe die von ihm zugefügte Beschädigung in Ausführung einer ihm zugewiesenen Dienstverrichtung („dans ses fonctions") vorgenommen, nicht, daß ein zeitliches Zusammentreffen der schädigenden Handlung mit der Ausführung des Auftrages vorliegt, oder daß diese Handlung aus Anlaß oder infolge dieser Ausführung vorgenommen worden ist, vielmehr setzt Art. 1384 voraus, daß die in Frage stehende Handlung zur Vollziehung des Auftrages („dans l'exercice des fonctions") gedient hat. Die schädigende Handlung muß in den Kreis derjenigen Verrichtungen gehören, welche die Ausführung des Auftrages darstellen. In dem hier gegebenen Falle liegt aber die von dem Arbeiter G. ausgegangene Körperverletzung ganz außerhalb des Kreises der demselben zugewiesenen Verrichtungen. Sie ist nur bei Gelegenheit der Ausführung dieser Verrichtung, höchstens aus Anlaß derselben, in keinem Falle in Ausführung oder zur Vollziehung der dem Arbeiter zugewiesenen Verrichtungen erfolgt.[1] Da es an einer wesentlichen Voraussetzung zur Anwendung des Art. 1384 fehlt, ist sonach die Klage als unbegründet anzusehen, und stellt sich die angefochtene Entscheidung aus anderen als denjenigen Gründen, welche für das Berufungsgericht bestimmend waren, als richtig dar."

---

[1] Vgl. hierzu noch Urteil des Pariser Kassationshofes vom 5. Juni 1861, Dalloz, 1861 Abt. 1 S. 439; Sirey, 1862 Abt. 1 S. 151; ferner Urteil des Reichsoberhandelsgerichtes vom 3. Mai 1879, Entsch. des R.O.H.G.'s Bd. 25 S. 182. D. E.

23. 1. Findet §. 98 des Unfallversicherungsgesetzes vom 6. Juli 1884 in allen Fällen Anwendung, in welchen dem Entschädigungsberechtigten ein Schadensersatzanspruch gegen einen Dritten, sei es auch nur vermöge einer obligatio ex lege, zusteht, oder ist dessen Anwendung auf solche Fälle beschränkt, in welchen der Unfall durch ein Verschulden des Dritten herbeigeführt worden ist?

2. Geht die Forderung, welche dem Entschädigungsberechtigten gegen den Dritten zusteht, nach Abs. 2 der erwähnten Vorschrift ohne weiteres auf die Berufsgenossenschaft über, und kann deshalb, insoweit als deren Verbindlichkeit reicht, der Entschädigungsberechtigte gegen den Dritten diese Haftpflichtverbindlichkeit selbst dann nicht persönlich geltend machen, wenn die Berufsgenossenschaft ihm die Entschädigung verweigert? Oder hat §. 98 Abs. 2 (wie §. 57 Abs. 4 des Krankenversicherungsgesetzes) nur die Bedeutung, daß die Berufsgenossenschaft, soweit sie dem Entschädigungsberechtigten Leistungen gewährt hat oder wenigstens ihre Verpflichtung hierzu festgestellt worden ist, von dem Dritten Ersatz verlangen kann?

II. Civilsenat. Urt. v. 26. November 1889 i. S. Hess. Ludwigsbahn (Bekl.) w. Witwe V. (Kl.) Rep. II. 233/89.

I. Landgericht Mainz.
II. Oberlandesgericht Darmstadt.

Der Ehemann der Klägerin war im September 1887 bei Erdarbeiten beschäftigt, welche im Auftrage der Hessischen Ludwigsbahn in der Nähe eines Bahnhofes vorgenommen wurden, und deren Ausführung einem Bauunternehmer übertragen worden war, welcher auch den Ehemann der Klägerin als Arbeiter angestellt hatte. Auf dem Heimwege von der Arbeitsstätte nach dem Bahnhofe wurde letzterer von einem rückwärts fahrenden Eisenbahnzuge erfaßt und so schwer verletzt, daß er noch an demselben Tage starb. Die Klägerin verlangte gemäß §. 1 des Haftpflichtgesetzes von der Beklagten Ersatz des durch den Unfall entstandenen Schadens. Diese bestritt aber die Klage, 1. weil der Schadensersatzanspruch hätte bei der Berufsgenossenschaft verlangt werden müssen, 2. weil der Ehemann der Klägerin den Unfall durch eigenes Verschulden herbeigeführt habe. Das Landgericht sprach die Klage zu. In der Berufungsinstanz wiederholte die Beklagte ihre früheren Einwendungen und machte noch geltend, die Klägerin müsse sich jedenfalls zuerst an die Berufsgenossenschaft wenden und sei, soweit ihr Anspruch nach §. 98 Abs. 2 des Unfallversicherungsgesetzes auf die Berufsgenossenschaft übergegangen sei, überhaupt nicht zur Klage legitimiert. Die Berufung der Beklagten hatte keinen Erfolg, und die Revision derselben wurde gleichfalls zurückgewiesen.

Aus den Gründen:

„Zunächst kann es keinem Zweifel unterliegen, daß auf Unfälle, welche sich bei dem Betriebe einer Eisenbahn ereignen, §. 1 des Haftpflichtgesetzes vom 7. Juni 1871 auch dann Anwendung finden kann, wenn der Unfall nach dem Inkrafttreten des Unfallversicherungsgesetzes vom 6. Juli 1884 stattgefunden hat und der Verletzte zu den nach §. 1 des letzteren Gesetzes zu versichernden Personen gehört. Dies ist insbesondere dann der Fall, wenn der Unternehmer der Eisenbahn, gegen welchen sich der von dem Verletzten oder dessen Hinterbliebenen geltend gemachte Schadensersatzanspruch richtet, als ein „Dritter" im Sinne von §. 98 des Unfallversicherungsgesetzes anzusehen ist, d. h. der Verletzte nicht im Dienste des Eisenbahnunternehmers beschäftigt war. Selbst wenn die in Satz 1 des erwähnten §. 98 enthaltene Vorschrift auf einzelne Fälle der erwähnten Art keine Anwendung zu finden hätte, würde daraus nicht gefolgert werden können, daß die Haftpflicht der Eisenbahnen durch das Unfallversicherungsgesetz beseitigt worden sei, denn dieses Gesetz beschäftigt sich mit den Ansprüchen gegen dritte Personen im Sinne des §. 98 nur in dieser Vorschrift und schreibt nirgends vor, daß neben den Ansprüchen gegen die Berufsgenossenschaft Schadensersatzansprüche gegen dritte, in den §§. 95 und 96 nicht bezeichnete Personen künftig ausgeschlossen sein sollen. Wäre §. 98 Satz 1 auf diejenigen Fälle nicht zu beziehen, in welchen der Unfall von dem Dritten weder vorsätzlich herbeigeführt, noch durch ein anderes Verschulden verursacht worden ist, in welchem aber dennoch eine Haftpflicht desselben kraft Gesetzes begründet ist, so würde, wie das Reichsgericht schon in zwei Urteilen vom 14. Juni 1888 und vom 7. März 1889,

vgl. Entsch. des R.G.'s in Civils. Bd. 21 S. 51 flg. und Bd. 23 S. 51—53,

ausgeführt hat, das Unfallversicherungsgesetz bezüglich derartiger Fälle überhaupt nicht in Betracht kommen, die Geltendmachung der in Frage stehenden obligatio ex lege sich vielmehr lediglich nach den bestehenden gesetzlichen Vorschriften richten und gerade so zu verfahren sein, als ob §. 98 des Unfallversicherungsgesetzes nicht vorhanden wäre. Die Frage, ob diese Vorschrift auf die ausdrücklich im Gesetze aufgeführten Fälle zu beschränken oder auf alle Fälle auszudehnen ist, hat hiernach, da sich der im Eingange des Paragraphen aufgestellte Satz aus allgemeinen Rechtsgrundsätzen von selbst ergiebt, nur insoweit praktische Bedeutung, als es sich um die Anwendnng der im folgenden Satze enthaltenen Vorschrift handelt, d. h. die Forderung des Entschädigungsberechtigten gegen den Dritten von der Berufsgenossenschaft geltend gemacht oder von dem Dritten behauptet wird, dem Verletzten oder dessen Hinterbliebenen stehe diese Forderung nicht mehr zu, vielmehr sei dieselbe auf die Berufsgenossenschaft übergegangen. Die nach dem geltenden Rechte Dritten obliegende Verpflichtung zum Schadensersatze ist hiernach durch das Unfallversicherungsgesetz jedenfalls nicht beseitigt worden.

Vgl. Eger, Haftpflichtgesetz Vorbemerkung S. VI. VII. Nr. 1; Woedtke, Unfallversicherungsgesetz §. 98 Anm. 3 S. 324 flg. S. 320. 321; Landmann, Unfallversicherungsgesetz S. 247.

Über die Frage, ob §. 98 sich auf alle Fälle der Haftung Dritter oder nur auf diejenigen bezieht, in welchen der Unfall durch ein Verschulden des Dritten verursacht worden ist, hat sich das Reichsgericht in den oben erwähnten Urteilen nicht ausgesprochen, weil damals eine Veranlassung hierzu nicht vorlag. Im vorliegenden Falle mußte aber diese Frage entschieden werden, weil die Beklagte aus dem zweiten Satze des Paragraphen die Einrede der mangelnden Aktivlegitimation der Klägerin ableitet und dieser Satz selbstverständlich nur in denjenigen Fällen Anwendung finden kann, in welchen die im ersten Satze festgestellten Voraussetzungen vorliegen, nicht auch dann, wenn §. 98 überhaupt nicht zutrifft. Bezüglich dieser Frage muß nun zwar zugegeben werden, daß der Wortlaut des Gesetzes für die beschränkende Auffassung spricht, indem lediglich von der Haftung derjenigen Personen gesprochen wird, welche den Unfall vorsätzlich herbeigeführt oder durch Verschulden verursacht haben. Dessenungeachtet ist aber derjenigen Auffassung der Vorzug zu geben, nach welcher §. 98 auf alle Fälle anzuwenden ist, in welchen dem Entschädigungsberechtigten nach den bestehenden gesetzlichen Vorschriften ein Schadensersatzanspruch gegen einen Dritten zusteht. Wie bereits oben dargelegt worden ist, beruht die praktische Bedeutung des §. 98 lediglich auf der in dessen zweitem Satze enthaltenen Vorschrift, nach welchem die dem Entschädigungsberechtigten gegen einen Dritten zustehende Forderung insoweit auf die Berufsgenossenschaft übergeht, als deren Entschädigungspflicht reicht. Der Zweck der Vorschrift kann hiernach nur darin bestehen, daß dieser in den Motiven als selbstverständlich bezeichnete Übergang der Forderung auf die Genossenschaft gesichert und außer Zweifel gestellt werden sollte, die Befriedigung des Verletzten oder seiner Hinterbliebenen dürfe nicht den Erfolg haben, daß der Dritte von der ihm gesetzlich obliegenden Verbindlichkeit befreit werde, vielmehr müsse derselbe der Berufsgenossenschaft dasjenige ersetzen, was dieselbe den Entschädigungsberechtigten auf Grund des Unfallversicherungsgesetzes zu gewähren habe. Dieser Grund des Gesetzes trifft aber in solchen Fällen, in welchen die Haftpflicht lediglich auf dem Gesetze beruht, in derselben Weise zu, wie in denjenigen Fällen, in welchen die Verbindlichkeit zum Schadensersatze mit Rücksicht auf ein Verschulden des Dritten festgestellt worden ist. Daß den Eisenbahnunternehmern in dieser Beziehung eine bevorzugte Stellung eingeräumt werden sollte, kann nicht ohne weiteres angenommen werden, und es fehlt auch an jedem Anhaltspunkte dafür, daß eine solche Begünstigung beabsichtigt war und durch das Unfallversicherungsgesetz eine Entlastung derselben in denjenigen Fällen herbeigeführt werden sollte, in welchen sich der Entschädigungsberechtigte zunächst an die Berufsgenossenschaft hielt und nur, soweit er von dieser nicht befriedigt wurde, seinen Schadensersatzanspruch auf Grund des Haftpflichtgesetzes geltend machte. Ebensowenig ist die Annahme gerechtfertigt, in Ansehung der in §. 98 ausdrücklich erwähnten Haftpflichtfälle solle zwar eine doppelte Entschädigung ausgeschlossen, dagegen soweit §. 1 des Haftpflichtgesetzes in Frage stehe, dem Verletzten und dessen Hinterbliebenen das Recht zustehen, soweit nicht §. 4 dieses Gesetzes zur Anwendung komme, die Entschädigung sowohl von der Berufsgenossenschaft als von dem Dritten zu verlangen. Es muß hiernach angenommen werden, daß der Entschädigungsanspruch des Versicherten gegen den Dritten nach der Absicht des Gesetzes in allen Fällen auf die Berufsgenossenschaft übergehen soll, wie es auch nach §. 57 Abs. 4 des Krankenversicherungsgesetzes vom 15. Juni 1883 in Ansehung der Gemeindekrankenversicherung und der Ortskrankenkassen vorgeschrieben ist. Wenn diese Auffassung gerechtfertigt ist, liegt allerdings eine ungenaue, zu enge Fassung des Gesetzes vor. Allein diese Ungenauigkeit, welche sowohl darin ihren Grund haben kann, daß die im Gesetze erwähnten Fälle (wie Woedtke a. a. O. S. 324 annimmt) nur beispielsweise angeführt sind, als auch darin, daß bei Abfassung des Gesetzes der Gedanke vorschwebte, es seien durch die gewählte Fassung alle Fälle der Haftpflicht gedeckt, kann nicht dazu führen, daß dem erkennbaren Willen des Gesetzes die Geltung versagt wird. Vielmehr muß der Grund des Gesetzes bei der Auslegung durchschlagen. Was nun den Einwand der Beklagten anbelangt, nach §. 98 Satz 2 sei die Forderung der Entschädigungsberechtigten ungeachtet der Bestreitung der Entschädigungspflicht durch die Berufsgenossenschaft kraft Gesetzes auf diese übergegangen, sonach nicht die Klägerin, sondern nur die erwähnte Genossenschaft zur Geltendmachung der Haftpflichtforderung berechtigt, so kann derselbe nicht als begründet angesehen werden. Die Vorschrift des §. 98 ist allerdings nicht so deutlich gefaßt wie der §. 57 Abs. 4 des Krankenversicherungsgesetzes, indem die dort stehenden Worte „in Höhe der geleisteten Unterstützung“ in §. 98 fehlen. Allein die Weglassung dieser Worte, welche anscheinend darin ihren Grund hat, daß die Geltendmachung der Ersatzforderung nicht auf die einzelnen bereits bezahlten Renten beschränkt, sondern der Übergang der Forderung im ganzen auf die Berufsgenossenschaft insoweit vorgesehen werden sollte, als dem Anspruche des Entschädigungsberechtigten durch Zuerkennung einer Rente genügt worden ist, kann die von der Beklagten behauptete Auslegung nicht rechtfertigen. Nach dieser Auslegung müßten sich die Entschädigungsberechtigten unter allen Umständen zunächst an die Berufsgenossenschaft halten und dürften nur, wenn sie mit ihrem Anspruch an dieselbe rechtskräftig zurückgewiesen worden sind, ihren vollen Entschädigungsanspruch gegen den Dritten geltend machen. Dies kann aber umsoweniger angenommen werden, als der Verletzte, wenn der ihm gegen einen Dritten zustehende Entschädigungsanspruch ohne weiteres auf die Berufsgenossenschaft überginge, nicht bloß genötigt wäre, in allen Fällen, in denen die Möglichkeit einer Anwendung des Unfallversicherungsgesetzes vorliegt, alle Instanzen durchzumachen, ehe er Klage erheben kann, sondern auch, soweit nach der Ansicht des Gerichtes eine Verpflichtung derselben zur Entschädigung begründet ist, Gefahr liefe, seinen Anspruch gegen den Dritten zu verlieren. Da weder die Gerichte an die Entscheidungen der im Unfallversicherungsgesetze vorgesehenen Schiedsgerichte und des Reichsversicherungsamtes gebunden sind, noch für diese Behörden die Auffassung des Gerichtes maßgebend ist, würde nämlich, wenn das Gericht annimmt, die Berufsgenossenschaft sei zu einer Entschädigung verpflichtet, das Schiedsgericht oder das Reichsversicherungsamt aber diese Frage verneint, der Entschädigungsberechtigte mit seinem Anspruche gegen den Dritten nur zu einem Drittel zugelassen werden, während er von der Berufsgenossenschaft die übrigen zwei Drittel nicht erhielte. Außerdem ergiebt sich aus einer Vergleichung des §. 98 mit §. 95 Abs. 2 des Unfallversicherungsgesetzes, daß Dritten gegenüber der Entschädigungsberechtigte nicht auf die Forderung desjenigen Betrages beschränkt werden sollte, um welchen der wirkliche Schaden die gewährte Entschädigung übersteigt. Es muß hiernach angenommen werden, daß es sich in §. 98 des Unfallversicherungsgesetzes ebenso wie in §. 57 Abs. 4 des Krankenversicherungsgesetzes nur darum handelt, daß die Berufsgenossenschaft, soweit sie dem Entschädigungsberechtigten Leistungen gewährt hat oder wenigstens ihre Verpflichtung hierzu in ordnungsmäßiger Weise festgestellt worden ist, von dem Dritten Ersatz verlangen kann, der Entschädigungsberechtigte aber durch diese Vorschrift nicht gehindert wird, sich unmittelbar an den Dritten zu halten. Diese Auffassung wird durch die Motive zu §. 98 bestätigt, in welchen (S. 83) gesagt wird: „Selbstverständlich hat die Forderung des Entschädigungsberechtigten gegen den Dritten insoweit auf die Genossenschaft überzugehen, als der Entschädigungsberechtigte auf Grund der §§. 5. 6 von der Genossenschaft Leistungen empfängt." Auch wird dieselbe von den Schriftstellern geteilt, welche sich mit §. 98 beschäftigt haben.

Vgl. Woedtke, §. 98 Anm. 5 S. 324; Landmann, ebendas. Anm. 3 S. 247.

Nach der dargelegten Auffassung steht dem Verletzten und dessen Hinterbliebenen nicht das Recht zu, von der Berufsgenossenschaft und von dem Dritten Entschädigung zu fordern, derart, daß jeder dieser Verpflichteten ohne Rücksicht auf die Leistungen des Anderen seiner Verpflichtung in vollem Umfange genügen müßte. Vielmehr wird nach derselben durch §. 98 der Bezug einer doppelten Entschädigung durch die Entschädigungsberechtigten ausgeschlossen. Die Entschädigung soll nur einmal, und zwar von dem Dritten, geleistet werden, welcher, wenn die Berufsgenossenschaft zu Leistungen angehalten wurde, dieser in Höhe derselben als Schuldner gegenüber steht, gerade deshalb aber von dem Verletzten oder den Hinterbliebenen desselben nur mehr insoweit in Anspruch genommen werden kann, als deren Forderung nicht auf die Berufsgenossenschaft übergegangen ist. Regelmäßig werden sich die Entschädigungsberechtigten zunächst an die Berufsgenossenschaft wenden und von dem Dritten nur die Ergänzung der Entschädigung fordern. Wenn dieselben jedoch, sei es, weil die Berufsgenossenschaft ihre Entschädigungspflicht bestreitet, sei es aus einem anderen Grunde, von dem Dritten volle Entschädigung fordern, kann dieser nicht geltend machen, er habe an die Entschädigungsberechtigten nur ein Drittel der Entschädigung, die übrigen zwei Drittel dagegen an die Berufsgenossenschaft zu zahlen, weil eine Beschränkung, wie sie §. 95 Abs. 2 in Ansehung der Ansprüche gegen die Betriebsunternehmer, Bevollmächtigten ꝛc enthält, bezüglich der Forderungen gegen Dritte, hinsichtlich deren §. 98 Satz 1 lediglich auf die bestehenden gesetzlichen Vorschriften verweist, nirgends vorgesehen ist. Erhalten die Entschädigungsberechtigten von dem Dritten volle Befriedigung, so können sich dieselben nun nicht nochmals an die Berufsgenossenschaft halten, weil eben diese nur insoweit zur Entschädigung verpflichtet ist, als die Forderung der Entschädigungsberechtigten, welche nach §. 98 des Unfallversicherungsgesetzes auf sie übergehen soll, noch besteht und die Entschädigung mit Recht verweigert, wenn die Entschädigungsberechtigten, statt ihr die Geltendmachung dieser Forderung zu überlassen, von dem Dritten volle Entschädigung gefordert und erhalten haben. Der Dritte, welcher allerdings wohl daran thun wird, in derartigen Fällen der Berufsgenossenschaft den Sachverhalt mitzuteilen, läuft hiernach auch nicht Gefahr, die bereits an den Verletzten oder dessen Hinterbliebene bezahlte Entschädigung nochmals an die Berufsgenossenschaft bezahlen zu müssen. Die Einrede der mangelnden Aktivlegitimation wurde hiernach von dem Berufungsgericht mit Recht für unbegründet erklärt."

---

24. Unter welchen Voraussetzungen liegt eine Benachteiligung der Gläubiger im Sinne des §. 3 Ziff. 2 des Anfechtungsgesetzes vor? Ist die Annahme, daß der anfechtende Gläubiger durch den Abschluß eines entgeltlichen Vertrages benachteiligt worden sei, im Gebiete des rheinischen Rechtes (wegen Art. 2093 des bürgerl. Gesetzbuches) dann ausgeschlossen, wenn feststeht, daß der Kläger in demselben Maße befriedigt worden ist, in welchem er bei einer gleichmäßigen Verteilung des Vermögens seines Schuldners befriedigt worden wäre?

II. Civilsenat. Urt. v. 1. November 1889 i. S. R. (Bekl.) w. M. u. Gen. (Kl.) Rep. II. 195/89.

I. Landgericht Düsseldorf.
II. Oberlandesgericht Köln.

Die Kläger sind Gläubiger eines Bruders des Beklagten und haben auf Grund von zwei Arrestbefehlen eine Forderung pfänden lassen, welche ihrem Schuldner gegen die Firma K. & Co. wegen rückständigen Salärs zustand. Diese Forderung ist ihnen auch durch das Amtsgericht bis zur Höhe ihrer Forderungen zur Einziehung überwiesen worden. Schon vor Erlaß der Arrestbefehle hatte aber der Schuldner die in Frage stehende Forderung seinem Bruder, dem Beklagten, cediert, und zwar „in der gesetzlich zulässigen Weise, also für den Betrag, um welchen die Salärforderung den Betrag von 1500 ℳ jährlich überstieg". In der Klage wurde diese Cession auf Grund des §. 3 Ziff. 1. 2 des Anfechtungsgesetzes angefochten. Der Beklagte beantragte Abweisung der Klage, weil weder eine Benachteiligung der Gläubiger vom Schuldner beabsichtigt und ihm eine solche Absicht bekannt gewesen sei, noch überhaupt eine Benachteiligung der Kläger vorliege, die bei einer gleichmäßigen Verteilung des Vermögens des Schuldners (gemäß Art. 2093 des bürgerl. Gesetzbuches) nicht mehr erhalten haben würden, als sie infolge der Arrestanlage erhalten hätten. Zur Begründung dieser Behauptung wurde geltend gemacht, der Beklagte sei Gläubiger seines Bruders für eine größere Summe und habe infolge der Cession nicht mehr erhalten, als ihm bei einer gleichmäßigen Verteilung des Vermögens seines Bruders zugewiesen worden wäre. Das Landgericht hat die Anfechtung für begründet erklärt, das Oberlandesgericht die Berufung verworfen. Die Revision wurde zurückgewiesen aus folgenden

Gründen:

... „Das Berufungsgericht hat angenommen, daß sowohl §. 3 Ziff. 1 des Anfechtungsgesetzes als Ziff. 2 dieses Paragraphen auf den vorliegenden Fall Anwendung finde. Die angefochtene Entscheidung erscheint hiernach schon dann als gerechtfertigt, wenn nur in einer dieser Richtungen die Auffassung des Berufungsgerichtes als zutreffend anzusehen ist. Im gegebenen Falle kann nun unerörtert bleiben, ob §. 3 Ziff. 1 mit Recht angewendet worden ist, weil das Berufungsgericht jedenfalls ohne Rechtsirrtum annehmen konnte, daß die Voraussetzungen der Ziff. 2 dieses Paragraphen gegeben seien. Da der Beklagte der Bruder des Schuldners ist und es sich um die Anfechtung eines in dem letzten Jahre vor der Rechtshängigkeit des Anfechtungsanspruches von dem Schuldner geschlossenen entgeltlichen Vertrages handelt, war vom Berufungsgerichte nur noch zu prüfen, ob durch den Abschluß des angefochtenen Vertrages die Gläubiger des W. R. benachteiligt worden seien, und ob der Beklagte bewiesen habe, daß ihm zur Zeit des Vertragsabschlusses eine Absicht des Schuldners, die Gläubiger zu benachteiligen, nicht bekannt gewesen sei. In letzterer Beziehung ist von dem Berufungsgerichte hervorgehoben worden, ein Beweis, wie er in §. 3 Ziff. 2 des Anfechtungsgesetzes vorausgesetzt werde, sei von dem Beklagten nicht einmal erboten worden, und der Behauptung desselben, daß ihm das Vorhandensein weiterer Gläubiger gar nicht bekannt gewesen sei, stehe die ganze Sachlage entgegen. Hiernach konnte ohne Rechtsirrtum angenommen werden, daß der Beklagte den ihm obliegenden Beweis nicht geführt habe. Aber auch die weitere Annahme, daß die Gläubiger durch den Abschluß der Cession, welche ein Hindernis für die Beitreibung der Forderungen der Kläger geschaffen habe, benachteiligt worden seien, wird von dem Revisionskläger mit Unrecht als rechtsirrtümlich bezeichnet.

Eine Benachteiligung des anfechtenden Gläubigers im Sinne des §. 3 Ziff. 2 des Anfechtungsgesetzes liegt dann vor, wenn durch den Abschluß des angefochtenen entgeltlichen Vertrages die Befriedigung des Gläubigers ganz oder teilweise verhindert worden ist, indem Gegenstände, aus welchen der Gläubiger diese Befriedigung auf dem Wege der Zwangsvollstreckung hätte erlangen können, durch den Vertrag aus dem Vermögen ausgeschieden worden sind, ohne daß sich ein Entgelt dafür in demselben vorfindet.

Vgl. Urteile des Reichsgerichtes vom 20. Juni 1883, 26. Januar 1886, 5. April 1887 und 10. Juli 1888, Entsch. des R.G.'s in Civils. Bd. 10 S. 6 flg., Bd. 15 S. 62 flg., Bd. 16 S. 122 flg. und Bd. 21 S. 95 flg.[1]

Ein solcher Sachverhalt ist aber im vorliegenden Falle gegeben, da sich die Kläger, wenn die Cession nicht erfolgt wäre, aus der von ihnen mit Arrest belegten und ihnen zur Einziehung überwiesenen Forderung des Schuldners hätten Befriedigung verschaffen können, während sie, wenn die Cession als wirksam anzusehen ist, auf den cedierten Teil der Forderung ihre Zwangsvollstreckung nicht ausdehnen können. Durch die Cession ist die Lage des anfechtenden Gläubigers in Ansehung der auf dem Wege der Zwangsvollstreckung zu erlangenden Befriedigung unzweifelhaft verschlechtert worden, derart, daß er mit Rücksicht auf dieselbe in geringerem Umfange Befriedigung erhalten würde, als es außerdem der Fall wäre. Das genügt aber, damit die Annahme als gerechtfertigt erscheint, durch den Abschluß des Vertrages seien die Gläubiger benachteiligt worden. Der Revisionskläger hat zwar ausgeführt, da nach Art. 2093 des bürgerl. Gesetzbuches das Vermögen eines Schuldners das gemeinsame Unterpfand aller seiner Gläubiger bilde, dürfe nur dann angenommen werden, daß ein Gläubiger durch den Abschluß des angefochtenen Vertrages benachteiligt sei, wenn er infolge desselben weniger erhalte, als ihm bei einer gleichmäßigen Verteilung des Vermögens unter die Gläubiger, insbesondere im Falle eines Konkursverfahrens zukommen würde. Aber diese Auffassung erscheint nicht als zutreffend. Solange ein Konkursverfahren nicht eröffnet worden ist, steht jedem Gläubiger das Recht zu, sich auf dem Wege der Zwangsvollstreckung, soweit dies thunlich erscheint, volle Befriedigung zu verschaffen, insbesondere auch durch Arrestanlage oder Pfändung ein Pfandrecht zu erwerben. Nach den Vorschriften der §§. 22 flg. K.O. können zwar derartige Handluugen unter bestimmten Voraussetzungen angefochten werden. Aber soweit diese Anfechtung nicht Platz greift, ist der Gläubiger nicht gehindert, von der Befugnis zur Zwangsvollstreckung Gebrauch zu machen, und erscheint derselbe als benachteiligt, wenn der Schuldner durch Veräußerung von Gegenständen, welche seinem Zugriffe unter-

[1] Vgl. noch Petersen und Kleinfeller, Konkursordnung S. 114; Jäckel, Anfechtungsgesetz 2. Aufl. S. 101 flg. D. E.

liegen, seine Befriedigung ganz oder teilweise verhindert. Weder braucht der anfechtende Gläubiger, der nach §. 2 des Anfechtungsgesetzes nur nachzuweisen hat, daß er auf dem Wege der Zwangsvollstreckung in das Vermögen des Schuldners vollständige Befriedigung nicht erlangen kann, darzulegen, daß er weniger erhalte, als bei einer gleichmäßigen Verteilung des Vermögens auf ihn fiele; noch kann der Beweis, daß er mehr als diese Quote erhalte, die Befugnis zur Anfechtung beseitigen. Soweit es sich um die nach der objektiven Sachlage zu beurteilende Frage handelt, ob eine Benachteiligung vorliegt, kommt es auch nicht darauf an, ob die Veräußerung an einen Gläubiger erfolgte und dessen Befriedigung zum Zwecke hatte, oder ob ein Vermögensgegenstand an eine andere Person veräußert wurde. Vielmehr macht sich dieser Unterschied nur insoweit geltend, als die Frage zu entscheiden ist, ob die angefochtene Handlung in der Absicht vorgenommen wurde, die übrigen Gläubiger zu benachteiligen, und ob diese Absicht als eine widerrechtliche anzusehen ist. Letzteres ist, wie das Reichsgericht erst in einem Urteile vom 1. Februar 1889 Rep. II. 317/88,

vgl. Jur. Zeitschrift für Elsaß-Lothringen Jahrg. 14 S. 289 flg.,

ausgesprochen hat, allerdings zu prüfen. Steht aber diese Absicht fest, oder ist dieselbe anzunehmen, weil der Anfechtungsbeklagte den ihm nach §. 3 Abs. 2 obliegenden Beweis nicht geführt hat, bei dessen Würdigung auf die Rechtswidrigkeit der Absicht gleichfalls Rücksicht zu nehmen ist, so kann die Benachteiligung des anfechtenden Gläubigers nicht aus dem Grunde in Zweifel gezogen werden, weil derselbe im Falle eines Konkursverfahrens auch nicht in größerem Umfange Befriedigung erlangt haben würde, als er sie mit Rücksicht auf die von ihm angefochtene Handlung erlangen kann."

---

25. Zur Feststellung der für die Anwendung des Art. 128 H.G.B. (Ausschließung eines offenen Handelsgesellschafters) leitenden Grundsätze.

I. Civilsenat. Urt. v. 18. Sepember 1889 i. S. F. W. u. N. (Kl.) w. W. W. (Bekl.) Rep. I. 154/89.

I. Landgericht Halberstadt.
II. Oberlandesgericht Naumburg.

Zwei Gesellschafter einer offenen Handelsgesellschaft beantragten die Ausschließung des dritten Gesellschafters, welchem sie eine Reihe von Verstößen gegen allgemeine und besondere Verpflichtungen schuld gaben. Die beiden Vorderrichter kamen zu der Überzeugung, daß Grund zur Auflösung der Gesellschaft, nicht aber zur Ausschließung des Beklagten vorläge, und wiesen darum die Klage zurück. Das Reichsgericht billigte die allgemeinen Ausführungen der Vorderrichter, hob aber das Berufungsurteil wegen rechtsgrundsätzlichen Verstoßes bei Würdigung eines einzelnen, von den Klägern vorgebrachten Grundes auf und wies die Sache in die Berufungsinstanz zurück. In ersterer Beziehung ist folgendes mitzuteilen aus den

Gründen:

„Der erste Richter, an dessen Ausführnngen der zweite Richter sich billigend und ergänzend anschließt, hat die Bedeutung des Art. 128 H.G.B. richtig erfaßt. Dieser Artikel schließt sich an Art. 125 an. Ist der Antrag auf Ausschließung gestellt, so ist zunächst zu prüfen, ob ein Grund vorliegt, der im Sinne des Art. 125 wichtig genug ist, daß aus demselben auf Auflösung der Gesellschaft würde erkannt werden können. Für diese Untersuchung ist dem Richter durch beispielsweise Aufzählung einzelner Gründe eine gewisse Direktive gegeben, ohne daß aber dadurch seinem Ermessen eine Schranke gezogen wäre. Der Gesetzgeber weist namentlich auch nicht etwa darauf hin, nur ein solcher Grund sei für wichtig zu erachten, welcher auf dem Verschulden eines Gesellschafters beruht oder überhaupt in dessen Person liegt. Es ist auch nicht erforderlich, daß ein einzelnes Moment für sich als durchschlagend hervortritt, verschiedene Umstände können in ihrer Verbindung und vielleicht erst durch dieselbe als wichtiger Grund erscheinen, und es können in dieser Weise namentlich auch in der Person verschiedener Gesellschafter liegende Umstände zusammen in Betracht kommen; ja es ist nicht ausgeschlossen, daß dabei selbst ein in der Person des Antragenden liegender Grund berücksichtigt werde.

Die Wirkung der Anerkennung der Wichtigkeit eines Auflösungsgrundes oder einer Mehrheit von solchen ist, daß auf Antrag eines einzelnen Gesellschafters die Auflösung der Gesellschaft vom Richter auszusprechen ist, und daß infolge davon Liquidation eintritt. Darauf hat jeder Gesellschafter ein Recht. Dies Resultat würde aber für einzelne Gesellschafter oft nicht wünschenswert sein wegen der bei der Liquidation regelmäßig eintretenden Entwertung des Gesellschaftsvermögens und der sonstigen Nachteile, welche die Gründung eines neuen Geschäftsbetriebes mit sich zu bringen pflegt. Diese Nachteile treten namentlich dann deutlich hervor, wenn die Gesellschaft aus mehr als zwei Personen besteht und der Auflösungsgrund in der Person eines einzelnen Gesellschafters liegt. Für diesen Fall aber gerade ist der Weg, auf welchem jene Nachteile vermieden werden können, leicht erkennbar und zum Ziele führend. Der Gesetzgeber hat ihn durch Art. 128 H.G.B. geebnet, welcher die Möglichkeit der Ausschließung eines Gesellschafters aus der unter den übrigen Gesellschaftern fortbestehenden Gesellschaft gewährt. Es ist einer der Fälle des durch das Handelsgesetzbuch anerkannten Fortbestandes der Handelsgesellschaft bei Personenwechsel. Die Auseinandersetzung erfolgt auf Grund der aktuellen Vermögenslage der Gesellschaft.

Wenn es sich um Anwendung des Art. 128 handelt, liegt dem Richter noch eine weitere Denkoperation ob, als bei Anwendung des Art. 125. Wird Auflösung beantragt, so ist nur die Frage, ob irgend ein wichtiger Grund für die Auflösung vorhanden ist, zu beantworten, und es ist, wenn diese bejaht wird, von weiterer Untersuchung abzusehen. Die Auflösung der Gesellschaft ist an sich eine alle Gesellschafter gleichmäßig berührende, rechtliche Thatsache. Anders bei Art. 128. Die Ausschließung ist gegen einen einzelnen Gesellschafter gerichtet. Dieser wird in besonderer Weise von ihr getroffen. Der Richter hat darum zu untersuchen, ob zur Herbeiführung dieses besonderen Erfolges ein besonderer Grund vorliegt. Allerdings beschränkt Art. 128 die Ausschließung nicht auf den Fall des Verschuldens des Auszuschließenden, nur „in der Person desselben muß der Grund liegen", und das kann auch ganz ohne Verschulden desselben vorkommen, z. B. im Falle des Art. 125 Abs. 3 Nr. 5 (Unfähigwerden des Gesellschafters zu den ihm obliegenden Geschäften der Gesellschaft durch anhaltende Krankheit oder aus anderen Ursachen). Allein gerade der Umstand, daß die Spitze der gesetzlichen Bestimmung gegen einen einzelnen Gesellschafter gerichtet ist, welcher zu Gunsten der übrigen Gesellschafter in eine unvorteilhafte, jedenfalls in eine von ihm nicht gewollte Lage versetzt werden soll, weist darauf hin, daß der Richter im Sinne des Gesetzgebers handelt, wenn er die Frage, ob der Aufhebungsgrund verschuldet ist oder nicht, in den Kreis seiner Betrachtungen zieht, und wenn er bei Prüfung der Wichtigkeit des geltend gemachten Ausschließungsgrundes einen strengen Maßstab verwendet.

Es kann darum nicht als verfehlt erachtet werden, wenn im ersten Urteile es als Aufgabe des Richters bezeichnet wird, „den fast pönalen Charakter, die schwerwiegende Wirkung und die durchaus exzeptionelle Natur der in Frage stehenden Maßregel im Auge zu behalten". Das gleiche gilt von der weiteren Ausführung des ersten Richters: „Vor allem ist festzuhalten, daß nur schwere Versündigungen gegen die Gesellschaft und nicht kleine Unregelmäßigkeiten, wie sie in jeder Gesellschaft ohne erheblichen Nachteil vorkommen, die Grundlage des Urteiles bilden können."

Ferner ist zu bemerken, daß das Zusammentreffen mehrerer, wenn auch ganz verschiedener Auflösungsgründe regelmäßig zu gunsten der Auflösung zu verwerten sein wird, betreffs der Ausschließung jedoch die Wirkung oft eine ganz andere sein kann. Das Verhalten der anderen Gesellschafter kann für die Beurteilung des Verhaltens des Auszuschließenden darum von großer Bedeutung werden, weil es das letztere möglicherweise in einem ganz anderen Lichte erscheinen läßt, wie es sich, für sich allein betrachtet, zeigt. Gerade im vorliegenden Falle tritt dies besonders deutlich entgegen. Beide Vorderrichter führen mit Grund aus, daß Handlungen des Beklagten, welche, an und für sich betrachtet, möglicherweise als die Ausschließung rechtfertigend aufgefaßt werden könnten, diesen ihren Charakter verlieren, wenn sie mit Handlungen anderer Gesellschafter zusammengestellt werden, und wenn man die uuter den Gesellschaftern herrschende Übung berücksichtigt.

Mit Recht ist von den Vorderrichtern auch hervorgehoben worden, daß gesetz- und vertragswidrige Handlungen der auf Ausschließung klagenden Gesellschafter vom Beklagten zum Zwecke der sog. Kompensation des Verschuldens geltend gemacht werden können. Der Berufungsrichter drückt das so aus, es sei „selbstverständlich, daß bei Abwägung der dem Beklagten vorgeworfenen Verfehlungen und der von diesem zum Zwecke der Kompensation gegen die Kläger erhobenen Beschuldigungen das Verhalten der Parteien mit gleichem Maße zu messen sei".

Vorstehende nur von den gesetzlichen Bestimmungen ausgehende Ausführung erleidet dadurch keine Modifikation, daß der Gesellschaftsvertrag eine besondere Bestimmung über Ausschließung enthält. Der §. 8 untersagt dem einzelnen Gesellschafter, „für alleinige oder fremde Rechnung ein anderweites Geschäft ohne Einwilligung der anderen Gesellschafter einzugehen oder zu betreiben, widrigenfalls jeder der letzteren das Ausscheiden des Ungehorsamen verlangen kann". Mit Recht faßt der Berufungsrichter diese Bestimmung so auf, daß darin nicht, wie der erste Richter (freilich ohne konsequente Durchführung seiner Auffassung) annimmt, ein absoluter Ausschließungsgrund aufgestellt sei, welcher jede Erwägung des erkennenden Richters ausschlösse. Nur darin könnte ein Irrtum gefunden werden, daß im Berufungsurteile scheinbar abstrakt ausgesprochen wird, „ein solcher auf Vertrag beruhender Ausschließungsgrund könne nicht mehr Wirksamkeit für sich beanspruchen, als jeder andere aus dem Prinzipe der Artt. 128 bezw. 125 H.G.B. entnommene". Sicherlich wird es den Gesellschaftern freigestanden haben, einen derartigen absoluten Ausschließungsgrund im Gesellschaftsvertrage aufzustellen. Allein sie haben es im vorliegenden Falle nicht gethan, und in dieser Konkretisierung ist wohl auch der aus dem Berufungsurteile ausgeführte Satz zu verstehen. Jedenfalls ist nach der Ansicht des Revisionsgerichtes die Vertragsbestimmung nicht als eine absolute zu verstehen.

Zu bemerken ist noch, daß der Antrag auf Ausschließung nur in betreff einiger Vorgänge auf die vertragsmäßige Bestimmung, im übrigen aber nur auf die gesetzliche Bestimmung gestützt werden kann und gestützt ist.

Beide Vorderrichter kommen nach Würdigung der einzelnen von den Parteien geltend gemachten Momente zu dem Ergebnisse, daß durch dieselben ein Antrag auf Auflösung der Gesellschaft genügend begründet sein würde, daß aber aus dem gesamten vorgelegten Materiale sich kein Grund für Ausschließung des Beklagten aus der Gesellschaft entnehmen lasse. Insofern dieses Ergebnis auf Grund der vorher besprochenen allgemeinen Grundsätze gewonnen ist, kann ein Rechtsirrtum nicht gerügt werden, und es ist auch mit Recht angenommen worden, daß im Antrage auf Ausschließung der Antrag, auf Auflösung nicht enthalten ist; denn Auflösung der Gesellschaft ist nicht das Geringere der Ausschließung eines Gesellschafters, sondern ein Anderes."...

26. 1. Zur Auslegung des §. 31 K.O.
2. Zur Auslegung des §. 30 K.O.
a) Umfang der Rückgewähr bei einer Mehrheit von Kontrahenten gegenüber dem Gemeinschuldner.
b) Voraussetzungen der Verpflichtung zur Verzinsung.

II. Civilsenat. Urt. v. 8. November 1889 i. S. K. u. Gen. (Bekl.) w. Konkursmasse Gl. (Kl.) Rep. II. 205/89.

I. Landgericht Konstanz.
II. Oberlandesgericht Karlsruhe.

Joseph K., ein Gläubiger des Wirtes Gl., schloß am 14. September 1887 in Gemeinschaft mit G. und B. mit seinem genannten Schuldner Gl. einen Kaufvertrag, wonach dieser an ihn und die bezeichneten Mitkäufer Liegenschaften und Fahrnisse, und zwar die Fahrnisse um 12000 ℳ, verkaufte. „An dem Geschäfte vom 14. September 1887 waren — wie festgestellt wurde — Joseph K. zu $^1/_2$, G. und B. zu je $^1/_4$ beteiligt." Auf den Kaufpreis wurden auf Anweisung des Gl. 1043,80 ℳ an Gl.'s Gläubiger, Heinrich K., Sohn des Joseph K., von Joseph K. bezahlt. Die Käufer verkauften die erkauften Fahrnisse weiter und erlösten hieraus 8750,94 ℳ. Nachdem am 20. Oktober 1887 gegen den Wirt Gl. der Konkurs eröffnet worden, wurde auf Grund der Konkursordnung von dem Konkursverwalter mit Klage gegen Joseph K., G. und B. der Kaufvertrag vom 14. September 1887 hinsichtlich der darin verkauften Fahrnisse als unwirksam angefochten. In einem anderen Rechtsstreite der Konkursmasse gegen Heinrich K. wurde die an Heinrich K. geleistete Zahlung mit 1043,80 ℳ als den Konkursgläubigern gegenüber unwirksam angefochten und gegenüber dem Heinrich K. die Rückzahlung der 1043,80 ℳ an die Konkursmasse verlangt und es erging ein rechtskräftiges Urteil nach dem Klagantrage. In dem Rechtsstreite gegen Joseph K., G. und B. verurteilte das Oberlandesgericht den Joseph K. dazu, „den hälftigen Wert der durch den Kauf vom 14. September 1887 aus dem Vermögen des Gemeinschuldners Gl. veräußerten Fahrnisse mit 4375,47 ℳ (der Hälfte von 8750,94 ℳ) zur Konkursmasse des Gl. zurückzugewähren und demgemäß dem Konkursverwalter 4375,47 ℳ nebst 5 Prozent Zinsen vom Tage der Klagezustellung (nicht, wie in der

Klage begehrt war, vom 14. September 1887 an) zu bezahlen", und es machte die Verurteilung des G. und des B. zu je 2187,73 ℳ nebst 5 Prozent Zinsen vom Tage der Klagezustellung von der Verweigerung eines Eides derselben darüber abhängig, es sei ihnen bei Eingehung des Kaufes vom 14. September 1887 die Zahlungseinstellung des Gl. oder die Absicht desselben, seine Gläubiger zu benachteiligen, nicht bekannt gewesen. Von den Revisionen des Beklagten Joseph K. und der klagenden Konkursmasse wurde nur die erstere teilweise für begründet erachtet.

Aus den Gründen:

„I. Die Revision des Beklagten Joseph K. ist teilweise gerechtfertigt, nämlich, soweit die oberlandesgerichtliche Entscheidung die Einrede eines Abzuges von 1043,80 ℳ an dem zur Konkursmasse Zurückzugewährenden betrifft, welche aus dem Umstande abgeleitet wurde, daß 1043,80 ℳ auf den im Kaufvertrage vom 14. September 1887 festgesetzten Kaufpreis auf Anweisung des Gemeinschuldners Gl. an Gl.'s Gläubiger Heinrich K., Sohn des Beklagten Joseph K., bezahlt und von der Konkursmasse des Gl. am 29. Januar 1889 ein, durch Rücknahme der Berufung rechtskräftig gewordenes Urteil gegen Heinrich K. auf Rückzahlung dieses Betrages an die Konkursmasse erwirkt worden sei. Die für die Zurückweisung dieser Einrede aufgestellte Erwägung des Oberlandesgerichtes, „daß die Konkursmasse außer der Rückgewähr der Fahrnisse bezw. des Wertes derselben auch die an Heinrich K. bezahlten 1043,80 ℳ für sich reklamiert und gegenüber dem Heinrich K. ein, nunmehr durch Zurücknahme der Berufung rechtskräftiges Urteil hierauf erwirkt hat, kann aber nicht als Leistung der Beklagten der Konkursmasse gegenüber angesehen werden, es ist für sie res inter alios acta, aus welcher sie keine Rechte ableiten kann", kann nicht für zutreffend erachtet werden, ergiebt vielmehr eine Verkennung des §. 31 K.O. Wenngleich nämlich der Rechtsstreit der Konkursmasse gegen Heinrich K. als solcher die im Kaufvertrage vom 14. September 1887 (welcher jetzt hinsichtlich der darin verkauften Fahrnisse angefochten wird) als Käufer aufgetretenen Personen (Joseph K., G. und B.) — bezw. den Käufer Joseph K. — unmittelbar nicht berührt, so ist doch durch das Ergebnis dieses Rechtsstreites für die Konkursmasse ein Wertgegenstand — sei es schon an sich, sei es jedenfalls, wenn infolge des gegen Heinrich K. ergangenen Urteiles dieser die ihm zur Zahlung auferlegte Summe an die Konkursmasse bezahlt haben sollte — geschaffen worden, welcher einem unmittelbar von den Käufern (oder bezw. einem derselben) des Kaufvertrages vom 14. September 1887 gegebenen, in der Konkursmasse des Gl. befindlichen Wertgegenstande gleichsteht. Wenn die an Heinrich K. gezahlten 1043,80 ℳ einen Teil des Kaufpreises bildeten, gelangen sie bei Auslieferung infolge des Urteiles gegen Heinrich K. in dieser Eigenschaft an die Konkurmasse; sie vertreten also den Kaufpreis selbst, und steht sonach eine auf Grund des Urteiles gegen Heinrich K. von diesem erfolgende Zahlung einer Gegenleistung der Käufer selbst (einer Zahlung des Kaufpreises durch sie selbst) gleich, um deren Wert die Masse bereichert würde. ...

II. Die Revision der klagenden Konkursmasse ist nicht begründet.

1. Ungerechtfertigt ist die Rüge, es hätte eine Haftung der einzelnen Beklagten nicht bloß für einen Teil von 8750,94 ℳ (nebst Zinsen), sondern jedes derselben für das Ganze der 8750,94 ℳ (nebst Zinsen) ausgesprochen werden müssen.

Zunächst ist davon auszugehen, daß in betreff dessen, was zurückzugewähren ist, also auch des Umfanges des Zurückzugewährenden, nach der genügend bestimmten Ausdrucksweise des §. 30 K.O., wie auch nach der Absicht des Gesetzes, gemeinsames Recht zu schaffen, neben §. 30 K.O. nicht auch (was zwar die Motive zu §§. 30—32 des Entwurfes der Konkursordnung annehmen) die verschiedenen Landesgesetze heranzuziehen sind. Der §. 30 K.O. läßt ferner nach seiner nicht unterscheidenden Fassung (entgegen den Motiven a. a. O.) erkennen, daß, soweit nicht sein zweiter Absatz selbst eine besondere Bestimmung enthält, hinsichtlich des Umfanges der Verbindlichkeit zur Zurückgewährung nicht etwa zu unterscheiden ist, ob der Empfänger sich in gutem oder bösem Glauben befindet, ob die Verbindlichkeit zur Rückgewähr sich auf §. 23 Ziff. 1. 2 K.O. oder auf §. 24 Ziff. 1 K.O. stützt. Nach dem, im vorliegenden Fall anwendbaren, §. 30 Abs. 1 K.O. muß nun dasjenige, „was durch die anfechtbare Handlung aus dem Vermögen des Gemeinschuldners veräußert, weggegeben oder aufgegeben ist, zur Konkursmasse zurückgewährt werden", sonach dasjenige, was durch die anfechtbare Handlung aus dem Vermögen des Gemeinschuldners herausgekommen ist. Wendet man diese Bestimmung auf den vorliegenden Fall an, wo dem Gemeinschuldner mehrere Personen als Kontrahenten, und zwar als Käufer, gegenüberstanden, so ergiebt sich hieraus, daß jeder einzelne dieser dem Gemeinschuldner gegenüberstehenden Kontrahenten nach dem Verhältnisse haftet, in welchem er dem Gemeinschuldner gegenüber rechtlich an dem Rechtsgeschäfte beteiligt ist (und nicht etwa schon wegen seines Zusammenwirkens mit den übrigen, dem Gemeinschuldner gegenüberstehenden Personen für das Ganze haftbar ist), weil nur im Verhältnisse seiner rechtlichen Beteiligung an dem Rechtsgeschäfte gegenüber dem Gemeinschuldner etwas aus dem Vermögen des Gemeinschuldners herausgekommen ist. Im vorliegenden Falle würde nun, sofern nicht von dem Gemeinschuldner mit dem Beklagten ein anderes Beteiligungsverhältnis verabredet worden wäre, durch den Kaufabschluß jeder der drei Käufer Miteigentümer sämtlicher Fahrnisse zu $1/3$ geworden, also durch seine rechtliche Beteiligung an dem Kaufabschlusse nur je $1/3$ des Eigentumes der Fahrnisse aus dem Vermögen des Gemeinschuldners herausgekommen sein, und wäre er daher — sofern auch die sonstigen Voraussetzungen zur Anfechtung bei ihm vorliegen — zur Rückgewähr dieses Drittels des Eigentumes der Fahrnisse, somit, nachdem infolge der Weiterveräußerung der Fahrnisse durch die Beklagten an die Stelle der Rückgewähr der Fahrnisse die Verpflichtung zur Bezahlung des Wertes getreten ist, zur Bezahlung von $1/3$ des Wertes der Fahrnisse verpflichtet. An diesem Maßstabe der Verpflichtung tritt aber eine Änderung dadurch ein, daß, wie das Oberlandesgericht festgestellt hat, „an dem Geschäfte vom 14. September 1887 Joseph K. zu $1/2$, G. und B. zu je $1/4$ beteiligt waren". Es ist diese Feststellung nicht etwa bloß dahin zu verstehen, daß die drei Genannten untereinander eine solche Beteiligung verabredet haben (was für die Frage ihrer Haftung aus §. 30 K.O. nicht entscheidend wäre), sondern dahin, daß zwischen ihnen und dem Gemeinschuldner ein derartiges Verhältnis der Beteiligung verabredet worden sei. War aber dieses der Fall, so ist durch die Beteiligung des Joseph K. an dem Kaufabschlusse vom 14. September 1887 $1/2$ des Eigentumes der verkauften Fahrnisse, durch die Beteiligung G.'s $1/4$ des Eigentumes der verkauften Fahrnisse und durch die Beteiligung B.'s $1/4$ des Eigentumes der verkauften Fahrnisse aus dem Vermögen des Gemeinschuldners herausgekommen, somit Joseph K. zur Rückgewähr von $1/2$, G. und B. je zur Rückgewähr von $1/4$ verpflichtet.

2. Auch darin, daß die Beklagten (sei es unbedingt, sei es bedingt) zur Zahlung von Zinsen zu 5 Prozent erst vom Tage der Klagezustellung an, nicht schon vom Tage des Kaufvertrages (14. September 1887) oder des Eintrages desselben zum Grundbuche (15. September 1887) an, verurteilt worden sind, ist eine Gesetzesverletzung nicht enthalten. Auch in dieser Frage des Umfanges des Zurückzugewährenden ist §. 30 Abs. 1 K.O. maßgebend, und damit der Satz, daß zurückzugewähren ist dasjenige, was durch die anfechtbare Handlung aus dem Vermögen des Gemeinschuldners herausgekommen ist. Daraus ergiebt sich, daß der Konkursmasse auch das zurückzugewähren ist, was die durch die anfechtbare Handlung aus dem Vermögen des Gemeinschuldners herausgekommene Sache an Früchten und Zinsen der Masse gewährt haben würde, wenn sie nicht aus dem Vermögen des Gemeinschuldners herausgekommen wäre. Im vorliegenden Falle ist nun durch die anfechtbare Handlung nicht etwa ein Kapital (sei es ein bereits verzinslich angelegtes oder ein solches, das sofort hätte zinsbringend angelegt werden können) aus dem Vermögen des Gemeinschuldners herausgekommen, sondern sonstige Mobilien. Es ist nun in keiner Weise thatsächlich behauptet und begründet worden, daß und in welchem Wertbetrage diese Mobilien, wenn sie in der Hand des Gemeinschuldners geblieben wären, Früchte (oder Zinsen) getragen haben würden, und daß sonach, wenn sie in der Hand des Gemeinschuldners geblieben wären, in die Konkursmasse durch Früchte der Mobilien ein weiterer Wertgegenstand geflossen wäre. Eine Änderung dieser Sachlage wird aber durch den Umstand nicht bewirkt, daß wegen der Weiterveräußerung der Fahrnisse von seiten der Beklagten statt der Rückgabe der Fahrnisse in Natur der Wert der Fahrnisse, also ein Geldbetrag zu bezahlen ist. Die Konkursmasse soll durch die Anfechtung der Handlung rechtlich nicht in eine günstigere Lage, als jene, wenn die Handlung nicht vorgekommen wäre, versetzt werden, also nicht in die Lage, wie wenn der Gemeinschuldner statt der Fahrnisse bares Geld besessen und ihm dieses, und damit ihm, wie der mit der Konkurseröffnung an seine Stelle tretenden Konkursmasse, die Möglichkeit der verzinslichen Anlage durch die anzufechtende Handlung entzogen worden wäre. Eine derartige Wirkung in die Vergangenheit zurück zu Gunsten der Konkursmasse und zum Nachteile des zur Rückgewähr Verpflichteten

kann der Umstand nicht begründen, daß der zur Rückgewähr Verpflichtete die Fahrnisse selbst nicht mehr besitzt. Er verändert nicht die rechtliche Natur des Anspruches der Konkursmasse bezw. der Verpflichtung des Anfechtungsbeklagten, sondern lediglich die thatsächliche Folge der Anfechtung im Hinblick auf die zur Zeit der Ausübung des Anfechtungsrechtes bestehende thatsächliche Sachlage." ...

---

27. 1. Können diejenigen, welche von dem Gläubiger einer eingetragenen Genossenschaft als Mitglieder der letzteren wegen seines in dem Konkurse gegen die Genossenschaft erlittenen Ausfalles belangt werden, dieser Klage eine Einrede der rechtskräftigen Entscheidung daraus entgegenhalten, daß die jetzt Belangten in einem Rechtsstreite, welchen sie gegen die Mitglieder der Genossenschaft, vertreten durch die Liquidatoren, gelegentlich des Umlageverfahrens während des Konkurses geführt, ein Urteil dahin erwirkt haben, daß die von ihnen mit der Genossenschaft abgeschlossenen Verträge, aus deren Abschlusse ihre Mitgliedschaft abgeleitet wurde, für sie nicht verbindlich geworden, und daß sie aus dem im Verteilungsplane enthaltenen Verzeichnisse der Genossenschafter zu streichen seien?

2. Können sie der bezeichneten Klage des Genossenschaftsgläubigers eine selbständige Einrede dahin entgegenhalten, sie seien zum Eintritte in die Genossenschaft durch betrügerische Vorspiegelungen seitens eines Bediensteten oder eines Agenten der Genossenschaft bewogen worden?

Genossenschaftsgesetz vom 4. Juli 1868.
L.R.S. 1351. 1116.

II. Civilsenat. Urt. v. 6. Dezember 1889 i. S. M. u. Gen. (Bekl.) w. W. (Kl.) Rep. II. 235/89.

I. Landgericht Karlsruhe.
II. Oberlandesgericht daselbst.

Mit Vertrag vom 26. August 1876 wurde W. als Agent der in Karlsruhe als eingetragene Genossenschaft errichteten „Süddeutschen Lebens-, Unfall- und Rentenversicherungsanstalt" angestellt. Dabei wurde von demselben der Genossenschaftskasse eine Sicherheit in Höhe von 3000 ℳ geleistet; die Genossenschaft versprach ihm, die Summe von 3000 ℳ mit 6 Prozent vom 1. Juli 1876 an zu verzinsen. Unterm 28. März 1877 wurde gegen die Genossenschaft von dem Amtsgerichte Karlsruhe die Gant erkannt, worauf W. am 19. Juni 1877 seine auf die Sicherheitsleistung bezügliche Forderung als Genossenschaftsgläubiger anmeldete. Diese Forderung wurde auch mit Abzug von 61,51 ℳ anerkannt und ihm im rechtskräftig gewordenen Ganturteile vom 28. September 1880 in Höhe von 2938,49 ℳ nebst 6 Prozent Zinsen vom 1. Juli 1876 an in V. Ordnung zugesprochen. Im Jahre 1885 erhielt W. auf seine Forderung hin aus der Gantmasse 518,10 ℳ ausbezahlt. Das Gantverfahren wurde mit Beschluß des Amtsgerichtes Karlsruhe vom 29. April 1886, dem W. am 15. Mai 1886 zugekommen, eingestellt.

W. nahm nun mit Klage bei dem Landgerichte Karlsruhe M., D. und Sch. unter der weiteren Behauptung, daß diese in Gemäßheit des §. 3 des Statutes infolge Abschlusses von Versicherungsverträgen auf den Todesfall zur Zeit der Entstehung der klägerischen Forderung und auch nachher Mitglieder der fraglichen Genossenschaft gewesen, wegen seines Ausfalles in der Gant unter samtverbindlicher Haftbarkeit in Anspruch.

Gelegentlich des Umlageverfahrens während der Gant erhoben die jetzigen drei Beklagten gegen die Mitglieder der Genossenschaft, vertreten durch die Liquidatoren, bei dem Landgerichte Karlsruhe Klagen, die mit rechtskräftigen Urteilen von 1885 und 1886 zu Gunsten der jetzigen drei Beklagten entschieden wurden; in diesen Urteilen wurde ausgesprochen, daß die von den drei Genannten mit der Versicherungsanstalt abgeschlossenen Versicherungsverträge für dieselben nicht verbindlich geworden, und daß sie aus dem im Verteilungsplane enthaltenen Verzeichnisse der Genossenschafter zu streichen seien.

Es haben nun im jetzigen Rechtsstreite M., D. und Sch. aus diesen Urteilen abgeleitet, daß damit auch mit Wirksamkeit für den jetzigen Rechtsstreit ihre Nichtmitgliedschaft feststehe, eventuell haben sie auch dem Kläger gegenüber die den Inhalt jener Klagen bildenden Thatsachen selbständig geltend gemacht und behauptet, daß sie nur durch näher bezeichnete betrügerische Vorspiegelungen — nämlich solcher von seiten eines Inspektors der Versicherungsanstalt, G., und eines Agenten derselben, P., — zum Beitritte zur Genossenschaft bewogen worden seien.

Das Landgericht (welches annahm, die durch die Urteile zwischen den jetzigen drei Beklagten und der Genossenschaft geschaffene Sachlage, daß die Versicherungsverträge der ersteren der Genossenschaft gegenüber als von vornherein unwirksam erscheinen, müsse auch für den jetzigen Kläger maßgebend sein) wies die Klage gegen M., D. und Sch. ab. Das Oberlandesgericht verurteilte die Beklagten M., D. und Sch. nach dem Klagantrage. Es nahm hierbei an, die Urteile von 1885 und 1886 erzeugten keine Einrede der rechtskräftigen Entscheidung für den jetzigen Rechtsstreit, und die selbständige Einrede der betrügerischen Erwirkung des Eintrittes der drei Beklagten in die Genossenschaft sei deshalb unbegründet, weil nach L.R. 1116 nur ein vom Vertragsgegner ausgeübter Betrug Nichtigkeit des Vertrages bewirke, diese Voraussetzung jedoch im vorliegenden Falle nicht zutreffe, da dem W. selbst ein Betrug nicht zur Last gelegt werde, die Genossenschafter dem Gläubiger gegenüber als die jeweiligen garantierenden Mitkontrahenten der — die Hauptschuldnerin darstellenden — Genossenschaft erschienen und ein von einem Mitkontrahenten (hier der Genossenschaft) gegenüber einem anderen Mitkontrahenten verübter Betrug keine Ungültigkeit gegenüber dem Gegenkontrahenten bewirke.

Das Reichsgericht hob das Urteil auf.

Aus den Gründen:

„Mit Unrecht wurde eine Gesetzesverletzung darin erblickt, daß von dem Oberlandesgerichte nicht schon auf Grund der in den Jahren 1885 und 1886 ergangenen rechtskräftigen Urteile des Landgerichtes Karlsruhe, in welchen auf die gelegentlich des Umlageverfahrens während des Konkurses gegen die Genossenschaft von den jetzigen Beklagten M., D. und Sch. gegen die Mitglieder der Genossenschaft, vertreten durch die Liquidatoren, erhobenen Klagen ausgesprochen wurde, daß die von den drei Genannten mit der Versicherungsanstalt abgeschlossenen Versicherungsverträge für dieselben nicht verbindlich geworden, und daß sie aus dem im Verteilungsplane enthaltenen Verzeichnisse der Genossenschafter zu streichen seien, die Klage des W. gegen die drei Genannten abgewiesen (bezw. seine Berufung zurückgewiesen) worden sei. Mit Recht hat vielmehr das Oberlandesgericht die aus jenen Urteilen abgeleitete Einrede der rechtskräftigen Entscheidung für unbegründet erachtet. Es kann in dieser Hinsicht unerörtert bleiben, ob gerade alle einzelnen desfallsigen Ausführungen des Oberlandesgerichtes zutreffen; entscheidend ist, daß der jetzige Rechtsstreit jedenfalls zwischen anderen Personen geführt wird, als die früheren. Die früheren Rechtsstreite führten die jetzt in Betracht kommenden drei Beklagten mit den Genossenschaftern, den jetzigen führen sie mit einem Gläubiger der Genossenschaft, W. Letzterer ist, wie physisch, so auch juristisch verschieden von jenen. W. ist aber auch keinerlei Person, für welche gleichwohl die zum Nachteile der in den früheren Rechtsstreiten als Genossenschafter Belangten ergangenen früheren Entscheidungen eine verpflichtende Wirkung üben könnten. W. ist kein allgemeiner Rechtsnachfolger der damals als Genossenschafter Belangten oder eine Person, welche aus sonstigen, in ihrem Verhältnisse zu den Genossenschaftern beruhenden Gründen eine zum Nachteile der Genossenschafter ergangene Entscheidung gegen sich gelten lassen müßte. Er verfolgt nicht etwa Rechte der damals unterlegenen Genossenschafter (oder, wenn man in Beziehung auf jene früheren Rechtsstreite dies für gleichbedeutend erachten will, der Genossenschaft), vielmehr seinerseits selbständige, in seiner Person erstmals entstandene Rechte gegen die drei Beklagten aus Vorgängen, welche zu seinen Gunsten eine Wirkung gegen die drei Beklagten geäußert (nämlich eine Schuldverpflichtung der drei Beklagten gegenüber W. begründet) haben sollen. Daß zur Vermittelung dieser Wirkung auch der Umstand, die drei Beklagten seien Mitglieder der Genossenschaft, herangezogen wird, macht den Anspruch (W.'s) selbst nicht etwa zu einem Anspruche, wie jenen eines Rechtsnachfolgers oder ayant cause der Genossenschafter oder der Genossenschaft.

Es läßt sich ferner auch nicht etwa aus dem Genossenschaftsgesetze ableiten, es könne die Frage, ob jemand Genossenschafter geworden sei, nur in einem Rechtsstreite zwischen der Genossenschaft und denjenigen Personen, welche Genossenschafter gewesen sein sollen, ausgetragen werden, und es müsse schon aus diesem Grunde die in den obenerwähnten Urteilen ergangene Entscheidung auch unmittelbar gegen denjenigen, welcher als Gläubiger eine einzelne Person in deren Eigenschaft als Genossenschafter in Anspruch nimmt, ihre Wirkung äußern. Der Umstand, daß eine Zugehörigkeit des als Genossenschafter Belangten zur Genossenschaft die Voraussetzung zur Inanspruchnahme desselben durch den Gläubiger der Genossenschaft bildet, berechtigt nicht zu der Annahme, daß jene Zugehörigkeit nur in einem Rechtsstreite zwischen dem als Genossenschafter in Anspruch Genommenen und der Genossenschaft ausgetragen werden könne, und daß eine in einem Rechtsstreite zwischen den eben Genannten ergangene Entscheidung über diese Zugehörigkeit auch für denjenigen, welcher als Gläubiger eine einzelne Person in deren Eigenschaft als Genossenschafter in Anspruch nehmen will, bindend sein müsse.

2. Dagegen hat das Oberlandesgericht das Gesetz dadurch verletzt, daß es das Vorbringen der drei Beklagten, sie seien durch (näher bezeichnete) betrügerische Vorspiegelungen von seiten eines Inspektors der Versicherungsanstalt, G., und eines Agenten derselben, P., zum Beitritte zur Genossenschaft bewogen worden und deshalb ihr Eintritt in die Genossenschaft rechtsunwirksam, auch als selbständige, im jetzigen Rechtsstreite auszutragende Einrede für rechtlich unerheblich erachtet hat. Das Oberlandesgericht ging hierbei von der Betrachtung aus, daß nach L.R.S. 1116 nur ein vom Vertragsgegner, nicht auch ein von einem Mitkontrahenten gegenüber einem anderen Mitkontrahenten, ausgeübter Betrug Unwirksamkeit des Vertrages bewirke, im vorliegenden Falle nun dem W. ein Betrug nicht zur Last gelegt werde, die Genossenschafter aber dem Gläubiger gegenüber als die jeweiligen garantierenden Mitkontrahenten der, die Hauptschuldnerin darstellenden, Genossenschaft erschienen. Die Annahme, daß nach L.G.S. 1116 nur ein vom Vertragsgegner, nicht auch ein von einem Mitkontrahenten gegenüber einem anderen Mitkontrahenten ausgeübter Betrug Unwirksamkeit des Vertrages bewirke, ist an sich nicht zu beanstanden, dagegen kann der weiteren Unterstellung des Oberlandesgerichtes, es erscheine der einzelne Genossenschafter gegenüber dem Gläubiger als ein Mitkontrahent der Genossenschaft, nicht beigetreten werden. Bei dem Vertrage, welchen die Genossenschaft mit einer, hierdurch zu ihrem Gläubiger werdenden, Person eingeht, tritt dieser letzteren nur die Genossenschaft, nicht auch der einzelne Genossenschafter, als Kontrahent gegenüber. Nur die Genossenschaft schließt den Vertrag und nur für sich, nicht etwa auch namens der einzelnen Genossenschafter ab. Die Organe der Genossenschaft, mittels welcher die Genossenschaft einen Vertrag mit dem Gegenkontrahenten eingeht, sind nicht zugleich Organe der Genossenschafter in der Weise, daß sie neben dem Vertrage, welchen die Ge-

nossenschaft für sich abschließt, auch als Vertreter der Genossenschafter, sei es schon gewordener oder erst künftiger, einen Vertrag für diese abschlösse. Allerdings bewirkt der Umstand, daß die Genossenschaft eine Verbindlichkeit eingeht, auch, daß für diese Verbindlichkeit nicht bloß die Genossenschaft, sondern auch die Genossenschafter nach Maßgabe der desfallsigen näheren Bestimmungen des Genossenschaftsgesetzes vom 4. Juli 1868 haften. Allein diese letztere Haftung stellt sich nicht als ein Ausfluß eines auch für die Genossenschafter eingegangenen Vertrages mit dem Genossenschaftsgläubiger dar, sondern als die auf dem Gesetze selbst — nämlich dem ebenerwähnten Genossenschaftsgesetze — beruhende Folge der Zugehörigkeit zur Genossenschaft. Aus dem letzteren Grunde muß auch derjenige, welcher als Gläubiger der Genossenschaft eine Person, unter der Behauptung ihrer Zugehörigkeit zur Genossenschaft in dem maßgebenden Zeitpunkte, in Anspruch nimmt, von dem Belangten sich entgegenhalten lassen, es sei der Eintritt des Belangten in die Genossenschaft wegen solcher Vorgänge, welche der Genossenschaft gegenüber seinen Eintritt in die Genossenschaft unwirksam machen, rechtsunwirksam gewesen. Es können sich daher die jetzigen Beklagten auch dem Kläger gegenüber darauf berufen, es sei ihr Eintritt in die Genossenschaft durch betrügerische Manipulationen der Genossenschaft (bezw. von Organen derselben) herbeigeführt worden, ohne daß ihrer Berufung hierauf L.R.S. 1116 entgegenstünde."

II. Gemeines Recht.

28. 1. Geltung des Anspruches auf Sicherstellung des Vermächtnisses im heutigen gemeinen Rechte.
2. Übergang dieses Anspruches auf den Cessionar des Vermächtnisanspruches.
3. Art dieser Sicherheitsleistung nach heutigem gemeinen Rechte.

VI. Civilsenat. Urt. v. 25. April 1889 i. S. V. u. Gen. (Bekl.) w. M. u. Gen. (Kl.) Rep. VI. 25/89.

I. Landgericht Hamburg.
II. Oberlandesgericht daselbst.

Aus den Gründen:

„Dem Mitkläger R. ist in einem Additamente zum Testamente seines Vaters F. J. R., der ihn im übrigen darin in guter Absicht enterbt hat, ein Rentenvermächtnis im Betrage von 9000 ℳ jährlich ausgesetzt. . . . Nach dem Tode des Testators ist dieser Vermächtnisanspruch zur Hälfte durch Cession auf die Mitkläger . . . übergegangen, und die Kläger haben jetzt, jeder für seinen Anteil, die drei Beklagten, als nach lübeckischem, bezw. hamburgischem ehelichen Güterrechte lebende Ehemänner der drei mit dem erwähnten Vermächtnisse beschwerten Erbinnen, der Töchter des Mitklägers R., auf Bestellung einer Sicherheit für ihre ferneren Rentenansprüche durch Hinterlegung von barem Gelde, eventuell durch Hinterlegung von Wertpapieren, noch eventueller durch genügende Bürgen belangt. Das Berufungsgericht hat den Beklagten wenigstens die Beschaffung genügender Bürgschaft, und zwar jedem derselben in Höhe von 50 000 ℳ, auferlegt. Die von den Beklagten gegen diese Verurteilung gerichteten Angriffe stellen sich als verfehlt dar. . . .

Der Anspruch auf Sicherstellung an sich ist ohne Zweifel völlig im Einklange mit den hier maßgebenden Grundsätzen des gemeinen deutschen Rechtes als begründet vom Oberlandesgerichte anerkannt worden. Es handelt sich hier nicht um das Verlangen einer Sicherheitsleistung auf Grund besonderer Umstände des konkreten Falles, welches etwa auf l. 41 Dig. de jud. 5,1 zu stützen wäre, sondern einfach um eine Anwendung des allgemeinen Satzes des römischen Rechtes, wonach jeder mit einem Vermächtnisse Beschwerte dem Vermächtnisnehmer auf Verlangen eine „satisdatio" für Erfüllung des Vermächtnisses zu leisten hat. Mit Recht hat das Berufungsurteil ausgeführt, wie es nach den Quellen ganz zweifellos sei, daß jener Satz auch bei bedingten Vermächtnissen, also insbesondere auch bei Rentenvermächtnissen (natürlich auch schon vor dem Anfalle, dem dies cedens, der hier erst mit dem Erleben jedes einzelnen Rententermines durch den Vermächtnisnehmer eintritt), Geltung habe. Auch war ohne Bedenken anzunehmen, daß das dadurch für den Vermächtnisnehmer begründete accessorische Recht, soweit derselbe seine eventuellen Rentenforderungen selbst abgetreten hat, mit Recht als im Zweifel auf den Cessionar mitübertragen angesehen werde, nach Analogie des in l.l. 6. 7 Cod. de O. et A. 4,10 und l. 14 Cod. de fidejuss. 8,41 über die Pfandrechte Bestimmten. Im übrigen gab es zwar im römischen Rechte keine eigentliche Klage auf diese Sicherheitsleistung, sondern nur den mittelbaren Zwang durch die sonst drohende missio in possessionem; aber in diesem, wie in anderen ähnlichen Fällen, z. B. bei dem Anspruche auf damni infecti cautio, ist im gemeinen deutschen Rechte infolge des gänzlich veränderten Prozeßverfahrens, insbesondere in Verbindung mit dem Wegfalle der missiones in possessionem, das direkte Klagrecht an die Stelle getreten.

Vgl. Dernburg, Pandekten Bd. 3 §. 99 S. 195, sowie Kniep, De cautione et missione legatorum servandorum causa S. 53 flg.

Freilich ist bisweilen wohl auch die Ansicht vertreten worden, daß dieser ganze Kautionsanspruch in Deutschland nicht in Geltung stehe,

vgl. Glück, Kommentar Bd. 18 S. 267,

mit Recht ist aber die entgegengesetzte Auffassung herrschend, wofür auf Windscheid, Pandektenrecht Bd. 3 6. Aufl. §. 648 Anm. 14 S. 367, verwiesen werden kann. Jene Ansicht ist überhaupt eigentlich nicht sowohl auf ein deutsches Gewohnheitsrecht gestützt worden, welches der Anwendung des römischen Rechtes der cautio legatorum vel fideicommissorum servandorum causa entgegenstünde, als darauf, daß dieses Rechtsinstitut durch die von Justinian den Vermächtnisnehmern gegebene gesetzliche Hypothek überflüssig gemacht sei; nun trifft aber dieser Grund schon deshalb nicht zu, weil doch auch bereits im justinianischen Rechte beide Sicherungsmittel nebeneinander bestanden; a. M. freilich Sintenis, Civilrecht Bd. 1 3. Aufl. §. 35 S. 358 und Bd. 3 3. Aufl. §. 211 Anm. 12 S. 698; vgl. aber dagegen insbesondere Backofen, Römisches Pfandrecht Bd. 1 S. 325 flg. und Kniep, a. a. O. S. 44 flg. . . .

Was ferner die Art und Weise der Sicherheitsleistung anlangt, so ist zunächst die Beschwerde der Kläger darüber, daß ihnen nur auf Sicherstellung durch Bürgschaft ein Recht zuerkannt sei, ganz unbegründet. Keineswegs ist das ältere römische Recht dahin abgeändert, daß das Gericht nach seinem Ermessen, statt auf Stellung von Bürgen, auch auf anderweite reale Sicherung, insbesondere durch Pfandrechte oder durch Hinterlegung von Werten, erkennen könnte. Für das justinianische Recht wird dies durch l. 7 Dig. de stip. praet. 46, 5 in Verbindung mit l. 1 pr. Dig. ut leg. 36, 3 (vgl. auch l. 16 eod.) außer Zweifel gesetzt. Daß Justinian außerdem den Vermächtnisnehmern durch l. 1. 2 Cod. comm. de leg. 7,43 ein gesetzliches Pfandrecht an demjenigen gegeben hat, was der Beschwerte aus dem betreffenden Nachlasse erworben hat, hat mit dem Inhalte jener Kautionsverbindlichkeit nichts zu thun. Für das heutige Recht ist zwar anzunehmen, daß der Verpflichtete gewohnheitsrechtlich, abweichend vom römischen Rechte, sich, wenn er will, auch durch genügende Pfandbestellung befreien kann, wofür man sich in der älteren Praxis wohl auf l. 25 Dig. de R. J. 50, 17 berufen hat.

Vgl. Mevius, Decisiones P. 2 dec. 256, P. 5 dec. 346; Glück, Kommentar Bd. 3 S. 449 flg. 454; Sintenis, Civilrecht Bd. 1 3. Aufl. §. 35 S. 357: Wetzell, Civilprozeß 3. Aufl. §. 30 S. 321 flg.; Kniep, a. a. O. S. 48; Seuffert, Archiv Bd. 33 Nr. 144; Entsch. des R.G.'s in Civils. Bd. 12 S. 224.

Hieraus ergiebt sich aber höchstens die Notwendigkeit alternativer Fassung des Klagantrages und der Verurteilung, die übrigens dann jedenfalls wegfällt, wenn, wie im vorliegenden Falle, der Pflichtige ausdrücklich erklärt, nur mit Bürgen die Sicherheit leisten zu wollen.

In Ansehung der Höhe der zu bestellenden Sicherheit haben beide Parteien die Entscheidung des Oberlandesgerichtes angegriffen. Daß die Beklagten durch das vorige Urteil in dieser Beziehung jedenfalls nicht beschwert waren, geht ohne weiteres daraus hervor, daß dasselbe in diesem Punkte auf die Anschließung der Kläger aufgehoben und in der Sache selbst eine diesen günstigere Entscheidung ergehen mußte. Zwar ihr prinzipales Begehren, daß die von den Beklagten zu stellenden Bürgen sich im ganzen, statt bis zur Höhe von 150 000 *M*, vielmehr bis zur Höhe von 257 150 *M* verpflichten sollen, war gleichfalls grundlos; aber darin mußte ihnen Recht gegeben werden, daß überhaupt gar kein Grund vorlag, die Verpflichtung der Bürgen auf eine bestimmte Summe zu begrenzen. Wenn es sich um eine mit Pfändern oder durch Hinterlegung zu bestellende Sicherheit handelt, dann ist es allerdings natürlich erforderlich, in der Verurteilung einen bestimmten Wertbetrag zu nennen; dagegen ist kein Grund abzusehen, warum nicht Bürgen gegeben werden sollten, die sich einfach auf dasselbe verpflichten, was der Hauptschuldner zu leisten schuldig sein werde, mag dies auch dem Umfange nach für jetzt noch nicht genau bestimmt sein. Durch die dennoch hinzugefügte Beschränkung auf die Summe von je 50 000 *M* hat das Berufungsgericht also gegen die die satisdatio anordnenden Bestimmungen des römischen Rechtes verstoßen. Da bei Aufhebung des angefochtenen Urteiles in diesem Punkte die Sache zur Endentscheidung reif erschien, so war diese nach §. 528 Abs. 3 Nr. 1 der Civilprozeßordnung sofort auszusprechen."

---

29. Geht die gesetzliche Verbindlichkeit des natürlichen Vaters zur Alimentation des unehelichen Kindes auf die Erben des ersteren über? Einfluß der Rechtshängigkeit des Anspruches bei dem Tode des beklagten Vaters auf die Vererblichkeit.

Großherzogl. hess. Gesetz vom 30. Mai 1821.
C.P.O. §. 239.

III. Civilsenat. Urt. v. 5. Juli 1889 i. S. K. Sp., jetzt dessen Erbin (Bekl.) w. E. W. (Kl.) Rep. III. 117/89.

I. Landgericht Darmstadt.
II. Oberlandesgericht daselbst.

Die Klägerin hat den ursprünglichen Beklagten K. Sp. auf Alimentation des von ihr im Jahre 1888 außerehelich geborenen Kindes mit der Behauptung belangt, daß ihr der Beklagte die Ehe versprochen, sie darauf geschwängert und anerkannt habe, der Vater jenes Kindes zu sein. Das Landgericht verurteilte den Beklagten nach erhobenem Beweise zur Zahlung eines Alimentationsbeitrages von monatlich 12 *M* unter der Voraussetzung, daß die Klägerin den ihr auferlegten Eid darüber ableiste, daß Beklagter entweder die stattgehabte Schwängerung anerkannt oder sich als Vater des Kindes bekannt habe. Am Tage der Urteilsverkündigung zeigte der Anwalt des K. Sp. an, daß letzterer sich einige Tage vorher selbst entleibt habe. Es hat demnächst dessen Schwester die Erbschaft ihres Bruders angetreten, den Rechtsstreit durch Einlegung der Berufung aufgenommen und beantragt, die Klage, eventuell wenigstens den Anspruch auf Alimentation für die Zeit nach dem 16. Dezember 1888, dem Todestage des K. Sp., abzuweisen. Der Berufungsrichter hat dieses Rechtsmittel als unbegründet verworfen. Auf Revision der jetzigen Beklagten, welche nur die in zweiter Instanz eventuell aufgestellte Beschwerde wiederholte, hob das Reichsgericht das Berufungsurteil, soweit dasselbe angefochten worden, auf und sprach der Klägerin unter teilweiser Abänderung des Landgerichtserkenntnisses die geforderten Alimente nur bis zum Todestage des K. Sp. zu.

Aus den Gründen:

„Der Berufungsrichter geht bei der Verurteilung der Erbin des ursprünglichen Beklagten zur Fortentrichtung der geforderten Alimente davon aus, daß zwar die Alimentationspflicht des unehelichen Vaters, soweit sie auf dem Gesetze beruhe, als eine höchst persönliche, aus der Verwandtschaft entspringende, nicht auf die Erben übergehe, daß aber nach dem hessischen Partikularrechte der Vater eines unehelichen Kindes nur aus einem Anerkenntnisse des ersteren ausgemittelt werden könne, und die durch einen solchen Vertrag übernommenen Verpflichtungen auch von den Erben des Vaters zu erfüllen seien. Mit Recht greift die Revisionsklägerin diese Entscheidung um deswillen als rechtsirrtümlich an, weil die Revisionsbeklagte die vertragsmäßige Anerkennung der Vaterschaft abseiten des verstorbenen K. Sp. nicht einmal behauptet habe, und eine solche noch weniger für erwiesen erachtet worden sei. Der erste Richter, auf dessen Ausführungen das Berufungsurteil Bezug nimmt, stellt nur fest: „daß sich Beklagter als Urheber der Schwängerung der Klägerin, als Vater ihres Kindes bekannt habe", und folgert dies daraus: „daß Beklagter selber zugestehe, sich fleischlich mit der Klägerin eingelassen zu haben, daß derselbe sodann nach der Klagerhebung seine Einlage bei der Sparkasse erhoben und sein Grundvermögen verkauft habe, um die Ansprüche der Klägerin zu vereiteln, und daß endlich seine Verteidigung unglaubwürdig sei, während die Klägerin einen guten Eindruck mache". Diesen Gründen fügt der Berufungsrichter noch die Erwägung hinzu, daß, nachdem der Beklagte seinem Leben ein Ende gemacht habe, nur noch die Klägerin über die Wahrheit der von ihr zur Klagebegründung behaupteten Thatsache des Anerkenntnisses der Vaterschaft zu schwören imstande sei. Von einer vertragsmäßigen Anerkennung der Vaterschaft ist hier nirgends die Rede. Aber auch, wenn solche angenommen werden könnte, wäre der angeführte Grund für die Vererblichkeit des erhobenen Alimentationsanspruches nicht durchschlagend. Denn eine derartige Anerkennung giebt dem unehelichen Kinde noch keinen vertragsmäßigen, sondern nur einen gesetzlichen Alimentationsanspruch. Eine vertragsmäßige Alimentationspflicht des Vaters würde nur begründet sein, wenn sich der letztere bei dem Anerkenntnisse der Vaterschaft zur Gewährung des Unterhaltes besonders verpflichtet hätte, sei es zur Zahlung einer bestimmten fortlaufenden Alimentationssumme, sei es überhaupt zur Ernährung des Kindes, während überall, wo dies nicht geschehen ist, das Gesetz ergänzend eintritt.

Die Entscheidung über die erhobene Revisionsbeschwerde hängt daher von der Beantwortung der Frage ab, ob die dem Vater gesetzlich obliegende Pflicht zur Alimentation seines unehelichen Kindes auf dessen Erben übergeht.

Daß bei dem im Laufe des Prozesses eingetretenen Tode des ursprünglichen Beklagten der streitige Anspruch bereits rechtshängig war, erhebt in Ansehung der für die Zukunft geforderten Alimentationsbeträge nichts zur Sache. Zwar wird die Vererblichkeit der sonst nicht passiv auf die Erben übergehenden Klagen nach gemeinem Rechte durch die Streiteinlassung und nach §. 239 C.P.O. durch die Klagerhebung bewirkt, allein doch immer nur soweit, als der Anspruch geltend gemacht wurde und unbeschadet der der Forderung selber inhärierenden Beschaffenheit. Es kann daher, was die jetzige Beklagte auch nicht bestreitet, die Klägerin mit Rücksicht auf die Rechtshängigkeit des Alimentationsanspruches zwar noch diejenigen Unterhaltungsbeiträge fordern, welche bis zum Tode des K. Sp. aufgewachsen sind, nicht aber auch aus diesem Grunde die später fällig werdenden Alimente. Sind diese höchst persönliche, erlöschen sie also mit dem Tode des Verpflichteten, so ändert die Thatsache, daß sie bei Lebzeiten des letzteren sowohl für die Vergangenheit, als für die Zukunft eingeklagt worden sind, diese ihre Eigenschaft nicht.

Der Rechtssatz nun, daß der außereheliche Vater zur Alimentation seines Kindes verpflichtet sei, hat sich in Deutschland seit dem Eindringen des römischen Rechtes durch die gemeinrechtliche Doktrin und Praxis ausgebildet und ist seit dem sechzehnten Jahrhundert in eine Reihe von Partikularrechten übergegangen. Auch in Hessen wurde er von den Gerichten schon frühzeitig auf Grund der Kirchenreformationsordnung vom 1. August 1570 §. 9 und mit Bezug auf gemeinrechtliche Schriftsteller zur Anwendung gebracht,

vgl. Malkomesius, Observ. pract. fori Hass. (1667) cl. III. obs. 20 p. 217,

und es sind demnächst die Rechte des Kindes auf Anerkennung und Alimentation als „natürliche Ansprüche" gesetzlich bezeichnet worden.

Vgl. Verordnung vom 18. April 1792 §. 14 bei Eigenbrodt, Handbuch der Großherzogl. hess. Verordnungen Bd. 2 S. 374.

Das Gesetz vom 30. Mai 1821 beseitigte jedoch alle bis dahin bestandenen Strafen des freiwilligen außerehelichen Beischlafes zwischen Personen ledigen Standes, welche in verbotenen Graden miteinander weder verwandt noch verschwägert sind (die sog. Fornikationsstrafen), und bestimmte zugleich, daß ein gerichtliches Verfahren, welches zum Zwecke habe, den angeblichen Vater eines unehelichen Kindes zu entdecken oder zu überführen, nicht mehr stattfinden sollte.

Durch konstante Rechtsübung der hessischen Obergerichte ist festgestellt, daß dieses Gesetz nur die Erforschung der außerehelichen Vaterschaft im Prozesse verbietet, keineswegs aber die aus diesem Verhältnisse selbst für die Beteiligten entspringenden Rechte und Pflichten aufgehoben hat, daß daher insbesondere eine Klage wegen Alimentation des außerehelich erzeugten Kindes gegen den Vater, wenn sich solche auf die Behauptung stützt, daß der Beklagte sich als

Vater bekannt habe, zulässig erscheint. Der Rechtstitel, aus welchem jene Alimentationspflicht abgeleitet wird, ist ausschließlich die bestehende oder doch als bestehend vorausgesetzte natürliche Verbindlichkeit aus der unehelichen Vaterschaft. Über diese Usualinterpretation des angeführten Partikulargesetzes durch die hessischen Gerichte hat sich das Reichsgericht bereits in den Entsch. in Civilf. Bd. 5 Nr. 99 S. 367 flg. ausführlich ausgesprochen.

Unter solchen Umständen können im gemeinrechtlichen Gebiete des Großherzogtums Hessen für die hier in Streit befangene Verpflichtung in Ansehung ihres Überganges auf die Erben keine anderen Grundsätze zur Anwendung kommen, als diejenigen sind, welche für die Alimentation ehelicher Kinder gelten; es muß also die Alimentationspflicht in dem einen wie in dem anderen Falle als eine höchst persönliche angesehen werden, die der Regel nach mit dem Tode des Verpflichteten von selbst erlischt.[1]

Man hat sich zwar demgegenüber auf eine allgemeine Praxis der deutschen Gerichte berufen, welche die Vererblichkeit des Alimentationsanspruches des unehelichen Kindes unbeschränkt anerkenne, und man hat für dieses angebliche deutsche Gewohnheitsrecht mehrfache, zum Teil sich selbst widersprechende Gründe geltend gemacht, namentlich einerseits, daß dasselbe von jedem besonderen Obligationsgrunde der streitigen Alimentationspflicht abgesehen und nur den Rechtssatz selber zur Anerkennung gebracht habe, andererseits, daß es, an die Vorschriften des römischen Rechtes über die Alimentation der Konkubinenkinder und des kanonischen Rechtes über die durch die Bande des Blutes begründete Verwandtschaft anknüpfend, die Alimentationsverbindlichkeit des natürlichen Vaters in besonderer (anomaler) Weise ausgebildet habe.

Vgl. u. a. Dernburg, Pandekten Bd. 3 § 38; Köppen, System

---

[1] Vgl. Hofacker, Princip. jur. civ. (1787) tom. I §§. 557—559; Günther, Princip. jur. rom. pr. nov. II §. 447; v. Vangerow, Pandekten Bd. 1 §. 260; Keller, Pandekten §. 421; Sintenis, Praktisches gem. Civilrecht Bd. 3 §. 138 zu Note 40; Eck in v. Holtzendorff's Rechtslexikon 3. Aufl. Bd. 1 S. 74; Gengler, Deutsches Privatrecht Bd. 1 S. 771, Bd. 2 S. 1221 und besonders Heerwart im Archiv für civil. Praxis Bd. 14 S. 435 flg., Bd. 17 S. 77 flg. und in der Gießer Zeitschrift Bd. 17 S. 327 flg.; Büngner, Zur Theorie und Praxis der Alimentationspflicht S. 137 flg. D. E.

des Erbrechtes S. 172 Note 7; Böhlau, Mecklenburgisches Landrecht Bd. 2 §§. 82. 83; Entsch. der vormaligen Oberappellationsgerichte zu Oldenburg, Lübeck und Rostock bei Seuffert, Archiv Bd. 11 Nr. 42, Bd. 19 Nr. 47 und Buchka und Budde, Entsch. a. a. O. Bd. 2 S. 219.

Allein so richtig es auch ist, daß der Rechtssatz selber, die Verpflichtung des natürlichen Vaters zur Alimentation des von ihm erzeugten Kindes, durch ein allgemeines deutsches Gewohnheitsrecht eingeführt worden ist, so ist dies doch keineswegs in der Anwendung dieser Rechtsnorm in ihren einzelnen Beziehungen der Fall, es hat sich vielmehr der subjektive und objektive Umfang der Alimentationspflicht in den gemeinrechtlichen Rechtsgebieten zum Teil im Anschluß an partikuläre Vorschriften ganz verschieden entwickelt. Es gehen z. B. die Meinungen der Rechtslehrer und die Entscheidungen der Gerichte über die Fragen: wem das Klagerecht auf Alimentation zustehe, der Mutter oder dem Kinde? — welcher Maßstab bei der Bemessung des Unterhaltes des Kindes anzulegen sei? — ob die Alimentationspflicht sich nur auf einen Beitrag zur Ernährung des Kindes erstrecke oder auf Gewährung des vollen Unterhaltes gehe? — endlich, ob der Anspruch auf die Lebenszeit oder nur bis zu einem gewissen Alter des unehelichen Kindes bestehe? weit auseinander,

vgl. Büngner, a. a. O. S. 91 flg. 127 flg.; v. Holzschuher, Theorie und Kasuistik Bd. 1 S. 469 flg. der 2. Aufl.; Matthaei, Kontroversenlexikon Bd. 1 S. 283 flg.,

und es ist selbst die Rechtsprechung der Gerichte in Ansehung der Frage der Vererblichkeit dieses Anspruches mindestens in diesem Jahrhundert keine gleichmäßige gewesen. Namentlich haben die ehemals nassauischen Obergerichte, obwohl sie früherhin vom Deliktsstandpunkte aus den Übergang der Alimentationspflicht auf die Erben des Verpflichteten annahmen, seit etwa dem Jahre 1850 zur entgegengesetzten Ansicht mit der Begründung sich bekannt, daß jene Verbindlichkeit aus dem natürlichen Verwandtschaftsverhältnisse fließe und die Zulassung einer Klage gegen den Schwängerer zu dem vom Gesetze nicht beabsichtigten Ergebnisse führen würde, daß den unehelichen Kindern dadurch ein Vorzug vor den ehelichen eingeräumt werde.

Vgl. Bertram, Nassauisches Privatrecht §. 1714.

Umgekehrt hat das vormalige Oberappellationsgericht zu Kiel

vor dem Jahre 1851 in Widerspruch mit der Annahme der Mittelgerichte auf Grund „der Praxis" die Vererblichkeit des fraglichen Anspruches in Abrede gestellt, späterhin aber, wie es scheint, der Rechtsprechung der unteren Instanzen sich angeschlossen.

Vgl. Falk, Schleswig-holsteinisches Privatrecht Bd. 4 S. 310; Schleswig-holsteinische Anzeigen 1838 S. 215, 1839 S. 30, 1841 S. 200, 1851 S. 102.

Ein allgemeines deutsches Gewohnheitsrecht hat sich umsoweniger bilden können, als man über die Frage, auf welchen Rechtsgrund die Alimentationspflicht des unehelichen Erzeugers zurückzuführen sei, sowohl in der Praxis als in der Doktrin von sehr verschiedenen Ansichten ausging.

Vgl. Windscheid, Pandekten Bd. 2 §. 475.

Wo aber, wie hier, dieser Rechtsgrund in der natürlichen Verwandtschaft gefunden wird, ist damit von selbst der Übergang der Alimentationspflicht auf die Erben ausgeschlossen."

---

30. 1. Scheingeschäft. Unterschied zwischen Cessio in securitatem und pignus nominis.[1]

2. Hat der debitor cessus eine Einrede aus der zwischen dem Cedenten und dem Cessionar über die Geltendmachung des übertragenen Gläubigerrechtes getroffenen Vereinbarung?

III. Civilsenat. Urt. v. 17. September 1889 i. S. der Konkursmasse der Homburger Gewerbebank (Kl.) w. Kr. (Bekl.) Rep. III. 133/89.

I. Landgericht Frankfurt a./M.
II. Oberlandesgericht daselbst.

Der Beklagte hat sich im Schuldscheine vom 14. März 1880 zum Empfange eines Darlehns von H. B. bekannt und H. B. hat mit anderen Forderungen auch die Forderung aus jenem Schuldscheine durch Urkunde vom 3. Januar 1883 „der Homburger Gewerbekasse zur Sicherheit für ihre Forderungen aus den von ihr gewissen dritten Personen unter Bürgschaft H. B.'s gewährten Krediten cediert". Die Homburger Gewerbekasse hat vor ihrer am 1. Juli 1883 erfolgten

[1] Vgl. oben S. 45. D. R.

Auflösung ihre Aktiven der Homburger Gewerbebank übertragen. Diese ist in Konkurs gefallen, und der Konkursverwalter hat den Beklagten aus dem Schuldscheine vom 14. März 1880 in Anspruch genommen. Nach Feststellung des Berufungsgerichtes ist die Cession nicht zu dem in der Cessionsurkunde angegebenen Zwecke, sondern in der Absicht erfolgt, um H. B. vor Wechselgläubigern zu schützen und die Gewerbekasse, welche zu diesem Behufe Aufwendungen für H. B. machen wollte, in den Stand zu setzen, „sich für ihre zu machenden Vorlagen aus den ihr zu dem Ende zur Verfügung gestellten Mitteln zu befriedigen". Nachdem inzwischen alles bezahlt ist, was die Gewerbekasse oder die Gewerbebank wegen Befriedigung der H. B.'schen Wechselgläubiger zu fordern hatte, hat das Berufungsgericht in der Annahme, daß die Sachlegitimation des Klägers mit der für erwiesen erachteten mündlichen Vereinbarung des Cedenten H. B. und der Gewerbekasse verneint sei, unter Aufhebung des verurteilenden erstinstanzlichen Erkenntnisses die Klage abgewiesen. Auf die Revision des Klägers ist das Berufungsurteil aufgehoben und die Berufung des Beklagten zurückgewiesen aus folgenden

Gründen:

... „Abgesehen davon, daß gegenüber der als echt anerkannten und die Sachlegitimation der Klägerin als unbestrittener Cessionarin der Gewerbekasse ohne weiteres begründenden Urkunde die aus der mündlichen Vereinbarung des Cedenten und der Gewerbekasse entnommene Verteidigung nur als Einrede aufgefaßt werden kann, so ist auch nach jener Vereinbarung die erteilte Cession jedenfalls insoweit kein Scheingeschäft, vielmehr ein durchaus ernstlich gemeintes Geschäft, als die Cessionarin durch dieselbe hat in den Stand gesetzt werden sollen, „sich für ihre zu machenden Vorlagen aus den ihr zu dem Ende zur Verfügung gestellten Mitteln zu befriedigen". Die Feststellung des Berufungsgerichtes hebt daher die beurkundete Cession keineswegs auf, giebt derselben vielmehr nur eine vom Inhalte der Urkunde abweichende Beziehung; der Cessionarin hat nicht für die in der Urkunde genannten Kredite, sondern für die ihr aus der Einlösung der Wechsel rc gegen den Cedenten erwachsenden Forderungen Sicherheit durch die cedierten Forderungen des B. gewährt werden sollen. Ist die Cession auch nur zur Sicherheit der Cessionarin erfolgt, so gewinnt sie hierdurch doch keineswegs den Charakter eines bloßen pignus nominis, überträgt vielmehr auch bei solcher Vertragsabsicht das Gläubigerrecht auf die Cessionarin, während dem Cedenten das Recht verbleibt, von der Cessionarin nach Abtragung der gesicherten Schuld Rückcession und bei einer nach Fälligkeit der Schuld erfolgten Erhebung oder weiteren Cession den nach Abzug von Kapital, Zinsen und Kosten verbliebenen Überschuß zu fordern. Daß aber die Absicht der Beteiligten trotz der Form der Cession nur auf Begründung eines die Forderung aus dem Vermögen des Cedenten nicht ausscheidenden pignus nominis gerichtet gewesen sei, ist aus den Feststelluugen des Berufungsgerichtes nicht zu entnehmen. Ist demnach die Gewerbekasse bezw. die Gewerbebank Cessionarin der eingeklagten Forderung und hat Beklagter eine Rückcession an den Cedenten nicht behauptet, so ist die Sachlegitimation der Klägerin nicht zu beanstanden. Ob die Schuld, zu deren Sicherheit die Cession erfolgte, inzwischen getilgt wurde, ist unerheblich, weil die zur Sicherheit cedierte Forderung nach Tilgung der Schuld nicht von selbst wie eine nur verpfändete Forderung, sondern allein durch Rückcession an den Cedenten zurückfällt. Auch kann Beklagter als debitor cessus nicht geltend machen, daß die Einziehung der Forderung nach Tilgung der Schuld der zwischen dem H. B. und der Gewerbekasse getroffenen Vereinbarung widerspricht. Vereinbarungen zwischen Cedenten und Cessionar über die Ausübung des übertragenen Gläubigerrechtes berühren das Schuldverhältnis selbst nicht, können daher auch nicht vom debitor cessus gegen den legitimierten Cessionar geltend gemacht werden. Hiernach mußte das angefochtene Urteil aufgehoben und zugleich, da die Schuld selbst unbestritten ist, in der Sache durch Zurückweisung der Berufung gegen das verurteilende landgerichtliche Urteil erkannt werden."

---

31. Voraussetzungen des Beweises der unvordenklichen Verjährung.

III. Civilsenat. Urt. v. 10. Juli 1888 u. v. 11. Oktober 1889 i. S. Gemeinde Stiepelse (Kl.) w. die Regierung zu Lüneburg (Bekl.). Rep. III. 107/88 u. 168/89.

I. Landgericht Lüneburg.
II. Oberlandesgericht Celle.

Die politische Gemeinde Stiepelse behauptet, daß bis zum Inkrafttreten des Fischereigesetzes vom 30. Mai 1874 alle männlichen Einwohner der Gemeinde Stiepelse befugt gewesen seien, den Fischfang in der blanken Elbe, soweit diese die Grenzen der Feldmark Stiepelse bilde, mittels der sogenannten kleinen Fanggeräte, jedoch nicht in Ansehung der Lachse, Störe und Neunaugen auszuüben. Sie stützt diese Berechtigung neben anderen Erwerbstiteln auf unvordenkliche Verjährung, indem sie geltend macht, daß diese Berechtigung nach §. 6 des Fischereigesetzes auf die politische Gemeinde übergegangen sei. Da der Fiskus das Recht der Gemeinde bestreitet und ein ausschließliches Fischereirecht in der Elbe in Anspruch nimmt, hat die Gemeinde Klage auf Anerkennung des behaupteten Fischereirechtes erhoben. Das Landgericht wies die Klage ab; es erachtete den Beweis der unvordenklichen Verjährung für verfehlt; das Oberlandesgericht teilte diese Ansicht und verwarf die von der Klägerin eingelegte Berufung.

Auf die Revision der Klägerin wurde das Urteil des Oberlandesgerichtes aufgehoben und die Sache zur anderweiten Verhandlung und Entscheidung an dasselbe zurückverwiesen aus folgenden

Gründen:

„Wenn auch der auf Verletzung der Vorschrift in §. 7 des Fischereigesetzes vom 30. Mai 1874 gestützte Angriff nicht begründet erscheint, da das Berufungsgericht mit Recht angenommen hat, daß die Elbe, bezw. der hier in Betracht kommende Teil derselben, als ein Gewässer, welches bisher dem freien Fischfange unterlegen habe, nicht anzusehen sei, weil der §. 7 im Gegensatze zu den Fällen des §. 6 auf die Fälle sich bezieht, in welchen die Fischerei als ein jus omnium commune jedermann freistand, in welchen dies betreffende Gewässer dem absolut freien Fischfange unterlag, so ist doch der weitere Angriff für begründet zu erachten, daß das Berufungsgericht bei Prüfung des Beweises der von der Klägerin aufgestellten Behauptung, daß seit unvordenklicher Zeit die sämtlichen Einwohner oder Mitglieder der Gemeinde Stiepelse eine Fischereiberechtigung in dem von ihr näher angegebenen Umfange bis zum Erlasse des Fischereigesetzes ausgeübt haben, und daß daher §. 6 des Fischereigesetzes Anwendung finde, von einer unrichtigen Ansicht über die Voraussetzungen des Beweises der unvordenklichen Verjährung ausgegangen ist.

Das Berufungsgericht sieht als erwiesen an, daß eine faktische Ausübung der Fischerei von seiten der Einwohner von Stiepelse in der Elbe vor Stiepelse seit unvordenklicher Zeit ununterbrochen bis zum Jahre 1874 stattgefunden hat, es erachtet diese faktische Ausübung der Fischerei jedoch nicht für genügend, um eine Berechtigung der Stiepelser als im Jahre 1874 bestehend nachzuweisen, weil dieselbe als die Ausübung einer Berechtigung sich dargestellt haben müsse, nun aber die Aussagen der Zeugen bei den von ihnen bekundeten Ausübungshandlungen die Merkmale vermissen lassen, an welchen die Ausübung als eine Rechtsausübung erkannt werden könnte, sodaß es an dem Beweise dafür fehle, daß die Stiepelser die von ihnen betriebene Fischerei als ein privates Recht der Einwohner von Stiepelse ausgeübt haben.

Die unvordenkliche Verjährung hat nun zwar, um als Rechtsgrundlage dienen zu können, eine während unvordenklicher Zeit fortgesetzte Rechtsausübung zur Voraussetzung, und Zustände, in welchen eine Rechtsausübung sich nicht darstellt, werden durch die unvordenkliche Verjährung nicht zu rechtlichen erhoben. Aber daraus folgt doch eben nur, daß die Ausübungshandlungen an sich geeignet sein müssen, eine Rechtsausübung darzustellen, nicht aber, daß, dies vorausgesetzt, zu der über Menschengedenken hinaus fortgesetzten Übung noch besondere Merkmale hinzukommen müssen, welche in der Übung eine Rechtsausübung hervortreten lassen. Im Gegenteil hat man vielmehr davon auszugehen, daß bei Handlungen, welche an sich zur Darstellung einer Rechtsausübung geeignet sind, in der während unvordenklicher Zeit fortgesetzten Übung die Absicht, ein Recht auszuüben, genügend in die Erscheinung tritt, und es also Aufgabe des Gegenbeweises ist, besondere Umstände darzulegen, welche eine andere Annahme rechtfertigen. Dies verkennt der Berufungsrichter, welcher, obwohl er feststellt, daß die faktische Ausübung der Fischerei seit unvordenklicher Zeit ununterbrochen stattgefunden, die Merkmale der Rechtsausübung vermißt. Und vollends rechtsirrtümlich erscheint es, wenn der Berufungsrichter hervorhebt, die klägerischen Zeugen bekunden zwar meistens, daß sie sich zu der Fischerei berechtigt gehalten haben, wissen aber keinen anderen Grund dafür anzugeben, als daß sie in der Ausübung nicht gestört seien, sie scheinen danach als Grund ihrer Ausübung nicht eine positive privatrechtliche Befugnis, sondern nur die Nichtstrafbarkeit derselben betrachtet zu haben. Denn es kann nur darauf ankommen, ob die Handelnden in der Meinung, ein Recht auszuüben, gehandelt haben, nicht aber darauf, ob ihre Meinung auf zutreffenden Gründen beruht hat.

Nun hat zwar das Berufungsgericht daneben auch noch besondere, vermeintlich für seine Annahme sprechende Umstände herangezogen, aber keineswegs festgestellt, daß damit ein ausreichender Gegenbeweis erbracht sei. Andererseits lassen auch die Entscheidungsgründe nicht erkennen, daß der Gerichtshof, dem dazu von seinem Standpunkte aus keine Veranlassung gegeben war, das vorliegende Beweismaterial nach der gedachten Richtung hin einer erschöpfenden Prüfung unterzogen hat.

Es war daher das angefochtene Urteil aufzuheben und die Sache zur anderweiten Verhandlung und Entscheidung an das Berufungsgericht zurückzuverweisen."

Nachdem die weitere Verhandlung der Sache stattgefunden hatte, nahm das Berufungsgericht in dem Urteile vom 11. Oktober 1889 den Beweis der unvordenklichen Verjährung als erbracht an und verurteilte die Beklagte, das der Klägerin zustehende Recht anzuerkennen, den Fischfang in der blanken Elbe, soweit dieselbe die Grenzen der Feldmark Stiepelse bildet, mittels der näher bezeichneten Fanggeräte auszuüben.

Die gegen dieses Urteil eingelegte Revision wurde zurückgewiesen aus folgenden

Gründen:

„Bei der Prüfung der Frage, ob bezüglich des von der Klägerin beanspruchten Fischereirechtes der Beweis der unvordenklichen Verjährung erbracht sei, ist das Oberlandesgericht von den in dem Urteile des Reichsgerichtes vom 10. Juli 1888 aufgestellten Grundsätzen ausgegangen. Die Annahme, daß der Beweis geführt sei, läßt einen Verstoß gegen Rechtsnormen nicht erkennen, und es sind insbesondere die von der Revisionsklägerin erhobenen Angriffe nicht begründet.

Die Verwerfung des Einwandes der Beklagten gegen die Zulässigkeit der Berufung auf unvordenkliche Verjährung, weil die Fischerei in der Elbe Regal sei, ist nicht rechtsverletzend. Das Berufungsgericht hat vielmehr mit Recht angenommen, daß, auch wenn die Behauptung der Beklagten begründet sei, dadurch die Möglichkeit der Existenz des von der Klägerin beanspruchten Fischereirechtes nicht ausgeschlossen werde, und daß auch zum Nachweise dieses Rechtes die Berufung auf unvordenkliche Verjährung zulässig sei.[1] Es ist namentlich auch nicht richtig, wenn die Revisionsklägerin geltend macht, daß, falls dem Fiskus das ausschließliche Fischereirecht in der Elbe als Regal zustehe, nur der Erwerb eines ausschließlichen Fischereirechtes in Frage kommen könne, ein solches aber von der Klägerin nicht behauptet sei.

Wenn die Revisionsklägerin weiter hervorhebt, zum Nachweise eines solchen thatsächlichen Zustandes, wie er zur Annahme der unvordenklichen Verjährung erforderlich sei, genüge es nicht darzuthun, daß ausschließlich der angeblich Berechtigte an die Rechtmäßigkeit des Zustandes geglaubt habe, der Zustand müsse vielmehr allgemein, bei allen mit den Verhältnissen vertrauten Rechtsgenossen als ein zu Recht bestehender angesehen sein, und namentlich müssen diejenigen, zu deren Ungunsten er sich gebildet habe, die Überzeugung gehabt haben, daß sie diesen Zustand in Berücksichtigung eines Rechtes des angeblich Berechtigten zu dulden haben, es sei daher der Gegenbeweis zulässig, daß Umstände vorliegen, aus denen sich ergebe, daß die fraglichen Ausübungshandlungen in ihrer äußeren Erscheinung von den beteiligten Rechtsgenossen und namentlich von den beeinträchtigten Eigentümern entgegenstehender Rechte allgemein nicht für rechtsbegründet und einen rechtlichen Zustand dokumentierend erachtet seien, und es seien deshalb mit Unrecht von dem Oberlandesgerichte die Behauptungen der Beklagten, daß die fiskalischen Beamten, die Pächter und die 151 privilegierten Stellenbesitzer in Bleckede kein Bewußtsein von einer Berechtigung der Stiepelser gehabt haben, sondern vom Nichtrecht derselben überzeugt gewesen seien, für unerheblich erachtet, so kann dieser Angriff ebenfalls nicht für begründet erkannt werden. Das Berufungsgericht geht, wie bereits erwähnt, bei der Beurteilung der Beweisführung von den in dem Urteile des Reichsgerichtes vom 10. Juli 1888 hierfür als maßgebend bezeichneten Normen aus. Die dem jetzigen Angriffe zu Grunde liegende Ansicht der Revisionsklägerin über die Voraussetzungen der unvordenklichen Verjährung kann danach für zutreffend nicht erachtet werden. Wenn auch die unvordenkliche Verjährung, um als Rechtsgrundlage dienen zu können, eine während

[1] Vgl. Entsch. des R.G.'s in Civils. Bd. 22 S. 211. D. E.

unvordenklicher Zeit fortgesetzte Rechtsausübung zur Voraussetzung hat und Zustände, in welchen eine Rechtsausübung sich nicht darstellt, durch die unvordenkliche Zeit nicht zu rechtlichen erhoben werden, so kommt es doch nicht darauf an, ob dieser Zustand als ein rechtlicher allgemein, namentlich auch bei denjenigen Anerkennung gefunden hat, welche durch das beanspruchte Recht beeinträchtigt werden, nicht darauf, daß alle Rechtsgenossen, insbesondere diejenigen, zu deren Ungunsten ein Recht entstanden sein soll, die Überzeugung gehabt haben, daß sie diesen Zustand in Berücksichtigung eines Rechtes des angeblich Berechtigten zu dulden haben, sondern nur darauf, daß derjenige, welcher das Recht beansprucht, darthut, daß dieses Recht als solches von ihm seit unvordenklicher Zeit ausgeübt sei, daß aus den Ausübungshandlungen selbst erkennbar hervortritt, daß solche während unvordenklicher Zeit mit dem Bewußtsein der Rechtszuständigkeit ungestört vorgenommen sind.

Vgl. Urteil des III. Civilsenates des Reichsgerichtes vom 25. März 1887 i. S. der Königl. Finanzdirektion zu Hannover, jetzt der Königl. Regierung zu Lüneburg, Klägerin und Revisionsklägerin, wider die Realgemeinde Damnatz, Beklagte und Revisionsbeklagte, Rep. III. 338/86.

Daß dieses bezüglich des von der Klägerin beanspruchten Rechtes geschehen sei, stellt das Berufungsgericht auf Grund der erhobenen Beweise fest und hat die hervorgehobenen Behauptungen der Beklagten mit Recht als nicht geeignet bezeichnet, den ihr zustehenden Gegenbeweis zu führen.

Was die von der Beklagten behaupteten Störungen der Ausübung des Fischereirechtes von seiten der Stiepelser betrifft, so kann dahingestellt bleiben, ob dieselben, wie das Berufungsgericht geltend macht, deshalb nicht in Betracht kommen können, weil sie nicht von demjenigen ausgegangen seien, gegen welchen das Recht erworben sein solle, sondern von dritten Personen. Denn diese Störungen würden überhaupt nur von Bedeutung sein, wenn sie von Erfolg gewesen wären.

Vgl. Entsch. d. R.G.'s in Civils. Bd. 22 S. 189.

Dieses ist hier nicht der Fall, da nicht vorliegt, daß die Stiepelser sich irgend von der Ausübung der Fischerei haben abhalten lassen, vielmehr trotz der von der Beklagten behaupteten Störungen bis zum Jahre 1874 den Fischfang in der Elbe fortgesetzt ausgeübt haben....

Ob der von dem Berufungsgerichte aufgestellte Satz, daß aus einem unvordenklichen Zustande nur dann rechtliche Wirkungen abgeleitet werden können, wenn derselbe bis in die Zeit fortgedauert habe, wo das angeblich durch unvordenkliche Verjährung erworbene Recht streitig wurde, richtig ist, kann dahingestellt bleiben, weil das Berufungsgericht feststellt, daß das im vorliegenden Falle von der Klägerin in Anspruch genommene Fischereirecht nicht erst durch die Klagerhebung, sondern schon gleich nach Erlaß des Fischereigesetzes vom 30. Mai 1874 streitig geworden sei und die gegen diese thatsächliche Feststellung erhobenen Angriffe der Revisionsklägerin nicht begründet erscheinen. Ohne Rechtsverletzung nimmt aber das Berufungsgericht weiter an, daß daraus, daß seit Erlaß des Fischereigesetzes keine dem §. 8 desselben entsprechende Ausübung der Fischerei seitens der klagenden Gemeinde vorliege, ein gegenbeweisliches Moment nicht zu entnehmen sei. Denn wenn, wie das Berufungsgericht als bewiesen feststellt, eine faktische Ausübung der sogenannten kleinen Fischerei seitens der Einwohner von Stiepelse in der in Frage stehenden Strecke der Elbe seit unvordenklicher Zeit ununterbrochen bis zum Jahre 1874 stattgefunden hat und in diesen Ausübungshandlungen die Absicht, ein Recht auszuüben, in die Erscheinung getreten ist, also das Bewußtsein der Rechtszuständigkeit bei den bis 1874 vorgenommenen Ausübungshandlungen angenommen ist, so kann es nicht darauf ankommen, ob seit 1874 die Gemeinde Stiepelse das fragliche Fischereirecht ausgeübt hat, und aus ihrem Verhalten nicht gegenbeweislich auf das Nichtvorhandensein des Bewußtseins der Rechtszuständigkeit geschlossen werden."

---

32. Kann eine an sich zustande gekommene vertragsmäßige Rechtswirkung wegen Ermangelung einer beliebig gesetzten sog. Voraussetzung angefochten werden? Voraussetzung oder stillschweigende Bedingung?

VI. Civilsenat. Urt. v. 13. Mai 1889 i. S. E. (Kl.) w. B. Wwe. (Bekl.) Rep. VI. 60/89.

I. Landgericht Bremen.
II. Oberlandesgericht Hamburg.

Gründe:

„Das Berufungsgericht nimmt als feststehend an, daß die Beklagte ... vormittags ihr in Rede stehendes Grundstück zum Preise von 20000 M ... dem Kläger bis 4 Uhr nachmittags fest an die Hand gegeben habe, und daß dadurch der Kauf unter der Resolutivbedingung des Rücktrittes des Klägers von demselben perfekt geworden, daß diese Resolutivbedingung aber durch die am Nachmittage vom Kläger abgegebene Erklärung (an dem Kaufe festhalten zu wollen) in Wegfall gekommen sei. Dennoch ist das Oberlandesgericht zur Abweisung der (auf Erfüllung des Kaufvertrages gerichteten) Klage gelangt, und zwar aus dem Grunde, weil der Beklagten der Beweis der Einrede gelungen sei, daß der Kaufvertrag von ihr nur unter der dem Kläger erkennbar gewesenen Voraussetzung, daß der Kaufpreis von 20000 M wenigstens annähernd auf 2 M für den Quadratfuß auskomme, geschlossen worden sei, während unter den Parteien feststehe, daß diese Voraussetzung thatsächlich nicht zutreffe, und weil eben unter diesen Umständen die Beklagte ihre Verbindlichkeit aus dem Kaufvertrage auch würde kondizieren können. Diese Begründung läßt an Klarheit zu wünschen übrig. Es scheint dabei die Windscheid'sche Lehre von der sogenannten Voraussetzung zu Grunde gelegt zu sein, wenngleich dagegen wiederum der Umstand spricht, daß das Fundament der angeblichen Einrede bezeichnet wird als die Berufung darauf, daß der von der Beklagten formell erklärte Wille ihrem wirklichen Willen nicht entsprochen habe, während es nach Windscheid vielmehr heißen müßte: „ihrem eigentlichen Willen nicht entsprochen habe".

Vgl. Windscheid, Voraussetzung S. 2 und Pandektenrecht Bd. 1 (6. Aufl.) §. 97 S. 313 flg.

Indessen wie es sich hiermit auch verhalten möge, keinesfalls vermag das Reichsgericht sich der Auffassung anzuschließen, daß eine an sich zustande gekommene vertragsmäßige Rechtswirkung wegen Ermangelung einer beliebig gesetzten sogenannten „Voraussetzung" dennoch sollte angefochten werden können; hierfür vermißt es jede quellenmäßige Begründung. Solche Anfechtung beschränkt sich vielmehr nach den römischen Quellen auf die Fälle des objektiven Fehlens der von den Beteiligten vorausgesetzten rechtlichen Beziehung der gewollten Rechtswirkung zu anderweitigen Rechtsverhältnissen der ersteren. Darüber hinaus kann es sich in Fällen dieser Art zunächst nur um einen rechtlich unerheblichen Irrtum im Beweggrunde handeln. Aber allerdings ist andererseits kein Grund ersichtlich, einer von den Kontrahenten selbst ausdrücklich oder stillschweigend als Beschränkung ihres Willens erklärten Voraussetzung die unmittelbare rechtliche Wirkung zu versagen. Solche unmittelbare Wirkung kommt ihr vielmehr in ihrer Eigenschaft als Bedingung unbedenklich zu; denn selbstverständlich können Bedingungen ebenso gut stillschweigend wie ausdrücklich gesetzt werden. Dabei ist das Wort „Bedingung" im weiteren Sinne zu nehmen, in welchem es auch die condicio in praesens vel in praeteritum collata mitumfaßt, welche nicht als eigentliche Bedingung im engeren Sinne gilt (vgl. l. 39 Dig. de reb. cred. 12, 1; l. 10 §. 1 Dig. de cond. inst. 28, 7; l. 120 Dig. de V.O. 45, 1; denn auch einer solchen, „uneigentlichen" Bedingung wohnt die gleiche unmittelbare rechtliche Wirksamkeit bei (vgl. §. 6 Inst. de V. O. 3, 15; l. 37 Dig. de reb. cred. 12, 1; l.l. 100. 120 Dig. de V. O. 45, 1). Weshalb einem formlosen obligatorischen Vertrage gegenüber die erklärte „Voraussetzung", statt als Bedingung, nur auf jenem Umwege zur Wirkung gelangen sollte, ist umsoweniger abzusehen, als nach l.l. 21. 41 §. 1. 68 Dig. de jure dot. 23, 3 und l. 4 §. 2 Dig. de pact. 2, 14 sogar bei der Römischen Stipulation, wenn sie nach beiderseitigem Einverständnisse der Partien „propter causam dotis" erfolgte, ohne weiteres die Bedingung des Zustandekommens der betreffenden Ehe hinzugedacht wurde.

Von diesem Standtpunkte aus war die angefochtene Entscheidung jedenfalls nach §. 526 C.P.O. aufrechtzuerhalten. Wenn die Beklagte behauptet hat, daß sie das fragliche Grundstück nur unter der wesentlichen und dem Kläger erkennbar gewordenen Voraussetzung, daß der Kaufpreis von 20000 ℳ wenigstens annähernd einem Preise von 2 ℳ für den Quadratfuß entspreche, dem Kläger zu jenem Preise käuflich zu überlassen sich verpflichtet habe, so hat sie damit in Wahrheit den Klagegrund, nämlich einen ohne diese Bedingung abgeschlossenen Vertrag, geleugnet, und formell traf daher sogar die Beweislast in dieser Beziehung den Kläger. Letzteres ist übrigens praktisch unerheblich, da jedenfalls das Oberlandesgericht ohne Verletzung einer Rechtsnorm thatsächlich festgestellt hat, daß der Vertrag nur so, wie die Beklagte behauptet hatte, zustande gekommen sei. Die damit gesetzte

„Voraussetzung" oder condicio in praesens collata war nun aber objektiv nicht gegeben, und folglich eine Verbindlichkeit durch den Vertrag überhaupt nicht begründet worden, daher die Klage aus demselben abzuweisen."...

---

33. Kann in einem Erbvertrage die Entziehung des einem Dritten zustehenden Pflichtteiles mit rechtlicher Wirkung gegen diesen ausgesprochen werden?

III. Civilsenat. Urt. v. 1. Oktober 1889 i. S. H. (Kl.) w. V. (Bekl.) Rep. III. 197/89.

I. Landgericht Göttingen.
II. Oberlandesgericht Celle.

Aus den Gründen:

„Die Klage ist in ihrem ersten Teile nach der Einschränkung, welche sie durch die Erklärung der Klägerin vom 3. Oktober 1888 erfahren hat, auf Herausgabe ihres Pflichtteiles an dem in den Händen der Beklagten befindlichen väterlichen Nachlasse auf Grund eines Inventars oder einer eidlichen Spezifikation gerichtet. Diesem Anspruche haben die Beklagten nur den Einwand entgegengesetzt, daß der Vater sowohl in einem mit seiner Ehefrau und seinem Sohne Heinrich geschlossenen Gutsabtretungsvertrage, als in einem mit seiner Ehefrau abgeschlossenen Erbvertrage die Klägerin ausdrücklich und unter Angabe eines gesetzlichen Grundes enterbt habe, sie also hierdurch ihres Pflichtteiles verlustig gegangen sei. Die Klägerin bestreitet die Begründung dieses Einwandes zunächst um deswillen, weil eine Entziehung des Pflichtteiles in einem Erbvertrage mit dritten Personen überhaupt unzulässig und rechtlich unwirksam sei. Dieser Ansicht sind die Vorinstanzen nicht beigetreten, und namentlich hat sich der Berufungsrichter unter Berufung auf Stobbe (Deutsches Privatrecht Bd. 5 §. 306 Note 14) und Hartmann (Erbverträge S. 50) dahin ausgesprochen, daß der mehr und mehr anerkannte Parallelismus zwischen Erbvertrag und Testament die Annahme rechtfertige, daß in ersterem so gut, wie in letzterem einseitige Erklärungen und namentlich Enterbungen verfügt werden können. Von dieser Rechtsansicht ausgehend hat er vorliegenden Falles die Pflichtteilsklage für ausgeschlossen erachtet und dieselbe zurückgewiesen, indem er den in dem Erbvertrage für die Enterbung angeführten Grund als einen gesetzlichen anerkannt hat.

Die Revisionsklägerin ficht diese Entscheidung zunächst als gegen die Rechtsgrundsätze über Erbvertrag und Pflichtteilsrecht verstoßend an, und hierin war ihr beizutreten.

Wenn das deutsche Recht die Möglichkeit letztwilliger Zuwendungen mittels Erbvertrages anerkennt, sowohl der Zuwendungen von einem Kontrahenten an den anderen, wie auch an Dritte, so folgt daraus noch nicht, daß es alle Dispositionen, welche nach römischem Rechte den Inhalt eines Testamentes bilden können, auch als Inhalt eines Erbvertrages zuläßt. Es würde das nur zuzugeben sein, wenn man annehmen dürfte, die Entwickelung des Institutes habe bereits dahin geführt, Testament und Erbvertrag als zwei völlig gleichwertige Formen letztwilliger Verfügungen anzusehen. Zu der Annahme eines solchen Parallelismus berechtigt aber die gegenwärtige Gestaltung des Erbvertrages im gemeinen Rechte schon deshalb nicht, weil dasselbe für ihn die solenne Form nicht vorschreibt, die das Testament umgiebt, und es vor den gerade dieses Geschäft so leicht bedrohenden Gefahren sicherstellt. Es ist daher rücksichtlich jeder einzelnen Verfügung zu prüfen, ob sie ihrem besonderen Zwecke und Wesen nach in den Rahmen paßt, der im deutschen Rechte für letztwillige Verfügungen durch den Erbvertrag gewährt ist. Das läßt sich aber gerade für die Entziehung des Pflichtteiles nicht annehmen, weil letztere ihrer ganzen Natur nach dem Wesen eines jeden Vertrages widerspricht. Denn wenn mit diesem auch die Begründung von Verpflichtungen eines Kontrahenten zu Gunsten Dritter vereinbar ist, so kann doch die Verabredung, einem Dritten seine Rechte zu entziehen, den Inhalt eines gegen diesen Dritten wirksamen Vertrages nicht bilden. Am wenigsten ist dieses aber denkbar rücksichtlich der Entziehung eines Rechtes, wie das Pflichtteilsrecht ist. Denn wie letzteres selbst, so beruht auch die Berechtigung, es auszuschließen, ganz wesentlich auf den persönlichen, naturgemäß wechselnden Beziehungen des Erblassers zum Pflichtteilsberechtigten. Einen der Natur der Sache nach höchst persönlichen Akt kann das Recht aber nicht verstatten für immer vertragsmäßig von der Willkür eines Dritten abhängig zu machen.

Daß dieses aber, soweit es nicht besondere gesetzliche Vorschriften verhüten, die Folge der Zulassung einer Pflichtteilsentziehung im Erbvertrage sein würde und die Enterbung nicht etwa einseitig widerruflich bleiben könnte, während die letztwilligen Zuwendungen vertragsmäßig festständen, wird von den Revisionsbeklagten ohne Grund in Zweifel gezogen. Denn der Erbvertrag hat durch seine Gültigerklärung nicht seinen Charakter als Vertrag verloren.

Daher hat man sich, so bestritten auch die Frage zur Zeit noch ist,

vgl. die Bemerkungen Albrecht's in Richter's Kritischen Jahrbüchern Bd. 11 S. 339,

doch der sie verneinenden Ansicht, namentlich von Beseler (Erbverträge Bd. 2 I. S. 304 flg., vgl. Deutsches Privatrecht §. 139 Nr. 7), Mühlenbruch (bei Glück, Bd. 38 S. 98 flg. unter D); Mittermaier, (Deutsches Privatrecht Bd. 2 §. 454 Nr. 4); v. Gerber, (Deutsches Privatrecht §. 260 Nr. 1); Kahlert (Form der Erbverträge S. 21 flg.) anschließen müssen, wie solches auch schon früher, wenn auch nur gelegentlich, geschehen ist.

Vgl. Entsch. des R.G.'s in Civils. Bd. 11 S. 217.

Man befindet sich dabei auch in Übereinstimmung mit den meisten partikularen Gesetzgebungen, wie namentlich dem allgemeinen preußischen Landrechte Tl. II. Tit. 2 §§. 379. 431, dem sächsischen bürgerlichen Gesetzbuche §. 2595 und den thüringischen Intestaterbgesetzen."...

---

34. Erlischt das mit dem Besitze eines Grundstückes verbundene Recht auf ausschließliche Benutzung bestimmter Kirchenstühle durch Zerstörung der Kirche?

III. Civilsenat. Urt. v. 19. November 1889 i. S. R. Graf P. (Kl.) w. den Kirchenvorstand zu N. (Bekl.) Rep. III. 217/89.

I. Landgericht Osnabrück.
II. Oberlandesgericht Celle.

Aus den Gründen:

„Am 18. Mai 1883 ist die lutherische Kirche zu N. bis auf den Turm und einzelne Mauerreste durch Brand zerstört. Auf demselben Platze ist unter Benutzung des Turmes und unter Heranziehung von umliegendem Grund und Boden eine neue, größere Kirche erbaut worden. Der Kläger, als Eigentümer des Gutes K., und seine Vorbesitzer haben seit unvordenklicher Zeit in der früheren Kirche eine Anzahl bestimmter Kirchensitze als Privatkirchenstände benutzt. Dem Verlangen des Klägers auf Einräumung einer entsprechenden Anzahl von Kirchensitzen in der neuen Kirche hat Beklagter nicht entsprochen, weil er das Recht des Klägers durch die Zerstörung der früheren Kirche für untergegangen erachtet. Der Klagantrag ist gerichtet auf Anerkennung des klägerischen Rechtes auf gewisse, näher bezeichnete Kirchensitze und Verurteilung des Beklagten zur Einräumung gleicher Sitze in der jetzigen neuen Kirche oder zur Leistung einer Entschädigung für die vereitelten 22 Sitzberechtigungen mit dem kapitalisierten Werte einer Rente von 286 ℳ, eventuell zur Leistung von jährlich 286 ℳ oder einer richterlich festzustellenden Summe.

Die Vorinstanzen halten eine Klage auf Einräumung einer gleichen Anzahl von Sitzen für unzulässig und die Entschädigungsklage für unbegründet, weil sie die Sitzberechtigungen des Klägers mit dem Beklagten durch die Zerstörung des Kirchengebäudes für erloschen erachten. Das Berufungsgericht nimmt mit dem Landgerichte an, daß das vom Kläger geltend gemachte Kirchenstuhlrecht als ein dingliches, den römisch-rechtlichen Servituten analoges und hiernach zu beurteilendes Gebrauchsrecht aufzufassen sei, welches sich zwar nicht auf die bestimmten Kirchenstühle beschränke, jedoch lediglich an dem konkreten Kirchengebäude bestehe und sich nicht auf den Grund und Boden des Gebäudes erstrecke.

Den Vorinstanzen ist darin beizutreten, daß der Kläger nach dem Neubaue der Kirche nicht den Rechtsweg für seinen Anspruch auf Zuweisung einer gleichen Anzahl entsprechender Sitze betreten kann, weil die Verteilung der Sitze in der neuen Kirche eine der Anordnung der kirchlichen Aufsichtsbehörde unterliegende Angelegenheit ist. Dagegen kann die Beurteilung des Entschädigungsanspruches nicht gebilligt und muß die gegen die Abweisung dieses Anspruches gerichtete Revision für begründet erachtet werden.

Sowohl nach evangelischem wie nach katholischem Kirchenrechte kann das Recht auf Benutzung bestimmter Kirchensitze von der Kirchengemeinde dem Besitzer eines Grundstückes als Realrecht verliehen werden, und unvordenkliche Ausübung dieses Rechtes durch die wechselnden Besitzer eines Grundstückes begründet die Vermutung rechtmäßiger Erwerbung des Rechtes als Realrechtes. Der Inhalt dieses Rechtes ist aber nicht ein jus in re aliena an der einzelnen Kirchstuhlvorrichtung oder an dem Kirchengebäude selbst, sondern das Recht, von der Kirchengemeinde die dauernde Überlassung bestimmter Kirchensitze zum ausschließlichen Gebrauche bei der Teilnahme am Gottesdienste der Gemeinde zu fordern. Es ist nicht das Grundstück, sondern die Kirchengemeinde selbst belastet; die Gemeinde wird durch das Realrecht gehindert, über die von demselben befaßten Kirchenstühle anderweitig zu verfügen, und zugleich verpflichtet, dem Realberechtigten die Nutzung zu gewähren. Auf diesen Anspruch des Berechtigten können die Grundsätze des römischen Rechtes über den usufructus, speziell die Vorschriften über den Untergang eines an einem Gebäude legierten usufructus durch die Zerstörung des Gebäudes, keine Anwendung finden. Das Realrecht ist an keine Zeitgrenze gebunden; es gewährt dem jedesmaligen Inhaber des Grundstückes die Befugnis, die Überlassung eines bestimmten Kirchensitzes zum ausschließlichen Gebrauche bei der Teilnahme am Gottesdienste der Gemeinde zu fordern, und wenn der Berechtigte sich auch eine durch den Umbau oder durch den Neubau des Kirchengebäudes veranlaßte Unterbrechung seines Nutzungsrechtes gefallen zu lassen hat, so ist er doch nach Beseitigung des Hindernisses zu dem Verlangen berechtigt, daß ihm gewährt werde, worauf er nach seinem Realrechte Anspruch hat. Das Recht des Klägers ist daher durch die Zerstörung des früheren Kirchengebäudes keineswegs erloschen. Auch hat der Beklagte nicht dargelegt, ja nicht einmal darzulegen versucht, daß es unmöglich sei, dem Kläger in der neuen Kirche eine gleiche Anzahl entsprechender Sitze einzuräumen. Seine Weigerung ist daher ohne Grund und berechtigt den Kläger, welcher auf Erfüllung seines Anspruches nicht klagen kann, zur Forderung einer Entschädigung. Der erhobene Entschädigungsanspruch muß daher dem Grunde nach anerkannt werden; dagegen versteht es sich von selbst, daß der Beklagte sich der Entschädigungsforderung durch Einräumung einer gleichen Anzahl von Sitzen gleicher Beschaffenheit entziehen kann."[1]

[1] Vgl. Entsch. des R.G.'s in Civils. Bd. 16 S. 159. D. R.

35. Nichtigkeit der Schenkungen unter Ehegatten. Folgen derselben für Dritte. Donatio propter nuptias.

III. Civilsenat. Urt. v. 26. November 1889 i. S. v. Tr. (Bekl.) w. v. Tr. (Kl.) Rep. III. 226/89.

I. Landgericht Weimar.
II. Oberlandesgericht Jena.

Aus den Gründen:

..."Vor allem bestreitet der Anwalt der Beklagten die Berechtigung der Klägerin, sich auf die rechtliche Unwirksamkeit der Abtretung der Forderung an die Beklagte als einer Schenkung unter Ehegatten zu berufen, indem er darzulegen versucht, daß wenigstens seit dem S. C. von 206 (l. 32 pr. Dig. de don. i. viv. et ux. 24, 1) das Recht eine absolute Nichtigkeit der Schenkungen unter Ehegatten nicht mehr kenne, dieselben vielmehr nur als seitens des schenkenden Ehegatten anfechtbar voraussetze, namentlich also die Anfechtung seitens eines Gläubigers desselben nicht verstatte. Dieser Deduktion kann jedoch nicht beigetreten werden. Zwar läßt sich nicht verkennen, daß, wenn das angezogene Gesetz zur Milderung des Verbotes der Schenkungen unter Ehegatten verordnet, daß der Schenker selbst sie zurückzunehmen berechtigt sein soll, nicht aber dessen Erbe, dies schwer mit dem Grundsatz der l. 29 Dig. de R. J. 50, 17 vereinbar ist, nach welchem das, was von Anfang an nichtig (vitiosum) war, nicht durch Zeitablauf konvaleszieren kann. Auch läßt es sich ebensowenig verkennen, daß, wenn es nicht absolut nichtig ist, ein Dritter und namentlich der Gläubiger des Schenkers, nicht zur Anfechtung berechtigt sein kann. Wie jener anscheinende Widerspruch zu lösen ist, kann aber dahingestellt bleiben. Keinesfalls darf die Lösung, wie es allerdings versucht worden,

vgl. Seuffert, Ratihabition S. 124 flg.,

in der Weise geschehen, daß man die Grundlage des ganzen Institutes durch das fragliche Gesetz verändert findet. Denn dies läßt sich den vielfachen Quellenzeugnissen gegenüber, welche bekunden, daß auch das Recht der justinianischen Gesetzgebung auf dem Prinzipe der absoluten Nichtigkeit der Schenkungen unter Ehegatten beruht, nicht annehmen. Zwar mag es richtig sein, daß die von den Quellen als ipso jure eintretend bezeichnete Nichtigkeit nicht immer die absolute sein soll. Wenn aber neben anderen, den Satz auf einzelne Fälle anwendenden Stellen, wie l. 3 §. 11. l. 5 §. 18. l. 33 §. 1. l. 48. l. 52 §. 1 i. f. Dig. de don. inter vir. et ux. 24, 1; l. 38 Dig. de contr. emt. 18, 1; die l. 3 §. 10 Dig. 24, 1, die Natur des ipso jure nihil valere bei Schenkungen unter Ehegatten näher dahin beschreibt:

— „Proinde si corpus sit, quod donatur, nec traditio quidquam valet. Et si stipulanti promissum sit vel acceptum latum, nihil valet; ipso enim jure, quae inter virum et uxorem donationis causa geruntur, nullius momenti sunt,“

so kann die objektive und absolute Nichtigkeit des Geschäftes nicht unzweideutiger bezeugt sein. Diesen Stellen gegenüber ist es unmöglich, die bloße Anfechtbarkeit deshalb als vom Gesetzgeber gewollt anzunehmen, weil sie durch die obengedachte Bestimmung implicite vorausgesetzt zu sein scheint, und nicht vielmehr, wenn wirklich eine Vereinigung beider Rechtssätze unmöglich sein sollte, davon auszugehen, daß die fragliche Bestimmung eine nicht konsequente Beschränkung des in seiner strengen Konsequenz zu Härten („durum et avarum“) führenden Verbotes enthält, im übrigen aber die Natur desselben nicht alterieren kann und soll. Hat man aber von einer absoluten Nichtigkeit der Schenkung auszugehen und also anzunehmen, daß eine Schenkung unter Ehegatten bis zum Tode des Schenkers überhaupt nicht existent wird, so folgt daraus von selbst, auch ohne daß es einer ausdrücklichen Bestätigung durch die Quellen bedurfte, daß wie für den schenkenden Ehegatten, so auch für den Dritten ein Übergang der geschenkten Sache in das Vermögen des Beschenkten nicht stattgefunden hat, sich also auch der Gläubiger des Schenkers an erstere gerade so gut wie an dessen anderes Vermögen halten kann, eine Konsequenz, die auch im Falle absoluter Nichtigkeit einer Schenkung wegen Formlosigkeit derselben anzuerkennen ist.

Vgl. Entsch. des R.G.'s in Civils. Bd. 5 S. 132 flg.

War sonach vorliegenden Falles die unzweifelhaft schenkungsweise erfolgte Cession der Forderung seitens des Otto v. Tr. an seine Ehefrau, die Beklagte, absolut nichtig, die Forderung also trotz jener noch im Vermögen des ersteren, so erwarb sie die Klägerin durch richterliche Einweisung in dieselbe, und wenn Beklagte sie dennoch ihrerseits einzog, so bereicherte sie sich dadurch unrechtmäßigerweise zum Nachteile der Klägerin und haftet ihr auf Ersatz dieser Bereicherung.

Was die Revisionsklägerin hiergegen geltend macht, ist nicht stichhaltig.

Zunächst meint sie, daß, da der Ehemann nur einen Anspruch auf Erstattung des von seiner Frau durch die ungültige Schenkung Erworbenen habe, eine Einweisung der Klägerin nur in diesen Anspruch hätte stattfinden können, da aber eine solche nicht stattgefunden habe, es derselben an jeder Legitimation zur Klage fehle. Der Ehemann hatte aber nicht etwa erst einen Anspruch auf Rückcession gegen seine Ehefrau bezw. auf Ersatz des auf die Forderung Eingenommenen, sondern letztere selbst stand ihm wegen der Nichtigkeit des Cessionsaktes nach wie vor zu und konnte das Objekt für die Einweisung der Klägerin abgeben, da sie die Beklagte zur Zeit derselben noch nicht eingezogen hatte. Die Einweisung in die Forderung an Ernst v. Tr. war es demnach allerdings, welche der Legitimation der Klägerin zu ihrem Anspruche zu Grunde gelegt werden konnte und mußte. Nun ist es zwar richtig, daß der beschenkte Ehegatte nicht mehr an den Scheuker herauszugeben hat, als um was er durch die nichtige Schenkung bereichert worden ist. Allein von diesem Satze läßt sich hier nicht, wie die Revisionsklägerin meint, Anwendung machen. Denn zu der Zeit, da die Beklagte die Forderung einklagte und vom Schuldner bezahlt erhielt (zwischen Dezember 1876 und April 1878), war dieselbe bereits längst, wie ihr bekannt, der Klägerin überwiesen. Konnte sie aber nicht im Zweifel sein, daß ihre Restitutionspflicht zur Geltung werde gebracht werden, so konnte sie auch ihrer Verbindlichkeit nicht durch Fortgeben oder Konsumtion des Eingenommenen entgehen (l. 65 §. 8 Dig. de cond. ind. 12, 6; l. 39 Dig. de don. m. c. 39, 6). Jedenfalls wäre es, da feststeht, daß sie den Forderungsbetrag eingehoben hat, ihre Sache gewesen, zu behaupten und darzuthun, daß sie um denselben jetzt nicht mehr bereichert ist. Beides aber hat sie unterlassen und kann darauf hier nicht zurückkommen. Völlig unerfindlich ist aber, wie sie bezweifeln kann, ob die Einweisung der Klägerin in die Forderung des Otto v. Tr. an seinen Bruder genügen konnte, sie zur Geltendmachung dieser Forderung zu berechtigen. Die sich durch eine Verfügung des Gerichtes an den Drittschuldner realisierende Einweisung bildete schon nach älterem

Prozesse den Exekutionsakt, durch welchen der die Exekution betreibende Gläubiger in der Form erzwungener Cession die Forderung seines Schuldners zur Befriedigung erhielt. Als Herr derselben war er daher zur Geltendmachung auch dem gegenüber berechtigt, welcher sich derselben rechtswidrig angemaßt und sich ihren Ertrag zugeeignet hatte. Damit war die Legitimation der Klägerin zu ihrer Klage erbracht. Zugleich erledigt sich damit aber auch der Vorwurf der Revisionsklägerin, daß ihr vom Berufungsrichter unstatthafterweise die Einwendungen abgeschnitten worden seien, welche sie gegen den Rechtsbestand der von der Klägerin gegen den Otto v. Tr. ausgeklagten Forderung erhoben habe. Denn in der That sind das Einwendungen, die Beklagte ohne Legitimation aus der Person dieses ihres Ehemannes geltend machen will. Die Klägerin hatte zur Realisierung eines ihr gegen diesen letzteren zuerkannten Anspruches seine Forderung an Ernst v. Tr. überwiesen erhalten. Hätte sie solche gegen letzteren geltend gemacht, so hätte dieser zwar einwenden können, die Forderung des Otto v. Tr. an ihn bestehe nicht zu Recht, keineswegs aber konnte er einwenden, die Forderung der Klägerin an Otto v. Tr. sei nicht rechtsbeständig. Nun verklagt die Klägerin aber nicht einmal den Ernst v. Tr. als den debitor cessus, sondern die Beklagte, weil sie die Forderung von Otto an Ernst v. Tr. rechtswidrig eingezogen habe. Umsoweniger kann diese einwenden, Klägerin habe gar keine Forderung an Otto v. Tr. gehabt. Mit Recht hat der Berufungsrichter daher alle hierauf abzielende Einwendungen der Beklagten unberücksichtigt gelassen . . . .

Demnächst will die Revisionsklägerin eine Gesetzesverletzung auch darin erblicken, daß der Berufungsrichter eine Nichtigkeit des fraglichen Schenkungsgeschäftes angenommen hat, obwohl sich dasselbe nicht als eine gewöhnliche Schenkung, sondern als eine propter nuptias donatio qualifiziere, als solche aber auch unter Ehegatten gestattet und wirksam sei, es auch zu ihrer Gültigkeit der gerichtlichen Insinuation selbst dann nicht bedürfe, wenn sie über das gesetzliche Maximum hinausgehe. Auch dieser Angriff war jedoch als ungerechtfertigt zurückzuweisen. Der Berufungsrichter läßt dahingestellt, ob das Institut der propter nuptias donatio noch als im heutigen gemeinen Rechte bestehend anzuerkennen sei, und legt dar, daß wenigstens im konkreten Falle das in Frage kommende Cessionsgeschäft kein Moment zeige, welches die Absicht der Eheleute erkennen lasse, eine Schenkung dieser Art abzuschließen. Ist dies richtig, so liegt wenigstens hier eine solche nicht vor, und es ist nicht abzusehen, wie die Ausnahme von der allgemeinen Regel denn hier Platz zu greifen vermöchte. Nun hat allerdings die Klägerin die konkrete Auffassung des Berufungsrichters mit Hinweisung darauf anzufechten versucht, daß nach den eigenen Behauptungen der Klägerin, nach der ganzen Sachlage und eventuell jedenfalls nach dem Eide der Beklagten die Absicht der Eheleute vorauszusetzen sei, die Schenkung wegen der Ehe und gerade mit Rücksicht auf die zu schließende oder eben geschlossene Ehe vorzunehmen. Es kann dies indessen ganz dahingestellt bleiben. Das römische Recht bestimmt die Ausnahme von der allgemeinen Regel nicht dahin, daß letztere nicht eintreten solle, wenn nur überhaupt mit Rücksicht auf die Ehe bezw. wegen derselben geschenkt ist, sondern daß sie dann nicht eintreten solle, wenn ein Geschäft vorliegt mit allen den Eigentümlichkeiten, welche es zu einer propter nuptias donatio machen (l.l. 19. 20 Dig 5, 3). Daß aber hierauf die Absicht beider Eheleute gerichtet gewesen sein sollte, ist umsoweniger denkbar, als das Institut selbst dem maßgebenden gemeinen sächsischen Rechte überhaupt unbekannt ist. Dies ist es aber, weil es im wesentlichen Zusammenhange mit dem Institute der dos steht und letzteres (im Sinne des römischen Rechtes) dem gemeinen sächsischen Rechte fremd ist. Mit dem Wegfalle des ganzen Institutes ist aber auch die darauf basierte Ausnahme von dem Schenkungsverbote und der Ungültigkeit formloser großer Schenkungen von selbst weggefallen. ..."

---

36. 1. Kann die zweite Ehefrau des aufgeheirateten Wirtes bei Zwangsversteigerung des Hofes ihren Brautschatz zurückfordern?
2. Erlischt die Haftung für Schulden des aufgeheirateten Wirtes mit der Veräußerung des Meierhofes?

III. Civilsenat. Urt. v. 10. Dezember 1889 i. S. G. (Bekl.) w. G. (Kl.) Rep. III. 239/89.

I. Landgericht Lüneburg.
II. Oberlandesgericht Celle.

Die zweite Ehefrau des früheren Hofbesitzers G. in S., welchem an dem Hofe Nr. 6 daselbst die Rechte eines aufgeheirateten Wirtes nach lüneburgischem Meierrechte zustanden, hatte gegen ihren Ehemann Klage auf Rückzahlung des inferierten Brautschatzes erhoben, und war der Ehemann mit Rücksicht auf seinen Vermögensverfall und die inzwischen eingetretene Zwangsversteigerung des Hofes nach dem Klagantrage verurteilt. Soweit die Klägerin durch Pfändung Befriedigung ihres rechtskräftigen Anspruches nicht erlangte, hat sie gegen die Gehöftserbin auf Deckung aus dem Überschusse geklagt, welcher dieser aus der Zwangsversteigerung zugeflossen war. Sie gründet den Klaganspruch auf die Bestimmungen des gemeinen deutschen Meierrechtes und auf die Anfechtung eines Vertrages, durch welchen der aufgeheiratete Wirt auf seine Rechte als solcher vor der Zwangsversteigerung zu Gunsten der Beklagten verzichtet hatte. Das Oberlandesgericht erachtete beide Klagegründe für begründet und liquide, und ist die Revision der Beklagten gegen die verurteilende zweite Entscheidung, soweit diese auf das gemeine Meierrecht gegründet ist, zurückgewiesen aus folgenden

Gründen:

... „Insoweit die Begründung der Klage aus dem Meierrechte entnommen ist, unterliegt die auch von der Revisionsklägerin nicht besonders beanstandete Entscheidung des Berufungsgerichtes, daß keine Klagänderung vorliege, der Nachprüfung nicht. Andererseits ist die auf das Meierrecht gegründete Entscheidung nicht, wie die Revisionsbeklagte vermeint, der Revision entzogen, da dieselbe nicht auf besonderen Normen des im Fürstentume Lüneburg geltenden Rechtes beruht, sondern auf den Grundsätzen des gemeinen deutschen Meierrechtes, dessen Normen revisibel sind.

Vgl. Entsch. des R.G.'s in Civils. Bd. 12 S. 217.

Das Berufungsgericht ist bei Prüfung dieses Klagegrundes davon ausgegangen, daß auch für diesen Rechtsstreit die thatsächliche Illation des Brautschatzes als erwiesen anzusehen sei, daß die Beklagte als die in den Besitz des Hofes gelangte Gehöftserbin für alle Schulden hafte, welche ihr Vater als aufgeheirateter Wirt während der Zeit seiner Wirtschaftsführung kontrahiert habe, und daß sie für dieselben nicht nur mit dem Hofe selbst, sondern auch nach dessen Zwangsverkaufe mit dem aus dem Hofe an sie gelangten Vermögensbestandteilen verhaftet sei. Die Revisionsklägerin macht dagegen geltend, die Klägerin habe durch Illation des Brautschatzes nur einen Anspruch auf Leibzucht aus dem Hofe, nicht eine Forderung auf Rückgabe des Heiratsgutes erworben; wäre aber auch ein solcher Anspruch anzuerkennen, so finde doch nach der herrschenden Ansicht eine so weitgehende Haftung für Schulden des aufgeheirateten Wirtes, wie das Berufungsgericht annehme, nicht statt, und sei dieselbe jedenfalls auf die Haftung mit dem Hofe selbst beschränkt, also mit dessen Veräußerung im Wege der Zwangsvollstreckung hinweggefallen.

Diese Revisionsangriffe waren nicht für begründet zu erachten. Es findet zwar ein dem Dotalanspruche des römischen Rechtes gleicher Anspruch seitens der aufgeheirateten Meierfrau oder ihrer Erben im Falle der Auflösung der Ehe nicht statt, dagegen ist solcher Anspruch nicht schlechthin ausgeschlossen, wo durch Veräußerung der Stelle das durch die Einbringung des Brautschatzes und die Ehe begründete Recht der Ehefrau auf demnächstige Gewährung einer Leibzucht aus dem Hofe vereitelt wird, wie für den Fall des Konkurses des Meiers anerkannt ist in dem Urteile in Entsch. des R.G.'s in Civils. Bd. 12 S. 216 flg. Hier steht der Anspruch der Klägerin auf Rückgabe des Eingebrachten durch rechtskräftiges Urteil fest, und ist nur zu prüfen, inwieweit die urteilsmäßige Leistung von der Beklagten aus dem durch den Verkauf des Hofes in ihr Vermögen gelangten Teile des Hofeswertes zu erfüllen ist. Daß nun ihre Haftung für Schulden des aufgeheirateten Wirtes sich soweit erstrecke, wie das Berufungsgericht in Übereinstimmung mit den Ausführungen Francke's (Bauerrechtl. Entsch. S. 95—97) angenommen hat, mag erheblichen Bedenken unterliegen; es bedarf jedoch der Entscheidung der dort bezielten Streitfrage für diesen Rechtsstreit nicht, da die Forderung der Ehefrau des aufgeheirateten Wirtes auf Gewährung der Leibzucht, und, soweit bei deren Wegfall der Anspruch auf Herausgabe des Heiratsgutes zugelassen ist, dieser letztere jedenfalls zu denjenigen Forderungen zu rechnen ist, deren Befriedigung aus dem Hofe dem Hofeserben nach der Beendigung der Rechte des aufgeheirateten Wirtes obliegt. Ein Erlöschen dieser Verpflichtung tritt aber auch nicht mit der Veräußerung des Hofes ein, sondern es bleibt die Haftung mit dem Erlöse bei Bestand, denn die Haftung des Frauengutes für Schulden des aufgeheirateten Wirtes beruht auf dem ihm als Ehemanne zustehenden umfassenden Verwaltungs- und Nutzungsrechte,

vgl. Entsch. des R.G.'s in Civils. Bd. 8 S. 125 flg.,

und ist nicht auf die Zeit des Fortbestandes des Frauenvermögens in unveränderter Gestalt beschränkt, in welchem Falle auch weder ein ausreichender Kredit für ihn, noch eine entsprechende Sicherheit der Gläubiger für die von ihm innerhalb seiner rechtlichen Befugnisse kontrahierten Schulden bestehen könnte.

Weiter hat auch die Revisionsklägerin mit Unrecht die Annahme des Berufungsgerichtes bestritten, daß ihr aus dem Zwangsverkaufe des Hofes zur Deckung der Klageforderung ausreichende liquide Geldmittel zu teil geworden seien, da der Betrag von 4800 *M* auf ein gesperrtes Sparkassenbuch belegt sei, und der Zinsgenuß hieran dem G. zustehe. Nach den im Thatbestande der Berufungsentscheidung erwähnten Vereinbarungen der Beklagten mit G. sollte ihr der Überschuß aus der Zwangsversteigerung von 8355,25 *M* nach Bezahlung einiger Schulden und abzüglich der gedachten 4800 *M* ausbezahlt werden. Indessen abgesehen von dem nicht näher festgestellten Umstande, ob nicht noch außer den fraglichen 4800 *M* eine die Klageforderung deckende Summe aus dem Verkaufe des Hofes an die Beklagte gelangte, konnte sie die Zahlung nicht mit dem Hinweise darauf von sich ablehnen, daß der empfangene Versteigerungserlös nicht mehr zu ihrer freien Verfügung stehe. Ihre Verpflichtung zur Befriedigung der Klageforderung war mit dem Empfange des Überschusses aus dem Zwangsverkaufe begründet, und wurde dadurch nicht aufgehoben, daß sie inzwischen über die erlangten Geldmittel im eigenen Interesse oder zu Gunsten dritter Personen verfügt hat. Hiernach erscheint die Entscheidung in betreff des ersten Klagegrundes gerechtfertigt." ...

---

37. Generelle Versicherung der an einem bestimmten Orte lagernden Waren aller Art des Versicherten gegen Feuer. Wirkung der Spezialisierung dieser Versicherung auf eine bestimmte einzelne Ware.

I. Civilsenat. Urt. v. 2. Oktober 1889 i. S. Patriot. Assekuranzkomp. in Hamburg (Bekl.) w. den Spediteurverein H. & Th. (Kl.) Rep. I. 194/89.

I. Landgericht Hamburg.
II. Oberlandesgericht daselbst.

Laut Police vom 3. Mai 1888 hatte die Beklagte

„für Feuersgefahr an den Sped.=V. H. & Th. versichert auf Waren aller Art für eigene und/oder fremde Rechnung lagernd in dem Süder=Elbspeicher des Emil Js. auf Steinwärder die Summe von 50 000 ℳ auf die Zeit vom 1. Mai 1888 bis 2. Mai 1889."

Auf der Rückseite der Police hat die Beklagte am 30. Juli 1888 folgende Erklärung niedergeschrieben:

„Hierauf validieren:

680 Fässer zwischen 1/1040 Zucker 32 000 ℳ

R 95 500 Sack Zucker . . . . 16 000 ℳ."

In gleicher Weise hat der Kläger auf in demselben Speicher lagernde „Waren aller Art" bei drei anderen Versicherungsgesellschaften Versicherung genommen.

In jeder der vier Policen ist eingeschrieben: „Anderweitige Versicherung schadet nicht."

Am 26. August 1888 verbrannten von den vom Kläger im Süder=Elbspeicher gelagerten 680 Fässern Zucker 480 Fässer. Die Parteien sind darüber einig, daß der dadurch vom Kläger erlittene Schaden sich auf 22 248 ℳ beläuft. Die Beklagte behauptet, dieser Schade sei, da auch die drei anderen angeführten Versicherungsgesellschaften an demselben partizipierten, von ihr nur pro rata zu ersetzen. Sie hat demgemäß dem Kläger 4544,27 ℳ gezahlt. Dieser aber ist der Ansicht, daß er von der Beklagten Ersatz des ganzen Schadens beanspruchen könne, und fordert darum in vorliegender Klage den Restbetrag mit 17 703,73 ℳ.

In erster Instanz ist dem Klagantrage gemäß erkannt, Berufung und Revision sind zurückgewiesen worden.

Aus den Gründen:

. . . „Gegenstand der Versicherung gegen Feuersgefahr eines Warenlagers mit wechselndem Inhalte ist der eventuelle Bestand des Lagers bei Eintritt des schädigenden Ereignisses. Jede Veränderung des Bestandes des Lagers wirkt darum auf die Höhe des auf jede einzelne Ware fallenden Teiles der Versicherungssumme ein. Durch weiteres Einbringen von Waren wird dieser Teil vermindert, durch Herausnahme von Waren erhöht. Diese Unsicherheit kann beseitigt und der für den einzelnen Wareninteressenten möglicherweise eintretende Nachteil ausgeschlossen werden dadurch, daß die generelle Versicherung ganz oder teilweise spezialisiert wird in der Weise, daß dem bisherigen unbestimmten beziehentlich erst bei Eintritt des Unfalles im einzelnen bestimmbaren Gegenstande der Versicherung ein schon aktuell bestimmter Gegenstand substituiert wird. Es kann dies für die ganze Versicherungssumme oder auch nur für einen Teil derselben geschehen, sodaß im letzteren Falle der Rest der Versicherungssumme, wenn nicht anders verfügt ist, für die im betreffenden Lager befindlichen Waren aller Art validiert. Diese Spezialisierung kommt namentlich dann vor, wenn der Versicherungsnehmer, welcher nicht selbst der Eigentümer der Ware ist, vom Eigentümer speziellen Auftrag zur Versicherung der Ware in bestimmter Höhe erhalten hat, ferner wenn gelagerte Ware (durch Lagerschein) veräußert worden und dem Erwerber die Möglichkeit gewährt werden soll, sich über die Höhe des versicherten Wertes derselben Gewißheit zu verschaffen. Daß für den letzteren Fall das Bedürfnis ein häufig vorkommendes ist, erhellt aus dem gedruckten Formulare eines Mäklerzeugnisses über die Höhe der Versicherung einer bestimmten Ware.

Die Wirkung einer solchen Spezialisierung ist für den speziellen Gegenstand dieselbe, wie wenn für diesen Gegenstand von Anfang an eine spezielle Versicherung genommen worden wäre.

Hiergegen kann nicht geltend gemacht werden, daß der Versicherte es in seiner Hand habe, durch eine andere Deklaration den Gegenstand der Versicherung zu ändern und die spezielle Versicherung in eine generelle umzuwandeln; denn diese Abänderungsmöglichkeit berührt die Wesenheit des bestehenden Rechtsverhältnisses nicht. Solange eine Abänderung nicht erfolgt ist, liegt eine spezielle Versicherung vor. Welchen Einfluß eine solche Spezialisierung auf die zwischen dem Versicherten und anderen Personen, bei welchen derselbe Versicherung auf im betreffenden Lager lagernde Waren aller Art genommen hat, bestehenden Verhältnisse auszuüben geeignet ist, braucht hier nicht untersucht zu werden. Die Absicht der Parteien, bei Umwandlung der generellen Versicherung in eine spezielle kann nur dahin gehen, in dem zwischen ihnen bestehenden Rechtsverhältnisse in betreff der besonderen Ware die Wirkung der generellen Versicherung eines Warenlagers mit wechselndem Inhalte auszuschließen und die der besonderen Versicherung einer bestimmten Ware eintreten zu lassen. Der Versicherer kann daher gegen die vom Versicherten aus diesem speziellem Rechtsverhältnisse angestellte Klage keinen Einwand daraus herleiten, daß der Kläger auf im betreffenden Lager lagernde Waren aller Art bei anderen Personen Versicherung genommen habe. Es ist sonach nicht richtig, daß, wie dies der Revisionskläger meint, bei der Spezialisierung der generellen Versicherung der Wille der Parteien im einzelnen Falle auf eine derartige Gestaltung des Rechtsverhältnisses möglicherweise gerichtet sein kann, sondern es kann, in Ermangelung anderer Erklärung, der in der Spezialisierung liegende Vertragswille an sich nicht anders aufgefaßt werden.

Es kann sich zwar noch die Frage erheben lassen, ob durch Beschränkung der Versicherung auf einen einzelnen bestimmten Gegenstand dieser Gegenstand von den „Waren aller Art" ganz ausgenommen wird, oder ob dies nur soweit anzunehmen ist, als sein Wert durch den für ihn festgesetzten Betrag der Versicherungssumme gedeckt ist, sodaß er also für den Mehrwert noch unter dem Gegenstande der generellen Versicherung mit begriffen bliebe, fortdauernd einen Teil desselben bildete. Allein für den vorliegenden Rechtsstreit hat die Beantwortung dieser Frage, welche an sich nach verschiedenen Richtungen hin bedeutsam werden kann, kein Interesse, weil unbestritten die 680 Fässer Zucker, auf welche die Versicherung beschränkt worden ist, zu ihrem vollen Werte versichert worden sind, und auch nicht in Zweifel gezogen worden ist, daß der Beklagte den ganzen Betrag der Entschädigung für die verbrannten 480 Fässer, zu deren Zahlung er verurteilt werden würde, zahlen werde.

Bei dieser Sachlage war auf die Frage nach der rechtlichen Gestaltung des Verhältnisses, wenn auf ein Warenlager mit wechselndem Inhalte bei mehreren Personen Versicherung gegen Feuer genommen wird, speziell auf die Frage, ob dadurch zwischen den mehreren Versicherern eine Gemeinschaft hergestellt werde, sowie auf die Auslegung der Klausel: „Anderweitige Versicherung schadet nicht", nicht einzugehen. Es kann dahingestellt bleiben, ob die betreffenden Ausführungen des Berufungsrichters begründet sind.

Die Revision war aus den dargelegten, von denen des Berufungsrichters übrigens nicht prinzipiell abweichenden Gründen zurückzuweisen."

38. Dauernde Belastung der Einkünfte von Kammergütern durch den Landesherrn ohne agnatischen Konsens.
Wirkung einer späteren stillschweigenden Genehmigung dieser Belastung durch die Landstände für den Erwerb eines Privatrechtes der Beliehenen.
Außerordentliche Ersitzung einer derartigen Reallast.

III. Civilsenat. Urt. v. 27. September 1889 i. S. des Großh. hess. Fiskus (Kl.) w. W. v. H. (Bekl.) Rep. III. 103/89.

I. Landgericht Gießen.
II. Oberlandesgericht Darmstadt.

Kurfürst Wilhelm I. von Hessen hatte als Landgraf durch Reskript vom 5. Oktober 1798 den v. H.'schen Geschwistern aus den Salinen seines Landes gewisse Bezüge — Anteil an den sog. Salzkreuzern — verliehen und in einem weiteren Erlasse vom 5. Oktober 1805 angeordnet, daß die Familie v. H. eine bestimmte Abgabe von der Saline Nauheim jetzt und künftig zu beziehen habe. Bis zu dem im Mai 1866 erfolgten Tode des Letztlebenden der sieben Geschwister v. H. wurde die Rente von der Kurfürstlichen Finanzverwaltung ausbezahlt, von da ab jedoch die Zahlung eingestellt und von dem Großh. hessischen Staate, an welchen laut Friedensvertrages mit Preußen vom 3. September 1866 die Saline Nauheim übergegangen war, die fernere Entrichtung an die Nachkommen der ursprünglich Beliehenen verweigert. Da der jetzige Beklagte, der Sohn eines dieser Beliehenen, die Zahlung des angeblich ihm erblich zugefallenen Siebenteiles des Salzkreuzers verlangte, trat der Großh. Fiskus mit einer negatorischen Klage auf Anerkennung der Freiheit der Saline Nauheim von der behaupteten Reallast auf.

Der Beklagte machte einredeweise geltend, daß die streitige Rente nicht bloß kraft rechtsgültiger ursprünglicher Verleihung des Landesherren und demnächstiger Anerkennung durch die Landstände des vormaligen Kurfürstentumes Hessen, sondern auch durch Ersitzung von der Famile v. H. als eine vererbliche erworben worden sei, und daß überdies der jetzige Kläger zur Anfechtung der Verleihungsakte wegen mangelnden Konsenses der Agnaten zur Belastung des Domanialvermögens nicht legitimiert sei. Die erste Instanz verurteilte den Beklagten nach dem Klagantrage; die zweite Instanz wies die Klage zurück; das Reichsgericht stellte auf Revision des Klägers das erste Erkenntnis wieder her.

Aus den Gründen:

„Der Beklagte gründet seinen Anspruch auf dauernde Belastung der Saline Nauheim mit der streitigen Reallast teils auf die ursprünglichen Verleihungsurkunden in Verbindung mit der Thatsache, daß nach Einführung der Kurhessischen Verfassung vom 5. Januar 1831 die Aufnahme der jährlich an die Familie v. H. aus der Staatskasse zu zahlenden Salzkreuzer in den Voranschlag der Staatsausgaben von den Kurhessischen Ständen genehmigt worden sei und infolge hiervon die Auszahlung der Rente an die Geschwister v. H. und deren Nachkommen bis zur ersten Hälfte des Jahres 1866 stattgefunden habe, teils auf den Rechtstitel der Verjährung. Zur ersten Einrede stellt der Berufungsrichter fest, daß nach Inhalt der Verleihungsurkunde vom 5. Oktober 1805 eine in der Familie v. H. vererbliche Rente habe geschaffen werden sollen, und daß die Kurhessischen Stände mindestens seit dem Jahre 1846, dem Antrage der Staatsregierung entsprechend, der Auszahlung der Rente an die Berechtigten ohne Vorbehalt ihre Zustimmung erteilt hätten, — zugleich aber auch, daß eine ausdrückliche Anerkennung der Vererblichkeit jener Bezüge durch die Stände nicht erfolgt sei.

Die Auslegung der vorerwähnten Urkunde ist thatsächlicher Natur und kann in der Revisionsinstanz nicht mit Erfolg angefochten werden. Mit Recht wendet sich aber der Revisionskläger gegen die Verwertung eines vermeintlichen stillschweigenden Anerkenntnisses der Vererblichkeit der Rente durch die Kurhessische Ständeversammlung. Wenn der Berufungsrichter erwägt:

„Es habe sich letztere zwar nicht ausdrücklich über die Vererblichkeit der auf die Saline Nauheim gelegten Last schlüssig gemacht, es sei aber mit Rücksicht darauf, daß die Rente selbst nach dem Tode des größten Teiles der Geschwister v. H. in ihrem ganzen Umfange vorbehaltlos fortbewilligt worden sei, wohl anzunehmen, daß die Ständeversammlung nicht mit Erfolg gegen die Vererblichkeit ankämpfen zu können geglaubt habe,"

so stellt er augenscheinlich keine bestimmte Thatsache fest, sondern spricht nur eine Vermutung aus, die in dem Sachverhalte keine ausreichende

Rechtfertigung findet. Es hat weder dem Landsyndikus bei Erstattung seines Gutachtens vom 27. November 1845, noch den Ständen selber die erste, auf die „Geschwister v. H.“ allein lautende Verleihungsurkunde vom 5. Oktober 1798 vorgelegen, und es war überdies während der ganzen Dauer der landständisch genehmigten Auszahlung der Rente noch eines der ursprünglich beliehenen Geschwister am Leben. Hiervon abgesehen würde eine solche stillschweigende Vereinbarung zwischen Regierung und Ständen als eine rein innere Angelegenheit nicht geeignet erscheinen, unmittelbar und ohne weiteres Rechte für Dritte zu erzeugen, und es würden dadurch die gesetzgebenden Faktoren nicht gehindert worden sein, nach erneuerter Prüfung des Sach- und Rechtsverhältnisses jederzeit einseitig von ihren Anträgen und Beschlüssen wieder abzugehen. Die Kurfürstliche Staatsregierung hat auch unbestritten seit dem Jahre 1859 ihre frühere Ansicht über die dauernde Belastung der Saline Nauheim geändert; sie hat insbesondere den Geschwistern v. H. und den Nachkommen der verstorbenen Geschwister dieser Familie auf deren Gesuch um Anerkennung der verliehenen Salzkreuzer als einer dinglichen oder ewigen Rente unterm 5. Mai 1859 eröffnet:

> „Daß auf dieses Gesuch nicht eingegangen werden könne, da die Rente den genannten Geschwistern insgesamt auf ihre Lebensdauer bewilligt worden sei, und die Dinglichkeit der Leistung die ewige Dauer des Rechtes nicht in sich schlösse.“

Infolge hiervon sind seit dem Jahre 1860 in den Rechnungseinträgen der Saline Nauheim nur die „Geschwister v. H.“ als bezugsberechtigte Familienmitglieder bezeichnet worden.

Hat hiernach unter der Herrschaft der Verfassung vom 5. Januar 1831 keine Neubelastung der Saline Nauheim mit einer ewigen Rente zu Gunsten der Familie v. H. stattgefunden, so kann es sich nur darum handeln, ob die ursprüngliche Schenkung einer solchen rechtsgültig erfolgte. Der Berufungsrichter, von dem unzweifelhaft richtigen Satze ausgehend, daß die dauernde Belastung der Einkünfte aus dem Salzwerke einer Veräußerung der Substanz gleichkomme, verneint diese Frage in Übereinstimmung mit den Ausführungen des Klägers, weil der nach ehemaligem Reichsstaatsrechte und nach grundgesetzlichen Bestimmungen des Landesstaatsrechtes, namentlich nach dem sog. Brüdervergleiche der Fürsten zu Hessen vom 28. Mai

1568, zur Veräußerung von Kammergütern erforderliche Konsens der Agnaten des Landgräflichen Hauses Hessen Kassel und der Landschaft (Landstände) nicht erteilt worden, die Schenkung mithin nichtig gewesen sei.

Hierbei hat jedoch, was zunächst die Zustimmung der Landschaft angeht, der Berufungsrichter übersehen, daß in der ehemaligen Grafschaft Hanau, zu welcher nach dem Thatbestande die Saline Nauheim gehörte, eine landständische Verfassung nicht eingeführt und die gesetzgebende Gewalt des Landesherrn unbeschränkt war. Diese Grafschaft fiel erst im Jahre 1736 infolge Erbvertrages an das genannte Landgräfliche Haus, bestand notorisch bis zum Jahre 1786 als selbständischer Staat und blieb von da an bis zum Jahre 1806 nur in Ansehung der Verwaltung, jedoch ohne völlige Inkorporation, mit der alten Landgrafschaft Hessen verbunden.

Daß nach dem Jahre 1786 das für die althessischen Lande geltende Staatsrecht auf die neu erworbene Grafschaft Hanau übertragen worden oder aus einem sonstigen Grunde der Konsens der althessischen Landstände zur Veräußerung und dauernden Belastung von Kammergütern, die in der Grafschaft Hanau belegen waren, erforderlich gewesen sei, ist weder in den vorderen Verhandlungen behauptet, noch in dem Berufungsurteile festgestellt worden.

Indessen kommt es hierauf nicht weiter an. Denn unbedenklich ist dem Vorderrichter darin beizutreten, daß nach Reichs- und Landesstaatsrecht die Einwilligung der Agnaten des Landgräflichen Hauses zur rechtsgültigen Verleihung der streitigen Rente habe eingeholt werden müssen. Insofern erstreckte sich der Brüdervergleich von 1568 auch auf neue Erwerbungen der fürstlichen Brüder, sobald solche inkorporiert oder sonst in Erbgang gekommen waren; denn im Eingange jenes Grundgesetzes des hessischen Staatsrechtes verordnen die Kontrahenten ausdrücklich, daß

> „alle ihn anererbten Fürstentümer, Grafschaften ꝛc, was sie dero jetzo haben oder künfftiglichen weiter bekommen und an sich bringen möchten,“

immer im Besitze der Landgrafen zu Hessen und deren Nachkommen verbleiben sollten und nichts davon veräußert werden dürfe. Zur Geltendmachung der aus dem Mangel des agnatischen Konsenses folgenden Nichtigkeit der fraglichen Veräußerung ist aber der klagende

Fiskus als Vertreter Sr. Königl. Hoheit des Großherzogs von Hessen als Agnaten des ehemaligen Kurfürstlichen Hauses und zugleich als Nachfolgers in der Regierung des von Preußen an Hessen-Darmstadt durch Friedensvertrag vom 3. September 1866 abgetretenen Landesteiles des ehemaligen Kurfürstentumes Hessen, in welchem die Saline Nauheim belegen ist, endlich auch auf Grund des diesem Friedensvertrage und dessen Nachtrage beigefügten Vorbehaltes berechtigt.

Hiergegen läßt sich nicht einwenden, daß die Notwendigkeit des agnatischen Konsenses durch Einführung der Verfassung vom 5. Januar 1831 und die dadurch bewirkte Ausscheidung des Kurfürstlichen Fideikommißvermögens vom Staatsvermögen in Wegfall gekommen sei. Allerdings ist die Annahme des Vorderrichters, daß nachdem das Salzwerk zu Nauheim gemäß §. 139 der Verfassungsurkunde dem Staatsvermögen zugeteilt und die Veräußerung des letzteren nach §. 142 nur noch an die Zustimmung der Stände des Kurstaates geknüpft worden sei, von einer Einwilligung der Agnaten zur dauernden Belastung der Domänen nicht mehr die Rede sein könne, der Nachprüfung in der Revisionsinstanz entzogen. Allein hieraus folgt nicht der Rechtsbestand der ursprünglichen Verleihung der Rente. Denn eine Veräußerung, die von Anfang an nichtig ist, kann hinterher nicht dadurch allein gültig werden, „daß ihre Vornahme durch einen späteren Akt der Gesetzgebung an andere Voraussetzungen geknüpft wird." Die Frage aber, ob nach Einführung der Verfassung durch die ausdrückliche Zustimmung der Landstände zur Belastung der Saline Nauheim mit einer ewigen Rente zu Gunsten der Familie v. H. der mangelnde Konsens der Agnaten ersetzt werden konnte, steht nicht zur Entscheidung, da nach dem Vorausgeschickteu die Stände die Vererblichkeit der Rente eben nicht ausdrücklich anerkannt haben.

Anlangend endlich den Rechtstitel der Verjährung, den Beklagter für seine Person geltend gemacht hat, so können Reallasten, welche, wie im vorliegenden Falle, in jährlich oder doch in regelmäßig nach bestimmten Zeitabschnitten wiederkehrenden Leistungen an den Berechtigten bestehen, gemeinrechtlich, der zwar bestrittenen, aber für richtig zu erachtenden, in Theorie und Praxis überwiegend angenommenen Ansicht gemäß, wenn auch nicht nach Analogie der Grundsätze des römischen Rechtes über die Servitutenverjährung, doch als dingliche, eines Quasibesitzes fähige Rechte, nicht bloß durch unvordenkliche Verjährung, sondern auch durch außerordentliche Ersitzung erworben werden.

Vgl. Stobbe, Deutsches Privatr. Bd. 2 §. 103 Ziff. 3; Seuffert, Archiv Bd. 9 Nr. 201, Bd. 15 Nr. 40, Bd. 17 Nr. 83. 84, Bd. 25 Nr. 257, Bd. 41 Nr. 33; Entsch. des R.G.'s in Civils. Bd. 6 Nr. 55; Erkenntnis des Reichsgerichtes vom 9. Dezember 1884 Rep. III. 220/84 im Auszuge bei Bolze, Praxis des Reichsgerichtes Bd. 1 S. 200 und im allgem. Roth, Deutsches Privatr. Bd. 3 §. 285 Nr. 3.

Da dieselbe hier dem Fiskus gegenüber in bezug auf unveräußerliches Kammergut und Staatsvermögen geltend gemacht wird, so greift nach einem an c. 14 Cod. de fund. patr. 9, 61 sich anschließenden, gemeinen deutschen Herkommen nur die vierzigjährige Verjährung Platz.

Vgl. Heffter im Jahrbuche für gemeines Recht Bd. 6 S. 1 flg.; Seuffert, Archiv Bd. 18 Nr. 14, Bd. 32 Nr. 108; Zachariä, Deutsches Staats- und Bundesrecht §. 213 II.; Weiß, Staatsrecht §. 371 Note O und im allgemeinen Windscheid, Pandekten §. 116 Anm. 2.

Von gleichen Grundsätzen sowohl in Ansehung der erwerbenden Verjährung der Reallasten überhaupt, als auch rücksichtlich der dem Staate gegenüber laufenden Verjährungszeit ist denn auch das vormalige Oberappellationsgericht zu Kassel für das frühere Kurhessische Recht ausgegangen.

Vgl. Platner, Kurhess. Sachenrecht §. 30 Note 17, §. 63 Note 11; v. Meibom und Roth, Kurhess. Privatr. Bd. 1 §. 70 Note 68. 69; Decis. Hass. Cassel, Bd. 1 S. 57, Bd. 3 S. 143; Pfeiffer, Praktische Ausführungen Bd. 7 S. 269; Seuffert, Archiv Bd. 6 Nr. 232.

Demungeachtet muß die Einrede auch unter diesem Gesichtspunkte zurückgewiesen werden. Der Beklagte will die streitige Rente seit dem Jahre 1814 als Erbe seines inzwischen verstorbenen Vaters G. W. v. H. bezogen haben. Die von da an bis zur Einführung der Kurhessischen Verfassung vom 5. Januar 1831 abgelaufene Zeit kann jedoch, da die ursprüngliche, den Rechtstitel der Ersitzung bildende Verleihung der Rente an die Familie v. H. wegen mangelnden Konsenses der Agnaten nichtig war, dem Beklagten um deswillen nicht angerechnet werden, weil jeder Nachfolger in der Regierung ein selbständiges Recht auf Geltendmachung jenes Nichtigkeitsgrundes hat. ... Von der Verwandlung der Saline Nauheim in Staatsvermögen infolge des §. 142 der Kurhessischen Verfassungsurkunde an bis zur Einstellung der Rentenzahlungen im Jahre 1866 aber waren, selbst wenn man diejenige Zeit in Berücksichtigung zieht, während welcher die Landstände die Fortentrichtung der Rente nur unter Vorbehalt genehmigt hatten, noch keine vierzig Jahre verflossen."

---

39. Inhalt der Inventarisationspflicht. Erstreckt sich diese und die Manifestationspflicht auch auf die Vorempfänge der Miterben?

III. Civilsenat. Beschl. v. 27. September 1889 i. S. B. Sch. u. Gen. (Kl.) w. L. H. u. Gen. (Bekl.) Beschw.-Rep. III. 102/89.

I. Landgericht Darmstadt.
II. Oberlandesgericht daselbst.

Aus den Gründen:

„Die Beklagten sind rechtskräftig schuldig erkannt worden, über den Nachlaß der G. H.'schen Eheleute zu St. einschließlich des Nachlasses des D. H. ein ordnungsmäßiges Inventar zu errichten; sie haben aber bis jetzt ein Inventar über den Nachlaß des D. H., soweit derselbe in dem Nachlasse der G. H.'schen Eheleute enthalten ist, nicht vorgelegt, sondern sich auf nachträgliche briefliche Angaben darüber an den Prozeßbevollmächtigten der Kläger beschränkt. Eine derartige neben dem übergebenen Nachlaßverzeichnisse herlaufende Berichtigung kann umsoweniger für genügend erachtet werden, als die Beklagten das von ihnen zu errichtende Inventar eidlich zu manifestieren haben.

Auf die Vorlage eines vollständigen Nachlaßverzeichnisses allein geht jedoch die den Beklagten obliegende Verpflichtung. Eines besonderen Abschlusses bedarf das zu errichtende Inventar nicht, wenn darunter mehr verstanden sein sollte, als die Berechnung der Zinsen der zum Nachlasse gehörigen Ausstände bis zum Todestage des G. H.; sobald dieser Zinsbetrag feststeht, ergiebt sich der Gesamtbetrag des zur Verteilung unter die Erbinteressenten zu bringenden Vermögens aus einer Zusammenstellung der einzelnen Aktivposten unter Abzug der Nachlaßschulden. Diese können aber die Kläger selber vornehmen. Erhebt sich ein Anstand dabei, so sind die Beklagten gehalten, zu dessen Beseitigung mitzuwirken. Auch die Angabe etwaiger Konferenden oder die Aufnahme der Erklärung in das Inventar, daß nichts in die Erbmasse einzuwerfen sei, ist nicht erforderlich. Denn die Behauptung, daß Konferenden nicht vorhanden seien, liegt, nachdem dieser Punkt nunmehr in den Verhandlungen zur Sprache gekommen ist, von selbst in der Nichtaufnahme von Kollationsposten in das Nachlaßverzeichnis; ohnehin können durch geeignete Fassung des Offenbarungseides etwaige Ausstellungen der Kläger in dieser Richtung vorbehalten werden. Im übrigen erstreckt sich die Inventarisations- und Manifestationspflicht der Beklagten nur auf das zum Nachlasse der oben bezeichneten Personen gehörige Vermögen, nicht aber auch auf die bereits in das Vermögen der Beklagten übergegangenen Vorempfänge, und es müssen daher die Kläger, wenn sie behaupten, daß die Beklagten kollationspflichtig seien, dies nach Rechtsgrund und Gegenstand im Moniturverfahren darlegen.

Vgl. c. 22 §. 2 Cod. de jure delib. 6, 30; Seuffert, Archiv Bd. 12 Nr. 326, Bd. 15 Nr. 261, Bd. 23 Nr. 189, Bd. 36 Nr. 51.

Die Beklagten haben nur, wenn sich in dem von ihnen in Besitz genommenen Nachlasse Urkunden befinden, welche über etwaige Vorempfänge Aufschluß geben, diese Urkunden den klagenden Miterben vorzulegen.". . .

---

40. 1. Wird die Klageverjährung durch die Zustellung eines Zahlungsbefehles unterbrochen?
2. Sind die Amtsgerichte in Preußen zur Erlassung eines Zahlungsbefehles zuständig, wenn es sich um die Rückforderung eines unter Vorbehalt gezahlten Stempelbetrages handelt?

III. Civilsenat. Urt. v. 17. September 1889 i. S. H. (Kl.) w. Fiskus (Bekl.). Rep. III. 138/89.

I. Landgericht Kassel.
II. Oberlandesgericht daselbst.

Kläger erwirkte beim Amtsgerichte Kassel wider den beklagten Fiskus einen Zahlungsbefehl auf Rückzahlung eines am 3. Februar 1888 unter Vorbehalt gezahlten Stempelbetrages. Gegen diesen, dem Beklagten am 22. Juni 1888 zugestellten Zahlungsbefehl erhob der Beklagte Widerspruch. In der infolgedessen auf Antrag des Klägers am 15. Oktober 1888 stattgehabten Verhandlung vor dem Amtsgerichte beantragte der Kläger, nachdem der Beklagte die Einrede der sachlichen Unzuständigkeit erhoben, den Rechtsstreit an das Landgericht zu verweisen. Das Amtsgericht erachtete sich für unzuständig und verwies die Sache an das Landgericht. Durch einen dem Beklagten am 23. November 1888 zugestellten Schriftsatz hat darauf der Kläger den Beklagten vor das Landgericht laden lassen. Das Landgericht verwarf die vom Beklagten nunmehr vorgeschützte Einrede der Verjährung und verurteilte den Beklagten in der Sache selbst nach dem Klagantrage. Der Beklagte erhob Berufung. Das Berufungsgericht hielt die Einrede der Verjährung für begründet und erkannte demgemäß auf Abweisung der Klage. Die hiergegen vom Kläger erhobene Revision wurde für begründet erachtet.

Gründe:

„Es kann unerörtert bleiben, ob die im §. 12 des Gesetzes vom 24. Mai 1861 bestimmte sechsmonatige Frist eine Verjährungs- oder eine Präklusivfrist[1] ist. Wäre sie eine Präklusivfrist, so würde dieselbe, vorausgesetzt daß das Amtsgericht überhaupt zum Erlasse eines Zahlungsbefehles in der vorliegenden Sache zuständig war, durch die innerhalb der gedachten Frist erfolgte Zustellung des Zahlungsbefehles an den Beklagten gewahrt sein, da unter „Klage" im Sinne des §. 12 a. a. O., wie der erste Richter mit Recht hervorhebt, jede gerichtliche Geltendmachung des Anspruches zu verstehen ist, welche geeignet erscheint, eine richterliche Feststellung des erhobenen Anspruches herbeizuführen. Ist aber die fragliche Frist, wie das Berufungsgericht in Übereinstimmung mit einem Urteile des IV. Civilsenates des Reichsgerichtes,

vgl. Entsch. des R.G.'s in Civils. Bd. 17 S. 206,

[1] In einer späteren Entscheidung (vgl. die folgende Nummer) hat sich der III. Civilsenat der Entscheidung des IV. Civilsenates des Reichsgerichtes angeschlossen, nach welcher die Frist als Verjährungsfrist aufzufassen ist. D. E.

angenommen hat, als eine Verjährungsfrist aufzufassen, so würde gleichwohl der Anspruch als verjährt nicht angesehen werden können, da durch die innerhalb der Verjährungsfrist erfolgte Zustellung des Zahlungsbefehles die Verjährung unterbrochen ist.

Nach §. 235 C.P.O. wird durch die Erhebung der Klage die Rechtshängigkeit begründet; es werden im §. 235 zugleich drei prozessuale Wirkungen der Rechtshängigkeit bezeichnet. Im §. 239 C.P.O. wird sodann weiter bestimmt, daß die Vorschriften des bürgerlichen Rechtes über die sonstigen Wirkungen der Rechtshängigkeit unberührt bleiben. „Diese Wirkungen — so heißt es dort wörtlich —, sowie alle Wirkungen, welche durch die Vorschriften des bürgerlichen Rechtes an die Anstellung, Mitteilung oder gerichtliche Anmeldung der Klage, an die Ladung oder Einlassung des Beklagten geknüpft werden, treten unbeschadet der Vorschrift des §. 190 mit der Erhebung der Klage ein." Ob die Unterbrechung der Verjährung als eine bürgerlichrechtliche Folge der Rechtshängigkeit oder als eine selbständige Wirkung der Klagerhebung anzusehen ist, ist bestritten. Diese Frage bedarf indes im vorliegenden Falle einer Entscheidung nicht. Hätte man die Unterbrechung der Verjährung als eine Wirkung der Rechtshängigkeit anzusehen, so würde ohne weiteres aus dem §. 633 C.P.O. abzuleiten sein, daß mit der Zustellung des Zahlungsbefehles — die Zuständigkeit des Amtsgerichtes zur Erlassung desselben vorausgesetzt — eine Unterbrechung der Verjährung eingetreten ist. Aber auch wenn man, wie der Vertreter des Revisionsbeklagten bei der mündlichen Verhandlung geltend gemacht hat, die Unterbrechung der Verjährung nicht als eine Folge der Rechtshängigkeit, sondern als eine selbständige Wirkung der Klagerhebung aufzufassen hat, müßte der Zustellung des Zahlungsbefehles die gleiche Wirkung beigelegt werden, da aus der Natur der Verjährung mit Notwendigkeit folgt, daß jedes nach der Prozeßordnung zulässige Verfahren, welches geeignet ist, zur Befriedigung des Anspruches zu führen auch den Lauf der Verjährung unterbrechen muß.[1] Das Berufungsgericht hat anscheinend diese Wirkung allgemein auch nicht verneinen wollen; es nimmt aber an, daß im vorliegenden Falle diese Wirkung nicht eingetreten sei, weil nach gemeinem Rechte die Verjährung nur durch Klagerhebung bei dem

---

[1] Entsch. des R.G.'s in Civils. Bd. 17 S. 281. D. R.

zuständigen Richter unterbrochen werde und nach §. 39 Pos. 4 des preußischen Gesetzes vom 24. April 1878 für Ansprüche gegen den Landesfiskus in betreff der Verpflichtung zur Entrichtung eines Wertstempels oder Fixstempels das Landgericht ausschließlich zuständig sei.

Diese beiden Prämissen, von welchen übrigens die erste nicht unbestritten ist,[1] rechtfertigen indes den daraus vom Berufungsgerichte gezogenen Schluß nicht. Nach §. 628 C.P.O. ist wegen eines Anspruches, welcher die Zahlung einer bestimmten Geldsumme zum Gegenstande hat, auf Gesuch des Gläubigers ein bedingter Zahlungsbefehl zu erlassen.

Durch diese Bestimmung wird an sich auch der Fall getroffen, in welchem eine unter Vorbehalt gezahlte Stempelabgabe vom Fiskus zurückgefordert wird. Daran wird aber auch durch die Bestimmung des §. 39 Pos. 4 des Gesetzes vom 24. April 1878 nichts geändert, da durch diese Bestimmung nur die sachliche Zuständigkeit des Amtsgerichtes, auch in den Fällen, wo sie mangels einer solchen Bestimmung begründet sein würde, weiter beschränkt wird. Zur Erlassung eines Zahlungsbefehles ist aber das Amtsgericht, insofern die Voraussetzung des §. 628 C.P.O. vorliegt, trotzdem zuständig, weil nach §. 629 C.P.O. dazu das Amtsgericht zuständig ist, bei welchem der allgemeine persönliche Gerichtsstand für die im ordentlichen Verfahren erhobene Klage begründet sein würde, wenn die Amtsgerichte in erster Instanz sachlich unbeschränkt zuständig wären. Die Beschränkung der sachlichen Zuständigkeit der Amtsgerichte durch den §. 39 Pos. 4 a. a. O. steht daher ihrer Zuständigkeit zur Erlassung eines Zahlungsbefehles nicht entgegen.

Geht man hiervon aus, so war, da der Stempelbetrag vom Kläger am 3. Februar 1888 gezahlt ist, durch die am 22. Juni 1888 erfolgte Zustellung des Zahlungsbefehles die Verjährungsfrist unterbrochen. War aber die Verjährungsfrist unterbrochen, so blieb der Anspruch auch jedenfalls wirksam, wenn nur innerhalb sechs Monate nach dem Tage der Benachrichtigung von der Erhebung des Widerspruches an den Kläger, bezw. von der Zustellung des Zahlungsbefehles an bei dem Landgerichte Klage erhoben wurde. Faßt man die Unterbrechung der Verjährung als Folge der Rechtshängigkeit auf, so blieb

[1] Vgl. die folgende Entscheidung. D. E.

diese Wirkung nach §. 637 C.P.O. bestehen, wenn innerhalb einer sechsmonatigen Frist, die vom Tage der Benachrichtigung des Klägers von der Erhebung des Widerspruches läuft, die Klage bei dem zuständigen Landgerichte erhoben wurde. Wäre aber die Unterbrechung der Verjährung als eine selbständige Wirkung der Klagerhebung anzusehen, so würde die im §. 12 des Gesetzes vom 24. Mai 1861 bestimmte Frist mit der Zustellung des Zahlungsbefehles unterbrochen, und könnte von einer Verjährung jedenfalls dann nicht die Rede sein, wenn der Kläger innerhalb der dann von neuem laufenden Frist die Klage beim Landgerichte erhoben hätte. Beide Fristen sind aber gewahrt, da festgestellt ist, daß der Kläger den Beklagten bereits im November 1888 vor das Landgericht zur Verhandlung über die beim Amtsgerichte eingereichte Klage hat laden lassen. Einer nochmaligen Mitteilung der im Verfahren vor dem Amtsgerichte zugestellten Klage bedurfte es nach §. 466 C.P.O. nicht." ...

---

41. Wird die Klageverjährung durch die Erhebung der Klage bei einem unzuständigen Gerichte unterbrochen?

III. Civilsenat. Urt. v. 17. Januar 1890 i. S. der Aktiengesellschaft Phönix (Kl.) w. preußischen Fiskus (Bekl.). Rep. III. 209/89.

I. Landgericht Kassel.
II. Oberlandesgericht daselbst.

Aus den Gründen:

„Die Klägerin hat durch eine am 20. November 1888 dem Beklagten zugestellte und beim Amtsgerichte zu Kassel erhobene Klage die Rückzahlung eines von ihr am 6. Juli 1888 gezahlten Stempelbetrages von 54 *M* gefordert. Das Amtsgericht hat auf Grund des §. 70 Abs. 3 G.V.G. und des §. 39 Abs. 4 des preußischen Ausführungsgesetzes vom 27. Januar 1879 durch Urteil vom 4. Dezember 1888 seine Unzuständigkeit ausgesprochen und gleichzeitig auf Antrag der Klägerin die Sache an das Landgericht zu Kassel verwiesen. Nachdem dieses Urteil am 16. Januar 1889 die Rechtskraft beschritten, hat die Klägerin durch Schriftsatz vom 23. Januar 1889 den Beklagten zu dem auf den 1. März 1889 anberaumten Verhandlungstermine vor das Landgericht laden lassen. Das Landgericht hat den Beklagten zur Rückzahlung verurteilt und das Urteil für vorläufig vollstreckbar erklärt. Der Beklagte erhob Berufung mit dem Antrage, die Klage abzuweisen und die Klägerin zur Rückzahlung der vom Beklagten vorläufig gezahlten 54 ℳ zu verurteilen. Zur Begründung der Berufung machte der Beklagte, außer den in erster Instanz vorgebrachten sachlichen Einwendungen, geltend, daß die Klägerin die Ladung vor das Landgericht erst am 4. Februar 1889, mithin nach Ablauf der für die Erstattungsklage gegebenen sechsmonatigen Frist, dem Beklagten habe zustellen lassen.

Das Berufungsgericht hat auf Grund dieses letzten Einwandes in Gemäßheit der Berufungsanträge des Beklagten erkannt. Seine Entscheidung beruht auf der Erwägung, daß

1. die im §. 12 des preußischen Gesetzes vom 24. Mai 1861 über die Erweiterung des Rechtsweges bestimmte Frist eine Verjährungsfrist sei;

2. daß gemeinrechtlich eine Unterbrechung der Verjährung durch Klagerhebung nur dann eintrete, wenn die Klage bei dem zuständigen Gerichte erhoben sei, und

3. daß dieser Satz durch die Bestimmungen der Civilprozeßordnung, insbesondere des §. 466 eine Änderung nicht erlitten habe.

Der erste Satz ist für richtig zu erachten, und es genügt in dieser Beziehung auf das Urteil des IV. Civilsenates des Reichsgerichtes,

vgl. Entsch. des R.G.'s in Civils. Bd. 17 S. 206,

zu verweisen, welchem der erkennende Senat beigetreten ist.

Der zweite Satz ist indes rechtsirrtümlich. Allerdings ist man bis in die neueste Zeit fast allgemein sowohl in der Theorie, als in der Praxis,

vgl. Unterholzner, Verjährungslehre 2. Aufl. Bd. 1 S. 443; Savigny, System Bd. 5 S. 321; Kierulf, Theorie des gemeinen Civilrechtes Bd. 1 S. 203; Seuffert, Pandekten Bd. 1 §. 23 4. Aufl. S. 38; Keller, Pandekten Bd. 1 §. 85; Windscheid, Pandekten bei Note 6 zum §. 108; Arndts, Pandekten §. 110; Sintenis, Civilrecht Bd. 1 §. 31 Note 53; Heimbach in Weiske's Rechtslexikon Bd. 12 S. 524, Civ. Archiv Bd. 42 S. 97; Seuffert, Archiv Bd. 11 Nr. 7, Bd. 27 Nr. 88, Bd. 35 Nr. 265; Entsch. des R.O.H.G.'s Bd. 3 S. 420,

von dem Satze ausgegangen, daß die Erhebung einer Klage vor dem unzuständigen Richter den Lauf der Verjährung nicht unterbreche.

Man stützt sich für diese Ansicht hauptsächlich auf die const. 7 Cod. Ne de statu defunctorum post quinquennium quaeratur 7, 11. Neuerdings ist aber die gegenteilige Ansicht verteidigt worden, insbesondere von Hellmann im civilist. Archiv Bd. 66 S. 204 flg.

Vgl. auch Dernburg, Pandekten Bd. 1 §. 148.

Dieser Ansicht war beizutreten.

Es kann nicht anerkannt werden, daß die const. 7 cit. den Satz enthält, den die bisher herrschende Ansicht darin gefunden, bezw. daraus abgeleitet hat. Aus dem Inhalte des Titels, in welchem sich die streitige Stelle findet, ergiebt sich zunächst so viel (vgl. const. 2. 4. 8), daß nach einem Senatsbeschlusse der Status eines Menschen, der bei Lebzeiten unangefochten als ingenuus gelebt hat, nach seinem Tode nicht mehr angefochten werden soll, wenn ein fünfjähriger Zeitraum seit dem Tode verstrichen ist, und ferner, daß (vgl. const. 3) wenn bei Lebzeiten des vermeintlichen ingenuus die Anfechtung erfolgt war, der Prozeß fortdauerte, und die fünfjährige Verjährungsfrist überhaupt nicht in Frage kam oder doch erst beginnen konnte, nachdem bezüglich dieses Prozesses eine Prozeßverjährung eingetreten war. Die streitige const. 7 — ein Reskript der Kaiser Diocletianus und Maximianus an einen gewissen Heliodorus — sagt nun:

Si pater tuus veluti ingenuus vixit nec status controversiam, quasi fisci servus esset, apud praesidem provinciae, qui super hujusmodi quaestionibus judicare solet, sed apud curatorem rei publicae non competentem judicem passus est, postque mortem ejus quinquennium fluxit, status tuus ex praescriptione, quae ex senatusconsulto emanat, protectus est.

Bei unbefangener Betrachtung dieser Stelle wird man sich allerdings der Überzeugung nicht verschließen können, daß die Kaiser auf den Umstand, daß die Sache bei einem judex non competens anhängig gemacht war, ein entscheidendes Gewicht gelegt haben, und daß ihr Urteil anders ausgefallen sein würde, wenn der Prozeß vor dem zuständigen Richter eingeleitet wäre. Der weitere Schluß aber, daß danach auch eine bei einem nicht zuständigen Richter erhobene Klage den Lauf einer Verjährung nicht unterbreche, erscheint nicht zulässig. Mit Recht wird von Hellmann a. a. O. darauf hingewiesen, daß die const. 7 überhaupt nicht von einer Unterbrechung der Verjährung redet, sondern die Frage erörtert, ob die Voraussetzung für den Beginn der Verjährung vorliege. Voraussetzung für den Beginn dieser Verjährung war nach der const. 2 cit., daß der Betreffende bei Lebzeiten unangefochten als römischer Bürger gelebt hatte. Die Kaiser entscheiden nun in der const. 7 cit., daß diese Voraussetzung auch dann vorliege, wenn die Klage vor einem inkompetenten Richter erhoben sei. Aus dieser, noch dazu zu Gunsten der persönlichen Freiheit getroffenen Entscheidung, daß die erwähnte Voraussetzung für den Beginn der Verjährung dieser Klage selbst dann vorliege, wenn bei Lebzeiten des Betreffenden die quaestio status vor einem unzuständigen Richter anhängig gemacht sei, Schlußfolgerungen auf die Unterbrechung der Verjährung bei anderen Klagen ziehen zu wollen, erscheint sehr gewagt, und würde nur dann etwa gerechtfertigt sein, wenn sonstige Quellenzeugnisse oder innere Gründe diese Schlußfolgerung unterstützen würden. Dies ist aber nicht der Fall. Erwägt man nämlich, daß das Institut der Verjährung, worüber die Quellenstellen keinen Zweifel gestatten (vgl. insbesondere l. 3 §. 1 Cod. de annali exc. 7, 40), seine Rechtfertigung in dem beharrlichen Stillschweigen des Klägers und in seiner Saumseligkeit finden soll, so wird man auch annehmen müssen, daß nicht bloß — wie in dem Urteile des III. Civilsenates vom 17. September 1889 i. S. H. w. Fiskus[1] gesagt ist, ohne indes einer weitergehenden Ansicht zu präjudizieren — jeder gerichtliche Schritt, welcher objektiv geeignet ist, die Befriedigung des Klägers herbeizuführen, sondern jeder prozessuale Schritt, welcher nach der subjektiven Ansicht des Klägers ihm Befriedigung seines Anspruches verschaffen kann, die Verjährung unterbricht, weil der Kläger durch die Klagerhebung von dem Vorwurfe der Saumseligkeit befreit wird. Aus denselben Gründen und gestützt auf die oben angezogene const. 3 §. 1 Cod. 7, 40 hat denn auch die Theorie und Praxis fast ausnahmslos angenommen, daß auch eine Klage, welche angebrachtermaßen abgewiesen ist, den Lauf der Verjährung unterbreche.

Vgl. Entsch. des R.G.'s in Civils. Bd. 5 S. 123.

Es würde aber wenig konsequent sein, wenn man in einem solchen Falle eine Unterbrechung der Verjährung annehmen, im vorliegenden Falle aber ausschließen würde." . . .

---

[1] S. die vorhergehende Entscheidung. D. E.

III. Preußisches Recht.

42. Unterliegen monatlich entsprechend dem Produktionsumfange zu gewährende Bezüge an Vergütungen für Mitteilung eines Produktionsverfahrens der kurzen Verjährung des §. 2 Nr. 5 des Gesetzes vom 31. März 1838?

I. Civilsenat. Urt. v. 16. November 1888 i. S. T. (Kl.) w. B. (Bekl.) Rep. I. 231/88.

I. Landgericht I Berlin.
II. Kammergericht daselbst.

Nach einem zwischen dem Beklagten und dem Rechtsvorgänger der Klägerin geschlossenen Vertrage hatte letzterer die Einführung eines von ihm erfundenen Verfahrens in der Hutfabrik des ersteren, ohne in dieselbe als Bediensteter einzutreten, übernommen, und sollte dafür eine Tantième von einem Silbergroschen für jeden während der Dauer von fünf Jahren in der Fabrik gefertigten Hut erhalten. Beklagter leistete in Bezug auf diese Tantième Gewähr dafür, daß täglich mindestens drei Dutzend Hüte gefertigt würden. Die Zahlung der Tantième sollte monatlich innerhalb der ersten drei Tage erfolgen. Der von der Klägerin auf bestimmte Tantièmerückstände erhobenen Klage setzte der Beklagte den Einwand der vierjährigen Verjährung aus §. 2 Nr. 5 des Gesetzes vom 31. Mai 1838 entgegen. Das Reichsgericht erachtete in Übereinstimmung mit den Instanzgerichten diesen Einwand für durchgreifend.

Aus den Gründen:

... „Es hat kein Bedenken obgewaltet, die geschehene Anwendung des §. 2 Nr. 5 des Gesetzes vom 31. März 1838 für gerechtfertigt zu erachten. Danach verjähren mit dem Ablaufe von vier Jahren Forderungen „wegen der Rückstände an vorbedungenen Zinsen, an Miets- und Pachtgeldern, Pensionen, Besoldungen und Alimenten, Renten und allen anderen zu bestimmten Zeiten wiederkehrenden Leistungen und Abgaben, es mag das Recht dazu im Hypothekenbuche eingetragen sein oder nicht". Offenbar fallen Tantièmen oder Gewinnbezüge, die monatlich innerhalb der ersten drei Tage zu zahlen sind, unter den Wortlaut des Gesetzes als „zu bestimmten Zeiten wiederkehrende Leistungen". Es ist konstant vom preußischen Obertribunale angenommen worden, daß die Anwendung der Vorschrift nicht dadurch ausgeschlossen wird, daß die Beträge nicht von vornherein fest fixiert sind, sondern erst durch eine Berechnung oder sich ereignende Thatsachen ihre Bestimmtheit erhalten.

Vgl. Striethorst, Archiv Bd. 2 S. 181, Bd. 50 S. 230, Bd 53 S. 227.

Im vorliegenden Falle fehlt es auch nicht einmal an einer eventuellen festen Bestimmung der Minimalbeträge der jedesmaligen Auszahlung, da die Fertigung eines bestimmten täglichen Quantums Hüte behufs Festsetzung einer Minimaltantième garantiert war. Der Versuch, gewisse Entscheidungen des preußischen Obertribunals, welche die Anwendung des §. 2 Nr. 5 des Gesetzes auf Ersatzleistungen, die an Stelle der kontraktlichen, nicht unter das Gesetz fallenden Gewährungen treten und wiederkehren, verneint haben,

vgl. Striethorst, Archiv Bd. 1 S. 102, Bd. 14 S. 222,

hier heranzuziehen, erscheint verfehlt, weil die Forderung sich ganz unmittelbar auf das, was versprochen war, richtet. Denn weder die Tantième überhaupt, noch in betreff des garantierten Minimalbetrages, läßt sich als Schadensersatz für das Ausbleiben einer kontraktlichen Leistung auffassen. Die Anwendung der Vorschrift entspricht dem Grunde des Gesetzes, sowohl dem im Eingange desselben ausdrücklich angegebenen, daß die Verjährung für Forderungen abgekürzt werden soll, „welche sogleich oder in kurzer Zeit berichtigt zu werden pflegen", wie dem natürlichen rechtspolitischen Grunde der Einführung kurzer Verjährungsfristen für Forderungen der in §. 2 Nr. 5 bezeichneten Art, daß die Ansammlung von Rückständen vermieden werden soll. Wenn die Revisionsklägerin geltend macht, die „anderen zu bestimmten Zeiten wiederkehrenden Leistungen" müßten ihrer inneren Natur nach den Renten, neben welche sie in der Aufzählung der einzelnen Kategorieen seitens des Gesetzes gestellt seien, ähnlich sein, so besteht die erforderte Ähnlichkeit nur darin, daß es eine Hauptverbindlichkeit, die nur in den fortlaufenden Leistungen besteht und darin ihre charakteristische Erscheinung hat, im Gegensatze zu einer bestimmten, in Raten zerlegten Kapitalverbindlichkeit sein muß. Dies ist aber ebenfalls vorliegend der Fall. Das preußische Obertribunal hat demnach auch kein Bedenken getragen, auf Rückstände an Gewinngeldern, welche neben der Pacht für die Gewährung einer fruchttragenden Sache zu zahlen waren, sowie an sogenanntem Schmiedegelder-Entgelt, welches der Gutsübernehmer dem Auszügler für die Überlassung der Ausübung des Schmiedegewerbes wöchentlich zu zahlen hat, den §. 2 Nr. 5 des Gesetzes anzuwenden.

Vgl. Striethorst, Archiv Bd. 74 S. 63, Bd. 93 S. 330 flg.

Wenn das Reichsgericht in seinem in Entsch. in Civils. Bd. 9 S. 30 flg. abgedruckten Urteile den §. 2 Nr. 5 a. a. O. auf rückständige Aktionärdividenden bei einer Aktiengesellschaft für unanwendbar erachtet hat (vgl. S. 35), so beruht dies auf der Natur des Dividendenrechtes als eines aus dem Anteile des Aktionärs am Vermögen der Gesellschaft (Art. 216 H.G.B.) entspringenden Rechtes. Aus jener Entscheidung sind keine Konsequenzen für den vorliegenden Fall, der ein Forderungsrecht aus einem von zwei Personen als einander gegenüberstehenden geschlossenen Vertragsverhältnisse zum Gegenstande hat, herzuleiten."

---

43. Wird der Lauf der für die Beschreitung des Rechtsweges im §. 30 des Enteignungsgesetzes vom 11. Juni 1874 vorgesehenen Frist durch Zustellung des die Entschädigungssumme festsetzenden Beschlusses der Verwaltungsbehörde an den Grundeigentümer auch gegen den Mieter (§. 11 das.) in Bewegung gesetzt, wenn dieser sich bei dem Vorverfahren trotz Ladung (§. 25 Abs. 4 das.) nicht gemeldet hat?

V. Civilsenat. Urt. v. 11. März 1889 i. S. der Stadtgemeinde M. (Bekl.) w. R. (Kl.) Rep. V. 60/89.

I. Landgericht Magdeburg.
II. Oberlandesgericht Naumburg.

Die vorstehende Frage ist bejaht worden aus folgenden

Gründen:

„Der Kläger war im mietsweisen Besitze einer Wohnung in einem den Erben B. eigentümlich gehörigen Hause, als für die beklagte Stadtgemeinde das Enteignungsverfahren in betreff jenes Hauses eingeleitet und durchgeführt ist mit dem Erfolge, daß Kläger gezwungen wurde, die Wohnung zu räumen.

Der Kläger hatte sich bei dem Verfahren nicht gemeldet, auch dann nicht, nachdem die im §. 25 Abs. 4 des Enteignungsgesetzes vom 11. Juni 1874 vorgeschriebene öffentliche Ladung erfolgt war. Sein Mietsrecht ist überhaupt bei der Feststellung der vom Unternehmer zu zahlenden Entschädigung nicht zur Erörterung gebracht, seiner auch in dem Verwaltungsresolute wegen des betreffenden Hauses nicht Erwähnung geschehen. Eine Zustellung dieses Resolutes ist nicht an den Kläger, sondern uur an den Eigentümer erfolgt, und zwar am 30. Juli 1886.

Alles dieses ist unter den Parteien unstreitig.

Erst im vorigen Jahre hat der Kläger Klage erhoben gegen die Witwe B. als Vermieterin und die Stadtgemeinde M. als Unternehmer auf Zahlung einer ihm wegen der Enteignung zu zahlenden besonderen Entschädigung, die er ziffermäßig liquidirt.

Mit seinem Anspruche gegen die Vermieterin ist der Kläger rechtskräftig abgewiesen worden.

Den in erster Instanz gleichfalls abgewiesenen Anspruch gegen den Unternehmer hat der Berufungsrichter, Gebrauch machend von der im §. 276 Abs. 1 C.P.O. gegebenen Befugnis, dem Grunde nach für gerechtfertigt erachtet. Er befindet, daß zwar der §. 31 des angezogenen Enteignungsgesetzes, auf welchen der Kläger sich stützt, für den vorliegenden Fall nicht passe, daß aber dem Kläger aus §. 11 a. a. O. für den ihm durch die Enteignung neben dem Grundeigentümer besonders entstandenen Schaden ein selbständiges Recht auf Entschädigung gegen den Unternehmer zustehe, welches nicht verwirkt sei dadurch, daß er sich bei dem Enteignungsverfahren nicht gemeldet habe, und ebensowenig dadurch, daß seit der Zustellung des Beschlusses der kompetenten Verwaltungsbehörde über die Feststellung der Entschädigung an den Grundeigentümer bis zur Einlegung der Klage die sechsmonatliche Frist verstrichen sei, welche der §. 30 Abs. 1 a. a. O. für die Beschreitung des Rechtsweges vorsehe.

Die dagegen von der beklagten Gemeinde eingelegte Revision mußte für begründet erachtet werden.

Dem Berufungsrichter ist darin beizutreten, daß der Mieter den ihm durch §. 11 des Enteignungsgesetzes zustehenden Anspruch gegen den Unternehmer nicht dadurch verwirkt, daß er sich bei den administrativen Vorverhandlungen trotz erlassener Ladung nicht beteiligt. Mit Recht hat der Berufungsrichter hervorgehoben, daß das gesetzliche Präjudiz, welches für den Fall der Nichtbeteiligung gestellt ist, nur dahin geht, daß die Entschädigung ohne Zuthun der Ausbleibenden festgestellt werden würde. Dagegen kann es als eine richtige Auslegung des Gesetzes nicht erachtet werden, daß der Berufungsrichter weiter folgert, es habe der Beteiligte, welcher sich nicht gemeldet habe, für den deshalb eine besondere Entschädigung nicht ausgeworfen, dem auch das die Entschädigung bestimmende Resolut der Verwaltungsbehörde für seine Person nicht besonders zugestellt worden sei, das Recht erlangt, nunmehr ohne Zeitbeschränkung, wie sie im §. 30 durch die sechsmonatliche Frist gegeben ist, seinen Entschädigungsanspruch im Rechtswege zu verfolgen.

Diese Auslegung hat von vornherein gegen sich, daß sie eine Lücke im Gesetze voraussetzt, die gewiß nicht gewollte Lücke, daß der Nebenberechtigte (§. 11 a. a. O.) durch seine Willkür sich von dem Verfahren ausschließen könnte, welches, soweit nicht die Hauptbeteiligten, der Unternehmer und der Grundeigentümer, unter sich eine besondere Einigung treffen (§. 16 das.), allgemein vom Gesetze für notwendig erachtet ist, und namentlich auch dazu dienen soll, dem Unternehmer binnen bestimmter Zeit über den Umfang der Ansprüche der Beteiligten Kenntnis zu geben.

Der Kläger bezieht sich zwar für seinen Anspruch auf den §. 31 daselbst. Aber der Berufungsrichter hat zutreffend und erschöpfend bereits ausgeführt, daß unter den Begriff der dort gemeinten Schäden nicht die in der Klage bezeichneten gehören, weil die letzteren, wie der Berufungsrichter thatsächlich feststellt, sofort bei der Enteignung hätten erkannt werden können.

Der Kläger war aber auch in der Lage, das Verwaltungsresolut im Rechtswege anzugreifen, wenn es ihm auch nicht besonders, sondern nur dem Grundeigentümer zugestellt war. Das vorhin erwähnte Präjudiz bezieht sich nicht bloß auf eine besonders vom Beteiligten zu liquidierende und ihm besonders zuzusprechende Spezialentschädigung, sondern es erfaßt die ganze Verpflichtung, welche der Unternehmer durch Barzahlung und andere Leistungen erfüllen soll. Glaubt der Nebenberechtigte, daß die betreffende Feststellung sein Interesse verletzt, sei es dadurch, daß sein Anspruch zu niedrig geschätzt oder dadurch, daß derselbe gar nicht berücksichtigt worden ist, so gehört er zu den Beteiligten, wenn seiner auch gar nicht in dem Resolute Erwähnung geschehen ist.

Vgl. Entsch. des R.G.'s in Civils. Bd. 5 S. 281.

Hat er aber ein Rechtsmittel gegen das Resolut, so ist er auch an die betreffenden Vorschriften gebunden. Die Zustellung an den Grundeigentümer setzt auch gegen ihn den Lauf der sechsmonatlichen Frist in Bewegung.

Anders könnte die Sache liegen, wenn im Falle der Nichtmeldung eines beteiligten Nebenberechtigten im Gesetze ein Weg bezeichnet wäre, auf welchem man sichere Kenntnis über Art und Umfang des betreffenden Anspruches erlangen könnte. Das ist aber in bezug auf nicht im Grundbuche eingetragene Ansprüche nicht geschehen. Dem Unternehmer ist eine solche Kenntnis überhaupt nicht zuzumuten. Ob der Grundeigentümer die von Dernburg (Preuß. Privatrecht Bd. 1 §. 174 Nr. 10 Abs. 2) bejahte, von Eccius (Bd. 2 S. 196a. 157d) verneinte Verpflichtung hat, die Ansprüche des Mieters zur Kenntnis der Behörde zu bringen, kann dahingestellt bleiben, denn sie würde nur Bedeutung haben für einen ihm gegenüber vom Mieter zu erhebenden Regreßanspruch.

Nun beschäftigt sich der Berufungsrichter noch mit der Frage, ob nicht jedenfalls der persönliche Anspruch des Klägers aus dem Mietsvertrage gegen seinen Vermieter, unabhängig von den Vorschriften des Enteignungsgesetzes, nach §. 75 Einl. A.L.R. gegen den Unternehmer verfolgt werden könne, und gelangt zur Bejahung dieser Frage. Diese Untersuchung erübrigte sich aber deshalb, weil garnicht streitig ist, daß der Kläger vor und bei der Enteignung sich im ordnungsmäßigen Besitze der Mietswohnung befand, also ein dingliches Recht besaß, für dessen Aufhebung er Entschädigung verlangt.

Übrigens kann auch nicht zugegeben werden, daß neben dem dinglichen Anspruche und von ihm abgelöst noch ein besonderer persönlicher Anspruch des Mieters auf Entschädigung aus dem Grunde der Enteignung gegen den Unternehmer besteht ohne Rücksicht auf das Enteignungsgesetz vom 11. Juni 1874, soweit dasselbe nach seinem örtlichen und zeitlichen Bereich überhaupt in Frage steht. Die vom Berufungsrichter angezogene Entscheidung des vormaligen preußischen Obertribunales,

vgl. Striethorst, Archiv Bd. 100 S. 314 flg.,

paßt auf den vorliegenden Fall umsoweniger, als dort thatsächlich davon ausgegangen wird, das vorgedachte Gesetz finde überhaupt keine Anwendung, weil die Enteignung — im Wege gütlicher Einigung — schon vor dem 11. Juni 1874 eingetreten sei.

Sonach mußte das angegriffene Urteil, soweit es gegen die beklagte Gemeinde ergangen, aufgehoben und die abweisende erstinstanzliche Entscheidung wiederhergestellt werden, weil der Kläger mit seinem Anspruche durch den §. 30 a. a. O. präkludiert ist."

---

44. Unterbricht die Streitverkündung im Gebiete des preußischen Landrechtes die Klageverjährung?

VI. Civilsenat. Urt. v. 1. April 1889 i. S. K. (Kl.) w. E. u. Gen. (Bekl.) Rep. VI. 22/89.

I. Landgericht Stolp.
II. Oberlandesgericht Stettin.

Aus den Gründen:

„Der Kläger beansprucht Schadensersatz wegen eines Unfalles, von welchem er am 23. Juni 1885 bei dem Betriebe einer damals der erstbeklagten Witwe E. allein oder in Gemeinschaft mit ihrer Tochter Johanna gehörigen Dampfschneidemühle betroffen worden ist. Er führt den Unfall auf ein grobes Verschulden des Mitbeklagten L., welcher damals Geschäftsleiter in der Dampfschneidemühle war, als Ursache zurück und nimmt diesen wegen eigenen Verschuldens und die Beklagte E. auf Grund des §. 2 des Haftpflichtgesetzes in Anspruch. Die Klage ist den Beklagten am 26. Januar 1888 zugestellt. Diese haben den Einwand der Verjährung vorgeschützt. Der Kläger hat dagegen behauptet, daß die Verjährung aus verschiedenen Gründen unterbrochen worden sei. Das Berufungsgericht hat die Einrede der Verjährung für begründet erklärt, indem es annimmt, daß eine Unterbrechung der Verjährung nicht stattgefunden habe.

Der Kläger hat bereits im März oder April 1886 gegen den Fabrikbesitzer S. Klage auf Entschädigung wegen des Unfalles erhoben und ist hiermit abgewiesen. In dem Prozesse gegen S. verkündete er der mitbeklagten Witwe E. und deren Tochter den Streit, indem er anführte, daß er, wenn er in dem Prozesse gegen S. unterliegen sollte, sie in Anspruch nehmen werde, da sie zur Zeit des Unfalles eingetragene Eigentümer der Schneidemühle gewesen seien. Diese Streitverkündung hat vor Ablauf der Verjährungsfrist stattgefunden. Der Kläger meint, daß hierdurch die Verjährung unterbrochen sei. Das Berufungsgericht verneint solches, indem es ausführt, daß gegenwärtig auch im Gebiete des preußischen Landrechtes die Streitverkündung die Verjährung nicht unterbreche, abgesehen hiervon aber auch eine Streitverkündung im Sinne der Civilprozeßordnung nicht vorliege. Der hiergegen gerichtete Angriff der Revision kann nicht als begründet angesehen werden. Wie bereits in dem Urteile des Reichsgerichtes Bd. 10 S. 290 flg. der Entsch. in Civils. ausgeführt ist, ergiebt sich aus der Civilprozeßordnung nicht, daß die Klageverjährung durch Streitverkündung unterbrochen werde. Es kann sich daher nur fragen, ob eine solche Bestimmung aus dem Landesrechte zu entnehmen ist. Nun hat allerdings das frühere preußische Obertribunal angenommen und das Reichsoberhandelsgericht hat sich dieser Ansicht angeschlossen, daß nach dem preußischen Landrechte die Litisdenuntiation die Klageverjährung unterbreche. Eine dahin gehende ausdrückliche Bestimmung findet sich im Landrechte nicht. Das Obertribunal hat vielmehr die Entscheidung auf §. 551 A.L.R. I. 9 gestützt, wonach die Klageverjährung durch die gerichtliche Anmeldung der Klage unterbrochen wird, indem es ausgeführt hat, daß, wenn auch die Litisdenuntiation in mehrfacher Beziehung etwas Anderes als eine Klaganmeldung sei, sie doch hinsichtlich der Unterbrechung der Verjährung dasselbe enthalte, worauf das Gesetz bei der Klaganmeldung Gewicht lege; das Gesetz halte für die Unterbrechung der Verjährung durch Klaganmeldung die Manifestation bei dem Richter, den

Anspruch geltend machen zu wollen, für ausreichend, um den Vorwurf einer Säumnis in Verfolgung seines Rechtes vom Kläger abzuwenden; unbedenklich sei in der Litisdenuntiation mindestens dieselbe Manifestation der Absicht zu klagen, dieselbe Beseitigung der die Verjährung zur Folge habenden Negligenz zu finden, welche die Klaganmeldung gewähre; mithin müsse auch der Litisdenuntiation die Wirkung der Unterbrechung der Verjährung beigelegt werden.

Vgl. Entsch. des Obertrib. Bd. 25 S. 325 flg.

Nun hat aber die Civilprozeßordnung im §. 239 die Bestimmung des §. 551 A.L.R. I. 9, wonach die Klaganmeldung die Klagenverjährung unterbricht, aufgehoben. Eine derartige „Manifestation der Absicht zu klagen", wie sie in der Klaganmeldung lag, soll nicht mehr zur Unterbrechung der Klageverjährung genügen, vielmehr nur die Erhebung der Klage diese Folge haben. Danach kann die Streitverkündung auch in dem Gebiete des preußischen Landrechtes nicht mehr die Verjährung unterbrechen, mag man sie auch vielleicht als eine Art der Klaganmeldung des früheren Rechtes oder doch als etwas Analoges ansehen können.

Aber auch wenn man annehmen wollte, daß der §. 239 C.P.O. auf die Unterbrechung der Klageverjährung durch Litisdenuntiation nicht bezogen werden dürfte, so würde die Klageverjährung jetzt nicht durch die Litisdenuntiation unterbrochen werden, weil die frühere Litisdenuntiation mit dem alten Prozeßverfahren beseitigt ist. Man kann zugeben, daß der Zweck der gegenwärtigen Streitverkündung und der Litisdenuntiation der Allgemeinen preußischen Gerichtsordnung kaum wesentlich verschieden ist. Nach dem §. 16 A.G.O. I. 17 wird aber der Litisdenuntiat geladen und nach §. 21 daselbst, wenn er sich auf die an ihn ergangene Bekanntmachung meldet, unter anderem auch darüber vernommen, ob er den Regreßanspruch des Litisdenuntianten gegen ihn anerkennen wolle. Aus einem solchen Anerkenntnisse kann weiter zufolge des §. 33 daselbst Exekution gegen ihn gesucht werden. Die Streitverkündung der Civilprozeßordnung besteht dagegen nur in einer Mitteilung an den Dritten, wobei es diesem überlassen bleibt, ob er dem Streitverkünder beitreten will (§§. 69—71 C.P.O.). Man ist daher nicht berechtigt, die gegenwärtige Streitverkündung mit der Litisdenuntiation des früheren Rechtes zu identifizieren.

Hiernach kann auch die von dem Kläger in dem früheren Prozesse an die mitbeklagte E. gemachte, von ihm als Streitverkündung bezeichnete Mitteilung nicht die Klageverjährung gegen die letztere unterbrochen haben."

---

45. Ist dem Besitzer des oberhalb liegenden Grundstückes jede Veränderung der Oberfläche seines Grundstückes untersagt, welche den Zufluß des „wild ablaufenden" Wassers zum Nachteile des unterhalb liegenden Grundstückes ändert? — Unzulässige Klagänderung.

V. Civilsenat. Urt. v. 13. April 1889 i. S. G. (Kl.) w. W. (Bekl.) Rep. V. 9/89.

I. Landgericht Halberstadt.
II. Oberlandesgericht Naumburg.

Bei der Pflasterung der Dorfstraße im Jahre 1887 hat die beklagte Gemeinde eine Bodenerhöhung (Rippe, Terrainwelle) beseitigt, welche sich quer über die Straße zog und die die Straße am unteren Ende abschließende Besitzung des Klägers vor dem Zuströmen des Tagewassers schützte. Der Kläger behauptet, die Bodenerhöhung habe seit unvordenklicher Zeit bestanden. Seinen Antrag auf Ersatz des Schadens, welcher ihm durch die Tieferlegung des Straßendammes entstanden sei und entstehen werde, hat der Berufungsrichter abgewiesen. Die Revision des Klägers ist zurückgewiesen worden.

Aus den Gründen:

„Der Berufungsrichter faßt die Klage in ihrer ursprünglichen Begründung mit Recht als die Eigentumsfreiheitsklage auf, deren Antrag nur deshalb auf Entschädigung und nicht auf Wiederherstellung des früheren Zustandes gerichtet sei, weil diese durch die öffentliche Bestimmung der Straßenanlage ausgeschlossen werde. Er verneint aber auch mit Recht, daß die Beklagte bei der Straßenanlage den erlaubten Gebrauch ihres Eigentums überschritten und in das Eigentumsrecht des Klägers unzulässig eingegriffen habe. Die — in der Revisionsinstanz übrigens nicht wiederholte — Berufung des Klägers auf die Vorschriften der §§. 27. 28. 187 A.L.R. I. 8 erledigt sich durch die thatsächliche Feststellung des Berufungsrichters, daß jene Anlage zum Zwecke der Kränkung oder Beschädigung des Klägers nicht vorgenommen worden ist, und daß die dabei beseitigte Bodenerhöhung mehr als drei Fuß von des Klägers Grenze entfernt lag. Weiter stellt der Berufungsrichter fest, daß die Herstellung des bei der Pflasterung gewölbt und ohne Gossen angelegten Straßendammes keine solche Anlage ist, mittels deren das auf der Straße sich sammelnde Wasser dem Kläger zugeführt wird. Die Beklagte hat also, ohne eine eigens dem Zwecke der Ansammlung und geregelten Ableitung des Tagewassers dienende Anlage zu machen, lediglich durch die Regulierung und Pflasterung der Straße die Wirkung hervorgerufen, daß das Tagewasser in größerer Menge oder Geschwindigkeit dem Kläger zufließt. Mit Recht und in Übereinstimmung mit der von ihm angeführten Entscheidung des vormaligen Obertribunales,

vgl. Entsch. des Obertrib. Bd. 51 S. 56,

nimmt der Berufungsrichter an, daß dies, mangels eines besonderen, dem Kläger zur Seite stehenden Untersagungsrechtes, der Beklagten nicht gewehrt werden kann. Aus dem Begriffe des Eigentums folgt als der, das Verhältnis der Eigentumsnachbarn regelnde oberste Grundsatz, daß der Eigentümer bei seinem Schalten innerhalb der Raumsphäre seines Grundstückes nicht gehalten ist, die Interessen seiner Grundstücksnachbarn zu berücksichtigen (§§. 13. 25. 26 A.L.R. I. 8). Nur darf er diese Schranke nicht überschreiten und damit in die Eigentumssphäre des Nachbarn eingreifen. Ein solcher Eingriff ist vorhanden, wenn der Eine das Wasser, sei es, daß es sich auf der Oberfläche seines Grundstückes nach den Naturgesetzen niederschlägt (Tagewasser), sei es, daß es künstlich dorthin geschafft war, durch besonders zu diesem Zwecke hergestellte Vorrichtungen, auf die Grenze des Anderen leitet (von der nicht unbedingt gleicher Beurteilung unterliegenden Zuleitung in die zum Zwecke der Wasseraufnahme von Natur oder künstlich bestehenden Wasserzüge, die Flüsse und Gräben, ist hier nicht die Rede), und eine solche Zuleitung braucht daher der Unterliegende nicht zu dulden,

vgl. Entsch. des Obertrib. bei Striethorst, Archiv Bd. 40 S. 116, Urt. des Reichsgerichtes vom 5. Juni 1886 i. S. G. w. B. Rep. V. 354/85.

Dagegen würde es eine Beschränkung des oberliegenden Grundbesitzers in dem Rechte zur freien wirtschaftlichen Benutzung seines Grundstückes sein, wenn er verpflichtet sein sollte, im Interesse der Nachbargrundstücke sich aller solcher Veränderungen auf seinem Grundstücke zu enthalten, welche das Zuströmen des ohne sein Zuthun dort zeitweilig vorhandenen Wassers, des Tagewassers, zu dem Nachbargrundstücke vermehren, ohne daß die Veränderungen in solchen Anstalten bestehen, welche den Zweck einer derartigen Einwirkung auf das Nachbargrundstück haben. Mit diesen aus allgemeinen Rechtsbegriffen abzuleitenden Sätzen wird freilich den Kollisionen der Interessen noch nicht vollständig abgeholfen, welche aus dem Bedürfnisse eines jeden Grundbesitzers, des der Bodenbenutzung hinderlichen Tagewassers sich zu entledigen, hervorgehen können. Hier hat, wie in ähnlichen nachbarlichen Verhältnissen, die positive Gesetzgebung einzugreifen. Das römische Recht, welchem die meisten neueren Gesetzgebungen folgen, giebt dem Oberliegenden weitergehende Befugnisse, indem es den Unterliegenden verpflichtet, das Tagewasser aufzunehmen. Grundsätzlich allerdings nur, soweit der natürliche Lauf es ihm zuführt; dem Unterliegenden steht (ebenso wie dem Oberliegenden gegen Behinderung des Wasserablaufes) die aquae pluviae arcendae actio zu: quoties manu facto opere agro aqua nocitura est, id est, quum quis manu fecerit, quo aliter flueret, quam natura soleret (l. 1 §. 1 Dig. de aqua et aq. pl. arc. 39, 3). Damit hat aber dem Oberliegenden nicht jede den Wasserlauf beeinflussende Veränderung auf seinem Grundstücke untersagt sein sollen, vielmehr wird auch gegen ein opus manu factum die Klage versagt, si agri colendi causa id factum sit (l. 1 §. 15 eod.), was z. B. Puchta (Pandekten §. 395) mit Recht dahin generalisiert, daß die Klage nur gegeben sei gegen eine zur Veränderung des Wasserlaufes gemachte Vorrichtung.

Vgl. auch Windscheid, Pandekten §. 473 Note 21. (Ähnlich auch das sächsische Bürgerl. Gesetzbuch §. 355 in bezug auf Änderungen des Wasserlaufes: „Änderungen in der Art und Weise der wirtschaftlichen Benutzung eines Grundstückes sind nicht als unerlaubte Vorrichtungen zu betrachten.")

Das preußische Landrecht geht nicht so weit wie das römische Recht in der Beschränkung des Unterliegenden. Nur gegen Entschädigung kann der, welcher sich auf andere Weise des Tagewassers nicht entledigen kann, die Gestattung der Vorflut von dem Unterliegenden erzwingen (§§. 103 flg. A.L.R. I. 8). Im übrigen aber wird (§. 102 das.) nur das Recht des Unterliegenden anerkannt, gegen das außerhalb der ordentlichen Kanäle und Gräben wild ablaufende Wasser ... seine Grundstücke zu decken.

Diese Befugnis entspringt ebenso dem Begriffe des Eigentums, wie die Befugnis des Oberliegenden, das Wasser wild ablaufen zu lassen. Eines besonderen Ausdruckes im Gesetze bedurfte sie nur, um die gewollte Änderung des gemeinen Rechtes ersichtlich zu machen. Eine weitere Beschränkung des Oberliegenden, als die Aufhebung der gemeinrechtlichen Befugnis, die Aufnahme des wild ablaufenden Wassers vom Unterliegenden unentgeltlich zu beanspruchen, insbesondere eine Beschränkung seiner Befugnis, sein Grundstück nach Ermessen zu bewirtschaften, ist aber mit jener Bestimmung weder beabsichtigt, noch zum Ausdrucke gebracht worden. Das Wasser, gegen welches sich selbst zu decken er dem Nachbarn überlassen darf, muß nur wild ablaufendes bleiben; von Gräben und Kanälen sind nur die „ordentlichen", d. h. diejenigen, durch welche „das Wasser seinen ordentlichen und gewöhnlichen Ablauf hat" (§. 100 das.), nicht aber solche, welche auf des Nachbars Grenze zuführen und dort keinen weiteren Ablauf haben, gestattet. Durch sonstige Änderungen in der wirtschaftlichen Benutzung des oberen Grundstückes hört aber das Tagewasser nicht schon dann auf, wild ablaufendes zu sein, wenn es nunmehr stärker als zuvor abläuft.

Nicht im Widerspruche mit Vorstehendem befindet sich die Vorschrift des §. 289 A.L.R. I. 8, daß, wer ein Gebäude an der Grenze aufführt, die Dachtraufe weder auf des Nachbars Grund und Boden, noch über denselben hinweg leiten darf. Das letztere ist ein körperlicher Eingriff in den Luftraum des Nachbarn, das erstere eine unmittelbare Immission auf das Nachbargrundstück, also eine Verfügung des Bauenden außerhalb der eigenen Grenzen.

Ob durch an sich zulässige Änderungen auf dem oberliegenden Grundstücke ein Zustand verändert wird, welcher schon seit unvordenklicher Zeit bestand, ist unerheblich. Die Befugnis zur Verfügung über das eigene Grundstück gehört zu den „Rechten der natürlichen oder der allgemeinen bürgerlichen Freiheit (Res merae facultatis)", welche durch Nichtgebrauch nicht verloren gehen (§. 505 A.L.R. I. 9), und die Unvordenklichkeit ist nach preußischem Rechte überhaupt zur Begründung oder Veränderung von Rechten nicht wirksam.

Hiernach hat der Berufungsrichter durch die Formulierung und

Anwendung des Rechtssatzes, „daß der natürliche Ablauf des Regenwassers auf das tiefer liegende Grundstück, wie solcher durch die jeweilige Gestaltung der Oberfläche des höher liegenden Grundstückes bedingt ist, nicht als eine rechtswidrige Immission betrachtet werden darf", weder die allgemeinen Rechtssätze über die Verhältnisse der Grundstücksnachbarn, noch die besonderen Vorschriften wegen der Vorflut verletzt.

Der Behauptung des Klägers, daß die bei der Pflasterung der Dorfstraße beseitigte Bodenerhöhung seit unvordenklicher Zeit bestanden habe, hatte die Beklagte schon in erster Instanz entgegengesetzt, daß der Kläger selbst die Erhöhung etwa 15 Jahre vor der Straßenpflasterung aufgeschüttet habe. Der erste Richter nahm auch auf Grund der Beweisaufnahme an, daß dies, und zwar im Jahre 1864 oder 1865, geschehen sei, und erwog, daß der Kläger ein Recht zu dieser Aufschüttung nicht gehabt, ein Recht auf deren Beibehaltung aber durch Ersitzung schon wegen mangelnder Ersitzungszeit nicht erworben habe. In zweiter Instanz nahm nun der Kläger seinerseits für den Fall, daß nach den Beweisergebnissen angenommen werden sollte, daß jene Bodenerhöhung künstlich aufgeschüttet gewesen sei, das Recht, mittels solcher künstlicher Anlage den Wasserzufluß zu hemmen, als durch Ersitzung erworbene Grundgerechtigkeit in Anspruch. Mit Recht erklärt dies der Berufungsrichter für eine unzulässige Änderung des Klagegrundes. In erster Instanz war die Klage lediglich als Eigentumsfreiheitsklage (actio negatoria) darauf gestützt, daß durch Beseitigung der Bodenerhöhung auf der Straße die Beklagte in das Eigentum des Klägers (in dessen Freiheit von Wasserzufluß) unzulässig eingegriffen habe. Daß Kläger die Bodenerhöhung selbst angelegt habe, hatte er ausdrücklich bestritten, sogar behauptet, sie habe bei der durch seinen Vater vorgenommenen Erbauung eines Thorweges schon bestanden. Die zweitinstanzliche eventuelle Behauptung, daß er (oder sein Vorbesitzer) die Erhöhung, und zwar, wie durch die Bezugnahme auf Ersitzung mitbehauptet, vor mehr als 30 Jahren, aufgeschüttet habe, ist nicht eine Berichtigung der früheren abweichenden Behauptung zum Zwecke der besseren Begründung der actio negatoria, für welche es eines Zurückgehens auf den Ursprung der Erhöhung nicht bedurfte, sondern sie enthält die Begründung einer vollständig verschiedenen, der Servitutenklage (actio confessoria). Daß der erste

Richter erwogen hatte, die durch die Beweisaufnahme im wesentlichen bestätigte Behauptung der Beklagten sei zur Begründung eines auf Ersitzung beruhenden Rechtes des Klägers, also eben zur Begründung der actio confessoria, nicht geeignet, kann an der Thatsache nichts ändern, daß der Kläger diese Klage nicht angestellt hatte.

Fehlt es sonach an einem Rechtsgrunde für den klägerischen Schadensanspruch, so bedürfen die Angriffe des Revisionsklägers gegen die fernere Annahme des Berufungsrichters, daß auch in der Richtung auf das Vorhandensein und die Höhe des Schadens die Klage nicht substanziiert sei, keiner Erörterung."

---

46. Sind in der Mark Brandenburg wohnhafte eheliche und uneheliche Kinder derselben Mutter zur Gewährung des Unterhaltes gegeneinander verpflichtet?

IV. Civilsenat. Urt. v. 2. Mai 1889 i. S. S. (Kl.) w. S. (Bekl.) Rep. IV. 31/89.

I. Landgericht I Berlin.
II. Kammergericht daselbst.

Aus den Gründen:

„Der Kläger ist ein unehelicher Sohn der Witwe R. S., deren ehelicher Sohn der Beklagte ist. Beide Parteien haben ihren Wohnsitz in Berlin. Der Kläger behauptet, er sei infolge eines Beinbruches völlig arbeits- und erwerbsunfähig geworden. Er hält den Beklagten nach märkischem Rechte zur Alimentation verpflichtet und fordert Zahlung von 30 ℳ monatlicher Alimente.

Der Beklagte hat eine Alimentationspflicht seinerseits bestritten, und Abweisung des Klägers beantragt.

Das Landgericht hat die Alimentationspflicht des Beklagten grundsätzlich bejaht . . . und denselben verurteilt, dem Kläger monatliche Alimente von 30 ℳ . . . zu zahlen. Auf die Berufung des Beklagten hat das Kammergericht, indem es eine gesetzliche Alimentationspflicht des Beklagten grundsätzlich verneint, die Klage abgewiesen.

Das Landgericht hat angenommen: nach dem Landrechte (§. 8 II. 3) bestehe zwischen ehelichen und unehelichen Kindern derselben Mutter kein bürgerliches Familienverhältnis; dagegen sei nach dem in der Mark geltenden gemeinen Rechte unbestritten, daß eheliche und uneheliche Kinder derselben Mutter miteinander verwandt seien. Nach §. VII des Publikationspatentes vom 5. Februar 1794 sei daher, was die Frage der Verwandtschaft der Parteien angeht, der §. 8 A.L.R. II. 3 in der Mark Brandenburg suspendiert und die Parteien seien als Geschwister anzusehen. Andererseits aber sei die Frage der Alimentationspflicht der Geschwister im gemeinen Rechte streitig. Diese Frage sei daher nach dem subsidiär geltenden Landrechte zu entscheiden und, da nach dem Landrechte (§§. 15. 16 a. a. O.) Geschwister, auch Halbgeschwister, alimentationspflichtig seien, so bestehe diese Pflicht auch zwischen den Parteien.

Auch das Kammergericht hat angenommen, die Parteien seien nach dem maßgebenden märkischen Provinzialrechte als Halbgeschwister miteinander verwandt. Dagegen beurteilt das Kammergericht die Frage der Alimentationspflicht des Beklagten, da gemeinrechtlich die Alimentationspflicht der Geschwister streitig sei und schon zur Zeit der Emanation des Landrechtes streitig gewesen sei, nach diesem Gesetzbuche, und, da nach dem Landrechte zwischen unehelichen Kindern und den von der Mutter in der mit einem anderen Vater geschlossenen Ehe erzeugten Kindern keine Familienverbindung besteht, so erachtet das Kammergericht den klägerischen Anspruch als unbegründet.

Die Revision rügt Verletzung des §. 17 A.L.R. II. 3 („Doch richtet sich überhaupt die Verbindlichkeit der Verwandten, hilflose Familienmitglieder zu ernähren, nach den Regeln der gesetzlichen Erbfolge"). Danach seien grundsätzlich die Regeln der gesetzlichen Erbfolge für die Alimentationsverbindlichkeit der Verwandten entscheidend. Selbstverständlich müsse hiernach im einzelnen Falle geprüft werden, ob zwischen den streitenden Personen überhaupt gesetzlich eine Erbfolge stattfinde, dies sei hier nach den Grundsätzen des römischen Rechtes der Fall, und für solchen Fall habe eben auch die Alimentationspflicht nach denjenigen Grundsätzen Platz greifen sollen, welche das Allgemeine Landrecht für die den Seitenverwandten auferlegte Alimentationspflicht aufstelle.

Dieser Angriff verkennt, daß nach dem Zusammenhange des

§. 17 a. a. O. mit den vorangehenden Bestimmungen die Reihenfolge der gesetzlichen Erbberechtigung für die Reihenfolge der Alimentationsverpflichteten nur unter den Familienmitgliedern entscheidet, daß aber zwischen unehelichen Kindern und denjenigen, welche die Mutter in der mit einem anderen Vater geschlossenen Ehe erzeugt, ein bürgerliches Familienverhältnis nicht besteht (§. 8). Hiermit hat das Landrecht die Alimentationsverbindlichkeit zwischen unehelichen und den von der Mutter in der mit einem anderen Vater geschlossenen Ehe erzeugten Kindern verneint. Die von dem Berufungsgerichte bejahte Frage, ob die Parteien nach dem in der Mark geltenden gemeinen Rechte Halbgeschwister sind, kann hiernach umsomehr dahingestellt bleiben, da das Berufungsgericht grundsätzlich angenommen hat, daß gemeinrechtlich eine Alimentationsverbindlichkeit der Halbgeschwister nicht bestehe. Die letztere Annahme ist für das Revisionsgericht maßgebend (§§. 511. 525 C.P.O., §. 5 der Verordnung vom 28. September 1879), auch mit der diesseitigen Entscheidung vom 25. April 1887 in Sachen des Ortsarmenverbandes Brochterbeck wider Hagedorn u. Gen. (Rep. IV. 392/86) in Übereinstimmung. Das Landgericht ist zur Bejahung der Alimentationspflicht des Beklagten dadurch gelangt, daß es diese zwischen den Parteien allein streitige Frage in unzulässiger Weise teilt. Eine Alimentationspflicht zwischen ehelichen und unehelichen Kindern derselben Mutter besteht weder nach gemeinem Rechte noch nach dem Landrechte. Nur die Gründe sind nach beiden Rechten verschieden. Das gemeine Recht verneint die Alimentationspflicht aus dem Grunde, weil dasselbe eine Alimentationspflicht der Geschwister überhaupt nicht anerkennt, das Landrecht dagegen aus dem Grunde, weil danach zwar Geschwister alimentationspflichtig sind, zwischen ehelichen und unehelichen Kindern derselben Mutter aber ein Familienverhältnis nicht besteht. Gegenstand des vorliegenden Rechtsstreites aber ist ausschließlich die Alimentationspflicht des Beklagten gegenüber dem Kläger. Diese Alimentationspflicht hat das Berufungsgericht ohne Gesetzesverletzung verneint. Die Revision des Klägers war daher zurückzuweisen."

47. Ist der Vater nach preußischem Landrechte befugt, die zum nichtfreien Vermögen des Hauskindes gehörigen ausstehenden Kapitalien für eine eigene Schuld zu verpfänden?

A.L.R. II. 2 §§. 168. 169.

I. Civilsenat. Urt. v. 8. Mai 1889 i. S. v. N. J. (Kl.) w. Volksbank zu B. (Bekl.) Rep. I. 91/89.

I. Landgericht Danzig.
II. Oberlandesgericht Marienwerder.

Der verstorbene Großvater der minderjährigen Klägerinnen hatte sein Leben zu ihren Gunsten versichert, der verstorbene Vater der Klägerinnen die noch nicht zahlbaren Policen der beklagten Bank für die bestehenden und künftigen Forderungen derselben aus dem Wechselverkehr mit ihm notariell unter Übergabe der Policen verpfändet. Der Vormund der Klägerinnen klagte auf Herausgabe der Policen an ihn. Die Klage wurde in beiden Instanzen abgewiesen, auf die Revision der Klägerinnen aber unter Aufhebung des Berufungsurteils und Abänderung des ersten Urteiles nach dem Klagantrage erkannt aus folgenden

Gründen:

„Die Entscheidung hängt lediglich von der Frage ab, ob der Vater der Klägerinnen vermöge seines väterlichen Nießbrauchs- und Verwaltungsrechtes zur Verpfändung der Policen für eigene Schuld befugt war. War er dazu nicht befugt, so fordern die Klägerinnen die unstreitig zu ihrem Vermögen gehörigen Policen von der Beklagten nach §. 73 A.L.R. I. 20 mit der Eigentumsklage zurück. Die Klage würde nach §. 76 I. 20, §. 10 I. 15, §§. 140. 142 I. 11, §§. 419. 422 I. 9, §. 995 II. 18 A.L.R., Präjudiz 2390 der Entscheidungen des Obertribunales zu Berlin Bd. 23 S. 316,

vgl. Striethorst, Archiv Bd. 7 S. 38,

fortfallen, wenn die Klägerinnen Erben ihres Vaters, des Verpfänders, ohne Vorbehalt geworden wären. Das ist aber weder behauptet, noch nach der Sachlage anzunehmen. Daß die Beklagte, wenn sie ein materiell gültiges Pfandrecht nicht erworben hat, weil der Vater zur Verpfändung der ihm nicht gehörigen Policen nicht befugt war, etwa als redliche Pfandnehmerin zu behandeln, und deshalb zur Herausgabe der Policen nach den §§. 80—82 A.L.R. I. 20 nur gegen

Einlösung verpflichtet ist, kommt nicht in Frage. Die Beklagte hat sich selbst auf ihren redlichen Glauben nicht berufen, sondern nur auf die Befugnis des Vaters der Klägerinnen nach §. 169 A.L.R. II. 2. Der Inhalt der Verpfändungserklärung vom 27. Mai 1883 ergiebt überdies, daß der Pfandschuldner die Forderungen aus den Policen selbst als Forderungen seiner Töchter bezeichnet hat; aus den Policen konnte die Beklagte ersehen, daß die Forderungen den Töchtern des Verpfänders aus der zu ihren Gunsten erfolgten Versicherungsnahme seitens ihres Großvaters zustanden (§. 15 A.L.R. I. 7). Die Artt. 305 flg. H.G.B. kommen nach der rechtlichen Natur der Forderung aus den Versicherungspolicen überhaupt nicht zur Anwendung.

In der Entscheidung der Frage kann den Vorinstanzen nicht beigetreten werden. Zu entnehmen ist sie aus den §§. 147 flg. 158 flg. 168 flg. A.L.R. II. 2. Danach unterscheidet das Allgemeine Landrecht zwischen dem freien und dem nichtfreien Vermögen des Hauskindes. Das freie Vermögen ist die Ausnahme, das nichtfreie die Regel. Die Ausnahmen sind in den §§. 148—155 a. a. O. bestimmt. Daß die hier fraglichen Lebensversicherungspolicen zum nichtfreien Vermögen der Klägerinnen im Sinne des §. 157 a. a. O. gehören, haben beide Vorinstanzen mit Recht angenommen.

An dem nichtfreien Vermögen des Hauskindes hat der Vater nach §. 168 a. a. O., so lange die väterliche Gewalt dauert, die Verwaltung und den Nießbrauch. Der Inhalt und Umfang beider Rechte ist in den §§. 169. 170—175. 189 a. a. O. näher bestimmt. Die Regel ist, daß der Vater zu allen Veränderungen der Substanz, die ein Nießbraucher nicht ohne den Eigentümer vornehmen kann, die Einwilligung des Kindes (wenn es noch minderjährig ist, des vormundschaftlichen Gerichtes) einzuholen verpflichtet ist. In den §§. 171. 174. 175 sind hinsichtlich der dem Kinde gehörigen Grundstücke und Gerechtigkeiten und in den §§. 279—286 bezüglich der Mobilien und Effekten besondere Vorschriften gegeben. Erstere darf der Vater ohne die Einwilligung des vormundschaftlichen Gerichtes nicht veräußern, verpfänden, belasten, die Einwilligung soll aber nicht versagt werden, wenn die Veräußerung oder Verpfändung notwendig oder von erheblichem Nutzen für das Kind ist. Weitergehende Rechte giebt der §. 169 dem Vater in bezug auf ausstehende Kapitalien des Kindes, und um solche handelt es sich hier. Diese soll der Vater

„nach Gutbefinden einziehen, anderweitig belegen oder auch sich selbst zum Schuldner der Kinder dafür bestellen können,"
insofern ein solches Kapital den Kindern nicht zur Sicherheit besonders verschrieben oder „die Verwaltung" des Vaters darüber durch besondere Gesetze oder rechtsgültige Willenserklärungen eingeschränkt ist.

Demnach würde der Vater der Klägerinnen, wenn mit den Vorinstanzen anzunehmen ist, daß die streitigen Policen den Klägerinnen zu ihrer Sicherheit nicht besonders verschrieben sind, berechtigt gewesen sein, über die Forderungen aus den Policen durch Cession zu verfügen, und, wenn er bei Fälligkeit der Policen noch gelebt und seine väterliche Gewalt noch bestanden hätte, die Versicherungssumme zu erheben, auch mit ihr gemäß §. 169 zu verfahren.

Daraus folgt aber keineswegs, daß der Vater befugt ist, in seinem eigenen Interesse und zu seinem eigenen Nutzen durch Verpfändung für seine eigene Schuld, das heißt durch einen Rechtsakt, welcher seiner Natur nach den Kindern keinerlei Äquivalent verschafft, als den hier völlig wertlosen Anspruch aus der gesetzlichen Verantwortlichkeit des Vaters, einem Dritten an den noch nicht fälligen Policen ein Recht einzuräumen, durch welches der Dritte in den Stand gesetzt wird, die Versicherungssumme für sich zu erheben.

Dies ist zu verneinen, weil die Verpfändung für eigene Schuld weder ein Akt des Nießbrauches, noch der Verwaltung ist und nicht in den Kreis der dem Vater im §. 169 a. a. O. eingeräumten Rechtshandlungen fällt.

Daß der Nießbrauch, welcher dem Vater nach §. 166 a. a. O. zusteht, ihn nicht zur Verpfändung der Substanz für eigene Schuld berechtigt, bedarf keiner näheren Darlegung. Der Nießbrauch, auch im weitesten Umfange genommen, berechtigt nur zur Nutzung und zum Gebrauch unbeschadet der Substanz (§§. 22 flg. A.L.R. I. 21). Bezüglich der zum nichtfreien Vermögen des Kindes gehörigen Mobilien und Effekten hat dies in den §§. 282 flg. A.L.R. II. 2, unter wesentlicher Abweichnng von der dem Ehemanne bei getrennten Gütern in dem §. 247 A.L.R. II. 1 eingeräumten „freien Verfügung" über die Mobilien, noch seinen besonderen Ausdruck gefunden. Der Nießbrauch verpflichtet den Vater nach §§. 75 flg. A.L.R. I. 21 für die Berichtigung der auf dem seinem Nießbrauche unterliegenden Vermögen haftenden Schulden des Eigentümers, des Kindes, Sorge zu tragen und berechtigt ihn, zur Berichtigung dieser Schulden die zum Vermögen gehörigen Kapitalien zu verwenden, eventuell die Substanz dafür zu verpfänden; er berechtigt ihn auch, Kapitalien einzuziehen (§. 101 a. a. O.) Für alle diese Akte, für welche der Nießbraucher an sich nach den §§. 77—101 A.L.R. I. 21 der Genehmigung des Eigentümers bedarf, ist der Vater nach den §§. 169. 170 A.L.R. II. 2 freier als der Nießbraucher gestellt und an die Genehmigung des Eigentümers, des Kindes, oder des Richters nicht gebunden. Eine Befugnis, zur Verpfändung der Substanz des Nießbrauchsvermögens für eigene Schuld, durch welche der Vater nicht nur die Einkünfte (§. 205 A.L.R. II. 2), sondern auch die Substanz des Vermögens des Hauskindes zum Gegenstande der Befriedigung seiner eigenen Gläubiger machen könnte, folgt aus dem Nießbrauchsrechte in keinem Falle.

Das Recht zur Verpfändung der Substanz für eigene Schuld müßte hiernach aus dem freien Verwaltungsrechte des Vaters oder seiner gesetzlichen Befugnis, das Kind zu vertreten (§§. 125 flg. 201 flg. A.L.R. II. 2, §. 22 A.L.R. I. 4, §. 22 A.L.R. I. 5, §. 2 des Gesetzes vom 12. Juli 1875), hergeleitet werden können. Unter das Verwaltungsrecht des Vaters fällt das ihm in §. 169 a. a. O. gewährte Recht, die ausstehenden Kapitalien des Hauskindes nach Gutbefinden nicht nur einzuziehen, sondern auch anderweitig zu belegen, oder auch sich selbst zum Schuldner des Kindes dafür zu bestellen. Aber verfehlt ist es, wenn der Berufungsrichter die Befugnis des Vaters zur Verpfändung für eigene Schuld aus dem §. 169 mit der Motivierung herleitet:

> „daß Verpfändung für eigene Schuld gegenüber dem dem Vater eingeräumten Rechte der Cession, Einziehung, Belegung bei sich selbst ein minus sei".

Damit ist die Bedeutung des §. 169 ebenso verkannt, wie die rechtliche Natur der Verpfändung für eigene Schuld und des väterlichen Verwaltungsrechtes.

Unzweifelhaft würde dies sein, wenn der Vater nur als Bevollmächtigter oder Verwalter im allgemeinen Sinne anzusehen wäre. Ein Akt der Vertretung und der Verwaltung in diesem Sinne ist die Verpfändung für eigene Schuld nie.

Selbst Generalvollmacht und die im weitesten Umfange erteilte Verwaltungsbefugnis ermächtigt als eine für die Angelegenheiten des Machtgebers erteilte Vertretungsbefugnis den Bevollmächtigten (Verwalter) nie zur Verpfändung für eigene Schuld, weil darin ein Rechtsakt in eigener Angelegenheit enthalten ist, zu dem der Bevollmächtigte durch die Vollmacht nicht berufen ist. Der Bevollmächtigte, der zur Einziehung, Cession, Verpfändung einer Forderung ermächtigt ist, nimmt nicht ein minus, sondern ein aliud vor, wenn er für eigene Schuld verpfändet. Wenn der §. 15 A.L.R. I. 20 sagt:

„daß, soweit jemand über eine Sache zu verfügen fähig und berechtigt ist, er damit auch durch Pfand und Hypothek Sicherheit bestellen kann",

so kann dies in Verbindung mit dem §. 73 A.L.R. I. 20, wonach fremde Sachen ohne Einwilligung des Eigentümers nicht verpfändet werden können, und in Verbindung mit §. 63 A.L.R. I. 13 nur bedeuten, daß derjenige mit einer Sache gültig Pfand oder Hypothek für eigene Schuld bestellen kann, der über die Sache „für sich selbst" zu verfügen berechtigt ist.

Vgl. Entsch. des Obertrib. Bd. 22 S. 185; Striethorst, Archiv Bd. 80 S. 149.

Anzuerkennen ist, daß das Vertretungs- wie das Verwaltungsrecht des Vaters in bezug auf das nichtfreie Vermögen des Kindes mit dem gewöhnlichen Verwaltungsrechte nicht auf gleiche Stufe zu stellen und ein weitergehendes ist, als das eines Vormundes, dessen Stellung dem Vater nach §. 159 A.L.R. II. 2 in bezug auf das freie Vermögen des Kindes gegeben ist.

Die Doktrin und Praxis des preußischen Rechtes nehmen deshalb an, daß der Vater selbständig ohne Mitwirkung des Richters Grundstücke für das Hauskind kaufen und die Eintragung des rückständigen Kaufgeldes auf das erkaufte Grundstück bewilligen, Vorteile für das Kind annehmen, Erbschaften mit und ohne Vorbehalt antreten, einer Erbschaft, die zum nichtfreien Vermögen gehört, auch entsagen, Erbrezesse abschließen, Vergleiche über streitige Vermögensangelegenheiten mit Rechtswirkung für und gegen das Kind eingehen kann.

Vgl. Entsch. des Obertrib. Bd. 12 S. 333, Bd. 14 S. 60, Bd. 23 S. 63, Bd. 22 S. 371, Bd. 52 S. 171; Striethorst,

Archiv Bd. 52 S. 236, Bd. 58 S. 298, Bd. 67 S. 143, Bd. 62 S. 156; Gruchot, Beiträge Bd. 17 S. 860, Bd. 29 S. 926. 1035. Vgl. auch Entsch. des R.G.'s in Civils. Bd. 9 S. 280. 283; Schmidt, Preußisches Familienrecht S. 531; Stölzel, Das Recht der väterlichen Gewalt in Preußen S. 31; Dernburg, Preußisches Privatrecht Bd. 3 §§. 53. 55; Eccius (Förster), Preußisches Privatrecht Bd. 4 §. 223.

Aber in allen diesen Fällen tritt der Vater in Angelegenheiten des Kindes, für dasselbe und in dessen Interesse auf; das rückständige Kaufgeld, für welches der Vater das für das Kind erkaufte Grundstück zu verpfänden ermächtigt erklärt wird, ist Schuld des Kindes, nicht des Vaters. Soll der Vater das Vermögen des Kindes für eigene Schuld verpfänden können, so muß solcher Rechtsakt entweder als eine Handlung in der Angelegenheit des Kindes oder im Interesse desselben, was regelmäßig ausgeschlossen ist, und wovon im vorliegenden Falle am allerwenigsten die Rede sein kann, oder das Vertretungs- und Verwaltungsrecht des Vaters im Sinne des Gesetzes als ein selbstnütziges, dem Interesse des Vaters, nicht nur des Kindes dienendes Recht aufgefaßt werden können.

Dies ist aber zu verneinen.

Auch im gemeinen Rechte wird auf Grund der l. 1 Cod. de bon. mat. 6,60; l. 6 pr. Cod. de bon. quae lib. in pot. 6,61 dem Vater die Befugnis zugesprochen, die zu dem adventicischen Vermögen des Hauskindes gehörigen Forderungen zu kündigen, einzuziehen, zu erheben, zu cedieren und die Cessionsvaluta anderweit zu belegen, weil in alledem nicht eine Veräußerung (alienatio), sondern ein Akt der Verwaltung (gubernatio) enthalten sei,

vgl. Stölzel a. a. O.; Dernburg, Pandekten Bd. 3 §. 34; Seuffert, Archiv Bd. 2 S. 307, Bd. 10 Nr. 181, Bd. 14 Nr. 100, Bd. 17 Nr. 65, Bd. 26 Nr. 41, Bd. 33 S. 314, Entsch. des R.G.'s in Civils. Bd. 16 S. 133,

und der Vater wird namentlich auch für befugt erachtet, Forderungen des Kindes zur Abtragung von Schulden des Kindes zu cedieren.

Vgl. Seuffert, Archiv Bd. 26 Nr. 41; Windscheid, Pandekten Bd. 2 §. 517.

Aber die Verpfändung einer zum Vermögen des Kindes gehörigen Hypothek durch den Vater für eigene Schuld des Vaters, und die

Cession einer solchen Forderung durch den Vater zur Tilgung einer eigenen Schuld werden für ungültig erachtet.

Vgl. Urteil des Oberappellationsgerichtes zu Rostock vom 18. November 1861 in Seuffert, Archiv Bd. 17 Nr. 65; Urteil des Oberappellationsgerichtes zu Berlin vom 10. November 1873 in Seuffert, Archiv Bd. 29 Nr. 230.

Beide Urteile beruhen auf der Erwägung, daß die unbeschränkte Verwaltungsbefugnis des Vaters ihre aus der Natur dieses Verwaltungsrechtes selbst folgende notwendige und natürliche Grenze darin finde, daß sie nicht lediglich im eigenen Interesse und zum eigenen Nutzen des Vaters ausgeübt werden dürfe, und daß deshalb ein Rechtsgeschäft, welches seinem Inhalte nach zu den eigenen Vermögenszwecken des Vaters bestimmt und das Kind ohne Entgelt um das Seinige zu bringen geeignet sei, nicht in den Kreis der Rechtsgeschäfte falle, zu denen der Vater kraft seines väterlichen Verwaltungsrechtes befugt ist. Auch das Reichsgericht hat für das gemeine Recht den Rechtssatz ausgesprochen, daß solche vom Vater in bezug auf das Adventizvermögen des Kindes vorgenommene Rechtsgeschäfte dasselbe nicht verpflichten, welche sich entweder als Liberalitätsakte darstellen oder mit der Verwaltung des Vermögens in keiner ersichtlichen Beziehung stehen, sondern von dem Vater für sich gemacht sind, z. B. aus gewagten oder ähnlichen Geschäften herrühren.

Vgl. Entsch. des R.G.'s in Civils. Bd. 15 S. 197, Bd. 16 S. 123, vgl. auch Bd. 10 S. 151. 152.

Der Standpunkt des preußischen Landrechts ist nachweisbar kein anderer. Es beruht auch in dieser Lehre wesentlich auf dem gemeinen Rechte, von dem es nicht hat abweichen wollen.

Vgl. Suarez, Schlußvorträge, in v. Kamptz Jahrbüchern Bd. 41 S. 136.

Wie die in Bornemann's Systematischer Darstellung des preußischen Civilrechtes Bd. 5 S. 289. 293 flg. mitgeteilten Materialien ergeben, sind die §§. 168 flg. A.L.R. II. 2, §§. 143 flg. des gedruckten Entwurfes nicht ohne Erinnerung geblieben. v. Grolmann namentlich wollte mit Rücksicht auf die Gefahren, welche das Kind bei dem dem Vater eingeräumten freien Verwaltungsrechte liefe, den Vater allemal zur Sicherheitsstellung verpflichtet wissen. Suarez begegnete den Erinnerungen bei der Schlußrevision mit der Bemerkung:

„daß auf der einen Seite für die Konservation des Vermögens der Kinder zwar möglichst zu sorgen, auf der anderen Seite aber auch der Vater in seiner Administration nicht zu sehr eingeschränkt und außer in dringenden Fällen durch lästige Kautionsbestellungen nicht in Verlegenheit gebracht werden dürfe, da er doch immer die Vermutung für sich habe, daß er seine Kinder nicht um das Ihrige bringen werde; es sei daher genug, wenn das Gesetz dafür sorge, „daß nicht leicht andere Schulden dem Vermögen der Kinder vorspringen können".

Zu dem in den letzten Sätzen angedeuteten Zwecke hat das Allgemeine Landrecht, abgesehen von der Beschränkung, welche es dem Vater bei der Verwaltung der Liegenschaften in den §§. 171 flg. a. a. O. auferlegt, den Vater in gewissen Fällen (§§. 179 flg. §§. 187 a. a. O.) zur Sicherheitsbestellung verpflichtet, dem Kinde ein Vorrecht im Konkurse und außerhalb desselben vor den übrigen Gläubigern des Vaters eingeräumt (§§. 176 flg. a. a. O.), die Gläubiger des Vaters für ihre Befriedigung im §. 205 a. a. O. auf die dem Vater als sein Eigentum zufallenden Einkünfte des nichtfreien Vermögens verwiesen, im Konkurse ihnen auch dies Recht genommen (§. 206 a. a. O.), in den §§. 28 flg. A.L.R. II. 18 die Bestellung eines Kurators (Pflegers) für das Kind angeordnet, wenn sein Bestes mit dem eigenen Vorteile des Vaters in Kollision gerät, und nach dem §. 276 A.L.R. II. 2, §§. 554. 555 A.L.R. II. 1 den Vater für levis culpa in concreto bei der Verwaltung haftbar gemacht.

Durch diese Vorschriften des Gesetzes in ihrem Zusammenhange, durch ihre Entstehungsgeschichte und durch die Bemerkung von Suarez ist die Annahme völlig ausgeschlossen, daß das Allgemeine Landrecht dem Vater die Vertretungsbefugnis für das Kind im eigenen Interesse eingeräumt und ihn von den Beschränkungen, welche es der Verwaltung des Vormundes in den §§. 485 flg. A.L.R. II. 18 auferlegt, befreit hat, um ihm die Verwaltung des Kindesvermögens zu seinem eigenen Vorteile zu ermöglichen. Befreit ist die Verwaltung des Vaters, um dem Vater die Verwaltung im Interesse des Kindes zu erleichtern, das der Gesetzgeber für genügend gesichert hält, weil der Vater es nicht um das Seinige bringen werde. Akte des väterlichen Verwaltungsrechtes sind im Sinne des Gesetzes auch die im §. 169 a. a. O. bezeichneten Verfügungen; das Gesetz selbst kennzeichnet sie als solche, indem es sie im §. 169 dem Vater versagt, wenn seine „Verwaltung" durch Gesetze oder Willenserklärung eingeschränkt ist. Vornehmen kann er diese Verfügung nach seinem „Gutbefinden", das heißt nicht nach Willkür auch zu seinem Vorteile, sondern nach seinem väterlichen Ermessen, dem in §. 169 die Entscheidung in demselben Sinne überlassen ist, wie sie in den §§. 171. 172 a. a. O. dem Gerichte übertragen ist, nämlich darüber, ob die Verfügung notwendig oder nützlich für das Kind ist.

Es kann deshalb auch nicht angenommen werden, daß durch die im §. 169 a. a. O. aufgeführten einzelnen Rechtshandlungen nur der Begriff der „freien Verfügung" in dem Sinne, wie sie der §. 237 A.L.R. II. 1 dem Ehemanne bei getrennten Gütern über die zum Eingebrachten gehörigen Mobilien einräumt, umschrieben und dem Vater eine über den Kreis der in §. 169 bezeichneten oder diesen im rechtlichen Effekte gleichstehenden Handlungen hinausgehende freie Verfügung über das Kapitalvermögen des Kindes lediglich zu seinem Vorteile eingeräumt ist, und zwar umsoweniger, als dies dann in einem ungleich weiteren Umfange, als im §. 247 A.L.R. II. 1, geschehen wäre, da der §. 247 die auf den Namen der Ehefrau geschriebenen Kapitalien nach §. 233 A.L.R. II. 1 nicht umfaßt.

Daß die in dem §. 169 dem Vater gestalteten Rechtshandlungen in ihrem Effekte dahin führen können, daß das Interesse des Kindes dem eigennützigen Interesse des Vaters nachgesetzt wird, steht der Beschränkung der Vorschrift des §. 169 auf die daselbst ausdrücklich bezeichneten und ihnen gleichstehenden Handlungen nicht entgegen und rechtfertigt nicht die Ausdehnung der Vorschrift auf andere Rechtsakte, welche nicht nur ihrem rechtlichen Wesen nach von den in §. 169 aufgeführten Handlungen verschieden sind, sondern auch ihrer ökonomischen Natur nach lediglich dem Interesse des Vaters dienen. Die dem Vater im §. 169 gestattete Einziehung und Wiederbelegung ist inhaltlich ein Akt der Verwaltung, der im Interesse des Kindes notwendig oder nützlich sein kann, auch wenn der Vater das eingezogene Geld ohne Sicherstellung bei sich selbst wieder anlegt. Ob dem, wie das Obertribunal zu Berlin in der Entscheidung in Striethorst's Archiv Bd. 26 S. 318 angenommen hat, gleichsteht, wenn der Vater die fällig gewordene Forderung des Hauskindes gegen eine Forderung seines eigenen Gläubigers verrechnet, kann hier unentschieden bleiben. Dafür kann geltend gemacht werden, daß, wenn der Vater die Forderung einziehen, mit dem eingezogenen Gelde seine Schuld bezahlen und sich dafür zum Schuldner seines Kindes bestellen kann, ihm auch die Verrechnung zu gestatten ist, weil damit nur in einen Akt zusammengedrängt wird, was dem Vater nacheinander vorzunehmen erlaubt ist. Aber Verpfändung für eigene Schuld ist ihrem juristischen Wesen nach nicht ein Weniger, sondern etwas Anderes als Einziehung und Wiederbelegung, und sowenig ein Akt der Verwaltung wie Erlaß ohne Entgelt, zu welchem auch das Obertribunal zu Berlin in seinem Urteile vom 9. April 1873 (Entsch. Bd. 69 S. 211) den Vater durch den §. 169 nicht für legitimiert ansieht. Daß die Forderung, welche dem Kinde aus solcher Verpfändung gegen den Vater auf Befreiung von der Pfandschuld oder Ersatz des beim Pfandverkaufe zur Tilgung der Schuld des Vaters Verwendeten kraft Gesetzes erwächst, nicht der durch Wiederbelegung einer eingezogenen Forderung beim Vater selbst für das Kind begründeten Forderung gleichsteht, liegt auf der Hand.

Es läßt sich auch nicht sagen, daß die Sicherheit des Kindes durch Zulassung der Verpfändung für eigene Schuld des Vaters nicht in höherem Maße bedroht wird, als durch die dem Vater im §. 169 gestatteten Handlungen. Gerade der vorliegende Fall zeigt dies. Die nach der Bemerkung von Suarez vom Gesetzgeber gewollte Fürsorge dafür,

„daß nicht leicht andere Schulden dem Vermögen des Kindes vorspringen können",

hätte keinen verständigen Sinn, wenn derselbe Gesetzgeber dem Vater gestatten wollte, seinem eigenen Gläubiger durch das Vermögen des Kindes Sicherheit zu bestellen, zu welchem auch Forderungen des Kindes an den Vater selbst gehören können.

Hinzuweisen ist endlich darauf, daß nach §. 186 A.L.R. II. 2 und den dort in bezug genommenen §§. 753 flg. II. 18 die Mitwirkung des vormundschaftlichen Gerichtes unterschiedslos ausdrücklich vorgeschrieben ist, wenn es sich darum handelt, ob eine Amtskaution, welche für den Vater aus dem den Kindern zugefallenen Vermögen bestellt ist, während der Minderjährigkeit des Kindes stehen gelassen oder aus dem Vermögen des Kindes neu bestellt werden soll.

Aus diesen Gründen war das angefochtene Urteil aufzuheben und in der Sache selbst auf die Berufung der Klägerinnen unter Abänderung des ersten Urteiles nach dem Klagantrage zu erkennen."

---

48. Ist die Steuer, welche die Gemeinden auf Grund des Gesetzes vom 27. Juli 1885 von dem Einkommen des Staatsfiskus aus den Domänen erheben, eine persönliche oder eine dingliche Abgabe?

V. Civilsenat. Urt. v. 29. Mai 1889 i. S. des preuß. Domänenfiskus (Bekl.) w. K. (Kl.) Rep. V. 64/89.

I. Landgericht Paderborn.
II. Oberlandesgericht Hamm.

Der Berufungsrichter hat, das erste Urteil bestätigend, den beklagten Fiskus verurteilt, anzuerkennen, daß die Bestimmung des §. 17 B der Allgemeinen Bedingungen zu dem Pachtvertrage vom 1. Juli 1885, nach welchen der Kläger, Pächter der Domäne D., alle den Pachtstücken obliegenden Abgaben und Lasten zu tragen hat, keine Anwendung finde auf die (Gemeinde-) Einkommensteuer, welche Beklagter als Besitzer (Eigentümer) des Pachtgutes zu zahlen hat, und daß der Beklagte demgemäß nicht berechtigt sei, die Zahlung vom Kläger zu erzwingen. Zugleich hat er die Verpflichtung des Beklagten ausgesprochen, dem Kläger die von diesem schon eingezogenen Beträge dieser Steuer zu erstatten. Die Revision des Beklagten ist zurückgewiesen worden.

Gründe:

„Nach §. 17 A der dem Pachtvertrage unter den Parteien zu Grunde gelegten „Allgemeinen Bedingungen" trägt der Fiskus von den „auf den Pachtstücken ruhenden Lasten und Abgaben" nur gewisse, dort unter 1—5 bezeichnete Kategorieen, unter welche die Gemeindeabgaben nicht gehören; nach §. 17 B daselbst „muß der Pächter aus eigenen Mitteln ohne Vergütung alle übrigen den Pachtgrundstücken obliegenden gewöhnlichen oder außergewöhnlichen Abgaben und Lasten jeder Art ohne Ausnahme tragen", deren eine Anzahl, darunter die Kommunallasten, namentlich aufgeführt sind. Die streitige

Gemeindesteuer ist diejenige, welche auf Grund des Gesetzes vom 27. Juli 1885, „betreffend Ergänzung und Abänderung einiger Bestimmungen über Erhebung der auf das Einkommen gelegten direkten Kommunalabgaben", die Gemeinden, in deren Bezirken die Pachtstücke liegen, vom Beklagten als Eigentümer der Pachtstücke erheben. Der Beklagte leitet die Verpflichtung des Klägers, diese Steuer statt seiner zu tragen, lediglich aus der mitgeteilten Pachtbedingung her. Dem Wortlaute nach handelt diese Bestimmung nur von den „auf den Pachtstücken ruhenden" oder „denselben obliegenden Lasten", und darunter sind, ebenso wie in den entsprechenden gesetzlichen Vorschriften (§§. 292. 413 A.L.R. I. 21) unter den „von der Sache zu entrichtenden Lasten" nach feststehendem gesetzlichem Sprachgebrauche nur dingliche Lasten, nicht persönliche Verpflichtungen des Eigentümers zu verstehen. Darauf, daß zu den, den Pachtstücken obliegenden Lasten die streitige Steuer nicht gehöre, stützt der Berufungsrichter seine Entscheidung und giebt dadurch zugleich zu erkennen, daß er jener Bestimmung eine über den regelmäßigen Wortverstand hinausgehende Bedeutung nicht beilegt. Zwar hat, worauf der Berufungsrichter so wenig, als der erste Richter, dessen Gründen jener beitritt, näher eingeht, der Beklagte behauptet, daß nach der Absicht der Kontrahenten die Bestimmung eine solche weitere Bedeutung habe: die detaillierte Fassung des §. 17 B soll ergeben, daß die Willensmeinung der Kontrahenten gewesen sei, dem Pächter alle Lasten, mithin auch die streitige, aufzubürden, welche in bezug auf den Pachtkomplex zu entrichten seien. Indessen unter den Details des §. 17 B ist keine Last aufgeführt, welche dem an die Spitze gestellten Begriffe der den Pachtstücken obliegenden Lasten in seinem regelmäßigen Wortverstande nicht einzufügen wäre und deshalb zu einer solchen weiteren Deutung dieses Begriffes hätte Anlaß geben können. Die unterbliebene Beurteilung jener Behauptung des Beklagten kann daher zur Aufhebung des Berufungsurteiles nicht führen, ebensowenig die Nichtbeachtung der in zweiter Instanz vom Beklagten aus §. 17 der Allgemeinen Bedingungen hergeleiteten Folgerung, daß der Fiskus für andere, aus dem Eigentume am Pachtgute fließende Abgaben, als die ausdrücklich übernommenen, nicht habe aufkommen wollen. Denn diese Absicht des Fiskus, nach welcher er unter den aus dem Eigentume fließenden Abgaben mehr verstanden haben will, als die dinglichen Abgaben, beweist, da sie im Vertrage keinen Ausdruck gefunden hat, nichts für das Einverständnis des Pächters. Eine besondere Revisionsbeschwerde im Sinne des Vorstehenden ist übrigens in der mündlichen Verhandlung auch nicht erhoben worden.

Unter den Begriff der dinglichen Lasten kann aber, was hiernach allein entscheidend bleibt, die streitige Steuer nicht gebracht werden.

Das Gesetz vom 27. Juli 1885, das Kommunalsteuernotgesetz, hervorgegangen aus der von allen Faktoren der Gesetzgebung anerkannten Dringlichkeit der Neuregelung gewisser Teile der Kommunalsteuergesetzgebung, nachdem die der 2. und 3. Session der 13. und der 1. Session der 14. Legislaturperiode des Abgeordnetenhauses in den Jahren 1877—1880 vorgelegten, diesen ganzen Zweig der Gesetzgebung umfassenden Entwürfe zur Verabschiedung eines Gesetzes nicht geführt hatten, und erlassen unter ausgesprochener Wahrung seines provisorischen Charakters,

vgl. Motive zur Regierungsvorlage von 1883/84, Drucks. des Abgeordnetenhauses 104, Gesetz §. 1 Abs. 2,

unterwirft die darin genannten Erwerbsgesellschaften und die juristischen Personen, darunter, wie besonders hervorgehoben, den Staatsfiskus, den auf das Einkommen gelegten Gemeindeabgaben (§. 1) und verweist rücksichtlich der Ermittlung des zu versteuernden Reineinkommens, die Begriffe des Einkommens und des Reineinkommens sonach gleichstellend, auf die Staatseinkommensteuergesetze (§§. 3. 4). Aus dem, auch diesen letzteren Gesetzen zu Grunde liegenden wirtschaftlichen Begriffe des Reineinkommens als der Summe derjenigen Einnahmen (Zuflüsse zu dem Vermögensstamme) einer Person, welche einer regelmäßigen Wiederholung fähig sind und — nach Abzug der auf ihren Erwerb zu verwendenden Ausgaben — ohne Verminderung des Vermögensstammes verwandt werden können, ergiebt sich, daß die Einkommensteuer ihrer Natur nach eine persönliche Abgabe ist. Das Einkommen bildet den Maßstab für die Steuerveranlagung; die einzelnen, zu den Quellen des Einkommens gehörenden Erwerbszweige oder Vermögensgegenstände kommen nur in ihrer Beziehung zu der Person des Steuerpflichtigen, nach der Einkommensvermehrung, welche sie gerade dieser Person bringen, in Betracht. Mit dem Wechsel des Inhabers des Erwerbszweiges oder werbenden

Vermögensgegenstandes geht nicht die Steuerpflicht des bisherigen Inhabers auf den neuen Erwerber über, sondern der neue Erwerber versteuert kraft seiner Steuerpflicht auch das Einkommen aus der neuen Einnahmequelle, und zwar nicht das Einkommen des bisherigen Inhabers, sondern dasjenige, und nur dasjenige, welches diese Quelle ihm nach seiner Benutzungsweise thatsächlich bringt. Beziehen mehrere ein Einkommen aus einem und demselben Objekte, z. B. der Eigentümer, Pächter, Servitutberechtigte aus einem Grundstücke, so ist für jeden derselben seine persönliche Beziehung zu dem Objekte entscheidend für seine Steuerpflicht. Im Gegensatze hierzu wird bei den Ertragssteuern die Einnahmequelle selbst besteuert. Nicht das Einkommen, welches diese einer bestimmten Person thatsächlich gewährt, sondern der Ertrag, den sie bei gemeinüblicher Benutzung zu bringen pflegt, und den sie daher jedem Besitzer bringen kann, ohne Rücksicht auf die durch die besonderen Verhältnisse des einzelnen Inhabers begründeten Ausgaben (in Preußen die Grund- und Gebäudesteuer und die Gewerbesteuer, bei deren ersteren deshalb z. B. die Hypothekenzinsen nicht berücksichtigt werden können), oder doch, wo der Ertrag nicht anders als konkret geschätzt werden kann, der Rohertrag ohne Rücksicht auf die nach der Individualität des Besitzers verschiedenen Kosten und Lasten (in Preußen die Bergwerkssteuer) bildet den Gegenstand und den Maßstab der Besteuerung. Diese Steuern sind also wirkliche Objektssteuern; von den indirekten Objektssteuern unterscheiden sie sich durch ihre dauernde periodische Wiederkehr, und soweit das ihnen unterliegende Objekt eine Sache im rechtlichen Sinne ist, wie namentlich bei der Grund- und Gebäudesteuer, haben somit die Ertragssteuern rechtlich die Eigenschaften einer dinglichen Last.

Wenn nun das Gesetz die Erwerbsgesellschaften und juristischen Personen, ohne an deren Beitragspflicht zu den Ertragssteuern der Gemeinden, namentlich zu den Zuschlägen zu der Staats-, Grund-, Gebäude- und Gewerbesteuer, oder zu Gemeindesteuern, welche nach dem Fuße dieser Staatssteuern erhoben werden, etwas zu ändern, der Gemeindeeinkommensteuer unterwirft, so muß davon ausgegangen werden, daß die begrifflichen Unterschiede dieser Steuern, welche der ganzen preußischen Steuergesetzgebung zu Grunde liegen, auch in diesem Gesetze haben festgehalten werden sollen. Daran ändert es nichts, daß der Steuer nicht das Gesamteinkommen jener Steuerpflichtigen, sondern nur das Einkommen aus bestimmten Quellen unterworfen wird. Eine Teilung des Einkommens nach seinen Quellen war notwendig, weil das Gesetz zur billigen Ausgleichung für die Aufwendungen, welche jede einzelne Gemeinde, an deren Gebiete die einzelnen Einkommensquellen räumlich gebunden sind, gerade mit Rücksicht auf die in ihrem Gebiete betriebenen Erwerbszweige zu machen genötigt wird, und für die Vorteile, welche daraus den Inhabern dieser Erwerbszweige zufließen, auch jeder in dieser Art beteiligten Gemeinde die Möglichkeit verschaffen wollte, diejenige Ausgleichung in der Steuerbelastung zwischen den Ortseinwohnern und anderen Inhabern von Erwerbszweigen innerhalb der Gemeinde herbeizuführen, welche sich durch ihre bloße Mitheranziehung zu den Ertragssteuern nicht erreichen läßt. Aus gleichen Erwägungen und in wesentlich gleicher Art wie die Einkommensteuerpflicht der Erwerbsgesellschaften und juristischen Personen ist deshalb die Einkommensbesteuerung der Forensen in den Gemeinden, aus denen sie einen Teil ihres Einkommens beziehen, geordnet worden. Bei den Forensen tritt, insbesondere auch in den Einzelbestimmungen des Gesetzes (§§. 9. 10) der Charakter der Steuer als einer das gesamte Einkommen belastenden, nur nach dessen einzelnen Quellen auf die Wohnsitz- und die Erwerbsgemeinden verteilten Steuer am klarsten zu Tage; daß die Abgabepflicht der Forensen und die der Erwerbsgesellschaften und juristischen Personen als die nämliche bezeichnet wird (§. 1 des Gesetzes: „Der im Abs. 1 gedachten Abgabepflicht unterliegen auch die .... Forensen") zeigt, daß der Gesetzgeber mit vollem Bewußtsein auch die Besteuerung der Erwerbsgesellschaften und juristischen Personen als eine Einkommensbesteuerung gewollt hat.

Allerdings ist der wirtschaftliche Begriff des Einkommens und damit der der Einkommensteuer an sich wohl kaum anders, als auf die einzelnen wirtschaftlich selbständigen *physischen* Personen anwendbar. Nur diese unterwirft auch das preußische Gesetz vom 1. Mai 1853 der Einkommensteuer. Eine Staatseinkommenbesteuerung *juristischer* Personen kennt die preußische Gesetzgebung nur in bezug auf die Eisenbahnabgaben (Gesetze vom 30. Mai 1853; 21. Mai 1859 und 16. März 1867). Zu Gunsten der Gemeinden ist die Zulässigkeit der Einkommensbesteuerung juristischer Personen grundsätzlich anerkannt in einer Anzahl von Gemeindeverfassungsgesetzen (Städteordnung und Landgemeindeordnung für Westfalen vom 19. März 1856 §. 4 bezw. §. 60; Städteordnung und Gemeindeverfassungsgesetz für die Rheinprovinz vom 15. Mai 1856 §. 4 bezw. Art. 8; Städteordnung für die östlichen Provinzen vom 30. Mai 1853 §. 4, für Schleswig-Holstein vom 14. April 1869 §. 23, für Frankfurt a/M. vom 25. März 1867, für das Königreich Hannover vom 24. Juni 1858 §. 25). Doch konnten durch bloß grundsätzliche Bestimmungen die theoretischen Bedenken und praktischen Schwierigkeiten solcher Besteuerung nicht beseitigt werden. Diese sind bei der Beratung derjenigen Gesetzentwürfe, aus welchen schließlich das Notgesetz vom 27. Juli 1885 hervorgegangen ist, nicht unerörtert geblieben.

Vgl. Drucks. des Abgeordnetenhauses 1877/78 Nr. 12. 260, 1878/79 Nr. 37. 100, 1879/80 Nr. 19. 124, 1883/84 Nr. 104. 221.

Das Gesetz hatte gerade in der Beseitigung dieser Schwierigkeiten eine seiner Hauptaufgaben. Die Übertragung der Einkommensbesteuerung auf die juristischen Personen ist, schon weil deren Existenz und Erwerbsfähigkeit selbst auf juristischer Fiktion beruht, nicht möglich ohne weitere Fiktionen, und den Weg dieser Fiktionen hat das Gesetz eingeschlagen. Zunächst haben Erwerbsgesellschaften und juristische Personen, welche einen Vermögenserwerb verfolgen, wirtschaftlich keine selbständige Persönlichkeit und kein eigenes Einkommen. Sie sind vom wirtschaftlichen Standpunkte aus nur ein Mittel zu Erwerbszwecken für die beteiligten Einzelnen (Aktionäre u. s. w.); diese letzteren versteuern in ihrem Einkommen (richtige Veranlagung als möglich und wirklich vorausgesetzt) auch ihren Anteil an dem Ertrage des Aktienunternehmens u. s. w. Es bedurfte daher der Fiktion, daß der reine Ertrag eines solchen Unternehmens, bevor er unter die Einzelnen verteilt wird, auch ein Einkommen der Gesellschaft oder juristischen Person sei (Gesetz §. 1). Der Fiskus insbesondere hat nicht einmal in diesem Sinne ein Reineinkommen; er hat die Einnahmen, auch die aus seinem Grundvermögen, seinem Gewerbebetriebe, zu den ihm dem Staatszwecke gemäß obliegenden Ausgaben zu verwenden und bedarf selbst noch der Steuern und Zölle, um das Gleichgewicht zwischen Einnahmen und Ausgaben herzustellen. Um ihn daher mit seiner Einnahme aus bestimmten Erwerbsquellen einer Einkommensteuer zu unterwerfen, ist die weitere Fiktion aufgestellt worden (Gesetz §. 2

Abs. 4), daß jede dieser Erwerbsquellen einer besonderen Person zustehe, für welche, wie für eine auf eine solche Erwerbsquelle angewiesene physische Person, die Einnahmen aus dieser Quelle nach Abzug der auf diese Einnahmen zu verwendenden Ausgaben das Einkommen bilde, welches sie dann an den Gesamtfiskus zur Verwendung für dessen Zwecke abführe. Da endlich die auf eine bestimmte einzelne Einnahmequelle des Fiskus entfallenden Ausgaben aus den Gesamtausgaben sich nicht mit Genauigkeit aussondern, ebensowenig die Einnahmen und Ausgaben sich, wie es für die Veranlagung zu einer Gemeindesteuer notwendig wäre, gemeindeweise verteilen lassen, so sind Bestimmungen getroffen worden, welche die genaue Ermittelung des Reineinkommens aus den einzelnen fiskalischen Besitzungen und Unternehmungen ersetzen sollen (§§. 5. 6), sodaß streng genommen ein fingiertes Einkommen an Stelle des nicht zu ermittelnden wirklichen Einkommens versteuert wird. Daß aber der Gesetzgeber sich zur Aufstellung aller dieser Fiktionen entschlossen hat, bestätigt wiederum seine Absicht, die Einkommensbesteuerung auf die Erwerbsgesellschaften und juristischen Personen auszudehnen, nicht aber, was speziell den Fiskus angeht, als Ersatz für die Einkommensbesteuerung eine Objektsbesteuerung eintreten zu lassen, womit man sich den Kreisen gegenüber (in Gestalt stärkerer Heranziehung des Fiskus zu den Grund- und Gebäudesteuern, Kreisordnung §. 14 Abs. 3) begnügt hatte. Den Konsequenzen dieser im Gesetze zum Ausdrucke gekommenen Absicht kann der Fiskus sich nicht entziehen, er muß also auch dem Pächter gegenüber sich gefallen lassen, daß die auf Grund des Gesetzes vom 27. Juli 1885 auferlegte Steuer nicht als dingliche, sondern als persönliche Abgabe behandelt wird. Zuzugeben ist, daß, wie auch bei den Vorarbeiten zu dem Gesetze geltend gemacht wurde, die Besteuerung nach diesem Gesetze insofern, als sie nur Einnahmen aus bestimmten Erwerbsquellen des Fiskus trifft, und ihm nur den Abzug der auf diese Erwerbsquellen direkt zu rechnenden, nicht der von seiner Gesamteinnahme zu machenden Ausgaben oder eines verhältnismäßigen Teiles dieser Gesamtausgaben gestattet, materiell zu dem Charakter einer Objektbesteuerung hinneigt, zumal sie nur solche Einnahmequellen erfaßt, welche auch Gegenstand einer Objektbesteuerung sind oder sein könnten. Allein diese materielle Wirkung, welche übrigens in ähnlicher Weise auch für den Aktionär bei Besteuerung der Aktiengesellschaft eintritt, muß bei der richterlichen Beurteilung außer Betracht bleiben gegenüber dem formellrechtlichen Gesichtspunkte, unter welchen das Gesetz die Steuer einmal gebracht hat. Zudem bleiben auch materiell erhebliche und durchgreifende Unterschiede von der Objektsbesteuerung: es wird nicht der nach allgemeinen, objektiven Gesichtspunkten zu erwartende Ertrag der fiskalischen Grundstücke und Betriebe versteuert, sondern der konkrete, von dem Fiskus als (juristischer) Person erzielte Ertrag nach Abzug der durch seine individuellen Verhältnisse bedingten Ausgaben und Lasten, und im möglichen Falle der Veräußerung des Grundstückes oder Betriebes würden für die Ermittelung der nunmehr zu erhebenden Steuern die individuellen Verhältnisse des Erwerbers maßgebend sein.

Aus Vorstehendem widerlegen sich die besonderen, bei der Revisionsverhandlung gegen die Berufungsentscheidung erhobenen Angriffe. Im einzelnen ist dazu nur noch folgendes zu bemerken:

1. Die Ausführung, es möge die streitige Steuer wohl für die sie erhebende Gemeinde eine (persönliche) Einkommensteuer sein, sie sei es aber nicht für die Person des Belasteten, — kann nur auf einer Verkennung derjenigen Kriterien beruhen, nach denen sich die persönlichen und Objekts-(Einkommens- und Ertrags-)Steuern unterscheiden. Diese Kriterien sind lediglich der passiven Seite des Verhältnisses entnommen; die Stellung des Steuerberechtigten (Staat oder Gemeinde ꝛc), die finanzielle Wirkung der Steuer für diesen u. s. w. kommen dabei nicht in Betracht.

2. Daß das Gesetz (§. 2 Abss. 2. 4 und §. 5) von einem abgabepflichtigen Betriebe, einem abgabepflichtigen Grundstückskomplex, einer abgabepflichtigen Unternehmung spricht, ist eine der äußeren Erscheinung der Besteuerung entnommene, abkürzende Ausdrucksweise, welche zulässig war und zu einem Mißverständnisse nicht mehr führen konnte, nachdem im §. 1 des Gesetzes durch die Worte:

> „Aktiengesellschaften ... und juristische Personen ... unterliegen ... den auf das Einkommen gelegten Gemeindeabgaben. Bis zur anderweiten Regelung ... unterliegt der Staatsfiskus dieser Abgabe bezüglich des Einkommens aus u. s. w. Der ... Abgabepflicht unterliegen auch physische Personen ... (Forensen)",

die Personen als die Abgabepflichtigen mit Bestimmtheit bezeichnet waren, auch im §. 2 die diesem Verhältnisse genauer entsprechende Bezeichnung: „ein die Abgabepflicht nach §. 1 begründender Betrieb" gebraucht worden war. Übrigens spricht der §. 4 des Gesetzes auch von abgabepflichtigen Beträgen, (des Reineinkommens), womit nur gesagt sein kann, daß nach diesen Beträgen die Abgabe zu berechnen sei. Daß die Abgabe auf dem „abgabepflichtigen Betriebe oder Grundstückskomplexe" dinglich haftet, ist aus diesem Ausdrucke ebensowenig zu entnehmen, wie aus dem Ausdrucke: „abgabepflichtige Beträge" zu schließen ist, daß die Geldbeträge mit der Abgabe dinglich belastet seien.

3. Die Vorschrift im §. 2 Abs. 4 des Gesetzes:

„Jeder abgabepflichtige Grundstückskomplex des Staatsfiskus, sowie jede abgabepflichtige Unternehmung desselben gilt in Beziehung auf die Abgabepflicht als selbständige abgabepflichtige Person",

ist, wie gezeigt, eine juristische Konstruktion, deren Aufnahme in das Gesetz für nötig erachtet wurde, um dem Fiskus gegenüber den Charakter der Steuer als einer persönlichen aufrecht halten zu können.

Vgl. besonders den Kommissionsbericht des Abgeordnetenhauses, Drucks. 1877/78 Nr. 260 S. 1678.

Wollte man Objektssteuern, also, soweit das Steuerobjekt ein Grundstück ist, dingliche Steuern, einführen, so bedurfte es der Fiktion gesonderter Persönlichkeiten innerhalb des Fiskus ebensowenig, als es deren bedarf für die gesonderte Berechnung der Grund-, Gewerbe- oder Bergwerkssteuer von den verschiedenen Besitzungen und Unternehmungen einer und derselben physischen Person. Der Ausdruck des Gesetzes ist freilich ungenau; nicht die einzelnen Grundstückskomplexe und Unternehmungen haben (nämlich für die Dauer ihres eigenen Bestandes) personifiziert werden, sondern es hat, wie auch der erste Richter an einer Stelle sich ausdrückt, der Fiskus hinsichtlich der Abgabepflicht in mehrere, nach den einzelnen Besitzungen und Unternehmungen sich bestimmende Personen mit eigenen Einnahmen und Ausgaben zerlegt (gespalten) werden sollen. Die vom Gesetze nur hinsichtlich der Abgabepflicht neu konstruierten Personen haben ihren Bestand nur in der Persönlichkeit des Fiskus; sie hören auf zu bestehen, sobald der Grundstückskomplex oder die Unternehmung in andere Hände übergeht.

4. Die Behauptung des Revisionsklägers, die Steuer werde nach §. 6 des Gesetzes erhoben von den „natürlichen Erträgnissen" des Gutes, welche für die Dauer der Pachtzeit nicht Fiskus, sondern der

Pächter beziehe, und dabei komme der Pachtzins, wenigstens als solcher, nicht in Betracht, beruht auf Mißverständnis dieser Vorschrift. Nach derselben wird zur Ermittelung des für die Versteuerung anzunehmenden Reineinkommens der Domänen und Forsten zunächst der „etatsmäßige Überschuß der Einnahmen über die Ausgaben" von den einzelnen Domänen und Forstgrundstücken provinzenweise zusammengestellt, von der Summe wird der gleichfalls provinzenweise verteilte Betrag der aus der Gesamtverwaltung (Provinzial- und Centralverwaltung) der Domänen und Forsten entstehenden Kosten, sowie der auf die Gesamtheit der Domänen und Forsten radizierten laufenden Verbindlichkeiten abgezogen. Der Rest bildet das innerhalb der Provinz zu versteuernde Reineinkommen der Domänen und Forsten der Provinz. Der Staatsetat weist als Einnahme von den verpachteten fiskalischen Grundstücken die Pachtzinsen, nicht die „natürlichen Erträgnisse" oder deren Geldwert nach; für die Provinz im ganzen kommen also in der That die Pachtzinsen von den Domänen („als solche") nach Abzug der darauf haftenden Kosten und Lasten, zur Versteuerung, und insoweit entspricht die Berechnung den im §. 3 des Gesetzes für maßgebend erklärten Vorschriften des Einkommensteuergesetzes vom 1. Mai 1853, nach welchen der Pachtzins (nach den erforderlichen Abzügen) vom Verpächter, die „natürlichen Erträgnisse" vom Pächter versteuert werden (§§. 28. 30 a. a. O.). Nur für die Unterverteilung dieses für die Provinz grundsätzlich richtig berechneten Einkommens auf die einzelnen Liegenschaften und damit die Bestimmung des jeder einzelnen Gemeinde steuerpflichtigen Einkommens erfolgt nach dem Verhältnisse des Grundsteuerreinertrages, einem Verhältnisse, welches gewählt worden ist, weil aus der Verschiedenartigkeit der Einnahmen und Ausgaben bei den verpachteten Domänen einerseits und den durch Selbstbewirtschaftung genutzten Forsten andererseits das Bedürfnis einer für beide Kategorieen von Liegenschaften gleichmäßig brauchbaren anderen Verhältniszahl statt der wirklichen Einnahmenüberschüsse sich ergab, und eine andere, beide Kategorieen umfassende Verhältniszahl nicht zur Hand war.

Vgl. Drucks. des Abgeordnetenhauses 1883/84 Nr. 104 S. 13; vgl. ferner über die Art der Ausführung der Berechnung S. 19 daselbst und die jährlichen Bekanntmachungen des Ressortministers, z. B. Reichsanzeiger 1887 Nr. 111 vom 13. Mai.

Auch jede einzelne Gemeinde, in deren Bezirk eine Domäne liegt, besteuert somit einen Anteil an dem Nettopachterlöse der sämtlichen Domänen der Provinz, welcher Anteil kraft des gesetzlichen, mit der „selbständigen Persönlichkeit" der einzelnen Domänen (§. 2 Abs. 4) freilich nicht ganz harmonierenden Notbehelfes des §. 6 an die Stelle des nicht zu ermittelnden Nettopachterlöses der einzelnen Domäne tritt.

5. Wenn die von dem Revisionskläger behauptete Analogie der streitigen Steuer mit dem Zehnten darauf beruhen soll, daß beide Abgaben von den „natürlichen Erträgnissen" des Gutes erhoben werden, so wird der Vergleich dadurch, daß dies bei der streitigen Steuer nicht geschieht, hinfällig. Im Gegensatz zu dieser Steuer trifft vielmehr der Zehnte nicht ein „Einkommen" aus dem Gute, sondern den Rohertrag; der für die Frage der Dinglichkeit entscheidende Unterschied ist der, daß der Zehntherr das Grundstück zehntet ohne Rücksicht, wer aus demselben (als selbstwirtschaftender Eigentümer, als Verpächter, Pächter oder wie sonst) ein Einkommen zieht, und wessen Einkommen durch die Auszehntung geschmälert wird, während umgekehrt die Einkommensteuer nur das Einkommen, und zwar jedes irgend einer Person aus dem Grundstücke zufließende Einkommen trifft, ohne Rücksicht darauf, in welchem Rechtsverhältnisse derjenige, welcher ein solches Einkommen zieht, zu dem Grundstücke selbst steht, ob er die Berechtigung zu dem Einkommen aus seinem Eigentume, aus einem dinglichen Rechte, oder aus einem bloß persönlichen Rechte gegen den Eigentümer des Grundstückes herleitet."

---

49. 1. Setzt §. 373 A.L.R. II. 1 voraus, daß die Zuwendung als Sondergut unmittelbar auf ein Grundstück oder ein ausstehendes Kapital gerichtet ist?

2. Kann die Zuwendung auch in dem Nießbrauche an solchen Vermögensgegenständen bestehen?

IV. Civilsenat. Urt. v. 31. Mai 1889 i. S. J. (Kl.) w. Ehefrau (Bekl.). Rep. IV. 63/89.

I. Landgericht Bromberg.
II. Oberlandesgericht Posen.

Die Revision des Klägers ist zurückgewiesen aus nachstehenden Gründen:

„Die inzwischen verstorbenen W.'schen Eheleute hatten in einem von ihnen errichteten Testamente ihre Tochter, die beklagte Ehefrau des Klägers, mit welchem dieselbe in landrechtlicher Gütergemeinschaft lebt, als Miterbin eingesetzt. Demnächst errichteten sie ein zweites Testament, in welchem sie bestimmten:

„Der Erbanteil, welcher von unserem Nachlasse unserer Tochter Louise verehel. J., mit Ausschluß der schon erhaltenen 3000 Thlr., soll nicht dieselbe, sondern ihre leiblichen Kinder erben; sie soll aber, solange sie lebt, den Nießbrauch und die Verwaltung dieses Erbteiles genießen und behalten; verwalten soll meine Tochter Louise J. dasselbe unbeschränkt allein, auch kann sie einen Verwalter an ihre Stelle setzen."

Bei der Regulierung des W.'schen Nachlasses ist den Kindern der Beklagten als Erbteil überwiesen:

1. die ideelle Eigentumshälfte an dem Hause ... und
2. eine Hypothek von 17 807,90 ℳ, eingetragen auf ...

Beide Vermögensobjekte sind auf den Namen der J.'schen Kinder umgeschrieben. Auch ist im Grundbuche bei beiden Eintragungen das lebenslängliche Nießbrauchsrecht der Beklagten vermerkt. Unbestritten hat die letztere seither die Revenuen der Erbteile bezogen.

Der Kläger verlangt im gegenwärtigen Rechtsstreite die Herausgabe des Reinertrages der Revenuen aus den Jahren 1887 und 1888, indem er den Nießbrauch der Erbteile der Kinder für sich als gütergemeinschaftlichen Ehemann in Anspruch nimmt.

Beide Instanzrichter haben abweisend erkannt. Die Berufungsentscheidung beruht auf den der Klagebegründung entgegenstehenden Annahmen, daß die Erblasser durch die von ihnen in dem zweiten Testamente getroffene Verfügung den Kläger von dem Mitgenusse an dem Nießbrauche der Erbteile der Kinder ausschließen wollten, und daß diese Verfügung gemäß §§. 372 fl. A.L.R. II. 1 dem Kläger gegenüber die rechtliche Wirkung äußere, daß der Nießbrauch nicht der Gütergemeinschaft unterworfen, sondern Sondergut der Beklagten sei. Die Revision richtet sich gegen beide Annahmen.

In erster Hinsicht wird die von dem §. 373 a. a. O. erforderte Feststellung vermißt, daß der Kläger von dem Miteigentume durch eine ausdrückliche Erklärung ausgeschlossen sei, indem nur festgestellt sei, die Testatoren haben den Kläger von dem Nießbrauche ausschließen wollen. Der Berufungsrichter führt aus:

> Es sei für erwiesen zu erachten, daß die W.'schen Eheleute durch ihre testamentarische Bestimmung den Kläger von jeder Mitwirkung an der Verwaltung und dem Nießbrauche des fraglichen Erbteiles haben ausschließen wollen; der Satzbau sei allerdings an der betreffenden Stelle des Testamentes sprachlich nicht richtig; der Gedanke dieser Anordnung sei aber ganz unzweifelhaft ausgedrückt dahin, daß der Kläger auch von dem Nießbrauche des Erbteiles ausgeschlossen sein sollte.

Danach ist festgestellt, daß die fragliche Anordnung im Testamente unzweifelhaften Ausdruck gefunden hat, sodaß insofern die Voraussetzung für die Anwendung des §. 373 gegeben ist. Denn wenn dort verordnet ist,

> daß die Ausschließung des anderen Ehegatten von dem Miteigentume eine ausdrückliche Erklärung des Zuwenders erfordere,

so ist damit eine ausdrückliche Willenserklärung im Sinne des Gesetzes, durch welche, wie hier festgestellt, der Wille unmittelbar zum Ausdrucke gelangt ist, gemeint, im Gegensatze zur stillschweigenden Willenserklärung, welche nicht direkt auf die Mitteilung des Willens gerichtet ist, sondern zunächst andere Zwecke verfolgt, aus denen jedoch mittelbar auf die Absicht des Erklärenden geschlossen werden kann (§. 58 A.L.R. I. 4). Die vermißte Feststellung ist daher getroffen, sodaß der gerügte Verstoß nicht vorliegt. Die Feststellung selbst beruht auf der Auslegung des Testamentes und entzieht sich daher der Nachprüfung in der Revisionsinstanz.

Mit der zweiten Annahme findet die Revision den §. 373 um deswillen verletzt, weil derselbe die Ausschließung der Gemeinschaft durch einen Dritten nur bei der Zuwendung von Grundstücken und ausstehenden Kapitalien gestatte, eine solche Zuwendung hier aber nicht in Frage stehe.

Der §. 372 a. a. O. stellt den Satz auf, daß dasjenige, was während der Ehe durch Glücksfälle, Geschenke, Erbschaften oder Vermächtnisse einem der Ehegatten zufällt und seiner Natur nach der Gemeinschaft fähig ist, gemeinschaftlich wird, und demnächst verordnet §. 373:

Doch kann derjenige, welcher einem der Ehegatten ein Grundstück oder ausstehendes Kapital solchergestalt zuwendet, das Miteigentum des anderen Ehegatten durch eine ausdrückliche Erklärung ausschließen.

Der Berufungsrichter geht davon aus: der §. 373 stelle sich nicht als eine bestimmt umgrenzte Ausnahme von dem Prinzip des §. 372 dar; zwischen den Eheleuten habe jede von dem dritten Zuwender angeordnete Ausschließung der Gemeinschaft, also ohne Rücksicht auf den Gegenstand der Zuwendung, rechtsverbindende Wirkung; das Gesetz bezwecke nur die Herstellung einer möglichsten Rechtssicherheit für den Dritten, sodaß diesem gegenüber die Ausschließung der Gemeinschaft nur nach geschehener Bekanntmachung wirksam sei, und da solche zur Zeit der Entstehung des Landrechtes nur im Falle der Zuwendung von Grundstücken und ausstehenden Forderungen sich ermöglichen ließ, seien in §. 373 allein diese Gegenstände als solche aufgeführt, welche der Ausschließung von der Gemeinschaft — Dritten gegenüber — unterworfen werden können.

Die Revision hat zur Begründung der entgegenstehenden Annahme, daß auch in Ansehung des Verhältnisses der Eheleute untereinander die Ausschließung der Gemeinschaft nur bei Grundstücken und ausstehenden Kapitalien statthaft sei, auf das Urteil des IV. Civilsenates des Reichsgerichtes vom 16./22. Februar 1886 in Sachen Niggermann w. Bühren (im Auszuge abgedruckt in der Juristischen Wochenschrift, Jahrg. 1886, S. 124 Nr. 52) hingewiesen.

Es bedarf jedoch eines Eingehens auf die streitige Auslegung des §. 373 nach der bezeichneten Richtung nicht. Nach der vom Berufungsrichter getroffenen Feststellung liegen die Voraussetzungen dieser Gesetzesvorschrift auch dann vor, wenn der engeren Auslegung im Sinne der Revision gefolgt wird.

Der §. 373 ist nicht dahin zu verstehen, daß er allein den Fall vorsieht, wenn die Zuwendung unmittelbar auf ein Grundstück oder ein ausstehendes Kapital, also auf bestimmte Sachen, gerichtet ist; er umfaßt auch den Fall, wenn dem einen Ehegatten überhaupt ein Grundstück oder ein ausstehendes Kapital aus dem Vermögen eines Dritten mit der Bestimmung zufällt, daß der andere Ehegatte von dem Miteigentume an dem Zugewendeten ausgeschlossen sein solle. Zwar setzen die nachfolgenden §§. 374. 375 ihrer Wortfassung nach voraus, daß die Zuwendung eines bestimmten Grundstückes oder Kapitales stattgefunden hat; denn §. 374 besagt, daß der Zuwender dafür sorgen müsse, daß die Ausschließung in dem Hypothekenbuche des Grundstückes vermerkt oder dem Schuldner des Kapitales gerichtlich bekannt gemacht werde, und §. 375 verordnet für den Fall, daß die Zuwendung in einer letzten Willensverordnung geschehen ist, der Richter, welcher die Verordnung publiziere, solle der Ehefrau, soweit dieselbe Interesse habe, zur Besorgung der Eintragung oder Bekanntmachung einen Kurator bestellen. Allein aus diesen speziellen Vorschriften kann nicht gefolgert werden, daß der §. 373 ausschließlich den Fall der Zuwendung einer bestimmten Sache im Auge hat. Derselbe findet daher auch Anwendung, wenn der eine Ehegatte unter Ausschließung jedes Mitanrechtes des anderen Ehegatten auf eine Quote des Nachlasses, also als Erbe, eingesetzt ist und demnächst bei der Erbauseinandersetzung ihm auf seinen Erbteil aus dem Nachlasse ein Grundstück oder ein ausstehendes Kapital überwiesen wird. Denn auch in diesem Falle liegt thatsächlich die Zuwendung eines Grundstückes oder ausstehenden Kapitales an einen Ehegatten mit der beregten Beschränkung von seiten eines Dritten vor. — Andererseits greift der §. 373 nicht nur Platz, wenn die Zuwendung des vollen Eigentumes an einem Grundstück oder ausstehenden Kapital stattgefunden hat, sondern auch dann, wenn der Nießbrauch an solchen Vermögensobjekten zugewendet worden ist, zumal auch im Falle des Nießbrauches an einem Grundstücke und an einer ausstehenden Forderung die in den §§. 374. 375 erwähnte Möglichkeit vorhanden ist, die Ausschließung der Gütergemeinschaft kenntlich zu machen.

Ist dies aber der Sinn des Gesetzes, so ist seine Anwendbarkeit für den vorliegenden Fall gegeben. Wie festgestellt, ist der Beklagten der lebenslängliche Nießbrauch an den Erbteilen ihrer Kinder mit Ausschließung des Miteigentumes des Klägers von den W.'schen Eheleuten vermacht worden; den Kindern der Beklagten sind aus dem Nachlasse die ideelle Eigentumshälfte an einem Grundstücke und eine Hypothekenforderung als Erbteil überwiesen. Folglich besteht die an die Beklagte mit Ausschluß des Mitgenusses des Klägers geschehene Zuwendung in dem Nießbrauche an einem Grundstücke und einem ausstehenden Kapitale."

50. Enthält die Errichtung von Bauten zu einem vorübergehenden Zwecke auf öffentlichen Plätzen für die Anwohner einen unbefugten Eingriff in ihr Eigentum?

V. Civilsenat. Urt. v. 5. Juni 1889 i. S. Fürst B. (Kl.) w. die Stadtgemeinde B. (Bekl.) Rep. V. 71/89.

I. Landgericht Berlin I.
II. Kammergericht daselbst.

Die aufgeworfene Frage ist verneint worden aus folgenden

Gründen:

„Es liegt folgender Sachverhalt vor.

Der Kläger ist Eigentümer des Hauses zu Berlin, Pariser Platz Nr. 2. Er bewohnt die Parterreetage desselben, deren fünf Fenster nach dem Pariser Platz gehen. Dieser Platz gehört unbestritten der Beklagten eigentümlich. Sie hat auf demselben am 14. März 1888 Tribünen errichten lassen und über die Plätze auf denselben bei dem Leichenbegängnisse Sr. Majestät des hochseligen Kaisers Wilhelm I. am 16. März desselben Jahres verfügt. Die Errichtung der Tribünen ist seitens des Polizeipräsidenten von Berlin unter der Bedingung genehmigt, daß durch sie die Aussicht aus den Fenstern der ersten Stockwerke der umliegenden Grundstücke nicht behindert werde. Die Tribünen haben, wie der erste Richter als notorisch feststellt, nur auf der eingehegten Gartenanlage des Pariser Platzes und dem anstoßenden schmalen Bankett gestanden; der Fahrweg und der Bürgersteig am Hause des Klägers sind von ihnen nicht berührt. Die Höhe der Tribünen betrug, wie Kläger einräumt, 4,80 m, während die Höhe der Parterreetage des klägerischen Hauses bis zur Fensterbrüstung 6,85 m ausmacht. Dennoch soll, wie Kläger behauptet, wegen der auf den Tribünen angebrachten Fahnen und Dekorationen die vom Polizeipräsidenten gestellte Bedingung nicht eingehalten, vielmehr die Aussicht aus den oberen Stockwerken des klägerischen Hauses behindert worden sein. Kläger glaubt, daß er durch die Errichtung dieser Tribünen in seinen Rechten als Anwohner des Pariser Platzes gestört und geschädigt sei. Zur Begründung seiner Klage führt er aus:

1. Die Beklagte sei in ihrem Eigentume an dem öffentlichen Platze den Adjazenten gegenüber dinglich beschränkt. Letzteren stehe ein Privatrecht auf ungeschmälerte Benutzbarkeit der Straße oder des

Platzes und auf Entschädigung selbst in dem Falle zu, daß Veränderungen der Straße im Interesse des öffentlichen Verkehres vorgenommen werden. Ein solches Recht habe er auch in gesetzlich zulässiger Weise erworben, weil es, solange der Pariser Platz bestehe, von ihm und seinen Vorbesitzern ausgeübt sei. Gegen dasselbe habe die Beklagte verstoßen, indem die ungeschmälerte Benutzbarkeit des Platzes durch Entziehen der mit der Lage des klägerischen Hauses verbundenen besonderen Vortheile auf Aussicht nach dem Platze durch Aufstellung der Tribünen gestört sei.

2. Kläger will auch einen Kontraktsbruch darthun. Er glaubt, daß zwischen den Adjazenten der Straßen und Plätze durch die Steuererhebung ein Kontraktsverhältnis mit der Stadtgemeinde geschaffen werde, kraft dessen letztere über die Straßen nicht beliebig, sondern nur zum Zwecke einer geordneten Vermögensverwaltung verfügen dürfe. Wenn die Stadt ihn mit Rücksicht auf den Wert seines Grundbesitzes zu den Steuern heranziehe, so könne sie ihm nicht die besonderen Vorzüge desselben, durch welche der Wert gesteigert und der Betrag, namentlich der Mietssteuer, erhöht werde, entziehen. Hier handle es sich nicht um einen Akt der Vermögensverwaltung der Stadt, die Verletzung des klägerischen Rechtes erscheine also kontraktwidrig.

Der Kläger beantragt prinzipaliter, die Beklagte zu dem Anerkenntnisse zu verurteilen, daß sie auf dem Pariser Platze keine Tribünen in derselben Art, wie es am 14. März 1888 geschehen, errichten lassen dürfe, eventualiter, daß sie keine die Aussicht aus den Fenstern des Parterregeschosses und der oberen Etage beschränkende Tribünen errichten lasse.

Gleichzeitig macht Kläger geltend, daß er durch Vermieten der Fenster, falls sie eine Aussicht auf den Leichenzug gewährt hätten, 1625 ℳ habe einnehmen können. Er verlangt die Verurteilung der Beklagten zum Ersatze des ihm durch Entziehung der Aussicht erwachsenen Schadens.

Die Beklagte hat der Klage widersprochen. Dieselbe ist in beiden Instanzen als unbegründet abgewiesen.

Die gegen das Urteil des Berufungsrichters eingelegte Revision kann keinen Erfolg haben.

1. Der Kläger will mit seiner Klage einen unberechtigten Eingriff in sein Eigentum zurückweisen. Zur Begründung derselben gehört der

Beweis 1. des Eigentumes und 2. eines Eingriffes in dasselbe. Das Eigentum des Klägers an dem Hause Pariser Platz Nr. 2 steht nicht in Frage. Der Streit der Parteien betrifft dagegen die Behauptung des Klägers, daß die Erbauung der Tribünen eine Störung seines Eigentumes enthalte. Er hat auf mehrfache Weise versucht, den Nachweis für dieselbe zu erbringen. Er bezieht sich erstens auf die Befugnisse, welche dem Anwohner an einer öffentlichen Straße gegen die Stadtgemeinde zustehen. Er befindet sich jedoch in betreff des Umfanges derselben in einem Irrtume. Das frühere preußische Obertribunal hatte sowohl für französisches als preußisches Recht den Grundsatz aufgestellt, daß in Städten und Dörfern den Eigentümern der eine Straße begrenzenden Häuser dasjenige Recht der Benutzung der Straße in der ungehinderten Kommunikation mit derselben, dessen sie ihrer Lage nach bedürftig sind, nicht bloß vergönnungsweise, sondern dauernd und mit dem Charakter eines wohlerworbenen Rechtes gewährt werden müsse, und daß Veränderungen in dem Niveau, durch welche jenem Rechte Eintrag geschieht, wo solche im öffentlichen Interesse geboten sind, nur gegen Entschädigung vorgenommen werden dürfen.

Vgl. Striethorst, Archiv Bd. 62 S. 276; Entsch. des Obertrib. Bd. 72 S. 1.

Dieser Ansicht des früheren Obertribunales sind sowohl der II. Civilsenat des Reichsgerichtes für französisches, als der I. Hilfssenat desselben für preußisches Recht beigetreten.

Vgl. Entsch. des R.G.'s in Civils. Bd. 10 S. 271, Bd. 7 S. 213.

Das Urteil des I. Hilfssenates stützt die Entscheidung auf die Annahme eines stillschweigend begründeten Dienstbarkeitsverhältnisses, dessen Inhalt dahin angegeben wird, daß die Straße bestimmt sei, den an ihr erbauten Häusern als notwendiges Kommunikationsmittel zu dienen, zugleich auch ihnen den für die Befriedigung ihres Lichtbedürfnisses wesentlichen freien Raum zu gewähren. Einer noch weiter gehenden Ausdehnung dieses Rechtsgrundsatzes ist das Reichsgericht für preußisches Recht mehrfach bestimmt entgegen getreten. Zwar hat der II. Hilfssenat desselben in einem Urteile vom 25. September 1888,

vgl. Gruchot, Beiträge Bd. 27 S. 893,

erkannt, daß den Eigentümern der an eine städtische Straße grenzenden Wohnhäuser ein privilegierter Anspruch auf die Fortgewähr der durch ihre Lage bedingten Vorteile zustehe. Dem gegenüber hat jedoch der V. Civilsenat des Reichsgerichtes in dem Urteile vom 2. Juli 1884,

vgl. Gruchot, Beiträge Bd. 29 S. 676,

ausgesprochen, das Recht des Anliegers lasse sich nicht weiter ausdehnen, als das Kommunikationsinteresse unbedingt erfordere; es könne nicht angenommen werden, daß das Allgem. Landrecht für die Entziehung jedes thatsächlichen Vorteiles beim Gebrauche öffentlicher Sachen einen Ersatz habe verheißen wollen. In demselben Sinne entscheidet ein Urteil des V. Civilsenates vom 19. März 1886,

vgl. Gruchot, Beiträge Bd. 31 S. 930,

es sei in dem obengedachten Urteile des I. Hilfssenates ein Recht der Hauseigentümer des Inhaltes, daß an der vorüberführenden Straße überhaupt keine, ihnen in irgend einer Beziehung nachteilige Veränderungen vorgenommen werden dürfen, keineswegs konstruiert worden; ihr Recht an der Straße gehe nicht weiter, als sich aus der Natur und dem Zwecke der letzteren von selbst ergiebt.

Für das gemeine Recht hat das Reichsgericht in mehreren Entscheidungen ein Privatrecht des Anliegers an der öffentlichen Straße überhaupt verneint.

Vgl. Entsch. des R.G.'s in Civils. Bd. 3 S. 171; Juristische Wochenschrift für 1889 S. 209 Nr. 19.

Diese Ansicht ist jedoch für die nach preußischem Rechte zu entscheidende gegenwärtige Streitsache nicht maßgebend.

Die Ausführungen des Klägers bieten keinen Anlaß, von den Grundsätzen, welche das Reichsgericht in mehrfachen Urteilen ausgesprochen hat, abzuweichen. Legt man sie aber zu Grunde, so kann die Beschwerde des Klägers, daß der Berufungsrichter gegen die Vorschriften über die Rechte der Anlieger an öffentlichen Straßen verstoßen habe, nicht für zutreffend erachtet werden. Denn nach den für die jetzige Instanz bindenden Feststellungen im zweiten Urteile sind weder der Fahrdamm noch der Bürgersteig am klägerischen Hause von den Tribünen berührt worden. Eine Entziehung des Zuganges zu dem Hause hat also durch die Errichtung der Tribünen nicht stattgefunden. Die Ausführung des Klägers, daß das Bankett zwischen dem Fahrwege und der Blumenanlage auf dem Pariser Platze eben=

falls zum Bürgersteige gehöre, wird von dem Berufungsrichter mit Recht als unbegründet verworfen.

Vgl. §. 81 A.L.R. I. 8; Entsch. des Obertrib. Bd. 62 S. 373.
Ein Recht auf einen weiteren Zugang zu seinem Hause außer dem Fahrwege und Bürgersteig (hier nach der Behauptung in der Klage quer über den Pariser Platz) besitzt der Kläger als Adjazent nicht. Die Ablehnung seines Beweises, daß der Zugang in dieser Beziehung erschwert sei, enthält deshalb keinen Verstoß gegen Prozeßvorschriften. Endlich ist auch keine Schmälerung des Lichtbedürfnisses für das klägerische Haus eingetreten. Wenn der Kläger geltend macht, daß ihm zeitweise die Aussicht auf den Pariser Platz beschränkt sei, so fällt diese Beschränkung unter den Begriff der Entziehung von thatsächlichen Vorteilen, welche, wie bereits gesagt, keinen Eingriff in das Recht des Adjazenten darstellt. Einer Erörterung der von der Beklagten angeregten Frage, ob dem Anlieger an einem öffentlichen Platze geringere Befugnisse, als dem Anlieger an einer Straße zustehen, bedarf es hiernach nicht.

2. Eine weitere Beschwerde des Klägers ist darauf gestützt, daß die Beklagte bei der Erbauung der Tribünen die ihr von dem Polizeipräsidium in betreff der Höhe derselben vorgeschriebenen Bedingungen nicht eingehalten habe. Sie könnte aber nur dann einen Erfolg haben, wenn durch das angebliche Zuwiderhandeln der Beklagten ein Eingriff in das Eigentum des Klägers bewirkt wäre. Das ist nicht der Fall. Der Umstand allein, daß die Beklagte auf ihrem Grundstücke der polizeilichen Anordnung nicht entsprechend gebaut hat, giebt dem Kläger noch kein Recht zur Untersagung des Baues. Um dies zu bewirken, müßte hinzutreten, daß die Handlung der Beklagten sich über ihr Grundstück hinaus in ihren Wirkungen erstreckt und in das Eigentum des benachbarten klägerischen Grundstückes rechtsverletzend eingegriffen hätte. Daß dies durch das Höherbauen der Tribünen geschehen sei, hat der Kläger in keiner Weise dargethan.

3. Der Kläger will ferner einen Verstoß gegen das Nachbarrecht darin finden, daß die Tribünen den Bestimmungen der Baupolizeiordnung entgegen nicht 17 Fuß von seiner Grenze entfernt geblieben sind. Der Berufungsrichter hat die thatsächliche Richtigkeit der bestrittenen Behauptung des Klägers nicht geprüft, sondern auch diesen Klagegrund verworfen, weil der Kläger daraus, daß die Polizei-

behörde bei der Genehmigung der Aufstellung von Tribünen von der Baupolizeiordnung abgewichen sein soll, kein durch Klage verfolgbares Recht erworben habe. Er hebt dabei ausdrücklich hervor, daß es sich nur um die Errichtung von Tribünen zu einem vorübergehenden Zwecke gehandelt habe. Diese Begründung der Entscheidung läßt deutlich erkennen, daß der Berufungsrichter die Vorschriften der Baupolizeiordnung auf Bauten der angegebenen Art nicht anwendbar erachtet. Die Nachprüfung dieses Entscheidungsgrundes ist nach §. 511 C.P.O. und der Kaiserlichen Verordnung vom 29. September 1879 in jetziger Instanz ausgeschlossen. Es erübrigt deshalb eine Erörterung, ob der gedachte Klagegrund noch aus weiteren Gründen hinfällig erscheint.

Gegen die Entscheidung des Berufungsrichters, daß der Anspruch des Klägers nicht auf ein Kontraktsverhältnis gestützt werden könne, ist eine Beschwerde nicht vorgetragen."

---

51. Steht der unehelichen Mutter gegenüber dem Adoptivvater ihres Kindes ein klagbarer Anspruch auf Gestattung des Zutrittes zu ihrem Kinde zu?

IV. Civilsenat. Urt. v. 20. Juni 1889 i. S. v. K. (Kl.) w. B. (Bekl.) Rep. IV. 152/89.

I. Landgericht Magdeburg.
II. Oberlandesgericht Naumburg.

Aus den Gründen:

„Der Kläger hat die am 12. Dezember 1876 geborene uneheliche Tochter der Beklagten B. durch einen mit der Beklagten am 22. August 1883 abgeschlossenen Vertrag, welcher demnächst vom Vormundschaftsgerichte genehmigt und von dem zuständigen Amtsgerichte bestätigt ist, unter Übernahme aller gesetzlichen Pflichten eines Adoptivvaters an Kindesstatt angenommen. Nachdem später infolge eingetretener Mißhelligkeiten der Kläger der inzwischen mit ihrem jetzigen Ehemanne verheirateten Beklagten den Zutritt zu ihrem genannten Kinde versagt hatte, nahm letztere dieserhalb die Vermittelung des Vormundschaftsgerichtes in Anspruch, und in dem desfalls eingeleiteten Verfahren, in welchem auch zur Bestellung eines Pflegers für das Kind geschritten wurde, erging schließlich, nach wiederholter Aufhebung ablehnender Beschlüsse der Vorinstanzen durch das Kammergericht, die durch weitere Beschwerde nicht angefochtene Entscheidung des Landgerichtes zu Stendal, als Beschwerdegerichtes, vom 22. Juni 1888, wodurch der Beklagten jährlich viermal eine je einstündige Zusammenkunft mit ihrer Tochter im Hause des Klägers in dessen oder des Pflegers Beisein gestattet wurde. — Mittels der vorliegenden Klage begehrt der Kläger die Feststellung, I. daß der Beklagten nach dem erwähnten Adoptionsvertrage das Recht nicht zustehe,

a) auf die Erziehung ihrer Tochter Katharine Charlotte wider den Willen des Klägers irgend welche Einwirkung zu üben,

b) die Zuführung des Kindes zum Zwecke des Besuches zu fordern oder überhaupt Zutritt zu demselben zu verlangen,

c) irgend welche persönlichen Rechte einer ehelichen oder außerehelichen Mutter über ihre genannte Tochter ohne Einwilligung des Klägers geltend zu machen,

und daß demgemäß II. die Beklagte sich jeden Eingriffes in die Erziehung des Kindes, sowie jeden Zutrittes zu demselben zu enthalten habe.

Die Beklagte hat anerkannt, daß ihr keinerlei Recht zustehe, bei der Erziehung ihrer Tochter mitzuwirken, und nur die Befugnis in Anspruch genommen, dieselbe in der in dem Beschlusse des Landgerichtes zu Stendal vom 22. Juni 1888 näher bestimmten Weise aufzusuchen.

Der erste Richter hat die Beklagte demgemäß verurteilt, anzuerkennen, daß ihr das Recht nicht zustehe, auf die Erziehung ihrer mehrgenannten Tochter wider den Willen des Klägers irgend welche Einwirkung zu üben, mit den weitergehenden Anträgen jedoch, namentlich mit dem Anspruche, der Beklagten den Zutritt zu ihrem Kinde zu versagen, den Kläger abgewiesen. Er hat angenommen, daß der Beklagten das Recht zustehe, Zutritt zu ihrem Kinde zu verlangen, und daß die Regelung der Ausübung dieses Rechtes dem Ermessen des Vormundschaftsgerichtes unterliege, daß hingegen der Klagantrag zu I. c. wegen seiner Unbestimmtheit abzuweisen sei.

Gegen diese Entscheidung hat der Kläger mit dem Begehren vollständiger klagegemäßer Verurteilung der Beklagten Berufung eingelegt, welche indes zurückgewiesen ist.

Gegen diese Entscheidung richtet sich die Revision des Klägers.

Was zunächst die von der Beklagten nicht in Abrede gestellte und von den Vorinstanzen angenommene Zulässigkeit des Rechtsweges anbetrifft, so unterliegt dieselbe keinem gegründeten Bedenken. Die Ansprüche, welche gegenwärtig noch den Gegenstand des Streites bilden, sind, sofern sie überhaupt dem Rechtsgebiete angehören, zweifellos privatrechtlicher Natur, indem sie sich als Ausflüsse der Rechte der natürlichen bezw. Adoptiveltern bezüglich ihrer Kinder darstellen, und sie berühren an sich das Interesse des Kindes nicht, weshalb nicht ohne weiteres und nicht in allen Fällen ein Anlaß zu entscheidendem Eingreifen des Vormundschaftsgerichtes oder zur Einleitung einer Pflegschaft gegeben ist. Dabei ist es auch gleichgültig, ob der Kläger seine Befugnis zur Stellung der Klaganträge auf den mit der Beklagten geschlossenen Vertrag, welcher übrigens nach der Annahme der Vorderrichter über die streitigen Punkte nichts enthält, oder auf die ihm als Adoptivvater zustehenden gesetzlichen Rechte gründet, da auch die letzteren dem Gebiete des Privatrechtes angehören. So hat auch das vormalige preußische Obertribunal bereits entschieden, daß über das Recht der unehelichen Mutter, den Zutritt zu ihrem in der Pflege des Vaters befindlichen Kinde zu verlangen, der Rechtsweg stattfinde (Präjudiz Nr. 249, Präjudiziensamml. Bd. 1 S. 171). Derselbe ist auch, was das hier allein in Frage kommende Rechtsverhältnis der Parteien untereinander anlangt, dadurch nicht verschlossen, daß die Vormundschaftsbehörde bereits eine Entscheidung zu Gunsten der Beklagten getroffen hat, in welcher der Kläger einen unzulässigen Eingriff in seine privatrechtliche Stellung findet.

Vgl. Urteile des Reichsgerichtes vom 3. Mai 1880, abgedruckt in Gruchot, Beiträge Bd. 25 S. 465, und vom 14. März 1889 i. S. Vorgang w. Löhrke, Rep. IV. 331/88, sowie für das gemeine Recht Seuffert, Archiv Bd. 33 Nr. 312, Bd. 35 Nr. 296, Bd. 36 Nr. 304, Bd. 39 Nr. 313, Bd. 40 Nr. 120.

Nicht minder unbedenklich ist sodann in der Sache selbst die Abweisung des Klagantrages zu I. c., der wegen seiner völligen Unbestimmtheit eine Beziehung auf ein konkretes Rechtsverhältnis nicht erkennen läßt und überdies in der Verneinung jeden mütterlichen Rechtes auf seiten der Beklagten dem durch den Adoptionsvertrag nicht beseitigten §. 712 A.L.R. II. 2 geradezu widerspricht. Die Beklagte hat auch nach ihrer in dem gegenwärtigen Prozesse abgegebenen Erklärung irgend eine andere Befugnis, als die ihr durch den landgerichtlichen Beschluß vom 22. Juni 1888 eingeräumte, nicht in Anspruch genommen.

Dagegen erscheint es nicht zweifellos, ob der Beklagten gegenüber dem Kläger in der That ein Rechtsanspruch auf Zutritt zu ihrem Kinde zusteht. Indes war auch in bezug hierauf der Auffassung des Berufungsrichters im Ergebnisse beizutreten. Daß der Kläger infolge der Adoption mit dem Rechte der väterlichen Gewalt auch das ausschließliche Recht der Erziehung des angenommenen Kindes überkommen hat, steht außer Frage (§. 681 A.L.R. II. 2). Die insoweit rechtskräftig gewordene Entscheidung des ersten Richters spricht demnach der Beklagten, ihrem eigenen Anerkenntnisse gemäß, jegliches Recht der Mitwirkung bei der Erziehung ihrer Tochter ab. Fraglich ist nur, ob gleichwohl der Beklagten jenes beschränkte Recht des Zutrittes verblieben ist. Faßt man dasselbe mit der Revision als einen Ausfluß des Erziehungsrechtes auf, so muß man die gestellte Frage verneinen, da es solchenfalles den Verlust des Erziehungsrechtes nicht überdauern könnte. Allein dies ist weder die Auffassung des gemeinen Rechtes noch die des Allgemeinen Landrechtes; vielmehr ist in beiden Rechten anerkannt, daß auch dem von der Erziehung ausgeschlossenen Elternteil der Verkehr mit seinem Kinde nicht ganz zu versagen sei.

Vgl. §. 101 A.L.R. II. 2; Seuffert, Archiv Bd. 33 Nr. 312, Bd. 35 Nr. 296; Entwurf eines bürgerlichen Gesetzbuches für das Deutsche Reich §. 1457 und Motive dazu Bd. 4 S. 628.

Man hat dasselbe hiernach als einen Ausfluß des elterlichen Verhältnisses anzusehen, welches seiner natürlichen und sittlichen Bedeutung nach ein so gerechtfertigtes Interesse an dem leiblichen und geistigen Wohlergehen des Kindes mit sich bringt, daß jedem Elternteil, sofern nicht ganz überwiegende Gründe entgegenstehen, die Möglichkeit gewährt werden muß, sich durch eigene Wahrnehmung von dem Zustande des Kindes Kenntnis zu verschaffen. Nun ist zwar dieses Recht vom Allgemeinen Landrechte (§. 101 a. a. O.) ausdrücklich nur den Eltern eines in gesetzmäßiger Ehe geborenen oder erzeugten Kindes eingeräumt, deren Ehe durch Scheidung gelöst ist. Allein es nötigt nichts dazu, den ausgesprochenen Grundsatz auf diesen Fall zu beschränken und in ihm nicht vielmehr die einzelne Anwendung eines allgemeineren Prinzipes zu finden, da er weder in seiner Fassung, noch in seinem erkennbaren Motive die Kennzeichen der Singularität an sich trägt. Insbesondere steht nichts entgegen, ihn (mit dem kammergerichtlichen Beschlusse vom 26. September 1887, welchem der erste Richter durchweg beigetreten ist) auch auf die Mutter eines unehelichen Kindes anzuwenden. Denn die letztere hat nach dem Gesetze alle wesentlichen Elternrechte, insbesondere auch das Recht der Erziehung des Kindes, welches ihr nur aus erheblichen Gründen durch das Vormundschaftsgericht entzogen werden kann.

Vgl. §§. 621. 623. 624. 640. 656. 659 A.L.R. II. 2; Vormundschaftsordnung vom 5. Juli 1875 §. 27 und Dernburg-Schultzenstein, Vormundschaftsrecht S. 251.

Dagegen steht der uneheliche Vater nicht in einem gleichartigen Verhältnisse zu dem Kinde. Das ihm eingeräumte Erziehungsrecht ist nur ein Korrelat seiner Alimentationspflicht, wie daraus erhellt, daß die Mutter dasselbe durch die Übernahme der Verpflegung und Erziehung auf eigene Kosten beseitigen kann (§. 623 a. a. O.). Gerade hieraus ergiebt sich klar die prävalierende Rechtsstellung der Mutter zu ihrem unehelichen Kinde, welches, im Anschlusse an das natürliche Verhältnis, als der Mutter zugehörig angesehen wird.

Vgl. Stobbe, Deutsches Privatrecht Bd. 2 §. 261 I.

Es liegt hiernach kein Grund vor, die uneheliche Mutter in betreff des Zutrittsrechtes grundsätzlich schlechter zu stellen, als die wegen ihres verwerflichen Verhaltens von der Erziehung ausgeschlossene eheliche Mutter. Dieses Recht ist ihr daher auch bereits von dem preußischen Obertribunale in dem oben allegierten Präjudiz Nr. 249 gegenüber dem unehelichen Vater, welcher das Kind in eigene Pflege und Erziehung genommen hat, zugesprochen (zustimmend Dernburg, Preuß. Privatrecht Bd. 3 S. 218 Note 18). Dasselbe muß aber auch gegenüber dem Adoptivvater ihres Kindes anerkannt werden, weil es in dem natürlichen Elternverhältnisse wurzelt, welches mit rechtlichen Wirkungen ausgestattet und dadurch zu einem Rechtsverhältnisse erhoben ist, das seiner Natur nach gegen jeden sich wirksam erweisen muß. Es kann daher auch dadurch nicht grundsätzlich ausgeschlossen werden, daß die Rechte des Adoptivvaters durch den Hinzutritt der väterlichen Gewalt und die Ausschließlichkeit seines Erziehungsrechtes weit ausgedehnter sind, als die des unehelichen Vaters, welcher von der Befugnis, die Verpflegung und Erziehung seines Kindes selbst zu besorgen, Gebrauch gemacht hat. Denn auch das Zutrittsrecht der ehelichen, von der Erziehung ausgeschlossenen Mutter kommt gleichfalls gegen den im Besitze der väterlichen Gewalt und des uneingeschränkten Erziehungsrechtes befindlichen Vater zur Geltung, und ihr gebührt nach obigem kein Vorzug vor der unehelichen Mutter, deren verwandtschaftliches Verhältnis zu ihrem Kinde durch die Adoption nicht beeinträchtigt ist (§§. 711. 712 A.L.R. II. 2). — Der Berufungsrichter gelangt zwar zu dem gleichen Ergebnisse, weil das Zutrittsrecht „als Voraussetzung der Ausübung des geringsten elterlichen Rechtes erscheine und deshalb auch einer unehelichen Mutter zustehen müsse, welche sich dem Kinde gegenüber nicht vollständig rechtlos befinde". Er verneint aber die analoge Anwendbarkeit des §. 101 A.L.R. II. 2, weil solche zu der unannehmbaren Konsequenz führen müßte, auch dem unehelichen Vater das Zutrittsrecht zuzubilligen. Dieser Grund ist jedoch nach obigem nicht zutreffend, da die Rechtsstellung des unehelichen Vaters zu dem Kinde von der der Mutter zu demselben durchaus verschieden ist. — Wie es sich in der vorliegenden Hinsicht mit dem Rechte des Ehegatten, welcher wissentlich eine ungültige Ehe geschlossen hat, gegenüber den aus solcher hervorgegangenen Kindern verhält,

vgl. Johow und Küntzel, Jahrb. für Entscheidungen des Kammergerichtes Bd. 3 S. 73,

kann hier unerörtert bleiben. Denn da dieser nach §. 54 A.L.R. II. 2 überhaupt keine elterlichen Rechte über die Kinder erlangt, so ist auch seine Rechtsstellung von der unehelichen Mutter wesentlich verschieden.

Ist hiernach mit den Vorderrichtern das Zutrittsrecht der Beklagten grundsätzlich anzuerkennen, so könnte doch durch Vertrag die Ausschließung desselben vereinbart sein. Dies ist indes nach der einwandsfreien Feststellung des Berufungsrichters nicht geschehen, und es kann daher als für die Entscheidung unerheblich auf sich beruhen, ob der Berufungsrichter das streitige Recht mit Fug für ein unveräußerliches erklärt hat.

Ferner konnte dem Kläger der Rechtsbehelf nicht verschränkt werden, daß der Beklagten gleichwohl im Interesse des Kindes und der gedeihlichen Erziehung jeder Verkehr mit demselben zu verwehren sei. Allein hierüber haben bereits, wie die Begründung des eingangs erwähnten landgerichtlichen Beschlusses vom 22. Juni 1888 ergiebt, eingehende Ermittelungen des Vormundschaftsgerichtes stattgefunden, welche zur Festsetzung der in dem Beschlusse bezeichneten Modalitäten des Zutrittes geführt haben, durch die derselbe aufs äußerste beschränkt ist. Daß auch diese nur gestatteten seltenen Zusammenkünfte, bei welchen der Kläger zugegen sein darf, der Erziehung des Kindes nachteilig sein könnten, ist vom Kläger in keiner Weise dargelegt, da bei denselben die von ihm befürchtete ungünstige Einwirkung der Beklagten auf das Kind jederzeit abgehalten werden könnte. Es kann mithin vorliegend dahingestellt bleiben, ob in dieser Beziehung (d. h. im Interesse des Kindes) das Prozeßgericht überhaupt zu einer definitiven Beseitigung der vom Vormundschaftsgerichte getroffenen Maßregeln zuständig sein würde, was von den Vorinstanzen verneint ist."

---

52. 1. Leibrentenvertrag oder Vitalizienvertrag?
2. Wie ist der Anspruch zu berechnen, der dem Kinde wegen einer Pflichtteilsverletzung, die als Folge eines von dem Parens abgeschlossenen Leibrentenvertrages eintritt, gegen den Leibrentenverkäufer entsteht?

A.L.R. I. 11 §§. 637—639. 627—630.

IV. Civilsenat. Urt. v. 1. Juli 1889 i. S. B. (Bekl.) w. S. (Kl.) Rep. IV. 101/89.

I. Landgericht Halle a./S.
II. Oberlandesgericht Naumburg a./S.

Aus den Gründen:

„Der Beklagte hat am 18. Juli 1879 mit der Witwe H. S. einen notariellen Vertrag geschlossen, den der Kläger, ein am 4. Mai 1875 in der Ehe des Gutsbesitzers F. E. E. S., eines Sohnes der Witwe H. S., mit P., geborenen F., geborenes Kind, auf Grund der in den

§§. 637—639 A.L.R. I. 11 enthaltenen Bestimmungen wegen Pflichtteilsverletzung anficht. Laut des Vertrages verkauft die Witwe H. S. dem Beklagten den Inbegriff ihres gesamten gegenwärtigen Vermögens, von welchem es im Vertrage heißt, daß es namentlich aus Möbeln, Hausgerät, Wäsche, Betten, Kleidungsstücken und ähnlichen beweglichen Gegenständen, sowie aus zwei auf dem Gute P. Nr. 6 eingetragenen Forderungen von zusammen 54 000 ℳ bestehe. Der Kaufpreis wird dahin bestimmt, daß der Käufer sich verpflichtet, der Verkäuferin eine lebenslängliche Jahresrente von 4800 ℳ in Vierteljahrszahlungen am Ende jedes Vierteljahres vom 1. Oktober 1879 an zu zahlen. Von diesem Kaufpreise werden $^{24}/_{25}$ auf die beiden Forderungen, $^{1}/_{25}$ auf die mitverkauften Mobilien gerechnet. Die Forderungen werden alsbald von der Witwe H. S. an den Beklagten abgetreten. An den verkauften Mobilien behält sich die Witwe H. S. den lebenslänglichen Nießbrauch vor. Der Gutsbesitzer F. E. E. S. ist am 5. Januar 1876 gestorben. Die Mutter desselben hat in ihrem am 16. Februar 1887 errichteten Testamente den Magistrat der Stadt L. zum Erben eingesetzt und betreffs des Klägers bestimmt, daß sie zwar einen pflichtteilsberechtigten Erben in der Person des Klägers habe, daß derselbe aber durch Zuwendung von 6000 ℳ vollständig abgefunden sei und nichts mehr zu fordern habe, und daß sie, wenn er dennoch Ansprüche erhöbe, diese Ansprüche bestreite, weil er laut von ihr bezeichneter Akten kein legitimes Kind sei. In letzterer Beziehung waltet indes gegenwärtig kein Streit mehr ob. Der Beklagte hat den als ehelicher Sohn des F. E. E. S. aufgetretenen Kläger als solchen anerkannt. Der Nachlaß der Witwe H. S. beträgt nach dem vom Magistrate in L. gelegten Nachlaßinventarium 10 088,50 ℳ. Der Kläger, welcher bestritten hat, durch Zuwendung von 6000 ℳ abgefunden zu sein, hat seinen Anspruch gegen den Beklagten auf Zahlung von 13 480,89 ℳ nebst Verzugszinsen zu 5 vom Hundert seit der Klagezustellung gerichtet. Dem Klagebegehren liegt eine Berechnung zum Grunde. Laut derselben werden dem Betrage der Forderungen mit 54 000 ℳ die Jahreszinsen zu 5 vom Hundert von 54 000 ℳ für das Jahr bis zum 1. Juli 1880 hinzugerechnet. Von dem Gesamtbetrage wird die Rente für das Jahr bis zum 1. Juli 1880 abgezogen. Dem Reste werden die Zinsen dieses Restes für das nächste Jahr hinzugerechnet, von dem Gesamtbetrage die Rente für das nächste Jahr abgezogen. Und so wird mit Hinzuzählen der Zinsen und Abrechnen der Rente bis zum 17. März 1887, an welchem Tage die Witwe H. S. gestorben ist, fortgefahren. Dem sich dann ergebenden Betrage werden der dem Verhältnisse von $^1/_{25}$ zu $^{24}/_{25}$ entsprechende Wert der Mobilien mit 2250 ℳ und der aus dem Nachlaßinventarium sich ergebende Wert des Nachlasses mit 10088,50 ℳ hinzugerechnet. Von der Hälfte des sich ergebenden Gesamtbetrages werden die den Wert des Nachlasses bildenden 10088,50 ℳ wieder abgerechnet. Der solchergestalt sich ergebende Rest stellt nebst den angegebenen Zinsen den Gegenstand des erhobenen Anspruches dar.

Der Beklagte hat bestritten, daß ein Leibrentenvertrag geschlossen sei. Er will den Vertrag als einen Vitalizien- oder Alimentenvertrag angesehen und deshalb die vorliegende Klage für unbegründet erachtet wissen. . . . In betreff der im Testamente der Witwe H. S. erwähnten 6000 ℳ, durch deren Zuwendung der Kläger in Ansehung seines Pflichtteiles abgefunden sein soll, hat der Beklagte die Erklärung abgegeben, daß dieser Betrag aus dem Vermögen der Witwe H. S. überhaupt nicht herrühre, daß derselbe vielmehr dem durch das väterliche Testament enterbten Kläger infolge seiner Anfechtung des Testamentes vergleichsweise als väterliches Erbgut von der Witwe H. S. bewilligt worden sei.

Das Landgericht und das Oberlandesgericht haben den Vertrag vom 18. Juli 1879 für einen Leibrentenvertrag erachtet, die Klage infolgedessen als begründet angesehen und die Einrede verworfen. Das Landgericht hat den Beklagten jedoch nur zur Zahlung von 4493,63 ℳ nebst Verzugszinsen zu 5 vom Hundert seit der Klagebehändigung verurteilt und den Kläger mit der Mehrforderung abgewiesen. Es hat nämlich die §§. 637—639 A.L.R. I. 11 dahin verstanden, daß es die Hälfte des Betrages, der sich herausstellt, wenn der bei Anlegung der in den §§. 627—630 a. a. O. vorgeschriebenen Berechnung sich ergebende Betrag und der Wert des übrigen Nachlasses zusammengerechnet werden, nach Abzug des Wertes des übrigen Nachlasses als den Nachlaß ansieht, von welchem der Pflichtteil des Klägers mit einem Drittel zu berechnen ist. Bei Anlegung der in den §§. 627—630 angeordneten Berechnung hat sich dem Landgerichte der Betrag von 37050,29 ℳ, bei Hinzurechnung des Wertes des übrigen Nachlasses der Betrag von 47 138,79 ℳ ergeben. Von der Hälfte des letzteren Betrages hat das Gericht wieder den Wert des übrigen Nachlasses abgezogen und von dem Reste mit 13 480,89½ ℳ den Pflichtteil des Klägers berechnet. Auf die Berufung des Klägers hat dagegen das Oberlandesgericht dem Kläger außer den ihm bereits vom Landgerichte zugesprochenen 4493,63 ℳ noch 8987,26 ℳ nebst Zinsen seit der Klagezustellung zuerkannt und die vom Beklagten mit dem Antrage auf vollständige Klagabweisung eingelegte Anschlußberufung zurückgewiesen.

Mit der Revision wird die Annahme des Berufungsgerichtes angefochten, daß der Vertrag vom 18. Juli 1879 als Leibrentenvertrag anzusehen sei. Der Beklagte will den Vertrag als einen Vitalizienvertrag im Sinne des §. 19 des Anhanges zum Allgemeinen Landrechte aufgefaßt und darum in Gemäßheit des in dem Urteile des vormaligen preußischen Obertribunals vom 29. September 1870,

vgl. Entsch. des preuß. Obertrib. Bd. 64 S. 67,

angenommenen Rechtsgrundsatzes das dem Pflichtteilsberechtigten durch die §§. 637—639 a. a. O. gegebene Klagerecht als ausgeschlossen angesehen wissen. Die Beurteilung, welche der Vertrag im Berufungsurteile gefunden hat, ist jedoch für richtig zu erachten. Der Begriff des Leibrentenvertrages, wie er im Allgemeinen Landrechte (§§. 606 flg. I. 11) bestimmt ist, erfordert, daß der eine Vertragschließende, der Leibrentenverkäufer, zur Entrichtung einer bestimmten Abgabe auf die Lebenszeit eines Menschen gegen Empfang einer Summe Geldes oder anderer Sachen, die aber von den Vertragschließenden zu einem in Gelde bestimmten Werte angeschlagen sein müssen, seitens des anderen Vertragschließenden, des Leibrentenkäufers, sich verpflichtet. Ein Vitalizienvertrag liegt nach dem Anhangs §. 19 dann vor, wenn ein ganzer Vermögensinbegriff gegen die Verpflichtung des Übernehmers, dem Übertragenden Unterhalt zu gewähren, übertragen wird. Das Berufungsgericht begründet seine Annahme, daß der Vertrag kein Vitalizienvertrag, sondern ein Leibrentenvertrag sei, mit dem Hinweise darauf, daß auf die im Vertrage enthaltene Bezeichnung des Gegenstandes der Übertragung als eines Vermögensinbegriffes die Angabe einzelner Vermögensgegenstände, nämlich der beiden Forderungen von zusammen 54 000 ℳ, und die Angabe anderer Vermögensgegenstände der Gattung nach folge. Auch weist es auf die Einleitungsworte des Testamentes der Witwe H. S. hin, laut deren sie erklärt, daß ihr, nachdem sie durch den Leibrentenvertrag über den größten Teil ihres Vermögens zu Gunsten des Beklagten verfügt habe, nur noch einiges übrigbleibe, was zu ihrem Nachlasse gehören werde. Außerdem legt es Gewicht darauf, daß in der Vertragsurkunde die Übernahme einer anderen Verpflichtung seitens des Beklagten, als der zur Zahlung der vierteljährigen Rente, insbesondere der Verpflichtung des Beklagten zur Zahlung der Schulden der Witwe H. S., nicht gedacht sei, während durch einen Vitalizienvertrag, nicht aber durch einen Leibrentenvertrag, die Übernahme der Schulden des Übertragenden begründet werde.

Diesen Erwägungen stehen verschiedene Zweifelsgründe entgegen. Das Berufungsgericht setzt sich in Widerspruch mit der in dem Vertrage selbst enthaltenen Bezeichnung des Gegenstandes der Übertragung als eines Vermögensinbegriffes. Die Aufführung der beiden Forderungen und einiger Gattungen von Sachen im Vertrage kann mit der Annahme erklärt werden, daß damit nur hat angedeutet werden sollen, was zu dem Vermögensinbegriffe gehört. Einen Vorbehalt von Vermögensgegenständen hat sich die Witwe H. S. laut der Vertragsurkunde nicht gemacht. Die Annahme, daß ein Vermögensinbegriff Gegenstand des Vertrages sei, würde aber nicht einmal ausgeschlossen sein, wenn der Übertragende einzelne Vermögensgegenstände sich vorbehalten hätte.

Vgl. Urteil des vormaligen preuß. Obertribunales vom 9. Januar 1837 in Ulrich's Archiv Bd. 4 S. 501 und Urteil des vormaligen Reichsoberhandelsgerichtes vom 24. Oktober 1871 in Entsch. desselben Bd. 3 S. 368.

Und der Inhalt der Vertragsurkunde läßt den Zweifel bestehen, ob nicht der Beklagte mit dem Vertragsschlusse, der ihm nach dem Wortlaute des Vertrages ein Recht auf den Inbegriff des gesamten Vermögens der Witwe H. S. geben soll, ein Recht auf die etwa von der Witwe H. S. zurückbehaltenen Vermögensgegenstände erlangt habe. Auch macht der Umstand, daß laut der Vertragsurkunde die Übernahme der Schulden der Witwe H. S. von seiten des Beklagten nicht ausdrücklich zum Gegenstande einer Abrede der Vertragschließenden gemacht worden ist, die Annahme eines Leibrentenvertrages nicht notwendig. Allerdings entsteht durch einen Vitalizienvertrag die Verpflichtung des Übernehmers zur Zahlung der Schulden des Übertragenden. Der Satz ist schon aus dem Wortlaute des Anh. §. 19, nach welchem unter Vermögen nur dasjenige, was nach Abzug der Schulden des Übertragenden übrigbleibt, zu verstehen ist, zu entnehmen. Mit völliger Sicherheit ergiebt er sich aber aus der von Rabe (Sammlung preußischer Gesetze Bd. 3 S. 228 flg.) mitgeteilten Entstehungsgeschichte des Anh. §. 19.

Vgl. ferner Bornemann, System Bd. 3 S. 140; Dernburg, Preußisches Privatrecht Bd. 2 §. 160 Anm. 25; Förster-Eccius, Bd. 1 §. 102 Anm. 22—24.

Er ist auch in der bisherigen Rechtsprechung angenommen,

vgl. Striethorst, Archiv Bd. 20 S. 65, Bd. 53 S. 200; Entsch. des Obertrib. Bd. 7 S. 67, Bd. 59 S. 61. 64; Entsch. des R.O.H.-G.'s Bd. 12 S. 294.

Wäre also der Vertrag nicht so beschaffen, daß durch ihn die Übernahme der Schulden der Witwe H. S. begründet würde, so läge kein Vitalizienvertrag vor. Allein die Frage, ob der Beklagte mit dem Vertragsschlusse die Schulden der Witwe H. S. übernommen hat, hängt wieder davon ab, ob ein Vermögensinbegriff Gegenstand der Übertragung gewesen ist. Und in dieser Hinsicht würde ein entgegenstehender Wille der Vertragschließenden, also der Wille, daß die Schulden nicht auf den Beklagten übergehen sollten, nicht einmal von Bedeutung sein. Ist ein Vermögensinbegriff auf den Beklagten übertragen, so sind damit die Schulden der Witwe H. S. von selbst auf den Beklagten übergegangen. Der Beklagte haftet den Gläubigern, auch wenn die Vertragschließenden den Übergang der Schulden auf den Beklagten haben ausschließen wollen, und ohne Rücksicht darauf, ob der Übergang der Schulden im Vertrage vereinbart ist oder nicht.

Den hervorgehobenen Zweifelsgründen stehen jedoch andere Umstände gegenüber, welche zu Gunsten der Auffassung des Berufungsgerichtes mit so großem Gewichte in die Wagschale fallen, daß die streitige Frage im Sinne des Berufungsgerichtes entschieden werden muß. Zu diesen Umständen gehört in erster Reihe der ganze Aufbau des Vertrages vom 18. Juli 1879. Die Vertragschließenden setzen den Wert dessen, was in das Vermögen des Beklagten übergehen soll, in der Art fest, daß auf die beiden Forderungen $^{24}/_{25}$, auf die übrigen Gegenstände $^{1}/_{25}$ des Gesamtwertes gerechnet werden. Damit genügen sie der Vorschrift der §§. 607. 608 A.L.R. I. 11, nach welcher, wenn die Verpflichtung zur Zahlung der Leibrente nicht gegen bares Geld, sondern gegen Überlassung einer anderen Sache übernommen wird, die Vertragschließenden über einen nach Gelde bestimmten Wert, für den die Sache angeschlagen sein soll, sich vereinigen müssen. Und es ergiebt sich als Kaufpreis der Leibrente der durch Zusammenrechnung des Betrages der beiden Forderungen mit 54 000 ℳ und des $^1/_{24}$ von 54 000 ℳ darstellenden Betrages von 2250 ℳ gewonnene Gesamtbetrag von 56 250 ℳ. Diese vertragsmäßige Festsetzung legt die Annahme nahe, daß dem Beklagten nichts weiter als die beiden Forderungen und die in dem Vertrage ihrer Gattung nach angegebenen Gegenstände haben überlassen werden sollen und überlassen worden sind. Damit verliert der Umstand, daß die dem Beklagten überlassenen Vertragsgegenstände in dem Vertrage unter der Bezeichnung eines Inbegriffes des gesamten Vermögens der Witwe H. S. zusammengefaßt sind, an Bedeutung. Dagegen gewinnt der Umstand an Gewicht, daß in dem Testamente die Witwe H. S. erklärt hat, sie habe über den größten Teil ihres Vermögens, — also nicht über ihr ganzes Vermögen, — zu Gunsten des Beklagten verfügt. Ebenso erweist sich der Umstand als erheblich, daß der Übertragung jener Vertragsgegenstände im angeschlagenen Werte von 56 250 ℳ im Vertrage nur die Verpflichtung des Beklagten zur Zahlung der Rente gegenübersteht. Leistung und Gegenleistung sind also im Vertrage ihrem Werte nach auf bestimmte Beträge angegeben. Eine andere Gegenleistung, als die zur Zahlung der Rente, wird im Vertrage nicht erwähnt. In dieser Hinsicht kann unter den obwaltenden Umständen dem Hinweise des Berufungsgerichtes darauf, daß im Vertrage einer Verpflichtung des Beklagten zur Zahlung der Schulden der Witwe H. S. nicht gedacht ist, für die Beurteilung des Vertrages Bedeutung nicht abgesprochen werden. Diese Gründe nötigen zu der Annahme, daß die Vertragschließenden nicht einen Vitalizienvertrag, sondern einen nach den §§. 606 flg. a. a. O. zu beurteilenden Leibrentenvertrag haben schließen wollen. Daß in der Vertragsurkunde das Rechtsgeschäft als ein seitens der Witwe H. S. an den Beklagten erfolgender Verkauf, die Rente als Kaufpreis und die dem Beklagten übertragenen Gegenstände als verkauft bezeichnet werden, während in den §§. 606 flg. derjenige, der sich zur Zahlung der Leibrente verpflichtet, der Verkäufer der Leibrente, der Andere aber, welcher gegen die Übernahme der Verpflichtung zur Zahlung der Rente Geld oder in Geld angeschlagene Sachen hergiebt, der Leibrentenkäufer genannt wird, ist ohne erhebliches Gewicht. Die den Worten des Gesetzes nicht entsprechende Bezeichnung kann den dem dargelegten Aufbau des Vertrages entnommenen Beweisgründen keinen Abbruch thun. Ist aber der Vertrag ein Leibrentenvertrag, so ist noch die Frage der Berechnung des Pflichtteilsanspruches des Klägers zu beantworten.

Die Sätze der §§. 637—639 A.L.R. I. 11 sind, insoweit im §. 639 mit der Hälfte des dort angegebenen Nachlaßganzen gerechnet wird, ebenso wie der auf die Anfechtung von Schenkungen wegen Pflichtteilsverletzung bezügliche §. 1113 A.L.R. I. 11 nur dadurch zu erklären, daß die Verfasser des Landrechtes anfänglich die Absicht hatten, den Pflichtteil allgemein auf die Hälfte des gesetzlichen Erbteiles festzusetzen.

Vgl. die in der Zeitschrift von Simon und v. Strampff, Bd. 1 S. 63 flg. S. 87 flg. mitgeteilte Entstehungsgeschichte der fraglichen Bestimmungen.

Als jene Absicht aufgegeben wurde, nahm man eine entsprechende Änderung der auf die Anfechtung der Leibrentenverträge und der Schenkungen bezüglichen Sätze nicht vor. Und es fragt sich, ob den landrechtlichen Vorschriften, durch welche die Höhe des Pflichtteiles je nach der Zahl der Kinder anf ein Drittel, die Hälfte oder zwei Drittel des gesetzlichen Erbteiles bestimmt wird, Einfluß auf die Rechtsnormen einzuräumen ist, welche sich auf den Anspruch des durch einen Leibrentenvertrag des Parens im Pflichtteile verkürzten Abkömmlings beziehen, ob insbesondere in dem Falle, in welchem der Pflichtteil ein Drittel des gesetzlichen Erbteiles betragen würde, der dem Abkömmling infolge Abbruches des Pflichtteiles durch einen Leibrentenvertrag des Parens gegebene Anspruch auf ein Drittel des Betrages zu ermäßigen ist, der sich nach den behufs der Berechnung des Anspruches gegebenen Bestimmungen als Erbschaftsbetrag darstellt.

Zum Zwecke der Feststellung der Höhe des Anspruches ist in jedem Falle zuerst in Gemäßheit des §. 638 a. a. O. der nach Abzug der zu zahlen gewesenen Rentenbeträge, aber unter Hinzurechnung landesüblicher Zinsen des Betrages, der den mit dem Vertragsschlusse in das Vermögen des Rentenverkäufers übergegangenen Kaufpreis der Rente darstellt, sich ergebende Kapitalsrest zu berechnen. Diese Berechnung hat das Berufungsgericht in der Art vorgenommen, daß als Kapitalsrest der Betrag von 34 800,29 *M*., bei Hinzurechnung des bis dahin noch nicht berücksichtigten Anschlagswertes der Mobilien, an denen sich die Witwe H. S. den Nießbrauch vorbehalten hatte, der Betrag von 37 050,29 *M* sich ergiebt. Dem Kapitalsreste ist nach §. 638 zum Behufe der Bestimmung des Pflichtteiles der übrige Nachlaß mit 10,088,50 *M* zuzurechnen. Darnach stellt sich der Betrag, von welchem der Pflichtteil zu berechnen ist, auf 47 138,79 *M*. Wird von diesem Betrage der Pflichtteil des Klägers mit einem Drittel berechnet, so ergeben sich 15 712,93 *M*. Dieser Betrag würde also dem Kläger — wenn zunächst von der Vorschrift des §. 639 abgesehen wird — als Pflichtteil zukommen. Der Beklagte würde aber dazu nur soviel beizutragen haben, als notwendig ist, um den übrigen Nachlaß mit 10 088,50 *M*, der doch in erster Reihe dem Pflichtteilsanspruche zu dienen hat, bis zu dem fraglichen Betrage zu erhöhen, also 5624,43 *M*. Nun aber verordnet der §. 639, daß, wenn der übrige Nachlaß nicht die Hälfte des, wie angegeben, ausgemittelten Ganzen beträgt, der Verkäufer soviel, als zu dieser Hälfte fehlt, von dem noch hinter ihm befindlichen Kapitale herauszugeben hat. Der übrige Nachlaß beträgt 10 088,50 *M*. Es fehlen also zur Hälfte mit 23 569,39 *M*. noch 13 480,89 *M*. Diesen Betrag hätte daher der Beklagte herauszugeben, wenn die Entscheidungsnorm ausschließlich im §. 639 zu finden und dem Umstande, daß im vorliegenden Falle der Pflichtteil ein Drittel, nicht die Hälfte des gesetzlichen Erbteiles, der hier mit dem ganzen Nachlasse zusammenfällt, beträgt, Einfluß auf die Entscheidung überhaupt nicht einzuräumen wäre.

Über die Anwendbarkeit des §. 639 in dem Falle, wenn der Pflichtteil nur ein Drittel des gesetzlichen Erbteiles beträgt, wird gestritten. Das vormalige preußische Obertribunal hat in dem Urteile vom 8. Dezember 1854,

vgl. Entsch. desselben Bd. 30 S. 43,

ausgesprochen, daß die Vorschrift des §. 639 auch dann zur Anwendung kommt, wenn der Pflichtteil des den Leibrentenvertrag anfechtenden Noterben nach gesetzlicher Vorschrift nur ein Drittel des gesetzlichen Erbteiles beträgt. Diese Meinung wird von Koch (Kommentar Anm. 51 §. 639) und von Förster-Eccius (Bd. 4 §. 248 a. E.) gebilligt.

Anderer Meinung ist Dernburg (Privatrecht Bd. 3 §. 212 a. E. Anm. 16). Nach dieser letzteren Meinung kann der Pflichtteilsberechtigte immer nur die Ergänzung seines Pflichtteiles fordern. Er könnte danach im vorliegenden Falle vom Beklagten nur den Betrag fordern, der erforderlich ist, um den „übrigen Nachlaß" bis auf 15 712,93 ℳ zu erhöhen, also den oben angegebenen Betrag von 5624,43 ℳ. In dem vorliegenden Rechtsfalle ist die Anforderung einer Entscheidung dieser Streitfrage gegeben. Die Berechnung des Landgerichtes, das den Anspruch des Klägers auf ein Drittel des Betrages festsetzt, welcher zur Hälfte der bei Zusammenrechnung des Restkaufpreises der Leibrente und des übrigen Nachlasses sich ergebenden Summe fehlt, und den der Leibrentenverkäufer nach §. 639 a. a. O. von dem noch hinter ihm befindlichen Kapitale herausgeben soll, ist insofern fehlsam, als dabei der Betrag, der nach dem Gesetze zur Ergänzung des Pflichtteiles herausgegeben werden soll, als der Betrag angesehen wird, von dem der Pflichtteil zu berechnen ist. Das Oberlandesgericht hat zwar im Sinne des Obertribunalsurteiles vom 8. Dezember 1854 richtig entschieden. Aber wenn es sagt, daß es einer Entscheidung der Streitfrage, ob der Kläger berechtigt sei, auf Grund des §. 639 den Beklagten auch über den Pflichtteil hinaus in Anspruch zu nehmen, nicht bedürfe, so hat es die Bedeutung der Streitfrage nicht richtig erkannt. Denn der Leibrentenverkäufer braucht immer nur zu dem, was im §. 639 als der übrige Nachlaß bezeichnet wird, soviel herauszugeben, daß die Pflichtteilsverletzung bei Berechnung des Pflichtteiles nach Maßgabe des §. 638 beseitigt wird. Er würde also, wenn der Pflichtteil die Hälfte des gesetzlichen Erbteiles betrüge, die 10 088,89 ℳ, wie der Kläger fordert und wie das Berufungsgericht für richtig hält, bis zum Betrage von 23 569,39 ℳ zu ergänzen haben, wenn man aber den Pflichtteil nur auf ein Drittel des gesetzlichen Erbteiles anzunehmen hat, nur bis zum Betrage von 15 712,93 ℳ. Die Entscheidung der Streitfrage läßt sich also nicht umgehen.

Die Entscheidung hat dahin zu erfolgen, daß die im Obertribunalsurteile vom 8. Dezember 1854 vertretene Ansicht aufrechterhalten wird. Nach den §§. 637—639 a. a. O. ist anzunehmen, daß der Gesetzgeber bei Bestimmung des dem Pflichtteilsberechtigten gegen den Leibrentenverkäufer gegebenen Anspruches den Pflichtteil auf die Hälfte des gesetzlichen Erbteiles hat festsetzen wollen. Diese

Annahme entspricht nicht nur dem Wortlaute der bezeichneten Paragraphen, sondern auch der aus ihrer Entstehungsgeschichte sich ergebenden Absicht, welche die Verfasser des Landrechtes bei der Formulierung der fraglichen Sätze gehabt haben. Es mag Veranlassung vorliegen, anzunehmen, daß die Verfasser des Landrechtes, wenn sie bei der späteren Bestimmung des Pflichtteiles auf ein Drittel, die Hälfte, zwei Drittel des gesetzlichen Erbteiles, je nach der Zahl der Kinder, an die Rechtssätze gedacht hätten, welche den Anspruch des Pflichtteilsberechtigten gegen den Leibrentenverkäufer regeln, diese Rechtssätze der im übrigen veränderten Höhe des Pflichtteiles angepaßt haben würden. Allein wenn sie letzteres unterlassen haben, so muß es dabei sein Bewenden behalten. Und es kann nicht Sache der Rechtsprechung sein, den in der Gesetzgebung sich zeigenden Mangel an Einheitlichkeit zu verbessern. Der §. 639 ist also seinem Wortlaute nach so zu verstehen, wie ihn das Obertribunal in dem Urteile vom 8. Dezember 1854 verstanden hat, ohne daß die nachmals veränderte Ausprägung des die §§. 637—639 beherrschenden Pflichtteilsgedankens eine dem Wortlaute nicht entsprechende Auffassung des §. 639 rechtfertigt."

---

53. 1. Ist die Erbschaftssteuer des Gesetzes vom 30. Mai 1873 eine von der Erbschaftsstempelabgabe des Stempelgesetzes vom 7. März 1822 wesentlich verschiedene Abgabe?
2. Wie wirkt die in einem neuen Verjährungsgesetze enthaltene Änderung der Verjährungszeit auf eine laufende Verjährung?

IV. Civilsenat. Urt. v. 1. Juli 1889 i. S. Fiskus (Bekl.) w. E. (Kl.) Rep. IV. 96/89.

I. Landgericht Danzig.
II. Oberlandesgericht Marienwerder.

Gründe:

„Der am 1. Mai 1866 in M. verstorbene Lieutenant N. F.-K. hat in seinem am 7. Mai desselben Jahres eröffneten Testamente seinen mit E. K. erzeugten vier unehelichen Kindern ein Vermächtnis von je 6000 Thalern ausgesetzt und angeordnet, daß, wenn eins der

Geschwister C. ohne leibliche Kinder stürbe, die übrigen Kinder das dem verstorbenen vermachte Vermögen erhalten sollten. Am 6. Mai 1869 ist eins der Geschwister, A. C., verehelichte F., ohne Hinterlassung von Abkömmlingen mit Tode abgegangen. Von der gegenwärtigen Klägerin, deren verstorbener Ehemann ebenfalls zu den Vermächtnisnehmern gehört hat, ist, jedoch erst im Jahre 1884, gegen die Erben und Erbeserben der Ehefrau F. der Anspruch auf den dritten Teil des Vermächtnisses mit 6000 ℳ im Wege der Klage erfolgreich geltend gemacht worden. Von diesem Nachvermächtnisse hat das Erbschaftssteueramt in D. am 31. Mai 1887 einen Steuerbetrag von 240 ℳ gefordert. Die Klägerin hat die Steuer in mehreren Teilzahlungen berichtigt. Sie fordert die zuletzt beigetriebenen 200 ℳ mit 3 ℳ Zwangsvollstreckungskosten, also zusammen 203 ℳ mit Zinsen zu fünf vom Hundert seit dem 27. Juli 1887, dem Zeitpunkte der Beitreibung, mittels der gegenwärtigen Klage zurück, indem sie das Vorhandensein einer Stempelsteuerforderung des Fiskus bestreitet, aber auch geltend macht, daß einer etwa begründet gewesenen Forderung die zehnjährige Verjährung aus §. 47 des Erbschaftssteuergesetzes vom 30. Mai 1873 entgegenstehe. Der Beklagte bestreitet die Anwendbarkeit dieses Gesetzes, weil die Erbschaftssteuer des Gesetzes eine andere Steuer sei, als die frühere Erbschaftsstempelabgabe, und die letztere daher von der Verjährung des neuen Gesetzes überhaupt nicht betroffen werde. Er bezieht sich sodann auf die in den §§. 48. 49 des Gesetzes enthaltenen Bestimmungen, nach denen hinsichtlich der Besteuerung der vor dem 1. Januar 1874 eingetretenen, der Erbschaftssteuer unterworfenen Anfälle die früheren Gesetze zur Anwendung kommen und die bisherigen Vorschriften über den Erbschaftsstempel und die Erbschaftsabgabe nur vorbehaltlich der Anwendung auf frühere Fälle vom 1. Januar 1874 außer Kraft gesetzt seien, und weist darauf hin, daß der Anspruch auf die Steuer nach dem zur Anwendung zu bringenden älteren Rechte der vierundvierzigjährigen Verjährung des §. 629 A.L.R. I. 9 unterliege. Das Landgericht hat der Klage auf Grund der Verjährung stattgegeben. Das Oberlandesgericht hat die vom Beklagten eingelegte Berufung zurückgewiesen. Die Revision des Beklagten erscheint nicht begründet.

Der §. 47 des bezeichneten, mit dem 1. Januar 1874 in Kraft getretenen Gesetzes bestimmt, daß die Erbschaftssteuer — mit Ausnahme der bereits zur Hebung gestellten Steuerbeträge — in zehn Jahren nach Ablauf des Kalenderjahres verjähre, in welchem der steuerpflichtige Anfall erworben sei, oder, wenn schon amtliche, auf die Ermittelung der Steuer gerichtete Handlungen vorgenommen seien, nach Ablauf des Jahres, in welchem die letzte derartige Handlung stattgefunden habe. Das Berufungsgericht nimmt an, daß das Gesetz vom 30. Mai 1873 eine neue Erbschaftssteuer nicht eingeführt habe, die frühere, nach dem Gesetze vom 7. März 1822 bestehende Erbschaftsstempelabgabe, welche auch der Tarif zu diesem Gesetze als Erbschaftssteuer bezeichne, vielmehr nur in der Art der Berichtigung, die früher durch Lösung eines Stempels erfolgt sei, sich von der gegenwärtigen Erbschaftssteuer unterscheide. Das Gericht hält ferner dafür, daß die §§. 48. 49 des neuen Gesetzes der Anwendung der Verjährungsbestimmung des §. 47 nicht entgegenstehen, und gelangt so im Hinblick auf den im §. XVII des Publikationspatentes vom 5. Februar 1794 zum Ausdrucke gelangten Rechtsgedanken zur Anwendung des §. 47 in der Art, daß es die neue zehnjährige Verjährung mit dem 1. Januar 1874 beginnen läßt. Es erachtet daher, da die Einforderung der Erbschaftssteuer erst im Jahre 1887 erfolgt ist, den Anspruch für verjährt.

Diese Entscheidungsgründe müssen den vom Beklagten dagegen gerichteten Angriffen gegenüber aufrechterhalten werden. Zunächst ist dem Berufungsgerichte darin beizutreten, daß die Erbschaftssteuer des neuen Gesetzes eine von der Erbschaftsstempelabgabe des Stempelgesetzes vom 7. März 1822 wesentlich verschiedene Abgabe nicht ist. Beide Gesetze unterwerfen Erbschaften, Vermächtnisse und andere von Todes wegen erfolgende Vermögensanfälle einer Abgabe, die von dem Betrage zu entrichten ist, um den derjenige, dem der Anfall zukommt, durch ihn reicher wird. Das neuere Gesetz weicht zwar von dem älteren vielfach ab. Es knüpft die Abgabenpflicht in mehrfacher Hinsicht an andere Voraussetzungen, als das ältere. Die Vorschriften, welche die Höhe der Abgabe, die Art ihrer Berechnung, die Art ihrer Entrichtung, die Befreiungen von derselben betreffen, sind in beiden Gesetzen vielfach verschieden. Das neuere Gesetz stellt sich auch nicht als ein das ältere Gesetz nur in gewissen Punkten abänderndes Gesetz dar. Es enthält vielmehr eine vollständige Neuordnung des ganzen Gebietes der Abgaben, welche von Erbschaften, Vermächtnissen, Schenkungen von Todes wegen, Lehns- und Fideikommißanfällen und Anfällen von Hebungen aus Familienstiftungen, die infolge Todesfalles auf den dazu Berufenen übergehen, zu entrichten sind, in der Art, daß es auch die an sich fortgeltenden Rechtssätze des älteren Rechtes in zum Teil veränderter Fassung aufnimmt. Allein diese Neuordnung des ganzen in Frage kommenden Stoffes, mit welcher die Aufhebung der bisherigen Vorschriften über den Erbschaftsstempel und die Erbschaftsabgabe verbunden ist (§. 49 des Gesetzes), hat nicht die Bedeutung, daß damit für die unter der Herrschaft des neuen Gesetzes eintretenden Anfälle ein völlig anderes Recht in Geltung tritt, während für die unter der Herrschaft des älteren Rechtes erfolgten Anfälle das frühere Recht in allen seinen Beziehungen, soweit nicht in dem neuen Gesetze dessen Anwendbarkeit auf frühere Fälle besonders angeordnet ist, anwendbar bleibt. Das ältere Recht und das neue Gesetz müssen vielmehr, wenn es sich um die Frage handelt, ob der Anspruch des Fiskus auf die Erbschaftsabgabe des neuen Gesetzes mit dem Anspruche des Fiskus auf die Erbschaftsabgabe des älteren Rechtes im wesentlichen zusammenfällt oder von ihm dergestalt verschieden ist, daß die Verjährungsvorschrift des neuen Gesetzes eine Anwendung auf die Abgabe des älteren Rechtes nicht zuläßt, in Verbindung miteinander gebracht und als Stadien einer zusammenhängenden Rechtsentwickelung aufgefaßt werden. Als das Ergebnis dieser Auffassung aber stellt sich heraus, daß für die juristische Betrachtung der nach dem neuen Gesetze zu beurteilende Anspruch auf die von einem nach dem 1. Januar 1874 erfolgten Anfalle zu entrichtende Erbschaftssteuer von dem der Anwendung des älteren Rechtes unterliegenden Anspruche auf die Erbschaftsstempelabgabe, welche von einem früheren Anfalle zu entrichten ist, nicht wesentlich verschieden ist.

Steht hiernach die rechtliche Natur des streitigen Anspruches der Anwendung der Verjährungsvorschrift des Gesetzes vom 30. Mai 1873 nicht entgegen, so fragt es sich weiter, ob positive Bestimmungen des neuen Gesetzes die Anwendung der Verjährungsvorschrift dieses Gesetzes auf den Streitfall hindern. Auch diese Frage muß zu Gunsten der Klägerin beantwortet werden. Die Frage, ob und inwieweit ein neues Gesetz auf frühere Fälle Anwendung zu finden hat, ist allerdings in erster Reihe nach dem Inhalte des neuen Gesetzes selbst zu entscheiden, wenn das Gesetz die Entscheidung enthält. Aber eine für den vorliegenden Fall im Sinne des Beklagten verwertbare Entscheidung der Frage ist weder im §. 48, noch im §. 49 enthalten. Die Bestimmung im §. 48, welche die früheren Gesetze hinsichtlich der Besteuerung der vor dem 1. Januar 1874 eingetretenen Anfälle zur Anwendung gebracht wissen will, hat es mit den Voraussetzungen der Besteuerung und der Höhe der Steuer zu thun. Die Verjährung des Erbschaftssteueranspruches wird jedoch von ihr nicht betroffen. Der im §. 49 ausgesprochene Vorbehalt der Anwendung des älteren Gesetzes auf frühere Fälle aber versteht sich überall da, wo das neue Gesetz nicht dem Willen des Gesetzgebers Ausdruck giebt, daß es auch auf frühere Fälle angewendet werde, von selbst. Der Vorbehalt besagt also nur, daß die Frage der zeitlichen Abgrenzung des älteren Rechtes und des neueren Gesetzes nach den allgemeinen Rechtssätzen, welche die zeitliche Wirksamkeit der Gesetze bestimmen, beantwortet werden muß. Damit aber, daß ein Gesetz der Regel nach auf frühere Fälle nicht angewendet werden kann, ist die Frage noch nicht entschieden, welchen Einfluß ein auf die Verjährung von Forderungen bezügliches neues Gesetz auf Forderungen hat, welche unter der Herrschaft des älteren Rechtes entstanden sind.

Ist die Verjährung unter der Herrschaft des älteren Rechtes bereits vollendet, so versteht sich allerdings von selbst, daß sowohl die Erfordernisse, als auch die Wirkungen der Verjährung nach dem älteren Rechte zu beurteilen sind. Streitig aber ist die Frage, ob und in welcher Weise ein neues Verjährungsgesetz einer begonnenen, noch nicht vollendeten Verjährung gegenüber wirksam wird. Das Allgemeine Landrecht enthält keine die Frage entscheidende Rechtsnorm. Die im §. XVII des Publikationspatentes vom 5. Februar 1794 enthaltene Bestimmung, nach welcher auf die vor dem 1. Juni 1794 begonnene, aber an diesem Tage noch nicht vollendete Verjährung die Vorschriften des Allgemeinen Landrechtes mit der Maßgabe Anwendung finden sollen, daß, wenn für eine vor dem 1. Juni 1794 angefangene Verjährung in dem Allgemeinen Landrechte eine kürzere Frist, als in den bisherigen Gesetzen, vorgeschrieben sei, der Verjährende die kürzere Frist vom 1. Juni 1794 anzurechnen befugt sein solle, hat an sich, obwohl sie in späteren Einführungsgesetzen wiederholt ist, doch nur vorübergehende Bedeutung. Und der in ihr zum Ausdrucke gelangte Rechtssatz kann auf den vorliegenden Fall nur zur Anwendung kommen, wenn er sich bei anderweiter Prüfung als richtig erweist. Diese Prüfung aber muß dahin führen, daß der Rechtssatz, der sich auch mit der gegenwärtig herrschenden Meinung in Übereinstimmung befindet, auf den Streitfall anzuwenden ist.

Es ist zwar die Meinung verteidigt worden, daß ein neues Verjährungsgesetz, welches eine kürzere Verjährungszeit festsetze, als das bisherige Recht, auf Forderungen, die unter der Herrschaft des älteren Rechtes entstanden seien, nicht angewendet werden könne, weil es sich für den Berechtigten, der eine Klage mit der zur Zeit der Entstehung der Forderung gegebenen Dauer erworben habe, um ein wohlerworbenes Recht handle, das durch ein neues Gesetz, wenn der Gesetzgeber selbst nichts anderes vorschreibe, nicht geschmälert werden könne.

Vgl. Puchta, Vorlesungen Bd. 1 §. 111.

Allein diese Auffassung erscheint nicht haltbar. Die Dauer des Klagerechtes der Verjährung gegenüber kann unter den Begriff der wohlerworbenen Rechte nicht gebracht werden. Mit dem Beginne des Laufes der Verjährung einer Forderung tritt vielmehr ein Zustand ein, der vor dem Ablaufe der Verjährungszeit als ein unfertiger angesehen werden muß und weder dem Berechtigten ein Recht darauf giebt, daß die Forderung nicht vor dem Ablaufe der zur Zeit ihrer Entstehung gesetzlich geltenden Verjährungszeit verjähre, noch dem Verpflichteten ein Recht darauf, daß die Verjährungsmöglichkeit innerhalb der zur Zeit der Entstehung der Forderung geltenden Verjährungszeit bestehen bleibe. Diesen unvollendeten Zustand muß daher das neue Gesetz, sobald es in Kraft tritt, beeinflussen, wenn es sich nicht selbst Schranken setzt. Der fragliche Einfluß wird für den hier in Frage stehenden Fall einer Änderung der Verjährungszeit, während im übrigen die Voraussetzungen der Verjährung unverändert bleiben, von Vangerow (Pandekten Bd. 1 §. 26 Anm. 2 Nr. 3) und vor ihm schon von Schweppe (Privatrecht Bd. 1 §. 8a) dahin bestimmt, daß beide Gesetze, das ältere bis zu dem Zeitpunkte, in welchem das neue in Geltung tritt, das neuere von da ab angewendet werden, die in diesem Zeitpunkte noch fehlende Verjährungszeit aber auf den Maßstab des neuen Gesetzes zurückgeführt wird. Allein dieses Auskunftsmittel, bei welchem die Vollendung der Verjährung von einer künstlichen Berechnung abhängt, ist willkürlich gewählt und wird dem Gedanken, nach welchem das neue Gesetz den Schwebezustand der laufenden Verjährung alsbald zu ergreifen hat, nicht ausreichend gerecht. Der in Frage stehende Rechtsgedanke führt vielmehr dahin, daß bei einer in dem neuen Gesetze angeordneten Verlängerung der Verjährungszeit von dem Zeitpunkte an, in welchem das Gesetz in Kraft tritt, die Verjährung in einer kürzeren Zeit, als in der vom neuen Gesetze angeordneten, nicht mehr vollendet werden kann, während allerdings auf diese längere Zeit des neuen Gesetzes die Zeit angerechnet werden muß, durch welche die Verjährung bereits unter der Herrschaft des älteren Gesetzes in Lauf gewesen ist, und daß, wenn die Verjährungszeit durch das neue Gesetz verkürzt wird, dem Schuldner sowohl der unter der Herrschaft des älteren Gesetzes begonnene, unter der des neuen vollendete Ablauf der Verjährungsfrist des älteren Rechtes, als auch der mit dem Zeitpunkte, in welchem das neue Gesetz in Kraft getreten ist, begonnene Ablauf der kurzen Verjährungszeit des neuen Rechtes zur Seite steht. Dieser Ansicht sind Savigny (System Bd. 8 S. 429 flg.), Scheurl (Beiträge Bd. 1 S. 144 flg.), Windscheid (Pandekten Bd. 1 §. 32 Anm. 10), Unger (Österreichisches Privatrecht Bd. 1 S. 146 flg.) und Stobbe, (Deutsches Privatrecht Bd. 1 §. 28, 4). Auch hat das Reichsgericht laut des im preußischen Justizministerialblatt 1887 S. 351 abgedruckten Urteiles vom 7. Februar 1887 in einem Falle, in dem das neue Gesetz eine längere Verjährungszeit eingeführt hatte, unter ausdrücklicher Hervorhebung des Gegensatzes, in den es sich mit der Entscheidung zu der in der Rechtsprechung des vormaligen preußischen Obertribunales,

vgl. Entsch. desselben Bd. 19 S. 260, Bd. 65 S. 189,

hervorgetretenen Auffassung setzte, sich dafür ausgesprochen, daß das neue, die Verjährungszeit verlängernde Gesetz auf die unter der Herrschaft des älteren Rechtes begonnene, aber noch nicht vollendete Verjährung Anwendung zu finden habe. In zwei anderen Urteilen des gegenwärtig erkennenden Senates des Reichsgerichtes vom 24. Oktober 1885 (Rep. IV. 353/84) und vom 17. November 1887 (Rep. IV. 182/87) hat zwar der Senat die auf Grund des §. 47 des Gesetzes vom 30. Mai 1873 erhobene Verjährungseinrede unter Anwendung des älteren Rechtes für unbegründet erachtet. Von dieser Auffassung aber hat aus den angegebenen Gründen abgegangen werden müssen."

54. Welche rechtlichen Folgen hat die Einleitung der Zwangsverwaltung eines Grundstückes durch Zustellung des Gerichtsbeschlusses an den Schuldner für die Mieter? Tritt in betreff ihrer die Beschlagnahme erst mit der Benachrichtigung von derselben oder mit der Zustellung des Zahlungsverbotes in Wirksamkeit?

V. Civilsenat. Urt. v. 3. Juli 1889 i. S. W. (Kl.) w. N. u. Gen. (Bekl.) Rep. V. 101/89.

I. Landgericht I Berlin.
II. Kammergericht daselbst.

Die Revision der Klägerin ist zurückgewiesen aus folgenden

Gründen:

„Es liegt folgender Sachverhalt vor:

Das Haus Lützowufer Nr. 1 in Berlin gehörte zu Ende des Jahres 1884 dem Rittergutsbesitzer E., früherem Ehemanne der Klägerin. Die fünf Beklagten hatten in demselben Mietswohnungen inne. Ihr Vertrag mit E. bestimmte, daß die Miete vierteljährlich im voraus bezahlt werden sollte. Von den Beklagten haben die Baronin v. H. am 30. Dezember, die übrigen vier Beklagten am 31. Dezember 1884 die Miete für das erste Quartal des Jahres 1885 an den E., bezw. dessen Bevollmächtigten bezahlt.

Der Klägerin und ihrer Mutter stand gegen den E. eine Forderung von 39086 ℳ zu. Sie brachten gegen ihren Schuldner im August 1884 den dinglichen Arrest aus und ließen am 3. September desselben Jahres auf dem oben gedachten Grundstücke eine Vormerkung in Höhe ihrer Forderung eintragen. Am 15. Dezember 1884 ist E. zur Zahlung nach den Anträgen der beiden Gläubigerinnen verurteilt worden. Dieselben stellten nunmehr das Grundstück zur Zwangsversteigerung und Zwangsverwaltung. Der gerichtliche Beschluß, durch welchen diese beiden Verfahren eingeleitet wurden, ist am 29. Dezember 1884 ergangen und dem Schuldner E. am 30. Dezember 1884 zugestellt. Die Übergabe des Hausgrundstückes an den Zwangsverwalter hat am 31. Dezember 1884, die Zustellung des gerichtlichen Zahlungsverbotes an die Beklagten am 3. Januar 1885 stattgefunden.

Bei der Zwangsversteigerung sind die Klägerin und ihre Mutter im Kaufgelderverteilungsverfahren mit ihrer Forderung nur zum Betrage von 1613 ℳ zur Hebung gelangt. Die Mutter der Klägerin ist verstorben und von der letzteren beerbt worden. Diese hat sich zur Deckung des ausgefallenen Betrages ihrer Forderung die seitens der Beklagten für das erste Quartal 1885 zu zahlenden Mieten von dem Versteigerungsgerichte am 27. Dezember 1886 überweisen lassen. Sie verlangt unter Beitritt ihres jetzigen Ehemannes die Verurteilung der Beklagten zur Zahlung der Mieten an sie und begründet ihre Klage dahin, es habe eine Vorauszahlung der Mieten über das laufende Vierteljahr hinaus stattgefunden; dieselbe gereiche ihr als eingetragenen Gläubigerin zum Nachteile, und sei deshalb nach §. 31 des Eigentumserwerbsgesetzes vom 5. Mai 1872 für sie ohne Wirksamkeit.

Die Beklagten haben außer mehreren anderen, für die jetzige Instanz nicht mehr interessierenden Einreden geltend gemacht, sie hätten von der Einleitung der Zwangsverwaltung vor Empfang des gerichtlichen Zahlungsverbotes am 3. Januar 1885 keine Kenntnis erhalten und so lange gültig an E. zahlen dürfen. Da die Mietszinsen am 2. Januar 1885 fällig gewesen seien, wären sie durch die geschehene Zahlung von ihrer Schuld befreit worden.

Die Klägerin hat dagegen behauptet, der mit Einleitung der Zwangsverwaltung beauftragte Gerichtsbeamte, Rechnungsrat N., habe am 31. Dezember 1884 die Beklagten von der Einleitung des Verfahrens benachrichtigt. Der hierüber erhobene Zeugenbeweis hat kein Ergebnis geliefert. Die Klägerin hat hierauf den Beklagten mit Ausnahme der zur fraglichen Zeit in Berlin nicht anwesenden Baronin v. H. den Eid über die geschehene Benachrichtigung zugeschoben. Der erste Richter hat die Klage gegen die Baronin v. H. unbedingt, gegen die übrigen vier Beklagten, sofern sie den ihnen zugeschobenen Eid schwören, abgewiesen, und der zweite Richter die Berufung der Kläger verworfen. In den Gründen des zweiten Urteiles wird ausgeführt, die Klägerin könne das von ihr aus §. 31 des Eigentumserwerbsgesetzes hergeleitete Recht auf nochmalige Zahlung der Mieten nur nach geschehener Beschlagnahme des Grundstückes geltend machen, diese sei jedoch für die Beklagten erst mit der Zustellung des Zahlungsverbotes eingetreten, also nachdem die Mietsschuld fällig geworden war.

Gegen diesen Entscheidungsgrund richtet sich die Revision der Kläger. Sie kann jedoch keinen Erfolg haben.

Der Berufungsrichter geht ohne Rechtsirrtum davon aus, daß die Klägerin, wenn auch ihre Forderung nur durch eine Vormerkung gesichert ist, zu den eingetragenen Gläubigern gehört, und daß zur Durchführung der im §. 31 des Eigentumserwerbsgesetzes den eingetragenen Gläubigern beigelegten Befugnis die Geltendmachung des dinglichen Rechtes durch Beschlagnahme des Grundstückes erforderlich ist. Vor Erlaß des Gesetzes über die Zwangsvollstreckung in Grundstücke vom 13. Juli 1883 hatte das frühere preußische Obertribunal in konstanter Praxis angenommen, daß von dem Zeitpunkte der Einleitung einer Zwangsvollstreckung durch Gerichtsbeschluß alle Wirkungen der Beschlagnahme des Grundstückes sowohl für den Schuldner als für Drittschuldner, insbesondere für Pächter und Mieter, datieren.

Vgl. Entsch. des Obertrib. Bd. 51 S. 218; Striethorst, Archiv Bd. 86 S. 274 rc.

Dieser Rechtszustand ist jedoch durch das Gesetz vom 13. Juli 1883 geändert worden. Bei der Zwangsversteigerung betrifft nach §. 16 Abs. 2 die Beschlagnahme des Grundstückes die Miets- und Pachtzinsen überhaupt nicht. Bei der Zwangsverwaltung ergreift dagegen die Beschlagnahme alle Einkünfte des Grundstückes zu Gunsten sowohl des betreibenden als der eingetragenen Gläubiger (§. 140 des Gesetzes).

Vgl. Entsch. des R.G.'s in Civils. Bd. 20 S. 290.

In letzterem Falle hört die Befugnis des Schuldners, über die Einkünfte zu verfügen, mit dem Eintritte der Beschlagnahme auf, und die Vorauszahlung von Miets- und Pachtzinsen über das laufende Vierteljahr hinaus ist für die eingetragenen Gläubiger nach §. 31 des Eigentumserwerbsgesetzes ohne Rechtswirkung. Der Berufungsrichter untersucht deshalb mit Recht, in welchem Zeitpunkte hier die Beschlagnahme durch Einleitung der Zwangsverwaltung stattgefunden hat. Es ist ihm darin beizustimmen, daß dieser Zeitpunkt für den Schuldner (den Besitzer des Grundstückes) und für den Drittschuldner nach dem Gesetze vom 13. Juli 1883 ein verschiedener sein kann, und er folgert daraus mit Recht, daß die von dem preußischen Obertribunale für das frühere Recht aufgestellten Grundsätze ihre Geltung verloren haben.

In betreff der Zwangsversteigerung bestimmt §. 16 Abs. 4 des Zwangsvollstreckungsgesetzes, daß an den Schuldner einer durch die Beschlagnahme betroffenen Forderung auf Antrag des Gläubigers ein Zahlungsverbot zu erlassen und von Amts wegen zuzustellen ist. Es heißt dann weiter:

„Gegen diesen Schuldner wird die Beschlagnahme mit der Zustellung des Zahlungsverbotes wirksam."

Für die Zwangsverwaltung ordnet §. 143 Abs. 3 des Gesetzes an, daß gegen Dritte, in deren Leistungen die Einkünfte des Grundstückes bestehen, die Beschlagnahme durch Bekanntmachung derselben von seiten des Verwalters oder des die Übergabe des Grundstückes leitenden Beamten wirksam werde. Es ist hinzugefügt, daß auf Antrag des betreibenden Gläubigers oder des Verwalters ein Zahlungsverbot erlassen und von Amts wegen zugestellt werden soll. Danach unterliegt es keinem Zweifel, daß der Gesetzgeber nicht gewollt hat, daß die Wirkungen der Beschlagnahme für den Drittschuldner mit dem Eintritte derselben für den Schuldner zusammenfallen. Bei der hier allein in Betracht kommenden Zwangsverwaltung wird vielmehr in betreff des Drittschuldners erfordert, daß die Einleitung des Verfahrens dem Drittschuldner in der vom Gesetze bestimmten Weise kundgethan wird. Solange dieser Fall nicht vorliegt, solange also der Drittschuldner auf keine der im §. 143 Abs. 3 a. a. O. erwähnten Arten Nachricht von der Einleitung erhalten hat, bleibt seine rechtliche Lage gegenüber seinem Gläubiger (dem Besitzer des Grundstücks) unverändert, und er kann seine Schuld an letzteren rechtsgültig zahlen. Erst nach der Bekanntmachung tritt die im §. 31 des Eigentumserwerbsgesetzes für den Drittschuldner zu Gunsten eingetragener Gläubiger bestimmte Beschränkung in der Dispositionsbefugnis des Grundstücksbesitzers über Einkünfte und des Drittschuldners in der Vorauszahlung in Kraft.

Wendet man diese, auch von der Doktrin gebilligten Rechtsgrundsätze,

vgl. Jäckel, Kommentar zum Gesetze vom 13. Juli 1883 §. 16 Note 7 2. Aufl. S. 137 §. 139 Note 1 S. 468 §. 140 Note 1 S. 469 §. 143 Note 3 S. 473; Krech und Fischer, Kommentar §. 16 Note 9 §. 143 Note 3 S. 607. 608,

hier an, so läßt sich die Entscheidung des Berufungsrichters nicht für rechtsirrtümlich erachten. Die Beklagten konnten, sofern durch ihren Eid feststeht, daß der Gerichtsbeamte sie nicht schon am 31. Dezember 1884 von der Einleitung der Zwangsverwaltung benachrichtigt habe, bis zum 3. Januar 1885 die Mieten an E. mit der Wirkung zahlen, daß sie von ihrer Schuld befreit wurden. Das Recht der Klägerin geht nur dahin, daß die Beklagten nach erlangter Kenntnis, also nach dem 3. Januar 1885, die Miete nicht zu ihrem (der Klägerin) Nachteile über das laufende Quartal hinaus zahlen durften. Das ist aber, wenn die Beklagten den Eid leisten, nicht der Fall gewesen. Das Recht der Klägerin aus §. 31 des Eigentumserwerbsgesetzes ist mithin nicht verletzt worden."

---

55. Nach welchen Grundsätzen ist die Vermögensauseinandersetzung zu bewirken, wenn in dem nach dem Tode eines Ehegatten fortgesetzten Ehescheidungsprozesse zwar die Scheidungsklage für begründet, aber kein Teil für überwiegend schuldig erklärt ist?

A.L.R. II. 1 §§. 827—833.

IV. Civilsenat. Urt. v. 4. Juli 1889 i. S. L. E. (Kl.) w. E. E. (Bekl.) Rep. IV. 136/89.

I. Landgericht I Berlin.
II. Kammergericht daselbst.

Aus den Gründen:

„Der am 14. Mai 1885 zu Potsdam verstorbene Rentier E. hat in seinem am 18. desselben Monates publizierten Testamente vom 2. November 1883 seine Kinder zu Erben eingesetzt, seine damalige Ehefrau, die jetzige Klägerin, hingegen enterbt, weil sie ihm wiederholte schwere Ehrenkränkungen zugefügt habe, welche den Antrag auf Scheidung der Ehe rechtfertigten. Er hat aus ebendiesem Grunde selbst noch die Scheidungsklage angestellt und ein erstinstanzliches Urteil vom 2. April 1884 erstritten, durch welches die Ehe wegen grober und rechtswidriger Ehrenkränkungen von seiten der Ehefrau getrennt und letztere für den allein schuldigen Teil erklärt wurde. In der Berufungsinstanz erging nach dem im Laufe derselben erfolgten Ableben des Ehemannes ein teilweise abänderndes, demnächst durch Zurückweisung der Revision rechtskräftig gewordenes Urteil des Kammergerichtes zu Berlin vom 28. Mai 1886 dahin, daß zwar der auf Trennung der Ehe gerichtete Klagantrag für begründet, jedoch kein Teil für den überwiegend schuldigen erklärt wurde. Die Beklagte ist die alleinige Testamentserbin ihres Vaters geworden. In dem gegenwärtigen, sogleich nach dem Tode des Erblassers angestrengten Prozesse begehrt die Klägerin, daß ihre gedachte Enterbung für unrechtmäßig erklärt und die Beklagte zur Verabfolgung der ihr nach märkischem Erbrechte zustehenden statutarischen Erbportion verurteilt werde.

Der erste Richter hat die Enterbung gemäß des auch in der Mark Brandenburg anwendbaren §. 499 A.L.R. II. 1 für gerechtfertigt erachtet und daher die Klage abgewiesen. In Übereinstimmung mit dem Ehescheidungsgerichte sieht er durch die von ihm vorgenommene Beweisaufnahme als festgestellt an, daß die Klägerin sich Handlungen habe zu schulden kommen lassen, welche die Trennung der Ehe gerechtfertigt haben würden, und er erklärt es für unerheblich, daß auch dem Erblasser ein gleich schweres Eheverbrechen zur Last gelegt sei. —

In der Berufungsinstanz hat die Klägerin diese Rechtsauffassung bekämpft, wogegen seitens der Beklagten geltend gemacht ist, daß nach dem Ergebnisse des nach dem Tode des Ehemannes fortgesetzten Scheidungsprozesses von einer Beerbung desselben durch die Klägerin überhaupt nicht die Rede sein könne, sondern die Auseinandersetzung der Parteien so zu bewirken sei, als wenn die Ehe nicht durch den Tod des Mannes, sondern durch richterliche Scheidung aufgelöst sei. — Der letzteren Auffassung hat sich der Berufungsrichter unter Bezugnahme auf die dafür in den Entscheidungen des vormaligen preußischen Obertribunales Bd. 34 S. 235 flg. gegebene Begründung angeschlossen und demnach, ohne auf die Anwendbarkeit und Auslegung des §. 499 a. a. O. einzugehen, die Berufung der Klägerin zurückgewiesen. —

Hierdurch hat sich der Berufungsrichter nicht der ihm von der Revision vorgeworfenen Verletzung des §. 827 A.L.R. II. 1 schuldig gemacht.

Ungeachtet der Lückenhaftigkeit der eben gedachten Vorschriften des Allgem. Landrechtes besteht doch in der Doktrin und Praxis kein Zweifel darüber, daß ein anhängiger Ehescheidungsprozeß nach dem Tode eines Ehegatten sowohl von dessen Erben gegen den anderen Ehegatten, als auch von letzterem gegen erstere „zum Behufe der Auseinandersetzung des Vermögens“ durch alle noch offenstehenden

Instanzen fortgesetzt werden kann, und daß insbesondere auch der für schuldig erklärte beklagte Teil oder dessen Erben eine ihnen ungünstige Entscheidung auch nach dem Tode des Gegenteiles zu dem Behufe anfechten können, um eine anderweite Entscheidung über die für die Auseinandersetzung präjudizielle Schuldfrage herbeizuführen (§. 827 a. a. O.).

Vgl. Entsch. des Obertrib. Bd. 34 S. 235 flg.; Dernburg, Preuß. Privatrecht Bd. 3 (3. Aufl.) S. 66. 67; Förster-Eccius, Theorie u. Praxis (5. Aufl.) Bd. 3 S. 103. 110; Koch, Erbrecht S. 51 flg.

Wird in dem fortgesetzten Prozesse der überlebende Ehegatte endgültig für den schuldigen Teil erklärt, so erfolgt die Absonderung des Vermögens nach den Vorschriften der §§. 766 flg. A.L.R. II. 1, wobei den Erben des unschuldigen Teiles das ihrem Erblasser nach §. 811 daselbst zugestandene Wahlrecht gebührt, und der schuldige Ehegatte verliert alle Vorteile, die er sonst aus dem Nachlasse des Verstorbenen zu erwarten hatte (§§. 829. 831 daselbst); eine Abfindung können die Erben von dem schuldigen Ehegatten jedoch nur dann fordern, wenn solche ihrem Erblasser bereits bei seinem Leben zuerkannt war und dieses Urteil demnächst vor oder nach seinem Tode rechtskräftig oder in den folgenden Instanzen bestätigt wird (§. 830 daselbst, durch welche Vorschrift zugleich die Annahme bestätigt wird, daß auch der für schuldig erklärte Teil den Prozeß gegen die Erben des anderen Teils durch die noch offenstehenden Instanzen fortsetzen kann). Es wird also in diesem Falle bezüglich der Vermögensauseinandersetzung so angesehen, als ob die Ehe nicht durch den Tod, sondern durch richterlichen Ausspruch geschieden wäre,

Vgl. Entsch. des Obertrib. Bd. 34 S. 242; Koch, Erbrecht S. 53. 55.

Ist dagegen der verstorbene Ehegatte für schuldig erklärt, so sind alle von ihm hinterlassenen letztwilligen Verordnungen, soweit dieselben auf Schmälerung des dem unschuldigen, aus Gesetzen oder Verträgen zukommenden Erbteiles abzielen, unkräftig (§. 833 a. a. O.), d. h. es verbleibt bei dem gesetzlichen oder vertragsmäßigen Erbrechte des überlebenden unschuldigen Ehegatten an dem Nachlasse des verstorbenen, welches aber zugleich jeden Anspruch auf Abfindung ausschließt.

Vgl. Entsch. des Obertrib. Bd. 71 S. 66 flg., besonders S. 73—76;

Urteil des Reichsgerichtes vom 10. November 1879, abgedruckt in Gruchot, Beiträge Bd. 24 S. 498.

Wie es sich in diesem Falle mit der, vom Gesetze nicht besonders erwähnten Vermögensabsonderung verhalte, kann hier dahingestellt bleiben.

Vgl. Entsch. des Obertrib. Bd. 71 S. 68.

Für den vorliegenden Fall, in welchem der nach dem Tode des klagenden Teiles fortgesetzte Prozeß zu der Entscheidung geführt hat, daß zwar der Antrag auf Trennung der Ehe begründet, jedoch kein Teil für den überwiegend schuldigen zu erachten sei, findet sich eine besondere Vorschrift im Gesetze nicht. Das vormalige preußische Obertribunal hat indes in dem Urteile vom 5. Januar 1857,

vgl. Entsch. des Obertrib. Bd. 34 S. 235 flg.,

angenommen und näher begründet, daß auch in derartigen Fällen die Auseinandersetzung des überlebenden Ehegatten mit den Erben des Verstorbenen nach den für den Fall der Trennung der Ehe durch richterlichen Ausspruch maßgebenden Grundsätzen der §§. 751 flg. A.L.R. II. 1 zu erfolgen habe, und daß demgemäß jeder Erbanspruch des Überlebenden an den Nachlaß des Verstorbenen ausgeschlossen sei. Diese Auffassung, welcher insbesondere

Koch, Erbrecht S. 55. 56, und Dernburg, a. a. O. S. 67,

beigetreten sind, ist auch trotz der dagegen von der Revision geltend gemachten Bedenken als begründet anzuerkennen. Indem das Gesetz (§. 827 a. a. O.) die Fortsetzung der Scheidungsklage zum Behufe der Auseinandersetzung des Vermögens gestattet, obwohl die Ehe durch den vor rechtskräftiger Scheidung erfolgten Tod eines Ehegatten gelöst ist, statuiert es in jener Beschränkung die Vererblichkeit der Scheidungsklage, und es entspricht der Rechtskonsequenz nicht minder, wie der vorauszusetzenden Intention der den Prozeß fortsetzenden Parteien, daß ein in demselben ergehendes Urteil, durch welches die Begründetheit der Klage anerkannt und über die Schuldfrage entschieden wird, die nämlichen vermögensrechtlichen Wirkungen hervorbringe, wie ein wirkliches Scheidungsurteil.

Diesen Grundsatz hat das Gesetz zwar nur für den Fall, daß der überlebende Ehegatte für den allein schuldigen Teil erklärt ist, ausdrücklich anerkannt (§. 829 a. a. O.), dagegen für den Fall, daß der Verstorbene für den allein schuldigen Teil erklärt ist, hinsichtlich des Erbrechtes durch die oben erwähnte Vorschrift des §. 833 a. a. O.

zu Gunsten des unschuldigen Ehegatten durchbrochen. Allein die vorstehende Erwägung rechtfertigt es, auf den im Gesetze nicht besonders geregelten Fall, daß jedem Ehegatten ein gleiches Maß von Verschuldung zur Last gelegt ist, den der Rechtskonsequenz entsprechenden Grundsatz des §. 829 a. a. O. mit den aus der Verschiedenheit des Thatbestandes sich von selbst ergebenden Modifikationen und nicht die, als Ausnahmevorschrift anzusehende, Bestimmung des §. 833 a. a. O. zur Anwendung zu bringen. Sonst würde man in einem weiteren Umfange, als das Gesetz erheischt, die grundsätzlich anerkannte Vererblichkeit des mit der Scheidungsklage verfolgten Anspruches von dem Ergebnisse des fortgesetzten Prozesses abhängig machen, was an sich ohne Zweifel nicht zu billigen ist. — Auch würde es dem Rechtsgefühl widerstreiten, dem völlig unschuldigen Ehegatten denjenigen gleichzustellen, welcher dem anderen Teil einen gesetzlich anerkannten Scheidungsgrund gegeben hat, mag auch seiner Verschuldung eine gleich schwere des anderen gegenüberstehen; auch ein solcher ist immerhin ein schuldiger Ehegatte. Eine solche Gleichstellung würde aber thatsächlich stattfinden, wenn man in diesen Fällen schlechthin die vermögensrechtlichen Folgen der Auflösung der Ehe durch den Tod eintreten lassen und dem Überlebenden hierbei alle gesetzlichen Rechte eines solchen einräumen wollte (§§. 766. 767 A.L.R. II. 1; Entsch. des Obertrib. Bd. 34 S. 242. 243). — Nach Vorstehendem liegt kein Anlaß vor, von der bisherigen, soviel bekannt, sonst nicht angefochtenen Praxis abzugehen. Danach aber ist der auf ihr statutarisches Erbrecht gestützte Anspruch der Klägerin mit Recht für hinfällig erachtet und die von ihr eingelegte Revision war als unbegründet zurückzuweisen."

---

56. Unter welchen Voraussetzungen ist in Preußen der Rechtsweg gegen polizeiliche Verfügungen zulässig?

Gesetz v. 11. Mai 1842.

III. Civilsenat. Urt. v. 26. April 1889 i. S. K. u. M. (Kl.) w. den Regierungspräsidenten zu A. (Bekl.) Rep. III. 43/89.

I. Landgericht Aurich.
II. Oberlandesgericht Celle.

Aus den Gründen:

„Nach §. 1 des Gesetzes vom 11. Mai 1842 gehören Beschwerden über polizeiliche Verfügungen jeder Art, sie mögen die Gesetzmäßigkeit, Notwendigkeit oder Zweckmäßigkeit betreffen, vor die vorgesetzte Dienstbehörde.

Der Rechtsweg ist in Beziehung auf solche Verfügungen nur dann zulässig, wenn

1. die Verletzung eines zum Privateigentume gehörenden Rechtes und
2. eine der in den §§. 2—6 des Gesetzes bestimmten Voraussetzungen vorliegt.

Die Kläger behaupten eine Verletzung ihres Privateigentumes durch die angefochtene Verfügung des Regierungspräsidenten erlitten zu haben, indem ihr Recht, Personen und Sachen gegen Entgelt über die Ems zu setzen, dadurch gekränkt sei, daß ihnen aufgegeben worden sei, in den bisherigen Tarif für die Benutzung der Fähre unter der Rubrik „Befreiungen" auch „Gensdarmen und Zoll- und Steuerbeamte im Dienste" aufzuführen. Hiernach ist die Verletzung eines Privatrechtes genügend behauptet. Dies genügt aber nicht, um den Klägern den Rechtsweg zu eröffnen. Es muß vielmehr außerdem einer derjenigen Ausnahmefälle vorliegen, welche in den §§. 2—6 des erwähnten Gesetzes bezeichnet sind. In dieser Beziehung kann nur der §. 2 in Frage kommen, welcher bestimmt:

„Wenn derjenige, welchem durch eine polizeiliche Verfügung eine Verpflichtung auferlegt wird, die Befreiung von derselben auf Grund einer besonderen gesetzlichen Vorschrift oder eines speziellen Rechtstitels behauptet, so ist die richterliche Entscheidung sowohl über das Recht zu dieser Befreiung als auch über dessen Wirkungen zulässig."

Soll der §. 2 anwendbar sein, so muß der Kläger in der Lage sein, behaupten zu können, entweder, daß kraft einer besonderen gesetzlichen Vorschrift oder kraft eines speziellen Rechtstitels ihm gegenüber eine polizeiliche Verfügung der Art, wie sie im einzelnen Falle in Frage steht, nicht habe erlassen werden dürfen. An einer derartigen Behauptung fehlt es hier. Der Rechtstitel, auf welchen die Kläger sich berufen, ist lediglich der Titel für das Recht, gegen Entgelt Personen über die Ems zu setzen, nicht aber ein spezieller Rechtstitel, kraft dessen sie gegen die vorliegende polizeiliche Verfügung geschützt würden. Wäre unter dem speziellen Rechtstitel schon der Erwerbstitel für das durch die polizeiliche Verfügung verletzte Recht zu verstehen, so würde der §. 2 überhaupt keine Bedeutung haben, vielmehr der Rechtsweg überall zulässig sein, wo durch eine polizeiliche Verfügung ein Privatrecht verletzt wird. Daß dies aber nicht der Standpunkt des Gesetzes vom 11. Mai 1842 ist, ergiebt sich aus dem §. 1, nach welchem neben der Verletzung des Privateigentums noch ein weiteres hinzutreten muß, damit der Rechtsweg zulässig ist, ferner aus dem §. 2, nach welchem ein Recht auf Befreiung von der durch die polizeiliche Verfügung auferlegten Verpflichtung durch eine besondere gesetzliche Vorschrift oder durch einen speziellen Rechtstitel gegeben sein muß, endlich auch aus dem §. 4, nach welchem bedingungsweise auch da, wo ein Recht auf Befreiung nicht gegeben ist, im Falle des Eingriffes in Privatrechte der Rechtsweg darüber zugelassen ist, ob ein solcher Eingriff vorliegt, und zu welchem Betrage dafür Entschädigung geleistet werden muß.

Das vom Revisionskläger in Bezug genommene Urteil des V. Civilsenates des Reichsgerichtes,

vgl. Entsch. des R.G.'s in Civils. Bd. 15 S. 138,

steht mit den vorstehenden Ausführungen nicht in Widerspruch, da es sich damals gerade um die Geltendmachung eines auf §. 48 der Gewerbeordnung gestützten Rechtes auf Befreiung von der durch die polizeiliche Verfügung auferlegten Verpflichtung handelte.

Hiernach war die Revision zurückzuweisen, ohne daß es eines Eingehens auf die Frage bedurfte, ob nicht der Rechtsweg jedenfalls durch die §§. 127. 130 des Gesetzes vom 30. Juli 1883 ausgeschlossen wäre."

---

57. Welche Wirkung hat ein Vertrag, durch welchen Eheleute während der Ehe die unter ihnen bestehende eheliche Gütergemeinschaft aufheben?

§§. 413. 418 A.L.R. II. 1.

IV. Civilsenat. Urt. v. 24. Juni 1889 i. S. B. (Kl.) w. B. (Bekl.) Rep. IV. 89/89.

I. Landgericht Bielefeld.
II. Oberlandesgericht Hamm.

Die Parteien sind im Jahre 1878 unter der Herrschaft des Gesetzes über das eheliche Güterrecht in der Provinz Westfalen vom 16. April 1860, nach welchem unter den Eheleuten die Gemeinschaft aller Güter, wie solche in dem Allgem. Landrechte geregelt ist, gilt, zur Ehe geschritten; ihre Ehe ist kinderlos. Sie haben am 14. November 1887 einen privatschriftlichen, notariell beglaubigten Vertrag geschlossen, in welchem die Veranlassung des Vertragsschlusses dahin angegeben wurde, daß der Ehemann seine Ehefrau seit länger als einem Jahre in einer die Gesundheit gefährdenden Weise mißhandelt, auch ihre Ehre gröblich gekränkt habe, daß daher die Ehefrau den Hof verlassen, bei ihrem Bruder Zuflucht gesucht und behufs Ehescheidung das Sühneverfahren beantragt habe, daß aber, da der Ehemann Besserung gelobt, die Ehefrau es noch einmal versuchen wolle, die Ehe fortzusetzen. Sodann wurde folgendes bestimmt:

1. Die bisher entstandenen Ehescheidungsgründe werden verziehen.

2. Die unter den vertragschließenden Parteien bestehende gesetzliche Gütergemeinschaft wird auf Grund des §. 418 A.L.R. II. 1 unter ihnen und für ihre Erben hierdurch aufgehoben. Die Ehefrau V. tritt alle Rechte an dem gütergemeinschaftlichen Vermögen einschließlich des Kolonates zu Hillegossen Nr. 4 hierdurch an ihren Ehemann ab und erkennt diesen als alleinigen Eigentümer dieses Vermögens an.

3. Als Abfindung vom gütergemeinschaftlichen Vermögen verpflichtet sich V. an seine Ehefrau die Summe von 60 000 ℳ zu zahlen. Dieselben gehören ihr als vorbehaltenes Vermögen. Die Fälligkeit dieser 60 000 ℳ, welche bis dahin unverzinslich sind, tritt ohne Kündigung ein, sobald die Ehefrau V. durch neue Mißhandlungen oder Beleidigungen oder sonst gesetzliche Veranlassung findet, das Haus ihres Ehemannes zu verlassen.

In einem späteren privatschriftlichen Vertrage vom 2. Dezember 1887 haben die Parteien die Bestimmungen des Vertrages vom 14. November 1887 wieder aufgehoben und erklärt, daß sie fortan wieder in Gütergemeinschaft leben wollen.

Die Klägerin fordert nun Zahlung der in dem Vertrage vom 14. November 1887 versprochenen 60 000 ℳ. Sie behauptet, daß diese Abfindung vom gütergemeinschaftlichen Vermögen infolge neuer

Mißhandlungen und Beschimpfungen seitens des Beklagten fällig geworden sei; sie behauptet ferner, der Aufhebungsvertrag vom 2. Dezember 1887 stehe ihr nicht entgegen, weil er der gerichtlichen Form entbehre.

Das Landgericht hat den Beklagten zur Zahlung der geforderten 60 000 ℳ verurteilt. Auf die Berufung des Beklagten hat das Oberlandesgericht die Klägerin mit ihrem Anspruche abgewiesen. Die gegen das Berufungsurteil eingelegte Revision ist zurückgewiesen aus folgenden

Gründen:

„Die Entscheidung des Landgerichtes ist auf §. 418 A.L.R. II. 1 gegründet, welcher lautet:

„Überhaupt steht es den Eheleuten zu allen Zeiten frei, die Folgen der Gütergemeinschaft, soweit sich dieselben nur auf ihre künftige Succession erstrecken, durch Verträge aufzuheben oder abzuändern."

Aus dieser Vorschrift entnimmt das Landgericht unter Bezugnahme auf das Erkenntnis des vormaligen preußischen Obertribunales vom 3. November 1862,

vgl. Entsch. des preußischen Obertrib. Bd. 48 S. 195,

die Befugnis der Eheleute, die Folgen der Gütergemeinschaft, soweit sich dieselben auf sie und nicht zugleich auf ihr Verhältnis zu den Gläubigern beziehen, auch während der Ehe durch Vertrag aufzuheben. Demzufolge sieht das Landgericht den Vertrag vom 14. November 1887, da er auch dem Wesen der Ehe nicht widerspreche, noch gegen die gute Sitte und gegen die Ehrbarkeit verstoße, trotz des Mangels der gerichtlichen Form und der Zuziehung eines Beistandes, insoweit als rechtsbeständig an, daß daraus für die Klägerin zwar keinerlei Verbindlichkeiten, aber Befugnisse entstanden seien. Dagegen erachtet das Landgericht den späteren Aufhebungsvertrag vom 2. Dezember 1887 nach den §§. 199. 200 A.L.R. II. 1, weil die Frau in stehender Ehe zu etwas, wozu die Gesetze sie nicht verpflichten, dem Manne oder zu dessen Vorteile verbindlich gemacht werden solle, mangels der gerichtlichen Form für rechtsunverbindlich.

Demgegenüber hat das Berufungsgericht angenommen: Der §. 413 A.L.R. II. 1 bestimme, nachdem im §. 412 die Ausschließung der Gütergemeinschaft durch Verträge vor der Heirat allgemein zugelassen sei:

„Während der Ehe hingegen findet die Aufhebung einer solchen, auf Provinzialgesetze oder Statuten sich gründenden Gemeinschaft auch mit Bewilligung beider Eheleute in der Regel nicht statt."

Die Ausnahmen von dieser Regel beschränke das Gesetz auf die Fälle der Verlegung des Wohnsitzes (§§. 416. 417), der Überschuldung (§§. 420. 392. 410) und des Konkurses des einen Ehegatten (§. 421). Sowohl die Regel des §. 413 als diese Ausnahmen haben nach der Ansicht des Berufungsgerichtes sowohl das Verhältnis der Eheleute unter sich, als Dritten gegenüber im Auge. Das Berufungsgericht schließt dies aus den die Bekanntmachung der Aufhebung oder Ausschließung enthaltenden Bestimmungen der §§. 422 flg., insbesondere aus den §§. 427. 428, da hiernach die Aufhebung der während der Ehe einmal entstandenen Gemeinschaft ihre Wirkung in Ansehung der Eheleute vom Tage der gerichtlichen Erklärung äußere, in Ansehung eines Dritten aber, welcher einer früheren Wissenschaft nicht überführt werden könne, erst nach Ablauf des zur Bekanntmachung bestimmten vierwöchentlichen Zeitraumes. Dagegen sieht das Berufungsgericht in dem §. 418 keine Ausnahme von der Regel des §. 413. Denn diese Vorschrift spreche nicht, wie der §. 413 und die erwähnten Ausnahmen, von einer Aufhebung oder Abänderung der Gütergemeinschaft, sondern er gewähre den Eheleuten Vertragsfreiheit nur in Beziehung auf dasjenige Vermögen, welches künftig vorhanden sein wird, wenn eine eheliche Gütergemeinschaft nicht mehr besteht. Zu dieser Beschränkung der Vertragsfreiheit aber habe der Gesetzgeber auch vollen Grund gehabt; denn nur hierdurch hätten Verwickelungen verhindert werden können, welche namentlich dann hätten eintreten müssen, wenn die Eheleute unter sich ein Güterverhältnis einzuführen vermöchten, dem sie Wirksamkeit gegen Dritte zu verschaffen außer stande wären. Der §. 418 gestatte sonach den in gesetzlicher Gütergemeinschaft lebenden Eheleuten nicht, deren Folgen unter sich durch Verträge aufzuheben; der Vertrag vom 14. November 1887 sei daher, insoweit darin die Gütergemeinschaft aufgehoben und der Klägerin eine Abfindung als Gegenleistung für die Aufgabe ihrer Rechte an dem bisher gemeinschaftlichen Vermögen ausgesetzt sei, ungültig.

Bei diesem Ergebnisse seiner Beurteilung hat das Berufungsgericht eine Erörterung über den Mangel der gerichtlichen Form des

Vertrages vom 14. November 1887 und über die weiteren Rechtsgeschäfte der Parteien, insbesondere über eine von der Klägerin zu gerichtlichem Protokolle vom 10. Dezember 1887 erklärte Löschungsbewilligung und inwiefern etwa hierdurch der Mangel der gericht- Form geheilt sei, als erübrigt angesehen. Damit entzieht sich die Frage der Form des Vertrages vom 14. November 1887 der Nachprüfung des Revisionsgerichtes.

In der materiell-rechtlichen Beurteilung der Gültigkeit jenes Vertrages aber war dem Berufungsrichter beizutreten.

Unzutreffend zunächst ist der Begründung des Berufungsgerichtes gegenüber die Bezugnahme der Revision auf das Urteil des III. Civilsenates des Reichgerichtes vom 3. Januar 1888.

Vgl. Entsch. des R.G.'s in Civils. Bd. 20 S. 256.

Dieses Urteil betraf zwar einen Fall vertragsmäßiger Aufhebung der ehelichen Gütergemeinschaft während Bestehens der Ehe. Allein die Rechtsgültigkeit des Aufhebungsvertrages stand in jenem Falle nicht in Frage. Geschlossen hatten den Vertrag in altmünsterscher Gütergemeinschaft lebende Eheleute, und streitig war in betreff des Aufhebungsvertrages lediglich die Anwendung des §. 1 des preußischen Gesetzes über den Eigentumserwerb vom 5. Mai 1872, nämlich die Frage, ob im Falle der vertragsmäßigen Aufhebung der ehelichen Gütergemeinschaft während Bestehens der Ehe, und zwar zum Übergange des Eigentumes an den zur gütergemeinschaftlichen Masse gehörenden Grundstücken an den einen Ehegatten, Auflassung und Eintragung im Grundbuche erforderlich sei. Die Gültigkeit jenes Aufhebungsvertrages, welche in den Vorinstanzen unbeanstandet geblieben war, bildete keinen Gegenstand der Revisionsentscheidung, wie denn nach den Grundsätzen der altmünsterschen Gütergemeinschaft die Gültigkeit eines während der Ehe geschlossenen Aufhebungsvertrages unbezweifelt ist.

Vgl. Deiters, Die eheliche Gütergemeinschaft nach dem münsterschen Provinzialrechte, dem preußischen Landrechte und ihrem Verhältnisse zu einander S. 212.

Die Anwendbarkeit der in den §§. 361 flg. A.L.R. II. 1 enthaltenen landrechtlichen Vorschriften aber tritt nach §. 360 nur ein, wo Verträge, Statuten oder Provinzialgesetze nicht ein anderes ausdrücklich verordnen.

Die rechtliche Begründung des Berufungsurteiles steht im Widerspruche mit dem Erkenntnisse des vormaligen preußischen Obertribunales vom 3. November 1862,

vgl. Entsch. des preußischen Obertrib. Bd. 48 S. 195,

mit welchem auch die Doktrin übereinstimmt.

Vgl. Bornemann, Systematische Darstellung des preußischen Civilrechtes, 2. Ausgabe 1845, Bd. 5 S. 149; Koch, Lehrbuch des preußischen gemeinen Privatrechtes, 2. Aufl. 1852, Bd. 2 S. 629; vgl. den Kommentar desselben zum preußischen Allgem. Landrechte, 3. Aufl., Bd. 4 Nachträge S. 320; Hinschius in der 8. Auflage dieses Kommentares und die dort angeführte Beschwerdeentscheidung des vormaligen Appellationsgerichtes zu Hamm vom 27. Januar 1875 in Jahrbuch für endgültige Entscheidungen der preußischen Appellationsgerichte Bd. 5 S. 95; Förster in den drei ersten Ausgaben des preußischen Privatrechtes Bd. 3 S. 527 (532/552); Eccius in der 5. Auflage des Förster'schen Privatrechtes Bd. 4 S. 74; Dernburg, Lehrbuch des preußischen Privatrechtes Bd. 3 S. 111.

In dem dieser Entscheidung des Obertribunales zu Grunde liegenden Falle hatten die Parteien die unter ihnen nach der pommerschen Bauernordnung bestehende Gütergemeinschaft durch einen gerichtlichen Vertrag aufgehoben, das gemeinschaftliche Vermögen geteilt, jedem Ehegatten gewisse Aktiva überwiesen und bestimmt, daß das der Ehefrau zugefallene Vermögen als vorbehaltenes angesehen, auch dem Nießbrauche des Ehemannes und seiner Verwaltung nicht ferner unterworfen, vielmehr durchaus davon befreit und der uneingeschränkten Verfügung der Ehefrau, sei es unter Lebendigen oder von Todes wegen, unterworfen sein sollte. Der Ehemann erachtete jedoch den Vertrag auf Grund des §. 413 A.L.R. II. 1 in Verbindung mit §. 68 A.L.R. I. 5 für unverbindlich und klagte deshalb gegen seine Ehefrau mit dem Antrage, den Vertrag für ungültig und rücksichtlich beider Kontrahenten für unverbindlich zu erachten. Das Obertribunal hat unter Vernichtung des die Ehefrau verurteilenden Appellationserkenntnisses den Ehemann mit seiner Klage abgewiesen und angenommen: die eheliche Gütergemeinschaft äußere ihre Wirkungen nach zwei verschiedenen Richtungen, unter den Eheleuten selbst und nach außen; der §. 413 betreffe die Gütergemeinschaft in ihrer Gesamtwirkung, der §. 418 nur die Wirkung der Gütergemeinschaft unter den Eheleuten selbst; dies werde in dem Zusatze: „soweit sich dieselben — nämlich die Folgen der Gemeinschaft — nur auf ihre künftige Succession erstrecken", ganz deutlich ausgesprochen, indem dadurch die Aufhebung der Wirkungen der Gütergemeinschaft in bezug auf dritte Personen von der Befugnis der Eheleute ausgeschlossen sei. Denn das, was die Eheleute mit bindender Kraft für ihre Erben abweichend von den Grundsätzen der Gütergemeinschaft bestimmen können, müsse für sie selbst bindend sein. Dies folge aus der Natur der Sache. Die Gütergemeinschaft hebe die Vertragsfähigkeit der Eheleute keineswegs auf, und keine gesetzliche Bestimmung verbiete z. B. dem Ehemanne, die ihm zustehende Verwaltung des gemeinschaftlichen Vermögens vertragsmäßig der Ehefrau wie jedem Dritten zu übertragen oder ihr die Besorgung einzelner Geschäfte aufzutragen. Dadurch würden die Rechte der Gläubiger nicht berührt, da rücksichtlich ihrer die Gütergemeinschaft fortbestehe, deren Folgen nur unter den Eheleuten selbst aufgehoben oder abgeändert seien.

Der letzteren Begründung steht entgegen, daß eine der Ehefrau von dem Ehemanne übertragene Verwaltung des gemeinschaftlichen Vermögens oder ein der Ehefrau erteilter Vollmachtsauftrag nicht bloß die Rechte der Gläubiger, sondern auch unter den Eheleuten selbst die Folgen der Gütergemeinschaft unberührt läßt. Die Vertragsfähigkeit der Eheleute ferner ist sehr wohl damit vereinbar, daß der Gesetzgeber gewissen Verträgen derselben die Wirksamkeit versagt. Aber auch dem ersten Grunde ist nicht zuzustimmen. Daraus, daß der §. 418 den Eheleuten gestattet, „die Folgen der Gemeinschaft, soweit sich dieselben nur auf ihre künftige Succession erstrecken", durch Verträge aufzuheben oder abzuändern, folgt nicht, daß ein solcher Vertrag schon bei Lebzeiten wirksam sei. Nicht diesen Gedanken, sondern gerade das Gegenteil drückt der §. 418 in unzweifelhafter Fassung aus. Als Aufhebung der Gütergemeinschaft kennt das Gesetz nur diejenige, welche ihre Wirkungen sowohl in Ansehung der Eheleute selbst als in Ansehung Dritter äußert (§§. 427. 428). Der §. 418 aber spricht nicht von einer Aufhebung der Gütergemeinschaft, sondern von Verträgen, welche sich auf einen Zeitpunkt beziehen, in welchem die Gütergemeinschaft durch den Tod des einen Ehegatten bereits aufgehoben ist, in denen es sich also nur um um die Folgen der bis dahin bestandenen Gütergemeinschaft handelt. Diese Folgen der Gütergemeinschaft in bezug auf ihre künftige Succession sollen die Eheleute nach §. 418 durch Verträge aufheben oder abändern dürfen. Es steht ihnen also frei, zu bestimmen, daß in Beziehung auf ihre gegenseitige „Erbfolge" (vgl. das Marginale zu §. 438 A.L.R. II. 1) nicht die aus der Gütergemeinschaft gesetzlich (§§. 437 flg. A.L.R. II. 1) sich ergebenden, sondern andere Rechtsfolgen eintreten sollen. So aufgefaßt, enthält §. 418 diejenige Ausnahme von der Regel des §. 413, als welche jene Vorschrift nach dem Zusammenhange der §§. 413—418 sich darstellt. Ein Vertrag dieser Art war auch derjenige, welcher einer den §. 418 betreffenden späteren Entscheidung des Obertribunales vom 18. Oktober 1864,

vgl. Entsch. des Ob.Trib. Bd. 52 S. 155,

zu Grunde lag. Die Auffassung des Obertribunales in dem Erkenntnisse vom 3. November 1862 erscheint hiernach mit den Worten und dem Zusammenhange der Gesetzesvorschriften nicht vereinbar. Der Gesetzgeber konnte nicht stärker, als durch die Worte „nur auf ihre künftige Succession", ausdrücken, daß, abgesehen von den Fällen der §§. 416. 420, eine Aufhebung der Gütergemeinschaft mit einer anderen, als der erst in einem Zeitpunkte, in welchem die Ehe nicht mehr besteht, eintretenden Wirkung ausgeschlossen sei. Daraus folgt zwar, daß ihre Erben und daß die Eheleute selbst an eine solche Vereinbarung gebunden, nicht aber, daß die Eheleute schon bei Lebzeiten Erfüllung des Vertrages zu fordern berechtigt sind.

Die vorstehende Auffassung befindet sich in Übereinstimmung mit der Begründung eines die Auslegung des §. 418 betreffenden Urteiles des obersten bayerischen Gerichtshofes vom 31. Mai 1876.

Vgl. Samml. von Entsch. des obersten Gerichtshofes für Bayern Bd. 6 S. 16.

Es wird dort mit Recht hervorgehoben, daß schon §. 413 A.L.R. II. 1, da er nicht unterscheide, allgemein, also nicht bloß in Beziehung auf die Gläubiger, sondern auch unter den Eheleuten selbst zu gelten habe, und daß gerade der die Ausnahme enthaltende §. 418 die Regel des §. 413 bestätige. Zutreffend ferner wird auch der Gesetzesinhalt des §. 418, für sich betrachtet, dahin bestimmt, diese Vorschrift gestatte den Eheleuten nur die Folgen der Gemeinschaft in bezug auf einen künftigen Successionsfall durch Vertrag aufzuheben oder abzuändern; hierin aber liege zugleich das Verbot eines Vertrages über andere Folgen der Gemeinschaft, und zwar das Verbot auch in bezug auf die Eheleute selbst.

Unterstützt wird die vorstehende Auffassung auch durch dasjenige, was sowohl in einer Anmerkung zum gedruckten Entwurfe eines allgemeinen Gesetzbuches für die preußischen Staaten Tl. 1 S. 79, als auch in den Vorträgen bei der Schlußrevision des Gesetzbuches (Jahrbücher für die preußische Gesetzgebung Bd. 41 S. 115) bemerkt ist. Dort wird zu §. 413 A.L.R. II. 1 als Grund der Abweichung von der bisherigen Theorie angegeben die Unmöglichkeit, wo communio bonorum ex lege eingeführt ist, den Betrügereien und Verkürzungen der Gläubiger vorzubeugen, wenn den Eheleuten erlaubt sein sollte, diese Kommunion während der Ehe nach Gutbefinden aufzuheben. Und in den Schlußvorträgen wird bemerkt, man habe bei Bearbeitung dieses Gesetzbuches hauptsächlich vor Augen gehabt, das Publikum gegen Gefährdungen zu sichern, deren ein jeder durch Verhandlungen mit verheirateten Personen, von denen er nicht weiß oder irrig glaubt, daß communio bonorum unter ihnen stattfinde, leicht bloßgestellt werden kann. Es liegt nahe, daß der Gesetzgeber diese wiederholt ausgesprochene Absicht am wirksamsten dann zu erreichen glaubte, wenn er, wie die §§. 413. 418 klar ausdrücken, eine Aufhebung oder Abänderung der Gütergemeinschaft während der Dauer der Ehe, also bei Lebzeiten der Eheleute, unbedingt ausschloß, um so, wie das Berufungsgericht hervorhebt, zu verhüten, daß die Eheleute unter sich ein Güterverhältnis einführen, dem sie Wirksamkeit gegen Dritte zu verschaffen außer stande sind. Es ist nicht erfindlich, weshalb der Gesetzgeber, um auszudrücken, daß die Eheleute die Gütergemeinschaft unter sich auszuschließen oder aufzuheben befugt seien, dies nicht direkt ausgesprochen haben sollte, woraus ja die Wirksamkeit des Aufhebungsvertrages für die Erben von selbst folgte, sondern einem Gedanken Ausdruck gegeben haben sollte, der durch die besonders betonte Beschränkung „nur auf ihre künftige Succession“ im Hinblick auf §. 413, welcher die Aufhebung der Gütergemeinschaft „auch mit Bewilligung beider Eheleute“ allgemein untersagt, diesen Gegensatz nicht stärker ausdrücken konnte. Aber aus den Vorträgen von Suarez bei der Schlußrevision ergiebt sich auch, daß man geglaubt hat, die wiederholt betonte Absicht, „das Publikum gegen

19*

Gefährdungen zu sichern, denen ein jeder durch Verhandlungen mit verheirateten Personen, von denen er nicht weiß oder irrig glaubt, daß communio bonorum unter ihnen stattfinde, leicht bloßgestellt werden kann", nur dann wirksam zu erreichen, wenn man als Regel untersagte, daß das Güterverhältnis der Eheleute untereinander ein anderes sei, als nach außen. Auf diesen Gedanken weist eine Bemerkung von Suarez bei der Schlußrevision hin. Bei Aufführung besonderer Fälle (a, b, c, d), welche die aus der Verschiedenheit der Provinzial- und statutarischen Gesetze über die Gütergemeinschaft für das Publikum und seine Mitglieder entstehenden Gefahren darthun sollen, wird unter b bemerkt:

„Man kann es den Eheleuten unmöglich wehren, die Kommunion durch Verträge unter sich einzuführen, auszuschließen und auf mannigfaltige Art zu modifizieren. Gleichwohl kann durch dergleichen im Winkel geschlossene Verträge ein Dritter ausnehmend induziert und verkürzt werden."

Es folgen sub c, d weitere Gründe; sodann heißt es:

„Diesen Gefährdungen des publici vorzubeugen, ist der Zweck der §§. 351. 352. 356. 413. 416. 422—426. 428—430. 369. 373 bis 376. Der Geist dieser Gesetze ist:

1. insoweit, als die Folgen der Kommunion sich nur auf die künftigen Successionsrechte beziehen, den Eheleuten möglichst freie Hand zu lassen,
2. insoweit, als davon Rechte und Verbindlichkeiten eines Dritten abhängen, die Abweichungen vom Gesetze möglichst einzuschränken, oder wo sich dieses nicht thun läßt, dergleichen Abweichungen einen solchen Grad von Publizität zu geben, daß sie nicht leicht jemandem, der ein Interesse dabei hat absque supina negligentia unbekannt bleiben können." . . .

Der Gesetzesinhalt des §. 418 im Verhältnisse zu §. 413 ist hiernach dahin zu bestimmen: den Eheleuten steht es frei, die Folgen der Gemeinschaft durch Verträge aufzuheben, und zwar in bezug auf ihre künftige Succession. Es steht ihnen also frei, zu bestimmen, daß in Beziehung auf ihre gegenseitige Erbfolge nicht die aus der Gütergemeinschaft gesetzlich sich ergebenden (§§. 637 flg. A.L.R. II. 1), sondern andere Rechtsfolgen eintreten sollen. So aufgefaßt, enthält §. 418 diejenige Ausnahme von der Regel des §. 413, als welche er sich nach dem Zusammenhange der Vorschriften der §§. 413—418 darstellt. Das Gesetz kennt nur eine Aufhebung der Gütergemeinschaft, das ist diejenige, welche ihre Wirkungen sowohl in Ansehung der Eheleute selbst als gegen Dritte äußert (§§. 427. 428). Der §. 418 aber spricht nicht von Aufhebung der Gütergemeinschaft, sondern von Verträgen, welche sich auf einen Zeitpunkt beziehen, in welchem die Gütergemeinschaft durch den Tod des einen Ehegatten bereits aufgehoben ist, in denen es sich also nur um die Folgen der bis dahin bestandenen Gütergemeinschaft handelt. Diese Folgen der Gemeinschaft in bezug auf ihre künftige Succession sollen die Eheleute nach §. 418 durch Verträge aufheben oder abändern dürfen."

---

58. Befreiung von der Erbschaftssteuer nach Nr. 2f des Tarifes zum Erbschaftssteuergesetze vom 30. Mai 1873.

III. Civilsenat. Urt. v. 24. September 1889 i. S. H. (Kl.) w. den preuß. Erbschaftssteuerfiskus (Bekl.). Rep. III. 132/89.

I. Landgericht Hannover.
II. Oberlandesgericht Celle.

Die Eheleute D. setzten in ihrem Testamente folgendes Legat aus: „An die Stadt H. 500 ℳ, welche diese Summe unter die Armen der Stadt H., und zwar je zu ein Drittel an jüdische, lutherische und katholische Arme, zu verteilen gehalten sein soll."

Von diesem Legate erhob die Steuerbehörde eine Erbschaftssteuer von 20 ℳ, welcher Betrag im Prozeßwege von der Legatarin zurückgefordert wurde.

Die beiden unteren Instanzen wiesen die Klage ab; das Reichsgericht hat dagegen das Berufungsurteil aufgehoben und in der Sache selbst den Beklagten zur Rückzahlung des erhobenen Steuerbetrages verurteilt aus folgenden

Gründen:

„Dem Berufungsrichter kann darin beigetreten werden, daß die von der Klägerin beanspruchte Steuerbefreiung des Tarifes Nr. 2f des Erbschaftssteuergesetzes nicht schon dadurch ausgeschlossen wird, daß das in Frage stehende Legat der Stadt H. und nicht dem dortigen Ortsarmenverbande vermacht ist, weil die Stadt H. gleichzeitig den Ortsarmenverband H. bildet, also mit letzterem, soweit es sich um die öffentliche Armenpflege handelt, identisch ist. Aber auch der Umstand, daß das Legat zur Verwendung für die Armen der Stadt H. vermacht ist, steht der Anwendung der Tarifnummer 2f nicht im Wege.

Der Berufungsrichter gelangt zu einer anderen Ansicht, indem er annimmt, daß die Anwendung der Tarifnummer 2f nur gerechtfertigt sein würde, wenn das Legat zur Verwendung für die Hilfsbedürftigen der Stadt H. hinterlassen wäre; hilfsbedürftig im Sinne des Tarifes seien nur diejenigen Armen, welche auf Grund des Reichsgesetzes vom 6. Juni 1870 über den Unterstützungswohnsitz einen Anspruch auf öffentliche Armenunterstützung haben, auf solche Arme sei aber das gedachte Vermächtnis nicht beschränkt, da an demselben auch solche Arme teilnehmen können, welche noch nicht durch zweijährigen ununterbrochenen Aufenthalt in H. den Unterstützungswohnsitz daselbst erworben haben.

Diese Ansicht des vorigen Richters würde zu einer nicht gerechtfertigten Beschränkung der in Tarifnummer 2f festgesetzten Steuerfreiheit führen. Allerdings ist für letztere das Unterstützungswohnsitzgesetz insofern maßgebend, als nur letztwillige Zuwendungen an die Armenverbände dieses Gesetzes der Steuerbefreiung teilhaftig sein sollen, während andere Zuwendungen, sei es an öffentliche Korporationen und Behörden oder an Private, von der Befreiung ausgeschlossen sind. Nicht aber darf die Tarifbestimmung auch noch weiter in der vom Berufungsrichter ausgeführten Weise beschränkt werden. Da nämlich den Armenverbänden die öffentliche Armenfürsorge im allgemeinen obliegt, und sie in Erfüllung dieser Pflicht häufig veranlaßt sind, in objektiver und subjektiver Beziehung über die durch das Unterstützungswohnsitzgesetz auferlegte Verpflichtung hinaus Unterstützungen an Arme zu gewähren, da überdies die Frage, ob sie bei diesen Reichnissen innerhalb der Grenzen des eben genannten Gesetzes sich bewegen, der Regel nach nur bei Erhebung von Ersatzansprüchen an andere Armenverbände von praktischer Erheblichkeit wird, so läßt sich nicht annehmen, daß das Erbschaftssteuergesetz einen Unterschied zwischen den Verwendungen für Arme überhaupt und denjenigen für wohnsitzberechtigte insbesondere habe machen und bloß denjenigen erbschaftlichen Anfall hinsichtlich der Besteuerung habe privilegieren wollen, welcher nach dem Willen des Testators ausschließlich zu Verwendungen der letztgenannten Art bestimmt sein sollte.

Die Richtigkeit dieser Auslegung wird auch durch die Entstehungsgeschichte des Gesetzes bestätigt. Aus den Motiven zu demselben erhellt, daß zwar bei der Tarifnummer 2f das Unterstützungswohnsitzgesetz herangezogen wurde, um danach die Empfänger der steuerfreien Vermächtnisse zu bestimmen, daß aber im übrigen an der bis dahin bestandenen Steuerfreiheit für Vermächtnisse an Arme nichts geändert werden sollte. Dementsprechend hatte der Entwurf des Gesetzes den Zusatz vorgeschlagen: „Auch andere Vermächtnisse zur Austeilung an Arme sind von der Erbschaftssteuer befreit." Dieser Zusatz wurde zwar bei der ständischen Beratung gestrichen, allein, wie die Landtagsverhandlungen ergeben, nicht darum, weil man an dem Worte „arm" Anstand genommen und es mit „hilfsbedürftig" im Sinne des Unterstützungswohnsitzgesetzes hätte vertauschen wollen, sondern lediglich deshalb, damit die Steuerbefreiung beschränkt bleibe auf Vermächtnisse für die Armen, welche den vom Staate anerkannten Orts- und Landarmenverbänden zufielen.

Dem Ausgeführten zufolge ist das in Frage stehende, dem Ortsarmenverbande H. zur Verwendung für die dortigen Armen vermachte Legat kraft der Tarifnummer 2f von der Erbschaftssteuer befreit, die Klage auf Rückgabe der gleichwohl erhobenen Steuer erscheint daher begründet."

---

59. Sind die vom Versicherer über die Eingehung von Alters- und Aussteuerversicherungsverträgen ausgestellten Urkunden als Assekuranzpolicen im Sinne des Tarifes zum Stempelgesetze vom 7. März 1822 anzusehen?

IV. Civilsenat. Urt. v. 30. September 1889 i. S. Fiskus (Bekl.) w. Lebensversicherungs- u. Ersparnisbank zu S. (Kl.) Rep. IV. 131/89.

I. Landgericht I Berlin.
II. Kammergericht daselbst.

Das Reichsgericht hat die obige Frage bejaht.

Aus den Gründen:

„Die Schriftstücke, deren Stempelpflichtigkeit in Frage steht, bezeichnen sich in der Überschrift als Versicherungsurkunden der Klägerin. Ihr Inhalt besagt, daß die Klägerin auf Grund ihrer Statuten und der ihr eingereichten Deklaration dem anderen Vertragschließenden ein Kapital von bestimmter Höhe zahlbar an einem bestimmten Tage, nebst Dividenden gegen eine bestimmte jährliche Prämie versichere, wenn der Versicherte an diesem Tage mittags 12 Uhr sich noch am Leben befinde. In den Statuten wird die in Rede stehende Versicherung als Alters- und Aussteuerversicherung bezeichnet.

Seitens des Beklagten sind die Urkunden für bedingte Schuldverschreibungen erachtet, und es ist der dieser Auffassung entsprechende Stempel von einem Zwölftel vom Hundert des Kapitalbetrages erfordert, auch seitens der Klägerin in Höhe von 369 ℳ gezahlt worden. Das Landgericht hat den von der Klägerin erhobenen Rückforderungsanspruch für unbegründet erachtet. Das Berufungsgericht hat dagegen den Beklagten zur Rückzahlung der 369 ℳ verurteilt. Es nimmt an, daß die in Rede stehenden Urkunden an sich als bedingte Schuldverschreibungen anzusehen seien. Dadurch hält es jedoch die Verwendung des im Tarif zum Stempelgesetze vom 7. März 1822 vorgeschriebenen Schuldverschreibungsstempels von einem Zwölftel vom Hundert des Kapitalbetrages noch nicht für geboten. Es erwägt nämlich, daß im Tarife der Begriff der Schuldverschreibung einen Gattungsbegriff darstelle, neben dem noch verschiedene, dem Gattungsbegriffe untergeordnete Arten von Schuldverschreibungen, wie Wechsel, Assignationen, Assekuranzpolicen, aufgenommen seien, daß der allgemeine, für Schuldverschreibungen festgesetzte Stempel nur dann Anwendung finde, wenn nicht eine der in den Tarif aufgenommenen besonderen Arten von Schuldverschreibungen in Frage stehe, und daß es sich im vorliegenden Falle um die Stempelpflichtigkeit einer Assekuranzpolice handle. Die sich an diese Erwägungen anschließenden ferneren Ausführungen des Berufungsgerichtes gehen dahin, daß den Lebensversicherungsverträgen zwar von verschiedenen Seiten die Eigenschaft von Versicherungsverträgen abgesprochen werde, weil sie nicht dazu bestimmt seien, den aus einer Gefahr entspringenden Schaden zu vergüten, ihr Zweck vielmehr auf Erzielung von Ersparnissen gerichtet sei, und man sich bei ihnen, um die Ungewißheit der Dauer des Lebens und der Sparzeit auszugleichen, desjenigen wirthschaftlichen Ergebnisses versichere, welches hätte eintreten können, wenn der Versicherte das durchschnittliche Lebensalter erreicht hätte. Es wird aber ausgeführt, daß der Lebensversicherungsvertrag immerhin als eine Art des Versicherungsvertrages aufzufassen, und daß daher auf die in Rede stehenden Schriftstücke die für Assekuranzpolicen geltende Stempelsteuerbestimmung anzuwenden sei.

Der Beklagte hat das Berufungsurteil mit der Ausführung angegriffen, daß, wenn auch anzuerkennen sein sollte, daß der Lebensversicherungsvertrag bei einer auf den Todesfall genommenen Versicherung unter den Begriff der Versicherungsverträge zu bringen sei, doch die hier vorliegende Alters- und Aussteuerversicherung, bei welcher die Zahlung der Versicherungssumme nicht von dem Tode einer Person, sondern von der Erreichung eines bestimmten Lebensalters derjenigen Person, an welche die Versicherungssumme gezahlt werden solle, abhängig sei, als Versicherung im Rechtssinne nicht angesehen werden könne, und daß daher die vorliegenden, von der Klägerin ausgestellten Versicherungsurkunden keine Assekuranzpolicen im Sinne des Tarifes zum Stempelgesetze seien.

Dem Angriffe kann indes keine Folge gegeben werden. Für die streitige Frage ist in erster Reihe der Sinn maßgebend, der zur Zeit der Einführung des Stempelgesetzes vom 7. März 1822 mit dem Worte „Assekuranzpolice" verbunden worden ist. In dieser Hinsicht kann es keinem Zweifel unterliegen, daß nach dem in Betracht kommenden Sprachgebrauche Versicherungen auf den Todesfall als Versicherungsverträge angesehen werden müssen, und daß Urkunden über den Abschluß derartiger Verträge unter den Begriff der Assekuranzpolice zu bringen sind. Wesentlich entscheidend sind in der fraglichen Hinsicht die im Abschn. 13 Tit. 8 Tl. II. des Allgem. Landrechtes enthaltenen Bestimmungen von Versicherungen. Der Versicherungsvertrag wird hier als ein Vertrag bestimmt, durch welchen der eine Vertragschließende gegen Empfang einer bestimmten Abgabe die Vergütung des aus einer bestimmten Gefahr entstehenden Schadens übernimmt (§. 1934). Übernommen werden kann von dem Versicherer jede künftige Gefahr, die nicht mit verbotenen Handlungen verknüpft ist (§. 1953). Diesen Gefahren wird vom Gesetze ausdrücklich der Verlust des Lebens, des eigenen sowohl wie des Lebens anderer Personen, beigezählt (§§. 1968. 1970 flg.). Und es ist auch an sich nicht zweifelhaft, daß in dem Tode des einen für den anderen die Gefahr einer wesentlichen Verschlimmerung der Vermögenslage, also die Gefahr eines Schadens, liegen kann, welcher zum Gegenstande einer Versicherung wohl geeignet erscheint. In diesem Sinne bezeichnet Staudinger (Rechtslehre vom Lebensversicherungsvertrage S. 21. 22) die Versicherung auf den Todesfall als den Vertrag, durch welchen sich der eine Vertragschließende verpflichtet, gegen eine bestimmte Vergeltung für den Fall des Todes einer Person zur Deckung dadurch gestörter materieller Interessen eine im voraus bestimmte Geldsumme zu zahlen. Ähnlich bestimmt Malß (Betrachtungen über einzelne Fragen des Versicherungswesens S. 24. 25) die Versicherung auf den Todesfall als den Vertrag, der den Ersatz des Nachteiles zum Zwecke hat, der durch das Aufhören der Lebensthätigkeit eines Menschen veranlaßt werden kann, fügt aber hinzu, daß damit nur die halbe Wahrheit gesagt sei. Denn der eigentliche und nächste Anlaß der Lebensversicherung sei die Überzeugung, daß die Ersparung eines Kapitales durch seinen Zinsengenuß allein jenen Nachteil zu ersetzen vermöge, sodaß als Zweck des Vertrages sich die Verschaffung dieses Kapitales darstelle. Auch Goldschmidt (Handelsrecht Bd. 1 S. 582 Anm.) erblickt die Gefahr, gegen welche der Vertrag sichern soll, in der möglichen, durch verfrühten Tod eintretenden Verhinderung der Ersparung eines gewissen Kapitales. Allein die Versicherung auf den Todesfall unterscheidet sich von anderen Versicherungen begriffsmäßig wesentlich darin, daß, während bei Schadensversicherungen ausschließlich der Ersatz des Schadens Gegenstand der Verpflichtung des Versicherers ist und das Gesetz es untersagt, sich eine Versicherungssumme auszubedingen, die den Betrag des erlittenen Schadens übersteigt (§§. 1982 flg.), bei Versicherungen auf den Todesfall es grundsätzlich nicht darauf ankommt, ob derjenige, dem die Versicherungssumme nach dem geschlossenen Vertrage zufallen soll, einen Schaden überhaupt erlitten hat. Diese und ähnliche Erwägungen, mit denen die von den Versicherten zu zahlenden Prämien als Spareinlagen hingestellt werden, während dem Tode die Bedeutung einer Gefahr im Sinne des Versicherungsrechtes abgesprochen wird, sind für manche Schriftsteller,

vgl. Hinrichs in Goldschmidt's Zeitschrift für Handelsrecht

Bd. 20 S. 339. 341 flg. 370 flg.; Thöl, Handelsrecht Bd. 1 §. 310; Laband, Die juristische Natur der Lebens- und Rentenversicherung, Veranlassung gewesen, die Lebensversicherung als eigentliche Versicherung überhaupt nicht gelten zu lassen. Von anderer Seite,

vgl. Eccius, Theorie und Praxis Bd. 2 §. 146, insbesondere Anm. 1,

wird zwar zugegeben, daß in einer Reihe von Fällen die Beseitigung eines Vermögensnachteiles sich nur in künstlicher Weise als Zweck der Versicherung auf den Todesfall festhalten lasse. Trotzdem wird die Rücksicht auf die Beseitigung eines solchen als Ausgangspunkt für die rechtliche Bestimmung der Versicherung auf den Todesfall festgehalten. Und es wird für entscheidend erachtet, daß im Sinne der Vertragschließenden an den Tod eines Anderen für den Versicherten ein Nachteil als geknüpft angenommen werde, dessen Übernahme der Vertrag bezwecke. Von noch anderer Seite,

vgl. Dernburg, Privatrecht Bd. 2 §. 239,

wird der Lebensversicherungsvertrag trotz zugegebener grundsätzlicher Verschiedenheit den Versicherungsverträgen darum beigezählt, weil zahlreiche für die letzteren geltende Rechtssätze auch für ihn anwendbar seien. Das Reichsgericht hat in dem vom Berufungsgerichte in Bezug genommenen Urteile,

vgl. Entsch. des R.G.'s in Civils. Bd. 3 S. 106,

die Frage des rechtlichen Aufbaues des Lebensversicherungsvertrages nicht entschieden, sondern nur gestreift.

Die vorstehend besprochene Streitfrage würde für den vorliegenden Rechtsstreit nicht von wesentlicher Bedeutung sein, wenn es sich um die Bestimmung des Stempels handelte, der für eine von dem Versicherer über eine Versicherung auf den Todesfall ausgestellte Urkunde zu verwenden wäre. Diese letztere Frage ist schon damit entschieden, daß das Allgem. Landrecht die Versicherung auf den Todesfall als eine Art der Versicherung überhaupt auffaßt. Denn es muß angenommen werden, daß das Stempelgesetz in der fraglichen Hinsicht auf demselben rechtlichen Standpunkte steht, wie das Landrecht. Die Streitfrage hat aber für die Lebensversicherungen Bedeutung, welche nicht auf den Todesfall, sondern, wie die im Streitfalle in Frage stehenden, auf den Lebensfall eingegangen sind. Die Versicherungen auf den Lebensfall werden im Abschn. 13 Tit. 8 Tl. II des Allgem.

Landrechtes nicht erwähnt. Und für die Frage, ob die über Versicherungen auf den Lebensfall von dem Versicherer ausgestellten Urkunden als Assekuranzpolicen im Sinne des Tarifes zum Stempelgesetze vom 7. März 1822 anzusehen sind, fehlt es an der für die Versicherungen auf den Todesfall im Allgem. Landrechte unmittelbar enthaltenen Entscheidung. Es fragt sich also, ob die Gründe, welche für die Ausschließung der Versicherungen auf den Todesfall aus dem Bereiche der Versicherungsverträge aufgestellt werden, nicht wenigstens rechtfertigen, daß den Versicherungen auf den Lebensfall die Eigenschaft von Versicherungsverträgen abgesprochen wird. Die Frage muß indes verneint werden. Wenn im Rechte die Nötigung gegeben ist, Versicherungsurkunden, welche von dem ausgestellt sind, der sich für den Fall des Todes eines Anderen zur Zahlung einer bestimmten Summe gegen Empfang einer bestimmten Abgabe verpflichtet, als Assekuranzpolicen im Sinne des Tarifes zum Stempelgesetze anzusehen, so läßt sich ein davon verschiedener rechtlicher Gesichtspunkt gegenüber den Versicherungen auf den Lebensfall, zu denen die hier vorliegenden Alters- und Aussteuerversicherungen gehören, nicht einnehmen. Für diese letzteren greifen ähnliche Erwägungen Platz, wie für die Versicherungen auf den Todesfall. Wie dort der Gedanke an die mögliche Verschlimmerung der Vermögenslage dessen, an den die Versicherungssumme gezahlt werden soll, als Folge des Todes eines Anderen zur Unterbringung des Lebensversicherungsvertrages unter den Begriff des Versicherungsvertrages führt, so wird die Gleichstellung der Alter- und Aussteuerversicherungsverträge mit anderen Versicherungsverträgen durch den Gedanken an den mit der Erreichung eines bestimmten Lebensalters möglicherweise erfolgenden Eintritt eines ungünstigeren Verhältnisses zwischen den Einnahmen und Ausgaben dessen, an den die Versicherungssumme gezahlt werden soll, vermittelt. Die Rechtswissenschaft hat auch beide Arten von Verträgen unter den gleichen rechtlichen Gesichtspunkt gebracht.

Vgl. Malß, a. a. O. S. 25—28; Eccius, a. a. O. §. 146; Endemann, Handbuch des deutschen Handels-, See- und Wechselrechtes Bd. 3 Buch 3, 3—12 §. 414; Dernburg, a. a. O.

Diese Erwägungen führen zur Zurückweisung der Revision in der Hauptsache. Der III. Civilsenat des Reichsgerichtes hat in dem unter Anwendung des gemeinen Rechtes abgegebenen Urteile vom 29. Februar 1884 (abgedruckt in der Monatsschrift für deutsche Beamte Jahrg. 1884 S. 174) einen ähnlichen Fall, in welchem die Altersversicherung als Kapitalsversicherung bezeichnet war, dahin entschieden, daß die vom Versicherer ausgestellte Urkunde über den Versicherungsvertrag nicht als Assekuranzpolice anzusehen sei. Entscheidungsgrund ist die Erwägung, daß es dem Vertrage an der erforderlichen Voraussetzung eines Versicherungsvertrages, nämlich daran fehle, daß der Vertrag den Ersatz eines Schadens zum Gegenstande habe, der den Versicherungsnehmer infolge des Eintrittes einer bestimmten Gefahr treffen könne. Auch hat das Finanzministerialreskript vom 1. Juli 1886 (abgedruckt in Hoyer-Gaupp, Stempelgesetzgebung 4. Aufl. S. 1011) sich dahin ausgesprochen, daß der in dem bezeichneten Urteile für das gemeine Recht eingenommene Gesichtspunkt ebenso für das preußische Landrecht zutreffe. Allein die obigen Ausführungen haben in letzterer Hinsicht zu einer anderen Auffassung führen müssen. Der im §. 137 G.V.G. vorgesehene Fall der zu einer Verweisung der Entscheidung der Rechtsfrage vor die vereinigten Civilsenate nötigenden Abweichung von der Entscheidung eines anderen Civilsenates liegt darum nicht vor, weil das gegenwärtige Urteil den Begriff der Assekuranzpolice unter Anwendung des preußischen Landrechtes zu bestimmen hatte, während in dem älteren Urteile des III. Civilsenates die Anwendung von Rechtsnormen des preußischen Landrechtes nicht in Frage stand." ...

60. Bewirkt im Geltungsgebiete des Allgem. Landrechtes der Ehemann dadurch eine Rückgewähr des gesetzlich in seine Verwaltung gekommenen Vermögens seiner Ehefrau im Sinne des §. 3 Nr. 4 des Anfechtungsgesetzes vom 21. Juli 1879, daß er der Frau das von ihr eingebrachte bare Geld zum Zwecke des Ankaufes eines Grundstückes auf ihren Namen zurückgiebt?

VI. Civilsenat. Urt. v. 14. Oktober 1889 i. S. Ehefrau L. (Bekl.) w. H. u. Gen. (Kl.) Rep. VI. 154/89.

I. Landgericht Halberstadt.
II. Oberlandesgericht Naumburg.

Die Entscheidung ist oben unter „Reichsrecht" Nr. 9 S. 42 abgedruckt.

61. Landschaftliche Zwangsverwaltung. Versicherung gegen Feuersgefahr, von dem durch die Landschaft eingesetzten Kurator genommen. Befugnis der Landschaft, den Ersatz eines Brandschadens zu fordern, der nach dem Zuschlage des unter Zwangsverwaltung stehenden Gutes eingetreten ist?

I. Civilsenat. Urt. v. 22. Mai 1889 i. S. Mobil.-Brandversicherungsgesellschaft zu St. (Bekl.) w. Ostpreuß. Landschaft (Kl.). Rep. I. 106/89.

I. Landgericht Stolp.
II. Oberlandesgericht Stettin.

Das in der Provinz Ostpreußen, im Kreise Allenstein belegene, dem Gustav v. Z. gehörige, von der Ostpreußischen Landschaft bepfandbriefte Gut wurde unter die Zwangsverwaltung der Landschaft gestellt, welche den Landwirt M. als Verwalter, den Gutsbesitzer S. als Kurator einsetzte. Gemäß Zusatz 5 zu §. 305 des revidierten Reglements der Ostpreußischen Landschaft vom 24. Dezember 1808 wurde letzterer angewiesen, Einschnitt und Inventar des Gutes, die damals unversichert waren, alsbald gegen Feuersgefahr zu versichern. Auf Antrag des Verwalters M. und des S. ist hierauf die Versicherung bei der auf Gegenseitigkeit beruhenden beklagten Gesellschaft bewirkt und dem Kurator S. ein Rezeptionsschein erteilt worden, in welchem derselbe für die Zeit vom 25. November 1885 bis 2. September 1886 als Mitglied der Gesellschaft anerkannt wird.

Durch Urteil vom 21. Juni 1886 wurde das Gut L. im Wege der Zwangsversteigerung dem Gutsbesitzer O. zugeschlagen, am 24. Juli 1886 wurde das Kaufgeld von ihm belegt; am 3. August 1886 erfolgte die Aufhebung der Zwangsverwaltung und die Übergabe des Grundstückes an den Ersteher.

Am Tage nach der Kaufgelderbelegung (25. Juli 1886) brannte der Pferdestall in L. ab. Wegen des Schadens an dem mitverbrannten Einschnitt und Mobiliar hat Klägerin die Beklagte in Anspruch genommen, und zwar hat sie ihren, ursprünglich schlechthin auf Zahlung gerichteten Antrag in der mündlichen Verhandlung erster Instanz dahin formuliert, daß Beklagte verurteilt werde, den obigen Betrag der Klägerin für das Gut L. zur Zwangsverwaltungsmasse von L.

behufs demnächstiger Rechnungslegung und Ausantwortung an das Vollstreckungsgericht zu zahlen.

Der Ersteher des Gutes L. ist auf Streitverkündigung der Klägerin der Klage beigetreten. Ebenso ist seitens des Gutskurators S. der Beitritt zur Klage erfolgt.

Beklagte hat eingewendet, daß mit der Verkündung des Zuschlagsurteiles das Eigentum des Gutes L. auf den O. übergegangen, hiermit aber die für den früheren Eigentümer genommene Versicherung erloschen sei, da nach §. 24 ihres Geschäftsplanes ein Wechsel in der Person des Versicherten nur mit ihrer Genehmigung stattfinden könne.

Die Beklagte ist in den Vorinstanzen klagegemäß verurteilt. Ihre Revision ist zurückgewiesen aus folgenden

Gründen:

„1. Nach den Bestimmungen des revidierten Reglements der Ostpreußischen Landschaft vom 24. Dezember 1808 §§. 301—330, die zufolge §. 202 Abs. 2 des Gesetzes, betreffend die Zwangsvollstreckung in das unbewegliche Vermögen, vom 13. Juli 1883 hier zunächst maßgebend sind, kann die Zwangsverwaltung bepfandbriefter Grundstücke von der Landschaft entweder aus eigener Bewegung oder auf Ersuchen des Vollstreckungsgerichtes eingeleitet werden. Im vorliegenden Falle sind nach der unbestrittenen Behauptung der Klägerin diese beiden Veranlassungen in der Weise miteinander in Verbindung getreten, daß, nachdem die Landschaft am 12. November 1885 die Einleitung der Zwangsverwaltung aus eigener Bewegung verfügt hatte, sie am 14. dess. Monates vom Amtsgerichte zu Allenstein ersucht worden ist, dieselbe auch für den Justizrat S. als betreibenden Gläubiger zu führen. Infolge dieses Ersuchens wurde die Landschaft bei Führung der Zwangsverwaltung ein Organ des Vollstreckungsgerichtes, und es waren nunmehr bezüglich der zu legenden Verwaltungsrechnungen, bezüglich der Ausantwortung der Bestände und der Aufhebung der Zwangsverwaltung diejenigen besonderen Vorschriften zur Anwendung zu bringen, welche in dem Reglement für den Fall der auf gerichtliches Ersuchen eingeleiteten Zwangsverwaltung gegeben sind.

2. Für beide Fälle der landschaftlichen Zwangsverwaltung ist davon auszugehen, daß die Landschaft in ihrer Eigenschaft als Kreditverband das eigentliche Subjekt der Zwangsverwaltung ist. Verwalter und Kurator sind nur Hilfspersonen, deren sich die Landschaft behufs

Durchführung der Verwaltung bedient. In bezug auf die Verantwortlichkeit den Gläubigern und dem Schuldner gegenüber, wie in bezug auf die Frage, wer als das Subjekt der zum Zwecke der Verwaltung abgeschlossenen Rechtsgeschäfte anzusehen ist, nimmt demnach in dem Falle einer auf gerichtliches Ersuchen eingeleiteten Zwangsverwaltung die Landschaft als juristische Person eine ähnliche Stellung ein, wie in den Fällen der gewöhnlichen Zwangsverwaltung der gerichtlich bestellte Verwalter. Bezüglich des letzteren aber tritt das Reichsgericht der Auffassung bei, daß auf die von demselben im Laufe der Zwangsverwaltung vorgenommenen Rechtshandlungen der Begriff der Stellvertretung im eigentlichen Sinne nicht anwendbar ist, daß vielmehr der Verwalter, analog dem Konkursverwalter, diese Handlungen im eigenen Namen vornimmt, wenngleich der Erfolg derselben nicht ihn persönlich, sondern die Zwangsverwaltungsmasse und die in dieser zusammengefaßten Interessen trifft.

Hiernach hat der Berufungsrichter mit Recht angenommen, daß der in Rede stehende Versicherungsvertrag im Namen der klagenden Landschaft geschlossen, daß mithin diese und nicht etwa der damalige Gutseigentümer v. Z. als Gegenkontrahent der Beklagten anzusehen ist. Die Beklagte kann nicht geltend machen, daß sie bezw. ihr Vorstand einen mit dieser Auffassung nicht übereinstimmenden Vertragswillen gehabt habe. Wie im Berufungsurteile hervorgehoben ist, war der Versicherungsantrag bei der Beklagten ausdrücklich im Namen der klagenden Landschaft gestellt. Indem dieselbe hierauf dem S. in seiner Eigenschaft als Gutskurator den Aufnahmeschein erteilte, gab sie unzweideutig zu erkennen, daß sie diesen Antrag als einen von der Landschaft ausgehenden acceptiere. Die vom Berufungsrichter aus dieser Sachlage gezogenen rechtlichen Konsequenzen können demnach von der Beklagten nicht abgelehnt werden.

3. Der Berufungsrichter führt ferner aus, daß der fragliche Versicherungsvertrag nicht im Widerspruch stehe mit der im Statute und im Geschäftsplane der Beklagten enthaltenen Bestimmung, nach welcher nur Besitzer oder Pächter von ländlichen Grundstücken Mitglieder der beklagtischen Gesellschaft werden können. Er legt die gedachte Bestimmung dahin aus, daß unter Besitz der Eigentumsbesitz zu verstehen sei, und nimmt an, daß Klägerin durch die Einleitung der Zwangsverwaltung einen derartigen Besitz erlangt habe. Dieser

Ausführung ist zwar im Endergebnisse, nicht aber in der Begründung zuzustimmen. Durch den vom Berufungsrichter angezogenen §. 142 des Gesetzes vom 13. Juli 1883 wird die Annahme des Eigentumsbesitzes, oder, landrechtlich ausgedrückt, des vollständigen Besitzes, in der Person der Klägerin nicht gerechtfertigt. Denn abgesehen davon, daß diese Vorschrift sich nicht unmittelbar auf die landschaftliche Zwangsverwaltung bezieht, besagt dieselbe nur, daß das Grundstück dem Verwalter vom Gerichte zu übergeben bezw. letzterer zu ermächtigen ist, sich selbst in den Besitz zu setzen. Darüber, wie der Besitz, den der Verwalter erlangt, im Sinne des bürgerlichen Rechtes zu qualifizieren ist, verhält sich die gedachte Vorschrift nicht. In dieser Hinsicht kommt in Betracht, daß bei der Zwangsverwaltung bepfandbriefter Güter die Landschaft immer auch ein eigenes Interesse wahrnimmt, und daß ihr gerade mit Rücksicht auf das Vorhandensein eines solchen Interesses die Leitung der Verwaltung übertragen ist. Der Grund, aus welchem im preußischen Rechte der Sequester nicht als Besitzer, sondern nur als Inhaber betrachtet wird, das Fehlen der sogenannten selbstnützigen Absicht (§. 2 A.L.R. I. 7) trifft mithin auf die Landschaft als Verwalterin nicht zu. Immerhin kann dieselbe aber nur als unvollständige Besitzerin gelten, da der für den vollständigen Besitz erforderliche Wille, die Sache als eigene zu besitzen (§. 7 a. a. O.), bei ihr nicht anzutreffen ist. Insoweit ist demnach der gegen die obige Ausführung gerichtete Revisionsangriff begründet. Die Entscheidung wird indes bezüglich dieses Punktes durch die Erwägung getragen, daß die Klägerin berechtigt war, zum Zwecke der von ihr geführten Verwaltung die Befugnisse des Eigentümers auszuüben, daß sie mithin auch das Eigentümerinteresse versichern konnte, und daß die Beklagte, nachdem der Versicherungsantrag der Klägerin im ordentlichen Geschäftsgange von ihr genehmigt worden ist, denselben nicht nachträglich durch die Berufung auf die Bestimmungen ihres Statutes für unzulässig erklären kann. Daß der Vorstand der Beklagten bei der Behandlung des klägerischen Antrages seine Befugnisse überschritten hat, ist von der Beklagten nicht behauptet; sie muß demnach die von demselben abgegebenen Erklärungen als für sich verbindlich anerkennen. Übrigens ist die vom Berufungsrichter angenommene Auslegung der Statuten und des Geschäftsplanes der Beklagten insofern eine zu enge, als bei Abfassung der einschlägigen

Bestimmungen an einen Fall der hier vorliegenden Art zwar offenbar nicht gedacht worden ist, es aber andererseits auch an jedem Anhaltspunkte dafür fehlt, daß in derartigen Fällen die Versicherung ausgeschlossen sein sollte.

4. Daraus, daß der Versicherungsvertrag von der klagenden Landschaft für die Dauer der Zwangsverwaltung abgeschlossen ist, folgt, daß der §. 24 des Geschäftsplanes der Beklagten auf den während der Zwangsverwaltung bewirkten notwendigen Verkauf des Gutes L. nicht zur Anwendung kommt. Dieser Paragraph giebt besondere, den §. 2163 A.L.R. II. 8 modifizierende Vorschriften für den Fall, daß von einem Mitgliede der Beklagten die Übertragung seiner Police auf seinen Nachfolger im Eigentume oder in der Pachtung beabsichtigt wird. Davon ist hier keine Rede. Ein Wechsel in der Person des Versicherten fand durch den Zuschlag überhaupt nicht statt. Solange die Zwangsverwaltung fortdauerte, d. h. bis zum 3. August 1886, blieb die Versicherung auf den Namen der Landschaft bestehen. Zu einer Anwendung des §. 24 a. a. O. würde erst dann Veranlassung gewesen sein, wenn es sich darum gehandelt hätte, nach beendeter Zwangsverwaltung die Versicherung auf den Ersteher zu übertragen.

5. Durch die Aufhebung der Zwangsverwaltung ist die Legitimation der Klägerin zur Geltendmachung des gegenwärtigen Anspruches nicht beseitigt worden, da es sich um einen während der Dauer der Zwangsverwaltung entstandenen Schaden handelt. Der in der mündlichen Verhandlung erster Instanz von ihr gestellte Antrag bringt zum Ausdruck, in welcher Weise sie mit der ihr zu zahlenden Brandentschädigung zu verfahren hat. Einer Aufnahme dieser Maßgaben in die Urteilsnorm hätte es allerdings nicht bedurft, da die Zahlungsverpflichtung der Beklagten hierdurch nicht berührt wird. Der Beklagten erwächst indes hieraus keine Beschwerde. Unbegründet ist die Rüge der Beklagten, daß die Klägerin an der Verfolgung des gegenwärtigen Rechtsstreites kein Interesse habe. Das Interesse der Klägerin besteht darin, daß dieselbe für die gehörige Erledigung der aus der Zwangsverwaltung herrührenden Ansprüche dem Ersteher, sowie den übrigen Interessenten verantwortlich ist."

62. Wird der Besitzerwerb durch constitutum verhindert, wenn der Konstituent vor Genehmigung seiner auftragslosen Bethätigung des Besitzwillens als Vertreter seitens des Vertretenen in Konkurs verfällt? Erfordernis eines rechtlichen Grundes zum Behalten der Sache seitens des bisherigen Besitzers für die Rechtswirksamkeit des constitutum. Pflicht des Verkaufskommissionärs, wegen seiner bevorstehenden Zahlungseinstellung das für zu lieferndes Kommissionsgut einzuziehende Kaufgeld nur als Vertreter für den Kommittenten in Besitz zu nehmen und besonders zu verwahren. Wirkung der Vermischung dieses Geldes mit eigenem Gelde.

I. Civilsenat. Urt. v. 1. Juni 1889 i. S. G. (Kl.) w. Sp.'sche Konkursmasse (Bekl.). Rep. I. 110/89.

I. Landgericht I Berlin.
II. Kammergericht daselbst.

Der Bankier Sp. führte für den Kläger als dessen Kommissionär An- und Verkäufe von Börseneffekten, zum Teile per Ultimo aus. Er hatte für denselben per Ultimo Mai 1887 gekaufte 15 000 ℳ Dortmund-Gronauer Stammaktien abgenommen und ihm übersandt. Diese 15 000 ℳ Aktien, bestehend in 25 Stück à 600 ℳ, sandte ihm hierauf Kläger im Juli 1887 mit dem Auftrage wieder, sie per Ultimo Juli 1887 zu einem bestimmten Kurse zu verkaufen, und Sp. machte dem Kläger durch Schreiben vom 21. Juli 1887 Anzeige von dem erfolgten Verkaufsabschlusse, indem er den Verkaufspreis mit 10 683,50 ℳ als zu Gunsten des Klägers gehend bezeichnete. Zugleich gab er dem Kläger mit Rücksicht auf einen außerdem erteilten Auftrag zum Einkaufe von 15 000 ℳ Dortmunder Unionaktien und einen Auftrag zum Verkaufe von 15 000 ℳ Diskontokommanditanteilen, beide ebenfalls per Ultimo Juli 1887, deren Ausführung durch entsprechende Abschlüsse er ebenfalls angezeigt hatte, den Stand des Kontos dahin an, daß Kläger am Ultimo Juli — bei Berücksichtigung dieser sämtlichen Geschäfte — von ihm 15 000 ℳ Dortmunder Unionaktien zu empfangen und ein Guthaben von 1514,85 ℳ gegen ihn habe. In betreff der Unionaktien war eine Deckung des Kaufes durch einen Wiederverkauf von Ultimo Juli bei einem bestimmten Kursgange vorbehalten. Sp. hatte die Dortmund-Gronauer Aktien verkauft, sodaß er sie am Ultimo Juli an den Bankier H. zu liefern und von diesem den Kaufpreis zu erhalten hatte. Am 26. Juli 1887 starb Sp. plötzlich. Ein Auftrag des Klägers vom 27. Juli, das Engagement in den 15 000 ℳ Dortmunder Unionaktien durch Wiederverkauf zu decken, blieb deshalb unausgeführt, und es konstatiert auch nicht, daß die Dortmunder Unionaktien Ultimo Juli an das Sp.'sche Geschäft von einem Verkäufer geliefert seien. Die Sp.'schen Erben ließen die Lage des Handlungsgeschäftes ihres Erblassers durch den Konkursverwalter C. noch vor Ende Juli 1887 untersuchen, und es ergab sich hierbei eine Unterbilanz. Auf die Mitteilung der Erben, daß 15 000 ℳ Dortmund-Gronauer Aktien vorhanden wären, die im Auftrage des Klägers verkauft seien, und auf die Ultimo Juli der Preis eingehen werde, erklärte C., daß sie bei der Lage des Geschäftes verpflichtet seien, alles in statu quo zu erhalten und daher, wenn das Geld einginge, es besonders einpacken und als Eigentum des Klägers bezeichnen sollten. Die Sp.'schen Erben ließen hierauf am 1. August 1887 durch den Kassenboten des Geschäftes die Aktien an H. liefern und den Preis mit 10 739,20 ℳ in Empfang nehmen. Das Geld wurde aber nicht sofort bei Einlieferung durch den Kassenboten in besondere Verwahrung genommen, vielmehr zunächst zur Kasse gebracht, wo es entsprechend den einzelnen Geldsorten in die dazu bestimmten Behälter gelegt wurde. In der Kasse befand sich noch weiteres Geld, nach Behauptung des Klägers im Betrage von nicht 400 ℳ, nach Behauptung der Beklagten im Betrage von 1197,98 ℳ. Einige Stunden später wurden aus der Kasse 10 683,50 ℳ herausgenommen und in ein besonderes Couvert eingesiegelt, welches mit der Aufschrift „Herrn W. Günther ℳ 10 683,50 Erlös für am 21. Juli cr. verkaufte ℳ 15 000 Dortmund-Gronau-Enschede Eisenbahnstammaktien à 69 Prozent geliefert am 1. April 1887" versehen wurde. Bei der bald darauf erfolgten Konkurseröffnung wurde das Geld noch in diesem Couvert vorgefunden. Kläger, welchem von diesem Verfahren der Sp.'schen Erben vor der Konkurseröffnung keine Mitteilung gemacht worden war, nahm dieses Geld als sein Eigentum in Anspruch. Der Konkursverwalter bestritt den Aussonderungsanspruch, weil Kläger einen Eigentumsanspruch auf die Geldspezies des von H. für die Aktien gezahlten Kaufpreises schon von Anfang an wegen der in dem Schreiben vom 21. Juli 1887 geschehenen Verrechnung nicht gehabt habe, weil auch ohne an ihn erfolgte Mitteilung die geschehene Absonderung kein ihn zum Eigentümer machender Rechtsakt geworden sei, und weil auch die Absicht der Sp.'schen Erben, ihm das Eigentum an den von H. gezahlten Geldern zu wahren, durch die Vereinigung des Geldes mit dem sonstigen Kassenbestande vereitelt worden sei. Das Berufungsgericht verurteilte, entgegen dem Gerichte erster Instanz, die Konkursmasse zur Herausgabe des Geldes an Kläger, und das Reichsgericht verwarf die hiergegen gerichtete Revision.

Aus den Gründen:

„Das Berufungsgericht gelangt zu seinem, den klägerischen Eigentumserwerb an dem in das Couvert gelegten Gelde anerkennenden Ergebnisse, ohne zu erörtern, ob die Sp.'schen Erben verpflichtet waren, das Kaufgeld für die Dortmund-Gronauer Aktien bei der Einziehung lediglich als Vertreter des Klägers in Besitz zu nehmen, ob sie dies gethan haben, und welche Bedeutung alsdann die vor der Bildung des besonderen Geldpaketes geschehene Zuführung jenes Kaufgeldbetrages zum eigenen Geschäftskassenbestande gehabt hat. Nach seiner Auffassung genügt es für den klägerischen Eigentumserwerb, daß die Sp.'schen Erben mit dem aus dem Legen in das Couvert und seiner Aufschrift nach den obwaltenden Umständen zu entnehmenden unzweifelhaften Willen, die betreffende Geldspezies für den Kläger als Eigentümer zu besitzen, dieselbe aus ihrem eigenen Kassenbestande entnommen haben.

Diese Begründung des Urteiles ist in hohem Grade bedenklich. . . .

Freilich bleibt nach den Grundsätzen des gemeinen Rechtes über den Besitzerwerb durch auftragslose Vertreter bei Bethätigung des Willens des bisherigen Besitzers, für einen Dritten als dessen Vertreter zu besitzen, auch wenn sie ohne Vertretungsmacht erfolgt, derselbe hieran gebunden, bis der Vertretene, hiervon in Kenntnis gesetzt, die Genehmigung versagt oder verzögert, sodaß durch die rechtserhebliche Genehmigung der Besitzwechsel perfekt wird und, bis diese erfolgen kann, in der Schwebe bleibt.

Vgl. Zimmermann, Lehre von der stellvertretenden negotiorum gestio S. 102 flg. 219. 223. 225; Exner, Tradition S. 134. 296.

Hat daher der Stellvertreter bis zum Ausbruche des Konkurses über ihn den Vertretungswillen nicht geändert, sodaß nicht die Konkursmasse bloß eine Ersatzforderung für den Bruch der Verpflichtung seitens des Vertreters, behufs der Genehmigung in der Stellung als Vertreter zu verharren, als Konkursforderung zu befriedigen hat, so muß dem Vertretenen, der sein Recht der Genehmigung noch nicht verloren hat, auch noch nach der Konkurseröffnung die Genehmigung mit der Wirkung des Besitz- und Eigentumserwerbes der Konkursmasse gegenüber zustehen.

Vgl. Zimmermann, a. a. O. S. 240.

Denn die Konkursmasse vermöchte durch ihre Besitzveränderungshandlungen die Wirkungen der Genehmigung nicht zu vereiteln, ohne sich selbst für das hierdurch Entzogene im vollen Umfange gemäß §. 52 K.O. ersatzpflichtig zu machen. Auch nach preußischem Rechte gilt aber für den Besitzerwerb durch einen auftragslosen Vertreter gemäß §. 239 A.L.R. I. 13 und §. 45 A.L.R. I. 7 die Zurückbeziehung der nachträglichen Genehmigung des Vertretenen auf den Zeitpunkt der Besitzergreifung der Vertreters.

Vgl. Entsch. des preußischen Obertrib. Bd. 50 S. 44 flg.

Wenn man nun aber auch nach preußischem Rechte Bedenken tragen will, den Fall, daß der nunmehrige Vertreter die Sache zuvor für sich besaß, also das constitutum, lediglich den allgemeinen Grundsätzen über den Besitzerwerb durch Stellvertreter zu unterstellen, weil das Landrecht gemäß den §§. 71 flg. I. 7 den Erwerb durch constitutum im Sinne eines Konsensualvertrages zwischen dem bisherigen Besitzer und demjenigen, der durch dessen Erklärung es nunmehr werden solle, auffasse,

vgl. Entsch. des R.G.'s in Straff. Bd. 9 S. 184 flg.,

so ist doch auch, sofern es wegen der Natur der Willensvereinigung als einer handelsgeschäftlichen einer besonderen Form nicht bedarf, dem Vertragscharakter entsprochen, sobald zu der Bethätigung des Vertreterwillens die Genehmigung des Vertretenen hinzugekommen ist, während jene Auffassung der Anwendung der Grundsätze über die Geschäftsführung ohne Auftrag, soweit es sich darum handelt, das Gebundensein des bisherigen Besitzers an die einmal erfolgte Umwandlung seines Besitzwillens in den des Vertreters für einen Dritten bis zu dessen Genehmigung zu begründen, nicht entgegenzustehen vermag.

Das erhebliche Bedenken gegen die Zuerkennung des Eigentumes an dem in das Couvert gelegten Gelde an Kläger mit der vom Berufungsgerichte gegebenen Begründung ergiebt sich vielmehr bei Anstellung der Erwägung, ob denn nicht auch nach preußischem Rechte, ebenso wie dies bereits für das gemeine Recht angenommen worden ist,

vgl. Entsch. des R.G.'s in Civils. Bd. 5 S. 181,

das constitutum zu seiner Wirksamkeit eines mit dem auf die Eigentumsübertragung gerichteten Rechtsgeschäfte verbundenen zweiten Rechtsgeschäftes, welches auf Belassung der Sache in der Innehabung des Übertragenden gerichtet ist, bedarf, sodaß die Umwandlung des bisherigen Besitzes in Detention nicht ein auf Willkür beruhendes und beliebig verwendbares Surrogat der thatsächlichen Übergabe, weil solche noch nicht erfolgen kann oder soll, sondern zur Ersparung der Weitläufigkeit einer doppelten Übertragung lediglich eine Gestaltung des Besitzverhältnisses entsprechend den auf solche zweifache Übertragung gehenden Richtungen zweier Rechtsgeschäfte ohne äußere Übergabeakte, konstruktiv durch die Grundsätze von dem Besitzerwerbe durch Stellvertreter vermittelt, ist. Die Sp.'schen Erben behielten das Geld nicht deshalb für Kläger, weil ein Aufbewahrungs- oder Pfandgeschäft in betreff dieses Geldes geschlossen werden oder dieses Geld unter ein bereits bestehendes Aufbewahrungs- oder Pfandverhältnis fallen sollte und dies die causa bildete, weshalb das Geld nicht abgeschickt, sondern behalten wurde. Ein Interesse des Klägers, vermöge dessen die Sp.'schen Erben verpflichtet gewesen wären oder sich hätten verpflichten sollen, das Geld, statt es ihm einzusenden, für ihn aufzubewahren, wie es bei einer Niederlegung von Papieren bei einem Bankier insbesondere zum Zwecke sicherer Aufbewahrung oder möglicher baldiger Verwendung oder der Einhebung der Zinscoupons besteht, existierte nicht. Kläger behauptet selbst, das Geld habe ihm am 1. August gezahlt werden sollen. Sp. verwaltete nach dem bestandenen Kommissionsverhältnisse nicht bares Geld für den Kläger. Es ist nicht ersichtlich, daß er nach den bestandenen Gepflogenheiten bei Vereinnahmung von Erlösen für im Auftrage des Klägers verkaufte Wertpapiere desselben in eine andere Beziehung zu demselben als die eines Summenschuldners getreten wäre. Ebensowenig konnten die Sp.'schen Erben das Geld, wie etwa ein Depot in Wertpapieren im Kommissionsgeschäfte, als solches für ihre Forderungen zu behalten, berechtigt sein wollen. Das Verkaufsgeschäft war ausgeführt, und, da die anderen schwebenden Geschäfte unausgeführt blieben, war Kläger in Höhe des ganzen Betrages der Forderungsberechtigte. Die Sp.'schen Erben behielten das Geld, weil sie behufs Erhaltung des status quo im Hinblicke auf den nahen Konkursausbruch das wirkliche Fortgeben des Geldes scheuten. Sollte die vorgenommene Besitzübertragung sie in die Lage setzen, durch dieses Geld ihre Verpflichtung aus der Vereinnahmung des Kaufpreises der Dortmund-Gronauer Aktien gegen Kläger zu erfüllen, so mußten sie freilich das Geld bewahren. Ein als Depositum oder Bankierdepot anzusprechendes selbständiges Rechtsgeschäft wurde hierdurch aber nicht begründet.

Das Berufungsurteil stellt sich indessen aus anderen Gründen als richtig dar. Die 25 Dortmund-Gronauer Aktien à 600 *M*, in betreff deren Kläger dem Sp. den Auftrag zum Verkaufe per Ultimo Juli 1887 erteilt hatte, und welche in Erfüllung des infolge dieses Auftrages von Sp. geschlossenen Verkaufes Ende Juli oder am 1. August 1887 an den Bankier H. geliefert wurden, waren Eigentum des Klägers. . . .

Durch Abschluß des aufgetragenen Vertrages per Ultimo Juli 1887 hörten sie nicht auf, sein Eigentum zu sein. Die Berechnung des Kontostandes in dem Sp.'schen Schreiben vom 21. Juli 1887, nach welcher gegen den Verkaufspreis dieser Aktien und einen Verkaufspreis für andere Effekten der Einkaufspreis für ebenfalls per Ultimo Juli 1887 gekaufte 15000 *M* andere Effekten in Gegenrechnung gestellt wurde, sodaß Kläger, wenn neue Aufträge nicht erfolgten und ultimo Juli die ordnungsmäßige Erledigung der angegebenen Geschäfte durch Lieferung der verkauften und Empfangnahme der gekauften Effekten erfolgte, nur 1514,85 *M* bares Guthaben und 15000 *M* in anderen Effekten zu empfangen hatte, war nur von einer vorläufigen, die derzeitige rechnungsmäßige Lage kennzeichnenden Bedeutung. . . .

Das klägerische Eigentum an den Dortmund-Gronauer Aktien mochte bedeutungslos werden, wenn bei verbleibender Solvenz des Sp. ultimo Juli alle aufgetragenen Geschäfte ordnungsmäßig erledigt wurden. Aber es behielt seine Bedeutung, wenn sich noch bis ultimo Juli die Verhältnisse des Sp. als des Kommissionärs derartig änderten, daß bei einer Vereinnahmung des Verkaufserlöses für diese Aktien seitens des Sp. zu eigenem Vermögen die Forderung des Klägers auf Zuführung des entsprechenden Betrages ganz oder teilweise gefährdet erschien, während Kläger gerade auf diese Forderung angewiesen blieb, weil diejenigen anderen aufgetragenen Geschäfte, durch deren Erfüllung mit entsprechender Auslieferung abgenommener Aktien an Kläger der Erlös der verkauften Dortmund-Gronauer Aktien hätte zur Verwendung kommen können, entweder durch spätere Realisierungsaufträge erledigt worden waren oder eben wegen der veränderten Verhältnisse des Kommissionärs nicht zur Erfüllung kommen konnten. Wäre Sp. bereits vor ultimo Juli 1887 in Konkurs verfallen, so hätte nicht seine Konkursmasse, während sie die Abnahme der anderen Effekten und Lieferung derselben an Kläger unterließ, mittels Verwendung der klägerischen Dortmund-Gronauer Aktien den Kaufpreis für den Verkauf dieser Aktien bei H. für sich einziehen und behalten, den Kläger aber auf Geltendmachung einer Konkursforderung wegen seiner Ansprüche verweisen können. Konnte oder wollte die Konkursmasse den Kläger nicht in der Weise voll befriedigen, wie es der Erfüllung aller aufgetragenen Geschäfte und der auf solcher beruhenden Abrechnung am Ultimo Juli 1887 entsprach, so mußte sie das Eigentum des Klägers an den Dortmund-Gronauer Aktien respektieren und, weil es sein Eigentum war, das sie zur Erfüllung des Kaufgeschäftes mit H. verwenden wollte, ihm den empfangenen Preis herausgeben, soweit sie nicht selbst ein Guthaben des Sp. aus dem Geschäftsverkehr mit Kläger an diesen geltend machen konnte. In entsprechender Weise hatte aber auch nach den Erfordernissen der Vertragstreue der Kommissionär selbst bei der Kenntnis seiner bevorstehenden Zahlungseinstellung und der Gefährdung des Rechtes des Kommittenten durch dieselbe zu handeln, indem er entweder dem Kläger die Erfüllung des Verkaufsgeschäftes mit H. unter Herausgabe der Dortmund-Gronauer Aktien an ihn überließ oder bei eigener Übergabe der Aktien an H. den Kaufpreis bei diesem stehen ließ, damit Kläger entsprechend Art. 368 Abs. 2 H.G.B. die Forderung auf den Kaufpreis gegenüber den anderen Gläubigern als die seinige geltend machen konnte, oder indem er die Geldstücke, in welchen der Kaufpreis bezahlt wurde, lediglich als Stellvertreter des Klägers in Besitz nahm. Eine Gepflogenheit im Kommissionsverkehr des Klägers und Sp., für die Verkaufserlöse dem Kläger zu Eigentum gehörigen Kommissionsgutes statt der Wahrung des Eigentumes des Kommittenten auch in betreff der Geldspezies des Verkaufserlöses die Summenschuld des Kommissionärs für ausreichend zu erachten, konnte nur so lange als zur Geltung bestimmt angesehen werden, als nach den Verhältnissen des Kommissionärs seine Summenschuld dem Kommittenten thatsächlich genügende Sicherheit gewährte. Es war deshalb vollkommen der Sachlage entsprechend, wenn die Sp.'schen Erben nach Erlangung der Überzeugung von der vorhandenen Unterbilanz des Geschäftes bedenklich wurden, ob noch über die klägerischen Dortmund-Gronauer Aktien zur Erfüllung des per ultimo Juli zu effektuierenden Verkaufsgeschäftes von ihnen verfügt werden könnte, und es war der Rat des von der Sachlage unterrichteten Konkursverwalters C. durchaus zutreffend, wonach die Sp.'schen Erben, da sie bei der Lage des Geschäftes verpflichtet seien, alles in statu quo zu erhalten, das für die Lieferung der Dortmund-Gronauer Aktien vom Käufer eingehende Geld besonders einpacken und als Eigentum des Klägers bezeichnen sollten. Da aber die Sp.'schen Erben den Rat des C. befolgten, so muß angenommen werden, daß sie auch schon von dem Zeitpunkte ab, in welchem das Kaufgeld ihrem Kassenboten seitens des Käufers eingehändigt wurde, dieses Geld lediglich für Kläger als dessen Vertreter in Besitz nehmen wollten. Die rechtliche Möglichkeit solcher Besitzergreifung für einen Anderen, wenn auch der in Besitz Stehende dem Tradenten gegenüber auftritt, ohne jenen Willen, den Besitz sofort als Vertreter eines Dritten zu ergreifen, diesem kundzugeben, besteht, wie sie für das gemeine Recht überwiegend anerkannt wird,

vgl. Bremer in Zeitschr. für Civilrecht und Prozeß N. F. Bd. 20 S. 43 flg.; Exner, a. a. O. S. 129; Randa, Besitz S. 471; Meischeider, Besitz S. 274,

auch für das preußische Recht,

Vgl. Dernburg, Preuß. Privatrecht 4. Aufl. Bd. 1 S. 370.

Bei dem Abnehmer der verkauften Effekten, der dafür den Kaufpreis übergiebt, läßt sich mangels der Aufzeichnung besonderer Umstände in bezug auf die Übertragung des Geldes kein anderer Wille annehmen, als der, dem Lieferer der Effekten gegenüber unter Befreiung von der Kaufgeldschuld sein Eigentum an dem Gelde aufzugeben, während es für ihn ohne Interesse ist, ob dieser den Besitz und das Eigentum für sich oder für einen Dritten antritt.

... Haben aber die Sp.'schen Erben das gezahlte Kaufgeld gleich vom Zeitpunkte der Zahlung an für Kläger in Besitz genommen, woran sie auch der Umstand nicht zu verhindern vermochte, daß die empfangene Summe um einen unbedeutenden Betrag dasjenige, was Kläger zu bekommen hatte, überstieg, indem der überschießende Betrag später davon abgesondert werden konnte, so fragt es sich nur noch, ob die Wirkung dieser Handlung zu Gunsten des Klägers sodann wieder dadurch vereitelt worden ist, daß der Geldbetrag zunächst, als er in das Sp.'sche Geschäft überbracht wurde, daselbst in die Geschäftskasse zu anderem daselbst befindlichen Gelde ohne Absonderung von diesem gelegt und erst einige Stunden später aus dieser Kasse ein dem dem Kläger zukommenden Verkaufserlöse entsprechender Betrag entnommen und in das Couvert verschlossen worden ist.

Allerdings gilt auch für das preußische Recht,

vgl. §§. 45. 46 A.L.R. I. 15; Bornemaun, Preuß. Civilrecht Bd. 2 S. 146; Dernburg, Preuß. Privatrecht 4. Aufl. Bd. 1 S. 461 Note 3, S. 593 Note 2; Förster-Eccius, Preuß. Privatrecht 5. Aufl. Bd. 3 S. 277,

der gemeinrechtliche Grundsatz, daß bei barem Gelde der Besitz- und Eigentumsverlust eintritt, wenn die Geldstücke in die Gewahrsam eines Anderen gelangen und daselbst in folge der Vermischung mit anderem Gelde ihre Unterscheidbarkeit verlieren. Dieser Satz, für den die l. 78 Dig. de solut. 46, 3 die Voraussetzung ausspricht, daß die nummi inscio vel invito domino in die Gewahrsam des Anderen gelangt sind, schließt die rechtliche Möglichkeit der Begründung eines Miteigentums nicht aus, falls mehrere im Eigentume verschiedener Personen stehende Geldbeträge von den Eigentümern mit dem Willen zusammengeworfen werden, ein Miteigentum an dem Gesamtgeldbestande nach Bruchteilen entsprechend der Höhe der bisherigen gesonderten Geldbestände zu begründen. Entspricht dem hierauf gerichteten Willen des einen Eigentümers, der seinen Geldbestand dem des anderen Eigentümers so, daß er in die Gewahrsam des letzteren tritt, zuführt, nicht auch der Wille des letzteren, so wird freilich jener Wille wirkungslos bleiben und der angeführte Rechtssatz in Kraft treten. Im vorliegenden Falle waren aber die Sp.'schen Erben, während sie den Kauferlös für die Dortmund-Gronauer Aktien für den Kläger besaßen, zugleich Eigentümer der Geschäftskasse, in welche jenes Geld gethan wurde, bezw. des darin befindlichen Geldbestandes, mit welchem es vermischt wurde. Daß dieselben den Willen gehabt hätten, während sie doch im Interesse des Klägers und zu seiner Sicherung dem Erlöse für die Aktien dieselbe rechtliche Sonderstellung bereiten wollten, welche bisher die Aktien selbst gehabt hatten, in Vereitelung des Erfolges des bis dahin zu diesem Zwecke Geschehenen durch das Bringen des Geldes zur Kasse nunmehr sich das Eigentum desselben zuzuwenden, kann nicht angenommen werden. Es läßt sich nur annehmen, daß sie in der Meinung gehandelt haben, durch dieses einstweilige Legen des Geldes in die Kasse die gewollte Sonderung nicht zu beeinträchtigen. Es erscheint deshalb gerechtfertigt, jene Zuführung des Geldes zur Geschäftskasse in einem Sinne zu verstehen, vermöge dessen gegenüber der objektiv unvermeidlichen Wirkung des Zusammenwerfens der Geldbeträge der Wille der Handelnden, den Besitz und das Eigentum des Klägers an dem vereinnahmten Kaufgeldbetrage demselben zu erhalten, soweit als möglich, seine Geltung behält. Dies geschieht bei der Annahme der Begründung eines Miteigentums. Dieselbe erscheint umsoweniger bedenklich, als entsprechend der Absicht der Sp.'schen Erben, den bisherigen Zustand bis zur unvermeidlichen Konkurseröffnung unverändert zu erhalten, die Geschäftskasse zu Verausgabung von Geld nicht mehr bestimmt gewesen sein dürfte, wie denn auch Beklagte selbst behauptet, daß bei der Konkurseröffnung derselbe Kassenbestand, wie zur Zeit der Zuführung des Aktienkaufserlöses, vorhanden gewesen sei. Auch kann nicht behauptet werden, daß mit Annahme solchen Miteigentums den Sp.'schen Erben der Wille einer rechtlichen Gestaltung untergeschoben werde, den sie nicht gehabt hätten. Bringen mehrere Eigentümer mit Willen Geldbestände derartig zusammen, daß die Geldstücke ununterscheidbar werden, und hat doch jeder von ihnen den Willen, den Anderen zum Eigentümer des Ganzen zu machen, so entsteht wie bei jeder unlösbaren Vereinigung gleichartiger Stoffe verschiedener Herren in folge der verlorenen Selbständigkeit der dem einzelnen Herrn gehörig gewesenen Stoffe eben Miteigentum an dem Ganzen, gerade wie dieses Ergebnis bei Geldstücken dann eintreten muß, wenn mehrere Haufen von Geldstücken, die verschiedenen Eigentümern gehören, zusammengeworfen sind, ohne daß sich ermitteln läßt, welcher der beiden früher für sich liegenden und in verschiedenem Gewahrsam gewesenen Haufen der den Anderen aufnehmende und welcher der aufgenommene gewesen ist. Der übereinstimmende Wille eines jeden der Eigentümer, seine Gelder mit denen des Anderen zu vermischen, aber das Eigentum am Ganzen nicht dem Anderen zu überlassen, genügt zur Begründung des Miteigentums. Demnach war die einige Stunden später geschehene Aussonderung des dem Kauferlöse für die Dortmund-Gronauer Aktien, soweit er dem Kläger zukam, entsprechenden Geldbetrages die reale Teilung des bis dahin bestandenen Miteigentumes und die ausgeschiedenen Gelder wurden Alleineigentum des Klägers. . . .

Die Beklagte hat aber ein Guthaben des Sp. aus dem Geschäftsverkehr mit Kläger, wegen dessen sie den Geldbetrag zurückbehalten könnte, nicht geltend gemacht."

---

63. Ist die Generallandschaft, wenn nach ihrem Reglement der Amortisationsfonds bei von ihr ausgegebenen Pfandbriefdarlehnen im Versteigerungsverfahren des belasteten Grundstückes der Kaufgeldermasse hinzutritt, verpflichtet, im Versteigerungstermine den Realinteressenten über die Höhe des gedachten Fonds Auskunft zu erteilen?

V. Civilsenat. Urt. v. 16. Oktober 1889 i. S. v. R. (Kl.) w. die Pomm. Generallandschaft (Bekl.). Rep. V. 152/89.

I. Landgericht Stettin.
II. Oberlandesgericht daselbst.

Die Frage ist bejaht aus folgenden

Gründen:

„Es liegt folgender Sachverhalt vor.

Das in Kolberger Kreise gelegene, früher dem Rittmeister Sch. gehörige Rittergut Fritzow gelangte im Jahre 1886 zur Zwangsversteigerung und wurde durch Zuschlagsurteil vom 28. Juli 1886 dem Kaufmann A. zu Stettin für 409 000 *M* zugeschlagen. In dem Grundbuche von Fritzow standen für die Pommersche Landschaft mehrere Pfandbriefdarlehne zum Gesamtbetrage von 189 675 *M*, und ferner für den Kläger eine hypothekarische Forderung von 9000 *M* verzinslich eingetragen. Zur Zeit der Kaufgelderbelegung (am 4. September 1886) betrug der Anteil des Gutes Fritzow am Amortisationsfonds 6863,45 *M*. Die Beklagte schüttete jedoch nicht diesen ganzen Betrag zur Kaufgeldermasse aus, sondern kürzte von demselben die

Konvertierungskosten der Pfandbriefdarlehne mit 4692,97 ℳ. Infolgedessen gelangte die Forderung des Klägers nur teilweise zur Hebung. Der Ausfall beträgt nach dem Thatbestande des ersten Urteiles 4295,97 ℳ.

Der Kläger verlangt von der Beklagten Ersatz des ihm hiernach erwachsenen Schadens und stützt seinen Anspruch auf zwei Fundamente.

1. Er glaubt, daß die Beklagte nach §. 292a des revidierten Pommerschen Landschaftsreglements vom 26. Oktober 1857 (G.S. von 1857 S. 945 flg. S. 1014) verpflichtet war, den ganzen Anteil des Rittergutes Fritzow zur Kaufgeldermasse auszuschütten, und daß sie gemäß §. 56 des Gesetzes vom 13. Juli 1883 etwaige auf das Guthaben anzurechnende Gegenforderungen im Versteigerungstermine anmelden mußte, was nicht geschehen sei. —

Der Berufungsrichter hat diesen Klagegrund verworfen. Er führt aus, daß zwar der Anteil des Gutsbesitzers, welcher Pfandbriefe genommen hat, am Amortisationsfonds der Regel nach ein untrennbares Zubehör des Gutes bilde und auf jeden neuen Erwerber übergehe, daß jedoch diese Vorschrift keine Anwendung finde, wenn das bepfandbriefte Gut zur Zwangsversteigerung gelangt. In diesem Falle werde gemäß §. 292a des Reglements der Amortisationsfonds zur Kaufgeldermasse ausgeschüttet. Er diene also zur Befriedigung der Realgläubiger und stehe nicht zur Verfügung des Subhastaten.

Vgl. v. Brünneck in Gruchot, Beiträge Bd. 28 S. 496 Note 196.

Der Berufungsrichter hat jedoch weiter erwogen, daß nach dem Erlasse vom 25. April 1881 (Amtsbl. der Königl. Regierung zu Stettin von 1881 S. 109) der Gutsbesitzer zum Zwecke der Konvertierung über den Amortisationsfonds verfügen dürfe. Dies habe Sch., der frühere Eigentümer des Gutes Fritzow, mittels der bei den Akten befindlichen Vollmacht vom 17. Februar 1886 gethan, indem er die Konvertierung der Pfandbriefdarlehne und die Entnahme der Kosten aus seinem Amortisationsguthaben beantragte. Der Berufungsrichter nimmt an, daß die Beklagte hierdurch berechtigt wurde, den ihr erteilten Auftrag zur Durchführung der Konvertierung in Ausführung zu bringen und die Kosten, welche schon vor Einleitung der Zwangsverwaltung und Versteigerung entstanden waren, von dem Guthaben zu kürzen.

Diese Entscheidungsgründe sind von der Revision des Klägers nicht angegriffen. Sie lassen auch einen Rechtsirrtum nicht erkennen. Insbesondere kann die Ausführung des Klägers, daß §. 56 des Gesetzes vom 13. Juli 1883 die Beklagte zur Anmeldung ihrer Gegenforderung verpflichtete, nicht für begründet erachtet werden.[1]

2. In zweiter Linie stützt der Kläger seinen Anspruch auf das Verhalten des Landschaftssyndikus C. im Versteigerungstermine. Wenn früher die Haftpflicht der Beklagten für Handlungen oder Erklärungen des C. dahin begründet wurde, C. sei Beamter oder gesetzlicher Vertreter der Beklagten, so haben diese Behauptungen ihre Erledigung gefunden, indem C. nach der stattgehabten Beweisaufnahme nicht Syndikus der Beklagten, sondern der Landschafts-Departementsdirektion zu Treptow a. R. ist und als deren Vertreter den Versteigerungstermin wahrgenommen hat.

Von dem Kläger wird jedoch weiter behauptet, C. habe in dem Bietungstermine auf Befragen verschiedener Bietungsinteressenten, insbesondere des Justizrates L. und des Konsuls L. in Kolberg, erklärt, daß der Amortisationsfonds von etwa 6000 ℳ unverkürzt dem Meistgebote zutrete; auf Grund dieser jedem Anwesenden vernehmbaren Auskunft habe er (oder der Konsul L. für ihn) die Berechnung aufgestellt, wie weit er, um gedeckt zu werden, mitbieten müsse; er würde, wenn er die von dem Amortisationsguthaben in Abzug gebrachte Forderung der Beklagten gekannt hätte, um diesen Betrag sein Gebot erhöht haben, und ebenso würde der nach ihm als Hypothekengläubiger eingetragene Käufer A., um seine Forderung zu retten, den Betrag der Gegenforderung seinem Gebote von 409 000 ℳ zugelegt haben. Der Kläger ist der Ansicht, daß die Beklagte als Verwalterin des Amortisationsfonds verpflichtet war, den Beamten der Landschaft (C.) in die Lage zu setzen, daß er den zur Frage nach der Höhe des Fonds berechtigten Bietungsinteressenten die richtige Auskunft erteilen konnte. Er beruft sich auf das Zeugnis des C. darüber, daß die

[1] Welche Rechtsgrundsätze in betreff des Amortisationsfonds gelten, wenn das Reglement der Landschaft nicht die oben erwähnte Bestimmung des pommerschen Reglements vom 26. Oktober 1857 §. 292a enthält, darüber siehe die Ausführungen v. Brünneck's in Gruchot, Beiträge Bd. 29 S. 23 flg. 161 flg. 465 flg., namentlich S. 44 und das Urteil des Reichsgerichtes in denselben Beiträgen Bd. 32 S. 402. D. E.

Mitteilung auf seine Anfrage bei der Beklagten erfolgt sei, und zwar zum Zwecke der Auskunftserteilung und Mitteilung im Bietungstermine.

Diese im Schriftsatze des Klägers vom 27. November 1888 enthaltenen Angaben sind ihrem wesentlichen Inhalte nach in den Thatbestand des zweiten Urteiles übernommen. Überdies ist der Schriftsatz unter Hinweis auf die darin benannten Beweismittel angezogen.

Der Berufungsrichter hat auch diesen Klagegrund verworfen. Er führt aus, der Kläger habe aus dem Landschaftsreglement nicht nachgewiesen, daß C. ohne Vollmacht die Generallandschaft bezüglich des von ihr verwalteten Amortisationsfonds vertreten könne; eine Verpflichtung der Beklagten, im Versteigerungstermine Auskunft über die Höhe des Amortisationsguthabens zu erteilen, lasse sich nicht annehmen. Sei aber C. nicht Vertreter der Beklagten gewesen, so könne dessen Mitteilung die Beklagte auch dann nicht verpflichten, wenn sie auf einer Auskunft beruhte, welche C. zum Zwecke der Auskunftserteilung im Termine eingeholt hatte.

Die vom Kläger über diese Entscheidung erhobene Beschwerde erscheint begründet.

Es muß zunächst die Ansicht des Berufungsrichters, daß die Beklagte zur Auskunftserteilung nicht verpflichtet war, für rechtsirrtümlich erachtet werden. Wie schon erwähnt, soll nach §. 292a des Reglements der Amortisationsfonds, wenn ein bepfandbrieftes Gut zur notwendigen Subhastation gelangt, zur Kaufgeldermasse ausgeschüttet werden. Daraus folgt, daß das zur Befriedigung der Realgläubiger des Gutes bestimmte Kaufgeld aus zwei Faktoren besteht, dem Meistgebote und dem Guthaben am Amortisationsfonds. In der preußischen Gesetzgebung ist seit langer Zeit der Grundsatz anerkannt, daß die Realgläubiger das Recht haben, bei der Zwangsversteigerung eines Grundstückes vor dem Zuschlage Kenntnis von der Höhe des Kaufgeldes zu erlangen, um ermessen zu können, ob dasselbe zur Deckung ihrer Forderungen hinreicht. Sie werden deshalb über die Erteilung des Zuschlages mit ihren Anträgen gehört und können denselben unter Umständen verweigern oder gegen Sicherheitsleistung die Ansetzung eines neuen Bietungstermines erbitten (vgl. §§. 38. 41 flg. A.G.O. I. 52, §§. 27 flg. der Subhastationsordnung vom 15. März 1869, §. 74 des Gesetzes vom 13. Juli 1883). Das Reglement vom 26. Oktober 1857 enthält keine Bestimmung, aus welcher geschlossen werden könnte, daß von diesem Grundsatze abgewichen und ein Realgläubiger bei der Subhastation bepfandbriefter Grundstücke ungünstiger, als bei der Subhastation nicht bepfandbriefter gestellt werden sollte. Setzt sich das zur Befriedigung der hypothekarischen Forderungen bestimmte Kaufgeld, wie hier, aus zwei Faktoren zusammen, so müssen die Realgläubiger befugt erachtet werden, beide Faktoren zu kennen, weil sie nur dann berechnen können, ob das Kaufgeld zu ihrer Deckung genügt. Daraus folgt ihr Recht, im Versteigerungstermine vor Erteilung des Zuschlages Auskunft über den zur Kaufgeldermasse fließenden Betrag des Amortisationsfonds zu verlangen.

Zur Erteilung dieser Auskunft verpflichtet ist die Beklagte als diejenige, welche den Fonds verwalten und demnächst zur Kaufgeldermasse ausschütten muß. Sie allein kennt die Höhe desselben und die davon, wie im vorliegenden Falle, zu machenden Abzüge genau. Das Reichsgericht hat deshalb angenommen, daß die Beklagte verpflichtet war, im Bietungstermine auf Verlangen der Subhastationsinteressenten Auskunft über den zur Kaufgeldermasse fließenden Betrag des Amortisationsfonds zu geben. In welcher Weise sie diese ihre Verbindlichkeit erfüllte, ob sie über die Höhe des Guthabens Auskunft zu den Versteigerungsakten gelangen, oder ob sie durch einen ihrer Beamten, oder durch einen Beauftragten die verlangte Erklärung in dem Termine abgeben ließ, unterlag ihrem Befinden. Sie genügte jedoch ihrer Verpflichtung nicht schon dadurch, daß sie die Höhe des Amortisationsfonds ohne Rücksicht auf ihre damals schon begründete Gegenforderung angab. Denn das Interesse der Realgläubiger ging dahin, die Höhe des aus dem Meistgebote und dem Guthaben am Amortisationsfonds zusammengesetzten Kaufgeldes zu erfahren, und dem wurde nur dadurch genügt, daß die Beklagte ihnen den Betrag des Amortisationsfonds, welcher dem Meistgebote hinzutreten würde, mitteilte. — Die Beklagte wurde weiter von ihrer Verpflichtung auch nicht dadurch befreit, daß sie, wie von ihr behauptet ist, zur Zeit des Versteigerungstermines den Betrag der abzuziehenden Konvertierungskosten nicht ziffermäßig genau angeben konnte. Es lag ihr in solchem Falle ob, diejenige Auskunft zu erteilen, welche sie nach Lage der Sache erteilen konnte. Hier ist zudem vom Kläger unter Beweis gestellt, daß der Beauftragte der Beklagten die jedenfalls unrichtige Erklärung abgegeben habe, das ganze Guthaben am Amortisationsfonds von etwa 6000 ℳ fließe in die Kaufgeldermasse. Es kommt auch nicht darauf an, ob der Kläger selbst, oder ob andere Realinteressenten — Justizrat L., Konsul L. — die Auskunft verlangt haben. Die Versteigerung eines Grundstückes durch den Richter ist eine Verhandlung, in welcher alle erschienenen Interessenten mitwirken. Erklärungen, welche der Richter über die Beobachtung der gesetzlichen Formen, über den Inhalt des Grundbuches &c abgiebt (§. 52 des Gesetzes vom 13. Juli 1883), oder Anträge, welche ein Realinteressent in betreff der Kaufbedingungen (§. 45 das.) oder wegen Erteilung oder Versagung des Zuschlages stellt (§. 74), berühren das Interesse aller Realinteressenten und sind für ihre Rechte und Pflichten maßgebend. In dieser Beziehung ist der Versteigerungstermin keine Verhandlung der einzelnen Realgläubiger unter sich. Es würde zu einem vom Gesetze nicht beabsichtigten Formalismus führen, wenn man jeden Realgläubiger verpflichtet erachten wollte, die Frage, welcher Betrag des Amortisationsfonds dem Meistgebote hinzutrete, an den Beauftragten der Beklagten zu richten. Das Reichsgericht hat deshalb den Kläger für berechtigt gehalten, die dem Justizrate L. oder dem Konsul L. im Termine gegebene Auskunft als auch ihm erteilt anzunehmen.

Der Streit der Parteien betrifft weiter die Frage, ob der Rechtsanwalt und Landschaftssyndikus C. die behauptete unrichtige Erklärung über die Höhe des Amortisationsguthabens als Beauftragter der Beklagten abgegeben habe. Nach dem oben mitgeteilten Wortlaute der klägerischen Behauptung soll C. bezeugen, daß die Beklagte ihm auf seine Anfrage die unrichtige Mitteilung über die Höhe des Amortisationsfonds gemacht habe, und zwar zu dem Zwecke der Auskunftserteilung und Mitteilung im Bietungstermine. Ist das richtig, hat also die Beklagte gewußt, daß C. ihre Angabe über die Höhe des Fonds den Bietern mitteilen wollte, und hat sie ihn durch ihre Mitteilung in den Stand setzen wollen, der ihr obliegenden Pflicht zur Auskunftserteilung an ihrer Stelle zu genügen, so liegt ein Auftragsverhältnis vor, und die Beklagte haftet für den Schaden, welcher durch die von ihrem Beauftragten der erhaltenen Weisung gemäß abgegebene unrichtige Auskunft dem Kläger erwachsen ist."...

64. 1. Kann im Geltungsbereiche der preußischen Grundbuchordnung dem persönlichen Gläubiger, welcher auf Grund des Reichsgesetzes vom 21. Juli 1879 eine vom Schuldner bestellte, bei der Zwangsversteigerung des Pfandgrundstückes zur Hebung gelangte Hypothek gegen den Hypothekengläubiger anficht, der Einwand entgegengesetzt werden, daß im Zwangsversteigerungsverfahren nachstehende Hypotheken ausgefallen seien?

2. Inwieweit steht dem Anfechtungsbeklagten der Einwand zu, daß er die Verpflichtung zur Rückgewähr der anfechtbaren Leistung bereits einem anderen Gläubiger gegenüber erfüllt habe?

3. Worauf geht gemäß §§. 31. 34. 119 des Zwangsvollstreckungsgesetzes vom 13. Juli 1883 der Rückgewähranspruch, wenn die Einräumung des Zinsrechtes für eine unverzinslich eingetragene Forderung, deren Fälligkeitszeit ungewiß war, angefochten wird?

4. Welche Bedeutung hat der §. 841 A.L.R. I. 11?

VI. Civilsenat. Urt. v. 7. Oktober 1889 i. S. A. L. & Co. (Kl.) w. v. T. u. Gen. (Bekl.) Rep. VI. 147/89.

I. Landgericht Bromberg.
II. Oberlandesgericht Posen.

Die Entscheidung ist oben unter „Reichsrecht" Nr. 18 S. 92 abgedruckt.

---

65. Wem gebühren die Zinsen der hinterlegten Entschädigungssumme für die Zeit vor Vollziehung der Enteignung?

V. Civilsenat. Urt. v. 26. Oktober 1889 i. S. W.'sche Erben (Kl. u. Widerbekl.) w. Stadtgemeinde Berlin (Bekl. u. Widerkl.). Rep. V. 161/89.

I. Landgericht I Berlin.
II. Kammergericht daselbst.

Die vorstehende Frage ist gegen die Ansicht der Instanzgerichte zu Gunsten des Eigentümers entschieden worden aus folgenden

Gründen:

„Die Beklagte fordert mit der Widerklage 201,09 ℳ als den Betrag der von den Klägern mit der hinterlegten Entschädigungssumme erhobenen Zinsen für die Zeit von der Hinterlegung bis zur

Zustellung des Enteignungsbeschlusses (28. Januar 1886). Diese Klage charakterisiert sich als condictio sine causa (Bereicherungsklage), ist aber als solche unbegründet. Der Unternehmer hat die Entschädigungssumme, bevor die Enteignung ausgesprochen werden kann, zu zahlen oder zu hinterlegen (§. 29 Abs. 3. §. 34 Abs. 1 des Enteignungsgesetzes). Die Hinterlegung findet im Interesse Dritter statt (§. 37 a. a. O.) und modifiziert das Rechtsverhältnis zwischen den Hauptbeteiligten nicht; in dieser Beziehung steht dieselbe völlig der Zahlung gleich; der Unternehmer tilgt damit ebenso wie durch die Zahlung seine Verpflichtung gegenüber dem Eigentümer und hat — abgesehen von dem Anspruche auf Rückzahlung im Falle einer Herabsetzung der Entschädigungssumme im Rechtswege (§. 36 Abs. 3) — keinen Anteil mehr an der Hinterlegungssumme.

Vgl. Löbell, Enteignungsgesetz S. 180 Nr. 9.

Die von derselben aufkommenden Zinsen sind eine Erweiterung (Accession) des Kapitals und kommen als solche demjenigen zu, für den das Kapital hinterlegt ist; der Hinterleger, sofern er nicht das Kapital selbst zurücknehmen kann, hat auch keinen Ansprch auf die Zinsen.

Auch aus dem durch die Enteignung erzeugten obligatorischen Verhältnisse, insbesondere aus der Analogie des Kaufvertrages läßt sich ein solcher Anspruch nicht herleiten. Der erste Richter, dessen Gründen sich bei diesem Punkte der Berufungsrichter lediglich anschließt, scheint, indem er auf §. 32 des Enteignungsgesetzes und die danach mit der Enteignungserklärung eintretende Einweisung in den Besitz hiuweist, den im §. 109 A.L.R. I. 11 ausgesprochenen Grundsatz, daß keiner der Kontrahenten wider des anderen Willen Sache und Kaufgeld zugleich nutzen kann, im Auge zu haben. Allein ebensowenig, wie der Käufer, wenn Vorauszahlung des Kaufpreises bedungen ist, in der Zeit bis zur Übergabe, sofern letztere nicht kontraktwidrig verzögert wird, die Verzinsung des vertragsmäßig gezahlten Kaufpreises bis zum Tage der Übergabe verlangen kann (§. 116 a. a. O.), weil eben in diesem Falle die Nutzung von Kaufgeld und Sache durch den Verkäufer nicht wider den Willen des anderen Teiles erfolgt, ebensowenig kann der Unternehmer Verzinsung der gezahlten Entschädigungssumme bezw. Herauszahlung der Hinterlegungszinsen für die Zwischenzeit bis zur Vollziehung der Enteignung fordern. Denn den Willen der Kontrahenten ersetzt im Falle der Enteignung das Gesetz. Dieses verpflichtet den Unternehmer zur Vorauszahlung der vorläufig oder definitiv festgestellten Entschädigung. Es liegt in seiner Hand, durch den Nachweis der Zahlung oder Hinterlegung den Enteignungsbeschluß herbeizuführen. Daß bis zur geschäftsmäßigen Erledigung einige Zeit vergeht, ist unvermeidlich, und es muß deshalb dieser Zwischenzustand, in welchem der Expropriat sich schon im Besitze der Entschädigung befindet, obwohl die Enteignung noch nicht vollzogen ist, als vom Gesetze gewollt angesehen werden. Eine unrechtmäßige Bereicherung der Kläger aus dem Vermögen der Beklagten liegt sonach nicht vor." ...

IV. Rheinisches Recht.

66. Wird ein in Baden domizilierter Staatsangehöriger des Königreiches Preußen aus dem Gebiete des Allgem. Landrechtes als überlebender Ehegatte gesetzlicher Vormund seiner minderjährigen Kinder (L.R.S. 390) und steht diesen an den in Baden erworbenen Liegenschaften ihres Vaters das gesetzliche Mündelpfandrecht (L.R.S. 2121) zu, oder ist zufolge L.R.S. 3 Abs. 3 das heimatstaatliche Vormundschaftsrecht (§. 11 der preuß. Vormundschaftsordnung vom 5. Juli 1875) maßgebend?

II. Civilsenat. Urt. v. 31. Mai 1889 i. S. V. (Kl.) w. W. (Bekl.) Rep. II. 100/89.

I. Landgericht Karlsruhe.
II. Oberlandesgericht daselbst.

L. V. von Tilsit nahm seinen Wohnsitz in Pforzheim, wo er ein Haus mit Apotheke erwarb und sich im Jahre 1873 verehelichte. Nach dem Tode seiner Ehefrau (im Jahre 1880) behandelte ihn das Amtsgericht Pforzheim gemäß L.R.S. 390 als gesetzlichen Vormund seiner minderjährigen Kinder und ließ das gesetzliche Mündelpfandrecht (L.R.S. 2121) im Unterpfandsbuche von Pforzheim auf das erwähnte Haus eintragen. L. V. verkaufte das Haus mit Apotheke im Jahre 1883 an S., und dieser verkaufte es weiter an W., welcher es noch besitzt. Nachdem L. V., welcher den Kaufpreis des Hauses erhoben hatte, nach Freiburg i. Br. übergesiedelt war, wurden durch Beschluß des Justizministeriums die vormundschaftlichen Rechte über dessen minderjährige Kinder gemäß §. 5a des badischen Rechtspolizeigesetzes auf das Amtsgericht Freiburg übertragen, und da diesen Kindern auf Ableben ihrer Mutter und anderer Verwandten Vermögen zugefallen war, L. V. aber, welcher das Vermögen eingezogen hatte, beharrlich jede Auskunft und Nachweisung sicherer Anlage verweigerte, sodaß das Mündelvermögen für ernstlich gefährdet erachtet wurde, erkannte das Amtsgericht Freiburg unterm 18. Mai 1884 auf dessen Absetzung als Vormund mit der Aufforderung, Rechnung zu stellen und das Mündelvermögen an den neu ernannten Vormund G. auszuliefern. L. V. zog, ohne dieser Auflage nachgekommen zu sein, mit seinen Kindern nach Ostpreußen zurück, und der Vormund G. erhob mit obervormundschaftlicher Ermächtigung gegen W. als gegenwärtigen Besitzer des L. V.'schen Hauses die Pfandklage mit dem Antrage: „den Beklagten zu verurteilen, entweder die Forderung der Mündel mit 38 647,30 ℳ nebst Zinsen zu bezahlen oder von dem Unterpfande ohne Vorbehalt abzutreten."

Der Beklagte bestritt die Entstehung des gesetzlichen Mündelpfandrechtes unter Berufung auf die preußische Vormundschaftsordnung vom 5. Juli 1875, wonach beim Ableben der Mutter der Vater die väterliche Gewalt behalte, eine Vormundschaft nicht eintrete und ein Mündelpfandrecht an den Liegenschaften eines Vormundes überhaupt nicht entstehe, und für die Anwendung des preußischen Rechtes auf L.R.S. 3 Abs. 3.

Das Landgericht erkannte auf Abweisung der Klage, und das Oberlandesgericht bestätigte dieses Urteil. Die Revision wurde zurückgewiesen aus folgenden

Gründen:

„Die Revision bestreitet nicht, daß die Kinder des L. V., welcher zu Ende der 1860er Jahre seine ostpreußische Heimat verlassen und in Pforzheim Wohnsitz genommen, aber weder die badische Staatsangehörigkeit erworben noch die preußische aufgegeben hat, nach §. 3 des Reichsgesetzes über die Erwerbung und den Verlust der Staatsangehörigkeit vom 1. Juni 1870 gleichfalls preußische Staatsangehörige sind, sie hält aber die genannten Kläger für verletzt durch die Entscheidung des Berufungsgerichtes, daß infolge Ablebens der Ehefrau des L. V. letzterer nicht, wie dies bei Anwendung des badischen Landrechtes anzunehmen wäre, gesetzlicher Vormund seiner minderjährigen Kinder geworden sei, sondern daß, weil das preußische Recht das Verhältnis beherrsche, eine Vormundschaft durch den Tod der Frau V.

nicht eingetreten sei, der Witwer vielmehr nach wie vor die väterliche Gewalt besitze.

War nach dem maßgebenden Rechte eine Vormundschaft nicht eröffnet, so war auch der Umstand, daß die badischen Amtsgerichte Pforzheim und Freiburg, weil sie sich nach Annahme des Berufungsgerichtes in dem thatsächlichen Irrtume, daß L. V. badischer Staatsangehöriger sei, befanden, nach L.R.S. 390 den Genannten als gesetzlichen Vormund behandelten, die ihnen zukommenden obervormundschaftlichen Rechte gegen ihn geltend machten und den Eintrag des gesetzlichen Mündelpfandrechtes auf das Haus des L. V. in Pforzheim bewirkten, nicht geeignet, vormundschaftliche Rechte und Pflichten zu begründen, was einer weiteren Ausführung nicht bedarf.

Die Eigenschaft der L. V.'schen minderjährigen Kinder als Preußen stand zwar an sich der Ausübung einer obervormundschaftlichen Aufsicht von seiten der badischen Gerichte nicht entgegen, da §. 5b des badischen Rechtspolizeigesetzes vom 6. Februar 1879 verordnet, daß die Zuständigkeit des Amtsgerichtes zur Ausübung der vormundschaftlichen Rechte sich auch auf Nichtbadener erstrecke, welche zur Zeit der Eröffnung der Vormundschaft oder Pflegschaft in dessen Bezirke ihren Wohnsitz oder in Ermangelung eines solchen ihren Aufenthalt haben, daß aber die Vormundschaft über einen Nichtbadener auf Verlangen der Behörden des Heimatstaates an diese abzugeben sei. Allein nicht zutreffend ist der zu Gunsten der Anwendung des badischen Rechtes auf den vorliegenden Fall von der Revision aufgestellte Satz, daß zufolge der §§. 5a. 5b des Rechtspolizeigesetzes in Vormundschaftssachen von den badischen Behörden lediglich das Landesrecht anzuwenden sei. Die erwähnten Gesetzesstellen haben die Bestimmung, die Zuständigkeit in Vormundschaftssachen zu regeln, wie schon die ihnen gegebene Überschrift darthut, und dehnen gegenüber dem früheren Rechte den vormundschaftlichen Schutz zugleich auf Nichtbadener aus, sie unterstellen die Eröffnung einer Vormundschaft, aber die materiell-rechtlichen Voraussetzungen für die Eröffnung sind weder in ihnen noch überhaupt in dem Rechtspolizeigesetze enthalten. Die Frage, welches Recht für die Eröffnung einer Vormundschaft über Nichtbadener das maßgebende sei, ist nach den Grundsätzen des internationalen Privatrechtes zu entscheiden, und mit Recht geht das angefochtene Urteil davon aus, daß der badische Richter zunächst die positiven Vorschriften seines Landrechtes über Kollision der Rechte zu erforschen und zur Entscheidung zu benutzen habe.

Eine solche Vorschrift enthält aber L.R.S. 3. Mit Recht wurde die maßgebende Bestimmung nicht in L.R.S. 3 Abs. 1 gefunden, welcher die Polizei- und Sicherheitsgesetze für jeden verbindlich erklärt, der in dem Gebiete des Inlandes sich aufhält, da hiermit nicht das Vormundschaftsrecht des Inlandes auf jeden in das Land eintretenden Fremden für anwendbar erklärt wird, wenn auch die Berechtigung zu Sicherheits- und Schutzmaßregeln hieraus abgeleitet werden könnte. Ebenso kann die Vorschrift des Abs. 2, daß auch die von Ausländern besessenen inländischen Liegenschaften nach den inländischen Gesetzen „gerichtet" werden, nicht für die Entstehung des von den Klägern angesprochenen gesetzlichen Mündelpfandrechtes der L.R.S. 2121. 2135 Abs. 1 verwertet werden, da das accessorische Pfandrecht als Hauptrecht eine aus vormundschaftlicher Verwaltung herrührende Forderung, diese aber die Eröffnung einer Vormundschaft zur Voraussetzung hat. Die entscheidende Vorschrift ist L.R.S. 3 Abs. 3, welche besagt, daß „die Gesetze, welche den Zustand und die Rechtsfähigkeit der Personen bestimmen, sich auf die Inländer selbst alsdann erstrecken, wenn sie im Auslande sich aufhalten". Zu diesem sog. Personalstatute gehören auch die Gesetze, welche die Beziehungen des Vaters zu seinen Kindern, die väterliche Gewalt und die Vormundschaft, regeln. Auch diese soll daher der badische Richter auf Inländer, selbst wenn sie im Auslande ihren Aufenthalt oder Wohnsitz haben, anwenden.

Diese Vorschrift geht von der Annahme aus, daß auch der Fremde im Inlande nach seinem Personalstatute zu behandeln sei, und giebt damit diesem Rechtssatze die gesetzliche Bestätigung, jedenfalls ist derselbe in der Doktrin wie in der französischen und badischen Rechtsprechung allgemein anerkannt. Auch der Nichtbadener ist also in Beziehung auf väterliche oder vormundschaftliche Gewalt nach den Gesetzen seines Heimatstaates zu beurteilen.

Diese von der Revision nicht bestrittene Auslegung des L.R.S. 3 Abs. 3 hat aber hinsichtlich der weiteren Anwendung der Gesetze des Heimatstaates eine Streitfrage hervorgerufen, deren Lösung im Sinne des Berufungsurteiles von der Revision als unrichtig angefochten wird. Das Oberlandesgericht entscheidet den Fall, weil es das preußische Heimatrecht des L. V. und der Kläger für anwendbar erachtet, nach §. 11 der preußischen Vormundschaftsordnung vom 5. Juli 1875, wonach, solange der Vater lebt und die väterliche Gewalt ausübt, eine Vormundschaft nicht eintritt. Die Revision erklärt auf Grund des preußischen Allgem. Landrechtes das badische Familienrecht für anwendbar, weil L. V. seinen Wohnsitz in Baden gehabt habe, und weil, wie das Berufungsgericht selbst anerkenne, das preußische Privatrecht für die Beurteilung von Statusrechten den jeweiligen Wohnsitz des Familienhauptes, des Ehemannes und Vaters, für entscheidend erkläre. Letztere Ansicht ist in der französischen und belgischen Gerichtspraxis mehrfach gebilligt und zur Begründung des Zurückgehens auf das inländische Gesetz als Entscheidungsnorm verwendet worden.

Vgl. Kassationshof 5. Mai 1875, Journ. Pal., Jahrg. 1875 S. 1036; Brüssel, 14. Mai 1881, Sirey, Jahrg. 81 Abt. 4 S. 41; Belgischer Kassationshof, 9. März 1882, Sirey, Jahrg. 82 Abt. 4 S. 17.

Dagegen wird dieselbe von namhaften Schriftstellern über internationales Privatrecht lebhaft bekämpft.

Vgl. Laurent in der Note bei Sirey, Jahrg. 1881 Abt. 4 S. 41; auch dessen Droit international pr. t. III Nr. 265; Labbé im Journal de droit international von 1885 t. XII S. 5 flg.; Despagnet, Précis de droit international privé S. 117.

Das Reichsgericht hat nun zwar ebenfalls bezüglich der Erbfolge die Anwendung des Rechtes des Domizils auf Grund der Bestimmungen des Heimatrechtes des Erblassers für gerechtfertigt erklärt.

Vgl. Urteil in Sachen Marquardt und Franzmann wider Wolff vom 16. Oktober 1885 Rep. II. 219/85 und Entsch. des R.G.'s in Civils. Bd. 20 S. 351.

Im vorliegenden Falle handelt es sich aber um die richtige Auslegung des L.R.S. 3 Abs. 3 bezw. Art. 3 Abs. 2 Code civil, welche dieser Art des Verfahrens entgegensteht.

Nach der angeführten Vorschrift sind die „Gesetze, welche den Zustand und die Rechtsfähigkeit der Personen bestimmen“, deren Staatsangehörigkeit entsprechend in Anwendung zu bringen, also das Personalstatut, nicht das nationale Recht im allgemeinen. Das Gesetz bezeichnet nicht das Heimatrecht als dasjenige, nach welchem der bestehende Konflikt zu lösen, das maßgebende Statut erst zu bestimmen sei, sondern es entscheidet die international-rechtliche Frage selbst, und zwar dahin, daß das Personalstatut des Heimatstaates gelte. Die Meinung ist die, daß ein Ausländer einen Rechtsakt gültig schließen könne, wenn er nach seinem Heimatrechte hierzu fähig ist, ungeachtet er nach dem inländischen Gesetze hierzu nicht befähigt wäre. Der inländische Gegenkontrahent hat sich daher nur zu vergewissern, ob das nationale Recht des Ausländers, mit welchem er einen gewissen Rechtsakt vornehmen will, diesen hierzu befähigt erkläre, ohne weiter untersuchen zu müssen, ob derselbe etwa im Inlande sein Domizil, und zwar dieses nach den von dem Landesrechte des Fremden hierfür aufgestellten Erfordernissen habe, und ob nach den in dessen Heimatstaate geltenden international-rechtlichen Vorschriften das Personalstatut sich nach dem Wohnsitze bestimme. Zwar würde der badische Richter die Rücksicht, welche die badische Landesgesetzgebung den Angehörigen fremder Staaten trägt, durch die Anwendung des badischen Familienrechtes als des Rechtes des Wohnsitzes insofern nicht verletzen, als er das Motiv zur Anwendung des inländischen Rechtes dem nationalen Gesetze des Nichtbadeners entnähme, allein der inländische Richter hat der Vorschrift seines Landesgesetzes zu folgen, wenn dieses die Frage, ob das Personalstatut eines Ausländers nach dessen Domizil oder nach dessen Nationalität zu bestimmen sei, in letzterem Sinne entscheidet. Die räumlichen Grenzen des Geltungsgebietes, welche die ausländische Gesetzgebung diesem Personalstatute gesteckt hat, sind für den inländischen Richter nicht maßgebend, sie können durch die ausländische Gesetzgebung, deren Macht auf das Staatsterritorium beschränkt ist, für ihn nicht verbindlich werden, vielmehr nur durch die eigene, und diese hat dem Personalstatute des Ausländers die Geltung ohne Rücksicht auf den Wohnsitz desselben in einem anderen Lande bis zum Wechsel der Staatsangehörigkeit eingeräumt. Es liegt auch kein genügender Grund zu der Annahme vor, dies sei nur bedingungsweise geschehen, nämlich für den Fall, daß der fremde Staat der Geltung des Personalstatutes seiner Angehörigen nicht selbst engere Grenzen anweise, denn der Inländer soll nach L.R.S. 3 Abs. 3 hinsichtlich seines Zustandes und seiner Rechtsfähigkeit ohne Rücksicht auf seinen Wohnsitz oder Aufenthalt unbedingt unter dem inländischen Gesetze stehen, was auf den gleichen Willen hinsichtlich des Ausländers schließen läßt. Es soll nicht im einzelnen Falle dem Richter zur

Aufgabe gemacht werden zu untersuchen, wieweit er der fremden Gesetzgebung eine Konzession zu machen habe, sondern es ist ihm für alle Fälle als Norm vorgeschrieben, daß das Personalstatut nach der Staatsangehörigkeit zu bestimmen sei. Auch die Rücksicht ist für den inländischen Richter hier nicht maßgebend, womöglich zu der gleichen Entscheidung zu gelangen, welche über den nämlichen Rechtsstreit von den Gerichten des Heimatstaates eines Ausländers zu erwarten wäre. Die Verschiedenheit der Entscheidungen ist durch die Ungleichheit der für die international-rechtlichen Fragen geltenden Gesetzesbestimmungen bedingt. Der badische Richter wird auf den in Preußen domizilierten Badener stets das badische Personalstatut anwenden, der preußische Richter das preußische Gesetz, wenn er das Domizil für die Rechtsanwendung für entscheidend hält. Überdies würde bei allgemeiner Anwendung der von der Revision verteidigten Ansicht auch der preußische Richter, wenn er durch den in Baden befindlichen Wohnsitz eines Preußen zur Anwendung des badischen Rechtes angewiesen ist, nach dem erwähnten Satze 3 Abs. 3 des badischen Landrechtes zu dem preußischen Personalstatute behufs Entscheidung des Rechtsstreites zurückgreifen dürfen, sodaß wiederum eine Ungleichheit der Entscheidungen das Ergebnis wäre.

Ist hiernach zufolge des in Anwendung kommenden preußischen Familienrechtes eine Vormundschaft durch den Tod der Ehefrau V. über deren Kinder nicht eröffnet worden, so sind auch die an eine solche geknüpften Folgen nicht eingetreten und fehlt dem für die minderjährigen Kinder des L. V. aufgestellten Vormunde, von welchem die gegenwärtige Pfandklage erhoben wurde, die Legitimation zu deren Vertretung."

---

67. 1. Bedeutung der Worte „bei dem Betriebe" in §. 1 des Unfallversicherungsgesetzes vom 6. Juli 1884.
2. Bedeutung der Worte „dans les fonctions" in Art. 1384 des bürgerl. Gesetzbuches.[1]

II. Civilsenat. Urt. v. 11. Oktober 1889 i. S. Deutsche Kontinental-Gasgesellschaft in D. (Bekl.) w. C. (Kl.) Rep. II. 173/89.

I. Landgericht Düsseldorf.
II. Oberlandesgericht Köln.

[1] Vgl. „Reichsrecht" Nr. 22 S. 124. D. R.

Gründe:

„1. Nach §. 95 des Unfallversicherungsgesetzes vom 6. Juli 1884 würde die gegenwärtige, gegen den Betriebsunternehmer des in Rede stehenden Werkes erhobene Klage ausgeschlossen sein, wenn die Verletzung des Klägers sich „bei dem Betriebe des Werkes" ereignet hätte. Wenn nun auch die durch das genannte Gesetz eingeführten Verwaltungsgerichte entschieden haben, daß ein Unfall beim Betriebe nicht vorliege, dem Kläger also keine Entschädigung auf Grund des Unfallversicherungsgesetzes zukomme, so hat doch das Prozeßgericht selbständig die Frage zu prüfen, ob der Unfall sich beim Betriebe ereignet habe, und ob dadurch dem jetzt erhobenen Anspruche des Klägers materiell die Grundlage entzogen sei. Dieser Prüfung hat sich auch der Berufungsrichter unterzogen, indem er ausspricht, daß jenen Entscheidungen, welche im vorliegenden Falle einen ursachlichen Zusammenhang zwischen dem Unfalle und dem Betriebe des Werkes vermissen, beizutreten sei. Die Revisionsklägerin rügt, daß diese Erwägung des Berufungsgerichtes einen Rechtsirrtum enthalte, indem der Begriff des Betriebes in weiterem Sinne aufzufassen sei. Es muß jedoch der Auffassung des Berufungsgerichtes beigetreten werden. Das Unfallversicherungsgesetz geht ähnlich wie das Haftpflichtgesetz von der Voraussetzung aus, daß ein ursachlicher Zusammenhang zwischen dem Betriebe oder dessen besonderen Gefahren und dem Unfalle erkennbar sein müsse. Ein bloß zeitliches oder örtliches Zusammentreffen zwischen dem Betriebe oder der Betriebsanlage und dem eingetretenen Schaden genügt nicht ohne weiteres zur Anwendung des Gesetzes. Es muß wenigstens ein mittelbarer Zusammenhang mit den Gefahren, die der Betrieb mit sich führt, vorhanden sein.

Vgl. Woedtke, Unfallversicherungsgesetz 3. Aufl. S. 79 flg.

Im einzelnen Falle wird es zum großen Teile Sache der thatsächlichen Feststellung sein, ob ein Unfall sich beim Betriebe ereignet habe. Wenn im vorliegenden Falle, wo die Verletzung durch einen heftigen nach dem Kopfe des Verletzten ausgeführten Schlag mit einem Stocke herbeigeführt worden ist, das Berufungsgericht angenommen hat, daß dieselbe sich nicht „beim Betriebe" ereignet habe, so kann darin mit Rücksicht auf den oben erläuterten Sinn des Gesetzes ein Rechtsirrtum nicht erkannt werden.

2. Es fragt sich weiter, ob die von der Revisionsklägerin erhobene Rüge, daß der Berufungsrichter den Art. 1384 des bürgerl. Gesetzbuches unrichtig angewendet habe, als begründet zu erachten sei. In dieser Beziehung muß zunächst das Argument der Revision als unzutreffend bezeichnet werden, daß mit der Feststellung, die Verletzung habe nicht beim Betriebe sich ereignet, zugleich festgestellt sei, daß der Arbeiter M., welcher den Schlag geführt hat, denselben nicht im Sinne des Art. 1384 in Ausführung der ihm übertragenen Geschäfte geführt habe. Die Worte im §. 1 des Unfallversicherungsgesetzes „bei dem Betriebe" und in Art. 1384 „dans les fonctions", sowie die sich daran knüpfenden Rechtsbegriffe gehen von ganz verschiedenen Voraussetzungen aus und haben eine ganz verschiedene Bedeutung, sodaß sie nicht miteinander in Parallele gestellt werden können. Es ergiebt sich dies schon daraus, daß das Unfallversicherungsgesetz überhaupt einen préposé im Sinne des Art. 1384 nicht kennt und nur danach fragt, ob der von einem Unfalle Betroffene objektiv beim Betriebe verletzt worden ist. Sollte hierbei zufällig ein anderer in der Fabrik Beschäftigter mitgewirkt haben, so ist es wiederum für die Anwendung des Gesetzes gleichgültig, wie subjektiv die Handlung dieses Anderen im Verhältnisse zu seinem Auftraggeber zu qualifizieren sei. Demnach ist lediglich zu prüfen, ob an und für sich die Voraussetzungen des Art. 1384 gegeben sind.

Dem Berufungsrichter kann darin nur beigestimmt werden, daß M., welcher mit bestimmten Geschäften in der Fabrik betraut war, als préposé im Sinne des Art. 1384 anzusehen war. Dieses Gesetz macht nun die Auftraggeber für den Schaden verantwortlich, welchen die von ihnen Beauftragten „dans les fonctions auxquelles ils les ont employés" verursacht haben. Nach der überwiegend in der französischen Doktrin und Rechtsprechung vertretenen, für richtig zu erachtenden Auffassung kann es zur Anwendung des Art. 1384 nicht genügen, daß etwa ein zeitliches Zusammentreffen der schädigenden Handlung mit der Ausführung des Auftrages stattfindet, noch auch, daß die schädigende Handlung aus Anlaß oder infolge der Ausführung des Auftrages ausgeübt worden ist. Vielmehr ist erforderlich, daß die Handlung zur Vollziehung des Auftrages „dans l'exercice des fonctions" stattgefunden habe. Es muß also die schädigende Handlung in den Kreis derjenigen Verrichtungen gehören, welche die Ausführung des Auftrages darstellen. Handlungen, welche außerhalb dieses Kreises liegen, erzeugen nicht die Haftpflicht des Kommittenten. Liegt aber eine schädigende Handlung der ersteren Art vor, so ist der Auftraggeber für die Folgen derselben verhaftet, ohne Rücksicht darauf, ob er im einzelnen Falle eine solche Handlung seines Beauftragten vorhersehen oder verhindern konnte, und ob etwa ein ursachlicher Zusammenhang zwischen der Handlung und dem Auftrage obwaltet.

Vgl. Sourdat, Reponsabilité en dehors des contrats Bd. 2 Nr. 888. 902 flg.; Laurent, Bd. 20 Nr. 582 flg.; Urteil des Pariser Kassationshofes vom 3. März 1884 in Sirey, 1885, Abt. 1 S. 21.

Das Urteil nimmt als erwiesen an, daß M., als er dem Kläger die Verletzung zufügte, dans ses fonctions gehandelt habe, und hat einen dahingehenden Beweisantrag der Beklagten, daß die Verletzung während einer Arbeitspause erfolgt sei, mit der Erwägung abgelehnt, daß nach dem unangefochtenen Thatbestande des ersten Urteiles, sowie nach den in dem Urteile der Strafkammer enthaltenen Feststellungen als bewiesen anzunehmen sei, daß die Mißhandlung des Klägers unmittelbar bei der Ausführung der aufgetragenen Arbeit stattgefunden habe, daß aber auch selbst dann, wenn die Behauptung der Beklagten wahr wäre, die Verantwortlichkeit der Beklagten nicht ausgeschlossen sein würde, weil die Mißhandlung nicht nur im Fabriklokale der Beklagten, sondern auch während der Arbeitszeit aus Anlaß der aufgetragenen Arbeit von einem Arbeiter an seinem Mitarbeiter verübt worden sei.

Die Revision macht nun geltend, daß der vorerwähnte Beweisantrag der Beklagten ohne genügende Begründung übergangen worden sei. Für die Frage, ob M. dans ses fonctions gehandelt habe, sei es offenbar erheblich, ob die Mißhandlung während einer Arbeitspause erfolgt sei. Aus den Erwägungen des Urteiles bezüglich dieses Punktes ergebe sich zugleich, daß der Berufungsrichter den Art. 1384 unrichtig aufgefaßt habe.

Die letztere Rüge muß für begründet erachtet werden. Die in der eventuellen Erwägung des Berufungsrichters hervorgehobenen Thatumstände erscheinen nicht ausreichend, um die Verantwortlichkeit der Beklagten daraus herzuleiten. Insbesondere kann es nach der oben gegebenen Erläuterung nicht genügen, daß die Verletzung „aus Anlaß der aufgetragenen Arbeit" während der Arbeitszeit erfolgt sei. Es fehlt die Feststellung, daß die Mißhandlung in Ausführung der Arbeit geschehen sei, daß sie sich als eine zur Ausführung des Auftrages gehörige Handlung und damit als einen Teil der Ausführung selbst darstelle. Sofern daher die Entscheidung lediglich durch diese eventuelle Erwägung getragen werden müßte — welcher Fall, wie sich aus Nachstehendem ergeben wird, wirklich vorliegt — ist dieselbe wegen unrichtiger Anwendung des Art. 1384 aufzuheben, wobei noch zu bemerken ist, daß auch die übrigen Erwägungen des Urteiles nicht etwa zu der Annahme führen können, daß der Berufungsrichter von der richtigen Auffassung des Gesetzes ausgegangen sei.

Was nun die Feststellung betrifft, daß die Mißhandlung während der Arbeit, nicht in einer Arbeitspause, stattgefunden habe, so muß die prozessualische Rüge, daß der in dieser Hinsicht erbotene Beweis der Beklagten ohne genügende Begründung übergangen worden sei, für gerechtfertigt erachtet werden. In dieser Hinsicht erscheint die Hinweisung des Berufungsrichters auf den unangefochtenen Thatbestand des ersten Urteiles bedeutungslos, da dieser nur im Eingange die Thatsache erwähnt, daß der Kläger von seinem Mitarbeiter M. „als beide in der Gasfabrik ... arbeiteten", geschlagen worden sei, eine Thatsache, welche nicht ausschließt, daß die Mißhandlung in einer bei der Arbeit gemachten Pause erfolgt sei. Der fernere Grund des Berufungsrichters, daß nach den in dem Urteile der Strafkammer enthaltenen Feststellungen als bewiesen anzunehmen sei, daß die Mißhandlung unmittelbar bei der Ausführung der aufgetragenen Arbeit stattgefunden habe, übersieht, daß durch eine solche Annahme neue Beweise, die das Gegenteil darzuthun geeignet sind, nicht ausgeschlossen werden. Wenn man selbst in dieser Begründung den Ausspruch des Gerichtes annehmen wollte, daß das Gegenteil von dem, was zum Beweise erboten worden, bereits als bewiesen anzunehmen sei, so würde auch dadurch der neu erbotene Zeugenbeweis rechtlich nicht abgeschnitten sein, da, wie das Reichsgericht schon wiederholt ausgesprochen hat, der im §. 411 C.P.O. enthaltene Grundsatz nur von der Eideszuschiebung gilt.

Hiernach unterliegt das Urteil, soweit es auf der thatsächlichen Annahme beruht, daß die Mißhandlung unmittelbar bei Ausführung der Arbeit stattgefunden habe, schon wegen mangelnder Begründung und Verletzung des §. 259 C.P.O. der Aufhebung (§. 513 Nr. 7 daselbst).

Da es noch auf thatsächliche Erörterungen ankommt, mußte die Zurückverweisung der Sache in die Berufungsinstanz erfolgen."

---

68. Unterliegt die Versicherungssumme, welche ein Dritter (der überlebende Ehegatte) infolge eines zu seinen Gunsten abgeschlossenen Versicherungsvertrages erhalten hat, der Minderung wegen Überschreitung des Freiteiles?

II. Civilsenat. Urt. v. 18. Oktober 1889 i. S. L. (Bekl.) w. B. (Kl.) Rep. II. 177/89.

I. Landgericht Straßburg.
II. Oberlandesgericht Kolmar.

Der Vater der Kläger hat am 28. April 1879 einen Versicherungsvertrag über 4000 ℳ abgeschlossen, zahlbar: à Madame B. née C. F. son épouse et à son défaut aux enfants nés et à naître du contractant ou à l'ordre de ce dernier. Nach dem am 5. April 1883 erfolgten Ableben seiner Ehefrau hat er sich mit der jetzigen Beklagten verheiratet. Aus der ersten Ehe sind die Kläger, aus der zweiten ist eine Tochter vorhanden. Am 27. Januar 1886 ist der Vater gestorben und befand sich folgender Zusatz auf der Police: „Je soussigné déclare que le bénéfice de la susdite assurance est au profit de Mad. C. R. mon épouse en secondes noces, à son défaut à mes enfants nés ou à naître."

Die Versicherungsgesellschaft hat die Summe an die Beklagte bezahlt. Der Vormund der erstehelichen Kinder begehrt nun die Verurteilung der Beklagten zur Herausbezahlung des den verfügbaren Teil überschreitenden Betrages. Dementsprechend hat das Landgericht zur Bezahlung von 2000 ℳ verurteilt. Die Berufung ist verworfen, jedoch auf die eingelegte Revision das Berufungsurteil aufgehoben worden aus folgenden

Gründen:

„Das Berufungsgericht legt den Nachtragsvertrag vom 4. August 1884 dahin aus:

Im Versicherungsvertrage vom 28. April 1879 sei in einheitlichem Sinne vereinbart worden, daß beim Wegfalle der zunächst bezeichneten bestimmten Personen diesen diejenigen gleichgestellt werden, an welche zufolge der Order des Versicherungsnehmers die Summe auszubezahlen ist, und daß der zufolge der Orderverfügung Berechtigte später in dasselbe Verhältnis zur Versicherungsgesellschaft treten solle, wie es für die erste Ehefrau des B. von vornherein festgestellt war. Es sei demnach nach der von vornherein zugestandenen und noch fortdauernd wirkenden Einwilligung der Gesellschaft zwischen dieser und B. ein Nachtragsvertrag im Sinne des Art. 1121 zustande gekommen.

Diese Auslegung ist nicht rechtsirrtümlich; denn es steht keine gesetzliche Bestimmung entgegen, daß in einem Vertrage die spätere Benennung eines Dritten in der Weise und mit der Wirkung vorbehalten werde, daß der nachträglich Benannte so angesehen werde, als ob er bereits im ursprünglichen Vertrage als der anspruchsberechtigte Dritte bezeichnet worden wäre. Dieser Dritte in einem Vertrage gemäß Art. 1121 des bürgerl. Gesetzbuches erwirbt aber den Anspruch unmittelbar gegen den Promittenten, die zur Befriedigung des Anspruches bezahlte Summe aus dessen und nicht aus dem Vermögen des Promissars. Dieser hat zunächst nur den Anspruch erworben, daß an den Dritten bezahlt werde.

Hieran ändert im gegebenen Falle der Umstand nichts, daß im Vertrage vom 28. April 1879 die Versicherung zum Vorteile der ersten Ehefrau und für den Fall ihres Vorabsterbens zu Gunsten der Kinder genommen war. Mit dem Tode der Ehefrau fiel der Anspruch keineswegs „in das Sondergut oder die Gütergemeinschaft" B.'s, sondern er war und blieb ein Anspruch der Kinder, welche nach ihr benannt waren. Die zu deren Gunsten getroffene Verfügung war nämlich nicht bloß ein Anerbieten (Offerte), welches der Annahme bedurfte, sodaß bis zu dieser B. der Forderungsberechtigte blieb; vielmehr erwirbt der Dritte die Forderung sofort und nach der unzweideutigen Bestimmung des Art. 1121 bleibt dem Versicherten nur das Recht des Widerrufes bis der Dritte erklärt hat: „Vouloir en profiter." Dieser Widerruf war durch die Orderklausel im Vertrage noch ausdrücklich vorbehalten und, indem der Versicherte von demselben durch Benennung eines anderen Dritten, seiner zweiten Ehefrau, Gebrauch machte, hat er dieser keine ihm zustehende Forderung übertragen, sondern sie an Stelle seiner ersten Ehefrau in den Vertrag eingesetzt. Die Annahme einer Übertragung steht mit dem Begriffe und Wesen eines Vertrages zu Gunsten Dritter geradezu im Widerspruche.

Trat aber die Beklagte an Stelle der ersten Ehefrau und der Kinder zu der Versicherungsgesellschaft in dasselbe Verhältnis, wie es für die erste Ehefrau des B. von vornherein festgesetzt war, so erwarb auch sie die Versicherungssumme nach dem Gesagten nicht aus dem Vermögen ihres Ehemannes; ihr Anspruch gehörte auch nicht zur Errungenschaft (Art. 1498) und fiel demnach nicht in die auf diese beschränkte Gütergemeinschaft zweiter Ehe. Demnach kann auch hinsichtlich der Versicherungssumme nicht von der Anwendung der Artt. 920 flg. 1098. 1099 die Rede sein; denn diese setzen eine aus dem Vermögen des Erblassers entnommene, dasselbe mindernde freigebige Zuwendung voraus.

Die angefochtene Entscheidung steht daher mit der Auslegung, welche das Berufungsgericht dem Nachtragsvertrage vom 4. August 1884 giebt, im Widerspruche und beruht auf Verletzung des Art. 1121 des bürgerl. Gesetzbuches, weil sie verkennt, daß bis zur Bezeichnung eines anderen Dritten der Versicherungsanspruch den Kindern geblieben und nicht an B. zurückgefallen, daß sodann mit Benennung der zweiten Ehefrau diese sofort an die Stelle der ersten Ehefrau und Kinder getreten war, daß ihr also die Versicherungssumme nicht aus dem Vermögen des Erblassers zugewendet worden ist.

Das Urteil war demnach, soweit es die Verurteilung der Beklagten zur Bezahlung von 2000 ℳ mit Zinsen bestätigt, aufzuheben. In der Sache selbst konnte nicht erkannt werden, weil noch zu prüfen ist, ob und wieweit etwa die bezahlten Prämien eine der Minderung unterworfene freigebige Verfügung darstellen."

---

69. Ist nach rheinischem Rechte eine Teilung des Eigentumes in der Weise statthaft, daß dem Einen die Oberfläche, einem Anderen ganz oder teilweise der darunter befindliche Grund und Boden gehöre?

II. Civilsenat. Urt. v. 25. Oktober 1889 i. S. Barmer Aktienbrauerei (Bekl.) w. H. (Kl.) Rep. II. 209/89.

I. Landgericht Elberfeld.
II. Oberlandesgericht Köln.

Die Frage wurde bejaht aus folgenden

Gründen:

„Das Berufungsgericht legt den Vertrag vom 10. Oktober 1862 dahin aus, daß die Witwe B. dem H. an dem zur Errichtung des Kellers veräußerten Raume ein dingliches Recht, und zwar, wie sich aus der Formel des bestätigten erstinstanzlichen Urteiles ergiebt, das Eigentum übertragen habe. Diese nicht nachzuprüfende Auslegung verletzt kein Gesetz. Es besteht keine gesetzliche Vorschrift, welche die vertragsmäßige Schaffung eines in der Weise geteilten Eigentumes verbietet, daß dem Einen die Oberfläche, einem Anderen ganz oder teilweise der darunter befindliche Grund und Boden gehöre. Daß eine derartige Teilung dem Begriffe und Wesen des Eigentumes nicht widerspreche, folgt aus Art. 553 des bürgerl. Gesetzbuches, wo gegen die Vermutung, daß die im Inneren eines Grundstückes errichteten Anlagen dem Eigentümer der Oberfläche gehören, der Gegenbeweis und der Beweis der Ersitzung des Eigentumes an einem unterirdischen Baue zugelassen wird."

---

70. Was ist unter einer allgemeinen Ermächtigung (autorisation générale) im Sinne des Art. 223 des bürgerl. Gesetzbuches zu verstehen?

Liegt eine solche vor, wenn der Ehemann seine Ehefrau ermächtigt hat, sich für alle Forderungen zu verbürgen, welche einem Dritten aus einer Geschäftsverbindung mit dem Ehemanne erwachsen werden?

II. Civilsenat. Urt. v. 25. Oktober 1889 i. S. F. (Kl.) w. Ehefrau M. (Bekl.) Rep. II. 186/89.

I. Landgericht Mainz.
II. Oberlandesgericht Darmstadt.

Der Kläger behauptet, die Beklagte habe für ihren später in Konkurs geratenen Ehemann mit dessen Ermächtigung Solidarbürgschaft übernommen in Ansehung aller Verpflichtungen, welche demselben aus der Geschäftsverbindung mit dem Kläger auf Grund eines Vertrages vom 9. Februar 1887 erwachsen würden. In diesem Vertrage hatte sich der Ehemann der Beklagten verpflichtet, in der Zeit vom 9. Februar 1887 bis 1. Oktober 1888 gewisse Waren ausschließlich von dem Kläger zu beziehen. In der Klage hat Kläger verlangt, daß die Beklagte zur Zahlung eines Betrages von 10 434 ℳ verurteilt werde. Die Beklagte hat Abweisung beantragt, weil die zu einer Verbürgung erforderliche Ermächtigung durch ihren Ehemann nach Art. 223 des bürgerl. Gesetzbuches als unwirksam anzusehen und deshalb auch die Bürgschaft ungültig sei. Der erste Richter hat die Beklagte verurteilt, das Berufungsgericht dagegen die Klage abgewiesen. Die Revision wurde zurückgewiesen aus folgenden

Gründen:

„Bezüglich der Sache selbst handelt es sich lediglich um die Frage, ob der Auslegung des Art. 223 des bürgerl. Gesetzbuches durch das Berufungsgericht eine rechtsirrtümliche Auffassung zu Grunde liegt. Diese Frage ist zu verneinen.

Die erwähnte Vorschrift, nach welcher eine im allgemeinen erteilte Ermächtigung der Ehefrau (autorisation générale) nur insoweit als gültig erscheint, als es sich um die Verwaltung des Vermögens derselben handelt, giebt im wesentlichen einem Gedanken Ausdruck, welcher schon in dem älteren französischen Rechte zur Geltung gelangt war.[1] Nach demselben darf die im Gesetze vorgeschriebene Ermächtigung — abgesehen von bloßen Verwaltungshandlungen — nicht im allgemeinen erteilt werden, es muß vielmehr bezüglich jedes einzelnen Rechtsgeschäftes bezw. Rechtsstreites eine spezielle Ermächtigung erfolgen. Der Grund dieser Vorschrift ist darin zu finden, daß die eheherrliche Ermächtigung, welche, wie sich gerade aus Art. 223 deutlich ergiebt, nicht ausschließlich im Interesse des Ehemannes, sondern im Interesse beider Ehegatten oder der Ehe selbst vorgeschrieben ist, nur dann ihren Zweck erfüllen kann, wenn der Ehemann bezüglich jeder einzelnen Veräußerung bezw. Eingehung einer Verbindlichkeit bei voller Kenntnis der Sachlage und unter Würdigung der voraussichtlichen Wirkungen derselben gewissenhaft prüft, ob diese Handlung den Interessen der Ehegatten entspreche. Nach Art. 223 ist es, wie

---

[1] Vgl. Pothier, Gesamtausgabe Bd. 7 Nr. 67 S. 466 und Bd. 16 Nr. 146 S. 63; Locré, Législation civile Bd. 4 S. 564 Nr. 26. D. E.

das Reichsgericht schon wiederholt ausgesprochen hat, allerdings nicht ausgeschlossen, daß der Ehemann in einem und demselben Akte die Ehefrau zur Vornahme mehrerer bestimmter Rechtshandlungen ermächtigt.[1] Allein es wird hierbei immer vorausgesetzt, daß die abzuschließenden Rechtsgeschäfte so genau bestimmt sind, daß deren Charakter und Tragweite klar zu erkennen sind. Hiernach liegt eine allgemeine Ermächtigung im Sinne des Art. 223 des bürgerl. Gesetzbuches zwar nicht vor, wenn der Ehemann die Ehefrau durch eine und dieselbe Handlung ermächtigt, sich für mehrere genau bezeichnete Forderungen zu verbürgen. Dagegen ist eine solche gegeben, wenn die Ehefrau in allgemeiner Weise ermächtigt wird, die Haftung für alle Verbindlichkeiten zu übernehmen, welche ein Dritter einer bestimmten Person gegenüber eingehen werde. Die Sache liegt hier rechtlich ebenso, wie wenn die Ermächtigung dahingeht, daß die Ehefrau Rechtsgeschäfte anderer Art, z. B. Darlehnsverträge, Kaufverträge &c, mit einer bestimmten Person oder mit mehreren Personen nach ihrem Belieben abschließen dürfe. Der Charakter der allgemeinen Ermächtigung wird insbesondere dadurch nicht ausgeschlossen, daß die Genehmigung zur Übernahme von Bürgschaften auf diejenigen Forderungen beschränkt wird, welche sich aus der Geschäftsverbindung des Dritten mit einer bestimmten Person, z. B. einem Bankier oder sonstigem Kaufmanne, ergeben würden. Auch in derartigen Fällen wird im voraus die Ermächtigung zur Übernahme von Verbindlichkeiten erteilt, bezüglich deren Umfanges vollständige Ungewißheit besteht, deren Tragweite insbesondere der Ehemann nicht übersehen kann. Als zweifelhaft kann es nur erscheinen, ob die dargelegten Grundsätze auch dann Anwendung zu finden haben, wenn die Ehefrau nicht ermächtigt wird, sich in Zukunft durch mehrere Handlungen für Forderungen zu verbürgen, die nach Anzahl und Höhe unbestimmt sind, sondern dieselbe sich mit Genehmigung ihres Ehemannes in einem Akte für alle Forderungen verbürgt, welche einem Dritten aus einer bestimmten Geschäftsverbindung erwachsen werden, sonach von ihr nur ein einziges Rechtsgeschäft abgeschlossen wird. Aber auch eine Ermächtigung der

[1] Vgl. Urt. des Reichsgerichtes (II. Civilsenat) vom 25. März 1884, vom 4. Juli 1885 und 16. Februar 1886; Jurist. Zeitschrift für Elsaß-Lothr. Bd. 9 S. 212 flg.; Puchelt, Zeitschr. Bd. 17 S. 420; Jurist. Wochenschr. Jahrg. 1886 S. 126. D. E.

letzteren Art muß als eine allgemeine im Sinne des Art. 223 des bürgerl. Gesetzbuches angesehen werden. Der formale Gesichtspunkt, ob die Ehefrau nur eine einzige Rechtshandlung oder mehrere aufeinander folgende Handlungen vornimmt, kann nicht entscheidend sein, sonst würde die Vorschrift des Art. 223 regelmäßig dadurch umgangen werden können, daß die Ehefrau durch Ausstellung einer einzigen Vollmacht oder eines Bürgschaftsscheines mit Zustimmung des Ehemannes ganz unbegrenzte Verbindlichkeiten übernimmt, deren Tragweite in keiner Richtung übersehen werden kann. Auch wenn die Ehefrau ermächtigt wird, durch ihre Bürgschaftsleistung für eine der Zahl und Höhe nach ganz unbestimmte Menge von Verbindlichkeiten einer anderen Person, welche sich aus beliebigen von derselben in Zukunft abzuschließenden Rechtsgeschäften ergeben können, die Haftung zu übernehmen, trifft der Grund des Gesetzes zu und liegt eine spezielle Ermächtigung, wie sie nach Art. 223 erforderlich ist, nicht vor. In derartigen Fällen darf die Ermächtigung nicht in allgemeiner Weise bezüglich einer ganz unbestimmten Zahl von Rechtsgeschäften, auf welche sich die Bürgschaft erstrecken soll, erteilt werden, sondern es muß der Ehemann in Ansehung der einzelnen Rechtsgeschäfte die Ehefrau zur Übernahme der Bürgschaft speziell ermächtigen. Auch hier kann die Ermächtigung zwar in Ansehung mehrerer Rechtsgeschäfte durch eine einzige Rechtshandlung des Ehemannes erteilt werden. Aber es ist, damit die Ermächtigung als eine spezielle angesehen werden kann, erforderlich, daß sich die Bürgschaft auf der Zahl, der Art und dem Umfange nach wenigstens einigermaßen bestimmte Rechtsgeschäfte bezieht und die Tragweite der von der Ehefrau übernommenen Verbindlichkeiten mit Rücksicht darauf vom Ehemanne klar erkannt werden kann.

Bei Entscheidung der Frage, ob diesem Erfordernisse genügt ist, oder ob es sich um Übernahme von unbegrenzten Verbindlichkeiten handelt, müssen im einzelnen Falle die thatsächlichen Verhältnisse berücksichtigt werden. Wenn die Ehefrau ermächtigt wird, sich für alle Verbindlichkeiten, welche einem Dritten aus einer bestimmten Geschäftsverbindung erwachsen werden, zu verbürgen, ohne daß sich mit Rücksicht auf die Art dieser Geschäftsverbindung oder auf der Bürgschaft beigefügte Beschränkungen erkennen läßt, welchen Umfang die voraussichtlich entstehenden Verpflichtungen erlangen werden, liegt aber nicht eine spezielle, sondern eine allgemeine Ermächtigung im Sinne des Art. 223 des bürgerl. Gesetzbuches vor. Diese Auffassung, für welche sich schon das frühere preußische Obertribunal in zwei Urteilen vom 15. Januar 1844 und 9. November 1846 ausgesprochen hat,

vgl. Rheinisches Archiv Bd. 36 Abt. II S. 56 und Bd. 41 Abt. II S. 24,

ist denn auch in Frankreich in Rechtslehre und Rechtsprechung zur allgemeinen Geltung gelangt. Insbesondere hat der Kassationshof in Paris sich derselben in einem Urteile vom 12. März 1883,

vgl. Sirey, Recueil Jahrg. 1885 Abt. I S. 495,

angeschlossen.[1] Der Umstand, daß die von der Ehefrau übernommene Bürgschaft sich auf die Verbindlichkeiten bezieht, welche dem Ehemanne selbst aus einer bestimmten Geschäftsverbindung erwachsen werden, ist, wie ebenfalls in Rechtslehre und Rechtsprechung anerkannt wird, nicht geeignet, die Anwendung des dargelegten Grundsatzes auszuschließen und die Ermächtigung des Ehemannes regelmäßig als eine spezielle erscheinen zu lassen. Der Ehemann wird durch seine Beteiligung nicht von der Verpflichtung entbunden, im einzelnen Falle zu prüfen und zu entscheiden, ob die nicht ausschließlich in seinem Interesse vorgeschriebene Ermächtigung zu erteilen sei, und kann auf diese Prüfung nicht in rechtswirksamer Weise verzichten. Andererseits kann auch nicht gesagt werden, daß der Ehemann in einem solchen Falle die Tragweite der von der Ehefrau übernommenen Verpflichtungen regelmäßig zu beurteilen vermöge, denn derselbe ist keineswegs in der Lage, von vornherein mit Sicherheit zu beurteilen, welche Verbindlichkeiten mit Rücksicht auf die Gestaltung der thatsächlichen Verhältnisse für ihn und folgeweise auch für seine Ehefrau erwachsen werden, bezw. welche Rechtsgeschäfte er künftig abschließen werde. Im vorliegenden Falle geben die Entscheidungsgründe des angefochtenen Urteiles zwar insoweit zu Bedenken Veranlassung, als in denselben ausdrücklich nur hervorgehoben wurde, die Ehefrau sei nicht in der Lage gewesen, zu erkennen, welche Tragweite die von ihr übernommene Verbindlichkeit habe. Aber auf diesen Punkt ist ein entscheidendes Gewicht nicht zu

---

[1] Vgl. noch Zachariä-Dreyer, §. 472 Bd. 3 S. 95 flg.; Aubry und Rau, §. 472 Bd. 5 S. 153; Laurent, Bd. 3 Nr. 113. 114; Demolombe, Bd. 4 Nr. 203 flg., bes. S. 230. Im entgegengesetzten Sinne hat sich das Oberlandesgericht Karlsruhe in zwei Urteilen aus dem Jahre 1884 ausgesprochen. Vgl. Annalen der bad. Gerichte Bd. 50 S. 241 flg. 262. D. E.

legen, weil sich aus den Ausführungen des Oberlandesgerichtes, wenn sie im Zusammenhange betrachtet werden, deutlich ergiebt, daß dasselbe angenommen hat, auch der Ehemann sei nicht in der Lage gewesen, diese Tragweite zu erkennen. Das Berufungsgericht hat nun thatsächlich festgestellt, daß die in Frage stehende Bürgschaft zwar zeitlich (auf einen Zeitraum von $1^1/_2$ Jahren) begrenzt gewesen sei, daß aber im übrigen, insbesondere in Beziehung auf Art, Umfang und Preis der Waren, sowie in Ansehung der Höhe der Schuld, jede Begrenzung gefehlt habe und es deshalb unmöglich gewesen sei, die Tragweite der übernommenen Bürgschaft zu beurteilen. Auf Grund dieser thatsächlichen Würdigung, welche sich als solche der Nachprüfung in der Revisionsinstanz entzieht, konnte ohne Rechtsirrtum angenommen werden, daß eine allgemeine Ermächtigung vorliege."

---

71. Unter welchen Umständen ist anzunehmen, daß eine Beschädigung im Sinne des Art. 1384 des bürgerl. Gesetzbuches in Ausführung einer Dienstverrichtung („dans les fonctions") vorgenommen wurde?

II. Civilsenat. Urt. v. 29. Oktober 1889 i. S. H. (Kl.) w. Gebr. Sch. (Bekl.) Rep. II. 275/89.

I. Landgericht Zweibrücken.
II. Oberlandesgericht daselbst.

Die Entscheidung ist oben unter „Reichsrecht" Nr. 22 S. 117 abgedruckt.

---

72. Unter welchen Voraussetzungen liegt eine Benachteiligung der Gläubiger im Sinne des §. 3 Ziff. 2 des Anfechtungsgesetzes vor? Ist die Annahme, daß der anfechtende Gläubiger durch den Abschluß eines entgeltlichen Vertrages benachteiligt worden sei, im Gebiete des rheinischen Rechtes (wegen Art. 2093 des bürgerl. Gesetzbuches) dann ausgeschlossen, wenn feststeht, daß der Kläger in demselben Maße befriedigt worden ist, in welchem er bei einer gleichmäßigen Verteilung des Vermögens seines Schuldners befriedigt worden wäre?

II. Civilsenat. Urt. v. 1. November 1889 i. S. R. (Bekl.) w. M. u. Gen. (Kl.) Rep. II. 195/89.

I. Landgericht Düsseldorf.
II. Oberlandesgericht Köln.

Die Entscheidung ist oben unter „Reichsrecht" Nr. 24 S. 133 abgedruckt.

---

73. Teilung der Verantwortlichkeit nach Art. 1792 des bürgerl. Gesetzbuches zwischen dem Architekten, welcher den Plan des Gebäudes angefertigt, und dem Unternehmer, welcher die Ausführung übernommen hat.

II. Civilsenat. Urt. v. 8. November 1889 i. S. B. (Kl.) w. B. (Bekl.) Rep. II. 270/89.

I. Landgericht Koblenz.
II. Oberlandesgericht Köln.

Am 21. August 1886 wurde zwischen den Parteien ein Bauvertrag abgeschlossen, wonach der Kläger die Herstellung verschiedener Gebäulichkeiten auf einem dem Beklagten gehörigen Grundstücke übernahm, und zwar nach Maßgabe eines von dem Privatbaumeister K. entworfenen, von den Parteien anerkannten Planes und des dazu gehörigen Kostenanschlages. Der Bau sollte unter Leitung des K. aufgeführt werden und der Unternehmer sich in jeder Beziehung dessen Anordnungen zu fügen haben, vorausgesetzt, daß diese nicht mit dem Plane in Widerspruch ständen. Der Kläger verpflichtete sich, alle Arbeiten nach den Regeln der Kunst solid und dauerhaft auszuführen. Über die Erfüllung dieser Bestimmung sollte das Urteil des Bauleiters maßgebend sein. Die Zahlung der mit Rücksicht auf den Kostenanschlag bestimmten ganzen Bausumme sollte in Raten nach Maßgabe der vorgeschrittenen Arbeiten seitens des Beklagten auf Anordnung des Bauleiters bewirkt werden; der Rest sollte gezahlt werden, wenn der Bau als vertragsmäßig ausgeführt anerkannt worden sei. Der Kläger hat die Gebäulichkeiten errichtet, und ist auch die Abnahme derselben durch den Bauleiter K. erfolgt. Nach dessen Festsetzung beträgt die vom Beklagten zu zahlende Bausumme 6783,16 ℳ, wovon bereits 2810 ℳ bezahlt sind. Beklagter weigert sich, den Rest zu zahlen, und Kläger hat daher gegen denselben Klage erhoben auf Zahlung des Restes der Bausumme von 3973,16 ℳ nebst Zinsen vom Tage der Klage.

Der Beklagte beantragte die Abweisung der Klage. Er bestritt eine für ihn verbindliche Abnahme des Baues durch den Bauleiter K. und die Anerkennung der vertragsmäßigen Ausführung des Baues. Derselbe sei höchst unsolid und leichtfertig ausgeführt; die Mauern zeigten Risse und Ausbauchungen, der Hauptpfeiler im Keller habe sich gesenkt und deshalb fehle dem Oberbaue die sichere Stütze; das Haus sei vollständig unbewohnbar.

Das Landgericht hat, von der Annahme ausgehend, daß die vorhandenen Mängel des Gebäudes zwar wesentlich auf Fehler des Bauplanes und die mangelhafte in diesem Plane angeordnete Fundamentierung zurückzuführen seien, daß jedoch auch der Kläger für diese Mängel verantwortlich sei, weil er nach dem Vertrage die Pflicht der selbständigen Prüfung der im Bauplane getroffenen Anordnungen gehabt habe, den Kläger mit der Klage zur Zeit abgewiesen, und die vom Kläger eingelegte Berufung ist zurückgewiesen worden.

Auf die Revision des Klägers wurde das Berufungsurteil aufgehoben aus folgenden

Gründen:

„Zur Klage beruht die angegriffene Entscheidung auf unrichtiger Anwendung des Art. 1792 des bürgerl. Gesetzbuches. Zwar muß als zutreffend anerkannt werden, was das Oberlandesgericht bezüglich des Begriffes eines Bauvertrages „à prix fait" im Sinne des genannten Artikels ausführte. Der wesentliche Unterschied zwischen einem solchen Vertrage und der Übernahme einzelner Arbeiten beruht darin, daß bei ersteren die Herstellung eines Baues im ganzen bedungen und die Erfüllung erst mit der Fertigstellung des ganzen Werkes als erfolgt zu betrachten ist, während bei der Übernahme bestimmter Arbeiten die Arbeit, nicht das Werk Gegenstand des Vertrages ist. Die Annahme des Oberlandesgerichtes, daß der vorliegende Bauvertrag unter den Art. 1792 falle, und daß es in dieser Hinsicht nicht darauf ankomme, daß für die einzelnen Arbeiten Kostenanschläge zu Grunde gelegt worden sind, wird mit Unrecht von dem Revisionskläger als rechtsirrtümlich bezeichnet. Richtig ist auch, daß der fragliche Artikel, welcher seinem Wortlaute nach nur den Fall vorsieht, wo ein Gebäude ganz oder zum Teil zu Grunde geht, auf alle Fehler und Schäden zu beziehen ist, welche das errichtete Gebäude aus den angegebenen Gründen erleidet.

Vgl. Zachariä-Dreyer, Bd. 2 §. 374 S. 590.

Der Beklagte war daher an und für sich befugt, dem Kläger wegen der hervorgetretenen sehr erheblichen Fehler und Mängel des Baues die Einrede des nicht erfüllten Vertrages entgegenzusetzen, sofern es richtig ist, daß der Kläger für alle hervorgetretenen Mängel, wie es seitens des Oberlandesgerichtes geschieht, verantwortlich gemacht werden kann.

In dieser Beziehung sprechen die Gründe aus:

„Hat der Kläger hiernach die Ausführung eines Baues zu bedungenem Gesamtpreise übernommen, so haftet er dem Beklagten für jeden Schaden, welchen das Gebäude, sei es wegen eines Fehlers in der Bauart, sei es nur wegen der Beschaffenheit des Bodens, auf welchem es aufgeführt ist, erleidet."

Derselbe Gesichtspunkt tritt weiter in den Gründen als der für die Entscheidung maßgebende hervor.

Diese Auffassung entspricht aber nicht dem Sinne des Art. 1792. Dieser Artikel macht allerdings für die bezeichneten Mängel verantwortlich „les architecte et entrepreneur". Um jedoch die Tragweite dieser Bestimmung zu ermessen, müssen die einzelnen Fälle, wie sie praktisch vorkommen, unterschieden werden. Sehr häufig wird der architecte und entrepreneur in einer Person vereinigt sein. In diesem Falle kann ein Zweifel nicht entstehen, weil diese eine Person dann für sämtliche Mängel, mögen sie auf einer Fehlerhaftigkeit des Planes oder einer mangelhaften Ausführung beruhen, einzustehen hat. Wo aber die zur Errichtung eines Gebäudes erforderliche Arbeit geteilt wird zwischen einem Architekten, welcher den Plan anfertigt, und einem Unternehmer, welcher die Ausführung übernimmt, wird nach dem, dem Gesetze zu Grunde liegenden Prinzipe des Verschuldens davon auszugehen sein, daß jeder von beiden im allgemeinen nur für solche Fehler des Gebäudes verantwortlich ist, die auf mangelhafter Ausführung der gerade ihm überwiesenen und von ihm übernommenen Arbeiten beruhen. Der Baumeister, welcher nur den Plan eines Gebäudes in tadelloser Weise gemacht, bei der Ausführung desselben aber nicht mitgewirkt hat, kann nicht für Mängel verantwortlich gemacht werden, die lediglich in der fehlerhaften Ausführung des Unternehmers, z. B. in der Verwendung schlechten Materiales, ihren Grund haben. Ebensowenig kann der Unternehmer ohne weiteres für alle Schäden in Anspruch genommen werden, welche allein auf die Fehler des von dem Baumeister angefertigten Planes zurückzuführen sind. Es kann zwar Fälle geben, wo auch der Unternehmer, welcher nach einem von einem Anderen entworfenen Plane baut, für Mängel und Fehler dieses Planes verantwortlich gemacht werden kann. Wenn z. B. der Unternehmer nach der Sachkenntnis, welche ihm beiwohnt oder bei ihm vorausgesetzt werden muß, in der Lage ist, bestimmte Fehler des Planes als solche zu erkennen, so kann man ihn unter Umständen für verpflichtet halten, den Eigentümer auf diese Fehler aufmerksam zu machen, vielleicht auch die Ausführung des Baues abzulehnen, sofern die Fehler nicht beseitigt werden. Diese Erwägung kann sich aber, wenn damit der Unternehmer verantwortlich gemacht werden soll, wiederum nur auf die Annahme stützen, daß auch den Unternehmer selbst ein Verschulden in bezug auf diejenigen Funktionen treffe, welche er vertraglich dem Eigentümer gegenüber übernommen hat. Im einzelnen Falle wird es nur Sache der thatsächlichen Feststellung sein können, eine derartige Verantwortlichkeit des ausführenden Unternehmers zu konstruieren, wobei es selbstverständlich einen sehr erheblichen Unterschied machen wird, ob der Baumeister, welcher den Plan gemacht hat, auch mit der Bauleitung betraut war und der Unternehmer sich seinen Anordnungen im einzelnen zu fügen hatte, wie im vorliegenden Falle, oder ob der Unternehmer selbständig nach einem fremden Plane gearbeitet hat.

Die vorstehend entwickelte Auffassung des Art. 1792 wird durch Doktrin und Rechtsprechung vollauf unterstützt. Aubry und Rau (4. Auflage) §. 374 Bd. 4 S. 532 sagen:

„Que si, comme il arrive ordinairement, un entrepreneur s'est chargé d'élever une construction d'après un plan fourni par l'architecte du propriétaire, la responsabilité se partage entre l'architecte et l'entrepreneur, en ce sens que le premier n'est tenu que des dommages qui ont été la suite des vices du plan, et le second de ceux qui ont été occasionnés par l'exécution défectueuse des travaux ou par l'emploi de mauvais matériaux."

In demselben Sinne spricht sich Laurent Bd. 16 Nr. 38 flg. aus. Vergl. auch die bei Laurent angeführten Urteile der französischen Gerichtshöfe.

Daß nicht das Gesetz, wie man nach dem Wortlaute desselben allerdings annehmen könnte, den Architekten und den Unternehmer gleichmäßig für alle hervortretenden Schäden der besagten Art hat verantwortlich machen wollen, muß auch aus der Entstehungsgeschichte des Gesetzes geschlossen werden. In dem neu redigierten Entwurfe des Gesetzes, betreffend den contrat de louage, welcher dem Staatsrate vorgelegt wurde, lautete der Art. 1792 (Art. 89 des Entwurfes), wie folgt:

„Si l'édifice donné à prix fait périt en tout ou en partie par le vice de la construction, même par le vice du sol, l'architecte en est responsable pendant dix ans.“

Die Gesetzgebungssektion des Tribunates, an welche der Gesetzentwurf zunächst gelangte, schlug vor, dem Worte „l'architecte“ hinzuzufügen „et entrepreneur“, und zwar mit folgender Begründung: En certains lieux le mot „architecte“ est à peine connu; on se sert habituellement du mot „entrepreneur“. Dieser Vorschlag wurde vom Staatsrate angenommen, und der Gesetzentwurf hat darauf diejenige Fassung erhalten, in welcher er dem gesetzgebenden Körper vorgelegt und demnächst zum Gesetze erhoben worden ist. Aus der vorerwähnten Begründung des obigen Zusatzes ergiebt sich, daß bei der Abfassung des definitiven Gesetzentwurfes unter den Worten „les architecte et entrepreneur“ nur eine Person, nicht zwei verschiedene Personen verstanden worden sind, daß also nur an den Fall gedacht worden ist, wo die Funktion des Baumeisters und des Unternehmers in einer Hand vereinigt sind. Daß in diesem Sinne der Entwurf auch zum Gesetze erhoben worden ist, muß ferner aus dem über den ganzen Gesetzentwurf vor dem Tribunate erstatteten Berichte geschlossen werden, in welchem bei Besprechung des jetzigen Art. 1792 nur von dem „entrepreneur“ die Rede ist, eines „architecte“ aber gar nicht gedacht wird.

Vgl. Fenet, Bd. 14 S. 276. 290. 305. 341.

Diese Entstehung des Gesetzes rechtfertigt nun zwar nicht die Folgerung, daß der Art. 1792 auf den Fall, wo die Arbeit zwischen einem Architekten, welcher den Plan angefertigt hat, und einem Unternehmer geteilt ist, überhaupt nicht anwendbar sei, wohl aber führt sie zu dem Schlusse, daß das Gesetz in einem solchen Falle nicht die beiden beteiligten Personen ohne Unterscheidung für alle sich ergebenden Mängel habe verantwortlich machen wollen. Es muß vielmehr für solchen Fall auf den Grund des Gesetzes zurückgegangen werden, um die richtige Folgerung zu ziehen. Dieser Grund ergiebt sich aber, wenn er überhaupt zweifelhaft sein könnte, klar aus dem Exposé des motifs,

vgl. Fenet, a. a. O. S. 318,

in welchem zur Begründung des Art. 1792 nur angeführt wird: „Quod imperitia peccavit, culpam esse, dit le texte in lege 9 §§. 5 sq. loc. — Imperitia culpae adnumeratur, dit la loi 142 sq. de regulis juris“. Es sollen also hier für einen bestimmten Fall die civilrechtlichen Folgen gezogen werden, die durch die Unkenntnis und Unerfahrenheit solcher Personen entstehen, welche sich als Sachverständige ausgeben und in dieser Eigenschaft Arbeiten für Andere übernommen haben (vgl. Art. 2270 des bürgerl. Gesetzbuches). Dieser Grundgedanke des Gesetzes kann nur zu der oben erörterten Konsequenz führen, daß jeder der beiden Beteiligten lediglich innerhalb des Kreises von Geschäften, welche er zu erledigen übernommen hat, für Fehler und Mängel verantwortlich gemacht werden kann.

Das Oberlandesgericht hätte demnach untersuchen müssen, welche Schäden des Gebäudes auf solche Fehler zurückzuführen sind, die der Kläger nach Vorstehendem zu verantworten hat. Das ist nicht geschehen. Wenn die Gründe den Satz aussprechen, daß es dahingestellt bleiben könne, ob der Kläger in Gemeinschaft mit dem Baumeister solidarisch für allen Schaden aufzukommen habe oder nur für die von ihm verschuldeten Fehler hafte, so steht jedenfalls die letztere Alternative nicht im Einklange mit der der Entscheidung zu Grunde liegenden Annahme, daß der Kläger für alle Schäden, auch die vom Baumeister verursachten, aufzukommen habe. Wollte man aber in der sich hieran anschließenden ferneren Erwägung, welche darauf hinweist, daß auch solche Fehler vorliegen, die der Kläger als Bauunternehmer zu vertreten habe, ein Eingehen auf die Frage erblicken, ob den Kläger ein Verschulden treffe, so würde auch diese Erwägung nicht geeignet sein, das Urteil zu tragen. Es wird nämlich hierbei davon ausgegangen, daß nur die Haftbarkeit des Klägers an sich, nicht der Umfang derselben in Frage stehe, daß es daher nur darauf ankomme, ob überhaupt dem Kläger irgend welche Fehler zur Last zu legen seien. Diese Annahme ist aber ebenfalls rechtsirrtümlich. Es handelt sich darum, ob dem Kläger mit Recht die Einrede des nicht erfüllten Vertrages entgegengehalten wird, sodaß ihm die verabredete Bausumme vorenthalten werden darf. Dies würde auch unter Berücksichtigung der Vertragsbestimmungen nicht bei jedem noch so geringen Fehler des Unternehmers der Fall sein. Das Gericht würde zu ermessen haben, ob derartige Mängel der Ausführung vorliegen, daß im ganzen der Vertrag seitens des Klägers als nicht erfüllt angesehen werden müsse. Von diesem Gesichtspunkte aus hat eine Prüfung nicht stattgefunden. Was im einzelnen dem Kläger vorgeworfen wird, beruht zudem größtenteils auf der oben erörterten unrichtigen Auffassung bezüglich der nach dem Gesetze begründeten Verantwortlichkeit des Baumeisters und des Unternehmers, sowie auf Nichtberücksichtigung des Umstandes, daß Kläger sich in allen Punkten den Anordnungen des leitenden Baumeisters zu unterwerfen hatte.

Das Urteil unterliegt demnach, soweit es zur Klage erkannt hat, wegen des angedeuteten Rechtsirrtumes der Aufhebung." ...

---

74. Kann ein Testament, welches eine Universalsuccession anordnet, abgesehen von dem Falle des Art. 1036 des bürgerl. Gesetzbuches, stillschweigend widerrufen werden?

II. Civilsenat. Urt. v. 12. November 1889 i. S. St. (Kl.) w. F. (Bekl.) Rep. II. 204/89.

I. Landgericht Bonn.
II. Oberlandesgericht Köln.

Aus den Gründen:

„Die angegriffene Entscheidung geht von der Annahme aus, daß das Testament der Erblasserin stillschweigend von derselben dadurch widerrufen worden sei, daß sie nach Errichtung des Testamentes über ihr ganzes vorhandenes Vermögen unter Lebenden zu Gunsten eines Anderen, des Beklagten, verfügt habe. Durch diese Verfügung habe die Erblasserin unzweideutig ihre Absicht zu erkennen gegeben, daß das zu Gunsten ihres Ehemannes errichtete Testament widerrufen sein sollte. Diese Annahme beruht auf Rechtsirrtum und Verletzung der Artt. 1035 flg. des bürgerl. Gesetzbuches. In den Artt. 1035—1038 ist genau bestimmt, wie Testamente und letztwillige Verordnungen widerrufen werden können. Der Widerruf ist an bestimmte Formen gebunden. Wo aber ein stillschweigender Widerruf gestattet ist, wird er an festbestimmte Voraussetzungen geknüpft und nur da als wirksam anerkannt, wo diese Voraussetzungen gegeben sind. Daß der Gesetzgeber mit den hier gegebenen Vorschriften den fraglichen Gegenstand hat erschöpfen und nicht außerdem noch einen aus konkludenten Handlungen eines Testators zu schließenden stillschweigenden Widerruf eines Testamentes hat zulassen wollen, ergiebt sich zweifellos aus der Entstehungsgeschichte der genannten Artikel (mitgeteilt bei Duranton, Bd. 9 Nr. 429 flg.). Der zuerst dem Staatsrate vorgelegte Entwurf des Art. 1035 enthielt die strenge Vorschrift, daß letztwillige Verordnungen ganz oder teilweise nur in denselben Formen sollten widerrufen werden können, welche auch für die Errichtung letztwilliger Verordnungen vorgeschrieben wurden. Bei der Diskussion im Staatsrate wurde von dieser Strenge abgewichen, und man einigte sich schließlich über diejenigen Bestimmungen, die demnächst auch zum Gesetze erhoben worden sind. Die ganze Diskussion läßt aber klar erkennen, daß das allseitige Bestreben dahin ging, die Formen und Voraussetzungen, unter denen ein Widerruf wirksam sein sollte, möglichst genau zu bestimmen und zu begrenzen.

Im vorliegenden Falle handelt es sich um ein notarielles Testament, durch welches der Kläger von der Erblasserin zum Universallegatar eingesetzt worden ist. Von einer Anwendung des Art. 1038 kann daher keine Rede sein, weil dieser, wie allgemein und auch seitens des Oberlandesgerichtes anerkannt wird, sich nur auf Vermächtnisse bestimmter einzelner Sachen bezieht. Wenn das Gesetz die Vermutung ausspricht, daß durch die vom Testator ausgegangene Veräußerung einer vorher von ihm vermachten bestimmten Sache das Vermächtnis als widerrufen gelten soll, so konnte in solchem Falle der Gesetzgeber von der unzweifelhaften Absicht des Testators ausgehen, daß er seinen Willen geändert habe. Anders verhält es sich bei einer Universalsuccession. Wenn auch der Testator nach Errichtung des Testamentes über sein ganzes vorhandenes Vermögen unter Lebenden verfügt, so kann er nach dieser Verfügung wieder neues Vermögen erwerben, und da ein Universalfideikommis nur die Bedeutung hat, daß der Erblasser dasjenige Vermögen, was er bei seinem Tode hinterlassen wird, dem eingesetzten Erben zuwendet, so steht jene Verfügung unter Lebenden an und für sich nicht im Widerspruche mit dem Testamente, wodurch das Universalfideikommiß errichtet worden ist. Das Gesetz hat demnach auch den stillschweigenden Widerruf eines Universalvermächtnisses oder eines Vermächtnisses unter Universaltitel beschränkt auf den Fall, wo in einer späteren gültigen testamentarischen Verfügung Anordnungen getroffen sind, welche mit jener ersten Verordnung nicht verträglich sind (Art. 1036). Eine spätere testamentarische Verfügung der Erblasserin liegt aber hier überhaupt nicht vor, sondern nur der obenerwähnte mit dem Beklagten abgeschlossene Alimentationsvertrag. Wenn das Oberlandesgericht festgestellt hat, daß die Erblasserin durch den Abschluß des Alimentationsvertrages ihre Absicht zu erkennen gegeben habe, das zu Gunsten ihres Ehemannes errichtete Testament zu widerrufen, so ist nach Vorstehendem diese Feststellung ohne Bedeutung und rechtliche Wirkung.

Die hier vertretene Anschauung, daß Testamente, abgesehen von dem Falle des Art. 1038, nicht stillschweigend durch Handlungen des Erblassers, welche eine Willensänderung erkennen lassen, widerrufen werden können, wird fast einstimmig in Doktrin und Rechtsprechung anerkannt.

Vgl. Aubry und Rau, (4. Aufl.) Bd. 7 §. 725 S. 516 flg.; Demolombe, Bd. 22 Nr. 235. 236; Zachariae-Dreyer, Bd. 4 §. 725; Urteil des Pariser Kassationshofes (Sirey, Jahrg. 1852 Abt. 1 S. 25; Jahrg. 1855 Abt. 1 S. 702; Jahrg. 1860 Abt. 1 S. 625).

Laurent (Bd. 14 Nr. 229) spricht sich allerdings für die Zulässigkeit eines stillschweigenden Widerrufes eines Testamentes aus, obgleich er anerkennt, daß eine konstante Rechtsprechung diese Ansicht für irrig erklärt. Die Laurent'sche Auffassung steht jedoch mit dem oben entwickelten Sinne des Gesetzes in Widerspruch. Wollte man einen derartigen, lediglich aus der Intention des Erblassers zu schöpfenden Widerruf eines Testamentes zulassen, so würde man in eine Materie, die der Gesetzgeber aus wohlerwogenen Gründen in feste Formen gekleidet hat, eine Formlosigkeit hineintragen, die notwendig zur Rechtsunsicherheit führen müßte."

---

75. Durch welche Merkmale kann die gesetzliche Vermutung widerlegt werden, nach welcher die als Scheidewand zweier Gebäude dienende Mauer als gemeinschaftlich anzusehen ist?

Code civil Artt. 653. 654.

II. Civilsenat. Urt. v. 3. Dezember 1889 i. S. F. (Bekl.) w. Erben F. (Kl.) Rep. II. 229/89.

I. Landgericht Aachen.
II. Oberlandesgericht Köln.

Die Vorinstanzen nahmen an, das Alleineigentum der Kläger sei durch andere, als die im Art. 654 Code civil bezeichneten Merkmale nachgewiesen, und dieser Beweis sei zulässiig, da das Gesetz nur Beispiele enthalte. Auf den Kassationsrekurs der Beklagten hob das Reichsgericht auf.

Aus den Gründen:

„In Erwägung, daß nach Art. 653 Code civil die gesetzliche Vermutung des Miteigentumes von Mauern zwischen Gebäuden und eingeschlossenen Grundstücken nur widerlegt werden kann, wenn das Alleineigentum durch Titel oder Merkmale bewiesen wird;

daß die Kläger zur Beseitigung der gesetzlichen Vermutung Urkunden aus den Jahren 1732, 1767 und 1784 vorgelegt haben, der Berufungsrichter aber beim Mangel aller sicheren Anhaltspunkte über den früheren Zustand der Örtlichkeit denselben keine Beweiskraft beilegt und diese ohne Rechtsirrtum getroffene Beweiswürdigung der Nachprüfung in der Kassationsinstanz entzogen ist;

daß, wie der Berufungsrichter ferner auf Grund der Ortsbesichtigung thatsächlich feststellt, im vorliegenden Falle keines der im Art. 654 angeführten Zeichen des Miteigentumes vorhanden ist;

daß der Berufungsrichter den Beweis des Alleineigentumes der Kläger aus anderen bei der Ortsbesichtigung festgestellten Merkmalen entnimmt, indem er davon ausgeht, der bezogene Artikel enthalte nur Beispiele und dürfe nicht einschränkend ausgelegt werden, dieser Auslegung des Gesetzes jedoch nicht beizutreten ist;

daß nämlich schon die Zusammenstellung der beiden Artikel für die einschränkende Auslegung spricht, indem der erstere einen Gegenbeweis durch Merkmale verlangt, der zweite aber besagt, welche im einzelnen genau beschriebenen Merkmale zur Erbringung des Beweises geeignet seien, ohne daß dabei, wie in den Artt. 663. 671 und 674, auf das Herkommen Bezug genommen wird;

daß sich aus der gesetzlichen Vermutung des Art. 653 ebenso wie aus den die Erwerbung des Miteigentumes erleichternden Vorschriften der Artt. 660. 661 die Absicht des Gesetzgebers erkennen läßt, die Gemeinschaftlichkeit zu begünstigen, indem derselbe davon ausgeht, es liege im richtig verstandenen Interesse der Eigentümer und folgeweise auch im öffentlichen Interesse, die nutzlose Verwendung der Bodenfläche, sowie die Kosten der Errichtung und Unterhaltung einer zweiten Mauer zu vermeiden, wo schon durch eine Mauer der Zweck vollständig erreicht werde;

daß diese Auffassung auch in der Entstehungsgeschichte des Gesetzes ihre Bestätigung findet;

daß zwar, wie mit dem Berufungsurteile angenommen werden muß, die Quelle der bezüglichen Bestimmungen in dem Gewohnheitsrechte zu finden ist, aus dem Umstande aber, daß in den Coutumes von Paris, der Normandie und von Orléans die Merkmale des Miteigentumes nicht limitativ aufgeführt werden, keineswegs der Schluß gezogen werden darf, daß auch der Code civil in Art. 654 nur Beispiele habe anführen wollen;

daß nämlich in Frankreich zur Zeit der Abfassung des Gesetzbuches neben dem römischen Rechte, welchem die Vermutung des Miteigentumes fremd ist, zahlreiche Gewohnheitsrechte bestanden, welche miteinander nicht zu vereinigen waren und sich sogar widersprachen, indem einige derselben die gleichen Merkmale als Zeichen des Alleineigentumes bezeichneten, welche von anderen als Beweise für das Miteigentum angeführt wurden;

daß daher die Absicht des Gesetzgebers nur dahin gegangen sein kann, und, wie der Tribun Albisson in seinem Berichte,

vgl. Locré, Législation Bd. 8 S. 382,

hervorhebt, dahin gegangen ist, die vielfachen widersprechenden Vorschriften des alten Rechtes durch eine einfache und lichtvolle Theorie zu ersetzen;

daß dieser Zweck nur erreicht werden konnte, wenn der Gesetzgeber, wie in Art. 654 geschehen, unter Beseitigung der Vermutungen des alten Rechtes, die zur Widerlegung der gesetzlichen Vermutung geeigneten Merkmale genau und erschöpfend bestimmte, und der genannte Albisson diesem Gedanken Ausdruck gab, indem er in seinem Berichte,

vgl. Locré a. a. O. Bd. 8 S. 388,

besagt, „der Vorschlag drückt dem vermuteten Miteigentume das Siegel des Gesetzes auf", und weiter „der Artikel bestimmt genau (détermine précisement) die Merkmale des Miteigentums";

daß nach dieser Auslegung des Gesetzes, welcher die fast einstimmige Lehre der Schriftsteller und die Rechtsprechung zur Seite steht, die streitige Giebelmauer bis zu der Höhe, in welcher beide Gebäude von derselben Vorteil haben, als gemeinschaftlich zu erachten ist;

daß allerdings die gesetzliche Vermutung des Art. 653 keine Anwendung finden würde, wenn die Giebelmauer in ihrem gegenwärtigen Zustande bereits vor Einführung des Code civil bestanden hätte, in diesem Falle vielmehr das Eigentumsverhältnis nach dem früheren Rechte zu beurteilen wäre, da das Gesetz keine rückwirkende Kraft hat und wohlerworbene Rechte nicht berührt;

daß Kläger allerdings behaupten, ihr Haus habe schon im vorigen Jahrhunderte bestanden und bilde den Gegenstand der vorgelegten Urkunden, der Berufungsrichter aber diesen Urkunden keine Beweiskraft beilegt, und ein anderer Beweis über das Bestehen des Hauses vor Einführung des bürgerl. Gesetzbuches nicht erboten wird."

---

76. 1. Inwieweit ist der Ausspruch von Schiedsmännern (arbitratores) nach rheinischem Rechte für die Parteien bindend?

2. Kommt, wenn ein solcher Ausspruch wegen offenbarer Unbilligkeit angefochten wird, §. 260 oder bloß §. 259 C.P.O. zur Anwendung?

3. Welcher Zeitpunkt ist in Ansehung der von den Schiedsmännern festzustellenden Erwerbsunfähigkeit maßgebend?

II. Civilsenat. Urt. v. 10. Dezember 1889 i. S. L. (Kl.) w. Schles. Lebensversicherungs-Aktiengesellschaft (Bekl.). Rep. II. 237/89.

I. Landgericht Mainz.
II. Oberlandesgericht Darmstadt.

Der Kläger war bei der Beklagten gegen die Folgen körperlicher Unfälle versichert und hatte nach den Versicherungsbedingungen im Falle des Eintrittes eines seine Erwerbsfähigkeit ganz oder teilweise ausschließenden Unfalles Ersatz der Kurkosten und eine Entschädigung durch Gewährung einer Rente zu beanspruchen. Über die Dauer und den Grad der Erwerbsunfähigkeit hatte nach den Versicherungsbedingungen eine von den Parteien zu bestellende Kommission unter Ausschluß des Rechtsweges zu entscheiden. Nachdem diese Kommission sich zu Gunsten der Gesellschaft ausgesprochen hatte, beantragte der Kläger in der Klage, daß die Beklagte zur Zahlung einer höheren als der ihm angebotenen Rente verurteilt werde. Das Landgericht erkannte im Sinne des Klägers, weil der Ausspruch der Kommission eine offenbare Unbilligkeit enthalte. Das Oberlandesgericht wies die Klage ab, indem es annahm, daß zwar der Ausspruch der Schiedsmänner wegen offenbarer Unbilligkeit angefochten werden könne, eine solche aber nicht nachgewiesen sei. Die Revision des Klägers wurde zurückgewiesen aus folgenden

Gründen:

„Soweit es sich um die Frage handelt, ob der Ausspruch der gemäß §. 13 der Versicherungsbedingungen mit Feststellung der Arbeitsunfähigkeit zu beauftragenden und von den Parteien bestellten Sachverständigenkommission wegen offenbarer Unbilligkeit angefochten werden könne, kam vor allem in Betracht, welches Recht in dieser Beziehung anzuwenden sei; denn die im rheinischen Rechte geltenden Grundsätze stimmen keineswegs mit denjenigen überein, welche nach gemeinem Rechte maßgebend sind. Das Berufungsgericht hat in dieser Beziehung anscheinend ebenso wie der erste Richter angenommen, daß das rheinische Recht Anwendung zu finden habe; denn es findet sich nirgends eine Andeutung, daß die Anwendung des in Mainz, am Sitze des Prozeßgerichtes, geltenden Rechtes im vorliegenden Falle mit Rücksicht auf den Erfüllungsort ausgeschlossen sei. Dessenungeachtet wurde in den beiden Vorinstanzen auf ein Urteil des I. Civilsenates des Reichsgerichtes vom 11. Oktober 1883,

vgl. Entsch. des R.G.'s in Civils. Bd. 10 S. 130 flg.,

Bezug genommen, in welchem mit Rücksicht auf die Vorschriften des römischen Rechtes ausgesprochen wurde, die Klausel in einem Versicherungsvertrage, nach welcher der Schade mit Ausschließung des Rechtsweges durch sachverständige Schiedsmänner zu schätzen sei, dürfe, wenn nicht besondere, zwingende Gründe für die entgegengesetzte Auffassung sprächen, nicht die Bedeutung beigelegt werden, daß sich die Vertragschließenden im voraus der schiedsmännischen Schätzung unbedingt unterworfen hätten; vielmehr stehe nach den (im Gebiete des gemeinen Rechtes) geltenden gesetzlichen Vorschriften den Beteiligten regelmäßig das Recht zu, die Entscheidung des Richters anzurufen, wenn eine „manifesta iniquitas" vorliege, insbesondere wenn das Ergebnis der Schätzung so auffallend von dem bei Anwendung sachgemäßer Würdigungsgrundsätze erzielten Resultate abweiche, daß eine Regelung des Rechtsverhältnisses nach dem Maßstabe der schiedsmännischen Bestimmung durchaus sachwidrig und unbillig sein würde. Die Annahme, daß diese Grundsätze auch in dem Gebiete des rheinischen Rechtes maßgebend seien, mußte als rechtsirrtümliche angesehen werden. Das in Rheinhessen geltende bürgerliche Gesetzbuch enthält allgemeine Vorschriften über die Feststellung thatsächlicher Verhältnisse durch Schiedsmänner (arbitratores) nicht, sondern bestimmt nur in den Artt. 1592. 1854, daß die Bestimmung des Kaufpreises und der Gesellschaftsanteile einer dritten Person übertragen werden könne. In der letzteren Vorschrift ist ausdrücklich bestimmt, daß die Festsetzung der Gesellschaftsanteile wegen offenbarer Unbilligkeit angefochten werden könne. Dagegen enthält Art. 1592 eine derartige Vorschrift nicht. Es kann nun zwar keinem Zweifel unterliegen, daß Verträge, durch welche die Feststellung thatsächlicher Verhältnisse einem Dritten oder mehreren Personen übertragen wird, auch auf anderen Gebieten, insbesondere in Ansehung des Bestehens, der Dauer und des Umfanges der Erwerbsunfähigkeit, der Höhe eines Schadens rc zulässig sind; denn derartige Vereinbarungen sind nicht als sog. Beweisverträge anzusehen, durch welche dem Gerichte die Benützung bestimmter Beweismittel vorgeschrieben oder verwehrt werden soll, sondern gehören dem Gebiete des materiellen Rechtes an und haben in dem Verfügungsrechte der Parteien über den Gegenstand des Vertrages ihren Grund.[1] Aber soweit nicht die positive Vorschrift des Art. 1854 in Betracht kommt, ist in Ansehung der Feststellungen, welche auf Grund des Vertrages erfolgten, nicht ohne weiteres anzunehmen, daß dieselben wegen offenbarer Unbilligkeit angefochten werden können. Eine Rechtsvermutung, nach welcher der Vertrag im Zweifel in diesem Sinne ausgelegt werden soll, kennt das rheinische Recht nicht. Es ist also in jedem einzelnen Falle auf dem Wege der Vertragsauslegung der Wille der Parteien zu ermitteln (Artt. 1134. 1135 des bürgerl. Gesetzbuches). Ergiebt sich aus dem Vertrage selbst oder aus den Umständen des Falles, daß nach der Absicht der Beteiligten lediglich das billige Ermessen des oder der Dritten (arbitrium boni viri) maßgebend und für den Fall einer offenbaren Unbilligkeit die Anrufung des Gerichtes gestattet sein solle, so kann auf dem Prozeßwege eine richterliche Entscheidung darüber herbeigeführt werden, ob die Schätzung den erwähnten Anforderungen entspreche, und hat, wenn diese Frage verneint wird, das Gericht selbst die erforderliche Feststellung zu bewirken. Ist eine derartige Annahme aber nicht gerechtfertigt, sondern haben sich die Parteien unbedingt der Entscheidung eines Dritten (dem merum arbitrium) unterworfen, so müssen sie sich dem nach ihrer eigenen Willenserklärung maßgebenden Ausspruche, soweit derselbe nicht etwa wegen dolosen Zusammenwirkens des Dritten mit dem anderen Teile angefochten werden kann, auch dann unterwerfen, wenn derselbe für sie ungünstig ist (Art. 1134 des bürgerl. Gesetzbuches). Ist in dem Vertrage ausdrücklich bedungen, die Anrufung des Gerichtes sei ausgeschlossen, so wird daraus in der Regel gefolgert werden müssen, die Feststellung des Dritten solle nach dem Willen der Parteien unbedingt maßgebend sein. Die dargelegten Grundsätze sind auch in Frankreich in neuerer Zeit zur Anerkennung gelangt. Bezüglich des Art. 1592 des bürgerl. Gesetzbuches bestehen allerdings Meinungsverschiedenheiten; doch geht die herrschende Ansicht dahin, daß die Festsetzung des Kaufpreises durch den Dritten nicht wegen offenbarer

---

[1] Vgl. hierzu: Seuffert, C.P.O. §. 260 Nr. 4; Wilmowski-Levy, §. 259 S. 400 und S. 1076; Weismann im Archiv für civil. Praxis Bd. 72 S. 269 flg., bes. S. 275. 278; Kohler in Gruchot, Beiträge Bd. 31 S. 305 flg.; Wach, Handbuch Bd. 1 S. 64 §. 7; Entsch. des R.G.'s in Civils. Bd. 2 S. 311 und Bd. 20 S. 398 flg. D. E.

Unbilligkeit angefochten und beseitigt werden könne.[1] Dasselbe gilt als feststehend, soweit die Parteien für den Fall einer Meinungsverschiedenheit über thatsächliche Verhältnisse, insbesondere die Dauer und den Grad der Arbeitsunfähigkeit oder die Höhe des Schadens vereinbart haben, es solle in dieser Beziehung der Ausspruch von Sachverständigen (eine sog. expertise amiable) maßgebend sein.[2] Nach diesen Ausführungen könnte eine Prüfung der Frage, ob das Oberlandesgericht ohne Rechtsirrtum angenommen hat, daß eine offenbare Unbilligkeit nicht vorliege, als überflüssig erscheinen, weil es auf eine solche bei der gegebenen Sachlage nicht ankomme, die Revision sonach jedenfalls unbegründet sei. Diese Prüfung war jedoch geboten, weil das Berufungsgericht nicht festgestellt hat, welche Bedeutung dem §. 13 der Versicherungsbedingungen nach der Absicht der Parteien zukomme, außerdem aber in der Vorinstanz nicht untersucht worden ist, welches örtliche Recht für die Beurteilung der Sache maßgebend sei, und nach den Versicherungsbedingungen die Möglichkeit nahe liegt, daß das am Sitze der Gesellschaft (in Breslau) oder am Wohnorte des Generalagenten (in Frankfurt a. M.) geltende Recht anzuwenden sei, weil an diesen Orten die Zahlung der Entschädigung zu leisten war. Die von dem Revisionskläger erhobenen Angriffe mußten hiernach auch von dem Gesichtspunkte aus geprüft werden, daß der Ausspruch der Ärztekommission wegen offenbarer Unbilligkeit angefochten werden könne. Dieselben erscheinen aber als unbegründet. Zunächst wird aber ohne Grund gerügt, daß §. 260 C.P.O. verletzt worden sei. Auch wenn anzunehmen wäre, die im gemeinen Rechte geltenden Grundsätze seien maßgebend, würde der Ausspruch der Ärztekommission zunächst für die Parteien bindend sein. Nur wenn der Kläger den Nachweis erbracht hätte, daß derselbe eine offenbare Unbilligkeit enthielte, würde derselbe seine bindende Kraft verloren haben. Bei Prüfung der Frage, ob eine solche Unbilligkeit vorliege, der Ausspruch sonach angefochten werden könne, handelte es sich aber nicht bloß darum, „ob ein Schaden entstanden sei, und wie hoch sich derselbe be-

[1] Vgl. hierzu: Zachariä-Dreyer, Bd. 2 §. 349 S. 476. 525; Laurent, Bd. 24 Nr. 77. 78 S. 85 flg.; Toullier-Duvergier, Bd. 16 Nr. 156. 157; Troplong, Vente Bd. 1 Nr. 158; Cass. 31. März 1862, Dalloz, Bd. 62 S. 584 flg.; Bordeaux, 23. Juli 1853, Journ. du P. Bd. 55 I. S. 454.

[2] Vgl. Bornier, Preuves S. 99; Dejean, Expertises S. 2. 363 flg. bes. Nr. 1522; Cass. 30. Januar 1855, Journ. du P. 1857 S. 1242.

laufe", da aus einer abweichenden Schätzung des Gerichtes eine offenbare Unbilligkeit selbst von rein objektiven Gesichtspunkten aus noch nicht ohne weiteres zu folgern war. Das Oberlandesgericht hat deshalb mit Recht angenommen, daß bei dieser Frage nicht §. 260, sondern §. 259 C.P.O. maßgebend sei. Übrigens hat sich das Berufungsgericht in zweiter Linie auch auf den Standpunkt des ersten Richters gestellt und von diesem aus mit eingehender Begründung dargelegt, durch das in Frage stehende Vorbringen könne die Überzeugung, daß eine offenbare Unbilligkeit vorliege, nicht begründet werden. Es beruht sonach die Entscheidung gar nicht auf der Annahme, daß §. 260 vom ersten Richter mit Unrecht angewendet worden sei. Bei der erwähnten Feststellung handelt es sich im wesentlichen um eine Würdigung der thatsächlichen Verhältnisse, welche der Nachprüfung des Revisionsgerichtes entzogen ist.... Was endlich die Rüge anbelangt, es sei mit Unrecht der Zeitpunkt der von der Kommission vorgenommenen Untersuchung für maßgebend erklärt worden, so ist der Auffassung des Berufungsgerichtes beizutreten. Da die bestellte Kommission nach den Versicherungsbedingungen sich über den Zustand des Klägers auszusprechen hatte, wie er zur Zeit der von ihr vorzunehmenden Untersuchung oder der getroffenen Entscheidung bestand, konnte auch in Ansehung der Frage, ob eine offenbare Unbilligkeit vorliege, nur dieser Zeitpunkt maßgebend sein. Eine später eingetretene Veränderung konnte unter Umständen einen auf die Versicherungsbedingungen gestützten Anspruch auf Erhöhung der gewährten Entschädigung, nicht aber auf die Anfechtung des Ausspruches der Kommission rechtfertigen. Übrigens beruht auch in diesem Punkte die Entscheidung nicht auf der vom Revisionskläger als rechtsirrtümlich bezeichneten Annahme; denn das Oberlandesgericht hat weiter ausgeführt, es sei überhaupt nicht anzunehmen, daß der Ausspruch eine offenbare Unbilligkeit enthalte."

---

77. 1. Können diejenigen, welche von dem Gläubiger einer eingetragenen Genossenschaft als Mitglieder der letzteren wegen seines in dem Konkurse gegen die Genossenschaft erlittenen Ausfalles belangt werden, dieser Klage eine Einrede der rechtskräftigen Entscheidung daraus entgegenhalten, daß die jetzt Belangten in einem Rechtsstreite, welchen sie gegen die Mitglieder der Genossenschaft,

vertreten durch die Liquidatoren, gelegentlich des Umlageverfahrens während des Konkurses geführt, ein Urteil dahin erwirkt haben, daß die von ihnen mit der Genossenschaft abgeschlossenen Verträge, aus deren Abschluß ihre Mitgliedschaft abgeleitet wurde, für sie nicht verbindlich geworden, und daß sie aus dem im Verteilungsplane enthaltenen Verzeichnisse der Genossenschafter zu streichen seien?

2. Können sie der bezeichneten Klage des Genossenschaftsgläubigers eine selbständige Einrede dahin entgegenhalten, sie seien zum Eintritte in die Genossenschaft durch betrügerische Vorspiegelungen seitens eines Bediensteten oder eines Agenten der Genossenschaft bewogen worden?

L.R.S. 1351. 1116.

Genossenschaftsgesetz vom 4. Juli 1868.

II. Civilsenat. Urt. v. 6. Dezember 1889 i. S. M. u. Gen. (Bekl.) w. W. (Kl.) Rep. II. 235/89.

I. Landgericht Karlsruhe.
II. Oberlandesgericht daselbst.

Die Entscheidung ist oben unter „Reichsrecht" Nr. 27 S. 146 abgedruckt.

---

78. Beweismittel, Beweisgegenstand und Beweislast bezüglich des Beibringens einer Ehefrau bei Rückforderung desselben durch sie gegenüber dem bisherigen Ehemanne.

II. Civilsenat. Urt. v. 17. Dezember 1889 i. S. geschied. Ehefrau J. (Kl.) w. J. (Bekl.) Rep. II. 248/89.

I. Landgericht Mannheim.
II. Oberlandesgericht Karlsruhe.

Die Klägerin verheiratete sich mit dem Beklagten am 2. Juli 1885. Die ehelichen Güterverhältnisse wurden durch einen am gleichen Tage vor Eheabschluß errichteten Ehevertrag geregelt. Inhaltlich der Ziff. I desselben wirft jeder der künftigen Ehegatten 50 ℳ in die Gütergemeinschaft ein, während „alles übrige, gegenwärtige, beibringende und künftig erwerbende, fahrende Vermögen mit den hierauf haftenden Schulden von der Gemeinschaft ausgeschlossen und für Liegenschaft erklärt wird". Unter Ziff. IV ist u. a. bestimmt:

„Das Einbringen der Braut besteht aus:

1. ꝛc;

2. einer Barschaft von 3000 ℳ";

und unter Ziff. V heißt es:

„Das Einbringen der Brautleute wird gegenseitig anerkannt."

Die Eheleute gerieten sehr bald in Unfrieden; schon im September 1885 verließ die Klägerin für immer die eheliche Wohnung. Am 17. Oktober 1885 klagte sie auf Ehescheidung, worauf durch Urteil vom 24. Juni 1887 die Ehe wegen grober Verunglimpfung der Frau durch den Mann geschieden wurde. Es fanden darauf zur Auseinandersetzung der Vermögensverhältnisse Verhandlungen statt, wobei sich die Klägerin der Gütergemeinschaft entschlug und die als eingebracht bezeichneten 3000 ℳ zurückverlangte. Der Beklagte erkannte jedoch den betreffenden Anspruch der Klägerin nicht an. Letztere erhob nun gegen ihn Klage auf Verurteilung zur Zahlung der erwähnten 3000 ℳ samt 5 Prozent Zinsen vom Klagezustellungstage. Der Beklagte beantragte Zurückweisung der Klage, weil er trotz des Anerkenntnisses im Ehevertrage die fraglichen 3000 ℳ nicht empfangen habe, worauf die Klägerin erläuternd vortrug, daß sie das Geld allerdings nicht gleich anfangs an den Beklagten hingegeben habe, sondern erst, nachdem sie am 28. August 1885 ein Sparguthaben bei der Sparkasse in W. im Betrage von 2796,42 ℳ erhoben hatte. Das erhobene Geld sei durch Zuzahlung von seiten ihres Vaters zu 3000 ℳ vollgemacht und letzterer Betrag darauf von ihr an den Beklagten ausgefolgt worden. Von seiten des Beklagten wurde die Erhebung des Sparkassenguthabens, wie behauptet, zugegeben, die Ausfolgung der 3000 ℳ dagegen bestritten.

Aus den Gründen:

„Die richtige Annahme des Oberlandesgerichtes, es könnten im vorliegenden Falle — wo bei der, neben der Einwerfung von 50 ℳ in die Gütergemeinschaft bestimmten, ausdrücklichen Verliegenschaftung der Fahrnisse die Ehefrau, welche auf die Gütergemeinschaft verzichtet hat, ihr Sondergut von ihrem (bisherigen) Ehemanne zurückfordert (wenn auch nur dem Werte nach), und zwar als solches von dem Ehemanne 3000 ℳ (nebst Zinsen vom Klagezustellungstage) verlangt — die streitenden Parteien dafür, daß von der Ehefrau die dem Werte nach geforderten 3000 ℳ in die Ehe eingebracht worden seien, bezw. dafür, daß dies nicht geschehen sei, sich aller zulässigen Beweismittel bedienen, ist zwar unrichtig begründet, insofern von dem Oberlandesgerichte L.R.S. 1499 im allgemeinen auch auf das Verhältnis der Ehegatten untereinander für anwendbar erklärt und hiervon nur eine Ausnahme hinsichtlich des Einbringens einer Barschaft gemacht wird, während vielmehr nach dem, von dem Oberlandesgerichte in anderer Richtung angeführten Urteile des II. Civilsenates des Reichsgerichtes vom 12. Oktober 1886,

vgl. Entsch. des R.G.'s in Civils. Bd. 16 S. 284 flg.,

L.R.S. 1499 sich überhaupt nur auf das Verhältnis gegen Dritte bezieht. Diese unrichtige Begründung ist aber für das Urteil selbst einflußlos.

Dagegen ist ein anderer Rechtsirrtum des Oberlandesgerichtes für das von ihm erlassene Urteil von Einfluß gewesen. Zwar enthält der Ehevertrag, in dessen Ziff. IV gesagt ist: „Das Einbringen der Braut besteht aus 1. ꝛc, 2. einer Barschaft von 3000 ℳ, und dessen Ziff. V besagt: „Das Einbringen der Brautleute wird gegenseitig anerkannt", eine unrichtige Thatsache, insofern hierin der jetzige Beklagte versichert, die jetzige Klägerin habe bar 3000 ℳ in die Ehe eingebracht, da auf die beklagtische Bestreitung eines solchen baren Einbringens beim Eheabschlusse die Klägerin selbst erklärte, sie habe das Geld allerdings nicht gleich anfangs an den Beklagten hingegeben, sondern erst, nachdem sie am 28. August 1885 ein Sparguthaben bei der Sparkasse W. im Betrage von 2796,42 ℳ erhoben habe, das erhaltene Geld sei durch Zuzahlung von seiten ihres Vaters zu 3000 ℳ vollgemacht und letzterer Betrag darauf von ihr an den Beklagten ausgefolgt worden. Allein nachdem hierauf von seiten des Beklagten die Erhebung des Sparguthabens, wie behauptet, zugegeben wurde, konnte die von ihm damit verbundene Bestreitung der Ausfolgung der 3000 ℳ an ihn wenigstens für den Betrag des Sparguthabens nicht die Folge haben, daß, wie das Oberlandesgericht annimmt, die Klägerin nun zu beweisen habe, daß sie das Geld dem Beklagten bar ausgehändigt habe. Wenn, wie nach dem Vorbringen der Klägerin als von ihr behauptet erscheint — und von dem Beklagten als nicht bestritten zu erachten ist —, die Klägerin bei Eingehung der Ehe als Wertobjekt ein Sparguthaben besaß, so hat sie durch ihren Besitz einer solchen Forderung das durch dieselbe repräsentierte Wertobjekt in die Ehe eingebracht, und sie hat vermöge der Verliegenschaftung der Fahrnisse schon damit gegen den Ehemann bei Auflösung der Ehe einen Anspruch auf Herausgabe des Wertes desselben. Wenn sodann, was von dem Beklagten zugegeben wurde, die Ehefrau dieses Sparguthaben erhoben hat, so ist nur das zunächst als Forderung in die Ehe eingebrachte Wertobjekt in eine Barschaft umgewandelt und der Wert der in die Ehe eingebrachten Forderung festgestellt worden. Es hatte daher bezüglich des durch das Sparguthaben gebildeten Betrages ihres dem Werte nach zurückgeforderten Sondergutes die Klägerin als Grund ihrer Klage, welcher lediglich darin besteht, daß sie ein gewisses Wertobjekt als ihr Vermögen eingebracht habe, nicht noch zu beweisen, daß sie das von ihr erhobene Geld aus dem durch sie bei Eingehung der Ehe besessenen und in die Ehe als ihr Vermögen eingebrachten Sparkassenguthaben auch unmittelbar dem Ehemanne ausgehändigt habe. Vielmehr war es Sache des Beklagten, im Wege der Einrede zu behaupten und zu beweisen, es sei der Einziehung des Sparkassenguthabens durch seine Ehefrau unter solchen Umständen und auf eine solche Weise erfolgt, daß es ihm nicht möglich gewesen sei, sich in den Besitz des Geldes zu setzen, welches seine Ehefrau auf das Sparkassenguthaben ausbezahlt erhielt."

V. Prozeßrecht.

79. Ist eine Beschwerde zulässig gegen einen Beschluß, wodurch ein Antrag einer Partei auf Verbindung mehrerer Prozesse (§. 138 C.P.O.) abgelehnt wird?

VI. Civilsenat. Beschl. v. 27. Juni 1889 i. S. S. (Kl.) w. v. H. u. Gen. (Bekl.) Beschw.-Rep. VI. 80/89.

I. Kammergericht Berlin.

Gründe:

„Der Beschwerdeführer hat bei dem Berufungsgerichte beantragt, die beiden von ihm gegen den Rechtsanwalt Dr. St. und gegen die Frau v. H. anhängig gemachten, in der Berufungsinstanz schwebenden Prozesse nach §. 138 C.P.O. zu verbinden. Dieser Antrag ist durch Beschluß vom 25. Mai 1889 zurückgewiesen. Beschwerde gegen diesen Beschluß ist nicht zulässig.

Darüber, ob eine Verbindung mehrerer Prozesse stattzufinden hat, kann erst Beschluß gefaßt werden, nachdem durch die mündliche Verhandlung das Sachverhältnis festgestellt ist. Ebenfalls kann, wenn eine Partei einen Antrag auf die Verbindung mehrerer Prozesse stellt, über diesen Antrag nur entschieden werden, wenn durch die mündliche Verhandlung das Sach- und Streitverhältnis klargelegt worden ist. Der Beschluß erfordert also eine mündliche Verhandlung und ist daher nach §. 530 C.P.O. mit der Beschwerde nicht anfechtbar. Dieses muß auch als rationell angesehen werden. Es hat lediglich dem individuellen Ermessen des erkennenden Gerichtes überlassen bleiben sollen, ob von einer Verbindung mehrerer Streitsachen eine Förderung, Beschleunigung oder Vereinfachung des Verfahrens zu erwarten ist. Eine Unterstützung findet diese Ansicht in den Motiven zu dem §. 135 des Entwurfes (§. 141 C.P.O.), indem dort bemerkt ist, daß die Anordnung einer Trennung, Verbindung oder Aussetzung des Verfahrens, soweit sie die Aussetzung zum Gegenstande hat, nach §. 221 (§. 229 C.P.O.) der Anfechtung durch Beschwerde unterliegt, wonach anzunehmen ist, daß die Motive eine Beschwerde gegen die Anordnung der Trennung oder Verbindung der Streitsachen nicht für statthaft gehalten haben." ...

---

80. Ist zu den veränderten Umständen, wegen deren nach §§. 807. 815 C.P.O. die Aufhebung eines Arrestes oder einer einstweiligen Verfügung gefordert werden kann, die Erlangung besserer Kenntnis seitens der durch den Arrest oder die Verfügung betroffenen Partei von dem maßgebenden Sachverhalte zu rechnen?

IV. Civilsenat. Urt. v. 4. Juli 1889 i. S. S. (Kl.) w. B. (Bekl.) Rep. IV. 148/89.

I. Landgericht Landsberg a./W.
II. Kammergericht Berlin.

Die minderjährige, durch ihre Mutter als Pflegerin vertretene, vermögenslose und erwerbsunfähige Klägerin hatte gegen ihren mütterlichen Großvater auf Gewährung des Unterhaltes Klage erhoben und im Laufe des Rechtsstreites den Erlaß einer einstweiligen Verfügung nachgesucht, durch welche dem Beklagten aufgegeben würde, ihr während der Dauer des Rechtsstreites monatlich 60 ℳ an Unterhaltsgeldern zu zahlen. Zur Begründung des Antrages hatte die Klägerin, deren Mutter vermögenslos ist, und deren väterliche Großeltern gestorben sind, geltend gemacht, daß sie von ihrem Vater, da gegen ihn die Zwangsvollstreckung fruchtlos ausgefallen und er von Hamburg nach Kamerun ausgewandert sei, Gewährung des Unterhaltes nicht erlangen könne. Der Beklagte hatte auf den Antrag erklärt, daß er unter den obwaltenden Umständen seine Verpflichtung zur Gewährung des Unterhaltes an die Klägerin anerkennen müsse. Dem Antrage war vom Berufungsgerichte stattgegeben worden. Der Beklagte beantragte in der Folge auf Grund des §. 807 C.P.O. die Aufhebung der einstweiligen Verfügung wegen veränderter Umstände. Er machte geltend, daß sein Anerkenntnis der Verpflichtung zur Gewährung des Unterhaltes auf der falschen, von ihm für richtig gehaltenen Angabe der Klägerin beruhe, daß die Zwangsvollstreckung gegen den in erster Reihe verpflichteten Vater der Klägerin fruchtlos ausgefallen und dieser selbst nach Kamerun gegangen sei. Der Vater der Klägerin habe in Wahrheit Deutschland nicht verlassen, seit dem Erlasse der einstweiligen Verfügung immer in Hamburg gewohnt, auch die der Klägerin zuerkannten Unterhaltsgelder stets gezahlt. Eine Zwangsvollstreckung sei auch nicht fruchtlos ausgefallen. Die Mutter der Klägerin habe vielmehr fortdauernd die Pension ihres Ehemannes pfänden lassen. Das Berufungsgericht erkannte, ohne sich über das Vorhandensein des Erfordernisses der veränderten Umstände auszusprechen, nach dem Antrage des Beklagten. Die von der Klägerin eingelegte Revision wurde für begründet erkannt und die Sache zur anderweiten Verhandlung und Entscheidung an das Berufungsgericht zurückverwiesen.

Aus den Gründen:

... „Die Entscheidung über das Rechtsmittel hängt in erster Reihe von der Bestimmung des Begriffes der veränderten Umstände ab, deren Vorhandensein das Begehren der Aufhebung einer einstweiligen Verfügung nach §§. 807. 815 C.P.O. zu rechtfertigen geeignet sein soll. Der in diesen Paragraphen zugelassene Antrag ist prozeßordnungsmäßig nicht dazu bestimmt, die einstweilige Verfügung aus dem Grunde anzugreifen und zu beseitigen, weil sie von Anfang an ungerechtfertigt gewesen ist. Diesem Zwecke sollen, wenn die einstweilige Verfügung durch Beschluß angeordnet ist, der Widerspruch gegen den Beschluß nach §§. 804. 815. 816 a. a. O. oder, wenn die einstweilige Verfügung durch Endurteil angeordnet oder auf erhobenen Widerspruch durch Endurteil bestätigt worden ist, die gegen Endurteile zulässigen Rechtsmittel dienen. Der Antrag der §§. 807. 815 ist vielmehr zu dem Behufe gegeben, eine einstweilige Verfügung zur Aufhebung zu bringen, weil sie infolge inzwischen eingetretener Umstände aufgehört hat, gerechtfertigt zu sein. Und es liegt im Begriffe der veränderten Umstände, daß die Aufhebung auf Grund des §. 807 dem versagt werden muß, der in dem Verfahren, welches dem Erlasse der Verfügung vorangegangen ist, versäumt hat, sich der Verteidigungsmittel, die ihm zu Gebote standen, in ausreichendem Maße zu bedienen und nun das früher Versäumte nachholen will. Denn der Begriff der veränderten Umstände erfordert nicht nur, daß dem Gerichte ein veränderter Streitstoff vorgelegt wird, sondern auch, daß die Änderung des Streitstoffes in Vorkommnissen ihren Grund hat, welche erst nach dem Abschlusse des Vorverfahrens in einem Zeitpunkte, der ihre Geltendmachung in jenem Verfahren ausschloß, eingetreten sind. Wird von diesem Gesichtspunkte aus an die Prüfung der Frage, ob im Streitfalle veränderte Umstände vorliegen, herangetreten, so liegt klar vor, daß das fragliche Erfordernis im Streitfalle nicht für gegeben erachtet werden könnte, wenn der Begriff der veränderten Umstände nur durch eine später eingetretene Veränderung oder Neugestaltung der äußeren Thatsachen gedeckt würde, von denen die unter den Streitteilen bestehenden Beziehungen, die den Erlaß der einstweiligen Verfügung veranlaßt haben, bestimmt werden. Denn nach dem Thatbestande des mit der Revision angefochtenen Berufungsurteiles hat der Beklagte überall nicht geltend gemacht, daß eine objektive Änderung in den äußeren Thatsachen, die auf das vorliegende Streitverhältnis von Einfluß sein können, und von denen die Beantwortung der Frage nach den Voraussetzungen der geltend gemachten Verpflichtung des Beklagten, die Kosten des Unterhaltes der Klägerin zu bestreiten, abhängig ist, seit dem durch das Urteil vom 14. August 1888 erfolgten Erlasse der einstweiligen Verfügung eingetreten ist. Der Antrag ist vielmehr nur darauf gegründet, daß der Beklagte im Vorverfahren Thatsachen, welche die Klägerin wider besseres Wissen vorgebracht haben soll, als richtig angenommen, demgemäß seine Erklärungen abgegeben und erst später die richtige Kenntnis über das seine rechtliche Stellung zur Klägerin betreffs der streitigen Verpflichtung beherrschende Sachverhältnis erhalten habe. Es fragt sich also ob mit dieser Begründung des Antrages die Voraussetzung des Vorliegens veränderter Umstände als ausreichend behauptet anzusehen ist. Es wird darüber gestritten, ob eine Aufhebung der einstweiligen Verfügung auf Grund des §. 807 nur ausgesprochen werden darf, wenn Thatsachen in Frage stehen, welche erst nach dem Schlusse der Verhandlung, auf welche das Urteil ergangen ist, eingetreten sind, oder ob die Aufhebung auch wegen solcher Thatsachen mit Erfolg nachgesucht werden kann, die dem Schuldner erst später bekannt geworden sind, sodaß also die veränderten Umstände in der Erlangung besserer Kenntnis des Schuldners von den das Streitverhältnis beherrschenden äußeren Thatsachen auch ohne deren objektive Veränderung zu finden sein würden. Die engere Auffassung wird von Möller in der Zeitschrift von Busch und Vierhaus Bd. 10 S. 504 flg., die weitere von Struckmann und Koch im Kommentar zur Civilprozeßordnung, Anm. 1 zu §. 807, vertreten .... Zu Gunsten der einschränkenden Auffassung wird,

vgl. Busch und Vierhaus, a. a. O. S. 504 Anm. 15,

die Bestimmung im §. 686 C.P.O. herangezogen, in der Einwendungen, welche den durch ein Urteil festgestellten Anspruch betreffen, nicht anders für zulässig erklärt werden, als wenn die Gründe, auf denen sie beruhen, erst nach dem Schlusse derjenigen mündlichen Verhandlung entstanden sind, in welcher Einwendungen prozeßordnungsmäßig spätestens hätten geltend gemacht werden können. Allein diese Erwägungen reichen nicht hin, um zu Gunsten der einschränkenden Auffassung den Ausschlag zu geben. Wenn es sich um die Aufrechthaltung eines Urteiles handelt, durch das ein Anspruch festgestellt wird, so werden nach §. 686 a. a. O. zwar Einwendungen gegen den Anspruch, deren Grund in dem Zeitpunkte schon entstanden war, bis zu welchem sie in dem gerichtlichen Verfahren, auf Grund dessen das Urteil gesprochen worden, geltend gemacht werden konnten, der Regel nach nicht mehr zugelassen, auch wenn ihr Grund der Partei, gegen welche der Anspruch sich richtet, erst nach jenem Zeitpunkte bekannt geworden ist. Aber der Grund, aus welchem einem Urteile gegenüber, wenn die Möglichkeit neuen thatsächlichen Vorbringens in einem neuen Rechtszuge nicht mehr gegeben ist, der von dem Urteile Betroffene mit der Behauptung, daß er infolge seiner mangelhaften Kenntnis nicht alle seine Rechtsbehelfe in dem Rechtsstreite habe vorbringen können, nicht mehr gehört wird, liegt in dem Schutze, auf den ein der Rechtskraft fähiges Urteil neuem thatsächlichen Vorbringen gegenüber Anspruch haben muß. Und im vorliegenden Falle handelt es sich um ein solches Urteil nicht. Die Entscheidung, durch welche eine einstweilige Verfügung angeordnet wird, hat ihrer Natur nach nur eine vorübergehende Bedeutung, während ein rechtskräftiges Urteil den Rechtsstreit endgültig zu entscheiden bestimmt ist. Es liegt also ein innerer Grund nicht vor, die Entscheidung, durch die eine einstweilige Verfügung angeordnet ist, in der hier fraglichen Richtung dem rechtskräftigen Urteile gleichzustellen und damit der Partei bei anfangs mangelhafter, später aber richtiger und vollständiger Erkenntnis des Thatbestandes die Möglichkeit einer Abhilfe der einstweiligen Verfügung gegenüber bis zur Entscheidung über die Hauptsache zu versagen. Und da auch im Gesetze ein zwingender Grund nicht enthalten ist, der es hindert, den Begriff der veränderten Umstände dahin zu bestimmen, daß er die Erlangung besserer Kenntnis des durch die Verfügung Betroffenen von dem maßgebenden Sachverhalte einschließt, so muß diese letztere Auffassung für die richtige erachtet werden.

Das Berufungsgericht hat sich darüber, ob die fragliche Voraussetzung im Streitstoffe gegeben ist, nicht ausgesprochen. Der Thatbestand und die Entscheidungsgründe des angefochtenen Urteiles enthalten auch nichts davon, daß die Streitteile über das Vorhandensein des fraglichen Erfordernisses verhandelt haben. Die Frage, ob die in Rede stehende prozeßordnungsmäßige Voraussetzung des Begehrens des Beklagten gegeben ist, muß aber von Amts wegen geprüft werden. Erweist sich die fragliche Voraussetzung als vorhanden, so ergiebt sich insofern in dem angefochtenen Urteile die Verletzung einer Rechtsnorm, als das Berufungsgericht auf die Bestimmungen in den §§. 266. 800 C.P.O. nicht die erforderliche Rücksicht genommen hat. Steht nämlich dem Beklagten als Grund der Aufhebung der Verfügung der auf der Erlangung besserer Kenntnis von dem entscheidenden Sachverhalte beruhende Umstand zur Seite, so hat dies die Wirkung, daß nun die Klägerin, wenn sie die Aufhebung der Verfügung vermeiden will, die Erfordernisse ihres ursprünglichen Antrages, den Beklagten durch einstweilige Verfügung zur Gewährung des Unterhaltes in der beanspruchten Weise anzuhalten, also insbesondere das Unvermögen ihres Vaters zur Gewährung des Unterhaltes, anderweit glaubhaft zu machen hat. Von der seitens der Revisionsklägerin im gegenwärtigen Rechtszuge behaupteten Änderung der Beweislast in der fraglichen Richtung kann nicht die Rede sein. Hätte der Beklagte den Antrag, die vorläufige Verfügung aufzuheben, auf die Behauptung gegründet, daß der Vater der Klägerin nachträglich die Mittel erlangt hätte, der Klägerin den Unterhalt zu gewähren, so würde die Beweislast ohne Zweifel den Beklagten treffen. Aber darum handelt es sich nicht. Der Beklagte behauptet, daß der Vater der Klägerin niemals aufgehört habe, der Klägerin den Unterhalt gewähren zu können, und gründet den Antrag darauf, daß er selbst, verleitet durch die von der Klägerin zur Begründung ihres Antrages auf Erlassung der Verfügung aufgestellten Behauptungen, angenommen habe, in den Verhältnissen des Vaters der Klägerin sei eine Änderung eingetreten, vermöge deren die Klägerin Unterhalt von ihrem Vater nicht mehr fordern könne. Der veränderte Umstand ist also nur die Erlangung der Kenntnis des Beklagten davon, daß sich in den Verhältnissen des Vaters der Klägerin nichts geändert habe ....

Diese Erwägungen machen die Aufhebung des angefochtenen Urteiles und die Zurückverweisung der Sache an das Berufungsgericht notwendig, damit das Gericht sich nach anderweiter Verhandlung der Sache darüber ausspreche, ob die in dem Vorhandensein veränderter Umstände bestehende Voraussetzung des Verlangens, die Verfügung aufzuheben, vorliege und im Falle der Bejahung der Frage darüber befinde, ob die Erfordernisse der einstweiligen Verfügung selbst in der angegebenen Richtung nach Vorschrift der §§. 266. 800 C.P.O. glaubhaft gemacht seien." ...

---

81. Ist in dem Verfahren über den Antrag auf Erlaß einer einstweiligen Verfügung, betreffend das Getrenntleben der Ehefrau von dem Ehemanne während des Scheidungsprozesses und die Verpflichtung des Ehemannes zur Verpflegung der Frau während des Getrenntlebens, der Wert des Streitgegenstandes bezüglich dieser Verpflichtung von dem Gerichte nach freiem Ermessen zu bestimmen?

C.P.O. §§. 3. 9.

Vereinigte Civilsenate. Beschl. v. 8. Juli 1889 i. S. H. (Kl.) w. ihren Ehemann (Bekl.). Beschw.-Rep. IV. 5/88.

I. Kammergericht Berlin.

Die vorstehende Frage ist bejaht worden durch Aufstellung des Rechtsgrundsatzes:

In dem Verfahren über den Antrag auf Anordnung einer einstweiligen Verfügung, welche das Getrenntleben der Ehefrau von dem Ehemanne während des Scheidungsprozesses und die Verpflichtung des Ehemannes, die Kosten des Unterhaltes der Frau während des Getrenntlebens zu tragen, zum Gegenstande hat, ist der Wert des Streitgegenstandes bezüglich dieser Verpflichtung gemäß §. 3 der Civilprozeßordnung von dem Gerichte nach freiem Ermessen festzusetzen.

Aus den Gründen:

„Durch einstweilige Verfügung des Landgerichtes I Berlin vom 29. Juli 1887 war auf den Antrag der Klägerin, welche mit ihrem Ehemanne, dem Beklagten, im Scheidungsprozesse steht, derselben gestattet, während der Dauer des Prozesses von dem Beklagten getrennt zu leben und die in der Ehe erzeugte Tochter bei sich zu behalten, auch ferner angeordnet, daß der Beklagte gehalten sei, der Klägerin für die Zeit des Getrenntlebens an Alimenten 600 ℳ monatlich zu zahlen und derselben verschiedene in seinem Besitze befindliche Sachen herauszugeben.

Auf den von dem Beklagten erhobenen Widerspruch setzte das Landgericht durch Urteil vom 29. August 1887, indem im weiteren die einstweilige Verfügung aufrechterhalten wurde, den Betrag der von dem Beklagten zu entrichtenden Alimente auf 400 ℳ für den Monat herab und wies den Antrag der Klägerin bezüglich der Herausgabe von Sachen in Ansehung einzelner Gegenstände zurück.

Gegen dieses Urteil legten beide Teile die Berufung ein, die Klägerin, weil die einstweilige Verfügung nicht in vollem Umfange aufrechterhalten war, der Beklagte, weil der Klägerin die Tochter für die Dauer des Scheidungsprozesses belassen, der monatliche Alimentationsbeitrag nicht auf nur 200 ℳ festgesetzt und hinsichtlich des Verlangens der Klägerin wegen Herausgabe von Sachen nicht durchweg seinem Antrage entsprechend erkannt war. Beide Berufungen wurden demnächst zurückgenommen.

Nachdem der Wert des Streitgegenstandes für die erste Instanz auf 10000 ℳ festgesetzt war, beantragte der Prozeßbevollmächtigte des Beklagten, gestützt auf die Vorschrift des §. 9 Abs. 2 C.P.O., die Höhe des Streitgegenstandes für die Berufungsinstanz unter Zugrundelegung des zwölfundeinhalbfachen Betrages des Jahresbezuges der noch streitig gewesenen Alimente auf 60000—62000 ℳ zu bestimmen. Das Kammergericht lehnte durch Beschluß vom 23. Dezemder 1887 den Antrag ab und setzte mit Rücksicht darauf, daß in der Berufungsinstanz das ursprüngliche Streitobjekt durch Ausscheidung eines Teiles der erhobenen Ansprüche herabgemindert war, den Streitwert für diese Instanz auf 7000 ℳ fest, indem es erwog, daß die, das allgemeine Prinzip des §. 3 C.P.O. einschränkende, Vorschrift des §. 9 Abs. 2 daselbst dann nicht zur Anwendung geeignet erscheine, wenn nach Lage der Sache nicht anzunehmen sei, daß die Zeitdauer des Bezuges eine längere Frist, insbesondere eine solche von zwölfundeinhalb Jahren oder darüber, erreiche, und dies im vorliegenden Falle, in welchem ein Alimentationsgesuch während der Dauer eines Ehescheidungsprozesses in Frage stehe, zutreffe, indem ein solcher Prozeß erfahrungsmäßig nach dem gewöhnlichen Laufe in einem Jahre zur Entscheidung gelange, sodaß es angemessen erscheine, bei der Bestimmung der Höhe des Streitgegenstandes, soweit die Alimentation in Betracht komme, nur den einjährigen Betrag der zu gewährenden Alimente als Streitwert anzunehmen.

Gegen diesen Beschluß erhob der Prozeßbevollmächtigte des Beklagten, seinen Antrag aufrechterhaltend, Beschwerde.

Der IV. Civilsenat des Reichsgerichts, an welchen die Beschwerde ressortmäßig gelangt war, erachtete dieselbe für unbegründet, war jedoch gehindert, dieser Ansicht entsprechend zu entscheiden, weil der II. Civilsenat durch einen älteren Beschluß vom 4. Oktober 1887 in der Streitsache Kielwasser wider Kielwasser Beschw.-Rep. II. 100/87, in welcher es sich, wie hier, um das Getrenntleben der Eheleute während des Scheidungsprozesses und um die Verpflichtung des Mannes zur Alimentation der Frau für die Dauer des Getrenntlebens handelte, den Streitwert bezüglich dieser Verpflichtung nach §. 9 Abs. 2 C.P.O. auf den zwölfundeinhalbfachen Betrag des Jahresbezuges festgesetzt hatte.

Der IV. Civilsenat hat daher auf Grund der Vorschrift des §. 137 G.V.G. in der Fassung des Gesetzes vom 17. März 1886 die Sache an die vereinigten Civilsenate verwiesen, um die Entscheidung über die Rechtsfrage einzuholen:

Ist in dem Verfahren über den Antrag auf Anordnung einer einstweiligen Verfügung, welche das Getrenntleben der Ehefrau von dem Ehemanne während des Scheidungsprozesses und die Verpflichtung des Ehemannes, die Kosten des Unterhaltes der Frau während dieses Getrenntlebens zu tragen, zum Gegenstande hat, der Wert des Streitgegenstandes nach §. 9 Abs. 2 C.P.O. auf den zwölfundeinhalbfachen Betrag des einjährigen Bezuges an Unterhaltskosten zu bestimmen oder gemäß §. 3 C.P.O. in Verbindung mit §. 10 Abs. 2 des Gerichtskostengesetzes von dem Gerichte nach freiem Ermessen festzusetzen?

Die vereinigten Civilsenate haben den Verweisungsbeschluß für gerechtfertigt erachtet und die gestellte Frage im Anschlusse an die Ansicht des IV. Civilsenates in der oben angegebenen Weise beantwortet.

Der §. 3 C.P.O. schreibt als Regel vor, daß der Wert des Streitgegenstandes von dem Gerichte nach freiem Ermessen festzusetzen ist. Durch die nachfolgenden §§. 4—9 wird diese Regel teils näher bestimmt, teils abgeändert, und es verordnet §. 9:

„Der Wert des Rechtes auf wiederkehrende Nutzungen oder Leistungen wird nach dem Werte des einjährigen Bezuges berechnet, und zwar:

auf den zwölfundeinhalbfachen Betrag, wenn der künftige Wegfall des Bezugsrechtes gewiß, die Zeit des Wegfalles aber ungewiß ist,

auf den fünfundzwanzigfachen Betrag bei unbeschränkter oder bestimmter Dauer des Bezugsrechtes. Bei bestimmter Dauer des Bezugsrechtes ist der Gesamtbetrag der künftigen Bezüge maßgebend, wenn er der geringere ist."

Diese Vorschrift stellt sich als eine Ausnahme von der Regel des §. 3 a. a. O. dar, indem durch sie, wenn Rechte auf wiederkehrende Nutzungen oder Leistungen in Streit sind, bei der Wertsberechnung das Ermessen des Gerichtes ausgeschlossen wird und positive Bestimmungen getroffen werden, welche für den Richter unbedingt maßgebend sind.

Das in Rede stehende Recht, welches die Gewährung laufender Alimente während der Dauer eines Scheidungsprozesses zum Gegenstande hat, gehört an sich zu der im §. 9 Abs. 2 erwähnten Klasse von Rechten. Denn es ist ein Recht auf wiederkehrende Leistungen, hinsichtlich dessen der Wegfall gewiß, die Zeit des Wegfalles aber, da die Dauer des Scheidungsprozesses nicht von vornherein feststeht, ungewiß ist. Nach den Worten des Gesetzes würde daher in dem vorliegenden Falle der Wert des Streitgegenstandes auf den zwölfundeinhalbfachen Betrag des Jahresbezuges zu berechnen sein. Allein der Inhalt des Gesetzes in seinen Einzelbestimmungen läßt eine sich lediglich an den Wortlaut anlehnende Interpretation ausgeschlossen erscheinen.

Der §. 9 a. a. O. hat, wie aus den aufgestellten Normen für die Wertsberechnung gefolgert werden muß, ausschließlich Rechte auf wiederkehrende Nutzungen oder Leistungen von längerem, andauerndem Bestande im Auge. Nach Abs. 3 Satz 1 soll der Wert bei Bezugsrechten von bestimmter Dauer, wie bei solchen von unbeschränkter Dauer, auf den fünfundzwanzigfachen Betrag des Wertes des einjährigen Bezuges berechnet werden. Es sind also, abgesehen von dem Falle des zweiten Satzes in Abs. 3 des §. 9, Rechte vorausgesetzt, welche eine Dauer von wenigstens fünfundzwanzig Jahren haben. Der hier in Frage stehende Abs. 2 stellt bei Bezugsrechten von unbestimmter Dauer als alleinigen Maßstab für die Wertsberechnung den zwölfundeinhalbfachen Betrag des Jahresbezuges auf. Es werden daher hier Rechte vorausgesetzt, welche ihrer Natur nach und erfahrungsmäßig eine Dauer von wenigstens zwölfundeinhalb Jahren haben und jedenfalls mit Rücksicht auf den Grad der Unbestimmtheit des Zeitpunktes, wann das den Wegfall begründende Ereignis eintritt, eine solche Dauer haben können. Daraus ergiebt sich aber die Absicht des Gesetzes, mit der fraglichen Bestimmung nur solche Rechte zu treffen, deren Dauer sich auf eine lange Reihe von Jahren, mindestens auf zwölfundeinhalb Jahre, erstreckt oder zu erstrecken pflegt, also Rechte, welche ihrer Beschaffenheit nach von dauerndem Bestande sind. Anderenfalls müßte, wenn dieser einschränkenden Auslegung nicht gefolgt würde, bei Bezugsrechten von unbestimmter Dauer, deren Wegfall nach einem kürzeren als zwölf- und einhalbjährigen Zeitraume gewiß ist, der Wertsberechnung gleichfalls der zwölfundeinhalbfache Betrag des Jahresbezuges zu Grunde gelegt werden. Diese Wertsbestimmung würde aber mit dem bei dem Rechtsstreite in Frage kommenden Interesse der Beteiligten in einem Mißverhältnisse stehen und kann daher von dem Gesetze nicht gewollt sein.

Dem streitigen Unterhaltsrechte der Ehefrau kommt nun die Eigenschaft eines Rechtes von dauerndem Bestande in dem vorbezeichneten Sinne nicht zu. Dasselbe wird der Ehefrau durch den Prozeßrichter aus Anlaß des Scheidungsverfahrens im Wege einstweiliger Verfügung, weil die obwaltenden Umstände die einstweilige

Regelung des Verhältnisses zwischen den streitenden Eheleuten notwendig machen, für die Dauer des Scheidungsprozesses zuerkannt. Das Recht ist also nur von einstweiligem, vorübergehendem Bestande, indem seine Wirksamkeit von dem Schweben des Scheidungsverfahrens abhängig ist. Dasselbe hat aber auch nur eine verhältnismäßig kurze Dauer. Denn nach allgemeiner Erfahrung ist als gewiß anzunehmen, daß ein Scheidungsprozeß die Dauer von einigen Jahren im höchsten Maße nicht übersteigt und in keinem Falle die Dauer erreicht, wie sie der §. 9 Abs. 2 C.P.O. für die von ihm betroffenen Rechte vorsieht.

Fällt sonach aber das streitige Recht nicht unter die zuletzt erwähnte Gesetzesvorschrift, so greift in betreff desselben die Regel des §. 3 daselbst Platz, sodaß die Wertsbestimmung dem freien Ermessen des Gerichtes anheimgegeben ist."

---

82. 1. Kann der Schuldner, welcher im Zwangsvollstreckungsverfahren keinen Widerspruch gegen eine Strafandrohung gemäß §. 774 C.P.O. erhoben hat, bei seiner Beschwerde gegen die Einziehung der Strafe die Unzulässigkeit der Art der Zwangsvollstreckung geltend machen?

2. Ist die Verpflichtung mehrerer Schuldner, eine ihnen gemeinschaftlich obliegende Leistung nach Verhältnis ihres Vermögens zu teilen (§. 20 A.L.R. II. 3), eine Handlung, welche ausschließlich vom Willen jedes Schuldners abhängt und von einem Dritten nicht vorgenommen werden kann?

Feriensenat. Beschl. v. 10. August 1889 i. S. des Landarmenverbandes der Provinz Pommern (Kl.) w. Sch. u. Gen. (Bekl.) Rep. IV. 86/89.

I. Landgericht Stargard.
II. Oberlandesgericht Stettin.

Die Beschwerde des Klägers ist zurückgewiesen aus folgenden Gründen:

„Der Landwirt Emil August Wilhelm Sch. ist im Jahre 1885 in die Provinzialirrenanstalt zu Ückermünde aufgenommen. Der

Landarmenverband der Provinz Pommern hat gegen die sieben Geschwister des Sch., die Beklagten, Klage auf Zahlung der reglementmäßigen Pflegegelder erhoben, und das Landgericht zu Stargard hat am 21. September 1885 dahin erkannt, daß die Beklagten schuldig, 1. gemeinschaftlich an den Kläger jährlich, solange sich der Sch. in der Irrenanstalt befindet, 600 ℳ zu zahlen, und 2. diese gemeinschaftliche Schuld nach Verhältnis des Vermögens der Einzelnen unter sich zu teilen.

Nachdem dies Urteil die Rechtskraft beschritten hatte, ist auf einen den Beklagten zur Erklärung mitgeteilten, von denselben jedoch nicht beantworteten Antrag des Klägers durch Beschluß des Landgerichtes zu Stargard vom 12. Januar 1889 für Recht befunden („erkannt"), daß jedem der Beklagten aufgegeben wird, binnen einer Frist von zwei Monaten von der Zustellung „dieses Erkenntnisses" an gerechnet die Teilung der durch das Urteil vom 21. September 1885 begründeten Schuld gemäß Nr. 2 der Urteilsformel herbeizuführen und dem Kläger über den Erfolg Nachricht zu geben, bei Vermeidung einer gegen den Säumigen festzusetzenden Strafe von 100 ℳ. Ein Rechtsmittel gegen diesen Beschluß ist von keinem der Beklagten eingelegt. Nachdem die zweimonatliche Frist verstrichen war, ohne daß die Beklagten der Auflage genügt hatten, hat der Kläger beantragt, die angedrohte Strafe gegen jeden der Beklagten festzusetzen. Diesem Antrage ist von dem Landgerichte durch Beschluß vom 27. April 1889 entsprochen.

Gegen diesen Beschluß haben die Beklagten, . . . Rittergutsbesitzer Wilhelm Sch. und Güterexpedient Fritz Sch., rechtzeitig und formgemäß Beschwerde erhoben und gebeten, unter Aufhebung desselben den Kläger mit seinem Antrage auf Festsetzung einer Strafe abzuweisen. Zur Begründung der Beschwerde führen sie an, von dem Kläger sei die Teilung der gemeinschaftlichen Schuld im Jahre 1888 selbst vorgenommen. Dem von ihm aufgestellten Plane hätten sie sich unterworfen und die danach auf sie fallenden Beiträge gezahlt. Der Zweck des Urteiles, den Einzelbetrag festzustellen, sei dadurch in betreff ihrer erreicht, und es könne deshalb im Wege der Zwangsvollstreckung gegen sie nicht weiter vorgegangen werden.

Das Oberlandesgericht zu Stettin hat mittels Beschlusses vom 28. Mai 1889 die Beschwerde für begründet erachtet und hinsichtlich der beiden Beschwerdeführer die Straffestsetzung des Landgerichtes aufgehoben. In den Gründen wird ausgeführt, das Vorbringen der beiden Beklagten lasse sich zwar weder als Einrede der Erfüllung noch als Einrede des Erlasses auffassen, und würde auch, falls man dies annehme, gemäß §. 686 C.P.O. nicht durch Beschwerde, sondern nur durch Klage geltend gemacht werden können. Der Antrag sei vielmehr als ein Angriff gegen das Vollstreckungsverfahren in seiner Gesamtheit und in seinen Grundlagen anzusehen und als solcher für begründet zu erachten. Zur Begründung wird ausgeführt, daß der Kläger durch Unterlassung der Anfechtung des Beschlusses vom 12. Januar 1889 seitens der Beklagten kein formelles Recht auf Festsetzung der angedrohten Strafe erworben habe, daß vielmehr die Einrede der Unzulässigkeit der Zwangsvollstreckung auch noch bei gegenwärtiger Sachlage geltend gemacht werden dürfe. Diese Unzulässigkeit finde hier aber in betreff des durch §. 774 C.P.O. geregelten Zwangsvollstreckungsverfahrens statt, da die Handlung, zu deren Vornahme die Beklagten verurteilt sind, nicht ausschließlich von dem Willen der einzelnen Beklagten abhänge.

Die Beschwerde des Klägers gegen diesen Beschluß kann nicht für begründet erachtet werden. Es ist zunächst dem Oberlandesgerichte darin beizustimmen, daß die Beschwerdeführer durch Versäumung des Widerspruches gegen den strafandrohenden Beschluß vom 12. Januar 1889 nicht behindert sind, noch jetzt die Einrede der Unzulässigkeit der vom Landgerichte zugelassenen Art der Zwangsvollstreckung zu erheben. Denn die Androhung der Strafe gemäß §. 774 a. a. O. bleibt immer nur ein Zwangsmittel im Zwangsvollstreckungsverfahren, durch welches die Erfüllung der urteilsmäßigen Verpflichtung herbeigeführt werden soll. Die Ausführung des Strafbefehles fällt fort, sowohl in dem Falle, wenn der Zweck, welcher durch denselben erreicht werden sollte, erfüllt ist, also namentlich, wenn der Schuldner dem Urteile genügt hat,

vgl. v. Wilmowski-Levy, Kommentar zur Civilprozeßordnung §. 774 Note 3,

als in dem anderen Falle, wenn die Anwendung des Zwangsverfahrens auf Grund des §. 774 a. a. O. vor der Einziehung der Strafe im Beschwerdewege für unzulässig erklärt wird.

Die Begründung der Beschwerde geht im wesentlichen dahin, die Verpflichtung zur Teilung sei nach Ausweis der Klage zu dem Zwecke beantragt, um die Ausführung der gemeinschaftlichen Verpflichtung der Beklagten zur Zahlung von 600 ℳ Pflegekosten zu ermöglichen. Dieselbe erfordere nicht eine Gesamtleistung, sondern eine Handlung jedes einzelnen Beklagten, weil es lediglich von dem Willen des einzelnen abhänge, die Verteilung der Schuld gegenüber den anderen, eventuell im Wege des Prozesses durchzusetzen.

Diese Ausführungen können nicht für zutreffend erachtet werden. Die Verpflichtung mehrerer Schuldner, eine ihnen gemeinschaftlich obliegende Leistung nach Verhältnis ihres Vermögens zu teilen, ist, wie das Oberlandesgericht mit Recht annimmt, eine Gesamtleistung, zu deren Erfüllung alle Beteiligte mitwirken müssen. Um dies zu erreichen, bedarf es zwar des Handelns jedes Einzelnen, aber keine der einzelnen Handlungen kann die Gesamtleistung, d. h. die Teilung der Schuld, für sich allein herbeiführen. Es mag dahingestellt bleiben, ob die Ausführung der den Beklagten in der Urteilsformel unter Nr. 2 auferlegten Verpflichtung überhaupt durch Klage des Einzelnen gegen die Mitverpflichteten erreicht werden kann, namentlich in dem Falle, wenn dem Kläger die Kenntnis von den Vermögensverhältnissen der Mitverpflichteten fehlt, und er also die zur richterlichen Entscheidung über das Maß der Einzelverpflichtungen erforderlichen thatsächlichen Grundlagen zu beschaffen außer stande ist. Aber wenn man auch annehmen wollte, daß auf solchem Wege dem ergangenen Urteile genügt werden könne, so würde die erzwungene Anstellung der Klage noch nicht den durch das Urteil vom 21. September 1885 gebotenen Rechtszustand herstellen, sondern erst das unter Mitwirkung aller Prozeßparteien ergangene Urteil. Es handelt sich mithin auch in diesem Falle nicht um einen ausschließlich von dem Willen des Schuldners abhängenden Rechtsakt, und damit ist die Anwendung des §. 774 C.P.O. ausgeschlossen. Das Oberlandesgericht sagt zutreffend, daß die Anwendung von Strafen gegen einen Einzelnen, wenn eine Gesamtleistung geschuldet wird, etwas begrifflich Unmögliches zum Gegenstande hat. In derartigen Fällen bleibt vielmehr dem Gläubiger nur übrig, wegen Nichterfüllung des Judikates die Klage auf das Interesse anzustellen und sich dadurch die Möglichkeit zu schaffen, eine gegen die einzelnen Verpflichteten vollstreckbare Forderung zu erwerben."

83. Kann das Gericht nach §. 139 C.P.O. die Aussetzung der Verhandlung auch nur für einen Teil des Streitgegenstandes anordnen?

VI. Civilsenat. Beschl. v. 19. September 1889 i. S. H. (Kl.) w. A. (Bekl.) Beschw.-Rep. VI. 99/89.

I. Landgericht Hamburg.
II. Oberlandesgericht daselbst.

Gründe:

„Nachdem das Gericht erster Instanz ... beschlossen hatte, die Verhandlung der Sache bis zur Erledigung eines anderen Rechtsstreites, in welchem die jetzige, 9000 ℳ betragende Klageforderung einem sich auf 7300 ℳ belaufenden Anspruche gegenüber kompensationsweise geltend gemacht war, auszusetzen, hat auf Beschwerde des Klägers das hanseatische Oberlandesgericht in dem jetzt angefochtenen Beschlusse jene Anordnung nur so weit bestehen lassen, wie der Klaganspruch den Betrag der Klageforderung des anderen Prozesses nicht übersteigt, dagegen verordnet, daß für den überschießenden Betrag die Verhandlung des gegenwärtigen Prozesses ihren Fortgang zu nehmen habe. Die hiergegen vom Beklagten mit dem Antrage auf Wiederherstellung des landgerichtlichen Beschlusses erhobene sofortige Beschwerde erwies sich als unbegründet. Es kann unerörtert bleiben, ob nicht vielleicht der angefochtene Beschluß dem Beklagten in der von diesem gewünschten Richtung noch zu günstig war, insofern überhaupt kein Grund vorgelegen hätte, das Verfahren auch nur teilweise nach Maßgabe des §. 139 C.P.O. auszusetzen. Keinesfalls würde eine solche Aussetzung gerechtfertigt sein in Ansehung desjenigen Teiles der Klageforderung, der von der in dem anderen Prozesse unternommenen Aufrechnung gar nicht berührt wird. Zwar hat der Beklagte geltend gemacht, daß das Gericht nach §. 139 C.P.O. nur die Wahl habe, das Verfahren entweder ganz oder gar nicht auszusetzen, und daß auch dann, wenn die Entscheidung nur zum Teil von dem Bestehen oder Nichtbestehen des in dem anderen anhängigen Prozesse streitigen Rechtsverhältnisses abhängt, die Aussetzung dennoch allemal sich auf den ganzen Gegenstand des Rechtsstreites beziehen müsse. Auch läßt sich nicht leugnen, daß der Wortlaut des §. 139 mehr zu Gunsten dieser Auffassung zu sprechen scheint, insofern dort die Füglichkeit, die Aussetzung auch nur teilweise anzuordnen, nicht ausdrücklich erwähnt wird. Andererseits schließt jedoch dieser Wortlaut auch nicht die Möglichkeit aus, die Worte „ganz oder zum Teil", welche zuvor zur näheren Bestimmung des vorausgesetzten Abhängigkeitsverhältnisses benutzt sind, als bei der Erwähnung der dem Gerichte anheimgegebenen Aussetzungsanordnung stillschweigend wiederholt zu denken. Und wenn es auf den ersten Blick bedenklich scheinen könnte, daß bei dieser Auslegung des Gesetzes dem Gerichte die Möglichkeit eröffnet wird, durch seinen Beschluß eventuell eine Vervielfältigung der Verhandlungen mittels Teilung der Streitsache zu bewirken, so hebt hierüber die Erwägung hinweg, daß ein solcher Erfolg von der Civilprozeßordnung überhaupt nicht ängstlich vermieden wird, vielmehr durch die Zulassung von Teilurteilen als unbedenklich bezeichnet ist. Daher war die nur partielle Aussetzung als zulässig zu erachten." . . .

---

84. a) Darf die Revision als unbegründet zurückgewiesen werden, wenn die angegriffene Entscheidung des Berufungsgerichtes nach den, dem Revisionsgerichte bekannten, maßgebenden Normen eines ausländischen Rechtes, welche in dem Berufungsurteile nicht angewendet worden sind, gerechtfertigt ist?

b) Kann auf die nach dem englischen Konkursgesetze vom 6. August 1861 dem Schuldner erteilte order of discharge, oder auf die Bestimmungen der sect. 7 des englischen Gesetzes 21 James I cap. 16 und der sect. 19 des englischen Gesetzes 4 Anne cap. 16 über die limitation of actions in einem vor deutschen Gerichten erhobenen Prozesse ein durchgreifender Einwand gegen die Klage auf Zahlung, oder eine schlüssige Klage auf Feststellung des Erloschenseins derjenigen Forderung gegründet werden, in Bezug auf welche die order of discharge erteilt oder die limitation eingetreten sein soll?

I. Civilsenat. Urt. v. 18. Mai 1889 i. S. H. (Bekl.) w. S. (Kl.) Rep. I. 104/89.

I. Landgericht I Berlin.
II. Kammergericht daselbst.

Gegen den Revisionskläger ist eine Forderung zum Teil eingeklagt, von welcher er behauptet, daß sie erloschen sei erstens durch eine ihm von dem englischen Konkursgerichte in Gemäßheit des englischen Konkursgesetzes erteilte order of discharge, zweitens nach den Normen der sect. 7 des englischen Gesetzes 21 James I cap. 16 und Sect. 19 des englischen Gesetzes 4 Anne cap. 16 über die limitation of actions. Auf Grund dieser Behelfe hat er beantragt, die gegnerische Klage abzuweisen und festzustellen, daß er die ganze Forderung, von welcher ein Teil gegen ihn eingeklagt worden sei, nicht mehr schulde. In der ersten Instanz ist seine Verurteilung nach dem gegnerischen Klagantrage erfolgt und der von ihm gestellte Feststellungsklagantrag abgewiesen. Seine Berufung und demnächst seine Revision sind zurückgewiesen.

Der nähere wesentliche Thatbestand ist folgender. Der Revisionskläger hat im Anfange des Jahres 1869 von der gegnerischen Firma, welche zu Berlin ihren Sitz hat, Waren gekauft und für seine Rechnung und Gefahr von Berlin nach London zugesendet erhalten. Seiner Behauptung nach hat er damals seinen Wohnsitz in London gehabt, auf einer Reise zu Berlin bei der Gegnerin nur Warenmuster besehen und die Bestellung, als Käufer der Ware, brieflich von London aus gemacht. Nach der gegnerischen Behauptung ist der Kauf in Berlin zwischen der Verkäuferin und dem dort anwesenden Revisionskläger (welcher preußischer Unterthan gewesen sei und nur vorübergehend sich in London aufgehalten habe, um dort durch einzelne Kommissionsgeschäfte Geld zu verdienen) abgeschlossen. Das Konkursgericht zu London hat den Revisionskläger noch im Jahre 1869 für bankerott erklärt, also vor der (erst mit dem 1. Januar 1870 eintretenden) Kraft des englischen Konkursgesetzes vom 9. August 1869 (32. 33 Vict. cap. 71. An act to consolidate and amend the law of bankruptcy); sodaß prinzipiell (vgl. General Rules von 1870 Nr. 319 zu dem letztgenannten Gesetze) das ganze Verfahren in jenem Konkurse des Revisionsklägers zu beurteilen ist nach den Normen des englischen Konkursgesetzes vom 6. August 1861 (24. 25 Vict. cap. CXXXIV. An act to amend the law relating to bankruptcy and insolvency in England), sowie der beiden dasselbe verbessernden Gesetze vom 7. August 1862 und 31. Juli 1868 (25. 26 Vict. cap. XCIX und 31. 32 Vict. cap. CIV).

In diesem Konkursverfahren ist dem Revisionskläger durch Entscheidung des Konkursgerichtes vom 27. Januar 1870 discharge erteilt. Nach der von dem Official Assignee's Department des High Court of Justice in bankruptcy auf Grund der Konkursakten erteilten Auskunft ist eine Dividende in dem Konkurse überhaupt nicht zur Auszahlung gekommen und ist die Verkäuferin zwar in der von dem Gemeinschuldner überreichten Darstellung seines Vermögens als Gläubigerin aufgeführt, hat indessen keine Forderung im Konkurse angemeldet. Nach Erteilung dieser Auskunft ist seitens des Revisionsklägers behauptet, die Advokaten L. & Sohn zu London hätten im Auftrage der Verkäuferin, sei es nun in deren Namen, sei es (wie solches in England üblich sei) in ihrem (der Advokaten) Namen die betreffende Preisforderung im Konkurse angemeldet. Der Revisionskläger hat im Jahre 1873 seinen Wohnsitz in Berlin genommen. Noch in demselben Jahre hat die Verkäuferin bei dem Stadtgerichte zu Berlin gegen den Revisionskläger wegen eines kleinen Teiles des Warenpreises einen Bagatellprozeß angestrengt, in welchem (nach der Feststellung in dem Thatbestande des Berufungsurteiles) der auch damals von dem Revisionskläger aus der order of discharge geltend gemachte Behelf verworfen, nach Einleitung des Rekurses über das in Rede stehende Kaufgeschäft (unter Eideszuschiebung und Annahme) gestritten, das Rechtsverhältnis aus jenem Kaufgeschäfte nach preußischem Rechte beurteilt und der Revisionskläger zur Zahlung der damals eingeklagten Summe verurteilt worden ist.

In dem Berufungsurteile wird zur Rechtfertigung der Annahme, daß der Revisionskläger aus der ihm erteilten order of discharge in dem gegenwärtigen Prozesse weder einen durchgreifenden Einwand noch einen schlüssigen Feststellungsklagegrund herleiten könne, im wesentlichen auf die Ausführungen des in Bd. 21 der Entsch. des R.G.'s in Civils. Nr. 3 S. 7 flg. abgedruckten Urteiles vom 20. März 1888 Rep. II. 346/87 Bezug genommen.

Hinsichtlich des Behelfes der Verjährung wird in dem Berufungsurteile dahingestellt gelassen, ob das Rechtsverhältnis der Parteien in bezug auf das Recht der Gläubiger, die Kaufpreiszahlung zu fordern, und die korrespondierende Pflicht des Revisionsklägers diesen Preis zu zahlen, (bei den konkreten Umständen des Falles zur Zeit des Vertragsschlusses) ursprünglich nach den Normen des englischen Rechtes oder nach den Normen des damals zu Berlin geltenden Rechtes zu beurteilen gewesen wäre. Darauf wird aber ausgeführt:

„Sowie durch den Willen der Kontrahenten von Anfang an das maßgebende Recht als solches konstituiert werde, ebenso könne ihnen auch eine Änderung durch übereinstimmenden Willen in späterer Zeit nicht verschränkt werden."

Demnächst wird aus dem festgestellten Verlaufe des obenerwähnten Bagatellprozesses die Folgerung gezogen, daß die Parteien in jenem Prozesse ihren Willen übereinstimmend dahin kundgegeben hätten, daß ihr Rechtsverhältnis bezüglich der Kaufpreisforderung nunmehr (nachdem der Revisionskläger in das preußische Rechtsgebiet verzogen sei) nach preußischem Rechte zu beurteilen sei, „daß sie als Kontrahenten wollten,

daß mit dem Wohnsitze des Berufungsklägers auch der Sitz der Obligation nach Berlin verlegt werde.

(Insbesondere erhelle solches aus dem in der Eideszuschiebung liegenden Schiedsvertrage.)

Seitdem in dem Vorprozesse ein darin übereinstimmender Wille zu Tage getreten sei, dürfe sich der Beklagte nicht mehr einseitig auf englisches Recht zu Gunsten eines Verjährungseinwandes berufen. Nach preußischem Rechte aber liege Verjährung nicht vor. Die Lieferung sei im Gewerbebetriebe des Empfängers erfolgt, also greife §. 1 des Gesetzes vom 31. März 1838 nicht Platz. Vielmehr wäre (gemäß §. 546 A.L.R. I. 9) ein Zeitraum von 30 Jahren erforderlich."

Zu demselben Ergebnisse gelange man, wenn man erwäge, daß die Verkäuferin in England, ihre Preisforderung nach der order of discharge vom 27. Januar 1870 durch Klage zu verfolgen, behindert, während sie in Deutschland berechtigt gewesen sei, Befriedigung aus dem Vermögen, welches der Käufer zur Zeit des Konkurses in Deutschland besessen oder später erworben habe, zu suchen. Unter einer solchen Voraussetzung könne bezüglich dieses (nicht in England, sondern nur in Deutschland wirksamen) Rechtes auch nur das betreffende deutsche Verjährungsgesetz maßgebend sein.

Es seien hiernach die Normen des englischen Rechtes über die Verjährung in dem vorliegenden Falle nicht anwendbar. Dabei wird gelegentlich bemerkt: Es dürfte auch anscheinend nach den englischen

Verjährungsgesetzen die betreffende Preisforderung nicht verjährt sein, obwohl die Verjährungszeit für Forderungen der vorliegenden Art nach der Norm der sect. 3 des Gesetzes 21 James I cap. 16 nur sechs Jahre betrage, weil die Verjährung nach der Norm der Sect. 19 des Gesetzes 4 Anne cap. 16 ruhe, seitdem H. H. (der Schuldner) seit dem Jahre 1873 England verlassen und sich zu Berlin im Sinne des englischen Gesetzes jenseit des Meeres (beyond the seas) aufgehalten habe.

Aus den Gründen:

„A. Bei der Beurteilung des Einflusses der dem Revisionskläger durch die Order vom 27. Januar 1870 erteilten Discharge muß

(da der Revisionskläger unter Beweisantretung behauptet hat, daß die betreffende Preisforderung in dem im Jahre 1869 in England über sein Vermögen eingeleiteten Konkurse von den Advokaten L. & Sohn, sei es nun im Namen der Verkäuferin, sei es, wie solches in England üblich sei, in ihrem (der Advokaten) Namen, angemeldet worden sei;

da ferner in dem Berufungsurteile eine thatsächliche Feststellung dahin nicht erfindlich ist, daß das Gegenteil jener Behauptung durch die Auskunft des Official Assignees Department of the High Court of Justice in bankruptcy klargelegt sei)

für die Revisionsinstanz unterstellt werden, daß die Forderungsanmeldung erfolgt sei.

Es ist ferner nicht zu verkennen, daß der Thatbestand desjenigen Streitfalles, welcher durch das in dem angegriffenen Berufungsurteile herangezogene (zum Teil unter Nr. 3 des Bd. 21 der Entsch. des R.G.'s in Civils. abgedruckte) Revisionsurteil vom 20. März 1888 Rep. II. 346/87 entschieden ist, sich äußerlich insofern von der Lage des vorliegenden Falles unterscheidet, als

1. in jenem früheren Urteile die Wirkung einer Discharge durch besonderen Generalversammlungsbeschluß der Gläubiger (by a special resolution of creditors in general meeting) in einer Liquidation by arrangement nach part VI des englischen Konkursgesetzes vom 9. August 1869 (32. 33 Vict. cap. 71) zu beurteilen war, welche Discharge in bezug auf ihre Voraussetzungen und die Art ihres Beweises sowohl von der unter part II sect. 47—50 geregelten order of discharge durch das Konkursgericht als auch von der in

part VII jenes Gesetzes normierten „Composition with creditors by an extraordinary resolution of creditors" verschieden ist, während es sich im vorliegenden Falle um die Wirkung einer order of discharge nach dem englischen Konkursgesetze vom 6. August 1861 (insbesondere nach den sect. 157—172 letzteren Gesetzes) handelt;

2. in jenem früheren Falle (als Erkenntnisquelle für den Willen des inländischen Gesetzes in bezug auf die Rechtswirkung der Existenz eines konkursartigen Verfahrens im Auslande, sowie von Zwangsvergleichen oder Schuldentlastungen) in Betracht zu ziehen war das zu der damals erheblichen Zeit in der Provinz Rheinhessen geltende, ursprünglich französische Recht,

während in dem vorliegenden Falle in der gekennzeichneten Beziehung die Bestimmungen der preußischen Konkursordnung vom 8. Mai 1855, insbesondere die §§. 292—296 derselben, in das Auge zu fassen sind, welche zur Zeit des in England über das Vermögen des Revisionsklägers eingeleiteten Konkursverfahrens, der Erteilung der order of discharge, der späteren Übersiedelung des Revisionsklägers nach Berlin, sowie der Anstrengung des Vorprozesses gegen ihn in dem Gebiete der inländischen Rechtsverfolgung gegen ihn Gesetzeskraft besaßen.

Trotz dieser Unterschiede sind die Gesichtspunkte, welche im vorliegenden Falle zu dem Ergebnisse führen, daß die order of discharge vom 27. Januar 1870 weder der Klage auf Preiszahlung entgegensteht, noch die Feststellungsklage des Revisionsklägers zu begründen geeignet ist, im wesentlichen gleichartig mit den in dem Revisionsurteile vom 20. März 1888 für entscheidend erachteten.

Auch nach den Grundsätzen der preußischen Konkursordnung wird durch die Eröffnung eines Konkursverfahrens im Auslande das Recht des Gläubigers, vor den Gerichten des Inlandes, in welchem sich Vermögensstücke seines Schuldners (des Gemeinschuldners in jenem ausländischen Konkurse) befinden, auf Zahlung seiner Forderungen Klage zu erheben, und im Falle des Obsieges Exekution in das inländische Vermögen zu erwirken, nicht beschränkt. Aus allgemeinen Prinzipien des internationalen Rechtes läßt sich ferner (wie in dem Revisionsurteile vom 20. März 1888 zutreffend ausgeführt worden ist) daraus, daß der Gläubiger seine Forderung in dem ausländischen Konkurse angemeldet hat, eine Aufhebung seiner Befugnis, auch im

Inlande sein Recht, durch Klage und Zwangsvollstreckung geltend zu machen, in stringenter Weise nicht herleiten.

Nach den Bestimmungen des englischen Konkursgesetzes vom 6. August 1861 (welche in dieser Beziehung durch die dazu ergangenen Gesetze vom 7. August 1862 und 31. Juli 1868 nicht modifiziert sind) und nach der Rechtsprechung der englischen Gerichte besitzt die order of discharge in bezug auf alle in dem Konkurse, in welchem dieselbe von dem Konkursgerichte erlassen worden ist, anmeldbaren Forderungen die Kraft, im Falle der Klagerhebung wegen derselben vor den englischen Gerichten (oder einem Gerichte in den englischen Kolonieen, wenn auch die Schuld in der Kolonie kontrahiert ist) den Grund eines derartig durchgreifenden Verteidigungsbehelfes herzustellen, daß der Beklagte (bei seinem Erscheinen vor Gericht) unter Vorlegung der Order und Klarlegung, daß der Grund der Klage vor der Konkurseröffnung erwachsen sei („that the cause of action accrued before he became bankrupt"), die Abweisung der Klage zu beantragen berechtigt ist. Die englischen Gerichte heben nachdrücklichst hervor, daß eine von dem englischen Konkursgerichte erteilte Discharge vor den englischen Gerichten der Klage wegen jeder im Konkurse anmeldbaren Forderung entgegenstehe, möge die betreffende Schuld, in welchem Teile der Welt es auch sei, eingegangen sein; dagegen erkennen jene Gerichte gleichartigen, in Konkursen des Auslandes realisierten Akten eine solche Wirkung in den bei ihnen angestrengten Rechtsstreitigkeiten keineswegs zu.

B. In bezug auf die Frage, ob die in Betracht kommende Preisforderung verjährt sei, ist diejenige Ausführung, mittels welcher in dem Berufungsurteile vorzugsweise zu begründen versucht wird, daß diese Frage nach den Bestimmungen des preußischen Allgem. Landrechtes zu beurteilen sei, nicht stichhaltig. Es ist vollständig dunkel, wie daraus, daß der Revisionskläger, im Jahre 1873 zu Berlin (seinem damaligen und gegenwärtigen Wohnsitze) im Bagatellprozesse wegen eines Teiles jener Preisforderung verklagt, in dem betreffenden Bagatellprozesse unter Eideszuschiebung und Annahme gestritten, und das Rechtsverhältnis der Parteien damals nach preußischem Rechte beurteilt worden ist, ein durch konkludentes Verhalten der Parteien abgeschlossenes Übereinkommen derselben erhellen soll, daß mit dem Wohnsitze des Klägers auch der Sitz der Obligation nach Berlin verlegt werden solle. Aus dem in Betracht gezogenen prozessualen Verhalten der Parteien läßt sich (selbst abgesehen davon, daß der Revisionskläger sich ja nach der Feststellung des Berufungsurteiles in jenem Vorprozesse darauf berufen hat, daß seine Obligation aus dem Kaufvertrage durch die ihm erteilte order of discharge, also im Jahre 1870 vor seiner erst im Jahre 1873 erfolgten Übersiedelung nach Berlin aufgehoben sei, während die Verkäuferin schon im Jahre 1869 ihrer Vertragsverpflichtung genügt hatte) nicht das geringste für die hypothesierte rechtsgeschäftliche Willensvereinigung entnehmen. Es bedarf also nicht einer eingehenden Untersuchung darüber, ob daraus, daß die Kontrahenten bei Abschluß eines Vertrages (sei es nun ausdrücklich, sei es durch konkludentes Verhalten) ihren Vertragswillen dahin vereinigen dürfen, daß ihr Vertragsverhältnis nicht nach den dispositiven Normen desjenigen objektiven Rechtes, welches abgesehen von dieser Willensvereinigung dieses Vertragsverhältnis beherrscht haben würde, geregelt werden, daß vielmehr der Inhalt der Normen eines anderweiten objektiven Rechtes als in erlaubter Weise gewollter Inhalt ihres Vertragswillens für ihr Rechtsverhältnis aus dem Vertrage maßgebend sein solle, den Schluß zu ziehen,

> daß Kontrahenten nach perfekter Konstituierung eines Vertragsverhältnisses Konsequenzen, welche kraft positiver Satzung des dieses konkrete Vertragsverhältnis beherrschenden objektiven Rechtes sich mit dem Wesen dieses Verhältnisses in bezug auf die Dauer der Existenz oder doch bestimmte Weisen der Geltendmachnug der aus und in diesem Vertragsverhältnisse entstehenden obligatorischen Rechte verknüpfen, durch eine sogenannte spätere gewillkürte Verlegung des Sitzes der Obligation beseitigen können.

Auch derjenige Grund, welcher (neben dem vorerörterten) in dem Berufungsurteile für die gegenwärtige Beurteilung der Verjährungsfrage in dem konkreten Streitfalle nach den Bestimmungen des preußischen Allgem. Landrechtes aus dem während des Laufes der Verjährungszeit erfolgten Eintritte der Wirkung der order of discharge bezüglich der Verfolgbarkeit der Preisforderung während der Verjährungszeit vor den englischen Gerichten hergeleitet worden ist, hat zwar auf den ersten Anblick etwas gewinnendes, erweist sich indessen bei näherer Prüfung als juristisch nicht stringent; denn das Preisforderungsrecht ist immer nur dieses eine identische Recht, welchem die aus der

Existenz der order of discharge und aus dem Ablaufe der Verjährungszeit hergeleiteten Behelfe, von denen ein jeder in sich selbständig ist, gegenüberstehen. Es hätte daher

(da es in dem Berufungsurteile dahingestellt gelassen ist, welches objektive Recht ursprünglich das Rechtsverhältnis der Parteien in bezug auf die Zahlung des Kaufpreises beherrscht habe)

die Aufhebung des angegriffenen Urteiles und die Zurückverweisung der Sache an das Berufungsgericht behufs anderweiter Verhandlung und Entscheidung ausgesprochen werden müssen, wenn nicht die Entscheidung des Berufungsurteiles sich auch dann als gerechtfertigt herausgestellt hätte, wenn man unterstellt, daß die Obligation auf Preiszahlung materiell nach den Normen des englischen Rechtes zu beurteilen sei.

Das Berufungsurteil enthält keinen Dezisivgrund für diesen Fall, dessen Gegebensein es verneint, sondern nur einen beiläufigen Exkurs über die Verjährungsnormen des englischen Rechtes. Deswegen steht einerseits die Bestimmung des §. 511 C.P.O. der Nachprüfung dieser beiläufigen Ausführung nicht entgegen, während andererseits (nach dem Grundprinzipe des §. 265 C.P.O. und den allgemeinen Prinzipien der Stellung des erkennenden Richters zu den anwendbaren Rechtsnormen) das Revisionsgericht nicht behindert ist, das ihm bekannte englische Recht zur Anwendung zu bringen.

Nach den Grundsätzen des englischen Rechtes ist nun die beiläufige Ausführung des Berufungsurteiles über deren Inhalt eine unrichtige. Es ist bei derselben übersehen, daß nach den betreffenden Bestimmungen der sect. 7 des englischen Gesetzes 21 James I. cap. 16 und sect. 19 des englischen Gesetzes 4 Anne cap. 16 (im Unterschiede z. B. von dem in Schottland geltenden Rechte) die Wirkung des Hindernisses der Rechtsverfolgung nach dem letzterwähnten Gesetze, des Befindens des zu belangenden Schuldners beyond the seas, nur dann eintritt, wenn das Hindernis bereits zu der Zeit besteht, wenn der Grund zur Rechtsverfolgung des Klaganspruches erwächst

(wie es in dem Gesetze heißt „at the time of any such cause of suit or action given or accrued);

während, wenn das Hindernis erst eintritt, nachdem die Verjährungszeit ihren Lauf begonnen hat, der weitere Lauf dadurch nicht gehemmt wird.

Vgl. das Urteil in Sachen Doe d. Duvoure versus Jones 4 T. R. 300 und Rhodes versus Smethurst 4 M. & W. 42, sowie das Berufungsurteil in derselben Sache 6 M. & W. 357, sowie Henry Thomas Banning, A treatise on the Statute of the Limitation of Actions 1877 chapter I pag. 6—8 und James Paterson, A Compendium of English and Scotch Law chapter I Nr. 494. 495 pag. 179. 180.

Dagegen ist es eine Konsequenz des eigentümlichen Wesens der Klagverjährung im Sinne der obenerwähnten englischen Verjährungsgesetze, daß die betreffenden Verjährungen gegen die von dem Gläubiger vor deutschen Gerichten erhobene Klage nicht mit Erfolg geltend gemacht, geschweige denn darauf eine Klage auf Anerkennung der Nichtexistenz oder (positiv ausgedrückt) des Aufgehobenseins der Preisforderung und Schuld mit Erfolg gegründet werden kann.

Im Gegensatze zu der Wirkung der Verjährung nach dem englischen Gesetze 3. 4 W. m. 4 cap. 27 „Act for the limitation of actions and suits relating to Real Property“ wird nach den Prinzipien des englischen Rechtes über die durch die Satzungen der Statutes verordneten Verjährungen von Schuldforderungen die Schuld selbst durch die Verjährung keineswegs aufgehoben, sondern nur ein geltend zu machender Verteidigungsbehelf für den Schuldner im Falle der Verfolgung der verjährten Forderung durch Klage oder Kompensationseinrede vor den Gerichtshöfen in dem Geltungsgebiete des betreffenden Verjährungsgesetzes gegeben. Ebenso beurteilen die englischen Gerichtshöfe auch die Wirkung gleichartiger Verjährungsgesetze des Auslandes, ja selbst ihrer eigenen „Colonies and possessions“, d. h. sie gestehen der nach denselben eingetretenen Verjährung die Wirkung eines durchgreifenden Verteidigungsbehelfes (einer bar for the remedy) in einem vor englischen Gerichtshöfen angestrengten Prozesse nicht zu.

Vgl. F. Pollock, Principles of contract 3. ed. 1881 chapter 12 pag. 610—616; Paterson, a. a. O. chapter I Nr. 499 und die Urteile Huber versus Steiner 2. Bing. N. C. 202 und Harris versus Quine L. R. 4 Q. B. pag. 653—659.

In der letzterwähnten Entscheidung vom 7. Juni 1869, in welcher die Mitglieder des höchsten Gerichtshofes Cockburn, Blackburn und Lush ihr Votum als Richter abgegeben haben, war eine Forderung kontrahiert und zu erfüllen auf der Insel Man, auf welcher ein Gesetz gegeben ist, wonach Forderungen der Art wie die in Betracht kommende in drei Jahren verjähren. Die Forderung wurde bei dem Gerichtshofe auf der Insel Man eingeklagt und auf Grund der Einrede der Verjährung nach jenem Gesetze rechtskräftig abgewiesen. Als der Schuldner später wegen derselben Forderung vor englischen Gerichtshöfen von neuem verklagt wurde, erhob er den Einwand der in Rechtskraft gediehenen, zu seinen Gunsten ergangenen richterlichen Entscheidung, sowie eventuell die Einrede der Verjährung nach dem Gesetze der Insel Man. Er wurde von den englischen Gerichtshöfen verurteilt, weil das betreffende Verjährungsgesetz von Man (ebenso wie die im vorliegenden Falle in Betracht kommenden englischen Gesetze) nur einen durchgreifenden Verteidigungsbehelf (a bar for the remedy) gegen die Rechtsverfolgung vor den Gerichten im Geltungsbereiche des Verjährungsgesetzes herstelle. Res judicata liege nicht vor, weil nicht nach den meritis causae, sondern nur auf Grund der gekennzeichneten Einrede geurteilt sei. Dabei wird ausdrücklich gesagt, die Sache würde ganz anders stehen, wenn das betreffende Verjährungsgesetz (wie das obenerwähnte Gesetz 3. 4 W. m. 4 c. 27) das Recht selbst durch die Verjährung untergehen und nicht bloß eine bar for the remedy dadurch entstehen ließ.

Die Annahme der Irrelevanz der geltend gemachten Verjährung wird also keineswegs auf den abstrakten Satz zurückgeführt, daß die Klagverjährung überhaupt stets nach der lex fori zu beurteilen sei, sondern es wird aus dem eigenartigen Wesen des Institutes der limitation of actions nach dem betreffenden besonderen Gesetze die Konsequenz gezogen. Die Konsequenz des eigenartigen Wesens der limitation of actions nach den Gesetzen 21 James I. cap. 16 sect. 7 und 4 Anne cap. 16 sect. 19 ist nun (wie klargelegt worden ist), daß der Revisionskläger einen durchgreifenden Verteidigungsbehelf oder einen schlüssigen Grund für seinen Feststellungsklagantrag in dem gegenwärtigen, vor einem deutschen Gerichte anhängigen Prozesse nicht herleiten kann."

85. Ist für die allein erhobene abwehrende Klage des Patentinhabers der Gerichtsstand des §. 32 C.P.O. gegeben?

I. Civilsenat. Urt. v. 19. Oktober 1889 i. S. B. (Kl.) w. Gebr. U. (Bekl.) Rep. I. 197/89.

I. Landgericht I Berlin.
II. Kammergericht daselbst.

Gründe:

„Der §. 32 C.P.O. bestimmt:

„Für Klagen aus unerlaubten Handlungen ist das Gericht zuständig, in dessen Bezirke die Handlung begangen ist."

Im Sinne dieser Norm ist es für den Begriff der unerlaubten Handlung wesentlich, daß dieselbe subjektiv schuldhaft begangen sei; es genügt nicht, daß eine durch die Handlung objektiv bewirkte Rechtsverletzung die Erhebung einer aus diesem Rechte entspringenden Klage veranlaßt.

Die Zuständigkeit des Gerichtes, in dessen Bezirke die Handlung begangen ist, ist nur gegeben für Klagen aus unerlaubten Handlungen, d. h. für Klagen, welche in der schuldhaft rechtswidrigen, civilistisch haftbar machenden Handlung ihren Grund haben, ihrem Wesen nach auf der schuldhaften Rechtskränkung schlechthin beruhen, nicht etwa auf einem einer übernommenen Verpflichtung korrespondierenden Rechte oder einem absoluten Rechte, dessen Inhaber dasselbe (durch die Klage gegen die Beeinträchtigung reagierend) geltend macht.

Der Grund der abwehrenden Klage des Patentinhabers ist (auch wenn dieselbe durch eine wissentlich den Bestimmungen der §§. 4. 5 des Patentgesetzes zuwider erfolgende Verletzung veranlaßt wird) lediglich das absolute Recht aus dem Patente, in gleichartiger Weise, wie der Grund der (im engeren Sinne) negatorischen Klage des Eigentümers, auch wenn dieselbe gegen den böswillig Besitzenden oder Störenden gerichtet wird, das Eigentum ist. Diese Klage des Patentinhabers ist keine Klage aus einer unerlaubten Handlung. Dieselbe erhält auch letzteren Charakter weder dadurch, daß in dem Vortrage des Klägers die (für das Wesen der erhobenen Klage irrelevante) Angabe enthalten ist, daß der Beklagte das betreffende patentverletzende Verhalten wissentlich verwirklicht habe, noch dadurch, daß der Kläger etwa (rechtsirrig) den §. 34 des Patentgesetzes zur rechtlichen Qualifizierung der erhobenen lediglich abwehrenden Klage allegiert.

Für die allein erhobene abwehrende Klage des Patentinhabers kann also der im §. 32 C.P.O. geregelte Gerichtsstand nicht gegeben sein. . . .

Diese Erwägungen stehen nicht in Widerspruch, sondern im Einklange mit dem Urteile des Reichsgerichtes vom 23. Mai 1887 (Rep. I. 115/87), in welchem es für zulässig erachtet ist, in demselben Prozesse vor dem Gerichte, in dessen Bezirke die patentverletzende Handlung begangen ist, die Klage auf Schadensersatz aus der unerlaubten in dem §. 34 des Patentgesetzes gekennzeichneten Handlung und die damit kumulierte abwehrende Klage aus dem absoluten Patentrechte, welche durch jene Handlung veranlaßt sei, in Verbindung zu erheben, weil das Prozeßgesetz mit seinen Bestimmungen über die verschiedenen Gerichtsstände, welche zur Erleichterung der Rechtsverfolgung eingeführt seien, keinen Anlaß zu deren Erschwerung bieten dürfe; letzteres aber der Fall sein würde, wenn (unter den gekennzeichneten Voraussetzungen) die Zulässigkeit der verbundenen Verfolgung beider Klagen in dem Gerichtsstande des §. 32 C.P.O. zu verneinen, nur die Entschädigungsklage zuzulassen, die abwehrende Klage dagegen hier abzuweisen wäre, wobei denn nicht ausgeschlossen bleiben würde, daß (bei demnächstiger Verfolgung letzterer Klage vor einem anderen Gerichte) der eine Richter auf die negatorische Klage ausspreche, es liege eine Patentverletzung überhaupt nicht vor, während der andere Richter den Beklagten auf die Deliktsklage verurteile."

86. Muß die Beschwerdeschrift einen Antrag enthalten?

V. Civilsenat. Beschl. v. 19. Oktober 1889 i. S. H. (Bekl.) w. B. (Kl.) Beschw.-Rep. V. 122/89.

I. Landgericht Breslau.
II. Oberlandesgericht Liegnitz.

Gründe:

Das Oberlandesgericht hat die sofortige Beschwerde der Beklagten gegen den Kostenfestsetzungsbeschluß des Landgerichtes als unzulässig zurückgewiesen, weil, wenngleich die Beschwerdeschrift der Beklagten innerhalb der zweiwöchigen Notfrist eingereicht sei, die Notfrist gleichwohl nicht gewahrt erscheine, indem die Beschwerdeschrift nur die Anmeldung des Rechtsmittels, nicht aber, wie erforderlich, einen Antrag enthalten habe und die Beschwerderechtfertigungsschrift, in welcher der Antrag nachgeholt worden, erst nach Ablauf der Notfrist eingereicht sei. Diese Ansicht, für welche sich das Oberlandesgericht allerdings auf die Kommentare zur Civilprozeßordnung von Struckmann und Koch und von Seuffert zu §. 532 berufen hat, ist rechtsirrtümlich, wie bereits vom VI. Civilsenate des Reichsgerichtes in einem Beschlusse vom 17. März 1887 (abgedruckt in Seuffert, Archiv Bd. 42 Nr. 267) näher dargelegt worden ist. Der §. 540 C.P.O. verlangt zur Wahrung der Notfrist für die sofortige Beschwerde lediglich die Einlegung der Beschwerde, welche nach §. 532 durch Einreichung einer Beschwerdeschrift zu erfolgen hat, soweit nicht eine Erklärung zum Protokolle des Gerichtsschreibers zugelassen ist. Darüber, was die Beschwerdeschrift enthalten muß, ist in der Civilprozeßordnung nichts vorgeschrieben worden, insbesondere ist für die Beschwerdeschrift sowenig, wie für die Berufungs- und die Revisionsschrift (§§. 479. 515) die Notwendigkeit eines bestimmt formulierten Antrages angeordnet. Daß für die mündliche Verhandlung die Stellung bestimmter Anträge wesentlich ist, läßt nicht die Folgerung zu, daß dasselbe Erfordernis für das schriftliche Verfahren bestehe, und daß deshalb, mindestens dann, wenn auf die Beschwerde nicht mündliche Verhandlung angeordnet werde, die Beschwerdeschrift solchen Antrag enthalten müsse. Allerdings wird auch das schriftliche Verfahren von der Verhandlungsmaxime beherrscht, welche eine richterliche Entscheidung nur insoweit gestattet, als sie von den Parteien begehrt wird. Es muß deshalb für den Richter erkennbar sein, was die Parteien begehren; aber an solcher Erkennbarkeit fehlt es auch im Falle einer Beschwerdeführung nicht, indem die Erklärung der Partei, einen Beschluß oder eine Verfügung mit der Beschwerde anzugreifen, solange nicht eine Einschränkung verlautbart wird, als gegen den Beschluß bezw. die Verfügung in dem ganzen, eventuell dem den früheren Anträgen des Beschwerdeführers zuwiderlaufenden Umfange gerichtet angesehen werden muß.

Die Beschwerde der Beklagten gegen den landgerichtlichen Kostenfestsetzungsbeschluß war darum nicht, wie das Oberlandesgericht angenommen hat, unzulässig. Der angefochtene Beschluß des Oberlandesgerichtes war demnach auf die weitere sofortige Beschwerde der Beklagten aufzuheben und die Sache selbst zur materiellen Entscheidung über die Beschwerde an das Oberlandesgericht zurückzuverweisen.

Vgl. Entsch. des R.G.'s in Civils. Bd. 14 Nr. 109 S. 387 flg."

---

87. Umfaßt §. 867 Ziff. 1 C.P.O. auch den Fall, daß solche wesentliche Bestimmungen des Verfahrens oder Grundlagen, welche die Parteien ausdrücklich für die Erlassung des Schiedsspruches vereinbart haben, von den Schiedsrichtern bei Erlassung des Schiedsspruches nicht eingehalten worden sind?

II. Civilsenat. Urt. v. 2. Juli 1889 i. S. D. & Co. (Kl.) w. St. & Co. u. Gen. (Bekl.) Rep. II. 138/89.

I. Landgericht Mannheim.
II. Oberlandesgericht Karlsruhe.

Aus den Gründen:

„Die Annahme des Oberlandesgerichtes, es sei das Begehren der Klägerin auf Vollstreckbarkeitserklärung des in der Klage bezeichneten, in London erlassenen Schiedsspruches deshalb nicht gerechtfertigt, weil nach Inhalt des Schiedsvertrages zwischen den Parteien ausdrücklich vereinbart worden sei, es werde „auf Grund der Erhebungen des deutschen Konsulates arbitriert", dies aber nicht geschehen sei, enthält keine Verletzung des §. 867 Ziff. 1 C.P.O.

Der §. 867 Ziff. 1 C.P.O., dessen Auslegung zwischen den Kommentatoren der Civilprozeßordnung streitig ist, ist nicht auf die Fälle zu beschränken, in welchen das schiedsrichterliche Verfahren als solches unzulässig war, sondern umfaßt — was bezüglich der Auslegung der angeführten Gesetzesstelle im vorliegenden Falle allein der Entscheidung bedürftig ist — wenigstens auch den Fall, daß solche wesentliche Bestimmungen des Verfahrens oder Grundlagen, welche die Parteien ausdrücklich für die Erlassung des Schiedsspruches vereinbart haben, von den Schiedsrichtern bei Erlassung des Schiedsspruches nicht eingehalten worden sind. Die eben aufgestellte Rechtsansicht über §. 867 Ziff. 1 a. a. O. (welche die Frage dahingestellt sein läßt, ob §. 867 Ziff. 1 sogar noch weiter auszulegen ist) steht sowohl mit dem Wortlaute des §. 867 Ziff. 1, welcher allgemein lautet und unter dem Ausdrucke „Verfahren" auch Einzelheiten des Verfahrens, Normen bei dem Verfahren des Schiedsgerichtes umfassen kann, als mit der Entstehungsgeschichte des Gesetzes im Einklange. In letzterer Beziehung kommt in Betracht:

Der „Entwurf einer Prozeßordnung in bürgerlichen Rechtsstreitigkeiten für den preußischen Staat" von 1864 besagte in §. 1378:

„Das rechtskräftige schiedsrichterliche Urteil unterliegt der Vernichtung:

1. wenn ein rechtsgültiger Schiedsvertrag nicht bestanden hat oder der Schiedsvertrag auf den entschiedenen Rechtsstreit sich nicht bezieht oder hinsichtlich der Besetzung des Schiedsgerichtes eine gesetzliche Vorschrift oder eine Bestimmung des Schiedsvertrages verletzt ist;
2. wenn die Partei, zu deren Nachteil entschieden ist, im schiedsrichterlichen Verfahren nicht gehört worden ist;
3. wenn das schiedsrichterliche Urteil keine Entscheidungsgründe enthält;
4. ꝛc. . . .
5. ꝛc. . . .

Allein diese Bestimmungen wurden schon von der, von 1868—1870 in Berlin tagenden, Kommission zur Ausarbeitung des Entwurfes einer Prozeßordnung in bürgerlichen Rechtsstreitigkeiten für die Staaten des Norddeutschen Bundes durch anderweite Bestimmungen ersetzt, bezüglich deren Entstehung die Protokolle der genannten Kommission folgenden Aufschluß geben. Über eine erste Beratung der Lehre von den Schiedsgerichten besagen diese Protokolle (Bd. 5 S. 2237/38):

. . . „Hiernächst wurde zur Bestimmung derjenigen Gründe übergegangen, aus welchen ein schiedsrichterliches Urteil angefochten werden könne ꝛc. Insbesondere wurden gegen die Aufnahme der Anfechtungsgründe des §. 1378 Ziff. 2. 3 als auf bloßen Prozeßvorschriften beruhend Bedenken erhoben. Ein Mitglied entwickelte, der Schiedsspruch müsse einmal aus allen Gründen, aus welchen der Schiedsvertrag anfechtbar sei, sodann wegen Nichtbefolgung des Schiedsvertrages bei der Prozedur, worunter auch Versagung des Gehörs, Mangel der

Entscheidungsgründe und Mangel gehöriger Vertretung falle, endlich wegen Dolus der Parteien, deren Vertreter oder der Schiedsrichter angefochten werden können. Ein anderes Mitglied wollte die Anfechtung, abgesehen von den Gründen der Wiederaufnahmeklage (§§. 830. 853 des Kommissionsentwurfes) nur dann zulassen, wenn der Schiedsspruch durch Dolus einer Partei herbeigeführt sei oder gegen ein Verbotsgesetz (unerlaubtes Lotteriespiel u. dgl. m.) verstoße. Der Referent entgegnete, daß in Fällen der letzteren Art der Schiedsvertrag ungültig sei. Im übrigen sei es bedenklich, die Anfechtung wegen Verletzung des Schiedsvertrages bei der Prozedur zu gestatten, da nicht selten die Befolgung der gewöhnlichen Prozeßvorschriften vereinbart werde ꝛc.

Auf die einzelnen Fälle eingehend, war man zunächst einig, daß §. 1378 Ziff. 1 des preußischen Entwurfes erledigt und unter die Anfechtungsgründe aufzunehmen sei.

Ziff. 2. 3 wurden von der Majorität genehmigt; jedoch sollte bestimmt werden, daß diese Anfechtungsgründe wegfallen, wenn die Parteien in dem Schiedsvertrage von Befolgung der betreffenden Vorschriften dispensiert haben.

Der Antrag eines Mitgliedes, es ferner als Anfechtungsgrund aufzustellen, wenn der Schiedsrichter über die wesentlichen Bestimmungen des Schiedsvertrages in Ansehung der Prozedur oder sonst hinausgegangen sei, wurde von dem Referenten als zu unbestimmt und zum Teil unter §. 1378 Ziff. 1 fallend, sowie aus den bereits geltend gemachten praktischen Rücksichten bekämpft und von der Majorität abgelehnt."

Nach Bd. 5 S. 2280 flg. der Protokolle der genannten Kommision wurde in einer späteren Sitzung ein „Redaktionsentwurf, enthaltend das achte Buch ‚von den Schiedsgerichten' zur Beratung gestellt". In dieser Sitzung erfolgte (S. 2280) die Feststellung in der S. 2302/8 angegebenen Weise. Es besagt nun inhaltlich S. 2306/7 der dortige §. 18 (welcher sodann bei der Zusammenstellung den §. 1172 bildete, Protokolle Bd. 5 S. 2672/73):

„Eine Klage auf Aufhebung des Schiedsspruches findet statt:

1. wenn das schiedsrichterliche Verfahren unzulässig war;
2. ꝛc.
3. ꝛc.

4. wenn die Partei in dem schiedsrichterlichen Verfahren nicht gehört war;
5. wenn der Schiedsspruch keine Entscheidungsgründe enthält; sofern nicht für die unter Ziff. 4. 5 bezeichneten Fälle von den Parteien ein Anderes vereinbart ist;

6—11. ꝛc."

Nähere Gründe für die von §. 1378 Ziff. 1 des preußischen Entwurfes abweichende Fassung des §. 18 Ziff. 1 in dieser Sitzung sind zwar nicht ersichtlich; jedoch ergiebt das Protokoll über diese Sitzung (S. 2283), daß mit der Fassung des §. 18 bewußtermaßen auch eine „sachliche Änderung der früheren Beschlüsse (Protokolle S. 2238. 2239)" beschlossen wurde. Es zeigt nun schon eine einfache Vergleichung des Wortlautes der Bestimmung des erwähnten §. 18 Ziff. 1, daß man damit an die Stelle der Bestimmungen des §. 1378 Ziff. 1 des preußischen Entwurfes etwas anderes, und zwar die Anfechtungsgründe Erweiterndes, setzen wollte. Der Wortlaut der neuen Bestimmung würde vermöge seiner Allgemeinheit nicht etwa bloß die Bedeutung haben, eine Anfechtung nur da zu statuieren, wo das schiedsrichterliche Verfahren als solches unzulässig war, sondern auch dann, wenn bei dem Verfahren des Schiedsgerichtes von dem Schiedsgerichte gesetzliche oder vereinbarte Regeln des Verfahrens verletzt wurden; er berechtigt aber jedenfalls zur Auslegung, daß die Kommission damit eine Anfechtung auch wegen Verletzungen auf dem letzteren Gebiete wenigstens dann gestatten wollte, wenn es sich um eigentliche Grundlagen des Schiedsspruches handelt. Dafür spricht auch folgendes. Von den Gründen, aus welchen „der Antrag eines Mitgliedes, es ferner als Anfechtungsgrund aufzustellen, wenn der Schiedsrichter über die wesentlichen Bestimmungen des Schiedsvertrages in Ansehung der Prozedur oder sonst hinausgegangen sei", von dem Referenten bekämpft wurde, bezieht sich der Grund „zu unbestimmt und zum Teil unter §. 1378 Ziff. 1 fallend" auf den Bestandteil des Antrages „oder sonst", der Grund „aus den bereits geltend gemachten praktischen Rücksichten" (d. h. es sei bedenklich, die Anfechtung wegen Verletzung des Schiedsvertrages bei der Prozedur zu gestatten, da nicht selten die Befolgung der gewöhnlichen Prozeßvorschriften vereinbart werde) auf den Bestandteil des Antrages „in Ansehung der Prozedur"; es geht hieraus hervor, daß in letzterer Richtung das Bedenken bestand, es solle nicht etwa unter dem Titel einer „Verletzung des Schiedsvertrages bei der Prozedur" einfach ganz allgemein die Verletzung gewöhnlicher Prozeßvorschriften zur Anfechtung berechtigen. Allein dem Gedanken, die Anfechtung wegen Verletzung eigentlicher, sei es selbst in das Verfahren des Schiedsgerichtes einschlagender Grundlagen des zu erlassenden Schiedsspruches zu gestatten, wurde nicht entgegengetreten, und so scheint denn bei der nachfolgenden Beratung des „Redaktionsentwurfes" auch dem Bedürfnisse der Sicherung der Befolgung des von den Parteien als wesentlicher Grundlagen des zu erlassenden Schiedsspruches, selbst soweit sie in das Verfahren des Schiedsgerichtes einschlagen, Gewollten durch die Möglichkeit der Anfechtung des Schiedsspruches Rechnung getragen worden zu sein, und zwar (wie schon erwähnt) bewußtermaßen sogar unter Änderung der bei der früheren Beratung gefaßten Beschlüsse.

Der sodann im preußischen Justizministerium ausgearbeitete Entwurf einer deutschen Civilprozeßordnung von 1871 — der sog. Entwurf I einer deutschen Civilprozeßordnung — bestimmt in §. 777:

„Die Aufhebung des Schiedsspruches kann beantragt werden:

1. wenn das Verfahren unzulässig war;
2. ꝛc.
3. ꝛc.
4. wenn der Partei in dem Verfahren das rechtliche Gehör nicht gewährt war;
5. wenn der Schiedsspruch keine Entscheidungsgründe enthält;
6. ꝛc.

Die Aufhebung des Schiedsspruches findet aus den unter Nr. 4. 5 erwähnten Gründen nicht statt, wenn die Parteien ein anderes vereinbart haben."

Mit den Bestimmungen des §. 777 Ziff. 1. 4. 5 nebst der auf die Ziff. 4. 5 bezüglichen Schlußbestimmung stimmt (mit einer unerheblichen Fassungsänderung zu Ziff. 5) §. 795 des hierauf folgenden, durch eine neue, mittels Bundesratsbeschlusses bestellte Kommission ausgearbeiteten Entwurfes einer deutschen Civilprozeßordnung — des sog. Entwurfes II einer deutschen Civilprozeßordnung — und mit letzterem §. 795 der §. 808 des sodann an den Reichstag gelangten Entwurfes einer deutschen Civilprozeßordnung von 1874 — des sog. Entwurfes III einer deutschen Civilprozeßordnung — überein.

Es geben nun zwar die Motive zu §. 777 des sog. Entwurfes I einer deutschen Civilprozeßordnung, welche übrigens gerade zu Ziff. 1 sehr kurz sind, der vorhin bezüglich des norddeutschen Entwurfes erörterten Anschauung keinen Ausdruck; dagegen weichen von diesen Motiven jene zu §. 795 des sog. Entwurfes II und die mit jenen zu §. 795 des sog. Entwurfes II völlig gleichlautenden Motive zu §. 808 des sog. Entwurfes III einer deutschen Civilprozeßordnung durchaus ab. Die Motive zu §. 795 des sog. Entwurfes II besagen nun:

„Ferner ist es erforderlich, zu gestatten, daß die Zulässigkeit des schiedsrichterlichen Verfahrens einer Prüfung durch das zuständige Gericht unterzogen werde. Denn da der Schiedsspruch seine Kraft nicht der Autorität eines durch den Staat eingesetzten Gerichtes, sondern der Vereinbarung der Parteien entnimmt, so hängt seine Geltung davon ab, daß der Schiedsvertrag dem Gesetze und das schiedsrichterliche Verfahren dem Willen der Parteien und den ergänzenden Normen dieses Gesetzbuches entspricht. Fehlt es an diesen Erfordernissen, so ist dem Schiedsspruche die Grundlage entzogen. Der §. 795 Nr. 1 begnügt sich damit, das Prinzip auszusprechen, und überläßt es der Theorie und Praxis, die Konsequenzen zu entziehen. Fingerzeige für die Interpretation enthalten die Beispiele des §. 791."

Der in diesen Motiven erwähnte §. 791 des sog. Entwurfes II lautet (übereinstimmend mit dem jetzigen §. 863 C.P.O.):

„Die Schiedsrichter können das Verfahren fortsetzen und den Schiedsspruch erlassen, auch wenn die Unzulässigkeit des schiedsrichterlichen Verfahrens behauptet, insbesondere wenn geltend gemacht wird, daß ein rechtsgültiger Schiedsvertrag nicht bestehe, daß der Schiedsvertrag sich auf den zu entscheidenden Streit nicht beziehe, oder daß ein Schiedsrichter zu den schiedsrichterlichen Verrichtungen nicht befugt sei."

In den angeführten Motiven zu §. 795 des sog. Entwurfes II (bezw. den, wie erwähnt, gleichlautenden zu §. 808 des sog. Entwurfes III, welcher §. 808 hierauf bei den Beratungen der Justizkommission des Reichstages, sowie vom Reichstage selbst in unveränderter Fassung angenommen wurde und den §. 867 der geltenden

Civilprozeßordnung bildet) ist dem §. 795 Ziff. 1 ausdrücklich eine „prinzipielle" Bedeutung gegeben, und die dort enthaltene Erörterung weist auf die Absicht der Gesetzgebung hin, im Prinzipe die Anfechtung des Schiedsspruches auch dann zu gestatten, wenn es sich nicht bloß um die Zulässigkeit des schiedsrichterlichen Verfahrens überhaupt, einschließlich der Besetzung des Schiedsgerichtes, handelt, sondern auch, wenn der Schiedsspruch nicht auf den wesentlichen, von den Parteien für die Erlassung desselben gewollten, insbesondere ausdrücklich vereinbarten Grundlagen aufgebaut wurde.

Auch die Beratungen der Justizkommission des Reichstages zeugen für eine weite Auslegung des jetzigen §. 867 Ziff. 1 C.P.O. (wie erwähnt §. 808 Ziff. 1 des sog. Entwurfes III), indem wenigstens der Vertreter des Bundesrates, Direktor im Reichskanzleramte v. Amsberg,

vgl. Hahn, Materialien zur Civilprozeßordnung Bd. 1 S. 885/86,

anläßlich der Beratung des, mit dem jetzigen §. 861 C.P.O. gleichlautenden §. 802 des sog. Entwurfes III gegenüber einer Bemerkung des Abgeordneten Dr. Bähr, die Vorschrift des Abs. 2 von §. 802 des Entwurfes („zur Beeidigung eines Zeugen oder eines Sachverständigen und zur Abnahme eines Parteieneides sind die Schiedsrichter nicht befugt") sei nicht wirksam, denn wenn sich die Zeugen und Sachverständigen mit der Vereidigung einverstanden erklärten, könne man das Schiedsgericht nicht an derselben hindern, sich dahin aussprach: „Wenn die Schiedsrichter trotz der Vorschrift des §. 802 Abs. 2 eine Beeidigung vornähmen, so sei ihr Spruch nach §. 808 Ziff. 1 der Anfechtung ausgesetzt."

Eine Beschränkung des §. 867 Ziff. 1 C.P.O. auf die Unzulässigkeit des schiedsrichterlichen Verfahrens als solchen (einschließlich der Besetzung des Schiedsgerichtes) wird auch nicht etwa geboten durch eine Vergleichung mit §. 863 C.P.O.; denn einesteils kann §. 863 nach seinem Wortlaute (der schon — als §. 1167 — von der Kommission des Norddeutschen Bundes eine allgemeinere Fassung als §. 1369 des preußischen Entwurfes von 1864 erhielt) an sich auch Einwendungen umfassen, welche sich nicht bloß darauf beziehen, es sei das schiedsrichterliche Verfahren überhaupt unzulässig, sondern welche eine Unzulässigkeit des Verfahrens gerade aus der Unzulässigkeit einzelner Prozedurakte oder doch aus der Behauptung der Verletzung wesentlicher Grundlagen für die Thätigkeit der Schiedsrichter entnehmen; anderenteils deckt sich überhaupt nicht §. 867 Ziff. 1 mit §. 863 C.P.O., und sollen inhaltlich der erörterten Motive zu dem jetzigen §. 867 Ziff. 1 C.P.O. aus den Beispielen des jetzigen §. 863 nur „Fingerzeige" für die Interpretation entnommen werden.

Ebensowenig schlägt eine Argumentation wie bei Seuffert (Civilprozeßordnung §. 867) durch: „nachdem §. 860 anordne, daß die Parteien gehört werden, wäre es überflüssig, die Versagung des Gehörs als besonderen Anfechtungsgrund zu nennen, wenn die Verletzung gesetzlicher Vorschriften über das Verfahren schon die Aufhebung aus §. 867 Nr. 1 nach sich zöge." Die Bestimmungen des §. 867 Ziff. 4. 5 C.P.O. über Anfechtung des Schiedsspruches wegen Nichtgewährung des rechtlichen Gehöres und Nichtversehung des Schiedsspruches mit Gründen waren, als §. 1378 Ziff. 2. 3, schon in der Fassung des preußischen Entwurfes von 1864 und damit zu einer Zeit vorhanden, wo §. 1378 Ziff. 1 des Entwurfes von 1864 eine ganz andere, lediglich auf spezielle Fälle beschränkte, Fassung hatte, als jetzt §. 867 Ziff. 1 C.P.O. Auch nach der Ersetzung des §. 1378 Ziff. 1 durch eine andere, allgemeinere Fassung rechtfertigte sich auch dann, wenn die neue Fassung sich nicht bloß auf Unzulässigkeit des schiedsrichterlichen Verfahrens als solchen bezog, die Beibehaltung der besonderen Bestimmungen über Anfechtung des Schiedsspruches wegen Nichtgewährung des rechtlichen Gehöres und Nichtversehung des Schiedsspruches mit Gründen aus zwei Erwägungen:

a) weil an sich Grund vorlag, gerade die eben bezeichneten Mängel in ganz bestimmter Weise als Anfechtungsgründe zu kennzeichnen;

b) weil für diese Fälle andererseits schon bei der Beratung der norddeutschen Kommission gegenüber dem §. 1378 des preußischen Entwurfes von 1864 die beschränkende Ausnahme einer Dispensation der Schiedsrichter von der Befolgung der betreffenden Vorschriften durch die Parteien beigefügt wurde.

Sodann aber braucht man überhaupt nicht als notwendigen Willen des §. 867 Ziff. 1 C.P.O. allgemein anzunehmen, daß die Verletzung von gesetzlichen Prozeßvorschriften jeder Art unter §. 867 Ziff. 1 falle; es genügt für den vorliegenden Fall die Annahme, daß hierunter auch die Verletzung wesentlicher, von den Parteien ausdrücklich vereinbarter Grundlagen für die Erlassung des Schiedsspruches falle. Neben einem solchen Inhalte des §. 867 Ziff. 1 hat aber §. 867 Ziff. 4. 5 nebst der hierauf bezüglichen Beschränkung am Schlusse des §. 867 noch immer Raum und entsprechende Bedeutung." ...

---

88. In welchem Sinne ist die Erhebung einer Klage auf Forderungsfeststellung gegen den Gemeinschuldner während des Konkurses, wenn dieser der Feststellung im Prüfungstermine widersprochen hat, zu verstehen? Bedarf es zur Begründung des besonderen Nachweises eines Interesses an alsbaldiger Feststellung im Sinne des §. 231 C.P.O.?

I. Civilsenat. Urt. v. 23. März 1889 i. S. Sch. (Bekl.) w. U. (Kl.) Rep. I. 33/89.

I. Landgericht Breslau.
II. Oberlandesgericht daselbst.

Gründe:

„Der Kläger hat im vorliegenden Prozesse Klage auf Feststellung der von ihm im Konkurse des einen Beklagten, des Ehemannes Sch., angemeldeten Konkursforderungen gegen beide Beklagte, den Ehemann Sch. und dessen Ehefrau, erhoben, weil, während der Konkursverwalter diese Forderungen nicht bestritt, beide Beklagte, die Ehefrau Sch. in ihrer Eigenschaft als Konkursgläubigerin, der Ehemann Sch. in seiner Eigenschaft als Gemeinschuldner, dieselben im Prüfungstermine bestritten hatten. Soweit die Klage gegen die Ehefrau Sch. gerichtet ist, liegt unzweifelhaft die Klage aus §. 134 K.O. vor, welche nichts weiter als die Teilnahmeberechtigung der angemeldeten Forderungen an der Befriedigung aus der Konkursmasse zum Gegenstande hat. . . .

Dagegen war für die Feststellung der Forderungen im Konkurse der Widerspruch des Ehemannes Sch. bedeutungslos, da der Widerspruch des Gemeinschuldners solche Feststellung nicht hindert (vgl. §. 132 Abs. 1 K.O.). Sein Widerspruch ist nur in der Richtung von Bedeutung, daß solcher ausdrückliche Widerspruch im Prüfungstermine die Zwangsvollstreckung gegen ihn nach der Aufhebung des Konkursverfahrens hindert, die ohne solchen Widerspruch den Gläubigern, deren Forderungen im Konkurse festgestellt sind, aus der Eintragung in die Tabelle unter entsprechender Anwendung der §§. 662—701 C.P.O. zusteht (§. 152 Abs. 2. K.O.). Hätte nun in Verkennung der Unerheblichkeit des Widerspruches des Ehemannes Sch. als Gemeinschuldners für die Feststellung der angemeldeten Forderungen im Konkurse die geschehene Richtung der Klage auch gegen ihn nur die Bedeutung gehabt, ihm für die Feststellung der Forderungen im Konkurse eine Parteirolle, die ihm hierfür gar nicht obliegt, aufzuzwingen, so würde, wenn er auch in diesem Sinne zu Unrecht verurteilt wäre, doch seine Revision als unzulässig zurückzuweisen sein, da für die Feststellung der Forderungen im Konkurse, auch wenn sie gegen jemand verfolgt wird, dessen Bestreiten für diesen Erfolg unerheblich ist, immer der Grundsatz des §. 136 K.O. in betreff der Wertsbemessung nach dem Verhältnisse der Teilungs- zur Schuldenmasse maßgebend bleibt. In diesem Sinne würde die Klage gegen den Ehemann Sch., da in derselben zur Begründung des Anspruches gegen ihn außer seinem Widerspruche nichts Besonderes geltend gemacht und gegen beide Beklagte nur ein Klagantrag, und zwar, die in dem Konkursverfahren angemeldeten, in der Konkurstabelle unter Nr. 1. 2. 3 aufgeführten Forderungen festzustellen, gestellt ist, entsprechend diesem Klagantrage auch das Urteil ergangen ist, aufzufassen sein, wenn es zu der noch während des Konkursverfahrens erfolgenden Geltendmachung des vorgenannten Vollstreckungsanspruches aus §. 152 a. a. O. gegen den Gemeinschuldner noch besonderer Voraussetzungen oder eines Klagantrages mit anderem Inhalte bedürfte. Dies war aber zu verneinen.

Es herrscht allgemeines Einverständnis darüber, daß der Gemeinschuldner auch während des Konkurses und trotz desselben, soweit der Prozeßzweck nicht die Befriedigung aus der Konkursmasse ist, verklagt werden kann. Ob, wenn es sich um die Geltendmachung von Forderungen handelt, für welche die Vollstreckung gegen den Gemeinschuldner während des Konkurses wegen dieses Konkurses ausgeschlossen ist, eine Klage auf Verurteilung, nach Aufhebung des Konkursverfahrens, soweit in diesem keine Befriedigung oder kein Zwangsvergleich erfolgt ist, zu zahlen, oder nur eine Klage auf Feststellung der Forderung, und zwar unter erfordertem Nachweise eines Feststellungsinteresses gemäß §. 231 C.P.O. der zulässige Rechtsbehelf ist, dies braucht hier im allgemeinen nicht erörtert zu werden.

Darüber kann ein begründeter Zweifel nicht herrschen, daß, wenn nach §. 132 Abs. 2 K.O. für den Fall eines Bestreitens der zum Konkurse angemeldeten Forderung seitens des Gemeinschuldners die Aufnahme des Rechtsstreites gegen diesen zugelassen ist, hieraus nicht zu folgern ist, daß nicht auch, wenn bisher noch kein Prozeß gegen den Gemeinschuldner anhängig war, nunmehr infolge seines Bestreitens ein solcher gegen ihn anhängig gemacht werden kann. Über den Inhalt und die Begründung des Prozeßbegehrens in diesem Falle kann aber ein Bedenken nicht obwalten. Wenn das Gesetz in §. 152 Abs. 2 bestimmt, daß für die Gläubiger, deren Forderungen festgestellt und nicht von dem Gemeinschuldner im Prüfungstermine ausdrücklich bestritten worden sind, gegen den Schuldner aus der Eintragung in die Tabelle die Zwangsvollstreckung stattfindet, so gewährt damit das Gesetz den Gläubigern unter den gegebenen Voraussetzungen einen Rechtsanspruch auf die Vollstreckung. Mag nun auch schon die bloße Thatsache, daß der Gemeinschuldner bestritten hat, ohne Rücksicht auf die Begründetheit des Bestreitens, dem Vollstreckungsverfahren entsprechend §. 152 Abs. 2 zunächst im Wege stehen, so kann doch der Rechtsanspruch auf die Vollstreckung auf Grund der Feststellung in der Tabelle nicht durch ein unbegründetes Bestreiten beseitigt werden. Es muß also dem Gläubiger freistehen, gegen die durch unbegründetes Bestreiten erfolgende Beeinträchtigung seiner Rechtslage Schutz zu fordern.

Dies geschieht, indem er gegen den Gemeinschuldner auf Feststellung des Bestehens seiner Forderung klagt, mag nun der Klagantrag gerade ausdrücklich hierauf oder auf Zurückziehung des Widerspruches oder des Bestreitens des Gemeinschuldners gerichtet sein. Die Klage ist eine Feststellungsklage, bei welcher aber das Feststellungsinteresse ohne weiteres wegen des §. 152 a. a. O. gegeben ist, weil das unbegründete Bestreiten der angemeldeten Forderungen seitens des Gemeinschuldners eine Benachteiligung der Rechtslage des Gläubigers enthält, gegen welche die urteilsmäßige Feststellung des Bestehens der Forderungen dem Gemeinschuldner gegenüber das richtige Reaktionsmittel, das Mittel gewährt, durch welches sein Recht Befriedigung erfährt. Denn, sobald neben der Eintragung in die Tabelle solches rechtskräftige Urteil der Feststellung der angemeldeten Forderungen gegenüber dem Gemeinschuldner überreicht werden kann, wird damit das frühere Bestreiten des Gemeinschuldners in seiner Wirkung beseitigt, und die Zwangsvollstreckung kann gemäß §. 152 Abs. 2 a. a. O. aus den §§. 662—701 C.P.O. erfolgen. Demnach entspricht der Klagantrag auf Feststellung der Forderungen, gegen den Gemeinschuldner gerichtet, der Geltendmachung des eventuellen Vollstreckungsanspruches gemäß §. 152 K.O., und es bedurfte für diesen, abgesehen von der Begründung der angemeldeten Forderungen und dem Hinweise auf das erfolgte Bestreiten derselben seitens des Gemeinschuldners im Prüfungstermine, keiner besonderen Begründung. Daß demnach derselbe Klagantrag in der Richtung gegen die Ehefrau Sch. und gegen den Ehemann eine verschiedene Bedeutung hat, ist die Folge davon, daß es sich in Wirklichkeit um zwei miteinander verbundene Klagen mit verschiedenem Gegenstande des Anspruches handelt, von denen die eine gegen die Ehefrau Sch. die Befriedigung aus der Konkursmasse, die andere gegen den Ehemann die Feststellung ihm gegenüber behufs späterer Vollstreckbarkeit der Feststellung im Konkurse gegen sein Vermögen verfolgt. Zulässig war diese Klagenhäufung gemäß §. 56 C.P.O., da die Ansprüche auf demselben thatsächlichen und rechtlichen Grunde beruhen.... Bei dieser Auffassung war die Revision des Ehemannes Sch. zulässig, da alsdann die Forderungen ihm gegenüber zu dem vollen angemeldeten Betrage, nur abzüglich der voraussichtlich aus der Konkursmasse auf sie entfallenden Beträge von höchstens 10 Prozent, den Beschwerdewert ausmachen, der 1500 ℳ erheblich übersteigt."

---

89. 1. Steht dem Reichsgerichte die Befugnis zu, im Falle der Justizverweigerung durch ein Gericht des Reichslandes Elsaß-Lothringen auf Grund des Art. 185 Code pénal ein „avertissement" zu erlassen?
2. Welches sind die Voraussetzungen einer Justizverweigerung im Sinne dieser Vorschrift?

Gesetze vom 14. Juni 1871 und 16. Juni 1879.

Vereinigte Civilsenate. Beschl. v. 8. Juli 1889 über die Justizverweigerungsbeschwerde des H. T.-B. I. 1/89.

I. Oberlandesgericht Kolmar.

H. hat am 17. März 1887 bei dem Amtsgerichte zu Metz gegen D. und dreizehn Genossen wegen verleumderischer öffentlicher Beleidigung Privatklage erhoben. Durch Urteil des Schöffengerichtes zu Metz wurde das Strafverfahren gemäß §. 259 Abs. 2 St.P.O. eingestellt, weil angenommen wurde, der Kläger habe von der in Frage stehenden Beleidigung bereits im Sommer 1886 die nach §. 61 St.G.B. erforderliche Kenntnis gehabt; die Strafverfolgung sei sonach, weil die gesetzliche Antragsfrist nicht gewahrt worden sei, als unzulässig anzusehen. Die von dem Privatkläger eingelegte Berufung wurde durch Urteil des Landgerichtes zu Metz als unbegründet verworfen. Gegen dieses Urteil hat der Privatkläger Revision eingelegt und in der Revisionsbegründung geltend gemacht, die §§. 61. 185 flg. 194 St.G.B. seien vom Landgerichte verletzt worden. Durch Beschluß des Strafsenates des Oberlandesgerichtes Kolmar vom 28. März 1888 wurde die Revision „als unzulässig" verworfen. Zur Begründung dieser Entscheidung wurde ausgeführt, die Revision sei, soweit sich dieselbe darauf stütze, daß das Berufungsgericht die Bestimmungen über den Strafantrag verletzt habe, nach §. 380 St.P.O. unzulässig, weil dieser Antrag nur eine prozessualische Voraussetzung für die Statthaftigkeit der Strafverfolgung bilde, eine Verletzung anderer Vorschriften werde aber dem Berufungsgerichte nicht vorgeworfen. Daß von einer öffentlichen Verhandlung abgesehen, die Revision vielmehr durch Beschluß abgewiesen wurde, hat das Oberlandesgericht damit begründet, §. 380 St.P.O. gehöre zu den Bestimmungen über Anbringung der Revisionsanträge, sonach rechtfertige sich, da im vorliegenden Falle die Revision überhaupt nicht begründet werden könne, das in §. 389 Abs. 1 St.P.O. vorgesehene Verfahren. Nachdem der Rechtsanwalt des H. verschiedene Versuche gemacht hatte, eine öffentliche Verhandlung in Ansehung der Privatklage herbeizuführen, wendete er sich an die vereinigten Civilsenate des Reichsgerichtes mit dem Antrage, den Strafsenat des Oberlandesgerichtes Kolmar, dessen Verhalten als eine Justizverweigerung anzusehen sei, durch ein auf Grund des Art. 185 Code pénal zu erlassendes „avertissement" zur Anberaumung einer öffentlichen Sitzung anzuhalten. Dieser Antrag wurde durch Beschluß der vereinigten Civilsenate „als unbegründet" zurückgewiesen, und zwar aus folgenden

Gründen:

„Nach Art. 185 Code pénal[1] würden die vereinigten Civilsenate

[1] Art. 185 Code pénal lautet: „Tout juge ou tribunal, tout administrateur ou autorité administrative, qui, sous quelque prétexte que ce soit, même

des Reichsgerichtes, wenn eine Justizverweigerung vorläge, allerdings befugt sein, das von dem Beschwerdeführer beantragte „avertissement" zu erlassen. Nach §. 1 des Gesetzes vom 14. Juni 1871, betreffend die Bestellung des Bundesoberhandelsgerichtes zum Gerichtshofe für Elsaß-Lothringen, ist nämlich das Bundesoberhandelsgericht als oberster Gerichtshof für Elsaß-Lothringen an Stelle des Kassationshofes in Paris getreten, dem nach Art. 82 des Senatusconsultes vom 16. Thermidor des Jahres 10 die Disziplinargewalt über die Appellationsgerichte zusteht, der sonach als „supérieur" im Sinne des Art. 185 Code pénal anzusehen ist. Sodann wurden durch das Reichsgesetz vom 16. Juni 1879 die dem Reichsoberhandelsgerichte über die richterlichen Beamten in Elsaß-Lothringen zustehenden Aufsichts- und Disziplinarbefugnisse auf das Reichsgericht übertragen. Nach §. 2 der Geschäftsordnung werden diese Befugnisse von den vereinigten Civilsenaten ausgeübt.

Die Behauptung des Beschwerdeführers, daß im vorliegenden Falle eine Justizverweigerung vorliege, entbehrt jedoch jeder Begründung. Eine solche liegt nur dann vor, wenn ein Gericht es ablehnt oder unterläßt, in einem bestimmten Falle die Justiz zu verwalten. Von einer Justizverweigerung kann deshalb nicht die Rede sein, wenn ein bestimmter Antrag, bezw. eine Klage oder ein Rechtsmittel durch Gerichtsbeschluß als unstatthaft zurückgewiesen wird. In einem solchen Falle hat das Gericht eine Entscheidung getroffen. Es kann deshalb nicht behauptet werden, dasselbe habe sich geweigert, die Justiz zu verwalten oder den bei ihm gestellten Antrag durch eine Verfügung zu erledigen. Vielmehr hat das Gericht durch die Zurückweisung des Antrages seiner Verpflichtung zur Rechtsprechung, bezw. zur Verwaltung der Justiz genügt. Ob die getroffene Entscheidung den thatsächlichen Verhältnissen und den gesetzlichen Vorschriften entspricht, ist bei der Frage, ob eine Justizverweigerung vorliegt, nicht entscheidend. Ebenso kommt es hier nicht darauf an, ob die getroffene Entscheidung in der gesetzlich vorgeschriebenen Form erlassen worden

---

du silence, ou de l'obscurité de la loi aura dénié de rendre la justice aux parties, après en avoir été requis et qui aura persévéré dans son déni après avertissement ou injonction de ses supérieurs pourra être poursuivi et sera puni d'une amende de 200 frcs. de moins et de 500 frcs. au plus. D. E.

ist. Jedenfalls kann von einer Justizverweigerung nicht die Rede sein, wenn die gewählte Form unter bestimmten Voraussetzungen zulässig ist und das Gericht angenommen hat, daß diese Voraussetzungen vorliegen. Ein in dieser Beziehung begangener Verstoß könnte ebensowenig die Annahme, daß eine Justizverweigerung vorliege, begründen, wie der Umstand, daß in der Sache selbst unrichtig entschieden worden ist. Im gegebenen Falle hat nun der Strafsenat des Oberlandesgerichtes Kolmar die von dem Beschwerdeführer eingelegte Revision auf Grund des §. 389 St.P.O. durch Beschluß als unzulässig verworfen. Die Sache hat sonach eine ordnungsmäßige Erledigung gefunden. Von einer Justizverweigerung könnte auch dann nicht die Rede sein, wenn das Oberlandesgericht bei Beurteilung der Sache von einer rechtsirrtümlichen Ansicht beherrscht worden wäre. Dasselbe hat sich übrigens, was die Auslegung der §§. 380. 389 St.P.O. anbelangt, im wesentlichen der Auffassung angeschlossen, welche die Strafsenate des Reichsgerichtes wiederholt ausgesprochen haben. Bei dieser Sachlage muß der von dem Beschwerdeführer gestellte Antrag als vollständig unbegründet zurückgewiesen werden."[1]

---

90. Schiedsrichter oder Gutachter (arbiter oder arbitrator)? C.P.O. §. 852.

I. Civilsenat. Urt. v. 16. Oktober 1889 i. S. L. & Co. (Bekl.) w. B. Anilin- u. Sodafabrik Aktiengesellschaft (Kl.). Rep. I. 186/89.

I. Landgericht Darmstadt.
II. Oberlandesgericht daselbst.

Zwischen den Parteien war Streit darüber entstanden, ob die Beklagte ein der Klägerin patentiertes Verfahren zur Darstellung eines

---

[1] Der Anwalt von H. hatte noch eine weitere Beschwerde eingereicht. In dieser hatte er geltend gemacht, es sei darin eine Justizverweigerung zu finden, daß das Oberlandesgericht Kolmar eine von ihm eingereichte Beschwerde gegen einen Beschluß des Landgerichtes Kolmar, durch welchen die Androhung von Haft zum Zwecke des Vollzuges eines Urteiles abgelehnt wurde, als unbegründet verworfen habe. Diese Beschwerde wurde von den vereinigten Civilsenaten am 8. Juli 1889 mit ähnlicher Begründung wie die obige Beschwerde zurückgewiesen.

D. E.

Farbestoffes anwende. Sie schlossen ein als Schiedsvertrag bezeichnetes Abkommen, nach welchem die beiden in den nachfolgenden Gründen bezeichneten Fragen im Wege des schiedsrichterlichen Verfahrens zur Entscheidung gebracht werden und die in dem Vertrage genannten Schiedsrichter je nach der Beantwortung der Fragen den Urteilsspruch abgeben sollten, daß die Beklagte die Fabrikation und den Verkauf einzustellen oder daß die Klägerin sich des Widerspruches dagegen zu enthalten habe.

Die ernannten Schiedsrichter beantworteten die Frage zu Gunsten der Klägerin, zu dem Urteilsspruche kam es aber nicht, weil die Beklagte widersprach und einer der Schiedsrichter deshalb die Abgabe des Urteilsspruches ablehnte.

Als die Klägerin demächst auf Grund des Vertrages und der Beantwortung der Fragen durch die Schiedsrichter negatorisch klagte, verwarfen beide Instanzen dies Fundament der Klage.

Das Reichsgericht hat die Klage zugelassen aus nachfolgenden

Gründen:

... „Der Vertrag vom 12. Juni 1884 bestimmt, daß zwei Fragen zwischen den Parteien zur Entscheidung gebracht werden sollen:

1. ob die Beklagte das der Klägerin patentierte Verfahren zur Darstellung von Citronin benutzt, und
2. ob das englische Patent 89 vom 12. Januar 1869 dies Verfahren bereits so beschreibt, daß jeder Sachverständige danach das von der Beklagten angewendete Verfahren einschlagen kann, d. h. ob das der Klägerin patentierte wesentlich identisch mit dem des früheren englischen Patentes und deshalb nicht mehr neu war.

Beide Vorinstanzen haben die rechtliche Natur und Bedeutung dieses Vertrages nicht genügend gewürdigt.

Hält man den vorstehenden Inhalt des Vertrages fest, so ist derselbe als Schiedsvertrag im Sinne des §. 852 C.P.O. überhaupt nicht aufzufassen. Denn durch die Beantwortung der beiden Fragen entschieden die Schiedsrichter nicht einen Rechtsstreit wie durch einen Richterspruch (ad similitudinem judiciorum litem finire, l. 1 Dig. de recept. 4, 8), sondern sie sprachen sich nur als Gutachter (arbitratores, nicht arbitri) über die in Frage gestellten Thatsachen aus.

Auch wenn die Beklagte sich in dem Vertrage, wie der Berufungsrichter annimmt, verpflichtet hat, für den Fall der ihr ungünstigen Beantwortung der Fragen die Fabrikation von Citronin und den Verkauf des von ihr fabrizierten Citronins einzustellen, macht dies den die Beantwortung der beiden Fragen enthaltenden Spruch der Schiedsrichter nicht zu einem Schiedsspruch. Die Entscheidung giebt auch in solchem Falle nichts als die Feststellung einer zwischen den Vertragskontrahenten streitigen Thatsache, und damit einerseits die Unterlage einer künftigen richterlichen Entscheidung für den Fall erneuten Streites darüber, ob die Beklagte durch ihre Fabrikation des Citronins in das Patent der Klägerin eingreife, andererseits ein Element des durch den Vertrag zwischen den Parteien begründeten Rechtsverhältnisses insofern, als durch die Beantwortung der Fragen der Eintritt der Bedingung festgestellt wurde, von welcher die Verpflichtung der Beklagten, die Fabrikation von Citronin und den Verkauf desselben einzustellen, oder die Verpflichtung der Klägerin abhängig gemacht war, sich der Anfechtung dieser Fabrikation und des Verkaufes durch die Beklagte zu enthalten.

Die festgestellte Sachlage läßt keinerlei Zweifel darüber, daß die Parteien durch den in dem Vertrage vom 12. Juni 1884 geordneten Spruch der Schiedsrichter mindestens die Thatsache, ob die Beklagte durch ihr Verfahren zur Herstellung von Citronin in das Patent der Klägerin eingreife, bis zu dem Urteile über die der Beklagten vorbehaltene Klage auf Nichtigkeitserklärung des Patentes unter sich zu definitiver Entscheidung haben bringen wollen. Die Parteien stritten darüber, ob die Beklagte durch ihr Verfahren in das Patent der Klägerin eingreife; die Frage war schwierig und bedenklich und ein Prozeß darüber, wie die spätere Erfahrung bestätigt hat, voraussichtlich langdauernd und kostspielig. Dieser Prozeß sollte vermieden werden.

Von dieser Auffassung des Vertrages ist die Beklagte selbst ganz offensichtlich ausgegangen. Denn sie hat, nachdem ihr die ihr ungünstige Beantwortung der beiden Fragen durch die Schiedsrichter am 13. Dezember 1884 zugegangen war, der Klägerin in den Briefen vom 15. und 30. Dezember 1884 erklärt, daß sie in Erfüllung des Vertrages die Fabrikation eingestellt habe, und daß sie damit das Patent der Klägerin und den in dieser Beziehung klaren und einer Interpretation nicht bedürfenden Schiedsvertrag voll und ganz respektiere.

In der weiteren Korrespondenz hat sie nur beansprucht, daß ihr die Verarbeitung des vorhandenen Rohmateriales zur Darstellung von Citronin behufs Ausführung früherer Bestellungen freistehe, demnächst auch von diesem Verlangen Abstand genommen, und in dem Briefe vom 27. April 1885 endlich das Verlangen der Klägerin, in die Ergänzung des Spruches der Schiedsrichter über die beiden Fragen durch Hinzufügung des in dem Vertrage angeordneten Urteilsspruches dahin:

daß die Beklagte die Fabrikation und den Verkauf des Citronins einzustellen habe,

einzuwilligen, mit der Erklärung abgelehnt:

daß sie die Angelegenheit dem Schiedsvertrage gemäß geordnet finde und keine Veranlassung habe, auf dieselbe zurückzukommen.

Die Beklagte hat damit unzweideutig zu erkennen gegeben, daß sie durch den Spruch der Schiedsrichter, so wie er gefällt, dem Schiedsvertrage gemäß für festgestellt ansah, daß ihre Herstellung von Citronin in das Patent der Klägerin eingreife, und daß es des im Vertrage vorgesehenen Urteilsspruches der Schiedsrichter nicht weiter bedürfe. Sollte aber nach dem Vertrage die streitige Thatsache zwischen den Parteien durch die Beantwortung der Fragen seitens der Schiedsrichter festgestellt werden — und daß ein Vertrag solchen Inhaltes gesetzlich zulässig, unterliegt keinem Bedenken (vgl. l. 25 pr. Dig. loc. cond. 19, 2; l. 76 Dig. pro socio 17, 2; §. 1 Instit. de emt. et vend. 3, 23 [24]) —, so war dies auch durch die Beantwortung der Fragen geschehen, und es bedurfte des formellen Urteilsspruches in der That nicht weiter. Es kann deshalb dahingestellt bleiben, ob und welche Bedeutung einem Urteilsspruche überhaupt beizumessen ist, der den Schiedsrichtern vorgeschrieben ist, wie dies in dem Vertrage durch die Bestimmung geschehen, daß die Schiedsrichter mit der Beantwortung der Fragen den im Vertrage selbst formulierten Urteilsspruch verbinden sollen." ...

---

91. Begriff des Vermögens im Sinne von §. 24 C.P.O.

I. Civilsenat. Urt. v. 19. Oktober 1889 i. S. L. (Bekl.) w. S. (Kl.) Rep. I. 196/89.

I. Landgericht Breslau.
II. Oberlandesgericht daselbst.

Beklagte, die im Deutschen Reiche keinen Wohnsitz hat, ist auf Grund des §. 24 C.P.O. beim Landgerichte Breslau wegen einer Forderung in Anspruch genommen worden. Zur Begründung der Zuständigkeit war insbesondere geltend gemacht, daß der Beklagten gegen den Rechtsanwalt B. zu Br., der ihr Mandatar in einem von der Beklagten gegen die jetzige Klägerin angestellten, durch Vergleich beendeten Vorprozesse gewesen war, ein Anspruch auf Herausgabe der Handakten zustehe. Das Reichsgericht hat unter Aufhebung der Instanzurteile die Klage wegen Unzuständigkeit des Gerichtes abgewiesen aus folgenden

Gründen:

„Die Instanzrichter haben den Einwand der Unzuständigkeit verworfen, weil das der Beklagten gemäß §. 32 der Rechtsanwaltsordnung zustehende Recht, die Herausgabe der Handakten von dem Rechtsanwalte B. zu beanspruchen, einen Bestandteil des Vermögens der Beklagten im Sinne der §§. 33. 1. 2 A.L.R. I. 2 und des §. 24 C.P.O. darstelle. In beiden Vorentscheidungen ist ausgeführt, daß, wenn die gedachten Handakten auch nur einen geringen Wert haben mögen, sie doch keinesfalls ganz wertlos seien, für die Begründung des Gerichtsstandes nach §. 24 a. a. O. aber auch ein durchaus unbedeutendes, in dem betreffenden Gerichtsbezirke befindliches Vermögensstück ausreiche. Das erstinstanzliche Urteil hat in dieser Beziehung insbesondere auf die reichsgerichtliche Entscheidung vom 29. April 1881,

vgl. Entsch. des R.G.'s in Civils. Bd. 4 S. 408,

und auf die in derselben angeführte Stelle aus den Motiven zur Civilprozeßordnung hingewiesen. Diese Ausführungen können nicht für zutreffend erachtet werden. Wenn man auch mit der eben angeführten Entscheidung den §. 24 a. a. O. dahin auslegt, daß selbst ein Vermögensgegenstand, dessen Wert nicht einmal die vorweg abzuziehenden Kosten der Zwangsvollstreckung decken würde (§§. 697 Abs. 1. 708 Abs. 2 C.P.O.), den Eigentümer einer ihm an sich fremden Gerichtsbarkeit unterwerfen kann,

vgl. hiergegen neuerdings Planck, Lehrbuch des deutschen Civilprozesses Bd. 1 S. 63,

so muß bei der Anwendung des Gesetzes doch immer die Grenze gezogen werden, daß der im Bezirke des als zuständig in Anspruch genommenen Gerichtes sich vorfindende Gegenstand zufolge seiner naturgemäßen Bestimmung als Vermögensbestandteil erscheint. Diese Eigenschaft kann sich auf den individuellen Wert für den Berechtigten wie auf den dem Gegenstande innewohnenden allgemeinen Verkehrswert stützen; sie kann aber nicht auf die eventuelle Möglichkeit einer der Bestimmung desselben fremden Verwertung gegründet werden. Sonst gelangt man zu einer Gesetzesauslegung, die von dem Vorwurfe der l. 19 Dig. ad exhib. 10, 4 getroffen wird. Hiergegen haben die Instanzurteile verstoßen. Ob Manualakten, wenn sie erhebliche Beweisurkunden enthalten, als Vermögensstücke anzusehen sind, braucht nicht erörtert zu werden, da in dieser Hinsicht nur ganz vage Behauptungen aufgestellt sind. Daß aber die aus 21 Blättern bestehenden Handakten des Rechtsanwaltes B., wie Klägerin behauptet, einen Makulaturwert von mindestens 50 Pf. haben — Beklagte hat auch diesen Wert bestritten —, genügt nach vorstehendem nicht, um ihnen, bezw. dem Anspruche auf Herausgabe derselben, die Eigenschaft eines Vermögensbestandteiles zu verleihen."

---

92. Wird in einem Falle, wo für eine Partei zwei Prozeßbevollmächtigte aufgestellt sind, die Zustellung dadurch ungültig, daß das zuzustellende Schriftstück an die zwei Bevollmächtigten adressiert ist? Wie sind Ungenauigkeiten in der von einem Postboten bewirkten Zustellung zu beurteilen?

III. Civilsenat. Urt. v. 22. Oktober 1889 i. S. R. (Kl.) w. R. (Bekl.) Rep. III. 210/89.

I. Landgericht Hanau.
II. Oberlandesgericht Kassel.

Aus den Gründen:

„In erster Instanz ist die Beklagte zufolge Urteiles des Landgerichtes zu Hanau von den Anwälten U. und K. vertreten worden, und zwecks Zustellung der Berufungsschrift hat der Gerichtsvollzieher K. dieselbe laut Urkunde vom 26. März der Post in einem mit seinem Dienstsiegel verschlossenen Briefumschlage übergeben, welcher mit der

Aufschrift versehen war: „An die Herren Rechtsanwälte U. und K.“ Das mit dieser Adresse versehene Schriftstück ist nach der vorgelegten Postzustellungsurkunde am 27. März dem Gehilfen H. zugestellt worden, da, wie es in der Urkunde heißt, „der Adressat“ nicht angetroffen wurde. Im Thatbestande des Berufungsurteiles wird weiter bemerkt: Kläger hat behauptet, daß H. Gehilfe beider Rechtsanwälte (U. und K.) sei, auch daß beide Rechtsanwälte ein gemeinsames Geschäftslokal haben. Beklagte hat dies nicht bestritten. Letztere hat nun ihrerseits die Rechtsgültigkeit der Zustellung nicht beanstandet, der Berufungsrichter hat aber die Berufung als unzulässig verworfen, weil die Zustellung der Berufungsschrift nicht als ordnungsmäßig bewirkt anzusehen sei.

Derselbe geht davon aus, daß die Zustellung ein streng formaler Akt sei und ihrer Natur nach nur einem bestimmten individuellen Empfänger gegenüber vollzogen werden könne, wie dies auch die Civilprozeßordnung in ihren einzelnen Ausführungsbestimmungen, wie sie enthalten sind in den §§. 155. 166. 172 und ebenso in ihrer Vorschrift über die Beurkundung der Zustellung (§§. 174. 177. 178) zur Voraussetzung nehme. Dem Berufungsrichter erscheint daher die Zustellung der Berufungsschrift im vorliegenden Falle schon aus dem Grunde rechtsungültig, weil die Zustellungsurkunde an die beiden genannten Rechtsanwälte adressiert war. Diese Ansicht kann nicht gebilligt werden.

Die Vorschrift des §. 174 C.P.O.: „Die Zustellungsurkunde muß enthalten: 3. die Bezeichnung der Person, an welche zugestellt werden soll“, besagt keineswegs, daß stets nur eine Person als die, an welche zuzustellen, bezeichnet werden dürfe und also die für eine Partei, welche sich durch zwei Anwälte hat vertreten lassen, bestimmte Zustellung als für sie unverbindlich und rechtsungültig anzusehen wäre, wenn in der Zustellungsurkunde nicht bloß einer ihrer Vertreter, sondern beide als zur Entgegennahme der Zustellung legitimiert bezeichnet worden. Auch die übrigen Bestimmungen der Civilprozeßordnung enthalten keine Vorschrift, welche es rechtfertigen könnte, in der Adressierung der Zustellungsurkunde an zwei Anwälte, von denen jeder als zur Entgegennahme der Zustellung für die Partei legitimiert anzusehen ist, eine die Zustellung ungültig machende Formwidrigkeit zu erblicken.

Zweifelhafter könnte es vielleicht erscheinen, ob die Bescheinigung des Postboten zur Rechtfertigung der Ersatzzustellung den formalen Erfordernissen entspreche. Es läßt sich jedoch nicht verkennen, daß der Postbote mit den Worten „der Adressat" hat zum Ausdrucke bringen wollen, daß weder der Adressat U. noch der Adressat K. im Geschäftslokale angetroffen worden sei. Und ein so streng formaler, die Interessen der Parteien gefährdender Standpunkt darf nicht eingenommen werden, daß in jeder mangelhaften Ausdrucksweise eines Postboten ein ausreichender Grund gefunden werden dürfte, die Zustellung für ungültig zu erklären."

---

93. Kann im Anwaltsprozesse mit der Urteilszustellung auch ein anderer Anwalt, als der Prozeßbevollmächtigte, betraut werden und ist der Vertreter zugleich zur Beglaubigung der zuzustellenden Urteilsabschrift befugt?

C.P.O. §§. 77. 156 Abs. 2.

IV. Civilsenat. Urt. v. 28. Oktober 1889 i. S. H. (Kl.) w. N. (Bekl.) Rep. IV. 191/89.

I. Landgericht Nordhausen.
II. Oberlandesgericht Naumburg a./S.

Gegen das der Klage stattgebende Urteil des Landgerichtes haben die Beklagten Berufung eingelegt. Das Oberlandesgericht hat die Verhandlung auf die Frage der Zulässigkeit der Berufung beschränkt und demnächst durch Urteil das Rechtsmittel als unzulässig verworfen. Die Revision der Beklagten ist vom Reichsgerichte zurückgewiesen aus folgenden

Gründen:

„Nach dem Thatbestande des Berufungsurteiles sind folgende Hergänge unstreitig: Eine Ausfertigung des ersten Urteiles ist auf Antrag des klägerischen Prozeßbevollmächtigten, Rechtsanwaltes T., seitens der Gerichtsschreiberei des Landgerichtes dem Rechtsanwalte E. zu Mühlhausen ausgereicht. Im Auftrage des Rechtsanwaltes E. ist eine von diesem zugleich beglaubigte Abschrift des ersten Urteiles dem Prozeßbevollmächtigten der Beklagten, Rechtsanwalt W., am 20. Januar 1889 zugestellt. Die Beklagten ließen ihre Berufungsschrift zunächst dem Rechtsanwalte E. zustellen. Am 4. März 1889 wurde dem zweitinstanzlichen Substituten des Rechtsanwaltes W. durch den Rechtsanwalt Sch. mitgeteilt, daß der letztere für dieselbe Instanz seitens des Rechtsanwaltes T. substituiert sei. Am 21. März 1889 ließen die Beklagten die Berufungsschrift anderweit dem Rechtsanwalte T. zustellen. Am 5. April 1889 fand auf ihr Betreiben eine nochmalige Zustellung des ersten Urteiles und der Berufungsschrift an den Rechtsanwalt Sch. statt.

Die Parteien sind gegenwärtig darüber einig, daß erst die letzterwähnte Zustellung der Berufungsschrift dem Gesetze entsprochen hat (§. 164 C.P.O.), und sie streiten nur darüber, ob, wie Kläger behauptet, die am 20. Januar 1889 auf Betreiben des Rechtsanwaltes E. erfolgte Urteilszustellung an die Beklagten schon die Berufungsfrist in Lauf gesetzt habe.

Das Berufungsgericht hat diese Frage bejaht, wesentlich auf Grund der Erwägung, daß mit der Urteilszustellung auch im Anwaltsprozesse ein anderer Anwalt, als der Prozeßbevollmächtigte, betraut werden dürfe und da, wo dies geschehe, der Vertreter auch zur Beglaubigung der zuzustellenden Urteilsabschrift befugt sei.

Die dieser Erwägung zu Grunde liegende Rechtsansicht wird von der Revision mit Unrecht angefochten. Im Anwaltsprozesse unterliegt, wie bereits in dem Bd. 17 S. 392 der Entsch. in Civils. abgedruckten Beschlusse der vereinigten Civilsenate des Reichsgerichtes näher dargelegt ist, der Betrieb der Zustellung namentlich von Urteilen nicht dem Anwaltszwange. Dieser Betrieb muß zu denjenigen einzelnen Prozeßhandlungen gerechnet werden, für welche gemäß §. 77 C.P.O. der Prozeßbevollmächtigte kraft der ihm erteilten Vollmacht sich einen Vertreter bestellen darf. Der sonach vom Prozeßbevollmächtigten mit dem Betriebe der Zustellung eines Urteiles betraute Anwalt ist zu dieser Handlung, auch wenn er nicht beim Prozeßgerichte zugelassen ist, gesetzlich legitimiert. In gleichem Sinne hat sich das Reichsgericht bereits wiederholt ausgesprochen, wie das in den Entsch. des R.G.'s in Civils. Bd. 17 S. 415 veröffentlichte Urteil des III. Civilsenates, sowie die Urteile des I. Civilsenates vom 12. Juli 1882 (Rep. I. 310/82) und des IV. Civilsenates vom 12. März 1885 (Rep. IV. 349/84) ergeben. — Aus der Befugnis zum Betriebe der

Urteilszustellung folgt aber für einen derartigen Substituten zugleich die Berechtigung zur Beglaubigung der zuzustellenden Urteilsabschrift. Der Abs. 2 des §. 156 C.P.O. steht dem nicht entgegen. Die Tendenz dieser Vorschrift geht augenscheinlich dahin, daß, sofern die Zustellung überhaupt auf Betrieb eines Anwaltes erfolgt, diesem auch die Beglaubigung des zuzustellenden Schriftstückes zustehen soll. In diesem Sinne bemerken die Motive zur Civilprozeßordnung (Bd. 1 S. 145), daß in Anwaltsprozessen wie in allen Fällen, in denen die Zustellung durch einen Rechtsanwalt betrieben werde, diesem die Beglaubigung überlassen bleibe. Das Gesetz faßt die Beglaubigung nur als Teil des ganzen Zustellungsaktes auf. Auch diese Ansicht ist vom Reichsgerichte schon mehrfach vertreten worden.

Vgl. Entsch. des R.G.'s in Civils. Bd. 6 S. 362, Bd. 8 S. 346 und das oben erwähnte Urteil des IV. Civilsenates vom 12. März 1885; übereinstimmend Planck, Lehrbuch des Civilprozesses Bd. 1 S. 138 Note 27 und Gaupp, Kommentar zur Civilprozeßordnung (2. Aufl.) Note IV 2 zu §. 156.

Demzufolge ist in vorliegendem Falle nur noch thatsächlich zu untersuchen, ob der Rechtsanwalt E., welcher für Kläger die Zustellung des ersten Urteiles an die Beklagten betrieben hat, hierzu durch den klägerischen Prozeßbevollmächtigten, Rechtsanwalt T., beauftragt gewesen ist. Eine ausdrückliche Feststellung dieses Punktes läßt das Berufungsurteil allerdings vermissen. Indes ist nach dem Thatbestande unstreitig, daß dem Rechtsanwalte E. auf Antrag des Rechtsanwaltes T. eine Ausfertigung des ersten Urteiles seitens der Gerichtsschreiberei des Landgerichtes zugegangen ist, und ferner, daß die Beklagten dann die Berufungsschrift zuerst selbst dem Rechtsanwalte E. haben zustellen lassen. Laut Thatbestandes erachten die Beklagten die durch diesen Anwalt betriebene Urteilszustellung lediglich deshalb für unwirksam, weil die Beglaubigung durch denselben erfolgt ist. In den Entscheidungsgründen schließt sich an die Darlegung der obigen Rechtsgrundsätze der Passus: „Ist also ein anderer Rechtsanwalt als der Prozeßbevollmächtigte im Anwaltsprozesse mit dem Akte der Zustellung betraut".... Nach alledem kann kein Bedenken obwalten, daß seitens der Parteien wie des Berufungsgerichtes stillschweigend die Thatsache, daß der Rechtsanwalt E. vom Rechtsanwalte T. mit Betreibung der Urteilszustellung beauftragt gewesen, als unstreitig vorausgesetzt ist. Sonach erscheint die Revisionsrüge, daß diese Thatfrage vom Berufungsgerichte ganz außer Betracht gelassen sei, nicht zutreffend."

---

94. Voraussetzungen der Einrede, daß die zur Erneuerung des Rechtsstreites erforderliche Erstattung der Kosten des früheren Verfahrens noch nicht erfolgt sei. Wird die Einrede dadurch ausgeschlossen, daß der klagenden Partei das Armenrecht bewilligt ist?

IV. Civilsenat. Urt. v. 28. Oktober 1889 i. S. J. A. (Kl.) w. G. S. u. A. S. (Bekl.) Rep. IV. 188/89.

I. Landgericht Potsdam.
II. Kammergericht Berlin.

Der von der Klägerin gegen ihre Brüder angestellten Klage auf Gewährung des notdürftigen Unterhaltes wurde die Einrede entgegengesetzt, daß die Klägerin bereits früher auf Gewährung des Unterhaltes gegen die Beklagten Klage erhoben, diese Klage zurückgenommen und den Beklagten die Kosten des früheren Verfahrens noch nicht erstattet habe. Die Klägerin suchte der Einrede durch den Hinweis auf das ihr erteilte Armenrecht zu begegnen, behauptete aber auch, daß der Beklagte A. S. sie zur Zurücknahme der Klage mit dem Bemerken, die Klägerin könne ihnen — den Beklagten —, die ja doch die Prozeßkosten zu zahlen hätten, weitere Kosten ersparen, wenn sie die Klage zurücknehme, aufgefordert, auch dabei erklärt habe, die Klägerin würde es besser haben, wenn sie die Klage zurücknähme, als wenn das Gericht entschiede, und daß diese Erklärung von A. S. gleichzeitig im Auftrage des G. S. abgegeben, aber auch von G. S. später genehmigt worden sei. Das Landgericht erklärte die Einrede für begründet. Das Berufungsgericht machte die Entscheidung über die Einrede von Eiden der Beklagten über die behauptete Erklärung des A. S. und die behauptete Beauftragung des A. S. durch G. S. abhängig, erachtete aber die spätere Genehmigung der Erklärung des A. S. durch G. S. für unerheblich. Auf die Revision der Klägerin wurde das Berufungsurteil insoweit, als die Klägerin im Falle der Eidesleistung mit der Klage dem G. S. gegenüber abgewiesen worden war, aufgehoben und die Sache zu anderweiter Verhandlung und Entscheidung an das Berufungsgericht zurückverwiesen.

Aus den Gründen:

„Der §. 247 Nr. 5 C.P.O. gewährt dem Beklagten Schutz gegen das wiederholte Prozessieren einer Partei, welche gegen ihn klagt, die Klage zurücknimmt und dann von neuem klagt; eine solche Partei soll, wenn der Beklagte seine Einrede begründet, daß ihm von jener noch nicht die ihm durch die zurückgenommene Klage erwachsenen Kosten erstattet seien, nicht unbedingt zur Fortsetzung des neuen Prozesses befugt sein, der Beklagte soll vielmehr die Einlassung verweigern können, bis die Kostenerstattung erfolgt ist. Das Gesetz sieht nämlich ein solches vorstehend beschriebenes Benehmen der klagenden Partei als den Beklagten kränkend an und giebt ihm, um derartige Vexationen möglichst zu erschweren, die genannte, den Fortgang des neuen Prozesses nur bedingt zulassende Einrede. Soll dieser Zweck des Gesetzes erreicht werden, so kann es keinen Unterschied machen, ob die klagende Partei wohlhabend oder arm ist; anderenfalls würden die Beklagten gegen die zu befürchtenden Vexationen armer Parteien nicht gesichert sein, ein Erfolg, der umsoweniger beabsichtigt sein kann, als der §. 108 C.P.O. das Armenrecht für einflußlos auf die Verpflichtung zur Erstattung der dem Gegner erwachsenden Kosten erklärt. Mit Recht hat daher der Berufungsrichter in Übereinstimmung mit der Mehrzahl der Kommentatoren der Civilprozeßordnung und mit der Abhandlung von Sprenger im (civilistischen Archiv Bd. 71 S. 414 flg.) und von Nessel (in Gruchot, Beiträge Bd. 30 S. 62) den §. 247 Nr. 5 in Verbindung mit §. 243 Abs. 4 C.P.O. dahin ausgelegt, daß weder das Armenrecht, noch auch die Einrede der Kompetenz der Anwendbarkeit der genannten gesetzlichen Bestimmungen entgegenstehe.

Richtet sich somit das Gesetz gegen das in der Wiederanstellung einer zurückgenommenen Klage zu findende vexatorische Benehmen der klagenden Partei, so fehlt diese Voraussetzung, wenn ein solches Benehmen der klagenden Partei von ihr widerlegt werden kann. Zwar reicht zu dieser Widerlegung nicht, wie die Revisionsklägerin vermeint, das bloße Einverständnis der Beklagten mit der Zurücknahme der Klage aus, wohl aber das Benehmen der Beklagten, wie es die Klägerin unter Eideszuschiebung behauptet hat. Wenn A. S., der eine der Mitbeklagten, zu der Klägerin, bevor sie ihre Klage vom

Mai 1887 zurücknahm, wiederholt geäußert hat: „sie (die Beklagten) hätten ja doch die Prozeßkosten zu zahlen, Klägerin könne ihnen weitere Kosten sparen, wenn sie die Klage zurücknähme, sie solle es thun, dann würde sie es besser haben, als wenn das Gericht entscheide", so liegt allerdings kein eigentlicher, einen Anspruch auf Erfüllung erzeugender Vertrag vor, immerhin aber ein rechtsgeschäftlicher Akt insoweit, als der Mitbeklagte A. S. und die Klägerin durch Willenserklärung, jener durch seine Versprechungen, diese durch Erfüllung der Gegenleistung, die gegenwärtige gerichtliche Einwirkung auf die Ordnung des Alimentationsanspruches ausschlossen und die selbständige Ordnung desselben in die Hand nahmen. Daß unter diesen Umständen die Zurücknahme der Klage durch die Klägerin diesem Mitbeklagten gegenüber nichts weniger, als vexatorisch erscheint, leuchtet ein. Aber auch dem G. S. gegenüber muß dasselbe gelten, wenn er, wie die Klägerin behauptet, jene Erklärungen des A. S. genehmigt hat. Es handelt sich dann nicht, wie der Berufungsrichter ausführt, um die rechtlich bedeutungslose Genehmigung eines bereits ausgeführten Betruges, sondern um die rechtlich erhebliche Genehmigung eines rechtsgeschäftlichen Aktes, der von einem Geschäftsbesorger ohne Auftrag für den Genehmigenden vorgenommen war. Hieraus ergiebt sich, daß nicht allein der Auftrag, sondern auch die Genehmigung des G. S. von Bedeutung war und deshalb die Entscheidung des Berufungsrichters in der Hauptsache ... dem G. S. gegenüber aufgehoben werden muß."

---

95. Inwiefern ist gegen einen unter Anwendung des §. 136 Abs. 2 und des §. 274 C.P.O. gefaßten Beschluß das Rechtsmittel der Berufung zulässig?

III. Civilsenat. Urt. v. 12. November 1889 i. S. H. (Bekl.) w. H. (Kl.) Rep. III. 277/89.

I. Landgericht Hanau.
II. Oberlandesgericht Kassel.

Der Kläger hat eine Darlehnsforderung eingeklagt, welcher die Beklagten zwei Gegenforderungen zur Kompensation entgegenstellten. Nachdem der erste Richter über die beiden Kompensationsposten Verhandlung eingeleitet, hat er zu Nr. 1 seines Urteiles die eine Gegenforderung für materiell unbegründet erklärt, demgemäß die Beklagten zur Zahlung der für liquid erachteten klägerischen Forderung verurteilt und bezüglich der zweiten Gegenforderung, zu Nr. 2 des Urteiles, die Anordnung getroffen, daß diese Forderung in getrenntem Prozesse verhandelt werden solle. Motiviert wird die Anordnung damit, daß zu der fraglichen Forderung, welche mit dem in der Klage geltend gemachten Anspruche in keinem rechtlichen Zusammenhange stehe, weitere Verhandlungen erforderlich wären, daher sich das Gericht für berechtigt gehalten habe, auf Grund von §. 136 Abs. 2 C.P.O. Verhandlung in getrenntem Prozesse zu beschließen.

In der zweiten Instanz ist die Berufung der Beklagten zu Nr. 1 des ersten Urteiles als unbegründet zurückgewiesen, zu Nr. 2 als unzulässig verworfen worden. Zur Begründung dieser letzteren Entscheidung wird folgendes ausgeführt:

Die vom ersten Richter auf Grund von §. 136 Abs. 2 C.P.O. getroffene Anordnung könne nicht den Inhalt eines Urteiles bilden, sondern sei ein prozeßleitender Beschluß, dessen Wirkung lediglich darin bestehe, daß ein Teil des Prozeßstoffes in der Gestalt, in welcher er geltend gemacht war, aus dem Prozesse ausgeschieden werde. Als prozeßleitender Beschluß könne er nicht selbständig mit der Berufung, aber auch nicht mit der Beschwerde angefochten, vielmehr nur nach §. 141 C.P.O. von dem Gerichte, welches ihn erlassen hat, wieder aufgehoben werden. Die weitere Frage aber, ob nicht jene Anordnung als eine dem Endurteile vorausgegangene Entscheidung nach §. 473 C.P.O. der Berufung unterliege, sei deshalb zu verneinen, weil Voraussetzung dieser Prozeßvorschrift sei, daß die frühere Entscheidung den in die Berufungsinstanz gediehenen Prozeßstoff betreffe, während im gegenwärtigen Falle das Urteil über die Klageforderung die Gegenforderung unberührt lasse, eine auf letztere bezügliche Entscheidung daher nicht als eine dem Urteile über die Klageforderung vorangegangene anzusehen sei. Dementsprechend sei die Berufung zu Nr. 2 des erstinstanzlichen Urteiles als unzulässig zu verwerfen und den Beklagten zu überlassen, ihre angebliche Gegenforderung durch weitere Verfolgung derselben oder des darauf gegründeten Einwandes in getrenntem Prozesse in erster Instanz zur Geltung zu bringen.

Das Reichsgericht hat sich diesen Ausführungen nicht angeschlossen aus folgenden

Gründen:

„Der Richter erster Instanz hat in seinem Urteile unter Nr. 2 die Anordnung getroffen, daß die von den Beklagten geltend gemachte Gegenforderung im Betrage von 1830,31 ℳ in getrenntem Prozesse verhandelt werden solle. Motiviert wird dieser Beschluß durch die Erwägung, daß bezüglich jener Gegenforderung, welche mit dem Klaganspruche in keinem rechtlichen Zusammenhange stehe, weitere Verhandlungen erforderlich seien, weshalb sich das Gericht für berechtigt halten könne, so wie in Nr. 2 seines Urteiles geschehen, Verhandlung in getrennten Prozessen zu beschließen. Die gegen diesen Teil des erstinstanzlichen Urteiles gerichtete Berufung der Beklagten hat der vorige Richter als unzulässig verworfen, weil der gedachte Beschluß nur als eine prozeßleitende Verfügung anzusehen sei, welche nicht selbständig mit der Berufung angefochten werden könne, welche aber auch nicht als eine dem Endurteile vorausgegangene Entscheidung gemäß §. 473 C.P.O. der Beurteilung des Berufungsgerichtes unterliege, da sie die fragliche Gegenforderung unberührt lasse und darum nicht zu dem in die Berufungsinstanz gediehenen Prozeßstoffe gehöre.

Diese Ansicht muß als rechtsirrtümlich bezeichnet werden.

Die dem Prozeßrichter durch §. 136 Abs. 2 und §. 274 C.P.O. rücksichtlich der Gegenforderungen eingeräumte Trennungsbefugnis ist keine unbeschränkte, in das freie Ermessen des Richters gestellte. Sie darf nach ausdrücklicher Vorschrift des Gesetzes nicht ausgeübt werden, wenn die beklagte Partei eine Gegenforderung vorgebracht hat, welche mit der vom Kläger geltend gemachten Forderung im rechtlichen Zusammenhange steht. Setzt sich der Richter über diese Schranke hinweg oder wird die Frage der Konnexität zwischen Haupt- und Gegenforderung unrichtig von ihm beurteilt und demgemäß in der Sache erkannt, so steht dem Beklagten das Rechtsmittel der Berufung zu Gebote, weil seine Kompensationseinrede mit Unrecht nicht berücksichtigt und infolgedessen ein verurteilendes Erkenntnis ergangen ist.

Aber auch in anderer Richtung unterliegt jene richterliche Trennungsbefugnis gesetzlichen Beschränkungen. Ist die Verhandlung über die Klageforderung bis zum Schlusse geführt, so darf laut §. 136

C.P.O. eine Verweisung der Gegenforderung zu getrenntem Prozesse nicht mehr stattfinden. Der Instanzrichter hat nur zu prüfen, ob bloß der Klaganspruch zur Endentscheidung reif, und ob, wenn dies der Fall, die Vorschrift des §. 274 in Anwendung zu bringen sei. Irrt der Richter bei dieser Prüfung, und wendet er die eben genannte Prozeßvorschrift an, obwohl bei richtiger Beurteilung der Sachlage nicht nur der Klaganspruch, sondern auch die Gegenforderung zur Entscheidung reif zu erachten gewesen wäre, so muß gleichfalls dem Beklagten das Rechtsmittel der Berufung zur Seite stehen. Denn auch in diesem Falle erscheint die beklagte Partei dadurch verletzt, daß sie, ohne daß auf ihre Kompensationseinrede die gebotene Rücksicht genommen wurde, in einer der Rechtskraft fähigen Entscheidung zu einer Leistung verurteilt ist.

Allerdings ist, worauf die Vorinstanz für ihre Ansicht Gewicht legt, ein Trennungsbeschluß der vorgedachten Art stets nur eine prozeßleitende Verfügung; allein der eigentliche Grund für die Beschwerde der beklagten Partei ist, falls die Trennung zu Unrecht beschlossen worden, in dem darauf ergehenden materiellen Erkenntnisse zu suchen. Wie gegen dieses, so muß auch gegen den fraglichen Beschluß, als gegen eine dem Endurteile vorausgegangene und dasselbe bedingende Entscheidung, nach Maßgabe des §. 473 C.P.O. das Rechtsmittel der Berufung zugelassen werden.

Was die vorliegende Rechtssache betrifft, so hat der erste Richter, nachdem er das Verfahren über die Klageforderung bis zum Schlusse fortgeführt, in Anwendung des §. 136 C.P.O. beschlossen, daß die Gegenforderung in getrenntem Prozesse verhandelt werde. Dieser Beschluß, welcher einen klaren Verstoß gegen die in §. 136 und §. 274 C.P.O. ausgesprochenen Grundsätze enthält, hatte zur Folge, daß der Richter erster Instanz sein Urteil über die Klageforderung ohne Berücksichtigung der beklagterseits vorgebrachten Gegenforderung fällte, bezw. dem Kläger die gesamte eingeklagte Forderung ohne weitere Verhandlung über die Gegenforderung zuerkannte. Der Berufungsrichter durfte also nicht bezüglich jenes Beschlusses die Berufung für unzulässig erklären, sondern er mußte, dem oben Ausgeführten zufolge, sowohl zu Satz 1 als zu Satz 2 des ersten Urteiles das Rechtsmittel zulassen und unter Aufhebung des in Satz 2 ausgedrückten Beschlusses darüber verhandeln und entscheiden, ob und wieweit gegenüber der an sich liquiden Klageforderung die streitige Gegenforderung zur Kompensation gebracht werden dürfe.

Aus diesen Gründen hat man, ohne daß es erforderlich schien, auf die Ausführungen des Berufungsrichters des weiteren einzugehen, das angefochtene Urteil, soweit es die Berufung des Beklagten teils als unzulässig, teils als unbegründet zurückweist, aufgehoben und im übrigen so, wie geschehen, erkannt."

---

96. Festsetzung des Wertes des Streitgegenstandes bei Anfechtungsklagen, welche auf Grund des Art. 190a verb. mit §. 222 des Gesetzes vom 18. Juli 1884, betreffend die Kommanditgesellschaften auf Aktien ꝛc, erhoben werden.[1]

VI. Civilsenat. Beschl. v. 28. November 1889 i. S. S. u. Gen. (Kl.) w. Leipziger Diskontogesellschaft (Bekl.). Beschw.-Rep. VI. 98/89.

I. Oberlandesgericht Dresden.

Aus den Gründen:

„Auf die in dem Beschlusse des Oberlandesgerichtes ꝛc. angenommene Summe von 150 000 ℳ kann der Wert des Streitgegenstandes in der vorliegenden Sache nicht geschätzt werden. Die Kläger haben als Aktionäre der Leipziger Diskontogesellschaft in Liquidation den Generalversammlungsbeschluß vom 20. August 1888 gemäß Artt. 222 und 190a. des Reichsgesetzes vom 18. Juli 1884 als ungültig angefochten. Der Beschluß der Generalversammlung ging auf Genehmigung eines Vergleichsvorschlages, welchen die wegen Schadensersatzes für mangelhafte Geschäftsführung von dem Liquidator der Gesellschaft verklagten Mitglieder des Aufsichtsrates zu Beilegung des Rechtsstreites gemacht hatten. Danach sollten jedem Aktionär 30 ℳ, d. i. der zehnte Teil des Nennwertes seiner Aktie, gegen deren Aushändigung, sowie gegen Verzicht auf weitere Ansprüche gezahlt werden. Das Interesse der Kläger an dem Obsiegen im gegenwärtigen Rechtsstreite übersteigt somit ihren Anteil an der Summe nicht, welche der Liquidator in dem Schäden-

---

[1] Vgl. Petersen und v. Pechmann, Gesetz, betreffend die Kommanditgesellschaften ꝛc, vom 18. Juli 1884 S. 229 Anm. 2. D. E.

prozesse gegen die Mitglieder des Aufsichtsrates erstreiten würde. Dieser Anteil ist äußersten Falles dem Nennwerte der Aktie gleichzuachten. Denn wennschon der Liquidator 14 521 065,50 ℳ, abzüglich der dem Verwalter des Konkurses der Diskontogesellschaft auf eine ähnliche Entschädigungsklage zuzuerkennenden Summe von höchstens 3 500 000 ℳ gefordert hat, so fragt es sich doch, ob ihm der geforderte Betrag auch wirklich zuzusprechen sein würde. Mindestens aber ist dieser Betrag an sich so erheblich, daß nicht zu erwarten steht, die sechs Mitglieder des Aufsichtsrates würden das Ganze zu leisten imstande sein. Sie müßten allein 9 000 000 ℳ aufbringen, um nur eine dem Aktienkapital gleichkommende Summe zu beschaffen.

Die Kläger besitzen zusammen bloß 11 Stück Aktien im Nennwerte von 3300 ℳ. Höher ist demnach der Wert des Streitgegenstandes nicht zu berechnen. Selbst wenn davon noch das den Aktionären durch den Vergleichsvorschlag verwilligte Zehntel des Aktiennennwertes gekürzt wird, so bleibt doch die Wertsklasse dieselbe.

Zur Würderung eines größeren Betrages gelangt die Vorinstanz darum, weil sie die Wirkung in Betracht zieht, welche die Aufhebung des Generalversammlungsbeschlusses nach Art. 190a Abs. 5 des erwähnten Reichsgesetzes für die Beklagten äußern würde. Diese Gesetzesstelle ist jedoch bei der Wertsfestsetzung nicht zu berücksichtigen. Das Reichsgericht hat bereits wiederholt ausgesprochen, daß der Wert des Streitgegenstandes nur nach dem Interesse des Klägers, nicht nach dem des Beklagten zu bestimmen sei.

Vgl. Beschl. des VI. Civilsenates vom 14. Oktober 1886 i. S. Segelken w. Stadt Bremen Beschw.-Rep. IIIa. 57/86 vom 25. Juni 1888 i. S. Heine w. Hormann Beschw.-Rep. VI. 82/88.

Die Richtigkeit dieser Ansicht bedarf hier keiner Erörterung. Jedenfalls übersteigt während des anhängigen Rechtsstreites das Interesse der Beklagten das der Kläger nicht. Zwar schreibt der angezogene fünfte Absatz vor:

„Soweit durch ein Urteil rechtskräftig der Beschluß für ungültig erklärt ist, wirkt es auch gegenüber den Kommanditisten, welche nicht Partei sind."

Das ist jedoch eine Ausnahmevorschrift, welche von allgemeinen Regeln abweicht und deshalb enger Auslegung unterliegt. Sie kann nur dem buchstäblichen Sinne des Ausdruckes entsprechend verstanden werden. Die ausdehnende Wirkung der Rechtskraft des Urteiles tritt also lediglich bei Entscheidungen ein, welche zu Gunsten des Klägers ergehen, und das auch erst mit dem Zeitpunkte der Rechtskraft. Vorher haben die Personen, welche nicht zu den Parteien gehören, an dem Rechtsstreite keinen Anteil. Der Kläger vertritt durchaus nicht das Gesamtinteresse der Mitgesellschafter. Solange der Rechtsstreit schwebt, hat er die völlig unbeschränkte Befugnis, über den Prozeßgegenstand zu verfügen. Er darf, wie jeder andere Kläger, Vergleiche schließen, die Klage zurücknehmen, auf den Anspruch verzichten. Er kann auch seines Klagerechtes in anderer Weise, z. B. durch Nichterscheinen im Termine zur mündlichen Verhandlung (§. 295 C.P.O.), oder dadurch, daß er die ihm nach Art. 190a Abs. 3 des mehrgedachten Gesetzes auferlegte Sicherheit zu leisten unterläßt, verlustig gehen. Alle diese Handlungen und Unterlassungen sind ihm unverwehrt, sollten auch dadurch die Interessen der übrigen Gesellschafter nach Befinden beeinträchtigt werden. Die übrigen Gesellschafter erwerben die Rechte, welche sie durch die Nichterhebung oder nicht rechtzeitige Erhebung der Anfechtungsklage aufgegeben hatten, erst von neuem mit der Rechtskraft des den angefochtenen Beschluß für ungültig erklärenden Urteiles. Bis dahin hängt die Fortsetzung des Prozesses ausschließlich von dem Belieben der klagenden Partei ab. Demnach ist der Streitgegenstand nur nach dem Werte der Einzelrechte zu bemessen, welche die Kläger in der Klage geltend gemacht haben.

Die gegenwärtige Entscheidung stimmt übrigens mit dem Beschlusse des II. Civilsenates des Reichsgerichtes vom 14. Februar 1888 i. S. Marx w. Tull u. Gen. Rep. II. 6/88 überein."

---

97. 1. Wie ist zu verfahren, wenn die nach Art. 190a H.G.B. auferlegte Sicherheit innerhalb der festgesetzten Frist nicht geleistet worden ist?

Kann diese Sicherheitsleistung (nach §. 105 C.P.O.) bis zur Entscheidung über den Antrag der Beklagten oder doch (nach §. 209 C.P.O.) bis zum Schlusse der mündlichen Verhandlung über diesen Antrag nachgeholt werden?

2. Ist das Urteil, durch welches die Klage gemäß Art. 190a H.G.B. (bezw. §. 105 C.P.O.) für zurückgenommen erklärt wurde,

wenn der Kläger bei der Verhandlung nicht erschienen war, als ein Versäumnisurteil anzusehen, sonach gegen dasselbe Einspruch zulässig?

II. Civilsenat. Urt. v. 6. Dezember 1889 i. S. Dr. Schw.'s-Sanatorium (Bekl.) w. Sch. u. Gen. (Kl.) Rep. II. 253/89.

I. Landgericht Mannheim.
II. Oberlandesgericht Karlsruhe.

Die Kläger haben in der Klage auf Grund der Artt. 190a. 222 H.G.B. in der Fassung vom Jahre 1884 Ungültigerklärung von zwei Beschlüssen beantragt, welche von der Generalversammlung der Aktiengesellschaft „Professor Dr. Schw.'s Sanatorium" am 30. Mai 1888 gefaßt worden sind. Auf Antrag der Beklagten wurde den Klägern durch Beschluß des Landgerichtes Mannheim vom 30. November 1888 aufgegeben, der beklagten Gesellschaft wegen des ihr drohenden Nachteiles binnen vier Wochen eine Sicherheit in Höhe von 6000 ℳ zu leisten. Als dies nicht geschah, wurde durch Urteil des Landgerichtes Mannheim vom 25. Januar 1889 unter Bezugnahme auf die §§. 105. 243 C.P.O. die Klage für zurückgenommen erklärt. Gegen dieses Urteil legten die Kläger Einspruch ein und beantragten, unter Vorlage einer Urkunde über die inzwischen erfolgte Hinterlegung der 6000 ℳ, das ergangene „Versäumnisurteil" aufzuheben.

Durch Urteil des Landgerichtes Mannheim vom 8. März 1889 wurde der von den Klägern eingelegte Einspruch als unstatthaft verworfen, weil das angefochtene Urteil nicht als Versäumnisurteil im Sinne der §§. 295 flg. C.P.O. anzusehen sei, deshalb auch nicht durch Einspruch angefochten werden könne, vielmehr den Klägern nur anheimzugeben sei, eine neue Klage zu erheben. Auf Berufung der Kläger hat das Oberlandesgericht Karlsruhe das angefochtene Urteil und das demselben vorausgegangene Verfahren bis zum Termine vom 25. Januar 1889 aufgehoben und die Sache zu anderweiter Verhandlung und Entscheidung an das Landgericht Mannheim zurückverwiesen. Auf Revision der beklagten Gesellschaft wurde das Urteil des Oberlandesgerichtes insoweit aufgehoben, als in demselben das dem landgerichtlichen Urteile vorausgegangene Verfahren bis einschließlich zum Termine vom 25. Januar 1889 aufgehoben worden ist. Im übrigen wurde die Revision zurückgewiesen.

Aus den Gründen:

„Die Zulässigkeit der Revision war nicht zu bezweifeln, obgleich das Berufungsgericht angenommen hat, daß das angefochtene Urteil als Zwischenurteil anzusehen sei. Wie das Reichsgericht schon wiederholt ausgeführt hat,

vgl. insbes. Entsch. des R.G.'s in Civils. Bd. 6 S. 335. 423, sowie Bd. 13 S. 358,

sind die Urteile des Berufungsgerichtes, durch welche die Sache (gemäß §§. 500. 501 C.P.O.) in die erste Instanz zurückverwiesen wird, weil dieselben die Instanz abschließen, Endurteile im Sinne des §. 507 C.P.O., können sonach durch Revision angefochten werden. Dagegen konnte die Revision nur teilweise für begründet erachtet werden.

Zunächst war mit dem Berufungsgerichte anzunehmen, daß die Kläger, nachdem die Frist zur Sicherheitsleistung verstrichen war, ohne daß dieselben diese Sicherheit gestellt hatten, nicht bloß zur Verhandlung über die prozeßhindernde Einrede, sondern zur Verhandlung über die Sache selbst geladen werden konnten, und daß nach Lage der Sache eine solche Ladung als angemessen erschien. Durch die Entscheidung des Landgerichtes über die Verpflichtung der Kläger zur Sicherheitsleistung und über die Höhe derselben, welche allerdings nicht durch Beschluß, sondern durch Zwischenurteil hätte getroffen werden sollen, war der Streit über die prozeßhindernde Einrede abgeschlossen. Es stand fest, daß die Kläger verpflichtet seien, die ihnen auferlegte Sicherheit zu leisten, und war darüber nicht weiter zu verhandeln. Vielmehr handelte es sich nur noch um die Frage, ob in die Verhandlung über die Sache selbst einzutreten oder auf Antrag die Klage gemäß Artt. 190a. 222 H.G.B. (in der Fassung vom 18. Juli 1884) für zurückgenommen zu erklären sei. Ob das Eine oder das Andere zu geschehen habe, konnte erst in der Verhandlung selbst bestimmt werden. Einerseits konnten die Beklagten in jedem Augenblicke auf die von ihnen geforderte Sicherheitsleistung verzichten und, wenn die Kläger nicht erschienen, ohne weiteres auch ohne Verzicht auf die spätere Geltendmachung ihrer Einrede verlangen, daß die Klage durch Versäumnisurteil (nach §. 295 C.P.O.) abgewiesen werde. Andererseits waren die Kläger berechtigt, bis zur mündlichen Verhandlung, ja bis zum Schlusse derselben die versäumte Sicherheitsleistung nachzuholen und dadurch die gesetzliche Folge der Versäumung abzuwenden.

Dann war aber das Hindernis, welches einer Verhandlung über die Sache selbst bisher im Wege stand, beseitigt. In dieser Beziehung erscheint es zwar, da die Formulierung des Art. 190a H.G.B. nicht, wie in dem Berichte der Reichstagskommission (S. 18) behauptet ist, derjenigen des §. 105 C.P.O. genau entspricht, als zweifelhaft, ob die Nachholung der Sicherheitsleistung unter Anwendung der letzteren Vorschrift bis zur Entscheidung über den Antrag des Beklagten, die Klage als zurückgenommen zu erklären, zu gestatten ist. Da es sich aber um eine prozessualische Sicherheitsleistung und um Versäumung einer richterlichen Frist im Sinne der Civilprozeßordnung (§. 198) handelt, hatte jedenfalls §. 209 Abs. 2 dieses Gesetzbuches Anwendung zu finden, nach welchem die versäumte Prozeßhandlung nachgeholt werden kann, solange nicht der auf Verwirklichung des Rechtsnachteiles gerichtete und hierzu erforderliche Antrag gestellt und die mündliche Verhandlung über denselben geschlossen ist.

Im vorliegenden Falle war übrigens auch lediglich „zur mündlichen Verhandlung" geladen worden. Es hätte deshalb unzweifelhaft, wenn beide Parteien erschienen wären, über die Sache selbst verhandelt werden können, und wären auch bei dem Nichterscheinen der Kläger die Beklagten befugt gewesen, die Abweisung der Klage durch Versäumnisurteil im Sinne des §. 295 C.P.O. zu beantragen. Ein derartiger Antrag ist aber nicht gestellt worden. Vielmehr hat der Anwalt der Beklagten ausweislich des Sitzungsprotokolles „Versäumnisurteil gemäß §. 105" beantragt.

Das Berufungsgericht hat dessenungeachtet angenommen, das Landgericht hätte Versäumnisurteil nach §. 295 C.P.O. erlassen und die Klage nicht bloß für zurückgenommen erklären, sondern abweisen sollen. Diese Annahme erscheint aber als unzutreffend. Ganz abgesehen davon, daß das Gericht die Klage in keinem Falle ohne einen darauf gerichteten Antrag der Beklagten abweisen durfte, kann auch nicht angenommen werden, daß der Beklagte, wenn der Kläger die ihm auferlegte Sicherheitsleistung nicht bewirkt, den in §. 105 C.P.O. und Art. 190a H.G.B. vorgesehenen Antrag, die Klage für zurückgenommen zu erklären, nur dann stellen dürfe, wenn der Kläger bei der mündlichen Verhandlung erschienen ist, im Falle des Ausbleibens aber Abweisung der Klage (nach §. 295) beantragen müsse. Da das Gesetz nicht unterscheidet, hat der Beklagte vielmehr die Wahl, ob er lediglich den Antrag, daß die Klage für zurückgenommen erklärt werde, stellen oder Abweisung der Klage beantragen will. Hiernach ist darin, daß das Landgericht die Klage auf Antrag der Beklagten für zurückgenommen erklärt hat, ein Mangel des Verfahrens im Sinne des §. 501 C.P.O nicht zu finden. Es erscheint deshalb als ungerechtfertigt, daß nicht bloß das Urteil vom 8. März 1889, sondern auch „das demselben vorausgegangene Verfahren bis zum Termine vom 25. Januar 1889 einschließlich desselben" aufgehoben worden ist. Hierzu war das Oberlandesgericht in keiner Weise befugt, da es lediglich mit der Frage befaßt war, ob der Einspruch gegen das Urteil vom 25. Januar 1889 mit Recht oder mit Unrecht verworfen worden sei. In dieser Richtung mußte sonach der Revision Folge gegeben und das angefochtene Urteil aufgehoben werden.

Als unbegründet erscheint dieselbe dagegen, soweit es sich um die Aufhebung des Urteiles vom 8. März 1889 handelt, weil das Oberlandesgericht mit Recht angenommen hat, das Urteil vom 25. Januar 1889 sei als ein Versäumnisurteil anzusehen, und der Einspruch deshalb mit Unrecht für unstatthaft erklärt worden.

Es wird allerdings vielfach behauptet, der Erlaß eines Versäumnisurteiles setze voraus, daß Versäumnis einer mündlichen Verhandlung über die Sache selbst oder doch über einen Zwischenstreit vorliege, und daraus gefolgert, daß ein Versäumnisurteil nicht in Frage stehe, sonach der Einspruch unstatthaft sei, wenn wegen Zurücknahme der Klage die Verpflichtung des Klägers zur Kostentragung (gemäß §. 243 Abs. 3 C.P.O.) durch Urteil ausgesprochen oder wegen Versäumung der Sicherheitsleistung gemäß §. 105 dieses Gesetzbuches die Klage für zurückgenommen erklärt werde.

Diese Auffassung ist aber als unzutreffend anzusehen. Das Reichsgericht hat schon in einem Urteile vom 11. Januar 1882

vgl. Entsch. des R.G.'s in Civils. Bd. 6 S. 364 flg.,

ausgesprochen, daß auf den Antrag des Revisionsbeklagten, den im Termine nicht erschienenen Revisionskläger, welcher die Revision zurückgenommen hat, des Rechtsmittels für verlustig zu erklären, ein durch Einspruch anfechtbares Versäumnisurteil zu erlassen sei, obgleich der Grund dieser Verlustigerklärung in der Zurücknahme, nicht in dem Umstande zu finden sei, daß der Revisionskläger im Termine nicht erschienen sei. Zur Begründung dieser Entscheidung wurde ausgeführt, es sei auch für die prozessualischen Thatsachen, ob eine Zurücknahme des Rechtsmittels vorliege, und welche Wirkungen dieselbe habe, in Ansehung deren sehr wohl unter den Parteien Streit bestehen könne, nicht gleichgültig, ob der Kläger im Termine erschienen oder ausgeblieben sei, indem im letzteren Falle lediglich auf Grund der von dem Beklagten vorgelegten Materialien entschieden werden könne und eine Berücksichtigung der dem Kläger etwa möglichen Einwendungen ausgeschlossen sei; auch entspreche die Zulassung des Einspruches dem Systeme der Civilprozeßordnung, nach welchem im allgemeinen ein kontradiktorisches Urteil auf beiderseitige mündliche Verhandlung, welche sich nicht bloß auf das materielle Rechtsverhältnis, sondern auch auf die prozessualischen Streitpunkte erstrecke, ein Versäumnisurteil aber dann zu erlassen sei, wenn sich trotz der ergangenen Ladung nur eine Partei im Termine eingefunden oder nur diese Partei verhandelt habe. Diese Auffassung, welche als vollkommen zutreffend erscheint, unterliegt, soweit es sich um die Anwendung des §. 105 C.P.O. oder der Artt. 190a. 222 H.G.B. handelt, noch in viel geringerem Maße Bedenken, als dies in Ansehung des §. 243 C.P.O. der Fall ist. Während das Gericht von der Zurücknahme der Klage oder eines Rechtsmittels regelmäßig unmittelbare Kenntnis erlangt, ist dasselbe nämlich in Ansehung der Frage, ob die Sicherheitsleistung stattgefunden hat, bei dem Ausbleiben des Klägers lediglich auf die Behauptungen des Beklagten und die von demselben vorgelegten Schriftstücke angewiesen. Auch ist es, da die Sicherheitsleistung noch unmittelbar vor der Verhandlung bewirkt worden sein kann und die versäumte Prozeßhandlung noch während der Verhandlung nachgeholt werden darf, dem Beklagten gar nicht möglich, in zuverlässiger Weise nachzuweisen, daß die Sicherheitsleistung zur Zeit des Urteiles noch nicht bewirkt worden ist. Es kommt sonach dem Umstande, daß der Kläger bei der Verhandlung nicht erschienen ist, regelmäßig eine erhebliche Bedeutung zu, und es kann derselbe sehr leicht für die Beurteilung der Sache derart ausschlaggebend sein, daß, sofern der Kläger erschienen wäre, die von dem Beklagten beantragte Entscheidung nicht erlassen werden würde. Hiernach läßt es sich nicht rechtfertigen, daß nur das die Klage abweisende, nicht auch dasjenige Urteil als Versäumnisurteil angesehen wird, welches auf einseitigen Antrag des

Beklagten, ohne daß der Kläger gehört worden ist, die Klage für zurückgenommen erklärt.

Nun wird allerdings von den Revisionsklägern geltend gemacht, es komme nicht darauf an, ob ein Versäumnisurteil hätte erlassen werden sollen, sondern darauf, ob ein solches erlassen worden sei, und aus dem Urteile vom 25. Januar 1889 ergebe sich, daß das Gericht nicht ein Versäumnisurteil, sondern ein kontradiktorisches Urteil habe erlassen wollen. Aber dieser Einwand kann schon deshalb nicht durchschlagen, weil es demselben an einer thatsächlichen Unterlage fehlt. Aus dem erwähnten Urteile ist nämlich keineswegs zu entnehmen, daß das Landgericht ein kontradiktorisches Urteil erlassen wollte, sondern höchstens, daß es die Frage, ob Einspruch zulässig sei, offen ließ und einer späteren Entscheidung vorbehielt. Daß diese dann in dem Sinne erging, daß der Einspruch unstatthaft sei, kann nicht maßgebend sein. Bei dieser Sachlage kann dahingestellt bleiben, ob eine ausdrückliche Erklärung des Landgerichtes, daß es nicht ein Versäumnisurteil, sondern ein kontradiktorisches Urteil erlassen wolle, die Wirkung gehabt haben würde, den Einspruch auszuschließen. Da hiernach das Berufungsgericht mit Recht angenommen hat, der von den Klägern eingelegte Einspruch sei als zulässig anzusehen, so mußte die Revision insoweit zurückgewiesen werden, als die Aufhebung des Urteiles vom 8. März 1889 in Frage steht."

---

98. Können die Kosten der Revisionsinstanz von dem Revisionskläger eingezogen werden, wenn bei der Rückverweisung der Sache an die erste Instanz die Entscheidung über die Kosten bis zum Endurteile ausgesetzt und demnächst ein den zum Armenrechte zugelassenen Gegner in sämtliche Kosten des Rechtsstreites verurteilendes Erkenntnis erlassen worden ist?

Gerichtskostengesetz §§. 86. 87. 89. 90. 93.
C.P.O. §. 108.

III. Civilsenat. Beschl. v. 27. September 1889 i. S. E. N. (Kl.) w. G. F. (Bekl.) Beschw.-Rep. III. 49/89.

I. Landgericht Darmstadt.
II. Oberlandesgericht daselbst.

Aus den Gründen:

„Klägerin hat gegen das Berufungsurteil Revision verfolgt und unterm 3. Mai 1889 ein reformatorisches Erkenntnis dahin erwirkt, daß jenes Urteil aufzuheben, der erhobene Anspruch seinem Grunde nach anzuerkennen und unter Aussetzung der Entscheidung über die Kosten zweiter und dritter Instanz die Sache zur weiteren Verhandlung und Entscheidung an die erste Instanz zurückzuverweisen sei. Schon unterm 2. Juli 1889 erfolgte, nachdem die Beklagte den erhobenen Anspruch seiner Höhe nach gerichtlich anerkannt hatte, das landgerichtliche Endurteil, inhaltlich dessen die Beklagte zur Zahlung des eingeklagten Betrages und zur Tragung sämtlicher Kosten des Rechtsstreites schuldig erkannt wurde. Inzwischen waren von der Klägerin unterm 21. Mai 1889 durch die Gerichtsschreiberei des Reichsgerichtes 93 ℳ Entscheidungsgebühren und 3 ℳ Auslagen an Porto und Schreibgebühren außer dem bereits bezahlten Kostenvorschusse von 93 ℳ angefordert worden. Hiergegen erhob Klägerin am Tage des Erlasses jenes Endurteiles Erinnerung mit der Begründung, daß, nachdem der Beklagten die Kosten des Rechtsstreites endgültig auferlegt worden seien, in Anwendung des §. 86 G.K.G. die auf Grund des §. 89 daselbst erlassene Kostenanforderung um so gewisser wieder einzuziehen sei, als die Beklagte in allen Instanzen zum Armenrechte zugelassen worden sei, und das mit Beschlag belegte Vermögen derselben nicht einmal hinreiche, die Hauptgeldforderung der Klägerin zu decken.

Diese Erinnerung ist nicht begründet.

Die §§. 86 flg. G.K.G. regeln die Kostenzahlungspflicht der Parteien der Staatskasse gegenüber. Nach dem Grundgedanken dieser Vorschriften ist Schuldner der Staatskasse in Ansehung der entstandenen Gebühren und Auslagen derjenige, welchem die Kosten durch gerichtliche Entscheidung auferlegt worden sind, oder welcher solche durch gerichtliche Erklärung übernommen hat (§. 86), — in Ermangelung eines solchen Schuldners aber der Antragsteller (§. 89), — überall abgesehen natürlich von der in den §§. 81 flg. geregelten Vorschußpflicht. Die durch gerichtliche Entscheidung begründete Zahlungspflicht erlischt jedoch durch Aufhebung oder Abänderung der Entscheidung über die Kosten (§. 87), während die Fälligkeit der Gebühren und Auslagen nach §. 93 mit Beendigung der Instanz eintritt, gleichviel, ob dabei über die Kosten unbedingt erkannt wird oder eine anderweite Erledigung eintritt. Eine solche Erledigung der Revisionsinstanz findet auch statt, wenn das Revisionsgericht durch Urteil über das Rechtsmittel der Revision befindet, in der Hauptsache abändernd erkennt, jedoch die Entscheidung über die Kosten bei der Rückverweisung dem Endurteile vorbehält.

Vgl. Entsch. des R.G.'s in Civils. Bd. 20 Nr. 104 S. 428.

Im vorliegenden Falle war in Ansehung der hier streitigen Gebühren und Auslagen zur Zeit des Erlasses des Revisionsurteiles vom 3. Mai 1889 kein Schuldner aus §. 86 G.K.G. vorhanden; denn dieses Erkenntnis behielt die Entscheidung über die Kosten dem Endurteile vor. Gleichwohl wurden diese Kosten nach §. 93 a. a. O. sofort mit Erledigung der Instanz fällig. Der §. 87 aber findet Anwendung, und es erlischt die einmal begründete Kostenerstattungspflicht nicht rückwirkend aus dem landgerichtlichen Endurteile vom 2. Juli 1889, weil die ursprüngliche Verpflichtung zur Kostenzahlung nicht nach Maßgabe des §. 86 Abs. 1 G.K.G. begründet war und auf diesen Fall der §. 87 a. a. O. seinem klaren Wortlaute nach sich bezieht. Es bleibt daher nur die Bestimmung des §. 89 übrig, nach welcher die Revisionsklägerin als Antragstellerin die Gerichtskosten zu zahlen hat.

Infolge des mittlerweile erlassenen Endurteiles erster Instanz ist nun gemäß §. 86 die Beklagte als zweite Schuldnerin der Gebühren und Auslagen neben der Klägerin der Staatskasse gegenüber getreten. Für einen etwa noch einzuziehenden Kostenvorschuß würde dies aus der ausdrücklichen Vorschrift des §. 90 folgen; für die Kostenerstattungspflicht im übrigen bedurfte es einer solchen Bestimmung nicht, da sie sich aus dem ganzen Zusammenhange der bezüglichen Vorschriften von selbst ergiebt.

Daß die Beklagte in allen Instanzen zum Armenrechte zugelassen war, ändert an der Zahlungspflicht der Klägerin nichts. Denn dadurch erlangte nur die erstere die einstweilige Befreiung von der Berichtigung der Gerichtskosten (C.P.O. §§. 107. 111. 116), während die Bewilligung jenes Rechtes auf die Verpflichtung zur Erstattung der dem Gegner erwachsenden Kosten keinen Einfluß hat (§. 108 das.). Ob die Klägerin thatsächlich in der Lage ist, die von ihr zu erhebenden und zu zahlenden Kosten der Revisionsinstanz von der Beklagten demnächst beizutreiben, kann nicht in Betracht kommen."

Register.

Die beigesetzten Zahlen beziehen sich auf die Seiten.

A. Sachregister.

A

C

D

E

T

W

B. Gesetzesregister.

1. Reichsgesetze.

a. Allgemeines deutsches Handelsgesetzbuch.

b. Allgemeine deutsche Wechselordnung.

c. Deutsche Civilprozeßordnung.

d. Deutsches Gerichtsverfassungsgesetz.

e. Deutsche Konkursordnung.

f. Einführungsgesetz zur deutschen Konkursordnung.

g. Gerichtskostengesetz.

h. Rechtsanwaltsordnung.

i. Deutsches Strafgesetzbuch.

k. Deutsche Strafprozeßordnung.

l. Einzelne Reichsgesetze und Verordnungen.

2. Gemeines Recht.

a. Institutionen.

b. Pandekten.

c. Codex.

3. Landesrecht.

Preußen.

A. Altländisches Recht.

a. Allgemeines Landrecht.

Baden.

Bayern.

Elsaß-Lothringen.

Hamburg.

Hessen.

Königreich Sachsen.

4. Ausländisches Recht.

Dänemark.

England.

Österreich.

C. Chronologische Zusammenstellung der Entscheidungen.

Zusammenstellung
der
im vierundzwanzigsten Band
mitgeteilten Entscheidungen
nach
Oberlandesgerichtsbezirken.

Berichtigungen.

Zwanzigster Band.

S. 5 Z. 12 v. o. und S. 464 Z. 18 v. u. statt „19" lies „9".

„ 5 „ 13 v. o. und „ 464 „ 17 v. u. „ „268" lies „250".

Einundzwanzigster Band.

S. 16 Z. 11 v. u. statt „abweisbar" lies „abwendbar".

„ 18 „ 9 v. o. „ „Anwendbarkeit" lies „Abwendbarkeit".

„ 29 „ 18 v. u. lies „Stammaktien, ebenso wie".

„ 35 „ 8 v. u. statt „Klägerin" lies „Bank des Berliner Kassenvereines".

„ 104 „ 9 v. u. „ „2. 3" lies „23".

„ 182 „ 17 v. u. ist hinter „Frage" einzuschalten „erörtert".

„ 201 „ 5. 6 v. u. statt „ausgedeutet" lies „ausgelegt".

„ 204 „ 15 v. o. ist „und Urteile" und „in Civils." zu streichen.

„ 216 „ 2 v. u. ist „des §. 4" zu streichen.

„ 257 „ 9 v. o. statt „I. 17" lies „Tit. 17 Abschn. 1".

„ 295 „ 16 v. o. statt „imstande" lies „im Zustande".

„ 305 „ 7. 6 v. u. statt „preuß. Obertrib." lies „R.G. in Civils."

„ 357 „ 9 v. o. statt „welcher" lies „welche".

„ 357 „ 10 v. o. ist hinter „war" einzuschalten „gemacht hat".

„ 401 „ 9 v. u. statt „dem im" lies „denn in dem".

„ 424 „ 13. 14 v. o. statt „im Einverständnisse" lies „ein Einverständnis desselben".

„ 468 „ 10 v. o. statt „26" lies „20".

Zweiundzwanzigster Band.

S. 58 Z. 14 v. o. ist vor „der" einzuschalten „mit".

„ 89 „ 3 v. u. statt „abzuändern" lies „bestätigen".

[1] Nr. 75 ist nach dem alten Verfahren verhandelt.

S. 131 Z. 9 v. o. als Note hinzuzufügen „Abgedruckt oben Nr. 3 S. 8".
„ 132 „ 14 v. o. statt „nichtbräuchlichen" lies „mißbräuchlichen".
„ 139 „ 9 v. o. „ „C.P.O." lies „K.O.".
„ 253 „ 7. 6 v. u. die Worte „der Familie" sind hinter „Exemtion" zu setzen.

Dreiundzwanzigster Band.

S. 23 Z. 3 v. o. statt abweichend" lies abweisend".
„ 43 „ 12 v. u. „ „Mai" lies „März".
„ 104 „ 15 v. u. „ „216" lies „116".
„ 107 „ 17 v. u. „ „Beklagten" lies „Kläger".
„ 110 Z. 7 v. o. ist nach „übergeben" einzuschalten „erhalten".
„ 145 „ 9 v. o. statt „nur" lies „zuerst".
„ 167 „ 12 v. u. „ „Beklagten" lies „Kläger".
„ 188 „ 17 v. o. „ „Jahrbuche" lies „Lehrbuche".
„ 189 „ 9 v. o. „ „6" lies „4".
„ 197 „ 2 v. o. „ „bekundet" lies „beurkundet".
„ 209 „ 12 v. o. „ „Geschenkgeber" lies „Geschenknehmer".
„ 248 „ 11 v. u. „ „da" lies „daß".
„ 293 „ 5 v. o. „ „auf" lies „auf Grund des".
„ 296 „ 4 v. u. „ „§. 47" lies „§. 147".
„ 343 „ 1 v. o. „ „erklärt" lies „erklären".
„ 355 „ 16. 17 v. u. statt „aus" lies „nach".
„ 375 „ 15 v. u. „sollten" zu streichen.
„ 377 „ 4 v. u. und S. 378 Z. 7 v. o. statt „Nr. 2" lies „Nr. 1".
„ 397 „ 6. 7 v. o. statt „Beklagten" lies „Kläger".

Generalregister zu Bd. 1—10.

S. 35 Z. 18 v. o. statt „Auflassung" lies „Eintragung".
„ 38 „ 10 v. u. „ „Handelsgesellschaft" lies „Handelsgeschäft".
„ 92 „ 3 v. o. „ „407" lies „207".
„ 476 „ 6 v. u. „ „Vorzug" lies „Verzug".

Generalregister zu Bd. 11—20.

S. 58 Z. 2 v. u. statt „unterbrochener" lies „ununterbrochener".
„ 63 „ 18 v. o. „ „auf" lies „für".
„ 125 „ 16 v. u. ist hinter „§. 7" einzuschalten „Satz 1".
„ 634 „ 5 v. u. statt „Z. 9" lies „Z. 19".

FSC
www.fsc.org
MIX
Papier | Fördert gute Waldnutzung
FSC® C083411

Kolibri 360 GmbH
Ferdinand-Jühlke-Straße 7
99095 Erfurt, Deutschland
produktsicherheit@kolibri360.de